$L_K^{8} 109$

L'ALGÉRIE
FRANÇAISE

PARIS. — TYP. SIMON RAÇON ET COMP., RUE D'ERFURTH, 1.

L'ALGÉRIE

FRANÇAISE

HISTOIRE — MŒURS — COUTUMES — INDUSTRIE — AGRICULTURE

PAR

ARSÈNE BERTEUIL

ANCIEN PHARMACIEN EN CHEF DES HÔPITAUX MILITAIRES
DE L'ARMÉE D'AFRIQUE

TOME SECOND

PARIS

DENTU, LIBRAIRE-ÉDITEUR

PALAIS-ROYAL, 13, GALERIE VITRÉE

1856

L'ALGÉRIE

FRANÇAISE

TROISIÈME PARTIE

CHAPITRE PREMIER

DOMINATION FRANÇAISE

1835. — Arrivée du maréchal Clausel à Alger en qualité de gouverneur général. — Choléra-morbus. — Défaite des Hadjoutes et du bey de Miliana. — Attaque d'Oran par Abd-el-Kader. — Elle est repoussée. — Événements de Bone et de Bougie. — Expédition de Maskara. — Combat de Sidi-Emburuk. — Arrivée et séjour à Maskara. — Destruction de cette ville. — Départ. — Mauvais temps. — Difficultés de la retraite. — Arrivée à Mostaganem.

M. le maréchal Clausel, nommé gouverneur général des possessions françaises dans le nord de l'Afrique, arriva à Alger le 10 août 1835, deux jours après le départ du comte d'Erlon. Les souvenirs de sa courte administration de 1830 lui étaient en général favorables, et bien des gens ne voyaient qu'en lui le salut de la colonie; aussi fut-il reçu avec enthousiasme à son arrivée à Alger. M. Clausel, rendu pour la seconde fois, avait été l'objet des plus vifs désirs de la colonie; en venant commander l'Algérie encore une fois, il devait nous donner l'assurance et la garantie que, par sa sagesse et son administration, la colonie ne pourrait que prospérer et que les colons trouveraient en lui une entière et pleine protection pour leurs droits, et l'amélioration de la culture des terres. Nous avions donc la double espérance que cette belle colonie allait prendre sous son égide un nouvel essor, et deviendrait pour la France une contrée féconde dont les richesses et les productions indemniseraient enfin des sacrifices que notre gouvernement avait faits jusqu'à ce jour pour ce pays.

Le choléra (1) avait déjà éclaté à Alger deux jours avant l'arrivée du maréchal Clausel; il frappa principalement sur les juifs par une mortalité effrayante; il en avait été de même à Oran l'année précédente. On attribua avec raison la préférence avec laquelle le fléau semblait choisir ses victimes dans cette partie de la population à la malpropreté dans laquelle elle vit, entassée dans des habitations petites et malsaines.

Pour arrêter autant que possible chez la population juive la mortalité qui sévissait sur elle, le maréchal Clausel crut devoir prendre des mesures de nécessité, et donna l'ordre à l'administration de faire camper les juifs sur le mont Boudjaréah, qui est le point le plus sain de la banlieue d'Alger, et on leur fit délivrer journellement des rations de vivres; là ils trouvèrent avec un air pur une bonne nourriture et des soins assidus qui arrêtèrent les progrès du fléau.

M. Vialar, qui, en plusieurs circonstances, a montré plus d'une fois son dévouement désintéressé pour la colonie, fut chargé de la direction de cet établissement; tant que dura l'épidémie, il se dévoua tout entier à cette œuvre de charité, puissamment secondé par sa sœur, dame supérieure des hospitalières. Ces pieuses filles ne faisaient qu'arriver à Alger lorsque le choléra éclata; mais elles se dévouèrent à tous les dangers du moment avec un courage héroïque, assistant de leurs soins et de leurs consolations tous les malades, de quelque classe qu'ils fussent, sans jamais faire de distinction de race ni de sexe. Le musulman, ainsi secouru par des mains qu'il sait consacrées à Jésus-Christ, apprend à ne plus maudire une religion qui peut enfanter un aussi pur dévouement à l'humanité [1].

Il est à remarquer qu'en général la population européenne ne se

---

[1] Parmi ceux qui se firent remarquer dans cette pénible circonstance, qu'ils rendirent glorieuse pour eux, on peut citer MM. Girot, adjoint du maire; Grillet, directeur de l'hôpital civil; Montéra, prêtre catholique; Tolbert et Lafont, négociants.

laissa pas effrayer par le fléau, qui, par cela même, sévit moins contre elle.

Cette population est forte et virile, qualité qui, comme ses défauts, est inhérente à la nature de sa composition.

Les officiers de santé et les élèves de l'hôpital d'instruction remplirent leurs devoirs avec une ardeur admirable, et allèrent souvent au delà; plusieurs d'entre eux furent frappés par l'épidémie. Ceux d'Oran avaient montré le même zèle en 1834, et ceux de Bone, où le choléra pénétra aussi en 1835, ne restèrent pas en arrière de leurs confrères.

Les Arabes souffrirent plus que nous du choléra; la ville de Blidah fut surtout maltraitée. Les deux races qui se disputent le sol africain étant ainsi courbées sous les coups d'un fléau qui les frappait également, les hostilités furent un instant suspendues, et pendant deux mois tout resta en stagnation. Enfin, lorsque la maladie eut cessé ses ravages, la guerre recommença les siens.

Un des premiers soins du maréchal Clausel devait être de venger l'affront de la Macta. Une expédition sur Maskara avait été résolue par le gouvernement; mais, l'apparition du choléra et quelques hésitations de la part du ministère ayant suspendu l'envoi des renforts considérables que cette entreprise exigeait, elle fut renvoyée à un peu plus tard.

Au moment où le maréchal arrivait à Alger, l'influence française était presque détruite : quinze mois d'une paix équivoque avec l'émir avaient séparé de nous les tribus du centre, et le désastre de la Macta prouvait aux Arabes que nous pouvions être vaincus, peut-être chassés.

Abd-el-Kader triomphant régnait depuis Médéah jusqu'à Tlemcen; Blidah, si rapprochée de nous, recevait de lui un hakem, et Koléah n'était contenue que par les camps de Douera et de Mahelma.

La Mitidja était parcourue en tous sens par de sauvages cavaliers altérés de sang et de pillage, et les colons fugitifs du Sahel n'osaient plus se montrer au delà de nos lignes. Dans le beylik de Titery, les partisans d'Ahmed et les Koulouglis, attachés à notre cause, cédaient graduellement aux intrigues de l'émir, qui tenait toutes ses forces concentrées dans l'Ouest, prêt à les lancer, comme l'éclair, partout où leur présence pourrait jeter un désastre.

Abd-el-Kader aurait bien voulu conjurer l'orage qui devait bientôt gronder sur sa tête, et il ne voyait pas sans inquiétude qu'on le menaçait de fondre sur Maskara, sa résidence de prédilection; dès le mois de septembre, l'émir, comptant peu sur la position de cette ville, envoya sa famille et ses richesses du côté du désert. Cependant les alliés qui nous restaient se voyaient forcés de reculer jusqu'à la ligne de nos avant-postes. La garnison du méchouar de Tlemcen, commandée par Mustapha-ben-Ismaël, ennemi personnel d'Abd-el-Kader, était réduite aux abois; aussi il était de toute nécessité que nous allassions la secourir, nous le lui avions promis; il s'agissait à la fois de protéger nos alliés et d'enlever à Abd-el-Kader une place importante où il eût pu aisément se ravitailler et tirer des armes et des munitions du Maroc. Quelques personnes ont prétendu que le gouvernement n'avait pas ordonné l'expédition de Tlemcen; la chose est tellement patente, que le prince et le maréchal, à leur arrivée à Oran, se demandèrent d'abord s'ils devaient commencer par l'expédition de Tlemcen ou par celle de Maskara.

Le maréchal Clausel ne commença pas toutefois ses opérations par l'expédition de Maskara.

Abd-el-Kader, prévenu du danger qui le menaçait, essaya de le détourner en protestant de ses intentions pacifiques; mais, voyant que ce moyen était sans résultat, il chercha son salut dans un soulèvement général des Arabes contre les Français.

Une vive fermentation agita bientôt les tribus de la province d'Alger. Dans les premiers jours d'août, les Hadjoutes commirent plusieurs assassinats.

Une colonne dirigée contre eux par le colonel Schauenbourg leur tua quelques hommes, et leur enleva une grande quantité de bœufs, de chevaux, de chameaux et de moutons.

Les choses en restèrent là pour quelque temps, parce que le choléra, s'étant répandu dans la plaine et sévissant avec fureur contre la population arabe, rétablit une paix momentanée.

Les Hadjoutes et les autres tribus ne recommencèrent à manifester leurs dispositions malveillantes que lorsque le fléau eut cessé.

On apprit, dans le mois de septembre, que des rassemblements avaient été formés par le bey qui commandait à Miliana, au nom d'Abd-el-Kader. Dans les premiers jours d'octobre, six mille Arabes vinrent, sous la conduite de ce bey, insulter le camp français de Boufarik, situé à huit lieues au sud d'Alger, au pied du versant septentrional de l'Atlas.

Le maréchal Clausel marcha lui-même vers Blidah, afin de répondre à cette provocation. Il chassa les Arabes, et les battit successivement aux passages de la Chiffa et de l'Oued-Jeyer et au pied des montagnes, où ils opposèrent quelque résistance. Un beau fait d'armes signala cette expédition : le lieutenant général Rapatel, accompagné d'une quarantaine de chasseurs et d'une vingtaine d'officiers, se trouva tout à coup, à l'entrée d'un défilé, en présence d'environ trois cents cavaliers ennemis; il les chargea aussitôt à la tête de sa faible escorte avec tant de vigueur, qu'il les culbuta.

Le maréchal Clausel entra sans obstacle à Blidah. Il revint ensuite à Boufarik sans qu'un seul coup de fusil l'inquiétât dans son retour. Les Hadjoutes, consternés, renouvelèrent leur soumission et leurs serments tant de fois violés.

Tandis que le lieutenant d'Abd-el-Kader était battu dans l'Atlas, l'émir éprouvait lui-même dans la province d'Oran plusieurs échecs. Les Douers et les Smélas (devenus nos alliés) étaient restés fidèles aux Français, et leur parti s'était grossi par l'accession de plusieurs autres tribus.

Les opérations militaires ne recommencèrent qu'à la fin d'août.

D'après le conseil du général d'Arlanges, qui avait succédé au général Trézel, les Douers et les Smélas ayant résolu de se rapprocher d'Oran, la garnison française sortit de la ville pour protéger la levée de leur camp. Abd-el-Kader se présenta en force, et dirigea une attaque générale contre la ligne des blockhaus qui couvrent les approches d'Oran.

Il fut accueilli vigoureusement, et repoussé après avoir éprouvé de grandes pertes. Ce succès encouragea tellement la tribu des Douers, qu'ils entreprirent le lendemain, contre les Beni-Amer (2), partisans d'Abd-el-Kader, une expédition qui réussit complétement, et leur valut du butin et des troupeaux.

A Bone, une petite expédition fut dirigée dans le mois d'octobre contre les Beni-Salah. Voici à quelle occasion : les Beni-Salah avaient dépouillé des Arabes de la tribu d'Ichaoua et refusaient de leur rendre ce qu'ils leur avaient pris. On s'en plaignit aux cheiks, qui répondirent que leur autorité était méconnue, et qu'ainsi ils ne pouvaient pas eux-mêmes faire cesser le désordre. Ce fut pour mettre un terme à cette anarchie que le général d'Uzer marcha contre les Beni-Salah. Une partie seulement de la tribu avait pris part à la révolte : à l'approche du général, ces dissidents s'enfuirent; plusieurs d'entre eux s'étaient absentés depuis la veille pour aller commettre de nouveaux vols chez les Ichaoua.

Le général s'empara de leurs troupeaux, et rentra à Bone; ils y vinrent eux-mêmes le lendemain pour faire leur soumission et demander grâce. On leur rendit alors le butin fait sur eux, à l'exception de ce qui servit à indemniser les Ichaoua, et de quelques pièces de bétail détournées par les spahis auxiliaires.

Il ne se passa rien de remarquable à Bone depuis cette expédition jusqu'au départ du général d'Uzer, départ qui eut lieu au mois de mars suivant.

M. le maréchal Clausel était arrivé à Alger avec l'intention d'évacuer Bougie, où il aurait désiré établir un gouvernement indigène dépendant d'Alger. Il avait pensé que cette place, qui n'a jamais été qu'un embarras pour nous, pouvait être abandonnée sans inconvénient moral, dans un moment où le gouvernement était disposé à déployer de la force sur d'autres points.

En conséquence, il annonça la prochaine évacuation et donna des ordres pour la préparer. L'occupation de Bougie nous paralysait trois à quatre mille hommes. C'était là une considération qui ne pouvait qu'agir puissamment sur l'esprit essentiellement militaire du maréchal. M. le colonel du génie Lemercier entreprit de l'affaiblir, et même de la détruire, et y réussit. Il persuada au maréchal que Bougie, moyennant quelques nouveaux ouvrages, pourrait être facilement gardée par une garnison de mille hommes. Dès lors tous les inconvénients de l'occupation parurent détruits, et il ne fut plus question d'abandon.

Le changement fut si subit, que M. le lieutenant-colonel Girot, qui commandait à Bougie, reçut, par le même courrier, des ordres concernant l'évacuation, et communication, par le chef du génie, d'instructions qui les annulaient. Ne croyant pas que la position pût être défendue avec mille hommes, il ne voulut pas accepter la responsabilité d'une mesure qu'il désapprouvait, et il demanda son rappel. Il fut remplacé par M. de Larochette, lieutenant-colonel du 63° de ligne.

Ce fut sous le commandement de M. de Larochette que l'on occupa la position de Démons d'une manière permanente. Cette position était en quelque sorte le quartier général des Kabaïles dans leurs attaques contre Bougie, qu'elle domine à médiocre distance. Ils voyaient de là tout ce qui se faisait dans la place et dans les deux camps retranchés. Ils pouvaient arriver à Démons par la plaine et par la montagne, et restaient toujours maîtres de leur retraite, parce qu'on ne pouvait prendre aucune disposition pour les tourner sans qu'ils s'en aperçussent. L'occupation de ce point fut décidée dans une visite que le maréchal fit à Bougie le 28 octobre, au moment même d'une attaque des Kabaïles. En même temps qu'elle enlevait à l'ennemi des vues sur la place, elle devait nous en donner sur la plaine et rendre plus sûr le pacage de nos troupeaux.

Le 7 novembre, avant le jour, nos troupes s'établirent sur le rideau dont Démons forme le point principal. Il y avait là une vieille tour que l'on a cru être un ancien moulin. On boucha les brèches de cette tour et on la coiffa de l'étage supérieur d'un blockhaus. On bâtit ensuite sur d'anciennes constructions une enceinte bastionnée liée à la tour, et l'on donna à cet ouvrage le nom de fort Clausel. Les Kabaïles cherchèrent, par leurs attaques, à arrêter les travaux. Le 7, on tirailla presque toute la journée sur les hauteurs. La garnison de Bougie se composait alors du 2ᵉ bataillon d'Afrique, d'un bataillon du 13ᵉ de ligne, d'une compagnie de zouaves et d'un détachement du 3ᵉ régiment de chasseurs d'Afrique à cheval. Toutes ces troupes donnèrent, l'infanterie dans les montagnes et la cavalerie dans la plaine.

Le 8 novembre, les Kabaïles abandonnèrent les villages de Dar-Nassar, de Zeithoun et de Tarmina. Nos avant-postes s'établirent au premier. Les travailleurs du fort Clausel furent dès lors tout à fait couverts. Dans la plaine, notre cavalerie chargea celle du cheik Amiziane, qui fut dispersée. Le brick le *Liamone*, en station à Bougie, lui envoya quelques volées de canon. Amiziane fut blessé dans l'action. Ce cheik avait depuis peu remplacé son frère, Saïd-Oulidou-Rebah, mort de maladie.

La journée du 9 fut assez tranquille. M. de Larochette fut légèrement blessé dans une reconnaissance qu'il poussa vers la Summan.

Le 10, au matin, les Kabaïles occupèrent de nouveau le village de Dar-Nassar [1]. Cette position leur fut enlevée par le 2ᵉ bataillon d'Afrique et la compagnie de zouaves. Tout allait bien jusque-là; mais M. de Larochette, ne se contentant pas de rester maître des hauteurs, voulut agir au loin dans la plaine. Il y fit descendre le bataillon du 13ᵉ et la compagnie de zouaves, formant deux colonnes sans liaison entre elles. L'ennemi, profitant de cette faute, tomba sur les zouaves, qui étaient trop éloignés du 13ᵉ pour être secourus; ils furent obligés de se replier, après avoir perdu une dizaine d'hommes. Le capitaine Davière, qui les commandait, fut grièvement blessé.

Le lendemain 11, le commandant supérieur se rendit, avec le 2ᵉ bataillon d'Afrique, sur le champ de bataille de la veille pour faire enterrer les morts. A son retour, il fut attaqué par les Kabaïles, mais il les repoussa et leur fit éprouver des pertes sensibles.

Les jours suivants, les Kabaïles ne parurent plus qu'en petit nombre jusqu'au 19, où ils cessèrent entièrement de se montrer.

[1] Dar-Nassar (la Maison de la victoire), ainsi nommé parce que c'était là qu'était le quartier général du général arabe qui enleva Bougie aux Romains du Bas-Empire

Les travaux du fort Clausel étant terminés, on appuya cet ouvrage, à droite et à gauche, par deux nouveaux blockhaus dont l'établissement parut nécessaire au complément du nouveau système de défense. Celui de droite reçut le nom de blockhaus Doriac[1], et celui de gauche le nom de blockhaus Rapatel. Le camp retranché inférieur, qui était très-malsain, fut évacué. Le bataillon du 13e et la compagnie de zouaves rentrèrent à Alger. L'escadron du 3e de chasseurs d'Afrique fut renvoyé à Bone, moins un faible détachement.

Du reste, la garnison de Bougie ne fut pas réduite à mille hommes; on en sentit bientôt l'impossibilité : restreinte au 2e bataillon d'Afrique, à quelque peu d'artillerie et à une compagnie du génie, elle a toujours présenté cependant un effectif de plus de deux mille hommes en 1836. Il a peu varié depuis cette époque.

EXPÉDITION DE MASKARA.

L'arrivée des renforts venant de France décida l'expédition de Maskara, et le maréchal Clausel remit celle de Tlemcen immédiate... ent après cette première terminée.

Le 21 novembre, le maréchal débarqua à Oran, accompagné de S. A. R. Mgr le duc d'Orléans, qui avait désiré faire la campagne.

Avant de commencer les opérations militaires, le maréchal avait ordonné la prise de possession de la petite île de Rachgoun, située près du rivage, à l'embouchure de la Tafna. Cette occupation, qui menaçait la côte, empêcha, comme on l'espérait, quelques tribus du littoral d'aller se joindre à l'émir.

Un camp nombreux d'Arabes vint s'établir en observation en face de l'île.

La ville de Maskara[2], but de l'expédition, est située à douze lieues de la mer, en ligne directe, et à dix-huit lieues est-sud-est d'Oran. Cette ville, d'une assez grande importance commerciale, renfermait de nombreuses maisons ; mais sa population était tellement incertaine, que le chiffre s'élevait, d'après les différentes évaluations, de quatre mille à quinze mille. Maskara est assise sur une chaîne de collines dépendantes du petit Atlas. Des hauteurs boisées, des gorges profondes, des rivières torrentueuses et des plaines arides, rendent difficile

---

[1] Nom d'un officier tué à la prise de Bougie.

[2] Nous empruntons les principaux traits de l'expédition de Maskara à une relation publiée en 1836 dans la *Sentinelle de l'armée* et dans le *Journal des Débats*, relation attribuée à un des officiers principaux qui ont pris part à cette expédition.

et périlleuse la route qui mène d'Oran à cette ville. C'était néanmoins à travers ces obstacles, déjà signalés par le revers du général Trézel, que les Français devaient arriver à la capitale de l'émir.

L'armée expéditionnaire, forte d'environ dix mille hommes de toutes armes, et d'un corps auxiliaire assez nombreux de Turcs et d'Arabes, commandé par le bey français Ibrahim, était réunie au camp du Figuier, à trois lieues d'Oran.

Le duc d'Orléans, qui n'exerçait aucun commandement actif, accompagnait le maréchal Clausel.

La brigade d'avant-garde était placée sous le commandement du maréchal de camp Oudinot, qui avait repris du service pour venger la mort de son frère (qui avait été tué au combat de la Macta).

Les autres brigades avaient pour chefs les généraux Perrégaux et d'Arlanges, et le colonel Combes, et la réserve était commandée par le lieutenant-colonel de Beaufort.

Départ de l'expédition. — Le 26 novembre, le duc d'Orléans et le maréchal Clausel partirent d'Oran pour le camp du Figuier. La route, parcourue depuis la veille par des forces considérables, était parfaitement sûre, même pour des voyageurs isolés. Le camp du Figuier était également à l'abri d'un coup de main, et l'établissement eût paru excellent, si l'on n'y eût souffert du manque d'eau.

Le 27, le général Oudinot partit pour le camp de Tlétat avec sa brigade, et fut rejoint par le bey Ibrahim, qui, resté sur les derrières, s'y transporta cependant en une seule marche et avec une ardeur qui parut de bon augure.

Le 28, toute l'armée était sur le Tlétat; l'état-major général, les quatre brigades et les convois étaient campés sur la rive gauche, tandis que le commandant de Lamoricière avec ses zouaves, et le bey Ibrahim avec ses Turcs, prenaient position en avant sur la rive droite. On ne reçut pas un coup de fusil cette nuit-là, mais on manqua d'eau, et il fallut qu'un gros de la troupe remontât la rivière pour s'en procurer et faire boire les chameaux.

Le 20, à sept heures et demie du matin, toute l'armée se mit en marche.

L'ennemi commença à voltiger sur nos flancs et à tirer quelques coups de fusil. L'armée cependant avançait sur trois colonnes dans l'ordre suivant :

La première brigade, les convois entre la seconde et la troisième, la réserve derrière les convois, la quatrième fermait la marche. Cet ordre était quelquefois contrarié par les difficultés du terrain, mais on y revenait bientôt.

L'armée traversa sans coup férir la forêt de Muley-Ismaël, témoin du combat livré avec tant d'audace et si peu de bonheur par le général Trézel; elle franchit ensuite l'Onyasse, torrent desséché, et reçut sur son flanc droit quelques coups de feu tirés par les Beni-Hamar, et qui ne lui firent aucun mal.

Épuisée de fatigue et de soif, la colonne arriva sur le Sig, vers quatre heures de l'après-midi, sans avoir pu trouver une goutte d'eau de toute la journée, et quoiqu'elle eût marché sous un soleil brûlant.

Le 30 novembre et le 1er décembre, l'armée séjourna sur le Sig, campée à peu près dans le même ordre que sur le Tlétat; l'avant-garde sur la rive droite, le reste formant un énorme carré dont un des grands côtés se prolongeait parallèlement au Sig; et, dans l'intérieur du carré, les réserves et les convois.

Le 2 décembre, le maréchal, accompagné du duc d'Orléans, ayant avec lui cinq bataillons, trois cents chevaux et dix pièces d'artillerie, poussa une reconnaissance vers un camp de Bédouins que l'on apercevait à deux lieues de l'établissement français, en remontant le Sig sur sa rive droite. La reconnaissance suivait la rive gauche.

On se battit pendant cinq heures. Le camp ennemi fut enlevé.

Le détachement français ne se retira qu'à la nuit, ayant trois morts et quarante-quatre blessés; les Arabes avaient perdu beaucoup plus de monde. Ce premier engagement ouvrit la campagne; il fut très-vif, et les troupes y déployèrent un grand courage.

Combat de Sidi-Emburuk. — L'armée quitta le camp du Sig le 3 décembre, à sept heures du matin; à neuf heures, toute son arrière-gauche et une partie de ses flancs se trouvèrent engagés par le feu le plus vif. Abd-el-Kader était en avant de la tête de colonne manœuvrant pour opérer une diversion.

A deux heures, le maréchal fit faire un changement de direction à droite à ses deux premières brigades. Ce mouvement s'exécuta lentement; cependant les Arabes perdirent peu de monde.

L'avantage qu'obtint le maréchal par cette manœuvre habile était plus important : les Arabes se trouvèrent coupés en deux corps, et les Beni-Hamer, qui étaient en arrière, se voyant séparés d'Abd-el-Kader et ne recevant plus d'ordres, ayant eu d'ailleurs un très-grand nombre de tués et de blessés dans la matinée et le jour précédent, se retirèrent; la fusillade cessa et la colonne se remit en route.

Tout à coup, comme elle arrivait à Sidi-Emburuk, près des marabouts de l'Habrah (les marabouts sont des mosquées isolées dans la campagne), une vive canonnade l'arrêta : plusieurs pièces d'artillerie, étagées sur la montagne, lançaient des obus et des boulets dans les rangs de nos soldats ; quelques-uns furent blessés ; un voltigeur du 2ᵉ léger eut les deux jambes emportées. Les têtes des colonnes ne paraissaient pas disposées à rétrograder ; le prince et le maréchal Clausel s'y portèrent au galop, et l'attaque se prépara. — Malheureusement un ravin profond séparait encore l'artillerie française du point où il fallait la placer ; mais, à force de chevaux et de bras, on parvint à faire passer six pièces, qui ouvrirent un feu très-nourri. La tête de colonne ayant continué, pendant que cette résistance s'organisait sur la droite, à se porter en avant, fut accueillie, à quelque distance de là, par une grêle de balles : l'infanterie ennemie était embusquée, sur notre gauche, dans un ravin et dans des bois, et de là faisait une bonne contenance. La mitraille de l'artillerie française fut dirigée contre ces troupes ; en même temps, l'infanterie se porta, au pas de course, sur le ravin et sur le bois. En ce moment, le duc d'Orléans, qui se trouvait sur un des points les plus exposés dans les rangs des fantassins, reçut une balle morte à la cuisse gauche : le coup était parti du bois... Deux compagnies de voltigeurs l'enlevèrent à la baïonnette.

L'infanterie ennemie, établie dans le ravin, fut cernée de toutes parts ; elle n'en sortit que pour périr sous le feu des tirailleurs ou de la mitraille. Abd-el-Kader, qui avait eu son porte-étendard et son secrétaire tués à côté de lui, après avoir montré le plus grand courage et s'être promené audacieusement pendant le combat sous la mitraille, se retira avec quelques cavaliers et disparut rapidement.

Ceci se passait sur la gauche. La droite de la colonne n'avait pas été moins vigoureuse. Exposée au feu de l'artillerie ennemie, elle avait marché vivement, et bientôt elle se trouva garantie de la canonnade par un contre-fort de la montagne. N'ayant plus affaire qu'à la gauche de l'infanterie ennemie, elle la culbuta. Malheureusement, dans cet engagement de l'avant garde, le général Oudinot fut blessé d'une balle à la cuisse, et forcé, après l'action, de quitter son commandement.

L'armée continua sa route vers l'Habrah, où elle s'installa à la nuit, après avoir jeté un pont sur les deux rives. Elle avait eu dans le combat une cinquantaine d'hommes tués ou blessés.

Le 4 décembre, à sept heures, l'armée se remit en marche et passa l'Habrah. L'arrière-garde et le flanc droit de la colonne furent vivement inquiétés par une fusillade très-soutenue. La maréchal fit appuyer à gauche, et déjà les Arabes d'Abd-el-Kader criaient bon voyage à nos soldats, croyant qu'ils rétrograderaient vers Mostaganem.

Tout à coup le maréchal commande *Tête de colonne à droite!* à ses deux premières brigades (le général Marbot remplaçait le général Oudinot) : celle commandée par le général Perrégaux aborda un mamelon qui s'élevait sur la gauche et le couronna presque sans combat; la brigade Marbot accourt par un autre passage. Les deux brigades une fois sur la crête, on reconnaît que la brigade Perrégaux est sur la bonne voie; on laisse la brigade Marbot en position. Alors la brigade commandée par le général d'Arlanges reçoit l'ordre de suivre la même route que celle du général Perrégaux et fait monter les chameaux avec elle.

La brigade Combes et la réserve, sous les ordres du lieutenant-colonel Beaufort, restèrent en bas pour garder les convois et les voitures, qui ne pouvaient suivre avant que le génie eût exécuté des travaux assez considérables. Les trois premières brigades se portèrent seules en avant et arrivèrent aux marabouts de Ouled-Sidi-Ibrahim, où elles s'arrêtèrent pour bivaquer; le convoi, bien escorté, arriva un peu plus tard et en bon ordre.

Le 5 décembre on se mit en route d'assez bonne heure.

Les brigades suivaient la vallée et le cours du Rio-Salado, escortées par deux brigades. L'état-major marcha avec le général Marbot, qui manœuvra sur la droite pour couvrir les convois.

Vers midi cette brigade était attaquée par les Beni-Mougran, que le commandant de Lamoricière, avec ses zouaves et une compagnie de voltigeurs du 2ᵉ léger, mit en fuite.

*Arrivée et séjour à Maskara.—Destruction de cette ville.—*Le 6 décembre, au moment où l'avant-garde arrivait sur une pente qui descend à une tribu appelée El-Berg, le kaïd de cette tribu vint au-devant de nos soldats pour les assurer de sa neutralité et de celle de tout son monde. Malgré quelques coups de fusil tirés çà et là, il devenait évident que le parti d'Ab-el-Kader, qu'on ne rencontrait plus, était dissous.

Le maréchal réunit les brigades Marbot et Perrégaux, et, accompagné du duc d'Orléans, se porta vivement sur Maskara, dont il était encore éloigné de trois bonnes lieues. Cette avant-garde marchait très-vite; elle arriva vers les cinq heures. Le prince et le maréchal, escortés par la cavalerie et par des zouaves, entrèrent des premiers

dans Maskara, où ils précédèrent de quelques heures les brigades
Marbot et Perrégaux. Les généraux d'Arlanges et Combes avaient reçu
l'ordre d'arrêter leurs mouvements. Ces deux brigades ne rejoignirent
le corps principal qu'au moment de sa retraite sur Mostaganem, le
maréchal ayant voulu leur éviter une fatigue inutile et se jugeant en
sûreté dans les murs de Maskara.

La ville était occupée depuis quelques heures par les troupes du
bey Ibrahim. A l'arrivée du maréchal, les désordres cessèrent, mais
la ville était dans un état déplorable : une partie des maisons brûlaient, la plupart étaient vides ; les juifs, victimes de la rapacité et de
la fureur des Arabes, pleuraient devant leurs portes; plusieurs avaient
été massacrés avec leurs femmes et leurs enfants.

L'arrivée des troupes françaises rendit quelque sécurité à ces malheureux. Le prince et le maréchal s'installèrent dans la maison d'Abd-
el-Kader, qui n'avait pas été plus respectée que les autres ; les états-
majors y trouvèrent également place. Le bey Ibrahim s'établit à la
Kasbah; quelques compagnies d'infanterie furent logées dans la ville;
le reste fut à couvert dans le fort et dans les faubourgs, très-heureuse-
ment pour eux, car la nuit fut affreuse : la pluie tomba sans interruption et le vent ne cessa pas de souffler avec fureur.

Le 7 décembre le maréchal laissa reposer les troupes. La ville fut
fouillée : on y trouva des provisions considérables de blé, d'orge, de
paille, de biscuit d'assez mauvaise qualité, des dépôts de soufre et de
salpêtre, mais nulle part de la poudre confectionnée. Abd-el-Kader
avait aussi fait à la Kasbah quelques grossiers fourneaux et des forges;
enfin on retrouva tous les débris de notre artillerie tombée au pouvoir
de l'ennemi après l'échec de la Macta. L'obusier fut repris; des pièces
espagnoles à peu près hors de service furent encloués. Le maréchal
termina cette première tournée en visitant le petit fort et les murailles
de circonvallation, et trouva qu'elles n'auraient offert rien de redoutable s'il avait fallu s'en emparer de vive force.

Ce même jour le maréchal envoya au général d'Arlanges, commandant l'arrière-garde, l'ordre de rétrograder avec sa brigade, celle du
colonel Combes et la réserve, jusque sur les positions que l'armée
avait occupées le 4 en deçà de l'Habrah.

Le 8 décembre, le bey Ibrahim ayant paru peu disposé à rester à
Maskara, à cause de l'impossibilité d'entretenir, d'un point si éloigné,
des rapports avec les établissements français et de s'appuyer sur une
force respectable, le maréchal résolut de brûler la ville.

Les juifs demandaient à grands cris à être emmenés avec l'armée française. Rien ne s'opposait donc à l'exécution de ce projet. On commença par démanteler les forts, on abattit les murailles, on fit des amas de combustible dans les édifices publics et dans les maisons particulières, et tout se prépara pour le départ du lendemain et pour le vaste incendie qui devait, au moment où les dernières troupes quitteraient la ville, consommer la ruine de Maskara.

Départ. — Mauvais temps. — Difficultés de la retraite. — Le 9, dès le matin, les troupes commencèrent le mouvement : Ibrahim ouvrait la marche; marchaient ensuite sept ou huit cents juifs de tout âge et de tout sexe; ces malheureux, qui abandonnaient pour toujours la ville où ils avaient vécu, où la plupart étaient nés, ne furent pas tous prêts à l'heure militaire et retardèrent pendant quelques heures le départ de l'arrière-garde; cependant à neuf heures elle fut en route.

Le général Oudinot, qui avait voulu remonter à cheval, conduisait la tête de colonne et commandait deux brigades; le général Marbot marchait le dernier.

Arrivée sur le haut de la montagne au bas de laquelle était située Maskara, l'armée put voir une dernière fois les flammes qui dévoraient cette malheureuse ville, qu'avaient abandonnée presque en même temps ses défenseurs, ses habitants et ceux qui venaient d'en faire la conquête.

A deux ou trois lieues de là, quelques Arabes échappés à la déroute de l'Habrah se mirent à tirer sur l'arrière-garde, attirés par l'appât du butin. Le brave commandant de Lamoricière leur tendit une embuscade, en tua plusieurs et débarrassa pour quelque temps l'arrière-garde de ces tirailleurs dangereux. L'armée ne fit guère plus de quatre lieues ce jour-là. Le temps était affreux; l'état-major général passa la nuit dans une mosquée, à El-Berg; une petite partie de la brigade Perrégaux put s'abriter dans des huttes de paille; le reste de la division bivaqua sous la pluie et presque sans feu, car on ne trouvait d'autres arbres que des figuiers, et ce bois ne brûle que difficilement.

Le 10 décembre, le maréchal était décidé à ne pas rester plus longtemps séparé de ses bagages et du reste de ses troupes. Il lui fallait donc faire dans cette journée tout le chemin que l'armée avait mis un jour et demi à parcourir précédemment. La brigade Perrégaux marchait en tête; elle se mit en mouvement avec facilité. Le général Marbot devait former l'arrière-garde, comme la veille; les auxiliaires ne demandaient aussi qu'à marcher, mais cette pauvre population juive ne pouvait plus bouger. Que faire alors contre des vieillards, contre de malheureuses femmes, contre des enfants roidis par le froid? C'était un triste spectacle et un immense embarras.

Le mouvement de la colonne se trouva forcément suspendu, et il fallait aviser aux moyens de faire avancer ces malheureux; car pouvait-on les abandonner dans ce désert, si près de leurs maisons brûlées, si loin de l'établissement français, au milieu des Arabes, qu'on apercevait encore rôdant autour de l'armée et convoitant cette proie? Nos soldats eurent bientôt pris leur parti.

Les cavaliers établirent des femmes et des enfants sur leurs chevaux; les fantassins eux-mêmes, quoique harassés de fatigue, placèrent quelques-uns des plus invalides sur leurs sacs, et la colonne se remit en mouvement non sans peine[1].

Au bout de quelques heures et tandis que toute cette foule de malheureux cheminait péniblement sur les cimes des plus hautes montagnes, tandis que nos soldats, piétons et chevaux, gravissaient avec des efforts inouïs leurs pentes glissantes et leurs ravins défoncés, tout à coup l'armée fut assaillie par une pluie violente, mêlée de grêlons, et elle se trouva enveloppée dans des brouillards si épais, qu'on ne se voyait point à dix pas et que les tambours furen' obligés de battre la marche pour empêcher les colonnes de s'égarer. Ce fut un moment cruel; mais jamais peut-être, dans tout le cours de la campagne, le moral de l'armée ne parut meilleur. Le maréchal était admirable par son impassibilité et par le dédain qu'il montrait pour des circonstances qu'on pouvait sans faiblesse considérer comme menaçantes. Le prince, plus jeune, moins éprouvé par les rigueurs de la guerre, se montrait aussi plus sensible aux maux qui l'entouraient. Son exemple encourageait ceux dont le moral avait besoin d'être soutenu; sa bourse était toujours ouverte pour récompenser les bonnes actions et pour aider les malheureux. Chaque officier était à son poste et faisait son devoir; nos soldats, glissant dans la boue, pliant sous le faix, baissant la tête sous les torrents de pluie qui tombaient, se montraient encore gais, braves et compatissants.

Enfin, après bien des peines et quelques mouvements militaires fort habilement combinés dans les défilés de Ouled-Sid-Ibrahim, on toucha au but que le maréchal avait voulu atteindre, la jonction des deux corps d'armée, et tout le monde reprit les positions précédem-

---

[1] D'après le dire de M. Pélissier, officier d'état-major, il a vu un chasseur chargé de deux enfants d'un âge si tendre, qu'il ne pouvait les nourrir qu'en mâchant du biscuit, qu'il leur faisait avaler.

ment occupées, le 4 décembre, aux marabouts de Sidi-Ibrahim, après avoir fait, par un temps épouvantable et des chemins affreux, une route de sept grandes lieues.

Le 11, à huit heures du matin, l'armée quitta son bivac. Elle était complétement sortie de la montagne, et se trouvait alors dans une vaste plaine qu'il fallait traverser pour aller de Maskara à Mostaganem. A gauche, coulait l'Habrah, témoin de la victoire du 3 décembre ; à droite, s'élevaient des montagnes au pied desquelles la colonne marchait sur un terrain plus solide que n'était la plaine, coupée dans tous les sens par des canaux profonds qui servent à la dessécher. En avant de l'armée, et à cinq lieues environ du point où elle se trouvait alors, on apercevait les montagnes qui s'étendaient en avant de Mostaganem comme un immense rideau.

L'expédition avait duré seize jours, et n'avait eu d'autre résultat que la destruction de Maskara. — Le prince royal quitta Mostaganem le 14 décembre, et, cinq jours après, le 19, il débarqua à Toulon.

Le passage de la plaine n'offrit aucune difficulté de terrain, et les Arabes n'inquiétèrent que faiblement l'arrière-garde. Ayant trouvé en chemin des silos bien approvisionnés, l'armée y prit de quoi faire souper tous les chevaux, malgré la résistance des Arabes ; puis elle alla camper aux marabouts, où elle trouva de l'eau. Le prince et le maréchal couchèrent dans l'intérieur des mosquées.

Arrivée à Mostaganem. — Le lendemain, 12 décembre, on envoya les transports prendre l'orge et la paille dans les silos, que la cavalerie avait déjà exploités la veille ; puis nos soldats y mirent le feu pour punir les Arabes d'avoir tiré sur eux. Lorsque le convoi de fourrages arriva, toute l'armée se remit en mouvement et marcha sur Mostaganem.

A quelques lieues de cette ville, pendant une halte de la colonne, le duc d'Orléans et quelques officiers de l'état-major s'étant écartés à quelque distance du côté d'une ferme où ils voulaient se rafraîchir, les chevaux furent débridés. Cependant le prince royal était resté à cheval.

Tout à coup on entendit une fusillade : des Arabes approchaient ; l'armée était loin, et le duc d'Orléans pouvait courir un grand danger. Tout se disposa pour une défense énergique. Par bonheur, les zouaves, qui avaient suivi de loin et à pied le mouvement du prince royal, voyant le danger où il se trouvait, accoururent et réussirent, avec le prince et ses officiers, à chasser les Arabes. Le prince rejoi-

gnit au galop la colonne de marche, et enfin l'armée arriva tout
entière et en bon ordre à Mostaganem.

Ainsi, le 12 décembre, l'armée entra à Mostaganem, où le duc d'Orléans s'embarqua pour France.

Le maréchal résolut de clore là la campagne, se réservant d'aller,
un peu plus tard, secourir Mustapha-ben-Ismaël et la garnison du
Méchouar de Tlemcen. Le maréchal fut embarqué pour Oran, où les
brigades se rendirent successivement par terre, du 16 au 21.

Les juifs se partagèrent entre Oran et Mostaganem. Ils furent généreusement secourus par leurs coreligionnaires.

Ibrahim fut laissé à Mostaganem avec ses Turcs. Le maréchal, qui
n'avait pu le substituer à Abd-el-Kader, attendu qu'il n'avait pas jugé
convenable de le laisser à Maskara en sa qualité de bey, comme il
en avait eu l'intention en partant d'Oran, le maréchal ne trouva pas
que Maskara pût être occupée par une garnison française, étant beaucoup
trop éloignée de nos établissements nouveaux et n'offrant pas assez de
ressource de défense pour l'occuper militairement; c'est ce qui détermina le maréchal Clausel à ruiner complétement la ville d'Abd-el-Kader
avant de l'abandonner, pour affaiblir du moins les ressources de ce
dernier. Il se contenta donc de laisser Ibrahim comme bey de Mostaganem, ne pouvant confirmer sa nomination de bey de Maskara.

Le 18 décembre, M. le maréchal Clausel rentra à Oran.

Le 2ᵉ léger, moins les compagnies d'élite, fut embarqué pour Alger.
Il devait remplacer le 10ᵉ léger, qui rentra en France dans le courant
de février.

CHAPITRE II

DOMINATION FRANÇAISE

1836. — Expédition de Tlemcen. — Occupation de Tlemcen. — Combats sur la Sofsif
et reconnaissance des sources de la Tafna. — Combat de la Tafna. — Retour à
Oran.

1836. *Expédition de Tlemcen.* — L'année 1836 commença par une
expédition contre Abd-el-Kader, projetée après l'expédition de Maskara,
et dans laquelle le maréchal Clausel espérait porter le dernier coup à

l'émir, ennemi des Français. Cinq régiments et deux bataillons, ainsi
que les troupes indigènes qui devaient former le corps expéditionnaire, avaient été réunis à Oran. Ils furent divisés en trois brigades
aux ordres des généraux Perregaux et d'Arlanges et du colonel
Combes. Le maréchal Clausel s'en était réservé le commandement supérieur. Huit obusiers de montagne, quatre pièces montées, une batterie de fusées à la Congrève, un équipage de ponts et quatre compagnies du génie complétèrent l'ensemble des moyens jugés nécessaires
pour surmonter tous les obstacles que les Arabes et le terrain pourraient opposer à la marche des Français.

Ce corps partit d'Oran le 8 janvier 1836; il était temps d'entrer en
campagne. — Abd-el-Kader commençait à se relever : il comptait sous
ses ordres plus de huit mille combattants et attendait du secours des
Marocains. El-Mezary, son lieutenant, l'avait abandonné; mais cette
défection avait trouvé peu d'imitateurs parmi les Arabes. Abd-el-
Kader avait d'ailleurs coupé court à toute velléité de désertion en bat-
tant quelques tribus des Arabes du désert d'Angad, soulevées par le
fils de Sidi-el-Gomary. L'émir avait, en outre, mis en déroute et rejeté
dans le Méchouar (citadelle de Tlemcen) les Koulouglis, partisans des
Français, qui, commandés par Mustapha-ben-Ismaël, avaient tenté de
se réunir aux Arabes du désert. Abd-el-Kader, après ce double succès,
était rentré à Tlemcen, qu'il n'avait pas d'ailleurs l'intention de défendre, car, lorsqu'il apprit la marche des Français, il évacua cette
ville en poussant toute la population devant lui.

Après cinq jours de marche dans un pays triste et monotone, l'armée arriva en vue de Tlemcen, dont les environs lui offrirent une
contrée délicieuse.

Dans aucune partie de la régence la végétation ne présente autant de
force et de fraîcheur. Tlemcen est bâtie sur un plateau au nord duquel
s'étend une plaine parfaitement cultivée. Cette ville est abritée contre
les vents du sud par une montagne élevée, qui, en hiver, est souvent
couverte de neige. Les eaux y sont bonnes et abondantes, et le sol y est
d'une admirable fertilité. A un quart de lieue à l'est de la ville est le
beau village de Sidib-ou-Meddin, et, à une lieue au sud, celui d'Aïn-el-
Hautti (la source des poissons). A l'ouest de Tlemcen sont les restes de
Mensourah, vaste enceinte fortifiée à l'antique, au centre de laquelle
se trouvent les ruines d'une mosquée d'une grande magnificence.

Mensourah était, dit-on, un camp retranché, construit par un empereur de Maroc qui, dans le quatorzième siècle de notre ère, fit inutilement, pendant dix ans, le siége de Tlemcen. Le Méchouar, ou

citadelle de Tlemcen, est situé dans la partie sud de la ville, à l'enceinte de laquelle il est lié.

Occupation de Tlemcen. — Dans la nuit du 12, le maréchal Clausel avait appris, par une lettre de Mustapha-ben-Ismaël, que l'émir et les Haderas (Maures citadins) avaient abandonné la ville, où il ne restait que des Turcs, des Koulouglis et des juifs. Le 13, le maréchal fit son entrée à Tlemcen. Mustapha vint au-devant de lui à plus d'une lieue, et le canon du Méchouar salua le général en chef français.

L'occupation de Tlemcen se fit avec beaucoup d'ordre : le maréchal en régla lui-même les détails. On trouva dans la ville des ressources abondantes en vivres. Le maréchal se décida à rester à Tlemcen autant de temps qu'il lui en faudrait pour régler les affaires du beylik.

La beauté du pays lui fit croire à la richesse de la ville.

On crut que la population de Tlemcen regorgeait de richesses : on résolut de laisser dans cette ville une garnison française aux frais des indigènes. A cet effet, on frappa sur eux une contribution de deux millions; et, comme ils déclarèrent qu'il leur était impossible de l'acquitter, on fit mettre en prison les notables maures et juifs, et même les chefs des Turcs et des Koulouglis, nos alliés. Un juif d'Oran, nommé Lassary, et le commandant Yousouf furent chargés de faire rentrer cette contribution par les moyens mis en usage en pareil cas. Mais ces violences ne produisirent pas ce qu'on attendait. Elles ne firent pas d'amis aux Français, et ne donnèrent d'autres résultats que trente-cinq mille cinq cents francs en numéraire et quelques bijoux de peu de valeur. Le maréchal, avant de quitter Tlemcen, renonça à cette contribution et décida que la somme perçue serait comptée en déduction d'un tribut annuel de deux cent mille francs imposé au beylik de Tlemcen [1].

Pour former la garnison de Tlemcen, le maréchal organisa un bataillon de cinq cents hommes de bonne volonté, dont le commandement fut confié au capitaine de génie Cavaignac (3). Ce nouveau corps fut installé, le 24 janvier, dans le Méchouar, qui cessa ainsi d'être au pouvoir des Turcs et des Koulouglis.

Combat sur le Sefsif et reconnaissance des sources de la Tafna. — Trois jours après son entrée à Tlemcen, le maréchal fit marcher contre Abd-el-Kader (qui était campé dans la montagne, à un peu plus d'une

---

[1] En 1837, les Chambres ordonnèrent la restitution aux habitants de Tlemcen des sommes provenant de cette contribution.

lieue de Tlemcen, entre les sources du Sefsif et l'Amighiera) les deux premières brigades, les cavaliers de Mustapha et d'El-Mezary, ainsi que les Turcs et les Koulouglis, dont il avait fait renouveler l'armement la veille. A l'approche de ces troupes, qui manœuvraient de manière à l'envelopper, l'émir s'éloigna en toute hâte. On l'atteignit néanmoins.

Une dépêche du maréchal rendit ainsi compte de cette affaire :

« Un combat s'est engagé, le 16 janvier, entre nos Arabes auxiliaires et les soldats de l'émir; cinquante de ses fantassins ont eu la tête coupée, sur deux cents qui l'accompagnaient, et qui, avec les douze cents Maures armés de Tlemcen, formaient toute sa troupe. Toutes les tentes d'Abd-el-Kader, trente mulets et un drapeau sont tombés en notre pouvoir, ainsi qu'une partie de la population en fuite de la ville; plusieurs des principaux Maures qui avaient suivi l'émir sont venus faire leur soumission; la promptitude de nos alliés à se porter en avant n'a pas laissé à notre infanterie le temps de prendre part au combat.

« Dans cette circonstance, nous avons eu pour auxiliaires quatre cents cavaliers du désert d'Angad et quatre cents Douers et Smélas, ce qui, avec le 2e régiment de chasseurs, formait treize cents chevaux; nous n'avions jamais eu ici une pareille force en cavalerie. Le chef d'escadron Yousouf, que j'avais fait venir de Bone, était à la tête des cavaliers indigènes, commandés par El-Mezary; six fois, en poursuivant Abd-el-Kader, il est parvenu à le couper des siens: souvent il n'a été séparé de lui que par une distance de quarante pas, et si son cheval n'avait pas été épuisé par un galop de trois heures, il se serait certainement emparé de lui. »

Le 17, les brigades rentrèrent à Tlemcen, conduisant avec elles deux mille individus de tout sexe et de tout âge, parmi lesquels on comptait moins d'hommes que de femmes et d'enfants.

Cependant l'établissement d'une garnison française à Tlemcen imposait l'obligation d'assurer les communications entre cette ville et Oran, qui est à plus de trente lieues. Le maréchal songea à profiter de l'embouchure de la Tafna et de l'île Rachgoun, ce qui réduisait à dix lieues le trajet par terre. En conséquence, il partit de Tlemcen le 25 janvier, avec la 2e et la 3e brigade et les indigènes auxiliaires, pour aller reconnaître le cours de la Tafna, établir un fort poste à l'embouchure de cette rivière [1], et se mettre en communication avec Rachgoun.

---

[1] C'est-à-dire vis-à-vis l'embouchure de cette rivière, à l'île Rachgoun.

La 1re brigade fut laissée à la garde de Tlemcen.

Le corps expéditionnaire arriva le soir au confluent de l'Isser et de la Tafna sans avoir rencontré d'ennemis; mais le maréchal avait reçu dans la nuit l'avis qu'Abd-el-Kader occupait la gorge qui se trouve au delà de ce point.

Combat de la Tafna. — Le 26 janvier au matin, toutes les troupes franchirent l'Atlas, excepté le 11e de ligne, qui resta sur la rive gauche de la Tafna, afin de couvrir les bagages et l'embarquement des malades à Rachgoun pour Oran. Le général d'Arlanges eut l'ordre de gravir les hauteurs de droite avec le 1er bataillon d'Afrique, deux cent cinquante Douers et Smélas, commandés par Mustapha-Ismaël, et environ trois cents Turcs et Koulouglis, à la tête desquels se mit le commandant Yousouf.

Le colonel de Gouy s'établit, avec le 2e de chasseurs d'Afrique et un bataillon du 66e de ligne, au pied des hauteurs, pour recevoir l'ennemi dans la plaine, lorsque le général d'Arlanges l'aurait débusqué de ses positions. Le 2e bataillon du 66e de ligne fut placé en intermédiaire entre le colonel de Gouy et les bagages. Voici quelle était la position de l'ennemi : Abd-el-Kader, avec deux mille chevaux, occupait un contre-fort des hauteurs de droite. Un monticule situé au pied de ce contre-fort, à l'entrée de la plaine, était occupé par un millier de fantassins. Les Kabyles garnissaient les hauteurs de la rive gauche de la Tafna. Vers dix heures du matin, Mustapha engagea l'action en fondant avec sa petite troupe sur celle d'Abd-el-Kader. L'émir ne l'attendit pas et descendit dans la plaine. Il fut alors séparé d'une partie de son aile gauche, qui gagna le haut des montagnes et cessa de prendre part au combat.

Mustapha, enhardi par ce succès, et soutenu par les Turcs et les Koulouglis, se mit à sa poursuite. Mais, arrivé dans la plaine, Abd-el-Kader s'aperçut du petit nombre d'adversaires qu'il avait à ses trousses, fit volte-face, et allait sans doute refouler les auxiliaires dans la montagne, lorsqu'il fut chargé par le 2e de chasseurs soutenu par un bataillon du 66e de ligne; l'escadron turc de ce régiment, commandé par le lieutenant Mesmer, se conduisit avec la plus grande vigueur. Un brigadier, nommé Méhémet-Soliman, tua seul trois cavaliers ennemis, et fut nommé maréchal des logis sur le champ de bataille.

Abd-el-Kader eut peine à repasser la Tafna. Le colonel de Gouy la franchit, et se mit à sa poursuite en remontant la rivière. Pendant ce temps le maréchal Clausel, avec un demi-bataillon du 66e, la remontait par la rive gauche en écrasant l'ennemi sous le feu de deux pièces de campagne.

A quatre heures, le feu cessa, et l'ennemi avait disparu.

Le maréchal rallia ses troupes, qui couchèrent dans les mêmes bivacs que la veille. Les bagages furent un instant vivement attaqués: mais un escadron, conduit par le capitaine Bernard et soutenu par une compagnie de grenadiers du 11ᵉ de ligne, repoussa l'ennemi.

Les Arabes eurent au moins deux cents hommes tués ou blessés; trente et une têtes coupées furent rapportées au camp par les auxiliaires.

Le vieux Mustapha fit preuve d'une grande habitude de la guerre et d'une admirable intrépidité. El-Mezary se conduisit avec bravoure. Un des porte-drapeaux d'Abd-el-Kader, poursuivi par le sous-lieutenant Savarez, et sur le point d'être atteint, se précipita dans le lit de la Tafna, dont les bords sont à pic et très-élevés. Il périt dans la chute, mais il sauva son drapeau, qui fut ramassé par un autre Arabe.

Le 27, au moment où le maréchal, voulant savoir exactement la position de l'émir, se disposait à faire battre le pays par une forte reconnaissance, il fut averti que de nombreuses colonnes d'infanterie et de cavalerie se montraient à l'ouest et se dirigeaient vers son camp.

Il fit aussitôt ses dispositions pour recevoir l'ennemi, qui paraissait fort de huit à dix mille hommes. Le convoi quitta la plaine et fut placé sur un plateau à cheval sur la route de Tlemcen, un peu en arrière de sa première position. Les deux brigades occupèrent les hauteurs, et les auxiliaires furent placés à la gauche de l'infanterie française.

L'ennemi attaqua à la fois la cavalerie et l'aile gauche.

Les Koulouglis se replièrent sur la brigade d'Arlanges.

La cavalerie dut aussitôt se rapprocher des lignes. Une vive fusillade s'engagea alors sur la gauche et sur le centre; mais elle avait à peine duré quelques minutes, que l'on vit l'ennemi ralentir son feu, puis se retirer avec précipitation. Cette retraite était causée par l'arrivée inattendue d'une partie de la brigade du général Perregaux, à qui le maréchal avait écrit dans la nuit. Cette troupe s'était jetée à gauche de la route de Tlemcen, et se disposait à tomber sur les derrières d'Abd-el-Kader, qui, pour ne pas se trouver entre deux feux, prit le parti de se retirer.

Abd-el-Kader n'était pas abattu complétement, comme on l'avait espéré; le maréchal se proposa d'aller l'attaquer dans son camp, situé à deux lieues du camp français. Il l'annonça à l'armée par un ordre du jour. On devait remonter la Tafna par les hauteurs de la rive droite, jusqu'à la position occupée par l'ennemi, laisser le convoi sur les crêtes, et tomber avec toutes les troupes sur le camp des Africains. Des difficultés de terrain décidèrent le maréchal à renoncer à ce projet. Il rentra à Tlemcen le 28, à quatre heures du soir, suivi par un millier de cavaliers ennemis qui vinrent échanger quelques coups de fusil avec l'arrière-garde.

Retour à Oran. — L'organisation du gouvernement du beylik de Tlemcen étant terminée, et la citadelle suffisamment mise en état de défense, l'armée partit le 7 février pour revenir à Oran.

Soit pour tromper l'ennemi, soit pour connaître un pays nouveau, le maréchal ne voulut pas s'en retourner par la route qu'il avait suivie en venant, et prit d'abord celle de Maskara, laissant les indigènes en doute de ses intentions. L'armée eut trois jours de marche pénible à travers un pays coupé par de nombreux ravins.

Le 9, elle atteignit la crête de la chaîne de montagnes qui règne entre Oran et Tlemcen, et coucha non loin des sources du Rio-Salado. Quelques centaines de cavaliers tiraillèrent avec l'arrière-garde.

Le 10, à huit heures du matin, Abd-el-Kader vint attaquer l'arrière-garde avec des forces assez considérables.

Les bagages étaient arrêtés à un passage difficile qui nécessita de grands travaux. Pendant que les troupes du génie les exécutaient, la brigade Perregaux, qui formait l'arrière-garde, dut prendre position et repousser les efforts de l'ennemi, qui montra beaucoup de vigueur dans ses attaques. Au moment où la fusillade avait le plus de vivacité, il survint un incident qui peint bien la légèreté d'esprit et les rapprochements de caractère des deux peuples qui se combattaient : un sanglier, effrayé par le bruit des armes à feu, vint à passer entre les deux lignes ; aussitôt les combattants, cessant de tirer les uns sur les autres, se mirent à diriger leurs coups sur ce nouveau venu, en s'adressant réciproquement des plaisanteries, comme on pourrait le faire dans une partie de chasse.

L'animal s'étant tiré sain et sauf de ce mauvais pas, les balles reprirent leur première direction.

Lorsque les bagages furent suffisamment éloignés, le maréchal ordonna à l'arrière-garde de s'engager dans le défilé. L'ennemi, redoublant d'ardeur, renouvela ses attaques, et parut décidé à tenter un effort terrible qui aurait coûté beaucoup de monde aux Français, si le maréchal, presque sans s'engager, ne l'avait pas paralysé par l'effet de ses manœuvres. Il ordonna à l'armée une retraite en échelons, pivotant tantôt sur une aile, tantôt sur l'autre, et présentant toujours à l'ennemi une pointe prête à le déborder et à fondre sur lui. Abd-el-Kader vit bien qu'il ne pouvait rien contre des manœuvres si bien dirigées, et se mit hors de portée de canon. Dans cette affaire, une compagnie du 66ᵉ de ligne chargea l'ennemi à la baïonnette avec la plus grande vigueur. L'armée, continuant paisiblement sa marche, alla coucher sur les dernières rampes des montagnes. Dans la nuit, quelques postes furent attaqués, et un soldat du train fut égorgé dans l'intérieur même du camp, à moins de cinquante pas de la tente du maréchal.

Le 12 février, le maréchal Clausel rentra à Oran. Pendant son absence, les troupes de la garnison qui allaient au bois avaient été deux fois attaquées. Les Douers et les Smélas qui n'avaient pas suivi l'armée avaient été forcés de se réfugier sous le canon d'Oran, avec leurs familles et celles des absents. Dans ces diverses rencontres quelques hommes avaient péri.

Pendant l'expédition, l'état sanitaire de l'armée fut constamment satisfaisant; il n'entra au retour à Oran que quatre-vingts malades dans les hôpitaux. Les divers combats livrés aux Arabes n'avaient coûté que soixante et dix hommes.

Ainsi se termina l'expédition de Tlemcen. La puissance matérielle d'Abd-el-Kader ne fut que médiocrement affaiblie, et il gagna en influence morale tout ce qu'une mesure funeste nous avait fait perdre en considération. Vers la fin de février, le maréchal retourna à Alger, d'où il était absent depuis trois mois.

Il laissa le général Perregaux à Oran, avec mission de faire quelques courses dans le pays. Le général d'Arlanges n'en continua pas moins à commander la province. Avant son départ, le maréchal alla visiter Rachgoun, et décida qu'un fort poste serait établi à l'embouchure de la Tafna par le général d'Arlanges, qui devait ouvrir des communications entre ce point et Tlemcen, ce que l'on n'avait pu faire de Tlemcen avec des forces supérieures à celles qui allaient être laissées dans la province d'Oran. Les zouaves et les compagnies d'élite formées en bataillons furent embarqués pour Alger.

Revenons maintenant à la suite des expéditions de Maskara et de Tlemcen, qui n'avaient pas produit les effets que nous en attendions. Le maréchal Clausel rentra le 12 février à Oran, et publia un ordre du jour pour annoncer qu'Abd-el-Kader, fugitif, ne cherchait plus qu'un asile dans les déserts brûlants du Sahara et que la guerre était finie; mais, en réalité, la destruction de Maskara et la prise de Tlemcen ne pouvaient offrir que des résultats incomplets, tant que l'émir serait debout. L'Arabe ayant partout une existence aussi belliqueuse que nomade, Abd-el-Kader, malgré ses défaites, retrouvait partout des soldats; les masses que nous avions dispersées se reformaient plus loin : nos ennemis semblaient sortir de terre.

L'organisation du pays fait de la guerre, en Afrique, une guerre d'exception, qui doit mettre en garde également contre l'exagération des difficultés et des résultats. Il fallait, sinon augmenter, du moins conserver des forces imposantes; mais les crédits étaient limités, et l'armée fut réduite au moment où son action devenait le plus nécessaire; car les autres points de l'Algérie étaient loin d'être pacifiés. Il eût donc été prudent de conserver alors l'effectif de l'armée d'Afrique; mais des troupes rentrèrent en France après l'expédition de Tlemcen : de là surgirent de nouveaux embarras pour le ravitaillement de Tlemcen.

CHAPITRE III

DOMINATION FRANÇAISE

1836. — Expédition contre Achmed-Bey. — Marche sur Constantine. — Mauvais temps. — Arrivée devant Constantine. — Privations. — Souffrances. — Description de Constantine. — Attaques infructueuses. — Retraite. — Retour à Bone. — Expédition et ravitaillement de Tlemcen, 28 novembre 1836.

Le maréchal Clausel, quelque temps après l'expédition de Tlemcen, s'était rendu en France, le 14 avril 1836, pour soutenir, par ordre du ministère, les intérêts de la colonie, dont l'abandon ou la conservation pouvait dépendre d'un vote des Chambres, fatiguées de tant de vicissitudes et de sacrifices. M. Clausel, qui caressait dans sa pensée les glorieux résultats d'une expédition sur Constantine, sut merveilleusement exploiter les instincts belliqueux de M. Thiers. Ce ministre demanda un plan, qui fut tracé par le chef d'escadron de Rancé, aide de camp du maréchal, et promit de l'appuyer chaudement au sein du conseil.

M. Clausel était de retour à Alger le 28 août; le 8 septembre, M. de Rancé lui apporta la nouvelle de la chute prochaine du ministère dont M. Thiers faisait partie.

Le nouveau cabinet se montrant peu favorable aux projets du maréchal, celui-ci craignit son rappel et dépêcha M. de Rancé à Paris, avec mission de demander les moyens d'exécuter son plan et d'offrir sa démission en cas de refus. Pour toute réponse, le général Damré-

mont fut invité à se rendre en Afrique pour prendre le commandement des mains de M. Clausel, si le maréchal persistait dans ses projets de retraite.

A l'arrivée de son successeur conditionnel, le gouverneur d'Alger
s'empressa de déclarer qu'il n'avait pas donné de démission officielle,
et que, puisqu'on lui refusait des troupes, il s'en passerait. Quelques
jours après, il voulut envoyer M. Damrémont prendre le commandement de la province d'Oran ; mais cet officier général ne crut pas devoir accepter un emploi subalterne et revint en France après un
court séjour, pendant lequel il ne prit aucune part aux affaires.

Le maréchal hâta ses préparatifs, pour répondre aux inquiétudes du
ministère par un succès dont il se croyait assuré ; mais l'expédition
n'était encore qu'autorisée par une dépêche du 27 septembre, qui en
laissait à M. le maréchal Clausel toute la responsabilité [1]. Elle fut enfin
sanctionnée, le 22 octobre, par une lettre du général Bernard, ministre de la guerre, ainsi conçue :

« Je vous fais connaître, par ma dépêche télégraphique d'hier, que
j'ai appris avec satisfaction que vous entrepreniez l'expédition de Constantine, et que vous n'étiez pas inquiet des résultats. Je vous ai annoncé, en même temps, que S. A. R. Mgr le duc de Nemours est confié à vos soins ; que le prince arrivera à Toulon le 25, et qu'il
s'embarquera immédiatement pour être transporté à Bone. Je confirme
cet avis, et je me hâte de vous dire que j'ai éprouvé une vive satisfaction de la nouvelle marque de confiance que vous donne le roi. L'intention de Sa Majesté est que M. le duc de Nemours assiste à l'expédition de Constantine, comme le prince royal a assisté à celle de Maskara.
L'armée sous vos ordres verra dans sa présence un témoignage patent
de la sollicitude du roi pour le corps d'occupation d'Afrique. C'est, en
outre, une preuve d'intérêt que prend Sa Majesté au succès de l'expédition de Constantine. »

Après ces derniers ordres, transmis par le ministère, le maréchal
accéléra les préparatifs de l'expédition de Constantine, l'annonça officiellement, et s'embarqua pour Bone le 28 octobre. On prit à Alger,
pour cette expédition, le 63e de ligne et un bataillon du 2e léger, des
troupes du génie et de l'artillerie ; à Oran, le 62e et le 1er bataillon

---

[1] « Le gouvernement du roi aurait désiré qu'il n'eût pas encore été question de
l'expédition de Constantine ; c'est parce que cette expédition a été annoncée, et par
ce seul motif, que le gouvernement l'autorise... Il doit être bien entendu qu'elle doit
se faire avec les moyens (personnel et matériel) qui sont actuellement à votre disposition. » (Dépêche du ministre de la guerre du 27 septembre 1836.)

d'infanterie légère d'Afrique; à Bougie, la compagnie franche de M. Blangini. Cette compagnie et le 1er bataillon d'Afrique furent placés sous les ordres du lieutenant-colonel Duvivier. Le 17e léger, destiné pour Bone depuis longtemps, avait encore quelques compagnies à Oran et à Alger : on les envoya à Bone. Enfin, on retint dans cette ville le 59e de ligne, qui avait ordre de rentrer en France.

Le général Trézel avait remplacé à Bone le colonel Duverger pour organiser le point de départ de l'armée. Yousouf, qui s'était flatté d'exercer sur les tribus une haute influence, reçut alors un cruel démenti : les défections étaient générales. Ce bey avait promis de fournir quinze cents bêtes de somme pour porter le matériel; mais, au dernier moment, il put à peine en offrir quatre cents; et, quand il fallut les présenter, on n'en trouva que cent vingt-cinq. Il s'était fait fort d'appeler de Tunis deux mille Turcs auxiliaires: sa haute influence n'en réunit que quarante.

La mystification était grande sans doute : dix mille Arabes devaient marcher avec nous; le crédit qu'on ouvrit pour leur solde fut à peine entamé; et cependant M. Clausel prenait tellement au sérieux les promesses du chef d'escadron Yousouf, qu'il se proposait de le laisser à Constantine avec un bataillon français, mille Turcs et quatre escadrons de spahis.

Le ministère, par une dépêche du 30 octobre, allouait, en outre, à ce bey un subside de cinquante mille francs.

1836. — *Expédition contre Achmed-Bey.* — *Marche sur Constantine.* — Nous voyons donc qu'une grande expédition avait été résolue contre Achmed-Bey. Il ne s'agissait de rien moins que de la conquête de Constantine.

Le maréchal Clausel commandait en personne l'armée, et le duc de Nemours, comme nous l'avons déjà dit, devait prendre part aux fatigues, aux dangers et à la gloire de l'expédition.

L'armée partit de Bone le 13 novembre; elle avait à peine établi son premier bivac à Bou-Enfra, qu'une pluie abondante vint l'assaillir. Le ruisseau sur les bords duquel elle était campée devint promptement un torrent. Il ne fut possible de le faire passer aux troupes, qui se trouvaient en deçà, que le 14 à midi.—A cette heure, le soleil ayant reparu, l'armée se remit en marche; elle bivaqua le soir à Mouchelfa, et le 15, après avoir franchi le col de Mouara, elle arriva à Guelma, sur la rive droite de la Seybouse.

Il existe à Guelma des ruines de constructions romaines; l'enceinte de l'ancienne citadelle était assez bien conservée pour qu'on pût établir contre les Arabes un poste militaire. Le maréchal Clausel y laissa, sous une garde suffisante, environ deux cents hommes que les premiers jours de marche avaient déjà fatigués et qui n'auraient pas pu suivre jusqu'à Constantine.

Le temps continuait à être favorable; l'armée reprit sa marche le 16, au point du jour, et s'arrêta de bonne heure à Medjez-Ammar, où elle trouva encore de grandes difficultés pour traverser la Seybouse; les rives de cette rivière étant très-escarpées, les troupes du génie passèrent la nuit à établir les rampes et à débarrasser le gué, encombré de pierres énormes.

Le 17 s'effectua le passage, qui dura très-longtemps. L'armée atteignit, sur les quatre heures après midi, la fameuse montée de la Dixième, au haut de laquelle on passe le col de Raz-el-Akba, nommé par les Arabes le Coupe-Gorge.

Des ruines qui s'élèvent sur tous les mamelons attestent que les Romains avaient construit, de demi-lieue en demi-lieue, des tours et des forts pour s'assurer l'entière possession de ce point militaire. D'autres ruines font également supposer que de grands personnages romains avaient fait construire de vastes et beaux palais dans ce pays si pittoresque.

Le 18, profitant d'une route tracée et établie pendant la nuit par les troupes du génie, l'armée, avec son matériel, franchit le col de Raz-el-Akba et campa à une lieue au delà, sur le territoire des Oued-Zenati.

Jusque-là l'armée avait marché au milieu d'une population amie et pacifique.

Les Arabes labouraient leurs champs, et de nombreux troupeaux se trouvaient quelquefois près du chemin qu'elle suivait [1].

Mauvais temps. — Arrivée devant Constantine. — Privations. — Souffrances. — On n'était plus qu'à deux marches de Constantine. Le 19, on campa à Raz-Oued-Zenati, et ce fut là que commencèrent des souffrances inouïes et les mécomptes les plus cruels.

L'armée était parvenue dans des régions très-élevées : pendant la nuit, la pluie, la neige, la grêle, tombèrent avec tant d'abondance et de continuité, que les soldats au bivac furent exposés à toutes les ri-

---

[1] Des Arabes venaient même de temps à autre lui vendre de l'herbe pour les chevaux et quelques menues denrées.

gueurs d'un hiver de Russie; les terres, entièrement défoncées, rappelaient les boues de la Pologne.

On apercevait Constantine, et déjà on désespérait d'arriver sous ses murs. L'armée se mit toutefois en marche le 20 et parvint, à l'exception des bagages et d'une arrière-garde, au monument de Constantin, où l'on fut obligé de s'arrêter.

Le froid devint excessif; plusieurs hommes eurent les pieds gelés. d'autres périrent pendant la nuit; car depuis le Raz-el-Akba on ne trouvait plus de bois.

Enfin les bagages, sur lesquels on doublait et triplait les attelages, ayant rejoint l'armée; elle franchit, le 21, le Bou-Mezroug, un des affluents de l'Oued-Rummel. Grossie par les torrents, cette rivière avait débordé : les hommes avaient de l'eau jusqu'à la ceinture, et plusieurs auraient péri sans le dévouement des cavaliers, qui coururent eux-mêmes de grands dangers. — Quelques heures après, l'armée prit position sous les murs de Constantine.

Description de Constantine (4). — *Attaques infructueuses.* — La position de Constantine est admirable.

Sur tous les points, à l'exception d'un seul, cette ville est défendue par la nature même. Un ravin de soixante mètres de largeur, d'une immense profondeur, et au fond duquel coule l'Oued-Rummel, présente pour escarpe et contrescarpe un roc taillé à pic, inattaquable par la mine comme par le boulet. Le plateau de Mensourah communique avec la ville par un pont très-étroit et aboutissant à une double porte très-forte et bien défendue par le feu de mousqueterie des maisons et des jardins qui l'environnent.

Dans les circonstances où il se trouvait, le maréchal Clausel n'avait pas le loisir d'investir convenablement la place devant laquelle il occupait, avec les troupes du général Trézel, le plateau de Mensourah.

La brigade d'avant-garde, aux ordres du général de Rigny, avait été dirigée sur les mamelons de Koudiat-Aty, avec l'ordre de s'en emparer, d'occuper les marabouts et les cimetières en face de la porte El-Rebah et de bloquer immédiatement cette porte.

Il était facile, au premier coup d'œil, de reconnaître que c'était sur ce point que la ville devait être attaquée; mais il était aussi de toute impossibilité d'y conduire l'artillerie de campagne, qui, déjà sur le plateau de Mensourah, s'enfonçait en place jusqu'aux moyeux des roues.

On ne put parvenir à faire porter sur l'autre position que deux pièces de huit.

Ce fut alors que commencèrent les hostilités : elles furent annoncées par deux coups de canon de vingt-quatre, pointés contre nos pièces, et par le drapeau rouge des Arabes arboré sur la principale batterie de la place.

Le bey Ahmed avait craint de s'enfermer dans Constantine. Il en avait confié la défense à son lieutenant Ben-Haïssa, et, comme il ne pouvait compter sur les habitants, il avait introduit dans la ville une garnison de quinze cents Turcs et Kabaïles, bien déterminés à la défendre.

La brigade d'avant-garde, après avoir traversé l'Oued-Rummel, se porta sur les hauteurs, qui, défendues par les Kabaïles sortis en grand nombre de la place, furent successivement et bravement enlevées par nos troupes. Elles s'y établirent sous le canon des Arabes, tandis que le maréchal Clausel disposait son artillerie et en faisait diriger le feu contre la porte d'El-Cantara.

Le temps continuait à être affreux ; la neige tombait à gros flocons, le vent était glacial ; les munitions et les vivres, dont une partie avait été perdue dans la route (parce que quelques voitures de l'administration s'étaient tellement embourbées, qu'il avait été impossible de les en retirer), achevaient de s'épuiser et rendaient encore la position de l'armée plus critique.

Le maréchal résolut d'essayer d'enlever la place de vive force, et, s'il ne réussissait pas, de ne pas attendre davantage et de ramener l'armée à Bone.

Dans la journée du 22, le maréchal fit canonner la porte du pont du bord du ravin, à une distance de quatre cents mètres. N'ayant plus de vivres et n'ayant que peu de munitions de guerre, il songeait plus à un coup de main qu'à une attaque régulière. Il espérait qu'après avoir endommagé la porte par son canon, il pourrait faire ouvrir entièrement le passage, dans la nuit, par les troupes du génie. Il donna des ordres en conséquence au colonel Lemercier du génie, et désigna en même temps les compagnies d'élite du 59e et du 63e de ligne pour monter à l'assaut.

Le colonel Lemercier envoya, à minuit, le capitaine Hackett et quelques hommes choisis examiner les lieux. La fatalité qui s'était attachée à toute l'expédition de Constantine, cette fatalité, dis-je, voulut que la pluie cessât précisément au seul moment où elle aurait pû être utile, et qu'un clair de lune perfide vint éclairer et faire découvrir la reconnaissance. Les braves gens qui en étaient chargés n'en accomplirent pas moins leur dangereuse mission au milieu d'une grêle de balles.

Ils arrivèrent jusqu'à la porte, qu'ils trouvèrent arrachée de ses gonds, penchée et appuyée sur une tête de voûte, laissant un étroit passage entre elle et le mur. Ils pénétrèrent par cette ouverture, et reconnurent derrière une autre porte en bon état : c'était ce passage qu'il s'agissait d'ouvrir par le pétard. Cette opération exigeait quelques préparatifs qui la firent remettre à la nuit suivante.

Le 23, l'artillerie continua à battre la ville. Les troupes qui étaient à Koudiat-Aty furent assez vigoureusement attaquées par celles d'Ahmed-Bey, mais elles repoussèrent l'ennemi. La cavalerie exécuta une charge brillante. Les Arabes du dehors vinrent aussi tirailler sur le plateau de Mensourah : on leur opposa le 59ᵉ de ligne, qui les tint à distance.

La nuit étant venue, les troupes du génie se portèrent à la tête du pont, et le général Trézel plaça, pour les soutenir, celles du 59ᵉ et du 63ᵉ de ligne, ainsi que la compagnie franche du capitaine Blangini. On devait, après avoir fait sauter la première porte au moyen de sacs de poudre chargés de sacs de terre, pénétrer dans le tambour à ciel ouvert qui sépare les deux portes, et en escalader les murs pendant qu'on enfoncerait la seconde.

Cette entreprise échoua complétement. Les sapeurs du génie arrivèrent en trop grand nombre sur le pont : le bruit et le clair de lune, encore funeste cette nuit-là, les trahirent, et ils se virent aussitôt en butte à un feu meurtrier qui mit nécessairement un peu de confusion parmi eux. Les hommes qui portaient les échelles furent tués [1]. Les sacs à poudre, mêlés avec les sacs à terre, ne se trouvèrent pas. Dans ce moment de trouble, un ordre, imprudemment donné ou mal compris, fit avancer la compagnie franche, qui augmenta l'encombrement et la confusion.

Il était impossible de laisser une minute de plus cette masse intense sur le pont étroit de Constantine, exposée à un feu de mousqueterie dont tout coup portait.

Le général Trézel fut blessé ; le colonel Héquet, du 63ᵉ, prit le commandement.

---

[1] Il n'y en avait que trois, construites dans la journée ; celles qu'on avait apportées de Bone avaient été jetées en route pour alléger les voitures. (*Annales algériennes*, par M. Pélissier, officier d'état-major.)

Le colonel Lemercier fit retirer les sapeurs et envoya prévenir le maréchal de l'insuccès de l'attaque.

Le maréchal, pour partager l'attention de l'ennemi, avait ordonné une seconde attaque par Koudiat-Aty : elle ne réussit pas mieux que celle du pont.

Il s'agissait de faire sauter la porte dite Bab-el-Oued, appelée aussi Bab-el-Rabah. Le lieutenant-colonel Duvivier se porta sur ce point avec le bataillon d'Afrique, deux obusiers de montagne et une section du génie; mais la scène du pont s'y reproduisit : il y eut encombrement et confusion. Le sous-officier qui portait le sac à poudre ayant été tué, ce sac fut quelque temps égaré. On chercha alors et vainement à enfoncer la porte à coups d'obusier, puis avec la hache. Ces moyens n'ayant pas réussi, et la colonne d'attaque perdant beaucoup de monde, M. Duvivier ordonna la retraite [1]. Le capitaine Grand, de l'arme du génie, fut blessé mortellement dans cette affaire. Cet officier, qui joignait des connaissances spéciales et étendues à un esprit élevé et à un beau caractère, fut vivement regretté. On eut aussi à déplorer la mort du commandant Richepanse, fils de l'illustre général républicain de ce nom [2]. Digne d'un tel père, il se faisait remarquer par une bravoure hors de ligne.

Retraite et retour à Bone. — Les deux attaques ayant échoué, les

[1] M. le maréchal Clausel dit, dans ses *Explications*, page 42, que le colonel Duvivier, à la tête de quelques centaines d'hommes, et avec deux pièces de montagne, pénétra jusque dans les premières maisons de Constantine, et qu'il ne se retira que parce qu'il ne fut pas soutenu. Il renvoie, pour les détails, au rapport du colonel Duvivier, qui ne dit pas un mot de cela. (Voir la pièce n° II.)

Si un homme tel que le colonel Duvivier était parvenu à franchir l'enceinte de Constantine, on peut être assuré que la place aurait été à nous; mais il ne la franchit pas. M. le maréchal Clausel commet ici une de ces erreurs si singulières, qu'on est tenté de les attribuer à son imprimeur, comme en fait la réflexion M. le capitaine Pélissier, officier d'état-major. (*Annales algériennes*, t. III, 1re partie, liv. XX, pag. 161.)

[2] Le général, père du commandant Richepanse, dont il est question ici, commandait en chef l'expédition de la Guadeloupe, qui fut envoyée, sous le consulat de Bonaparte, pour apaiser l'insurrection qui s'était manifestée parmi les nègres de cette colonie contre les blancs. L'armée de mer était commandée par l'amiral Villeneuve. Je me trouvais à bord d'un des vaisseaux qui faisaient partie de l'escadre; je vis le général Richepanse combattre vaillamment et prendre la ville Basse-Terre, qui était, à notre arrivée, au pouvoir des révoltés. La prise du fort Saint-Charles lui fit honneur; mais malheureusement sa perte fut prématurée, et il laissa de profonds regrets dans la colonie, car il termina sa carrière beaucoup plus tôt qu'on aurait dû s'y attendre, et quand il pouvait être encore si utile à son pays par ses connaissances et ses talents militaires. Je l'ai vu succomber à la suite de la fièvre jaune (maladie qui sévit contre les Européens, et qui nous enleva bien des hommes dans nos régiments). Après avoir rendu les honneurs au général en chef, il fut enterré dans le fort Saint-Charles, attenant à la ville Basse-Terre.

vivres manquant complétement et les munitions de l'artillerie étant réduites à rien, le maréchal se résigna à la retraite, qui fut immédiatement ordonnée. La brigade de Rigny reçut d'abord l'ordre de revenir sur le plateau de Mansourah.

Le général y arriva le premier avec les chasseurs d'Afrique ; le 17e léger, le bataillon d'Afrique, le bataillon du 2e léger, effectuèrent ensuite en bon ordre leur mouvement sous le feu de l'ennemi. Malheureusement on avait oublié quelques petits postes sur le plateau de Koudiat-Aty, quelques traînards y étaient aussi restés : le commandant Changarnier, du 2e léger, revint sur ses pas pour les dégager, et il les arracha à une mort certaine. C'est ainsi qu'il commença une journée qui devait être si glorieuse pour lui. Le colonel Duvivier garnissait pendant ce temps-là la crête du ravin et protégeait la retraite avec cette intelligence de la guerre dont il a donné tant de preuves.

L'armée était déjà en pleine retraite lorsque la queue de la brigade de Rigny arriva à Mansourah. D'après les ordres du maréchal, la retraite devait être couverte par le 63e et le 59e de ligne ; mais le plus grand désordre régna un instant partout : le 17e léger et le bataillon d'Afrique reçurent l'ordre de serrer sur la tête et de dépasser ces deux régiments, qui s'ébranlèrent aussitôt, ayant sur leurs derrières et sur leurs flancs des nuées d'Arabes sortis de la ville ou accourus du dehors, en poussant des cris affreux.

Quelques caissons d'artillerie, le matériel du génie, deux obusiers de Joseph, et, chose affreuse ! des prolonges chargées de blessés, furent abandonnés. Plusieurs autres blessés et malades furent aussi laissés dans des cavernes où on les avait déposés.

Dans ce moment difficile, où l'armée se trouvait pressée par un ennemi implacable, supérieur en nombre et enflé de sa victoire, la bravoure et l'habileté d'un simple officier empêchèrent peut-être le mal de devenir plus grand encore qu'il ne l'était. Le commandant Changarnier, arrivé à Mansourah au moment où le 59e et le 63e effectuaient leur retraite, se trouva former l'extrême arrière-garde avec son bataillon réduit à un peu moins de trois cents hommes. Sa ligne de tirailleurs est enfoncée et en partie sabrée.

« Dans un moment si grave et si difficile, dit le rapport officiel (voir pièce n° I), M. le commandant Changarnier (du 2e léger) s'est couvert de gloire et s'est attiré les regards et l'estime de toute l'armée. Presque entouré par les Arabes, chargé vigoureusement et perdant beaucoup de monde, il arrête alors sa petite troupe et la forme en carré : « Allons, mes amis! dit il, voyons ces gens-là en face ! ils sont

« six mille et vous êtes trois cents; vous voyez bien que la partie est
« égale. » Les braves soldats auxquels il s'adressait, tous dignes d'un
chef digne d'eux, attendent l'ennemi à portée de pistolet et le repous-
sent par un feu de deux rangs des plus meurtriers. L'ennemi, renonçant alors aux charges, reprit son système de tiraillement et fut,
pendant tout le reste de la journée, contenu à distance, tant par le
bataillon Changarnier que par le 63ᵉ de ligne et quelques escadrons
de chasseurs. »

Quoique l'ordre se fût rétabli dans la colonne, la pensée d'une
longue retraite sans vivres, sans beaucoup de munitions, sans moyens
de transport pour les blessés, se présentait effrayante à tous les
esprits : plus d'une âme, qui pouvait se croire fortement trempée, se
sentit faillir; mais nous devons dire que celle du maréchal Clausel,
toujours intrépide, se maintint à la hauteur des terribles circonstances
où il se trouvait.

Le temps, variable depuis deux jours, venait de se mettre entièrement au beau. C'est ce qui sauva l'armée, qui sans cela aurait pu être
gravement compromise. Elle avait beaucoup souffert devant Constantine; quelques hommes étaient morts de misère et de froid; plusieurs
avaient eu les extrémités gelées. A chaque instant on était obligé d'en
abandonner qui ne pouvaient plus aller : ils se couchaient, se couvraient la tête et attendaient avec résignation le coup qui devait
mettre un terme à leurs souffrances et à leur vie.

L'armée bivaqua, le 24, à Somma; on y trouva des silos de blé.
Le grain cru ou grillé, quand on pouvait allumer un peu de feu,
servit de nourriture aux troupes; il restait en outre encore quelques
bœufs.

Le 25, l'armée coucha à l'Oued-Talaga, qui est un des affluents de
l'Oued-Zenati. Les Arabes la poursuivirent toute la journée; elle marchait en carré, ayant les bagages au centre, comme à l'expédition de
Maskara. Lorsqu'il se présentait une position d'où l'ennemi aurait pu
l'inquiéter, le maréchal la faisait occuper.

Le 26, les Arabes se montrèrent encore en assez grand nombre.
L'armée, désormais sûre de sa retraite, marchait sans préoccupation,
mais abandonnant toujours quelques hommes. On coucha au marabout de Sidi-Tamtam, sur l'Oued-Zenati. Déjà on s'apercevait que le
nombre des ennemis avait considérablement diminué. Au moment où
l'armée quitta ce bivac, les Arabes et les Kabaïles s'étant, comme d'ordinaire, précipités sur l'arrière-garde dans l'espoir de lui faire abandonner quelques bagages ou quelques blessés, trois escadrons de chas-

seurs d'Afrique exécutèrent une charge brillante et repoussèrent les Arabes.

« Le 27, dit le maréchal dans son rapport, nous avions à passer le défilé difficile qui conduit au col de Raz-el-Akba; j'ordonnai au commandant de Rancé d'ouvrir la marche à la tête de deux escadrons. Cette cavalerie s'acquitta vigoureusement de cette mission difficile, couronnant les crêtes de mamelons en mamelons, et repoussant ou contenant à distance la cavalerie arabe. Nous repassâmes enfin le col de Raz el-Akba; les Arabes cessèrent à ce point de nous suivre et ne reparurent plus. » En effet, quelques centaines de Kabaïles voulurent nous disputer le passage de Raz-el-Akba, mais ils furent dispersés et culbutés par notre cavalerie.

Le soir, l'armée campa sur la rive droite de la Seybouse, et, le 28, elle atteignit Guelma, où le maréchal laissa cent cinquante malades, après avoir donné des ordres pour faire de cette ville un poste militaire important. Le chef de bataillon Philippi, du 62ᵉ, qui commandait sur ce point pendant que nous étions devant Constantine, avait été attaqué deux fois par les Kabaïles de Guerfa; il s'était bien défendu et avait repoussé l'ennemi. L'armée coucha à Mou-Elfa le 29 et à Dréan le 30.

Le 1ᵉʳ décembre, l'armée était de retour à Bone. D'après les documents officiels, elle avait eu dans cette expédition quatre cent cinquante-trois morts ou égarés et trois cent quatre blessés, résultat funeste[1], mais qui devait être suivi d'une glorieuse compensation l'année suivante.

Pendant que le maréchal était devant Constantine, le général Létang marchait sur Tlemcen pour ravitailler la garnison du Méchouar.

Expédition et ravitaillement de Tlemcen. 28 novembre 1836.—Lorsque l'attention générale se porte péniblement sur les funestes résultats de l'expédition de Constantine et sur des désastres dus au choix d'une mauvaise saison, à l'imprévoyance, et surtout aux faux renseignements donnés par des individus trop légèrement adoptés par la

---

[1] Mais bientôt il en périt une si grande quantité dans les hôpitaux, qu'on peut bien porter la perte totale à près de deux mille.

Les ducs de Nemours, de Montemart et de Caraman firent en amateurs la campagne de Constantine, ainsi que M. Baude, membre de la Chambre des députés. Le duc de Caraman, vieillard septuagénaire, se fit remarquer par son dévouement et sa philanthropie : on le vit plusieurs fois, à pied, conduisant par la bride son cheval chargé de malades ou de blessés.

France, et sacrifiant à leur ambition personnelle les autres considérations, au même moment, presque le même jour, s'exécutait, sur le point opposé de nos possessions d'Afrique, une opération importante et hérissée aussi de difficultés : le ravitaillement de Tlemcen. La colonne expéditionnaire obtenait une pleine réussite : Abd-el-Kader se présentait et était battu.

Cet événement militaire fait honneur à la division d'Oran et au général Létang, qui la commandait. Voici les principaux détails; le lecteur ne les suivra pas sans intérêt[1].

L'époque du ravitaillement de Tlemcen était arrivée, même dépassée. Le général Bugeaud s'était deux fois dirigé sur cette place avec des approvisionnements, d'abord en s'y rendant directement d'Oran, plus tard en y retournant de la Tafna ; et c'est pendant cette marche qu'avait eu lieu l'heureuse rencontre de la Sickak.

L'approvisionnement laissé en grains était, au demeurant, peu considérable, toute la division ayant vécu plusieurs jours dessus, et, de plus, ayant laissé deux cents malades, nouvelles parties prenantes dans le Méchouar. Des renseignements vagues annonçaient que le brave capitaine Cavaignac avait fait une riche capture de bœufs sur les tribus hostiles, ce qui lui assurait de la viande fraîche pour longtemps encore; mais il était dans la dernière pénurie d'autres objets. Abd-el-Kader ne l'ignorait pas et guettait l'époque présumée de notre sortie d'Oran ; d'un autre côté, la division remise au général Létang par le général Bugeaud, le 23 juillet, se trouvait tout récemment diminuée de huit cents hommes du bataillon d'Afrique, du 17e léger et du 62e de ligne, qui avaient été embarqués précipitamment, le 23 octobre, pour l'expédition de Constantine. Enfin, le général Létang attendait, sur sa demande expresse, un successeur : d'abord le général Bugeaud lui-même, promu lieutenant général, annoncé presque officiellement; bientôt le général Damrémont, qu'un ordre général de l'armée, du 13 octobre, d'accord avec le langage officiel des journaux de France, appelait au commandement supérieur de la division d'Oran.

Le général Létang pouvait donc sans blâme retarder de quelques jours le départ sur Tlemcen et laisser en saine raison à qui de droit la responsabilité d'une mission si hasardeuse. Il ordonnait cependant tous les apprêts du grand convoi et organisait la colonne expéditionnaire. La journée du 10 novembre fut même indiquée pour le départ.

---

[1] Nous empruntons les détails du ravitaillement de Tlemcen par le général Létang à la *Sentinelle de l'armée* de la même année.

Abd-el-Kader, ainsi que le général le présumait bien, ne tarda pas à en être instruit ; il réunit aussitôt tous ses moyens pour nous disputer le passage : ses cavaliers d'abord, ensuite les Kabaïles de la Tafna et les Marocains, qui devaient les rejoindre sur l'Isser. Il se décida à les renvoyer ou à suspendre leur marche quand il vit que l'expédition ne sortait plus, avec ordre toutefois de se tenir prêts aussitôt qu'on apprendrait notre mouvement, et l'ennemi savait bien que cette sortie était prochaine et qu'il fallait à tout prix approvisionner Tlemcen. Enfin le général Létang, recevant par le *Castor*, le 18 novembre, l'avis que le général Damrémont, dernier successeur désigné, était reparti pour France, accepta toute la responsabilité d'une opération très-difficile avec les forces qui lui restaient. Il rendit compte au lieutenant général Rapatel et assigna, par un nouvel ordre du jour du 22 novembre, le départ pour le lendemain 23.

La colonne expéditionnaire comptait trois mille sept cents baïonnettes, cinq cents chasseurs à cheval ou spahis, une batterie de montagne, quatre pièces de campagne ; en tout, quatre mille quatre cent vingt-deux hommes. En outre, quatre cents Arabes alliés marchaient avec l'agha Mustapha.

Le convoi comprenait une dizaine de voitures et soixante-dix chevaux, chameaux ou mulets portant les vivres de la division, ses munitions et ses bagages et cent onze jours de blé et de riz pour le bataillon du Méchouar, plus quatre-vingt mille francs du trésor ayant la même destination. La première brigade, aux ordres du colonel Combes, du 47° de ligne, partit à dix heures du matin dans la direction de Misserguin ; la deuxième, commandée par le colonel Reissenbach, du 24°, à trois heures seulement. Cette marche et les suivantes, à l'aller, ne présentèrent aucune circonstance particulière.

L'ennemi, trompé par ce délai de treize jours que le général Létang avait fait concourir avec sa position particulière à l'égard de son successeur, n'avait pu réunir encore son monde pour l'entraver. Le fameux défilé de la Chair (Schebat-el-Lam), qui suit un ravin large et profond, bordé des deux côtés par des collines hautes et boisées qui rendent le passage très-périlleux et où il était présumable que l'ennemi nous attendrait, fut franchi, le 25 au matin, sans que celui-ci parût. Il en fut de même de l'Isser, que l'infanterie passa sur deux petits ponts roulants jetés en quelques minutes par l'artillerie. Nous n'étions plus là qu'à une journée de Tlemcen. Trois coups de huit et trois fusées de signaux annoncèrent à la garnison du Méchouar notre prochaine arrivée. Le lendemain elle venait à notre rencontre jusqu'à

Oued-Saffef, à deux lieues de ses postes, et nous tendait une main affectueuse et fraternelle. Enfin, à trois heures après midi, la colonne était sous Tlemcen, campée sous les beaux oliviers qui s'étendent au pied des murs de cette ville.

Notre présence, saluée aussi par les salves d'artillerie du Méchouar, était attendue avec la plus vive impatience. La garnison, en effet, avait été réduite, pour la ration de pain, d'un quart à partir des premiers jours de septembre. En octobre et en novembre elle n'avait eu que du pain d'orge fait de farine non blutée, à raison de huit onces par jour et par homme. Ainsi la détresse, faiblement compensée par une certaine abondance de viande et les ressources de détails que l'intelligence du capitaine Cavaignac, son activité et sa foi en la mission qu'il a acceptée avaient créées, atteignait son dernier période. Quant à la population indigène, elle était et elle est restée tellement malheureuse, que, si cet état de choses se prolongeait, elle se serait vue incessamment forcée de passer à Abd-el-Kader, et la ville fût restée entièrement déserte. Les habitants ne vivent, en très-grande partie, que de légumes et d'herbes cuites. Les fonds furent versés, dans la soirée même du 28, au trésor du Méchouar, et les approvisionnements reçus dans ses magasins dans la journée du lendemain.

Celle-ci fut d'abord annoncée comme devant être de repos.

Le général Létang ne put se procurer que difficilement des renseignements sur les ennemis ; le capitaine Cavaignac lui-même ne savait rien de positif sur leur rassemblement ; les indigènes gardaient le silence ou cherchaient à tromper. Le général dut se borner encore à donner le change sur ses desseins : ainsi un ordre, connu peu d'heures après l'arrivée, prescrivait à une partie de la division de se tenir prête à partir le lendemain, pour aller, disait-on, vider des silos à l'ouest de Tlemcen. Une lettre, que le général savait devoir indubitablement tomber entre les mains de l'ennemi, informait le commandant de la Tafna que la colonne se rendrait ensuite à son camp ; c'était faire supposer que l'on passerait plusieurs jours aux environs de Tlemcen et retarder d'autant l'empressement des Arabes à se réunir. A cet égard, vingt-quatre heures de gagnées étaient beaucoup. Le temps, qui se montrait très-beau encore, l'allégement, dans notre convoi, de vivres, d'argent, aplanissaient jusqu'à un certain point les premières difficultés et rendaient la colonne plus légère, plus agile, plus maniable. Les chevaux seuls commençaient à souffrir ; on dut restreindre la ration. L'abandon de quelques voitures, la perte de quelques bagages, pour sauver avant tout et à tout prix les canons, entraient dans les éventualités.

Trente-deux lieues nous séparaient d'Oran ; le pays à parcourir était hostile, tout à fait dans la dépendance d'Abd-el-Kader, l'émir pouvait se préparer : il n'y avait pas de temps à perdre pour regagner cette ville.

Pendant les nuits du 28 au 29 novembre et du 29 au 30, un grand nombre de coups de fusil furent tirés sur les bivacs, mais sans aucun accident grave. Il n'en fut pas de même de la journée du 29 : le chef de bataillon du génie Perreau, le lieutenant Bugeon, de la même arme, et le lieutenant d'artillerie Gagneur, se promenant à cheval à peu de distance de la ville, vers Mansourah, furent chargés subitement par quelques cavaliers arabes. Ces officiers durent faire prompte retraite : les deux premiers étant tombés de cheval, le lieutenant Bugeon fut atteint et massacré ; le même sort attendait sans doute le commandant ; il dut son salut à l'à-propos et au courage de son soldat d'ordonnance, le sapeur-conducteur Guillibert, qui, mettant pied à terre, aida M. Perreau à remonter à cheval, et tous les deux purent se sauver. M. Gagneur, mieux monté, fut promptement hors de danger. La division donna de vifs regrets au jeune Bugeon, officier plein d'avenir, et accorda des éloges mérités à la belle conduite du sapeur Guillibert.

Le 30, la division faisait ses adieux à ses frères d'armes du Méchouar et s'éloignait de Tlemcen, à sept heures du matin ; elle traversait la rivière Saffef à neuf heures ; à deux heures elle était sur l'Isser, et, la rivière franchie sur le pont roulant jeté par l'artillerie, la colonne prenait une position militaire sur la rive droite. La nuit ne fut pas tranquille : on tiraïlla presque continuellement ; un artilleur fut blessé presque à bout portant dans le parc ; un soldat du 47ᵉ fut tué. Ces incidents indiquaient que les journées suivantes ne seraient pas calmes. En effet, le lendemain, 1ᵉʳ décembre, au lieu dit El-Brecg, proche d'une ancienne ruine romaine où se trouvait une inscription rappelant le passage du maréchal Clausel, que les Arabes n'ont pas respectée, l'agha Mustapha, qui, avec les Arabes alliés, éclairait notre marche, signale l'ennemi. Celui-ci montrait, en effet, quelques groupes sur les hauteurs : c'étaient les cavaliers d'Abd-el-Kader, et l'on apprit que celui-ci y était en personne. Le général prit ses dispositions et se porta en avant pour bien reconnaître. Pour éviter que la route, qui dans cet endroit est très-difficile et se trouve couper le flanc de hauteurs élevées, ne fût interceptée proche des marabouts de Sidi-Moussa, il fit rapidement franchir aux voitures et bagages les hauteurs où sont situés ces marabouts, et, au lieu de s'arrêter aux précédents bivacs du 27, à Djer-el-Garab, position peu militaire, il poussa jusqu'à Aïn-Temouchen, à deux lieues en arrière. La journée avait été de dix heures ; les hommes avaient bien marché, mais étaient très-fatigués ; les chevaux, surtout, étaient presque exténués, faute de nourriture. Mais cette avance de deux lieues était précieuse dans le moment actuel ; elle nous rendait en quelque sorte maîtres du défilé de la Chair. La journée du lendemain l'a prouvé.

Nos bivacs étaient établis sur la rive droite du ruisseau Aïn-Temouchen. Ceux de l'ennemi ne tardèrent pas à paraître très-nombreux en face de nous et sur notre flanc gauche ; mais aucun n'était aperçu en arrière. C'était le résultat de l'avance que nous avions prise dans la journée. Durant la nuit, le tiraillement aux avant-postes fut presque continuel, mais peu dangereux. Quelques chevaux furent volés dans l'intérieur même du camp.

Le 2, au matin, la division se remet en marche : la première brigade (Combes) en première ligne à l'arrière-garde ; la deuxième brigade (Reissenbach) en deuxième ligne, couronnant les hauteurs en arrière. Le général Létang, ayant sous sa main un bataillon du 47°, les spahis, les chasseurs à cheval, l'obusier allongé, deux pièces de montagne, était à l'extrême arrière-garde, à droite ; les voitures, les équipages et les chameaux étaient groupés entre les deux brigades, prêts à s'engager dans le défilé au premier ordre.

A huit heures, l'arrière-garde et le flanc droit sont fortement engagés, et bientôt les démonstrations de l'ennemi gagnent devant tout le front de la brigade Combes. Profitant d'un pli de terrain, il atteint avec audace le principal mamelon de la droite, où sont le général, ses officiers, quelques ordonnances et des détachements d'Arabes alliés. La fusillade s'engage à bout portant, et notre petite troupe est presque cernée. La retraite est ordonnée ; elle se fait au pas avec le plus grand ordre. L'ennemi peut en profiter et presser l'arrière-garde, on ne lui en laisse pas le loisir : arrivé au pied du mamelon, le général ordonne un mouvement en avant ; il le dirige en personne à la tête du premier bataillon du 47°, des chasseurs à cheval, des spahis et d'une portion de l'artillerie. Le mamelon est enlevé avec élan et sans perte ; les Arabes fuient ; les pièces prennent position, recommencent le feu, et, par la précision de leur tir, contiennent, de ce côté, l'ennemi à une distance respectable, non sans lui faire éprouver de grandes pertes.

Le reste de la première brigade, sur le mamelon à gauche de la route, défendait aussi le terrain avec le même avantage, et tenait, par les feux de son artillerie et une fusillade modérée, mais bien engagée, les groupes d'ennemis en échec. Plus en arrière, la deuxième brigade (colonel Reissenbach), avec l'artillerie de campagne, protégeait la marche du convoi et était prête à seconder les mouvements des troupes qui étaient devant elles. Ainsi l'ennemi était observé ou contenu sur tous les points de la ligne.

A midi, l'avant-garde de cette brigade (deuxième) et le convoi, sur l'ordre du général, s'engageaient dans le long et profond défilé de la Chair.

Ce passage, qui paraissait devoir présenter de grands obstacles, à cause du chemin étroit et tourmenté, de la longueur du convoi et de la mauvaise disposition des Arabes conducteurs des chevaux et des mulets, s'est exécuté avec un ordre parfait ; aucun accident n'est venu arrêter le mouvement. La position pouvait cependant devenir critique : contenus, en effet, et battus sur notre flanc droit et au centre, les Arabes ont un instant attaqué notre extrême gauche, proche du défilé.

Le colonel Gueswilers, avec le bataillon du 23ᵉ et un obusier de montagne, s'y était porté. L'ennemi fut arrêté court, et ce point devint invulnérable. Enfin, un bataillon du 24ᵉ, avec deux pièces de campagne de réserve, placées en échelons en arrière du défilé, à l'origine de la plaine du Rio-Salado, achevait d'assurer la position, et protégeait l'entier écoulement du convoi et la retraite des dernières troupes fournies alors par la deuxième brigade, que la première avait démasquée à la suite d'une marche rétrograde en échelons, exécutée dans le plus grand ordre.

Ainsi l'ennemi a été arrêté et battu partout où il s'est présenté, et l'écoulement de la colonne dans le défilé avait eu lieu avec une entière réussite. A une demi-lieue de là, la division s'est trouvée sur le Rio-Salado, où elle a campé, et aucun parti ennemi un peu considérable n'a plus reparu dans la journée. Ses actes, dans la nuit, se sont bornés à quelques chevaux volés par des maraudeurs, dont un même est resté sur le carreau.

La marche du lendemain, 3 décembre, fut calme, et pas un ennemi ne parut jusqu'à dix heures du matin : alors furent aperçus, à une grande lieue au moins, à l'autre côté du lac desséché de Seyba, que la colonne traversait alors par la ligne la plus courte, de forts nuages de poussière : c'étaient Abd-el-Kader et ses cavaliers qui rentraient chez eux. Sur la provocation des Arabes alliés, qui allèrent à leur rencontre, ils se rapprochèrent et firent échange de quelques coups de fusil et de quelques paroles. Ainsi ils assurèrent que les Français étaient entrés à Constantine, nouvelle trop malheureusement démentie par les événements. Quelques obus tirés sur eux mirent fin à leurs démonstrations. Ils rebroussèrent chemin et regagnèrent leurs tribus.

La division, qui avait fait un instant halte, reprit paisiblement sa marche et atteignit, à cinq heures du soir, le bivac de Bridia. Le lendemain 4, elle rentrait dans la journée à Oran.

L'ennemi, qui ne comptait pas moins de cinq mille cavaliers, a dû éprouver des pertes considérables, étant resté, pendant presque tout le temps, exposé au feu de l'artillerie, habilement pointée, et dont les coups ont été en général très-heureux, et à celui de l'infanterie, bien embusquée et ayant tout l'avantage sur l'ennemi, qui était à cheval et à découvert. Tout s'est donc borné, dans notre colonne, à quelques blessures insignifiantes : ainsi, hors la perte bien sensible du jeune Bugeon, les résultats de l'expédition n'ont amené aucun fait grave, et le but qu'on se proposait dans la marche sur Tlemcen a été entièrement atteint et le ravitaillement de Tlemcen heureusement accompli.

Le maréchal Clausel, après son expédition de Constantine, était rentré à Alger. Avant de partir de Bone, il avait décidé que Guelma serait occupé d'une manière permanente, et le commandement de ce point avait été confié au colonel Duvivier. Cet officier supérieur se conduisit, dans cette position difficile, avec l'habileté et le dévouement que chacun se plaît à lui reconnaître, car l'approvisionnement de ce point fut très-difficile.

Nous nous abstiendrons de blâmer le maréchal Clausel sur sa malheureuse expédition de Constantine. Malgré une retraite honorable pour nos troupes et pour le chef, l'échec que nous éprouvâmes à Constantine eut un fâcheux retentissement en Europe, et pouvait devenir fatal à notre influence en Afrique. Aussi notre gouvernement se proposa d'en finir avec Ahmed-Bey et de reprendre plus tard une revanche complète par une nouvelle expédition sur Constantine.

M. le maréchal Clausel, instruit par les journaux et par des avis officieux de toutes les imputations qui s'amoncelaient contre lui sur son insuccès de l'expédition de Constantine, se rendit en France avec l'espoir de conjurer l'orage; mais ses services étaient oubliés, ses ennemis prévalurent, et le commandement de l'Algérie lui fut retiré.

CHAPITRE IV

DOMINATION FRANÇAISE

Le général Damrémont est nommé gouverneur général. — Mission du général Bugeaud à Oran. — Négociations avec Abd-el-Kader et traité de la Tafna. — Évacuation du camp de la Tafna et de Tlemcen. — Négociations avec Ahmed-Bey. — Préparatifs de guerre. — Expédition de Constantine. — Mort du général Damrémont. — Prise et assaut de Constantine.

Pendant que le général Rapatel exerçait les fonctions de gouverneur par intérim à Alger, M. le maréchal Clausel avait quitté cette ville, dans le courant de janvier, avec l'espoir d'y revenir bientôt ; mais le général Damrémont, nommé le 12 février 1837, vint prendre, le 5 avril, possession de son gouvernement. La guerre semblait un moment suspendue, mais l'émir n'était pas vaincu dans l'ouest ; Tlemcen était de nouveau séparée de nous par ses troupes, et le général Bugeaud fut encore expédié de France à Oran, avec une espèce de mission secrète et une autorité assez vaguement définie, mais, qui, par le fait, devait le rendre indépendant du gouverneur général. Il débuta par une proclamation (5), sur l'effet de laquelle il comptait beaucoup : ce manifeste, qui ne s'adressait qu'aux Arabes, avait pour but de les effrayer par des menaces d'une guerre d'extermination ; mais à peine avait-il annoncé ces vastes projets, qui semblaient menacer nos ennemis d'une défaite foudroyante, que, changeant tout à coup de système, il se mit en rapport avec le juif Durand, l'intermédiaire d'Abd-el-Kader, et entama des négociations dans le sens de la paix. Abd-el-Kader n'en était pas éloigné ; mais, comme de raison, il la voulait avantageuse pour lui.

Ce juif Durand, d'un caractère peu honorable, et qui n'avait d'autre but que d'exploiter à son profit la lenteur des négociations, capta aisément la crédulité du général Bugeaud et lui démontra que, si les résultats de ses démarches se faisaient attendre, il fallait en chercher la cause dans les contre-négociations tentées par le gouverneur. Le fait est que l'émir avait pris subitement le parti de s'adresser à M. le général Damrémont, et lui écrivit en termes adroits, mais dont l'ensemble équivalait à une demande de paix. Ce général dut répondre sur le même ton et se montrer disposé à accueillir des ouvertures plus complètes ; il en prévint le ministre de la guerre, pour lui faire connaître la démarche de l'émir et lui proposer les bases sur lesquelles, selon lui, il était possible de traiter. Ces bases limitaient Abd-el-Kader au Chélif.

Dès que ce commencement de relations entre le gouverneur et l'émir fut connu du général Bugeaud, celui-ci se porta à des excès qu'il désavoua lui-même franchement un peu plus tard. Il accusa M. Damrémont d'avoir fait à l'émir des propositions de nature à nuire aux négociations qu'il avait lui-même entamées [1]. Il lui reprocha surtout d'enfler l'orgueil et les prétentions d'Abd-el-Kader, en lui manifestant un désir trop vif de la paix. M. Bugeaud prétendait, en outre, avoir seul le droit de traiter. Ce fut alors que parurent dans toutes leurs conséquences ces inconvénients du partage du pouvoir : M. Damrémont comprenait que le général Bugeaud pouvait être indépendant dans la conduite des opérations militaires, mais non dans les mesures qui enchaînaient l'avenir du pays, comme un traité de paix. M. Bugeaud se croyait indépendant en cela.

Il en résulta entre les deux généraux une correspondance fort vive, qui s'adoucit ensuite ; parce qu'étant tous deux de bonne foi dans cette lutte, où l'incertitude des attributions faisait naître celle des droits, ils reconnurent que leurs prétentions réciproques venaient moins d'un désir d'empiétement que des termes de leurs instructions.

M. Damrémont, décidé à abandonner au général Bugeaud la conduite des négociations, fit connaître à Abd-el-Kader, qui lui avait écrit une seconde fois, que c'était à celui-ci qu'il devait s'adresser ; se réservant cependant le droit de sanction que lui donnait la lettre ministérielle du 26 avril, droit que le général Bugeaud reconnut un instant, ainsi que nous le verrons un peu plus tard.

Sur ces entrefaites, Ben-Haratch, envoyé de l'émir, était arrivé à Oran, où il ne resta qu'un jour. Il en repartit avec Durand et M. Allegro, alors officier d'ordonnance du général Bugeaud. Durand écrivit deux jours après qu'on était sur le point de conclure ; mais, le 14 mai,

---

[1] « Le juif Durand, dit M. le commandant Pélissier, voyant qu'il fallait en finir, sous peine de perdre toute son importance, trouva un moyen qui lui parut excellent : dissimulant à l'émir les dispositions pacifiques du gouvernement, il ne craignit pas de lui demander une somme considérable pour corrompre, disait-il, les généraux français. Il ne serait pas impossible que l'émir eût trouvé cette diplomatie trop chère, et que cette considération ait été au nombre des causes qui le déterminèrent à s'adresser au général Damrémont. Pendant que Durand demandait de l'argent à Abd-el-Kader, il en demandait aussi au général Bugeaud pour corrompre, disait-il encore, les conseillers de l'émir. »

M. Allegro revint et annonça que tout était rompu. Abd-el-Kader ne voulait laisser à la France que le Sahel d'Alger, et, dans la province d'Oran, le pays situé entre Bridia et la Macta. En conséquence, le général Bugeaud se mit en route le 15 mai avec neuf mille hommes, pour aller ravitailler Tlemcen, faire évacuer le camp de la Tafna, et revenir opérer sur le Chélif. Il entra le 20 à Tlemcen, et retourna le 23 sur la Tafna.

Le juif Durand, qui continuait son rôle de négociateur, vint alors le prévenir qu'Abd-el-Kader consentait à traiter avec lui pour la province d'Oran, mais que pour celle de Titery, son intention était de s'adresser directement au gouverneur d'Alger; pressé d'en finir, suspectant, avec quelque raison, la bonne foi de Durand, le général résolut enfin d'essayer d'un autre négociateur.

Il fit choix d'un indigène nommé Sidi-Hamadi-Ben-Sekkal, qu'il dépêcha au camp de l'émir. Dès le lendemain, ce nouvel agent rapporta des propositions plus agréables à M. le général Bugeaud. Abd-el-Kader consentait à traiter avec lui seul, pourvu que la province de Titery fût abandonnée.

Cette exigence inquiéta un moment la responsabilité de notre général, car le gouvernement lui prescrivait de limiter Abd-el-Kader sur la rive gauche du Chélif; il eut même la pensée de consulter M. Damrémont, et lui écrivit que s'il ne croyait pas devoir approuver cette condition du traité, les hostilités commenceraient. Mais, renonçant presque aussitôt à toute communication avec le gouverneur général, il prit sur lui de passer outre [1] (parce que M. Bugeaud est un homme de résolution qui sait trancher les difficultés); il envoya donc le jour même son projet de traité en France directement par un bateau à vapeur. Un nouvel incident parut encore renouveler les embarras. Le projet de traité contenait la stipulation d'un tribut annuel payable par l'émir; mais Ben-Sekkal revint déclarer qu'Abd-el-Kader repoussait cette clause. Le général Bugeaud consentit à sa suppression, comme il avait abandonné la province de Titery, et, les deux parties contractantes étant alors d'accord, le traité fut signé le 30 mai. En voici le texte :

[1] Du point de vue où il s'était placé, le général Bugeaud eut raison; car, pendant qu'il prenait sur les bords de la Tafna la résolution de ne pas s'arrêter aux ordres du ministre, celui-ci lui écrivait qu'il consentait à l'abandon de Titery et de la ville de Cherchel.

TRAITÉ DE LA TAFNA.

Entre le lieutenant général Bugeaud, commandant les troupes françaises à Oran, et l'émir El-Hadji-Abd-el-Kader-Oulid-Mahiddin, a été convenu le traité suivant :

ARTICLE PREMIER.

L'émir Abd-el-Kader reconnaît la souveraineté de la France en Afrique.

ART. 2.

La France se réserve :

Dans la province d'Oran, Mostaganem, Mazagran et leurs territoires; Oran, Arzew, plus un territoire limité, à l'est par la rivière de la Macta et le marais d'où elle sort; au sud, par une ligne partant du marais ci-dessus mentionné, passant par le bord sud du lac Sebka, et se prolongeant jusqu'à l'Oued-Malab (Rio-Salado), dans la direction de Sidi-Saïd, et de cette rivière jusqu'à la mer; de manière que tout le terrain compris dans ce périmètre soit territoire français.

Dans la province d'Alger :

Alger, le Sahel, la plaine de la Métidja, bornée à l'est jusqu'à l'Oued-Kaddara et au delà; au sud, par la première crête de la première chaîne du petit Atlas jusqu'à la Chiffa, en y comprenant Blidah et son territoire; à l'ouest, par la Chiffa jusqu'au coude du Mazafran, et de là par une ligne droite jusqu'à la mer, renfermant Koléah et son territoire; de manière à ce que tout le terrain compris dans ce périmètre soit territoire français.

ART. 3.

L'émir administrera la province d'Oran, celle de Titery, et la partie de celle d'Alger qui n'est pas comprise dans la limite indiquée par l'article 2. Il ne pourra pénétrer dans aucune autre partie de la régence.

ART. 4.

L'émir n'aura aucune autorité sur les musulmans qui voudront habiter sur le territoire réservé à la France : mais ceux-ci resteront libres d'aller vivre sur le territoire dont l'émir a l'administration; comme les habitants du territoire de l'émir pourront s'établir sur le territoire français.

ART. 5.

Les Arabes vivant sur le territoire français exerceront librement leur religion. Ils pourront y bâtir des mosquées, et suivre en tout point leur discipline religieuse, sous l'autorité de leurs chefs spirituels.

ART. 6.

L'émir donnera à l'armée française :
Trente mille fanègues d'Oran de froment,
Trente mille fanègues d'Oran d'orge,
Cinq mille bœufs.
La livraison de ces denrées se fera à Oran par tiers.
La première aura lieu du 1ᵉʳ au 15 septembre 1857, et les deux autres de deux mois en deux mois.

ART. 7.

L'émir achètera en France la poudre, le soufre et les armes dont il aura besoin.

ART. 8.

Les Koulouglis qui voudront rester à Tlemcen ou ailleurs y posséderont librement leurs propriétés et y seront traités comme les Hadars.
Ceux qui voudront se retirer sur le territoire français pourront vendre ou affermer leurs propriétés.

ART. 9.

La France cède à l'émir : Rachgoun[1], Tlemcen, le Méchouar et les canons qui étaient anciennement dans cette citadelle.
L'émir s'oblige à faire transporter à Oran tous les effets, ainsi que les munitions de guerre et de bouche de la garnison de Tlemcen.

ART. 10.

Le commerce sera libre entre les Arabes et les Français, qui pourront s'établir réciproquement sur l'un ou l'autre territoire.

ART. 11.

Les Français seront respectés chez les Arabes, comme les Arabes chez

---

[1] Non l'île, mais la position que nous occupions à la Tafna, et que les Arabes appellent aussi Rachgoun.

les Français. Les fermes et les propriétés que les Français auront acquises ou acquerront sur le territoire arabe leur seront garanties. Ils en jouiront librement, et l'émir s'oblige à rembourser les dommages que les Arabes leur feraient éprouver.

Art. 12.

Les criminels des deux territoires seront réciproquement rendus.

Art. 13.

L'émir s'engage à ne concéder aucun point du littoral à une puissance quelconque sans l'autorisation de la France.

Art. 14.

Le commerce de la régence ne pourra se faire que dans les ports occupés par la France.

Art. 15.

La France pourra entretenir des agents auprès de l'émir et dans les villes soumises à son administration, pour servir d'intermédiaires près de lui aux sujets français, pour les contestations commerciales ou autres qu'ils pourraient avoir avec les Arabes.

L'émir jouira de la même faculté dans les villes et ports français [1].

Ce traité fut lu par le général Bugeaud aux officiers généraux et aux chefs de corps et de service de sa petite armée, qui parurent l'approuver.

Le 1er juin, le général eut une entrevue avec Abd-el-Kader, qui eut l'adresse de l'attirer avec fort peu de monde jusqu'au milieu de ses troupes, où l'émir paraissait, aux yeux des Arabes, attendre son hom-

---

[1] Le dissentiment qui a existé entre nous et Abd-el-Kader, au sujet de l'exécution de ce traité, porte principalement sur l'article 2.

L'émir prétendait qu'il nous bornait à l'Oued-Kaddara, et que ce mot au delà, mis après le nom de cette rivière, est tout à fait sans valeur. Nous disions, au contraire, qu'il en a une très-grande, et qu'il signifie que nous n'avons pas voulu nous limiter dans la direction de l'est. L'article 3 vient à l'appui de nos prétentions. Voici, mot à mot, comment cet article est rendu dans le texte arabe : « L'émir commandera dans les provinces d'Oran, de Médéah, et dans une portion de la province d'Alger qui n'a pas été comprise dans les limites ouest des limites dont nous avons parlé dans le deuxième article. Il ne pourra commander que dans les lieux dont il a été fait mention ci-dessus. »

mage. Mais l'attitude personnelle du général français remit bientôt le cérémonial sur le pied de l'égalité [1].

Aussitôt après son arrivée à la Tafna et pendant qu'il négociait avec l'émir, le général Bugeaud fit travailler à la démolition du camp, qui, dans tout état de cause, devait être abandonné, aussi bien que Tlemcen, que le général Bugeaud avait l'ordre d'évacuer à la fin de la campagne.

Après la conclusion de la paix, il ordonna de laisser exister quelques baraques, pensant qu'il s'y formerait un village indigène, ce qui n'eut pas lieu.

Le 3 juin, le général fit partir un de ses aides de camp pour Paris avec le traité. Le 4 du même mois, il partit du camp de la Tafna, qui fut complétement évacué. On continua cependant à occuper l'île Rachgoun.

Un bataillon du 47ᵉ fut laissé au Méchouar, qui ne devait être livré à l'émir qu'après la ratification du traité de paix.

L'ancienne garnison, commandée par le commandant Cavaignac, rentra à Oran, où elle arriva avec quelques centaines de Koulouglis qui ne voulaient pas rester sous la domination de l'émir. Le 9, le corps expéditionnaire du général Bugeaud était de retour à Oran.

Ce traité que nous venons de voir, qui joue un grand rôle dans l'histoire de notre domination en Algérie, compléta l'œuvre commencée par celui de M. Desmichels, et donna une dernière sanction aux prétentions de l'émir, qui reconnut, il est vrai, la souveraineté de la France, mais qui reçut en échange de cette concession, non-seulement la province d'Oran, mais encore celle de Titery et une partie de celle d'Alger. C'était doubler l'étendue de son territoire.

« Le traité de la Tafna est maintenant jugé à sa juste valeur par tout le monde et par le général Bugeaud lui-même, qui s'est repenti plus d'une fois de l'avoir signé. Il suffit de le lire et de connaître tant soit peu les affaires d'Afrique, pour être convaincu que, si c'était là tout ce que le gouvernement voulait faire, il était inutile de mettre à grands frais une division en campagne, et de détourner M. Bugeaud de ses occupations législatives et agricoles; car il n'est pas permis de douter que, sans sortir d'Oran et sans tant d'apparat, le général Brossard n'eût pu en faire autant.

« Eh bien, cependant, ce traité fut approuvé par notre gouvernement, quoiqu'on espérât que des modifications y seraient faites. Le traité de

---

[1] Voir les détails de cette entrevue dans la note 6, à la fin de ce volume.

la Tafna fut vivement combattu par le général Damrémont : ses observations ne purent en empêcher la ratification ; elles ne prévalurent point, puisque le traité venait d'être déjà approuvé à Paris. En vertu de cette sanction, qu'apporta au général Bugeaud un des aides de camp du ministre de la guerre, le Méchouar de Tlemcen fut évacué, le 12 juillet, par le bataillon du 47ᵉ, qui avait relevé le bataillon du commandant Cavaignac, lequel fut réuni au corps des zouaves.

« Le traité de la Tafna ne donnait à l'émir que la partie de la province d'Alger qui est à l'ouest de la Chiffa ; nous restions maîtres d'agir dans l'est de cette province, du moins d'après l'interprétation donnée par M. le général Bugeaud à son traité, dont les termes sont malheureusement obscurs et équivoques, surtout en arabe, et n'étaient pas entendus par Abd-el-Kader de la même manière que par nous. De là survinrent des discussions et des conflits sans nombre, et alors quelques tribus contestèrent nos droits sur cette partie du pays qui nous était concédée, et il fallut alors faire marcher des troupes pour faire reconnaître notre autorité d'après les clauses du traité. Cette démonstration eut l'effet qu'on attendait, et elles se soumirent à l'autorité française.

« Aussi bientôt on commença à dire, tantôt que la paix serait de courte durée, tantôt que les Français s'étaient engagés à évacuer toute la plaine et à se resserrer dans le massif d'Alger. Ces bruits, jetant de la perturbation dans les esprits, éclairaient et faisaient voir la suite d'un traité qui nous était plus funeste qu'avantageux, et pas assez explicite.

« Je résume : le traité n'était pas avantageux, car il rend l'émir plus puissant qu'une victoire éclatante n'aurait pu le faire, et nous place dans une position précaire, sans garantie, resserrés dans de mauvaises limites ; il n'est pas honorable, car notre droit de souveraineté ne repose sur rien, et nous abandonnons nos alliés ; il n'était pas nécessaire, car il ne dépendait que de nous de nous établir solidement dans la Métidja et autour d'Oran, et de nous rendre inattaquables en réservant l'avenir [1]. »

Nous n'ajouterons pas un mot à ce document officiel, d'une incontestable valeur, et que les phrases de M. Bugeaud n'ont pu réfuter.

Et puis, d'après l'opinion générale, avec la réunion des troupes et

---

[1] Observations sur la convention conclue le 30 mai entre le général Bugeaud et Abd-el-Kader, adressées, le 15 juin 1837, à M. le président du conseil et au ministre de la guerre par le lieutenant général comte de Damrémont, gouverneur général des possessions françaises dans le nord de l'Afrique.

forces rassemblées à Oran à grands frais, le général Bugeaud aurait dû plutôt entrer en campagne : nos succès eussent été incontestables; les résultats de la guerre n'étaient pas douteux. Si Abd-el-Kader s'était présenté, il aurait été battu partout; et il était toujours temps alors de passer une convention avec lui : il eût été d'une meilleure politique de le faire après qu'il eût éprouvé la force de nos armes; nous aurions pu alors faire un traité honorable et mettre Abd-el-Kader dans notre dépendance, et non l'élever, comme nous l'avons fait, par le traité de la Tafna.

Le général Damrémont, quelques jours après le traité de la Tafna, reçut, par la voie de terre, des officiers de l'émir qui lui apportaient à Alger seulement le double du traité conclu entre le général Bugeaud et lui; il était accompagné d'une lettre d'Abd-el-Kader ainsi conçue :

« Louanges à Dieu seul. — L'émir des croyants, Sidi-el-Hadji-Abd-el-Kader, au très-illustre gouverneur Damrémont, chef des troupes françaises à Alger. — Que le salut et la bénédiction de Dieu ainsi que sa miséricorde soient sur celui qui suit la voie de la justice.

« Tu ne dois pas ignorer la paix que nous avons faite avec le général Bugeaud. Nous aurions désiré que la paix se fît par ton entremise, parce que tu es un homme sage, doux et accoutumé à ce qui se pratique dans le conseil des rois. Mais, le général d'Oran nous ayant écrit qu'il avait la signature du roi pour traiter, ainsi que cela a eu lieu, vu sa proximité, nous avons passé avec lui un acte authentique à ce sujet, comme la nouvelle t'en est parvenue en son entier.

« Je suis donc maintenant avec toi sur la foi et le traité passé entre nous et la nation française. Calme-toi donc de ton côté, compte que tout tournera à bien et selon tes désirs. Tu n'éprouveras aucun mal de ce que pourront faire les Arabes des contrées placées sous mon autorité, du côté de Boufarik, de la Métidja et des environs. — Dans peu, s'il plaît à Dieu, je me porterai de ton côté; je ferai cesser le désordre; je tirerai au clair toutes les affaires, tant avec toi qu'avec d'autres, pour qu'il ne reste plus rien qui ne soit en harmonie avec la raison.

« Si tu as besoin de quelque chose qui soit en notre pouvoir, nous te satisferons, et nous ne resterons pas en arrière. Il doit en être de même de toi à nous. Ainsi, que tes lettres nous arrivent, demandant tout ce que tu veux, comme cela a été, comme cela sera toujours entre des princes amis. Moi aussi je t'écrirai pour tout ce qui concerne les affaires de ce monde. — (Écrit le soir du premier jour du mois le Rabi-el-

Tani de l'an de l'Hégire 1253, par ordre de notre seigneur l'émir des croyants, celui qui rend la religion victorieuse. Que Dieu le protége, et que la délivrance arrive par lui!) »

Pendant que ces choses se passaient, le colonel Duvivier, que le maréchal Clausel avait laissé à Guelma depuis la retraite de Constantine, parvenait, avec des forces minimes, à exercer sur les tribus voisines un ascendant moral que sa protection active rendait chaque jour plus assuré. Supérieur aux difficultés de sa position, il savait tenir en respect les partis lancés par le bey Ahmed, et remporta sur eux des avantages signalés, prouvant tout ce que peuvent le courage et l'habileté d'un chef français contre des ennemis plus nombreux, qui n'avaient à lui opposer que la violence du premier choc.

Le gouvernement, éclairé sur la valeur de Yousouf, supprima, au mois de mai, son titre de bey futur de Constantine, et, le capitaine de Mirbeck ayant pris le commandement des spahis de Bone, dès cet instant Joseph fut envoyé à Oran aux escadrons de même arme.

Le 22 mars, le général Trézel vint visiter Guelma avec plusieurs escadrons de cavalerie. Le lendemain, il reconnut le terrain à droite de la Seybouse, entre cette position et l'Oued-Serf, qui se jette à Merdjez-Amar. Son but, dans cette tournée, était de recueillir lui-même des documents topographiques pour la nouvelle expédition de Constantine, dans le cas où elle aurait lieu définitivement. Il rentra à Bone par la rive gauche de la Seybouse, sans repasser par Guelma.

Le général Damrémont, en arrivant à Alger prendre possession de son gouvernement, avait annoncé que son intention était de donner une réparation à l'échec que nous avions éprouvé devant Constantine.

La paix étant faite le 23 juillet, le gouverneur général partit pour Bone, pour terminer, soit par les négociations, soit par les armes, la grande affaire de Constantine. Il sentait qu'il fallait réduire Ahmed-Bey et enfin étendre notre influence dans cette vaste province, pour regagner ce que nous perdions par le traité de la Tafna, qui, à la réalité, nous restreignait, dans la province d'Alger, dans des limites excessivement bornées.

Des instructions précises étaient tracées à ce gouverneur. Le ministère, tourné vers un système d'occupation restreinte dont le traité de la Tafna outre-passait les vues, ne semblait pas se soucier de renverser la puissance d'Hadji-Ahmed, dont il croyait pouvoir faire un rival capable de détourner de nous l'attention d'Abd-el-Kader. Cette pensée ne manquait pas d'une certaine sagesse, dans la position d'impuissance que nous venions de nous créer vis-à-vis de l'émir ; mais il fallait tenter des négociations avec le bey de Constantine.

M. Damrémont, en conséquence, pour se conformer aux instructions qu'il avait reçues du gouvernement, ordonna au capitaine Foltz, un de ses aides de camp, très-versé dans les formes de la diplomatie orientale, de se rendre à Tunis pour entamer de là, par des voies indirectes et habiles, cette affaire délicate. Mais, sur ces entrefaites, le juif Busnach vint annoncer au gouverneur qu'Hadji-Ahmed le proposait pour négociateur entre lui et la France.

M. Damrémont le chargea donc de porter à Constantine les bases d'un traité par lequel une grande partie du territoire passerait sous notre autorité, et le bey reconnaîtrait notre suzeraineté par le payement d'un tribut annuel.

M. Foltz revint très-promptement de Tunis avec un autre juif, investi auprès de lui de la même mission que Busnach remplissait auprès du gouverneur.

M. Damrémont donna pleine carrière aux pourparlers, sans négliger de se tenir prêt à tout événement, pour faire succéder des hostilités rapides à la rupture possible des négociations. L'incertitude se prolongea jusqu'à la fin du mois d'août. Ahmed-Bey espérait, d'un côté, que la Turquie lui fournirait des secours, et, de l'autre, encouragé par les avantages que recueillait Abd-el-Kader du traité de la Tafna, et ne pouvant se résoudre à accepter des conditions moins brillantes, il rompit brusquement tous rapports diplomatiques.

Une dépêche du 3 septembre, expédiée de Paris par le président du conseil, se terminait ainsi : « Jusqu'au dernier moment, la paix plutôt que la guerre ; mais la paix aux conditions fixées, sans y rien ajouter, ou la prise de Constantine à tout prix. » Dès que l'issue des négociations parvint à Paris, l'expédition fut décidée ; dès lors il ne fallait plus songer qu'à la guerre, et M. Busnach fut rappelé [1]. Le prince

----

[1] Voici la lettre que le général Damrémont écrivit à Ahmed-Bey à cette occasion :

« Au camp de Medjez-Amar, le 19 août 1857.

« Le général gouverneur à Ahmed-Bey.

« La lettre que vous m'avez fait remettre par Mouchi-Busnach, votre serviteur, contient des propositions si extraordinaires, que je n'y répondrai pas ; elle m'a étrangement surpris, et je dois aussi vous exprimer mon étonnement de voir que, manquant à votre parole, vous repoussez maintenant un traité que vous aviez admis. Si les malheurs de la guerre doivent peser sur le pays que vous administrez et entraîner la ruine de Constantine, toute la responsabilité retombera sur vous, qui préférez à une paix honorable, à un appui que vous regretterez plus tard, les chances d'une guerre que vous ne pourrez pas soutenir. Ce serait peut-être l'occasion de vous rap-

royal sollicita vivement le commandement de l'expédition ; mais des considérations de famille privèrent sa belle et trop courte existence de cette page de gloire, et le ministère décida que le gouverneur général marcherait à la tête de l'armée, dont S. A. R. monseigneur le duc de Nemours partagerait les nobles dangers, avec le titre de chef d'une brigade.

A l'arrivée du prince en Afrique, on discuta, dans un conseil tenu chez lui, l'opportunité de renvoyer l'expédition au printemps suivant. Le 12ᵉ de ligne, qui venait de débarquer, apportait le choléra, et l'on craignait d'ajouter ce fléau à toutes les chances de la saison qui avaient été si funestes, en 1836, au maréchal Clausel. Mais, pendant les 21 22 et 23 septembre, le général Rulhières avait été assailli, au camp de Merdjez-Amar, par sept ou huit mille cavaliers que conduisait le bey Ahmed en personne : il avait repoussé l'ennemi avec succès, et le lieutenant-colonel de Lamoricière s'était distingué par les belles qualités militaires qui l'ont conduit aux premiers grades de l'armée.

Cette victoire n'était point toutefois un gage de sécurité pour l'hiver, et le général Damrémont, comptant sur l'énergie des troupes et sur l'heureux augure qui s'attachait au retour et à la présence du jeune prince français, donna l'ordre de terminer les préparatifs, pour se mettre en marche au 1ᵉʳ octobre.

Le corps expéditionnaire fut divisé en quatre brigades, sous les ordres de Mgr le duc de Nemours, des généraux Trézel et Rulhières, et du colonel Combes [1].

Cette fois, le corps expéditionnaire fut porté à dix mille hommes ; le matériel de siége se composait de dix-sept pièces de différents calibres, approvisionnées de deux cents coups par pièce, de cinquante fusils de rempart, de deux cents fusées à la Congrève et d'une réserve

---

peler que Hussein-Pacha, cédant à de mauvais conseils, préféra la guerre, qui a entraîné sa chute, à une juste satisfaction que lui demandait la France, et qui n'avait rien de honteux, rien d'humiliant pour lui.

« La présence de Busnach étant inutile près de vous, je lui donne l'ordre de quitter la province de Bone. » (*Annales algériennes*, par le capitaine Pélissier, t. III, liv. XXIII, page 241.)

[1] 1ʳᵉ brigade : deux bataillons du 17ᵉ léger, un bataillon du 2ᵉ, le 3ᵉ régiment de chasseurs d'Afrique, un bataillon de zouaves, deux escadrons de spahis, deux pièces de campagne et deux obusiers de montagne. — 2ᵉ brigade : le 25ᵉ de ligne, un bataillon du 11ᵉ, un bataillon turc auxiliaire, un bataillon de spahis irréguliers, un bataillon de tirailleurs d'Afrique, deux pièces de campagne et deux obusiers. — 3ᵉ brigade : le 3ᵉ bataillon léger d'Afrique, un bataillon de la légion étrangère, deux escadrons du 1ᵉʳ de chasseurs, deux escadrons de spahis réguliers, quatre pièces de montagne. — 4ᵉ brigade : le 47ᵉ de ligne, un bataillon du 26ᵉ, deux pièces de campagne et deux obusiers.

de deux milliers de poudre. Cette artillerie, munie de cent vingt-six
voitures, était sous les ordres du général Valée, qui avait pour commandant en second le général Caraman. L'infanterie emportait cinq
cent mille cartouches ; dix compagnies du génie et les équipages de
pont marchaient avec les généraux Rohault de Fleury et Lamy.

L'administration militaire, dirigée par l'intendant d'Arnaud, conduisait un convoi de quatre-vingt-dix-sept voitures escortées par cinq
compagnies du train et portant pour dix-huit jours de vivres; un troupeau nombreux suivait pour les distributions de viande.

Le 1er octobre, à sept heures et demie du matin, les deux premières
brigades, commandées par M. le duc de Nemours et le général Trézel,
ous les ordres immédiats du comte Damrémont, partirent de Merdjez-
Amar, emmenant avec elles le matériel de siége. La première brigade bivaqua au sommet du Raz-el-Akba; la seconde s'arrêta à la hauteur des ruines romaines d'Anouna avec le matériel de siége. Pendant
cette première journée de marche, une pluie abondante répandit sur
l'armée un profond sentiment de tristesse : on se rappelait combien
l'intempérie de la saison, en 1836, avait contribué à l'insuccès du
maréchal Clausel, et involontairement on portait un regard inquiet
sur l'avenir; mais, le temps s'étant promptement éclairci, la gaieté reparut sur les visages, la confiance réchauffa tous les cœurs.

Le 2, les troupes, avec lesquelles marchait le quartier général, arrivèrent au marabout de Sidi-Tamtam et y passèrent la nuit. Il fallut travailler sur plusieurs points pour rendre la route praticable aux
voitures. Le même jour, les deux dernières brigades bivaquèrent à
Raz-el-Akba, sur l'emplacement que la première brigade avait occupé
la veille. Cet ordre de marche fut observé jusqu'à Constantine, l'armée
continuant de s'avancer sur deux colonnes parfaitement distinctes. Du
reste, le temps était beau, l'ordre parfait, et l'on n'eut que très-peu
d'efforts à faire pour repousser les Arabes qui se trouvaient sur le passage de l'armée; plusieurs d'entre eux, à l'approche de nos colonnes,
se retiraient après avoir incendié les meules de paille éparses dans les
champs [1].

On arriva le 5, à midi, sur les hauteurs de Sommah, après avoir
écarté quelques tirailleurs ennemis; la vue du camp d'Ahmed et de
Constantine excitèrent les acclamations de l'armée, impatiente de

---

[1] Mais, comme les Arabes ne se déterminaient qu'avec une certaine répugnance à
cette destruction, ordonnée par Ahmed, nos soldats parvinrent souvent à se rendre
maîtres du feu, mis au dernier moment, et à arracher à l'incendie, qui n'avait pas eu
le temps de tout consumer, la paille nécessaire à leurs chevaux.

venger l'échec de l'année précédente. Mais dans la nuit le temps changea.

Le 6, vers trois heures du matin, une forte pluie commença, et le général en chef dut se hâter de porter les troupes sur le plateau de Mansourah, où les deux premières brigades campèrent à neuf heures. Aussitôt le gouverneur général se porta en avant pour reconnaître la ville et ses abords.

De même que l'année précédente, Constantine se présentait hostile et décidée à une résistance énergique : Ben-Aïssa défendait la place, et Ahmed-Bey tenait la campagne avec sa cavalerie.

D'immenses pavillons rouges s'agitaient orgueilleusement dans les airs, salués par le cri aigu des femmes placées sur le haut des maisons, auxquels répondaient par de mâles acclamations les défenseurs de la place.

Les topdjis étaient à leur poste, et sitôt qu'un groupe des nôtres se montrait à découvert, ils lançaient dans cette direction, avec une rectitude remarquable, une bombe ou un boulet. C'est ainsi que furent accueillis sur plusieurs points le général Damrémont et le jeune prince qui marchait à ses côtés.

Lorsque les généraux d'artillerie et du génie eurent fait la reconnaissance de la place, il fut décidé que l'attaque aurait lieu par Koudiat-Aty, et qu'il serait seulement établi sur Mansourah trois batteries destinées à éteindre les feux du front d'attaque et ceux de la Kasbah : on espérait que ces trois batteries, en foudroyant la ville, détermineraient une plus prompte capitulation. Pendant ces dispositions préliminaires, la seconde colonne arrivait sur le plateau de Sidi-Mabrouk, en arrière de Mansourah : le général Rulhières, qui la commandait, reçut l'ordre d'y laisser le convoi et d'aller occuper Koudiat-Aty. La troisième brigade s'y porta en coupant le Rummel au-dessous de sa réunion avec le Bou-Merzoug, et la quatrième en traversant successivement les deux rivières au-dessus de leur confluent. Sur la croupe montueuse qui forme un haut promontoire entre ces deux rivières se tenait en observation, et à une certaine distance de la ligne de direction suivie par nos troupes, la cavalerie arabe, au milieu de laquelle on distinguait Ahmed-Bey. Malgré la supériorité du nombre et de la position, l'ennemi n'osa faire aucune démonstration offensive, et les troupes s'établirent à Koudiat-Aty sans avoir à tirer un coup de fusil.

Le général Fleury fit aussitôt travailler à la construction d'une ligne de retranchements en pierres sèches ; mais, pendant ce mouvement, l'artillerie de Constantine avait ouvert le feu, et nous eûmes à regretter la perte du capitaine Babin, aide de camp de M. Fleury, tué au passage du Rummel. Le temps, qui s'était éclairci dans la matinée, se couvrit, à deux heures, de sombres nuages; une pluie froide tomba jusqu'au soir, et les travaux de la tranchée, placés sous la direction du capitaine de Salles, ne purent commencer qu'assez tard.

Le général Valée fit placer la première batterie sur la gauche et un peu au-dessous du plateau de Mansourah; elle devait battre le corps de place à trois cents mètres. La seconde et la troisième, établies sur la crête, furent terminées les premières; on leur donna les noms de batteries du Roi, d'Orléans et Mortier.

Le duc de Nemours, qui venait d'être nommé commandant des troupes de siége, visita les travaux le 7, au point du jour. Quelques heures après, deux sorties furent exécutées avec une grande vigueur par la garnison de Constantine; l'une, qui déboucha par la porte d'El-Kantara, fut repoussée par les zouaves et le 2ᵉ léger; l'autre, franchissant la porte qui s'ouvre devant Koudiat-Aty, recula devant la légion étrangère, le 3ᵉ bataillon d'Afrique et le 26ᵉ de ligne, dont une compagnie fut un moment compromise.

La cavalerie arabe n'était pas restée inactive; mais, contenue par la fermeté du 47ᵉ de ligne, elle fut dispersée par les charges à fond des chasseurs d'Afrique; ces escarmouches prouvèrent aux défenseurs de Constantine que la fortune avait changé.

Le 8, après une nuit pénible que nos soldats, fatigués et presque sans abri, passèrent dans la boue, les pièces que l'on conduisait à la batterie du Roi, sur une pente défoncée, furent entraînées dans le ravin; il fallut se hâter d'établir sur la pointe méridionale du plateau une batterie provisoire armée de trois canons de vingt-quatre et de deux obusiers, pendant qu'une corvée d'artillerie relevait les pièces versées. Cette batterie reçut le nom de Damrémont. Un épais brouillard, qui dura tout le jour, ne permit pas de commencer le feu. La nuit suivante fut affreuse, et les troupes, découragées par les souffrances de leur position, attendaient avec une cruelle impatience les effets du bombardement.

Cette opération décisive eut lieu le 9. A sept heures du matin, des cris de joie saluèrent la première décharge de toutes nos pièces; un tonnerre épouvantable roulait d'échos en échos, et la ville s'enveloppa d'un linceul de fumée, que déchiraient, à chaque instant, de rouges éclairs. Les zouaves, troupe excellente et si bien commandée par M. de Lamoricière, avaient dégagé du ravin de Mansourah les canons culbutés par les éboulements du sol; la batterie du Roi, rapidement armée, tirait comme les autres, et deux obusiers, conduits au Koudiat-Aty par le commandant d'Armandy, battaient en brèche ce côté de l'enceinte.

Malheureusement le feu de Mansourah ne produisit pas tous les résultats espérés; les abords de la place avaient souffert; l'artillerie de la Kasbah et des remparts ne grondait plus que de loin en loin; mais nos obus et nos fusées à la Congrève n'allumaient aucun incendie; Constantine offrait une résistance inerte, plus formidable qu'un combat soutenu. Le général en chef comprit alors que les batteries de Mansourah épuisaient en pure perte nos munitions, dont il était temps d'être avares, et porta tous les moyens d'attaque sur le plateau de Koudiat-Aty.

Dans la nuit du 9 au 10, le colonel Tournemine reçut l'ordre d'y mener quatre pièces des batteries d'Orléans et Damrémont, avec leur approvisionnement. Ce brave officier remplit sa mission à travers des terrains presque impraticables. La pluie tombait à flots, le sol devenait une grève mouvante, et il fallut atteler à chaque canon jusqu'à quarante chevaux pour les tirer successivement de ces difficultés.

Le 10, un pont de chevalets fut construit sur le Rummel pour remplacer de simples passerelles que la crue des eaux avait emportées; la nuit suivante, on fit arriver de Mansourah le reste des pièces qui garnissoient les batteries d'Orléans, Damrémont et Mortier; celle dite du Roi resta seule en permanence pour couvrir le pont d'El-Kantara. Quatre batteries nouvelles furent organisées au Koudiat-Aty; elles étaient commandées par les capitaines Gaffort, Lecourtois, Coteau et le lieutenant Beaumont.

Le 11, au point du jour, un beau soleil favorisait l'activité de nos derniers travaux. Des partis considérables sortirent successivement de la ville et s'éparpillèrent en tirailleurs dans tous les plis de terrain. M. le général Damrémont, qui les observait de Mansourah, pensa que les Constantinois se préparaient à une attaque générale, et envoya pour les balayer quelques compagnies de la légion étrangère, qui furent accueillies de pied ferme et par un feu si meurtrier, qu'elles eurent un moment d'hésitation; mais le gouverneur général, S. A. R. Mgr le duc de Nemours et les officiers de l'état-major arrivèrent au galop, et, ramenant au combat, par leur exemple, cette petite troupe indécise, mirent l'ennemi en déroute sur tous les points.

On employa les instants précieux qui suivirent cet avantage à établir, à cent vingt mètres de la place, une nouvelle batterie de brèche qui devait se relier à la ligne d'arrière, éloignée de quatre cents mètres, par une place d'armes retranchée où se réuniraient les troupes désignées pour l'assaut; cette fortification, favorisée par les plis naturels du sol, fut terminée dans la matinée du 11, sous la protection du 47ᵉ de ligne.

A neuf heures du matin, le gouverneur général et S. A. R. Mgr le duc de Nemours se rendirent à la batterie de brèche, et le feu commença de batterie en batterie; les artilleurs arabes furent bientôt détruits, mais le mur d'enceinte, formé de blocs énormes, n'était pas même ébranlé, lorsque enfin, à deux heures et demie, un obusier de la batterie Lecourtois, pointé par le commandant Maléchard, détermina le premier éboulement. Ce succès réveilla l'enthousiasme de l'armée; Constantine n'était plus invincible! Le général en chef profita de la soirée pour faire amener de nouvelles pièces à la batterie de brèche.

Le 11, les Arabes tentèrent une sortie par la porte d'El-Kantara, et furent écrasés par la batterie du Roi et par l'infanterie du général Trézel.

La nuit suivante, vers deux heures, les assiégés dirigèrent, du côté de la batterie de brèche, une fusillade qui ralentit les travaux sans les faire abandonner; mais, réduits à la mousqueterie, nos braves adversaires annonçaient qu'il faudrait encore payer chèrement leur défaite.

Le 12, les troupes électrisées demandaient à grands cris l'assaut; cependant, moins jaloux de la gloire d'une prise d'assaut que désireux d'arrêter l'effusion du sang et d'empêcher les vaincus de courir à leur perte, le gouverneur avait jugé utile, avant de lancer les colonnes d'attaque pour monter à l'assaut, de tenter de faire une sommation aux assiégés, tout en les éclairant sur le danger de leur situation. Le brave Damrémont voulut donc tenter encore les voies d'une capitulation qui ne rendait pas sa gloire moins éclatante. Il choisit pour parlementaire un soldat turc qui voulut bien remplir cette périlleuse mission, et le chargea d'une proclamation en langue arabe adressée aux habitants. Introduit dans la place au moyen de cordes que les assiégés lui tendirent par-dessus les remparts, notre envoyé ne revint que le lendemain matin avec une réponse verbale : elle repoussait en termes presque outrageants des propositions dictées par l'humanité.

Voici ce que contenait la réponse verbale :

« Il y a à Constantine beaucoup de munitions de guerre et de bouche. Si les Français en manquent, nous leur en enverrons. Nous ne savons ce que c'est qu'une brèche ni une capitulation. Nous défendrons à outrance notre ville et nos maisons. Vous ne serez maîtres de Constantine qu'après avoir égorgé jusqu'au dernier de ses défenseurs. »

Après avoir entendu cette réponse, le gouverneur s'écria : « Ce sont des gens de cœur. Eh bien, l'affaire n'en sera que plus glorieuse pour nous! » Puis il monta à cheval et se dirigea sur Koudiat-Aty, suivi de son état-major.

Il était environ huit heures du matin; la journée promettait d'être belle; le soleil se levait radieux à l'horizon et dissipait les fatigues, les douloureuses pensées que le mauvais temps avait fait naître; dans peu d'heures la brèche, ouverte depuis la veille, allait être rendue praticable; l'allégresse se peignait sur les visages, heureux de la certitude du triomphe. Le comte Damrémont mit pied à terre un peu en arrière des ouvrages, et s'arrêta sur un terrain trop découvert, d'où il se mit à observer la brèche. Le général Rulhières, reconnaissant le danger auquel il s'exposait, courut à lui et l'engagea à se retirer : « Laissez, laissez! » lui répondit-il avec une froide impassibilité; et presque au même instant un boulet parti de la place le renversa sans vie. Le général Perrégaux s'élançait pour le retenir dans sa chute, lorsqu'une balle l'atteignit lui-même au-dessous du front, entre les deux yeux, et le coucha à terre, grièvement blessé. Et ces deux hommes, une étroite amitié les unissait l'un à l'autre; le second, chef d'état-major du comte Damrémont, lui porta là-haut, quelques jours plus tard, les regrets de la France et les consolations du triomphe[1]!

Instruit du coup fatal qui privait l'armée de son chef, le général Valée, alors à la batterie de brèche, accourut de ce côté. Il fit éloigner les spectateurs et transporter silencieusement sur les derrières le cadavre du comte de Damrémont, couvert d'un manteau. La triste nou-

---

[1] Né à Chaumont en 1783, élève de l'École militaire de Fontainebleau en 1803, Denis de Damrémont entra comme sous-lieutenant au 12e chasseurs à cheval en 1804. Colonel en 1813, il servit la Restauration après la chute de l'Empire, commanda la légion de la Côte-d'Or, et fut nommé maréchal de camp en 1821. Il fit, en 1823, la campagne d'Espagne, et celle d'Alger en 1830. Promu, le 16 décembre de la même année, au grade de lieutenant général, il fut appelé au commandement de la huitième division militaire, à Marseille. Homme instruit, éclairé, bienveillant, il comprenait les véritables intérêts de la France en Afrique; et, après avoir vengé l'échec de Constantine, il comptait s'adonner à un système de pacification et d'équitables rapports avec les indigènes qui devait porter d'heureux fruits. Sa perte fut cruellement sentie, car elle brisait bien des espérances; un deuil public honora ses restes glorieux, qui furent transportés à Paris et déposés dans les caveaux des Invalides.

Le général Perrégaux, ramené à Bone et embarqué pour la France, mourut pendant la traversée, et fut enseveli en Sardaigne.

velle se répandit rapidement parmi les troupes ; mais alors le succès de l'entreprise était trop assuré pour qu'elle pût faire naître d'autres sentiments que de justes regrets et le vif désir d'une glorieuse vengeance. Le commandement en chef revenait de droit au général Valée, le plus ancien en grade parmi ses collègues. Sans connaître la vie militaire du vieux guerrier, nos jeunes soldats savaient vaguement que c'était un des plus distingués parmi ceux que nous a légués l'Empire ; ils attendirent ses ordres avec confiance.

A neuf heures, toutes les batteries recommencèrent à tirer et renversèrent aisément les sacs de laine, les débris d'affûts, au moyen desquels, pendant la nuit, les assiégés avaient cherché à réparer la brèche ; les terres des remparts jaillirent, le talus fut formé, et vers le soir on venait de fixer l'assaut pour le lendemain matin, lorsqu'un parlementaire fut amené au général en chef.

Ahmed faisait proposer de suspendre les hostilités et de reprendre les négociations. Ne voyant dans cette démarche qu'un des mille moyens dilatoires si souvent employés par la diplomatie arabe, et qui n'avait pour but que de gagner du temps dans l'espoir que la faim et le manque de munitions obligeraient les Français à se retirer, le général Valée répondit qu'il n'écouterait aucune proposition que la place ne lui fût préalablement livrée ; mais le bey refusa de se soumettre à cette condition, et les opérations du siége continuèrent.

Dans la nuit, les batteries continuèrent à tirer à intervalles inégaux, de manière à empêcher les assiégés d'entreprendre des travaux sur la brèche.

Enfin, le 13, à trois heures et demie du matin, le capitaine du génie Boutault et le capitaine de zouaves Garderens furent chargés d'aller reconnaître la brèche, mission périlleuse dont ils s'acquittèrent avec le plus admirable sang-froid, malgré les fréquentes décharges de mousqueterie dont ils étaient le point de mire. A leur retour, ils déclarèrent l'ouverture praticable. On n'avait donc plus à s'occuper que de l'assaut. A quatre heures, le général Valée se rendit dans la batterie de brèche avec le duc de Nemours, qui devait, comme commandant de siége, diriger les colonnes d'assaut.

Les troupes destinées à y monter furent divisées en trois colonnes : la première, commandée par le lieutenant-colonel de Lamoricière, se composa de quarante sapeurs du génie, trois cents zouaves et deux compagnies d'élite du 2ᵉ léger ; la deuxième, conduite par le colonel Combes, comprenait la compagnie franche du deuxième bataillon d'Afrique, quatre-vingts sapeurs du génie, cent hommes du troisième bataillon, cent de la légion étrangère et trois cents hommes du 47ᵉ de ligne; la troisième, aux ordres du colonel Corbin, fut formée de deux bataillons composés de détachements pris dans les quatre brigades, car tous les corps avaient hautement manifesté le désir d'être représentés dans cette action décisive.

L'armée, après tant de fatigues, était décidée à emporter la ville ou à s'ensevelir sous ses ruines. Le prince, commandant en chef les troupes de siége, avait veillé à tous les préparatifs avec la haute intelligence qui le distingue; sa présence ajoutait à l'enthousiasme des soldats et la confiance régnait partout : c'était le gage d'un glorieux succès.

Deux heures avant le jour, les première et deuxième colonnes d'attaque furent placées dans la place d'armes et le ravin y attenant; la troisième se trouvait derrière le Bardo, grand bâtiment en ruines sur les bords de la rivière (écuries du bey).

A sept heures toutes les dispositions étaient prises, et le colonel Lamoricière, à la tête de ses zouaves, attendait avec impatience le signal de l'assaut. Le duc de Nemours le lui donne. Stimulés par la voix de leur chef, ces braves se précipitent aussitôt sur la brèche, à travers une grêle de balles, et, renversant tous les obstacles, ils couronnent les remparts de leurs baïonnettes, au-dessus desquelles flotte le drapeau tricolore, soutenu par le capitaine Garderens. De vives acclamations saluent ce premier succès.

Dans le trajet, plusieurs zouaves tombent mortellement atteints; mais le nombre de ceux qui arrivent au sommet des murailles est plus que suffisant pour comprimer les efforts des assiégés Cherchant partout un passage pour pénétrer dans la ville, ils ne rencontrent partout que des obstacles ou des entrées sans issue, et partout un feu meurtrier de mousqueterie. Alors un combat acharné, terrible, s'engage de maison en maison. En faisant brèche, le canon avait créé un terrain factice composé de terres remuées et de décombres qui, se superposant au sol primitif, avait fermé les passages, obstrué les portes, défiguré entièrement les localités; on escarmouchait sur les toits, on tiraillait aux croisées, on chargeait à la baïonnette dans les boutiques et les allées. Après avoir sondé plusieurs couloirs qui paraissaient des entrées de rues, mais qui n'aboutissaient nulle part, on en rencontra un qui, s'élargissant à distance, semblait promettre un débouché, les zouaves s'y précipitent. Il serait impossible de dire avec détail les attaques partielles, les luttes, les assauts qu'il fallut livrer et soutenir avant de pénétrer dans l'intérieur de la ville; les lignes tortueuses des rues, la construction des maisons, le caractère opiniâtre des Arabes, n'en donnent qu'une idée imparfaite.

Un combat de maisons et de barricades s'engagea, acharné et terrible, et dura plusieurs heures. Nous n'en citerons que les traits principaux, renvoyant, pour les détails multipliés de tant de sanglants et glorieux épisodes, au brillant récit qu'en a fait le capitaine Latour du Pin.

Cependant, à mesure que la première colonne gagnait du terrain, le général en chef, qui se tenait à la batterie de brèche avec le duc de Nemours, lançait de nouvelles troupes prises dans les deux autres colonnes. Ces troupes n'arrivaient que par détachements de deux compagnies, disposition sage et prudente qui prévint l'encombrement et qui rendit moins considérable le chiffre des morts et des blessés. Cependant un grand nombre de braves, et parmi eux beaucoup d'officiers, furent mortellement frappés; la chute d'un mur en écrasa quelques-uns, entre autres le commandant Serigny, du 2e léger. Ils eurent surtout à souffrir d'une explosion terrible, que l'on crut d'abord être l'effet d'une mine creusée par les assiégés, mais qui provenait de l'incendie d'un magasin à poudre. Le colonel Lamoricière se trouva parmi ceux qu'elle mit hors de combat; cet habile et intrépide officier était horriblement brûlé; on craignit même pour sa vie, ou au moins pour sa vue, mais heureusement il conserva l'une et l'autre. Le colonel Combes, qui l'avait suivi de près sur la brèche, fut moins heureux : il reçut deux blessures mortelles au moment où un mouvement qu'il dirigeait livrait l'intérieur de la ville à nos troupes. Il eut pourtant encore la force de s'assurer du succès et vint en rendre compte au duc de Nemours avec un calme stoïque : « Heureux, dit-il en terminant, ceux qui ne sont pas blessés mortellement, ils jouiront du triomphe! » Après ces dernières paroles il chancelle et s'affaisse; on s'aperçut alors qu'une balle lui avait traversé la poitrine; le surlendemain il n'existait plus. Ceux qui l'ont vu dans ce moment suprême ne parlent encore qu'avec un religieux enthousiasme de son admirable sang-froid.

Privées de leur chef, les troupes montraient quelque hésitation ; le colonel Corbin, du 17e, commandant la troisième colonne, arriva à temps pour relever leur courage et diriger leurs efforts. Il les répandit à droite et à gauche, en ordonnant à chaque détachement d'opérer un mouvement concentrique vers le cœur de la place. Bientôt les zouaves rencontrèrent les premiers une des grandes voies de communication, la vraie route stratégique à travers ce dédale de rues et d'impasses. Dès ce moment, la défense devint timide et incertaine. Quelques grands édifices, des magasins publics, opposèrent pourtant encore une opiniâtre résistance.

Dès que les colonnes eurent pénétré assez avant pour être maîtresses de la ville, le général Rulhières, qui en fut nommé commandant supérieur, y pénétra; on s'y battait encore, il est vrai, mais les autorités faisaient leur soumission et imploraient la clémence du vainqueur. Le général fit cesser le feu et se dirigea sur la Kasbah, où il entra sans difficulté.

Pendant l'assaut, une partie de la population avait tenté de fuir par les côtés de la ville non exposés à nos coups; mais un grand nombre de ces malheureux se brisèrent sur les rochers escarpés qui ceignent Constantine et d'où ils ne pouvaient descendre qu'au moyen de longues cordes que leur poids faisait rompre. Nos soldats furent saisis d'horreur et de compassion lorsque, plongeant leurs regards dans le fond de ces abîmes, ils virent cette multitude d'hommes, de femmes et d'enfants écrasés, mutilés, entassés les uns sur les autres et se débattant encore dans les angoisses d'une douloureuse agonie.

Ben-Aïssa, lieutenant du bey, fut du petit nombre de ceux qui parvinrent à s'échapper; le kaïd-el-dar (intendant du palais), blessé la veille, était mort pendant l'assaut; un des kadis avait suivi le bey; l'autre, quoique blessé, s'était enfui dès qu'il avait été en état de supporter la fatigue.

Il ne restait dans Constantine, à l'exception du cheik El-Belad, aucune des autorités principales. Ce vieillard vénérable, affaibli par l'âge, n'avait pas assez d'énergie pour faire face à toutes les nécessités de la situation. Heureusement, son fils se chargea d'organiser une espèce de pouvoir, une municipalité composée d'hommes dévoués, à l'aide desquels on parvint à connaître et à classer les ressources que la ville offrait, ainsi qu'à faire rentrer la contribution de guerre imposée aux habitants pour subvenir aux besoins de l'armée. C'était bien le moins que l'on pût exiger d'une ville prise d'assaut; aussi personne ne songea à s'en plaindre.

Parmi les principaux édifices, on choisit d'abord ceux qui devaient être affectés aux ambulances, aux magasins de vivres et fourrages et à la manutention du pain. Le duc de Nemours et le général Valée prirent ensuite possession du palais d'Ahmed.

Le calme se rétablit bientôt dans la ville. Le drapeau tricolore fut élevé sur les principaux édifices publics.

Des ordres sévères furent donnés pour empêcher le pillage et faire respecter les mœurs et la religion du pays. Les soins que nous prîmes pour maintenir l'ordre fit que la population fut bientôt tranquillisée sur son sort, et les relations entre les Français et les Arabes ne tardèrent pas à s'établir.

Pendant le siége, la brigade du général Trézel, placée sur le Mansourah, fut constamment attaquée par les Kabaïles et par les assiégés ; mais elle les repoussa avec vigueur.

« Cette campagne, dit le général Valée dans son rapport [1], n'est pas sans gloire ; l'armée a eu à lutter contre le mauvais temps et la difficulté du terrain.

« Elle a supporté avec une résignation admirable les privations qui lui ont été imposées, et son dévouement ne s'est pas démenti un seul instant.

« L'artillerie a construit neuf batteries avec une célérité remarquable ; elle a exécuté d'immenses mouvements de matériel pour armer et approvisionner ces batteries, malgré la pluie et la difficulté extrême des chemins.

« Les troupes du génie ont secondé les travaux de l'artillerie avec un zèle et un empressement dignes d'éloges ; tous ces moyens, en personnel et matériel, ont été constamment employés, et, pendant l'assaut, les officiers, sous-officiers et sapeurs du génie se sont montrés sur tous les points à la tête des colonnes ; plusieurs ont été tués, et un grand nombre blessés plus ou moins grièvement.

« Les troupes d'infanterie ont constamment été employées aux travaux de l'artillerie. Chaque jour de nombreux travailleurs ont été fournis, et tous se sont fait remarquer par leur résignation à supporter le mauvais temps, et par leur courage sous le feu de l'ennemi. L'assaut a été livré avec la plus remarquable intrépidité.

« Un juste tribut d'éloges est dû à la mémoire du brave colonel Combes, blessé mortellement pendant l'assaut. Son calme et sa résignation seront toujours présents à la mémoire de ceux qui l'ont vu descendre de la brèche frappé d'un coup mortel. »

Les pertes occasionnées par la guerre et les émigrations considérables qui eurent lieu pendant le siége avaient réduit la population de Constantine à seize ou dix-huit mille âmes ; cependant les habitants, revenus de leur stupeur, ne tardèrent pas à rentrer ; mais ils nous abandonnèrent presque exclusivement les parties hautes de la ville, ainsi que les grandes rues. Ils se tinrent d'abord, loin de la lumière,

---

[1] Voir ce rapport, pièce n° III, à la fin de ce volume.

dans des ruelles détournées et dans les bas quartiers qui longent le Rummel; puis, enhardis par notre conduite pacifique, ils regagnèrent insensiblement leurs maisons. Les autorités françaises les y engageaient par tous les moyens possibles; elles firent respecter les propriétés; partout elles assurèrent le libre exercice de diverses industries; aussi Constantine reprit-elle bientôt son aspect accoutumé: les transactions se rétablirent, et nos soldats, privés depuis longtemps des douceurs de la civilisation, achetaient avec une ardeur sans égale tout ce qui était exposé.

Le fils du cheik El Belad, Sidi-Hamouda, qui nous avait offert son concours avec tant d'empressement, fut nommé kaïd de la ville [1]. La sollicitude qu'il mit à s'acquitter de ses fonctions et à prévenir les causes de désordre affranchit notre prise de possession de tout acte de violence. Cette attitude calme permit d'utiliser toutes les ressources, de conserver tous les documents administratifs et de suivre toutes les traditions. Bientôt, sous l'influence de ce sage système, un grand nombre des tribus voisines vinrent faire leur soumission; d'ailleurs, ces populations, habituées à reconnaître le droit du plus fort, commençaient à tourner vers nous tous leurs vœux et leurs espérances.

La prise de Constantine eut un grand retentissement parmi les Arabes Parmi les tribus nombreuses qui vinrent faire leur soumission à la France, on vit accourir un cheik du désert, Ferhat-ben-Saïd, avec une suite nombreuse; ils annoncèrent que le bey Ahmed, abandonné de la plupart des siens, parcourait en fugitif les vallées des monts Aurès.

Quelques jours après notre installation, on vit arriver à Constantine le 12° de ligne. qui avait été retenu à Bone par les symptômes du choléra, dont plusieurs soldats de ce régiment, nouvellement arrivé de France, avaient paru atteints.

Le prince de Joinville, monté sur l'*Hercule*, étant arrivé à Bone le 4 octobre, n'avait pu résister au noble désir de venir partager les dangers du duc de Nemours; le 12° de ligne l'avait suivi avec enthousiasme; mais ces braves arrivèrent trop tard. L'entrevue des deux frères fut touchante : deux fils de France s'embrassèrent sous le drapeau de la patrie, et l'armée, témoin de leur jeune courage. salua de ses acclamations les présages de gloire nouvelle que ces deux noms devaient réaliser dans l'avenir.

---

[1] Un conseil, composé de fonctionnaires français et de notables indigènes, fut adjoint au kaïd pour protéger tous les intérêts : les vaincus furent traités avec douceur et justice.

Le 20 octobre, le général en chef fit partir les dépouilles mortelles du comte de Damrémont et l'artillerie de siége sous la garde de quinze cents hommes. Ce convoi fit la route en sept jours et sans combats. Le 26, le général Trézel se mit en marche avec une seconde colonne, escortant les malades et les blessés, et, le 29, le général en chef, inquiété par le ravage du choléra, auquel beaucoup de soldats et le général Caraman [1] venaient de succomber, se hâta de ramener à Bone le reste de l'armée : il confia le commandement de la place au général Bernelle, laissant à Constantine une garnison de deux mille cinq cents hommes, suffisante pour les premiers besoins, et qui fut élevée ensuite au chiffre de cinq mille.

A son arrivée à Bone, M. le général Valée reçut sa nomination aux fonctions de gouverneur des possessions françaises du nord de l'Afrique, ainsi que le bâton de maréchal de France, qui lui fut remis des mains d'un aide de camp du roi. C'est ainsi que fut terminée la seconde expédition de Constantine, bien glorieuse pour l'armée française, car non-seulement nous avons eu à combattre des ennemis bien redoutables, mais encore il nous a fallu vaincre les éléments et toutes les intempéries d'une saison peu favorable aux chances de la guerre, et qui pouvaient nous devenir funestes, comme l'année précédente, sans le courage, l'admirable patience et l'opiniâtre intrépidité de nos soldats.

Ainsi finit la campagne de 1837. Le dernier pouvoir de l'ancienne régence venait de tomber; la prise de Constantine assurait à notre domination un riche développement. Assise sur un plateau élevé, à peu de distance de la mer, entretenant de faciles rapports avec les confins du désert, débouchant, par de belles vallées, dans les plaines situées à l'est des Biban (Portes de Fer), cette ville devait opérer une notable influence sur la prompte pacification du pays.

[1] Ce général était le fils du respectable vieillard qui s'était fait remarquer, dans la première expédition, par son dévouement pour les blessés.

CHAPITRE V

DOMINATION FRANÇAISE

Gouvernement du maréchal Valée (6 novembre 1837 — 28 décembre 1840). — Résultats de la prise de Constantine. — Fondation de Philippeville. — Occupation de Djidjeli. — Expédition des Portes de Fer. — Rupture du traité de la Tafna. — Les hostilités recommencent. — Attaques de deux convois pour les blockhaus de Mered et Oued-el-Aleg. On augmente les moyens de défense à Oran. — Combats des 14 et 15 décembre. — Opérations militaires des camps de l'est. — Affaire du Fondouk. — Combat du 31 décembre entre la Chiffa et Blidah. — De l'organisation des troupes régulières d'Abd-el-Kader.

Reprenons le cours des événements. L'assaut de Constantine ne nous avait coûté que deux cents morts; mais il est permis de dire que le succès de cette expédition tenait du miracle. Le maréchal Valée [1] a dit lui-même que, pendant toute sa carrière, il n'avait assisté à un fait d'armes où la valeur et la bravoure ne se soient mieux montrées parmi nos soldats et officiers, et que tout le monde avait fait son devoir et plus que son devoir.

[1] Le comte Valée (Sylvain-Charles) est né à Brienne-le-Château le 17 décembre 1773. Sorti comme sous-lieutenant de l'École d'artillerie de Châlons le 1er septembre 1792, lieutenant le 1er juin 1793, il assista aux siéges de Charleroi, de Landrecies, du Quesnoy, de Valenciennes, de Condé, de Maëstricht, et au passage du Rhin à Neuwied, où il se distingua. Capitaine le 29 avril 1795, il se fit remarquer, l'année suivante, à la bataille de Wurtsbourg. La campagne de 1800 lui fournit, à Moeskirche et à Hohenlinden, l'occasion de rendre de nouveaux et brillants services. Lieutenant-colonel et chevalier de la Légion d'honneur en 1804, il remplit en 1806, à la grande armée, les fonctions de sous-chef d'état-major de l'artillerie, se couvrit de gloire à la bataille d'Iéna, et fut nommé colonel du 1er d'artillerie le 12 janvier 1807. Sa belle conduite à la bataille d'Eylau lui valut le grade d'officier dans la Légion d'honneur, et il ne se distingua pas moins à la journée de Friedland. Après la campagne de 1808, à la grande armée, Napoléon lui confia le commandement de l'artillerie du 3e corps de l'armée d'Espagne. Général de brigade le 22 août 1810, le comte Valée prit part aux siéges de Lérida, de Méquinenza, de Tarragone, de Tortose et de Valence. Général de division le 6 août 1811, il fit la campagne de 1812, et se signala, le 13 avril 1813, à l'affaire de Guastalla. Rentré en France après l'abdication de Napoléon, il accepta les fonctions d'inspecteur général de son arme. Dans les Cent-Jours, l'empereur lui donna le commandement de l'artillerie du 5e corps. A la seconde Restauration, M. Valée fut chargé de nouveau de l'emploi d'inspecteur général, et devint rapporteur, puis président du comité central d'artillerie. Le gouvernement de Juillet, appréciant ses capacités, le maintint dans sa haute position et lui donna le bâton de maréchal, que la victoire de Constantine avait déposé sur la tombe du brave Damrémont.

La prise de Constantine était le plus grand événement accompli depuis celle d'Alger, et, le 23 octobre, le canon des Invalides, en l'annonçant officiellement aux habitants de Paris, produisit une émotion générale. Le désastre de l'année précédente était noblement vengé : il était effacé.

Peu de temps après, le roi, à l'ouverture de la session, caractérisait ainsi notre nouvelle conquête : « Si la victoire a plus fait quelquefois pour la puissance de la France, jamais elle n'a élevé plus haut la gloire et l'honneur de ses armes ! »

La ville prise d'assaut, il fallut nous y établir. On s'occupa de suite de mettre en état la Kasbah, de fermer la brèche pratiquée par nos batteries, de clore toutes les issues de l'enceinte par lesquelles on aurait pu s'y introduire clandestinement. En même temps, on préparait avec soin l'appropriation des bâtiments intérieurs susceptibles d'être utilisés comme casernes, comme hôpitaux; on créait une manutention; on préparait des bureaux aux besoins des divers services administratifs; enfin, on installait des logements d'officiers, autant que possible à portée des troupes, pour lesquelles on organisait, en cas d'événements, des réduits propres à servir de lieux de concentration et de défense, et on organisa tous les rouages de l'administration civile (7).

Le maréchal Valée, comme je l'ai dit précédemment, après avoir laissé une garnison suffisante à Constantine, était rentré à Alger dans les premiers jours de novembre. Homme de science et de progrès, il comprenait parfaitement les devoirs que lui imposait sa nouvelle mission.

Le vainqueur de Constantine allait se trouver aux prises avec les difficultés créées par le traité de la Tafna, dont les résultats ne se firent pas attendre. Abd-el-Kader, trop bien instruit de ce qui se passait au milieu de nous, voyait grandir son influence et son pouvoir. Il persuadait aux Arabes, avec une admirable habileté, que nous étions fort embarrassés de notre conquête, et que, tôt ou tard, le découragement ou l'impuissance nous réduirait à l'abandon.

La présence du nouveau gouverneur général était donc impérieusement exigée par les circonstances mêmes qui s'étaient développées depuis le 30 mai 1837.

Pendant que le général Damrémont était dans l'est de nos possessions, le commandement de la division d'Alger avait été exercé successivement par les généraux Bro et Négrier (8); mais, avec des forces si insuffisantes pour agir sur ce point, que, pendant l'été, qui est la saison des maladies, on aurait eu de la peine à mettre quinze cents hommes en campagne, s'il avait fallu prendre les armes de nouveau.

L'émir et ses lieutenants discutaient les expressions du traité de la Tafna, qu'ils ne paraissaient pas comprendre de la même manière que nous.

El-Hadji-Mustapha, frère d'Abd-el-Kader et bey de Médéah, leva des contributions sur Blidah que le traité nous avait concédées.

Les Hadjoutes recommencèrent à piller notre territoire, et le bey de Miliana, sommé de réprimer leurs brigandages, fit répondre insolemment que les Français n'avaient qu'à s'enfermer dans les murs d'Alger. Ce même bey employait tour à tour les promesses ou l'intimidation pour détourner les tribus de commercer avec nous : il envoya même un jour des cavaliers pour chasser des Arabes qui amenaient des bestiaux au marché de Boufarik. Ce petit coup de main avait pour but de favoriser la vente à plus haut prix de deux mille bœufs, que le juif Durand avait achetés d'Abd-el-Kader, et qui arrivèrent à Alger dans le courant du mois de septembre. Enfin, de son côté, l'émir, peu soucieux d'exécuter les clauses du traité qui lui étaient onéreuses, refusa de livrer les cinq mille bœufs et les soixante mille fanègues de grains que le général Bugeaud lui avait imposé de nous fournir; et le plénipotentiaire de la Tafna quitta l'Afrique, vers la fin de 1837, sans avoir obtenu l'accomplissement d'un seul article du traité de la Tafna, dont il s'était rendu garant sur sa tête!

Cependant, sous prétexte de poursuivre, en dehors du territoire limité par le traité de la Tafna, des ennemis qu'il n'eût pu atteindre autrement, Abd-el-Kader pouvait inquiéter notre domination. Le gouvernement fit signifier à l'émir que l'administration française se réservait la contiguïté des provinces d'Alger et de Constantine, la possession facultative de tout le littoral, depuis Alger jusqu'aux frontières de Tunis, et tout le territoire au nord d'une ligne tracée d'Alger aux Portes de Fer, avec ce défilé et la position de Hamza. La province de Constantine est vaste et peuplée. Les établissements français ne devant être fixés que sur un nombre limité de points choisis, dans le double but d'affermir la domination et de favoriser le développement de toutes les sources de richesse et de prospérité, le commandement ne pouvait se faire sentir dans les autres parties du pays que par l'intermédiaire des notabilités indigènes. Ce système de gouverner le pays par le pays parut le plus propre à éviter un surcroît de sacrifices et d'embarras.

Le kaïd de Milah était l'un des premiers chefs dont nous avions reçu la soumission. Milah, située à douze lieues de Constantine, sur la route du port de Djidjeli, commande celle qui s'ouvre sur les plaines de la Medjanah, pour aboutir directement aux limites de la province d'Alger. Une colonne française trouva cette ville fermée d'une muraille construite avec des ruines romaines et entourée de jardins. L'investiture fut donnée au kaïd, et plus tard l'armée vint y prendre une position permanente, qui peut servir de base d'action pour agir sur l'ouest, vers la côte au delà de la baie de Stora, ou dans la direction des Portes de Fer.

Au mois d'avril 1838, le général Négrier fut chargé de compléter la reconnaissance déjà commencée, dans le courant de janvier, du chemin de Constantine à Stora. Sa marche hardie dans une contrée où les Turcs n'osaient pas s'aventurer étonna les Kabaïles. Le pays traversé était fertile et boisé richement; dès lors commença l'exécution d'une voie militaire longue de vingt-deux lieues, qui, par le camp de Smendou et celui d'El-Arrouch, conduit en trois jours de marche de Constantine à son port naturel.

Il fallait régulariser le payement de l'impôt. Un corps mobile, composé en grande partie de cavaliers indigènes [1], parcourut les cercles de Bone, de Guelma, de Merdjez-Amar, et protégea sans violence le recouvrement des taxes établies sur les Arabes. Aux environs de la Calle, cette colonne fut attaquée faiblement par les tribus limitrophes du territoire d'Alger et de Tunis, et qui profitèrent de l'incertitude des frontières pour piller des deux côtés.

Vers le même temps, le commandant de Merdjez-Amar, ayant dirigé une reconnaissance sur le pays de Guerfa pour y vérifier l'existence présumée d'anciennes mines, fut attaqué par les Haraktas, et fit une retraite difficile. Le général Négrier marcha pour les punir; mais, à l'apparition des troupes, cette tribu demanda l'aman (amnistie), et se soumit à la réparation qui fut exigée d'elle.

Cependant El-Hadji-Ahmed avait rassemblé quelques débris de ses troupes et s'approchait pas à pas de Constantine, qu'il espérait surprendre. Le général Négrier se porta au-devant de lui avec des forces imposantes, françaises et indigènes, devant lesquelles l'ex-bey recula sans combattre, et perdit par la défection ses derniers partisans.

Au mois de mai s'accomplit définitivement l'occupation de la Calle.

Ainsi sur tous les points la soumission était obtenue. Ben-Aïssa,

---

[1] La dissolution du régime turc à Constantine avait entraîné celle de ses milices régulières. Le maréchal Valée s'occupa d'en réunir les débris, auxquels il ne restait d'autres ressources que l'émigration. On en forma, sous le commandement d'officiers français, le bataillon de Constantine.

le khalifa d'Hadji-Ahmed, celui dont la résistance, un moment heureuse, avait retardé en 1837 la chute de Constantine, venait de protester de son dévouement à Alger même, entre les mains du gouverneur général.

Le traité de la Tafna tenait dans un calme provisoire les provinces de l'ouest et du centre, lorsqu'au mois de décembre 1837 Abd-el-Kader fit un mouvement, et porta ses tentes dans l'outhan d'Ouannougha, au voisinage de Hamza et des limites de la province de Constantine. L'alarme, propagée par ses agents, s'étendit jusqu'aux extrémités orientales de la Métidja. Un camp de deux mille cinq cents hommes fut aussitôt placé sur le Hamis pour surveiller ses projets; mais, l'émir s'étant dirigé peu de jours après vers Médéah, les troupes françaises rentrèrent dans leur position. Cependant le gouverneur apprenait que le puissant cheik Abd-el-Salem, de la Medjanah, avait accepté d'Abd-el-Kader le titre de bey : ce fait pouvait devenir inquiétant. Bientôt après, l'émir tomba, sous un prétexte frivole, sur les Koulouglis de l'Oued-Zeitoun; ceux qui échappèrent au massacre franchirent l'Oued-Kaddara et vinrent nous demander asile. Pendant son séjour à Médéah, Abd-el-Kader instituait un kaïd dans l'outhan de Sebaou, qui s'étend à l'est, entre l'Oued-Kaddara et les montagnes, et devançait ainsi les interprétations contestées qui devaient finir par la rupture du traité de la Tafna.

Ses continuelles apparitions sur les limites du territoire gardé par la France, et les razzias qu'il exécutait contre les tribus des points contestés, annonçaient un renouvellement d'hostilités trop prochain pour qu'il ne devînt pas nécessaire d'éclaircir les termes de la convention du 30 mai 1837. L'article 2, mal rédigé, nous réservait la Métidja, bornée à l'est par l'Oued-Kaddara et au delà; l'émir prétendait que ces trois derniers mots, ne fixant rien, n'avaient aucune valeur; et nous soutenions au contraire qu'ils constituaient notre droit de nous étendre dans l'est, aussi loin qu'il conviendrait à notre politique.

Le gouvernement, consulté sur cette obscurité du protocole de M. Bugeaud, décida qu'il ne serait accepté d'autre interprétation que celle qui, nous assurant la contiguïté des provinces d'Alger et de Constantine, et l'occupation facultative du littoral jusqu'à la frontière de Tunis, nous attribuerait également tout le pays situé au nord d'une ligne tracée d'Alger aux Portes de Fer, en y comprenant la possession de ce défilé et du fort de Hamza.

L'émir, autorisé par la conduite du général Bugeaud à tenir peu de compte des observations du gouverneur général, eut recours à une adroite démarche pour faire résoudre à son profit des difficultés auxquelles il supposait que le cabinet français n'attachait pas une importance sérieuse. Il députa son secrétaire intime, Mouloud-ben-Harrach, chargé officiellement d'offrir au roi des présents et de négocier au fond ses intérêts. Mais le ministère eut l'heureuse pensée de renvoyer au maréchal Valée la solution de cette affaire; et, après un court séjour à Paris, l'émissaire de l'émir revint à Alger, où fut signé, le 4 juillet 1838, un acte additionnel qui réglait définitivement l'interprétation du traité, et devait faire cesser pour l'avenir tout malentendu, si l'émir se montrait de bonne foi, comme son agent l'annonçait encore en son nom [1].

Peu de temps après, Abd-el-Kader marcha sur Takdimt, où il avait eu quelque temps la pensée de fixer le siége de son autorité, et où s'activaient les préparatifs d'une expédition qu'il projetait du côté du désert, contre la ville d'Aïn-Madhi, dont le chef, le marabout Tedzini, lui avait refusé le tribut (9). Il parut sous les murs de cette place à la fin de mai, et trouva des obstacles multipliés à vaincre. Le siége trai-

---

[1] Voici le texte précis de ces éclaircissements:

Art. 1er (relatif à l'art. 2 du traité du 30 mai). Dans la province d'Alger, les limites du territoire que la France s'est réservé au delà de l'Oued-Kaddara sont fixées de la manière suivante : Le cours de l'Oued-Kaddara jusqu'à sa source, au mont Tibiarin ; de ce point jusqu'à l'Isser, au-dessous du pont de Ben-Hini, la ligne actuelle de délimitation entre l'Outhan de Khachna et celui de Beni-Djaad, et au delà de l'Isser jusqu'au Biban, la route d'Alger à Constantine, de manière que le fort de Hamza, la route royale et tout le territoire au nord et à l'est des limites indiquées restent à la France, et que la partie du territoire de Beni-Djaad, de Hamza et d'Ouannougha, au sud et à l'ouest de ces mêmes limites, soit administrée par l'émir.

Dans la province d'Oran, la France conservera le droit de passage sur la route qui conduit actuellement du territoire d'Arzew à celui de Mostaganem. Elle pourra, si elle le juge convenable, réparer et entretenir la partie de cette route à l'est de la Macta, qui n'est pas sur le territoire de Mostaganem ; mais les réparations seront faites à ses frais et sans préjudice des droits de l'émir sur le pays.

Art. 2 (relatif à l'art. 6 du traité). L'émir, en remplacement des trente mille fanègues de blé et des trente mille fanègues d'orge qu'il aurait dû donner à la France avant le 15 janvier 1838, versera chaque année, pendant dix ans, deux mille fanègues (d'Oran) de blé et deux mille fanègues d'orge. Ces denrées seront livrées à Oran le 1er janvier de chaque année, à dater de 1839. Toutefois, dans le cas où la récolte aurait été mauvaise, l'époque de la fourniture serait retardée.

Art. 3 (art. 7 du traité). Les armes, la poudre, le soufre et le plomb dont l'émir aura besoin seront demandés par lui au gouverneur général, qui les lui fera livrer à Alger, au prix de fabrication, et sans aucune augmentation pour le transport par mer de Toulon en Afrique.

Art. 4. Toutes les dispositions du traité qui ne sont pas modifiées par la présente convention continueront à recevoir pleine et entière exécution, tant dans l'est que dans l'ouest. (*Annales du gouvernement général de l'Algérie.*)

nait en longueur; l'émir semblait se soustraire à toute communication qui ne se rapportait pas à son entreprise; les officiers français ne pouvaient obtenir d'escorte pour se rendre auprès de lui, et Mouloud-ben-Harrach, son agent, ne pouvait lui-même se rapprocher de lui pour rendre compte de sa négociation.

Il était temps d'occuper les villes et territoires de Koléah et de Médéah, réservés à la France par le traité du 30 mai. Le maréchal Valée couvrit d'abord Koléah par un camp tracé à l'ouest de la ville et où furent placés quatre bataillons, avec de l'artillerie et quelques chevaux. En même temps il portait sur le Hamis des forces considérables, ouvrait la route de la Maison-Carrée à cette nouvelle position, et rendait définitivement praticable celle d'Alger à Koléah.

Le 3 mai 1838, l'armée était devant Blidah. Le hakem de la ville, avec les ulémas, les notables et le kaïd des Beni-Salah, se présentèrent au maréchal Valée, qui leur garantit la sécurité des habitants, se bornant à choisir l'assiette de camps fortifiés destinés à assurer cette position importante.

Le premier fut marqué entre Blidah et la Chiffa, sur un point qui domine la plaine et d'où l'on découvre Koléah et le pays des Hadjoutes. Le second fut établi sur une ligne intermédiaire, à l'ouest de Blidah, pour couvrir la route qui conduit du blockhaus de Mereb au camp de l'ouest [1].

---

[1] Le 12 juin suivant fut signalé par un déplorable événement. Le dernier blockhaus établi en avant de Blidah était commandé par un lieutenant du 24e de ligne, M. Édouard de Gavaudan. A l'heure du déjeuner, un capitaine du même régiment vint le trouver à son poste, et le pria de l'accompagner jusqu'aux abords d'un marabout qu'il désirait voir de plus près. Sur l'observation faite par l'officier de garde qu'il ne pouvait s'éloigner étant de service, le capitaine s'oublia jusqu'à dire : « Eh! jeune homme, vous avez peur! » M. de Gavaudan, qui avait pris sa part de glorieux dangers à l'assaut de Constantine, se sentit blessé de l'imprudent défi que lui adressait un supérieur, et, par un mouvement plus digne d'éloges que de blâme, il suivit le capitaine. A deux cents pas de la dernière sentinelle, les deux officiers longeaient un massif de hautes broussailles, lorsque cinq Arabes armés en sortirent tout à coup. Le capitaine proposa de fuir et gagnait déjà du terrain; mais le chevaleresque Gavaudan, lui renvoyant à son tour l'espèce de provocation qui l'avait entraîné, se retourna pour lui crier : « Eh! capitaine, vous avez peur! » lorsqu'un coup de feu l'atteignit par derrière et le renversa mortellement blessé. Les Arabes l'entourèrent aussitôt en déchargeant leurs armes, dont tous les coups l'atteignirent; l'infortuné Gavaudan, si digne d'un plus glorieux trépas, se relevait, retombait et cherchait encore à opposer avec son sabre une inutile résistance. Le sergent Lorin, averti trop tard par les détonations et par le capitaine, qui regagnait le blockhaus, courut au secours de son jeune lieutenant; mais les meurtriers avaient pris la fuite, et leur victime expira le surlendemain à l'hôpital de Douera, après avoir généreusement assumé toute la responsabilité de son héroïque imprudence.

Une enquête fut ordonnée sur les circonstances de cette catastrophe, qui privait

La position de Blidah nous rendait maîtres des chemins qui, de ce point central, conduisent à Médéah par les gorges de la montagne, et dans toutes les directions vers l'est et l'ouest de la plaine. Cependant le siége d'Aïn-Madhi ne finissait pas; l'émir, absorbé par cette entreprise, laissait suspendus tous rapports avec nous. Nos provinces, du reste, jouissaient d'un calme que ne pouvaient troubler quelques maraudages isolés.

Au mois de septembre, le maréchal Valée se rendit à Constantine, pour en déterminer le territoire soumis ou à soumettre par une double ligne qui, s'abaissant de Constantine vers la mer, d'une part vers la frontière de Tunis, de l'autre sur la baie de Stora, enferme un espace facile à défendre et qui suffira longtemps aux besoins de la colonisation. La nouvelle organisation politique, tout en respectant les mœurs, les traditions, et ménageant les influences acquises, comprit trois khalifats (lieutenants), trois kaïds (administrateurs) de premier ordre; le cheik-el-arab (l'ancien des Arabes), pour le Djarid et la partie voisine du désert; enfin le hakem (gouverneur), pour la ville même de Constantine.

Leurs attributions furent nettement définies, et on leur fit prêter serment de fidélité à la France. Parmi les nouveaux dignitaires étaient quelques hommes qui avaient figuré avec éclat dans les rangs de nos ennemis : une famille alliée de près à l'ancien bey fournit le cheik-el-arab, ce fut Bouaziz-ben-Ganah; Ahmed-ben-Bouaziz el-Mokrani, d'une race ancienne et puissante, reçut le titre de khalifat de la Medjanah.

Un conseil d'administration fut créé pour contrôler la perception des revenus publics, et un conseil municipal fut appelé à veiller au bon emploi des ressources que la ville pouvait fournir.

La subdivision de Bone, plus particulièrement réservée à l'administration française, fut partagée en quatre cercles, Bone, la Calle, Guelma et Merdjez-Amar, sous l'autorité des commandants militaires.

---

le 24e d'un officier d'une haute instruction, aimé de tous ses chefs et de ses camarades, et dont l'avenir donnait les plus riches espérances. Le capitaine qui l'avait abandonné à l'heure suprême ne trouva qu'une raison pour justifier sa fuite : « J'étais, dit-il, persuadé qu'il me suivrait ! » Par respect pour la mémoire du brave qui lui pardonnait à son lit de mort, nous tairons le nom de cet officier, en ajoutant seulement qu'il fut obligé de quitter le régiment, où son inqualifiable faiblesse le rendait indigne de conserver son commandement. Si quelque chose put adoucir l'amère douleur de la jeune famile qui survivait à Gavaudan, ce fut d'apprendre que, par un mouvement spontané, les sommités de l'armée se joignirent aux officiers de tous les corps qui se pressaient au bord de sa tombe pour saluer d'unanimes regrets l'âme d'élite que Dieu avait rappelée. (L'Afrique française, par P. Christian, liv. VI, p. 324.) Depuis cet événement, le blockhaus porte le nom de cet officier tombé victime sous les coups des Arabes.

Le 6 octobre, quatre mille hommes, réunis au camp d'El-Arrouch, en partirent le lendemain et allèrent le même jour camper sur les ruines de l'ancienne *Rusicada*, au voisinage des Kabaïles. Quelques coups de fusil, tirés sur nos avant-postes, protestèrent seuls contre notre prise de possession. Mais le 8, un convoi de mulets arabes, escorté par des milices turques, ayant été attaqué avec avantage dans un défilé, les montagnards, enhardis, se jetèrent la nuit suivante sur le camp d'El-Arrouch, gardé par les Turcs. Cette tentative avortée fit toutefois sentir la nécessité de renforcer cette position : au lieu d'un camp, le maréchal Valée conçut l'heureuse idée de fonder une ville. Le sol, couvert de débris romains, fut déblayé, et les pierres éparses de Rusicada devinrent le berceau de Philippeville.

La campagne d'automne se termina, dans la province de Constantine, par l'occupation définitive de Milah et par l'ouverture d'une route tracée de cette ville à Sétif par Djimmilah, et qui devait nous assurer le parcours facile de la belle plaine de Medjanah. Ce travail préparait en même temps les opérations projetées contre Djidjeli, dont le gouverneur s'exagérait l'importance maritime. M. Valée, de retour à Alger au commencement de novembre 1838, voulait mettre à profit les derniers beaux jours de la saison pour aller prendre possession du fort de Hamza, qui nous était concédé par l'acte additionnel du 4 juillet 1838. La colonne expéditionnaire était déjà prête à marcher, lorsque les grandes pluies de décembre, devançant leur époque ordinaire, firent ajourner au printemps de 1839 l'exécution de ce mouvement. Le général Galbois, qui commandait à Constantine, s'était porté du côté de Sétif, en laissant des renforts à Milah et une garnison à Djimmilah ; mais le mauvais temps le força de rétrograder, après une marche pénible et quelques combats partiels dont il ne put recueillir les fruits.

L'hiver se passa en nouvelles négociations avec Abd-el-Kader, qui revenait du siége d'Aïn-Madhi (10). La convention supplémentaire du traité de la Tafna, signée à Alger entre le maréchal gouverneur et Mouloud-ben-Harrach, n'avait pas encore reçu la sanction de l'émir. Le ministère français hésitait à prendre l'initiative d'une rupture, et notre adversaire, comptant sur notre faible politique, ne songeait qu'à gagner du temps pour organiser ses troupes et se préparer à une nouvelle lutte.

L'année 1839 ne fut marquée par aucun événement sérieux dans la province d'Alger. Les tribus du territoire d'Oran, pressurées par les exactions de l'émir, qui voulait en accaparer toutes les ressources pour les tourner contre nous, s'agitaient avec inquiétude sous le joug de fer qu'il leur faisait subir. Les populations voisines de Constantine, où son nom n'excitait aucun enthousiasme, chancelaient entre deux déterminations; les besoins de la paix ne les dominaient pas moins que la présence de nos troupes; et, lorsque les émissaires de l'émir venaient essayer de les soulever, ces tentatives avaient peu de portée. Une paternelle administration pouvait donc, en protégeant efficacement nos alliés, amener à nous, par un heureux contraste, les tribus qui avaient connu le pouvoir de nos armes et qui n'étaient retombées que par nos fautes sous l'ambitieuse autorité d'Abd-el-Kader.

Au mois de février, le brick français l'*Indépendant* ayant fait naufrage sur la côte de Djidjeli, les Kabaïles des montagnes capturèrent l'équipage.

A la nouvelle de ce sinistre, le maréchal Valée résolut de s'emparer de cette ville. Le 13 mai, un bataillon de la légion étrangère, cinquante sapeurs du génie et quatre pièces d'artillerie, détachés de Philippeville, débarquèrent à Djidjeli sans rencontrer de résistance. Les habitants avaient fui à notre approche, et la petite garnison put improviser à la hâte des fortifications suffisantes pour se mettre à l'abri d'un coup de main (11).

Une seconde colonne, dirigée par la voie de terre pour assurer le succès de cette petite expédition, fut détournée de son but par la nécessité de porter un secours immédiat à notre khalifa de la Medjanah, qui venait d'être attaqué par un parti de l'émir. Le résultat de cette opération fut l'occupation définitive de Djimmilah (12). Le général Galbois, agissant sur tous les points avec une infatigable activité, déjoua les projets d'Abd-el-Kader, qui s'était proposé de marcher sur Bougie, et qui se retira, découragé, du côté de Médéah.

Mais de là ses partisans ne cessaient de parcourir le pays : dans la province d'Oran, ils empêchaient les Arabes d'approvisionner nos marchés; dans celle de Constantine, ils négociaient la soumission de Ferhat-ben-Saïd, le cheik-el-arab qui nous avait juré fidélité. Enfin toutes ces intrigues prenaient un caractère d'hostilité plus manifeste par les prétextes incessants qu'alléguait l'émir pour retarder le payement des contributions en nature qui lui étaient imposées. Tous ces sujets de mécontentement présageaient le prochain réveil de la guerre sainte. Le maréchal Valée comprit l'urgence de se tenir prêt à tout événement; son premier soin devait être d'assurer une communication par terre entre les provinces d'Alger et de Constantine ; la reconnaissance du défilé des Biban fut définitivement ordonnée.

EXPÉDITION DES BIBAN (PORTES DE FER) 1839.

L'arrivée de monseigneur le duc d'Orléans fit hâter les préparatifs de cette entreprise, bien digne de séduire la brillante imagination du jeune prince. En acceptant le commandement d'une division sous les ordres du maréchal Valée, il venait prouver encore une fois qu'après avoir pris part à nos combats il voulait aussi s'associer aux travaux utiles de l'armée, et que les maladies, si nombreuses cette année, ne l'éloignaient pas plus des rangs que les périls de la guerre. Après avoir visité Constantine, il se rendit, le 16 octobre, avec le gouver-verneur à Djimmilah, où se trouvaient réunies les troupes qui devaient marcher sous ses ordres, tandis que le général Galbois se portait à Sétif.

Le 25 octobre, à 8 heures du matin, les divisions d'Orléans et Galbois se mirent en marche dans la direction d'Aïn-Turk et vinrent camper sur les bords de l'Oued-Bou-Sellam, près de l'endroit où il pénètre entre les montagnes de Summah et d'Annini pour former le principal affluent de la rivière de Bougie. Le bruit se répandit qu'on marcherait le lendemain sur Zamorah, petite ville occupée par les Turcs, que nous devions rallier à notre cause, pour avancer ensuite sur Bougie. Le 26, à six heures du matin, on quitta le bivac d'Oued-Bou-Sellam, encore éclairé par les dernières lueurs de la lune, et, après deux heures de route, un murmure joyeux s'éleva dans la colonne : quelques soldats, qui avaient déjà parcouru en reconnaissance le chemin de Zamorah, s'étaient aperçus qu'on s'en écartait pour appuyer vers le sud. L'imagination de chacun s'exalte, et le nom mystérieux des Portes de Fer est dans toutes les bouches. Plus de fatigues pour ces braves Français qui ont si vivement l'intelligence des grandes choses! Et les esprits les plus réfléchis, ceux qui jugent la témérité de l'entreprise, les obstacles qui la menacent, la faiblesse de la colonne destinée à l'accomplir, la saison pluvieuse qui peut la rendre impossible et les dangers de la retraite, personne ne peut se soustraire à l'exaltation qui s'est emparée du corps d'armée; chacun cherche à y trouver un heureux présage. Il devenait important d'assurer, par la rapidité de nos manœuvres, la garantie du secret, qui pouvait seul favoriser l'accomplissement d'un si audacieux projet.

Le prince royal, dont les soins actifs avaient tout prévu pour alléger sa division, après l'avoir fait reposer à Sidi-M'Barek, la conduisit jus-

qu'au camp de Bou-Areridj, en vue du fort de la Medjanah, à près de
dix lieues du camp de l'Oued-bou-Sellam; la division Galbois suivait
de près ce mouvement. En renonçant au crochet de Zamorah, on gagnait déjà une journée de distance, et c'était peut-être le succès! El-
Makrani, notre khalifa de la Medjanah, venait de parcourir toutes les
tribus soumises à son administration; son autorité n'était contestée
sur aucun point; elle était aussi reconnue à Zamorah. Le maréchal Valée, instruit de ce résultat, prescrivit au général Galbois de prendre à
la solde de la France les Turcs et les Koulouglis qui habitent cette
ville, et de leur donner une organisation régulière, en les mettant
provisoirement à la disposition d'El-Mokrani. Notre manœuvre permettait aux populations de la Medjanah, que la présence d'un agent
d'Abd-el-Kader dans la province de Constantine avait fait fuir, de rentrer dans leurs douars. Des ordres furent donnés pour que le fort de
la Medjanah, ou plutôt de Bou-Areridj, fût réparé et confié à la garde
de cinquante Turcs. Le plan de ce fort fut levé; il est construit avec
des matériaux romains, et repose sur des roches calcaires à fossiles,
qui représentent ici le terrain néocomien ou crétacé inférieur.

Le 27, à six heures du matin, les deux divisions se mirent en
marche à travers une plaine mamelonnée que voilaient d'épais brouillards. Sur un avis parvenu au maréchal, qu'Omar, lieutenant d'Abd-
el-Kader, cherchait à gagner les Portes de Fer, la cavalerie de la seconde division fut détachée contre lui, mais ne put le rejoindre; car
il abandonna son camp à l'approche du lieutenant-colonel Miltgen,
qui commandait nos cavaliers; et l'on sut depuis que, n'osant se risquer
dans les gorges du Biban, il avait gagné à marches forcées la limite
du désert La colonne fit halte sur un des plateaux de Djebel-Dahr-el-
Hamar, où se termine la plaine et où quelques sources jaillissent des
plis de la montagne.

De l'un de ces sommets, l'on commence à voir s'échelonner les
chaînes imposantes et les vallées multipliées au milieu desquelles
l'armée devait aller chercher les Portes de Fer. Un vieux spahi qui,
dix ans auparavant, s'était rendu d'Alger à Constantine, et qui marchait en tête de la colonne, chercha même à faire distinguer deux
mamelons lointains, entre lesquels, disait-il, était le passage tant désiré. Il fallait tâcher de gagner le plus de terrain possible; le prince
royal forma une avant-garde, qu'il composa du 2ᵉ léger, avec deux
obusiers, et de cent cinquante chasseurs et spahis; puis, laissant le
reste de la division sous le commandement du colonel Guebwiller, il
poussa en avant.

Mais bientôt, après avoir descendu le versant du Dahr-el-Hamar et traversé une petite plaine, la colonne dut rencontrer des contre-forts sur les crêtes desquels il était fort pénible de cheminer. Le pays avait d'ailleurs entièrement changé de physionomie; au lieu de terrains nus et mamelonnés que nous parcourions depuis tant de jours, se déroulait une vallée plantureuse entre des montagnes couvertes de pins, de mélèzes, d'oliviers, de genévriers de plus de cinquante pieds de haut, qui rappelaient les sites pittoresques des Alpes et des Pyrénées. En avant, et sur le flanc de notre ligne de direction, s'étendaient quatre grands villages kabaïles, dont les maisons, bâties en pierre et couvertes en tuiles, offraient l'aspect des bastides de Provence.

Dans les plis de terrain, des bouquets d'oliviers, de citronniers, d'orangers, annonçaient une culture perfectionnée; sur les plateaux inférieurs paissaient d'immenses troupeaux, et pas un coup de fusil ne vint signaler la moindre inquiétude de la part des nombreux habitants de cette riche vallée, qui sont les Beni-bou-Ketheun et les Beni-Abbes.

Après avoir quitté les grés ferrugineux du Dahr-el-Hamar, l'armée descendit le Cheragrag, pour atteindre le lit de l'Oued-bou-Ketheun, qu'il faut suivre pour arriver aux Portes de Fer. Les difficultés de ce passage sont inouïes; le chemin, dont la largeur n'est que de quelques pieds, est entouré de ravins profonds. L'avant garde arriva à six heures au plateau de Sidi-Hasdan, situé près de la rivière; il était impossible d'aller plus loin, et toutes les dispositions furent prises pour y camper. A dix heures du soir seulement l'arrière-garde s'y trouva rendue, après d'extrêmes fatigues, mais sans avoir éprouvé de pertes; un trajet de plus de vingt lieues se trouvait franchi en deux marches depuis le camp de l'Oued-bou-Sellam, et notre aventureuse expédition touchait presque au Biban. Des feux brillants de mélèzes s'élançaient de tous les points de nos bivacs, et le chant des soldats se mêlait à leur petillement. Jamais les Turcs n'avaient osé s'arrêter sur ce point; la voie romaine de Carthage à Césarée, qui laisse en dehors les Portes de Fer, se perdait au loin vers la gauche, et toute trace de construction romaine avait disparu à peu de distance de Bordj-Medjanah, malgré la proximité du confluent de l'Oued-bou-Ketheun et l'Oued-Maleh, dont les flots réunis ont creusé les Portes de Fer; on manquait d'eau, car ces rivières coulent sur des marnes bleues qui produisent une grande quantité d'efflorescences de sulfate de magnésie, dont elles sont imprégnées au point d'en être amères. Cette privation, courageusement supportée, fut toutefois compensée par l'empressement des Beni-bou-

Ketheun et des Beni-Abbes, accourus en foule au camp français chargés de lait, de raisins, d'orge et de paille, qu'on leur paya généreusement. Leurs cheiks, surnommés les gardiens des Portes de Fer, et qui s'offrirent pour guider la colonne, reconnaissaient l'autorité d'El-Mokrani, notre khalifa, dont la famille est des plus anciennes et des plus vénérées dans ce pays.

Ils reçurent des mains du prince royal leurs burnous d'investiture, en promettant d'être les fidèles alliés des Français.

Le lendemain 28 était le jour fixé pour la séparation des divisions d'Orléans et Galbois. Cette dernière allait rentrer dans la Medjanah pour continuer à occuper la province de Constantine, rallier les Turcs de Zamorah, et terminer les travaux nécessaires à l'occupation définitive de Sétif. Dès le matin, les officiers de tous les corps vinrent successivement prendre congé du prince royal. On voyait chez tous ces braves une profonde douleur de ne pas continuer à marcher en avant; mais leur tâche était grande et belle aussi dans la vaste province qu'ils devaient maintenir sous l'autorité française.

Il avait plu le matin, et ce ne fut qu'à dix heures et demie que la division d'Orléans put se mettre en marche [1].

Elle cheminait depuis une heure, tantôt dans le lit de l'Oued-bou-Ketheun, tantôt sur l'une ou l'autre de ses rives, ayant en tête les deux cheiks arabes pour guides, lorsque la vallée, assez large jusque-là, se rétrécit tout à coup, en plongeant au pied d'immenses murailles de granit, dont les crêtes, pressées les unes contre les autres, découpaient sur l'horizon leurs silhouettes fantastiques. Il fallut gravir un âpre sentier sur la rive gauche du torrent, et après des montées et des descentes pénibles, où les sapeurs durent travailler avec effort pour ouvrir un passage aux mulets, la colonne se trouva encaissée au milieu de cette gigantesque formation de roches escarpées qu'elle avait admirées devant elle quelques pas auparavant. Ces masses calcaires, de huit à neuf cents pieds de hauteur, toutes orientées de l'est 10 degrés nord à l'ouest 10 degrés sud, se succèdent, séparées par des intervalles de quarante à cent pieds, qu'occupaient des parties marneuses détruites par le temps, et vont s'appuyer à des sommets qu'elles brisent en res-

---

[1] Elle comptait deux mille cinq cent trente et un fantassins des 2e et 17e légers et du 23e de ligne, — quatre cent trente-huit chasseurs à cheval et spahis, — cent cinquante-six artilleurs avec quatre obusiers de montagne approvisionnés à soixante coups, avec une réserve de soixante-dix mille cartouches d'infanterie, et enfin quatre-vingt-sept hommes du génie. L'infanterie portait six jours de vivre; un parc de huit cents bêtes de somme, chargées de sept jours de vivres, et un troupeau destiné à fournir la viande, complétaient les équipages du convoi.

sauts infranchissables, et qu'il serait presque impossible de couronner régulièrement. Une dernière descente, presque à pic, conduisit au milieu du site le plus sauvage, où, après avoir marché pendant près de dix minutes à travers des rochers dont le surplomb s'exhausse de plus en plus, et après avoir tourné à droite, à angle droit, dans le torrent, l'avant-garde arriva dans une espèce d'entonnoir, où il eût été facile de la fusiller à bout portant du haut de ces espèces de remparts, sans qu'il fût possible de riposter.

Là se trouve la première Porte, tranchée large de huit pieds, pratiquée perpendiculairement dans une de ces grandes murailles, rouges dans le haut et grises dans le bas. Des ruelles latérales, formées par la destruction des parties marneuses, se succèdent jusqu'à la seconde Porte, où un mulet chargé peut à peine passer. La troisième est à quinze pas plus loin, en tournant à droite. La quatrième Porte, plus large que les autres, est à cinquante pas de la troisième; puis le défilé, toujours étroit, s'élargit un peu et ne dure guère plus de trois cents pas. C'est du haut en bas de murailles calcaires que les eaux ont péniblement franchi ces déchirements étroits, auxquels leur aspect extraordinaire, et dont aucune description ne peut donner l'idée, a si justement mérité le nom de Portes de Fer. C'est là que s'est précipitée notre avant-garde, ayant à sa tête le prince royal et le maréchal Valée, aux sons des musiques militaires, et aux cris de joie des soldats qui saluaient ces roches sauvages. Au sortir de ce sombre défilé, un radieux soleil éclairait une gracieuse vallée, et bientôt chaque soldat gagna la grande halte à peu de distance de là, portant à la main une palme arrachée aux troncs des vieux palmiers du Biban.

Le prince royal avait ordonné à l'avant-garde de s'élancer à travers le défilé, et d'occuper immédiatement les crêtes de sortie; trois compagnies d'élite en devaient faire autant, à droite et à gauche, pendant tout le passage du reste de la division et du convoi. Ces dispositions, qui furent couronnées d'un plein succès, mettaient à même de déjouer une attaque; mais quatre coups de fusil, tirés au loin par des maraudeurs, et qui n'atteignirent personne, vinrent seuls protester contre le passage miraculeux que venait d'opérer notre colonne, et pour lequel il ne fallut pas moins de trois heures et demie. Une nouvelle halte eut lieu sous un ciel étincelant; nos baïonnettes couvraient les hauteurs voisines; un orage, éclatant au loin à notre droite, mêlait ses éclairs aux bruyants accords de notre musique militaire; officiers et soldats se livraient à leur enthousiasme, sentant que l'on venait d'accomplir la partie la plus difficile de notre belle entreprise, que la moindre crue d'eau, qui ne s'élève pas à moins de trente pieds entre les Portes, eût rendue désastreuse.

A quatre heures, la colonne se remit en marche, et suivit dans une large vallée le cours de l'Oued-bou-Ketheun, ou l'Oued-Biban (nom que prend ce torrent après avoir franchi les Portes); mais, retardée par un violent orage, elle ne put atteindre le même soir Beni-Mansour, et dut bivaquer à deux lieues des Biban, sur les bords de la rivière, au lieu nommé El-ma-Kalou. La rivière, qui prend alors le nom d'Oued-Maleh, est encore salée, et nous trouvâmes cruellement juste le dicton arabe, qui appelle chemin de la soif celui que nous venions de parcourir.

Le lendemain 29, le temps était éclairci, et après avoir traversé une forêt, l'avant-garde de la colonne expéditionnaire couronna un mamelon devant lequel se déployaient deux magnifiques vallées dominées par le mont Djerjerah, et qui, se réunissant en une seule au confluent de l'Oued-beni-Mansour et de l'Oued-Maleh, vont se diriger vers Bougie. On voyait en face, et à peu de distance, six grands villages bien construits, entourés de jardins et pittoresquement groupés sur les pointes des dernières hauteurs. Au loin, à gauche, apparaissait, sur le revers opposé, une ville à laquelle deux minarets donnaient un caractère d'importance et d'étendue.

La vallée, couverte d'oliviers et régulièrement cultivée, annonçait l'industrie et la richesse des populations au milieu desquelles nous nous trouvions. Les habitants nombreux des villages étaient par groupes devant leurs maisons, évidemment surpris de l'arrivée d'une colonne française dont ils ne soupçonnaient pas l'approche, et dont l'orage de la veille leur avait dérobé toute connaissance. Un mouvement rapide de notre cavalerie ne leur permit pas de songer à la fuite; les chefs vinrent offrir leur soumission; menace leur fut faite de tout détruire chez eux si un seul coup de fusil était tiré sur la colonne; et notre armée défila entre deux villages, nos soldats achetant les denrées que venaient leur offrir les Arabes, mais sans commettre un seul acte de violence ni d'indiscipline. L'aspect de ces villages, qui annonçait une population laborieuse, de nombreux pressoirs, ainsi que l'examen des innombrables oliviers de la vallée, font croire que c'est surtout chez les Beni-Mansour que se fabrique l'huile apportée sur les marchés d'Alger.

Une grande halte faite sur l'Oued-Hakal permit enfin de faire boire nos chevaux, qui depuis cinquante-deux heures n'avaient pas trouvé d'eau. Une heure après, la colonne, après avoir rendu guéable cette rivière, dont le lit, formé d'alluvions, est très-large et présente dans ses cailloux roulés les plus belles variétés de grès, de marbres et de poudingues, se remit en marche par la rive gauche, dans la direction d'Hamza, qu'il devenait impossible, comme on l'aurait désiré, d'atteindre le jour même.

Des courriers d'Abd-el-Kader, que notre avant-garde fit prisonniers, apprirent que le camp d'Ahmed-ben-Salem, bey de Sébaou, khalifa de l'émir, était établi sur le revers des montagnes de la rive droite, vers le pays d'Aoun-Nougha. On saisit sur ces courriers des lettres d'Abd-el-Kader destinées aux gens de Djidjeli, et qui prêchaient un soulèvement général contre nous : elles étaient datées de Maskara, 17 octobre. L'avant-garde hâta sa marche pour prendre position avant la nuit. L'armée franchit l'Oued-Redjillah (même cours d'eau que l'Oued-Hamza), et le camp fut établi, à six heures du soir, sur la rive droite de ce torrent.

La colonne avait suivi, depuis Sétif, la grande voie qui conduit de Constantine à Médéah par les plaines élevées de la Medjanah et de l'Oued-beni-Mansour. Pour se rapprocher d'Alger et franchir la première chaîne de l'Atlas, elle devait tourner au nord et à hauteur du fort de Hamza, pour se porter ensuite de la vallée de l'Oued-Hamza dans celle de l'Oued-beni-Djaad, cours d'eau qui, réuni à l'Oued-Zeitoun, forme la rivière de l'Isser. Dans le cas où le khalifa Ben-Salem aurait eu des intentions hostiles contre notre colonne, il devait avoir pour but de s'établir sur le plateau du fort de Hamza, pour appuyer sa droite aux tribus soumises à Abd-el-Kader et barrer la route d'Alger. Pour prévenir cette manœuvre, le maréchal Valée chargea le duc d'Orléans de réunir les compagnies d'élite de sa division, toute la cavalerie et deux obusiers de montagne, de partir de Kef-Redjillah, le 30, une heure avant le jour, et de se porter rapidement sur Hamza. Il se réservait de conduire lui-même le reste de la colonne, de manière à se trouver en mesure de soutenir Son Altesse Royale si le combat s'engageait. Au moment où la tête de colonne de monseigneur le duc d'Orléans débouchait dans la vallée de Hamza, Ahmed-ben-Salem, après avoir passé l'Oued-Nouyah (nom que porte dans cette partie de son cours l'Oued-beni-Mansour), se prolongeait sur la crête opposée à celle que suivait la troupe française. Le prince royal, après avoir fait occuper fortement par son infanterie les hauteurs qui dominent l'Oued-Hamza, lança sa cavalerie dans la vallée. Les chasseurs et les spahis, conduits par le colonel Miltzen, gravirent rapidement la berge sur la crête de laquelle paraissaient les cavaliers de Ben-Salem ; ceux-ci ne tardèrent pas à se replier, sans tirer un coup de fusil, et le khalifa, dont on apercevait les drapeaux, averti par ses éclaireurs que le prince royal se dirigeait sur Alger, donna l'ordre à sa cavalerie de se retirer, et se porta vers l'ouest, du côté de Médéah, renonçant au projet qu'il avait sans doute formé de défendre la position de Hamza.

Dès que notre cavalerie eut couronné les hauteurs que les Arabes abandonnaient, le prince royal, qui s'y était porté de sa personne, fit donner l'ordre à son infanterie de remonter la vallée et d'occuper Hamza. L'avant-garde ne tarda pas à s'établir autour de ce fort, qu'elle trouva complétement abandonné [1].

A midi, le maréchal Valée arriva avec le reste de la division. A deux heures, la colonne se remit en marche vers le nord, en contournant l'extrémité occidentale du mont Djerdjerah, pour descendre dans le bassin de l'Isser. La route ne tarda pas à devenir difficile. Le camp s'établit au bas du défilé, sur un plateau assez dominé, et qu'il fallut faire garder par de nombreux postes avancés. On arrivait alors sur le territoire de la tribu des Beni-Djaad, placée sous l'autorité d'Abd-el-Kader, et l'ordre fut donné de resserrer le plus possible la marche de la colonne pour la journée du lendemain.

Le 31 octobre, l'armée reprit son mouvement à six heures du matin. Elle eut d'abord à franchir le difficile défilé de Dahr-el-Abagal. Les habitants des nombreux douars qui garnissent ces crêtes la regardaient passer sans annoncer d'intentions hostiles, lorsque, à dix heures, au moment où notre arrière-garde descendait les derniers contre-forts du défilé, quelques cavaliers parurent sur les crêtes et des coups de fusil furent tirés sur nous. Le prince royal, qui se porta rapidement à l'arrière-garde, reconnut bientôt qu'une faible partie de la population y prenait part, et, après avoir fait répondre par quelques coups de feu pour venger le sang français qui venait de couler, il ordonna à la colonne de continuer sa route.

La division fit halte à Ouldja-Daly-Balta, près d'une rivière qui prend le nom du lieu et qui est un des affluents de l'Isser. Des cavaliers arabes en assez grand nombre ne tardèrent pas à se montrer sur

[1] Le fort de Hamza est un carré étoilé, dont les revêtements sont en partie détruits. Les logements intérieurs, construits par les Turcs, n'existent plus. Onze pièces de canon, en partie enclouées, gisaient sur le sol; aucune n'avait d'affût, et l'armée ne trouva dans l'enceinte du fort aucun approvisionnement de bouche ou de guerre.

La position de Bordj-Hamza est excellente; elle commande une vaste plaine fermée par de grandes montagnes, et à laquelle aboutissent trois vallées qui mènent à Alger, à Bougie, aux Portes de Fer et au col qui conduit à Médéah.

nos derrières et sur les crêtes à droite du plateau où notre colonne était arrêtée. Des coups de fusil commençaient à partir de ces divers groupes, au milieu desquels se glissaient des Arabes à pied. On reconnaissait les burnous écarlates des cavaliers du bey de Sebaou, et il devenait évident que l'on ne pouvait éviter une affaire et conserver jusqu'au bout à l'expédition son caractère entièrement pacifique. Le maréchal se chargea d'emmener le convoi avec les 17e et 23e régiments. Un ravin profond et boisé traversait le plateau que nous occupions. Le prince royal le fit franchir par le 2e léger et garnit les crêtes de tirailleurs ; trois compagnies d'extrême arrière-garde furent cachées dans le ravin pour marcher de front à l'ennemi, et les quatre-vingts chevaux du colonel Miltzen furent divisés en trois pelotons, dont deux pour tourner les Arabes par la droite et par la gauche, et le troisième pour courir sus aux traînards. A un signal donné par le prince lui-même, qui ne cessa de se montrer au milieu de nos tirailleurs avec son képi, le seul qui fût découvert de tous ceux de l'armée, et dont la couleur éclatante était un point de mire, ainsi que sa selle rouge et sa plaque de la Légion d'honneur, le mouvement s'exécuta avec un élan et une précision admirables. Les Arabes furent culbutés des crêtes qu'ils occupaient par la charge de notre cavalerie, et les compagnies embusquées les atteignirent au pas de course et en tuèrent plusieurs à bout portant. Nous n'eûmes à regretter qu'un chasseur tué et quelques blessés. Cette poussée vigoureuse suffit pour ralentir l'audace des ennemis ; pendant près de deux heures encore ils continuèrent à suivre nos lignes de tirailleurs, échangeant quelques coups de fusil avec eux et couronnant chaque position à mesure que nous la quittions. Vers les quatre heures, le prince royal, voulant leur apprendre que nous avions fait passer du canon aux Portes de Fer, fit avancer un obusier qui envoya avec beaucoup de justesse deux obus au milieu des groupes les plus nombreux. Cette démonstration acheva de décourager les Arabes, et nos chasseurs ne furent plus inquiétés dans la retraite en échelons qu'ils furent chargés de faire pour clore la journée.

L'armée arriva, le soir, sur l'Oued-ben-Hini [1], l'un des principaux

---

[1] Cette rivière, ainsi que les nombreux cours d'eau qu'il avait fallu traverser dans la journée, était un des obstacles qui pouvaient devenir funestes pour la colonne expéditionnaire. Les pluies enflent rapidement ces torrents et les rendent infranchissables. Qu'aurait pu faire l'armée en pareil cas, avec un nombre de jours de vivres limité, sans équipage de pont, en présence d'ennemis infatigables, et que notre situation critique aurait sans cesse augmentés ? C'est encore une de ces questions auxquelles on ne répond que par le succès.

Un beau pont ruiné se trouvait à Ben-Hini ; il avait été exécuté par les ordres

affluents de l'Isser, et campa sur un plateau qui domine la rive gauche. On n'était plus qu'à un jour de marche du Fondouk : on allait donner la main à la division Rulhières, dont un ordre du jour annonçait la réunion sur l'Oued-Kaddara ; et cependant il y avait encore de grandes difficultés à surmonter avant d'être au bout de la belle expédition des Portes de Fer. Il fallait franchir les contre-forts du Djebel-Hammal, et jamais sentiers plus affreux ne furent suivis par de pauvres soldats qui venaient de faire près de cent vingt lieues, pour ainsi dire sans s'arrêter, et après avoir été presque tous atteints, dans le courant de cette terrible année, de l'une des maladies dont l'Afrique recèle les germes funestes.

Le 1ᵉʳ novembre, à sept heures du matin, l'avant-garde commença à gravir la pente escarpée qui menait du dernier bivac à Aïn-Sultan. Afin de mieux couvrir la marche du convoi, le colonel Corbin resta en position à Ben-Hini avec le 17ᵉ léger, cinquante chevaux et deux obusiers. Le prince royal conduisait l'avant-garde et l'avait établie en position près d'Aïn-Sultan, lorsqu'il apprit que quelques coups de fusil étaient tirés à notre arrière-garde. Il s'y rendit aussitôt, remontant, à travers mille difficultés et dans des terrains que l'on aurait crus impraticables, un long défilé encombré par nos bagages et par un convoi arabe qui se rendait au Biban et que l'engagement rejetait au milieu de nous. Le prince arriva promptement sur la ligne des tirailleurs, au moment où les Arabes venaient d'éprouver une perte assez considérable au passage du ravin qui séparait le camp de Ben-Hini du défilé où la division se trouvait maintenant engagée. On avait remarqué, entre autres, la chute d'un cavalier à burnous rouge, l'un de ceux qui guidaient l'attaque des Arabes, et dont le cheval avait été tué sous lui. Le prince resserra la ligne des tirailleurs et la restreignit aux crêtes qui couvraient immédiatement le défilé, reforma les réserves, les réunit et fit porter près du convoi et sur le chemin que suivait la colonne la cavalerie, qui ne pouvait être utile dans un terrain accidenté ; puis, jugeant avec raison que tout mouvement de retraite doit être assuré par un vigoureux mouvement en avant, monseigneur le duc d'Orléans, après avoir placé ses deux obusiers dans un pli du terrain, d'où ils battaient un point par lequel devaient se retirer les Arabes, fit

d'Omar-Pacha, dey d'Alger, dont Hussein-Dey, que nous avons détrôné, était le cinquième successeur. Ce pont a été renversé par les affouillements des piles, et la route en pierre, construite de ce point à la Métidja par le même dey, est aussi détruite sur une grande partie de son étendue ; son tracé comprend, au reste, des pentes qui la rendent de la plus grande difficulté.

sonner la charge par deux compagnies du 17°, qui s'élancèrent sur l'ennemi et lui tuèrent beaucoup de monde; deux coups d'obus sur les masses confuses des Arabes achevèrent leur déroute. Dès lors le mouvement de marche de l'arrière-garde put se reprendre régulièrement. A la fontaine d'Aïn-Agha, qui coule dans un fond resserré, les Arabes essayèrent une dernière agression sans résultats, et l'armée atteignit peu après un mamelon élevé, d'où la vue embrasse au loin la mer et la ville d'Alger. On fit halte, et des fanfares guerrières saluèrent enfin l'heureux accomplissement de l'expédition. Quelques heures après, la jonction s'opéra, sur la rive gauche de l'Oued-Kaddara, avec la division Rulhières, composée d'un bataillon de zouaves, de deux du 62° et d'un du 48°, de deux escadrons de chasseurs, d'un de spahis, d'une compagnie du génie et quatre obusiers. On voyait peint sur le visage de tous ces frères d'armes, avec la joie de voir arriver le prince, le regret de n'avoir pu dépasser la limite qui leur avait été fixée, pour venir partager les fatigues et les dangers de la division d'Orléans. Le soir, toute l'armée bivaquait sous le camp de Fondouk, où chaque soldat avait trouvé un ami.

Le lendemain, 2 novembre, à la Maison-Carrée, le prince adressait à sa division de touchants adieux : — « Messieurs, dit-il aux officiers de tout grade réunis autour de lui, au moment d'une séparation que je vois arriver avec regret, je suis heureux de pouvoir vous remercier du concours que vous m'avez prêté, et du dévouement que vous avez apporté à la belle entreprise que l'habileté consommée du chef illustre qui nous commande nous a permis d'accomplir avec un si éclatant succès. L'honneur d'avoir marché à votre tête, dans cette circonstance mémorable, sera toujours un des plus beaux souvenirs de ma vie. Votre campagne est finie; aujourd'hui, messieurs, ma tâche à moi va commencer : c'est de faire connaître les titres que vous acquérez chaque jour à la reconnaissance de la patrie et aux récompenses du roi, dans ce pays difficile où tout s'use, excepté le cœur des hommes énergiques comme vous.

« En cessant d'être votre chef et le compagnon de vos travaux, je resterai l'ardent défenseur de vos droits : la cause est bonne, puissé-je la gagner !

« Je dirai toutes les grandes choses que l'armée a faites en Afrique, toutes les épreuves qu'elle subit avec un dévouement d'autant plus admirable, qu'il est souvent ignoré et quelquefois méconnu.

« Dans les pays que nous avons traversés ensemble, je ne me suis pas cru absent de la France, car la patrie est pour moi partout où il y a un camp français ; je ne me suis pas cru éloigné de ma famille, car j'en ai trouvé une au milieu de vous, et parmi les soldats dont j'ai admiré la persévérance dans les fatigues, la résignation dans les souffrances, le courage dans le combat.

« La plupart d'entre vous ont déjà presque entièrement payé, dans ce pays, la dette que leur a imposée le service de la patrie, et si de nouvelles circonstances me rappelaient en Afrique, je n'y trouverais que de nouveaux régiments auxquels vous avez montré l'exemple ; mais, partout où le service de la France vous appellera, vous me verrez accourir au milieu de vous, et là où sera votre drapeau, là sera toujours ma pensée. »

Le prince royal voulut ensuite défiler avec ses troupes devant le maréchal gouverneur général, pour lui témoigner combien il avait été heureux d'être un des chefs d'une expédition si remarquable, et lui remettre, pour ainsi dire, les troupes dont naguère le commandement lui avait été confié. Une marche triomphale termina cette journée. L'armée rentra dans Alger au milieu d'une foule innombrable d'Européens et d'indigènes, qui faisaient retentir les airs d'unanimes acclamations [1].

---

[1] Le 4 novembre, un banquet fut offert au prince par la population civile d'Alger, et le lendemain Son Altesse Royale conviait à son tour à une fête de famille les officiers, sous-officiers et soldats de la division qu'il venait de commander. Cette belle réunion militaire eut lieu sur l'esplanade Bab-el-Oued, entre le fort Neuf et celui des Vingt-Quatre-Heures. Au dessert, après une salve d'artillerie, le maréchal Valée porta la santé du roi. Le duc d'Orléans, par un mouvement spontané, s'élança sur une table, et, promenant ses regards sur la foule de braves qui l'entouraient, fit entendre, d'une voix qui trouvait des échos dans tous les cœurs, ces paroles, dont tous les assistants ont gardé la mémoire : « Au nom du roi, s'écria-t-il, je porte cette santé à l'armée d'Afrique et à son général en chef, le maréchal Valée, sous les ordres duquel elle a accompli de si grandes choses !

« A cette armée, qui a conquis à la France un vaste et bel empire, ouvert un champ illimité à la civilisation, dont elle est l'avant-garde ! à la colonisation, dont elle est la première garantie !

« A cette armée, qui, maniant tour à tour la pioche et le fusil, combattant alternativement les Arabes et la fièvre, a su affronter, avec une résignation stoïque, la mort sans gloire de l'hôpital, et dont la brillante valeur conserve les traditions de nos légions les plus célèbres !

« A cette armée, compagne d'élite de la grande armée française, qui, sur le seul champ de bataille réservé à nos armes, doit devenir la pépinière des chefs futurs de l'armée française, et qui s'enorgueillit justement de ceux qui ont déjà percé à travers ses rangs !

« A cette armée qui, loin de la patrie, a le bonheur de ne connaître les discordes intestines de la France que pour les maudire, et qui, servant d'asile à ceux qui les fuient, ne leur donne à combattre, pour les intérêts généraux de la France, que contre la nature, les Arabes et le climat !

« Au chef illustre qui a pris Constantine, donné à l'Afrique française un cachet inef-

Tout le monde ignorait à Alger que cette expédition dût avoir lieu. On apprit le projet et l'exécution seulement le jour de l'arrivée. Aussitôt la population, sans acception d'origine et de croyance, se met en habits de fête, pavoise sa demeure et s'empresse d'accourir au-devant de ces braves qui viennent de déployer le « drapeau français dans des lieux où les Turcs baissaient les leurs et où les Romains n'avaient jamais porté leurs aigles. »

« Les femmes musulmanes se groupent autour des arbres ou sur le toit des maisons, en chantant au son des instruments, et toutes les corporations mahométanes marchent à la rencontre du prince. Nos colons français distribuent aux soldats du vin et des cigares, et se chargent de leurs sacs. »

Le 6, le prince royal quittait la ville et s'embarquait pour la France, pour venir lui-même raconter le succès de cette belle entreprise [1] !

L'expédition aux Portes de Fer fut un prétexte pour Abd-el-Kader de nous déclarer la guerre de nouveau. Dès ce moment l'émir ne ca-

---

façable de permanence et de stabilité, et fait flotter nos drapeaux là où les Romains avaient évité de porter leurs aigles !

« C'est au nom du roi, qui a voulu que quatre fois ses fils vinssent prendre leur rang de bataille dans l'armée d'Afrique, que je porte ce toast !

« C'est au nom de deux frères, dont je suis justement fier, dont l'un vous a commandés dans le plus beau fait d'armes que vous ayez accompli, et dont l'autre s'est vengé au Mexique d'être arrivé trop tard à Constantine, que je porte cette santé !

« C'est aussi, permettez-moi de vous le dire, comme lié d'une manière indissoluble à l'armée d'Afrique, dans les rangs de laquelle je m'honore d'avoir marché sous les ordres de deux maréchaux illustres, que je porte cette santé. A la gloire de l'armée d'Afrique et au maréchal Valée, gouverneur général ! »

En ce moment, le plus ancien lieutenant de la division des Portes de Fer s'approcha de Son Altesse Royale et lui offrit, au nom de ses compagnons d'armes, une palme verte cueillie sur les rochers du Biban. Fort ému de ce simple et touchant hommage, le jeune prince fixa encore une fois toutes ces nobles figures militaires qui attachaient sur lui des regards attendris.

« Mes amis, reprit-il, je contracte envers vous une dette immense; mais, dans les moments difficiles, je me rappellerai que j'ai reçu cette palme de ceux dont l'héroïque persévérance emporta Constantine d'assaut; dans les privations, je me rappellerai qu'elle me fut donnée par des hommes dont aucune souffrance ne lassa l'énergie, et quand, au jour du danger, je vous représenterai cette palme, vous vous souviendrez à votre tour que vous l'avez cueillie dans des lieux réputés inaccessibles, et vous saurez prouver alors que rien n'est impossible à des soldats français ! »

Voir Relation de l'expédition des Portes de Fer, note 13.

---

[1] Entre la première et la deuxième porte, au lieu le plus abrupt, les sapeurs avaient, par ordre du duc d'Orléans, gravé ces mots :

ARMÉE FRANÇAISE, 1839.

La pierre se chargeait de conserver à la postérité la mémoire et la date du premier passage des Portes de Fer par des Européens.

cha plus ses mauvaises dispositions; d'ailleurs, les nouvelles reçues d'Oran ne laissaient déjà aucun doute sur la probabilité d'une prochaine rupture : on l'y voyait mettre en œuvre toute son activité pour provoquer une insurrection générale.

La reprise des hostilités était prévue depuis longtemps; pour notre part, nous n'avions regardé que comme une trêve, et comme une trêve malheureuse, le traité beaucoup trop célèbre de la Tafna. On a donné à Abd-el-Kader le temps et les moyens d'organiser son empire sur les tribus arabes de l'intérieur, et on allait le trouver aujourd'hui mieux préparé à la résistance ainsi qu'à l'agression. Mais nous n'avions pas d'inquiétude sur le dénoûment de cette campagne, puisque la France allait prendre des mesures vigoureuses, comme nous n'en doutions pas, en envoyant des forces imposantes dans l'Algérie, pour en finir avec les Arabes et détruire enfin la puissance d'Abd-el-Kader; car il n'a véritablement d'importance que celle que nous lui avons donnée au traité de la Tafna, puisque par là nous l'avons, pour ainsi dire, reconnu souverain des Arabes; le gouvernement de la France a eu tort sans doute en traitant avec lui d'égal à égal.

L'émir conduit son peuple par le fanatisme, et la religion est toujours le prétexte dont il se sert pour mouvoir les tribus et se les soumettre. Bien qu'Abd-el-Kader ait choisi avec une certaine habileté le moment où notre armée était affaiblie par les maladies, la puissance et la fortune de la France ne se démentiront pas, mais il nous faudra peut-être faire des sacrifices d'hommes et d'argent qui pourront paraître hors de proportion avec les résultats obtenus.

Nous n'avions pas de craintes à concevoir sur la rupture du traité, puisque le maréchal Valée s'apprêtait à déployer toute son activité et les talents militaires que nous lui connaissons dans la campagne qui allait s'ouvrir.

On a toujours prétendu qu'Abd-el-Kader avait lui-même rompu le traité de la Tafna; cette croyance est une erreur. Les conventions supplémentaires signées à Alger, le 4 juillet 1838, entre Mouloud-ben-Harrach et le maréchal Valée, n'avaient point encore été ratifiées par l'émir, lorsque fut tenté le passage des Portes de Fer. La prise de possession de Hamza, qui fut un des résultats de cette excursion, fut jugée par Abd-el-Kader comme une reprise d'hostilités. Il écrivit au gouverneur général pour lui annoncer que tous les musulmans voulaient se rallier de nouveau sous l'étendard de la guerre sainte. M. Valée, homme d'une haute capacité spéciale, mais peu fait, par ses habitudes militaires, aux petites manœuvres d'un ennemi qui ne combat presque jamais qu'en tirailleur, prit le change sur les projets de l'émir. Il s'attendait à une attaque régulière, dont notre stratégie déjouerait l'impuissance, et crut qu'il serait temps de prendre quelques mesures quand l'avant-garde d'Abd-el-Kader déboucherait dans la Métidja.

Cette erreur nous valut plus d'un revers; car, au signal secret transmis par les émissaires arabes, toutes les tribus que nous supposions soumises à notre autorité se levèrent en armes autour de nos postes mal gardés et de nos colons endormis dans une funeste sécurité.

Dès les premiers jours de novembre, la plaine se couvrit d'assaillants; nos convois furent enlevés, nos camps surpris, les récoltes des colons livrées au pillage et leurs fermes brûlées ou rasées. Les beys de Médéah et de Miliana se montraient sur tous les points avec des partis de cavalerie qui passaient comme la foudre, et laissaient après eux la désolation.

Le maréchal Valée ne resta pas inactif; plusieurs combats, dans lesquels le 62ᵉ et le 23ᵉ de ligne, le 2ᵉ léger et le 1ᵉʳ chasseurs d'Afrique déployèrent toute leur énergie, parvinrent à ramener l'avantage de notre côté.

C'est ainsi qu'Abd-el-Kader déchirait le voile dont il s'était couvert jusqu'alors. Aucune déclaration n'avait précédé cette prise d'armes; ce ne fut que par une lettre adressée postérieurement au gouverneur général qu'il annonça le projet arrêté, disait-il, par tous les musulmans, de recommencer la guerre sainte.

Le courage avec lequel nos soldats supportèrent le premier choc trouva de dignes imitateurs dans les colons, dont la plupart cependant finirent par abandonner tout à fait la plaine et venir chercher un refuge derrière les murs d'Alger.

Dans les commencements du mois de novembre, les hommes de la tribu des Beni-Bernou, voulant ressaisir leurs troupeaux, devenus la proie des envahisseurs, tombèrent dans une embuscade où plus de trois cents d'entre eux perdirent la vie : le commandant français du camp d'Oued-el-Aleg accourut à leur secours; enveloppé par un ennemi trop supérieur en nombre, il subit le même sort [1].

---

[1] L'armée venait de perdre cinq de ses braves, victimes d'un guet-apens des Arabes. Voici, à l'occasion de ce tragique événement, les détails précis que j'ai recueillis. Beschir, ancien cheik de Zaouïa, retiré au delà de la Chiffa, avait embusqué le samedi 9 novembre, pendant la nuit, dans le bois d'orangers, près du blockhaus de Zaouïa, une centaine d'Hadjoutes, dont cinquante à pied et cinquante à cheval. Le commandant Ra-

Entrons dans le récit des premières attaques des Arabes.

Les 17 et 18 novembre, quelques tentatives faites par les Hadjoutes furent vigoureusement repoussées; nos soldats obtinrent un succès qui leur donna trop de confiance.

Le 20 novembre, au moment même où Abd-el-Kader venait de faire connaître au maréchal Valée sa résolution de nous faire la guerre, ses troupes passaient la Chiffa. Le commandant de Boufarik mettait malheureusement en mouvement, à la même heure, de convois pour les blockhaus de Mered et le camp d'Oued-el-Aleg; il ne donna que trente hommes pour escorte à ces convois. Ils furent attaqués, à une lieue de Boufarik, chacun par un millier d'Arabes. Le commandant du convoi de Mered forma ses voitures en carré; ses soldats se défendirent vigoureusement, et donnèrent le temps à la garnison de Boufarik de venir à son secours.

Le commandant périt seul : atteint d'une balle, il fut tué roide. Le convoi fut ramené.

Le commandant du convoi d'Oued-el-Aleg fut moins habile et périt avec tout son détachement : soit qu'il eût été surpris, soit qu'il manquât de présence d'esprit, il ne fit pas parquer ses voitures; son détachement fut taillé en pièces; lorsqu'une colonne, sortie de Boufarik au bruit des coups de fusil, arriva sur le lieu du combat, les Arabes prirent la fuite, emmenant les mulets du convoi. Ce malheur aurait dû rendre plus prudent; il n'en a pas été ainsi.

---

phaël, du 24ᵉ de ligne, commandait le camp de l'Oued-el-Aleg. Beschir, avec six cavaliers, venait d'enlever le troupeau de la tribu de Beni-Bernou, placé près du camp; il s'était emparé de quatre-vingts bœufs.

Prévenu de cet enlèvement, le commandant Raphaël monte aussitôt à cheval, et, suivi seulement de M. Weitersheim, lieutenant au 1ᵉʳ régiment de chasseurs d'Afrique, d'un maréchal de logis, d'un brigadier et d'un chasseur du même corps, il se lance à la poursuite des six cavaliers, qui emmenaient le troupeau dans la direction de l'embuscade. Son piquet d'infanterie devait l'appuyer, et le reste du détachement des chasseurs devait le joindre aussitôt prêt.

Le commandant Raphaël, croyant n'avoir à combattre que les six cavaliers de Beschir, les poursuivit vigoureusement avec ses quatre compagnons. Mais bientôt une décharge à bout portant les étend tous morts! Beschir coupa aussitôt la tête au commandant Raphaël, et se disposait à mettre le corps dans un sac pour l'emporter, lorsque parurent le détachement d'infanterie et le reste des chasseurs. Beschir prit la fuite. Quelque vitesse qu'ait mise le détachement à suivre son commandant, il n'est malheureusement arrivé que pour relever cinq cadavres. Ce déplorable événement a eu lieu à deux lieues et demie de Koleah et à pareille distance de Blidah, au milieu de la plaine où se trouve placé le camp de l'Oued-el-Aleg. La mort de ces cinq braves avait vivement affecté les troupes placées aux avant-postes, et leur sang criait vengeance, aussi bien que l'assassinat du malheureux de Gavaudan, lieutenant également au 24ᵉ de ligne, qui fut tué par les Arabes en pleine paix, et dont j'ai déjà raconté la fin tragique.

Le 21, une colonne de quinze cents cavaliers arabes passa la Chiffa dans la matinée ; M. le général Duvivier surveillait ses mouvements du camp supérieur de Blidah, lorsqu'un détachement, qui se dirigeait d'Oued-el-Aleg sur Blidah, afin de porter secours à ce convoi, fut assailli par des hordes nombreuses, et les têtes des cinquante braves qui le composaient devinrent pour les Arabes de nouveaux trophées. Le commandant du camp se porta à leur rencontre ; mais, pressé de toutes parts par une multitude féroce, il n'eut que le temps de former en carré sa petite troupe, composée de deux compagnies du 24ᵉ de ligne et d'un escadron du 1ᵉʳ de chasseurs d'Afrique. Sa retraite, exécutée avec un sang-froid et une intrépidité dignes peut-être d'un plus vaste théâtre, força l'ennemi à conserver quelque prudence. Le camp d'Oued-el-Aleg fit feu des pièces qui défendent la redoute, dès que les Arabes furent à portée. Les coups, dirigés avec habileté, frappèrent en plein dans le groupe arabe ; beaucoup de cavaliers furent tués ou blessés, plus de vingt chevaux errèrent un moment sans cavalier, et les débris du détachement purent rentrer dans le camp. Les Arabes essayèrent ensuite d'attaquer un des blockhaus ; mais, accueillis par une vive fusillade, ils repassèrent la Chiffa.

A l'est, une colonne ennemie déboucha le 20 novembre de Beni-Moussa ; les garnisons de l'Arba et de l'Arratch marchèrent contre elle, la chargèrent avec vigueur et protégèrent le mouvement de retraite des populations, qui se réfugièrent dans les camps et dans les maisons crénelées. Un carabinier et un colon furent tués dans cette journée. Plus à l'est, quelques bestiaux furent enlevés, et trois colons, qui essayèrent de résister aux ravisseurs, furent emmenés par eux. Dans les montagnes, les tribus du territoire français avaient été pillées, plusieurs hommes tués, et des familles entières avaient été contraintes à émigrer.

D'après tout ce qui venait de se passer à Alger, nous devions croire que le maréchal Valée avait l'intention de reprendre évidemment sa revanche, du moment que des forces suffisantes lui auraient été expédiées de France ; en attendant, le gouverneur général ordonnait de nous garder et de nous retrancher dans nos positions ; il ordonnait, dis-je, qu'on se fortifiât partout. Tous les colons qui avaient demandé des armes et des munitions en avaient obtenu, et sur tous les points ils mettaient leurs maisons en état de défense. Les tribus alliées s'étaient mises sous la protection de nos camps ; celles de l'ouest étaient sous le camp de Boufarik ; à l'est, les Aribs avaient mis leurs familles dans le fort de l'Eau.

Les Oued-Zeitoun étaient dans les redoutes de Boudouaou, sous la protection du camp du Fondouk.

D'après les ordres du maréchal, M. le lieutenant général Rulhières s'était porté à Boufarik et avait formé une colonne mobile composée de quatre cents chevaux, deux pièces d'artillerie et quinze cents baïonnettes ; elle manœuvrait contre les Arabes entre Blidah, Koléah et Boufarik, et la plus extrême prudence avait été recommandée pour n'agir jamais qu'en force, pour prévenir le retour de nouveaux malheurs.

On avait aussi formé à la Maison-Carrée une seconde colonne mobile qui devait suivre l'ennemi dans l'est.

La défense des camps du Sahel était assurée, et dans tous les centres de population européenne l'administration civile avait organisé la milice. Partout on était en mesure de se défendre.

Lorsque nos troupes seront reposées et qu'elles auront reçu des renforts, M. le maréchal Valée se préoccupera, sans doute, d'aller châtier les Hadjoutes, nos plus habiles comme nos plus implacables ennemis.

Dans la proclamation qu'Abd-el-Kader avait adressée aux Arabes, il disait : « Je passerai la Chiffa le 9 novembre avec mon armée. » (Jusquelà nous n'avions eu affaire qu'à quatre cu cinq mille alliés de l'émir.) « Je sais, disait-il, que la mort m'attend entre le fort l'Empereur et le fort Bab-Azoun ; mais j'espère que mes successeurs n'abandonneront pas notre cause jusqu'à ce que la dernière trace des chrétiens ait disparu de l'Afrique ; nos frères d'Alger nous attendent en versant des larmes de sang. »

Il paraîtrait qu'Abd-el-Kader avait annoncé qu'il prendrait Alger le 10 ; c'était sans nul doute un nouveau stratagème dont il faisait usage pour encourager et électriser en quelque sorte les Arabes, en leur affirmant d'avance qu'il devait s'emparer d'Alger. Cette ruse avait bien un but politique ; mais tout cela n'était que pure forfanterie de la part de l'émir, et les événements ont pu donner un formel démenti à sa prétendue prédiction, car il avait beaucoup trop compté sur ses forces et sur quelques bataillons d'infanterie régulière composés de nos déserteurs ; mais, il faut le dire à l'honneur de notre gloire nationale, ce n'étaient en partie que quelques transfuges de la légion étrangère et quelques Arabes qui avaient appartenu à nos spahis ; ces derniers étaient allés reprendre leurs anciennes habitudes du désert, leur vie nomade n'ayant pu s'accoutumer ou se ployer à notre discipline militaire.

L'attaque d'Alger, annoncée si pompeusement par Abd-el-Kader pour le 10, n'a pas eu lieu, ou du moins a été repoussée sur le massif même par nos troupes, qui avaient pris leurs positions sur le versant sud.

Revenons maintenant à ce qui se passait à Oran, à la rupture du traité de la Tafna. Je mettrai tous mes soins à rendre compte des événements qui se passèrent dans cette province, puisque je me trouvais dans cette ville lors du renouvellement des hostilités par Abd-el-Kader, sans toutefois omettre les détails des principaux combats qui eurent lieu autour d'Alger.

Des Arabes étaient venus au marché d'Oran, jusqu'au 21 novembre, avec du blé et autres denrées; quelques jours après, un assez grand nombre d'habitants de Maskara étaient venus s'approvisionner d'étoffes et autres objets qui leur étaient nécessaires; ils n'osaient plus s'en retourner sans une escorte française, dans la crainte d'être pillés par nos Arabes alliés; on leur fit donner une escorte qui les accompagna jusqu'au delà de nos avant-postes.

Les Gharabas, les Beni-Hamer et les Madjaher avaient reçu l'ordre de ne plus fréquenter nos marchés à Oran, sous peine d'un rigoureux châtiment infligé par l'émir; aussi il n'y arrivait plus rien depuis un mois, et l'on ne pouvait en tirer d'autre conséquence que la guerre.

Un agent sûr arrivé de l'intérieur nous déclarait que la guerre sainte avait été prêchée dans la mosquée de Maskara, et qu'il était ordonné à tout bon musulman d'acheter des chevaux, des armes et des munitions de guerre.

A Oran, depuis plus d'un mois que les hostilités avaient recommencé autour d'Alger et dans la province de Titery, les Arabes n'avaient encore commis aucun acte d'hostilité sur cette province. Abd-el-Kader étant dans la province de Titery, les populations de l'ouest, peu disposées à une guerre qui les privera de tout commerce avec nous et leur préparera des désastres, hésitaient à se déclarer contre nous. L'émir s'était, dit-on, porté vers l'ouest; ses prédictions allaient sans doute réveiller le fanatisme religieux, et bientôt les hostilités n'allaient point tarder à éclater dans cette province.

Si la guerre n'avait pas été reprise à Oran par les Arabes, cela tenait sans doute à ce que l'oukil (ou consul d'Abd-el-Kader) n'avait pas encore quitté Oran, et l'on pensait généralement que cet état de choses durerait jusqu'au départ de l'oukil, qui était retenu à Oran par les circonstances que je vais relater.

Le capitaine Daumas, notre agent consulaire à Maskara près de l'émir, était à Oran depuis quelques jours pour affaires; il se disposait à rentrer à son poste, mais, les escortes arabes ayant manqué, il avait dû différer son départ ; dans ces conjonctures, tout annonçant que le capitaine Daumas (14) allait partir sous peu de jours pour Maskara, le général Guéhéneuc, qui commandait à Oran, jugea prudent de ne pas le laisser partir, puisque la guerre était définitivement déclarée, et s'opposa également au départ de l'oukil et le retint en otage jusqu'à ce que les quatre Français qui étaient à Maskara, appartenant au consulat, fussent rentrés (il y avait encore, en effet, deux chasseurs et deux interprètes) ; ce ne fut que quelques jours après qu'ils furent ramenés ; mais cela avait tardé encore quelque temps, parce que l'oukil y avait mis un peu de mauvais vouloir et un peu trop d'amour-propre : il prétendit qu'il ne devait pas être rendu pour des interprètes et des domestiques. Cependant, à la rentrée de nos quatre Français, on annonça à ce dernier qu'il était libre de partir quand il le jugerait à propos ; il prétexta auprès du général qu'il avait encore quelques affaires à terminer à Oran, mais on apprit qu'il avait déjà fait filer secrètement son gros bagage sur Maskara et qu'il attendait d'un instant à l'autre des lettres de l'émir pour retourner auprès de ce dernier. On le laissa donc libre de différer son départ, et il partit en effet quelques jours après.

Le jour où l'oukil partit pour Maskara, comme on s'attendait, ce jour-là, à être attaqué par les Arabes, toutes les troupes disponibles à Oran sortirent pour lui servir d'escorte, et on le reconduisit jusqu'à une lieue au-dessus du camp du Figuer ; mais l'ennemi ne se montra point.

A Oran, depuis un mois, M. le lieutenant général Guéhéneuc n'avait point perdu un instant pour se préparer à la guerre : à mesure qu'on affaiblissait sa division pour renforcer celle d'Alger, il y avait suppléé en complétant les fortifications des points occupés par nos troupes ; on travaillait aux retranchements de Miserghin et du camp du Figuer ; l'artillerie de ces deux points avait été augmentée. Le parc de bœufs, qui se trouvait à Sidi-Marouf, avait été transféré à la Sennia, petit poste près du petit lac que l'on avait fortifié à la hâte ; du reste, l'ennemi nous en avait laissé assez le temps. Partout on était en mesure de se défendre et l'on prenait toutes les précautions nécessaires pour éviter toute surprise de la part de l'ennemi ; nos postes extérieurs et nos blockhaus étaient admirablement fortifiés, tous les feux se croisaient dans toutes les directions ; on avait aussi ajouté un blockhaus de plus entre la route de Miserghin, pour augmenter nos moyens de défense et protéger en même temps les troupeaux des Arabes nos alliés et les convois.

Des pièces de canon avaient été placées sur divers points de la ville, où l'on avait cru qu'elles étaient nécessaires pour la défense de la place en cas d'attaque générale de la part des Arabes.

Il restait encore de disponibles, pour agir dans l'intérieur de ces postes, mille baïonnettes, la batterie d'artillerie montée, quatre pièces de la batterie de montagne, quatre cents chevaux du 2e chasseurs, quatre cents cavaliers auxiliaires et les quatre cent cinquante spahis casernés à Miserghin. Les dispositions prises par le lieutenant général nous assuraient toutes les ressources pour guerroyer et nous permettaient de nous tenir sur la défensive sans crainte d'échec.

Le 21 novembre, tous les Arabes auxiliaires, Douers et Smélas avaient été réunis à Miserghin ; on leur avait distribué des cartouches et on avait donné des fusils à ceux qui n'en avaient point : on s'attendait donc, selon toute prévision, à être attaqué d'un moment à l'autre.

Pendant que tous ces événements s'étaient succédé autour d'Alger, la province de Constantine continuait à jouir de la plus grande tranquillité, malgré les nombreux émissaires de l'émir qui la parcouraient pour exciter les tribus à la guerre.

Le bey, que nous avions dépouillé de son titre et de son pouvoir, Ahmed lui-même, cherchait à nous susciter des embarras : il était parvenu à soulever quelques tribus de son voisinage en les attirant à lui par l'appât du pillage, et avait tenté de faire une razzia sur les tribus des environs de Guelma ; il s'était avancé jusqu'à Merd-Jar-Kel, avait dirigé une razzia sur les Achaches, dépendant du cercle de Guelma, et leur avait enlevé beaucoup de troupeaux ; mais les Achaches, réunis à leurs voisins, coururent bientôt aux armes, poursuivirent les cavaliers d'Ahmed et en tuèrent sept, mais ils perdirent néanmoins une partie de leurs troupeaux. Après cette attaque imprévue, l'ex-bey menaçait encore les Ouled-Zenati et les Ammers-Cheraguas ; ces derniers avaient demandé du secours au général commandant la province de Constantine ; ils s'étaient retirés près du camp de Sidi-Tamtam, où le général Galbois envoyait le lendemain un escadron de chasseurs pour les protéger.

Les chefs les plus influents du pays, en apprenant la déclaration de guerre, avaient écrit au général Galbois pour protester de leur fidélité à la France.

Les Kabaïles n'accueillirent pas favorablement les émissaires de l'émir Abd-el-Kader et refusèrent de prendre leur part de la guerre ; notre établissement de Sétif se consolidait, les Arabes venaient approvisionner nos troupes de diverses denrées. Le fort d'Orléans était dans un état complet de défense.

A Bone tout était tranquille. Nos tribus amies étaient très-nombreuses; celles qu'on avait lieu de suspecter ne voulaient point prendre fait et cause pour Abd-el-Kader; mais des renforts de troupes nous étaient nécessaires pour assurer la tranquillité de cette province dépendante de Constantine et pour soutenir avec succès les tribus qui se dévouaient à notre cause.

Philippeville, maintenue par une garnison plus que suffisante, jouissait aussi d'une tranquillité que rien ne pouvait faire augurer de voir troublée. Le génie donnait une nouvelle activité aux travaux de cette province.

L'agitation et une guerre meurtrière se continuaient dans la province d'Alger; la désolation était générale; les coureurs de l'ennemi avaient pénétré jusque sur le massif, et les tribus alliées furent contraintes de se concentrer autour de nos camps.

Dès que ces nouvelles arrivèrent en France, des ordres rapidement expédiés prescrivirent l'embarquement immédiat de nouvelles troupes; si bien que, dans les premiers jours de décembre, le maréchal se vit à la tête de forces suffisantes pour reprendre glorieusement l'offensive.

Nous attendions déjà avec anxiété les renforts de troupes, qui nous arrivèrent, pour établir avec sûreté nos communications entre Alger avec nos postes avancés et châtier l'audace des Arabes.

Reprenons le cours des événements sur les attaques incessantes autour d'Alger; il était temps de donner aux Arabes une énergique leçon.

Le général Rulhières, étant chargé de conduire un convoi de Boufarik à Blidah pour augmenter l'approvisionnement de cette ville (la colonne était composée des 2e et 17e légers, de quatre cents chevaux et de quatre pièces d'artillerie), partit de Boufarik le 14 décembre, à neuf heures du matin; il ne rencontra l'ennemi qu'au delà de Mered, vers l'embranchement du chemin qui conduit à l'ancien camp inférieur de Blidah. Trois ou quatre cents cavaliers s'approchèrent de l'arrière-garde, qui les maintint à distance. Peu de moments après, les bataillons réguliers de l'émir et un grand nombre de Kabaïles débouchèrent d'un ravin, à travers les broussailles, et se portèrent vers le convoi.

Le général Rulhières, voulant les attirer plus près de nous en leur inspirant de la confiance, ordonna aux quatre compagnies des 2e et

17° légers, qu'il avait placées sur le flanc gauche du convoi, de ne répondre que faiblement au feu des Arabes, qui purent ainsi se former à très-petite distance, et de le rendre très-vif. Alors le général ordonna au chef d'escadron Vernety d'ouvrir le feu d'une section d'obusiers de montagne, et au colonel Bourjolly de faire charger les escadrons du 1er de chasseurs, qui avaient déjà traversé le ravin.

Cette charge, conduite avec beaucoup de vigueur par le chef d'escadron Delhorme et par le lieutenant-colonel Korte, qui s'y était joint, eut un plein succès. Les chasseurs arrivèrent au galop au milieu de ces indigènes à pied, et une quarantaine furent sabrés. Les flanqueurs des 2° et 17° légers, suivant au pas de course, arrivèrent assez tôt pour joindre ceux que la charge avait dépassés; plusieurs furent tués, et entre autres un officier qui tomba sous la main du lieutenant Ferradou, du 17° léger. Le gros de cette troupe se rejeta en désordre dans le fond du ravin, où les derniers furent encore atteints par un peloton de chasseurs qui avait pris sa charge par ce fond même et en le remontant.

Pendant cet engagement, le commandant Bouscaren, qui couvrait l'arrière-garde avec cent spahis, voyant les quatre cents cavaliers se rapprocher de lui, les avait éloignés par une charge dans laquelle ces cavaliers laissèrent une douzaine des leurs sur la place. Beaucoup de cadavres furent laissés sur place par les fuyards. Plusieurs Arabes, au moment où nos soldats se précipitaient sur eux, criaient grâce! C'étaient d'anciens zouaves passés au service de l'émir; nos cavaliers furent sans pitié pour eux.

Le convoi, dont la marche n'avait été que peu retardée, ne fut plus suivi que par quelques cavaliers tiraillant de loin. A une heure, il entrait tout entier dans le camp de Blidah. Nous avions eu cinq hommes tués et vingt-trois blessés, parmi lesquels se trouvaient deux officiers.

Le lendemain, 15 décembre, le général Rulhières disposa quatre colonnes pour attaquer l'ennemi établi en avant du camp, et à quatre heures du matin il les mit en mouvement. La colonne principale, portée directement sur les blockhaus de Oued-el-Kébir, attira toute l'attention de l'ennemi, et fut accueillie par une vive fusillade qui donna l'éveil à tous les groupes d'Arabes dans la montagne et dans les jardins d'orangers de la rive droite de l'Oued.

Les voltigeurs du premier bataillon et de la quatrième compagnie du deuxième bataillon du 2° léger furent lancés dans les fourrés de la rive gauche, d'où ils chassèrent bientôt les Arabes, qui laissèrent sur la place les corps de quatorze des leurs.

Couvert par cette colonne, le convoi fut dirigé du camp sur la citadelle, où le général Rulhières communiqua en personne avec le général Duvivier et le lieutenant-colonel du génie Charon. Il fit connaître
le point où l'eau de l'Oued-el-Kébir avait été détournée par les Arabes,
et des sapeurs du génie la firent rentrer dans les canaux qui la conduisent au camp.

Vers neuf heures, on vit le bataillon régulier de l'émir descendre
de la montagne pour se joindre aux troupes qui voulaient s'opposer au
retour du convoi de la citadelle au camp; mais ce renfort ne leur fit
rien gagner, et l'artillerie, rapprochée du blockhaus qui abritait les
attelages, tira avec justesse quarante-neuf coups de canon ou d'obusier, dont quatre à mitraille qui mirent le désordre dans leurs rangs.
Le général, voyant le convoi près du camp, fit rentrer dans un ordre
parfait les troupes engagées depuis le matin, et, après leur avoir donné
deux heures de repos, il les remit en route pour revenir à Boufarik.
En approchant de l'enceinte de la nouvelle Blidah, on aperçut l'infanterie arabe, une nombreuse cavalerie près de notre ancien camp inférieur; trois cents chevaux seulement suivirent notre arrière-garde,
mais sans rien entreprendre de sérieux. A quatre heures, le convoi et
les troupes étaient rentrés à Boufarik, et le lendemain au camp de
Douéra. Nos pertes, dans la journée du 15, ont été de cinq hommes
tués, trois officiers et soixante et un hommes blessés.

On ne saurait préciser la perte de l'ennemi, mais elle dut être considérable, surtout le matin. Les troupes, dans cette affaire, ont rivalisé
d'ardeur; mais l'effort principal a porté sur le 2e léger et l'artillerie;
néanmoins le 1er de chasseurs les avait admirablement secondés par les
charges vigoureuses qu'ils ont faites sur l'ennemi.

Après cet échec, l'ennemi n'osait plus montrer de troupes régulières; quelques cavaliers et des Kabaïles en petit nombre seuls continuaient à tirailler dans la plaine.

Sur la ligne de la Chiffa, l'ennemi inquiétait toujours la place de
Blidah. Les Arabes se tenaient sur les pentes élevées de l'Atlas : ils
cherchaient à empêcher les travaux que la garnison exécutait. Mais,
jusqu'à l'époque des dernières nouvelles, aucune attaque sérieuse
n'avait été dirigée par eux sur la ville ou sur le camp supérieur. Koléah et le Sahel n'avaient pas été attaqués.

Le 21 décembre, un convoi de vivres et de bestiaux partit le matin
de la Maison-Carrée pour ravitailler les camps du Fondouk et de Kara-
Mustapha, occupés par le 48e régiment de ligne, sous l'escorte de trois
bataillons fournis par le 3e léger, le 58e de ligne, la légion étrangère et

deux compagnies d'élite du 48°, plus deux pièces de montagne et deux cents chevaux appartenant aux 1° et 2° régiments des chasseurs d'Afrique; toutes ces troupes, formant un effectif de quinze cents hommes au plus, étaient sous les ordres du maréchal de camp Dampierre.

Cette colonne, ainsi que le convoi, traversa la plaine de la Métidja sans rencontrer personne, et arrivèrent au camp du Fondouk le même jour, à trois heures après midi.

Les instructions données au général Dampierre portaient qu'il devait, le lendemain de bonne heure, pousser une reconnaissance sur les bords du Boudouaou inférieur, et rentrer le même jour à la Maison-Carrée en passant par la ferme de la Regaya.

Depuis le commencement des hostilités, le bey Ben-Salem, l'un des lieutenants d'Abd-el-Kader, se tenait, avec ses troupes d'infanterie et de cavalerie, sur la rive droite de l'Oued-Kaddara (Boudouaou supérieur), vers Tala-Khalifa, à trois lieues environ du camp du Fondouk.

Vers la fin de novembre, Ben-Salem s'était montré sur les hauteurs et dans la plaine, à portée de canon du camp, et depuis lors, rentré dans sa position de Tala-Khalifa, il ne l'avait plus quittée que pour faire, avec sa cavalerie, quelques excursions dans la plaine de la Métidja, afin de brûler les cabanes des tribus abandonnées et quelques établissements français.

D'après la connaissance que l'on avait de la position occupée par Ben-Salem sur l'Oued-Kaddara, on ne pouvait comprendre pourquoi la colonne du général Dampierre allait se montrer sur le Boudouaou inférieur, à quatre lieues au moins du point occupé par le lieutenant d'Abd-el-Kader. Il paraît que de faux renseignements en furent la cause (et malheureusement les bons espions et les bons renseignements manquent dans ce pays). Quoi qu'il en soit, le général Dampierre crut que Ben-Salem n'avait que très-peu de troupes vers l'Oued-Kaddara, et partit le 22, à quatre heures du matin, du Fondouk, pour faire sa reconnaissance. Il emmena sa colonne, moins le bataillon du 3° léger.

Voulant renvoyer, le même jour 22, à la Maison-Carrée les voitures qui avaient servi la veille au transport des vivres, le général Dampierre destina le bataillon du 3° léger pour leur servir d'escorte, et, comme ce convoi devait traverser la plaine, un détachement de deux cents hommes du 48° de ligne fut commandé pour l'accompagner jusqu'à deux lieues du Fondouk, où il devait prendre position; et lorsque le bataillon du 3° léger et le convoi auraient dépassé le marabout de Sidi-Kaled, qui est à moitié chemin du Fondouk à la Maison-Carrée, le détachement devait rentrer au camp.

Dans la circonstance, ce détachement affaiblissait la garnison du camp, qui a un grand développement à cause des établissements extérieurs. Ensuite, on ne pouvait s'empêcher d'observer que, si le bataillon du 3e léger, fort de quatre cents hommes, courait quelque risque pour escorter le convoi jusqu'à la Maison-Carrée, à plus forte raison, le détachement du 48e, plus faible, devait-il se trouver encore bien plus exposé en revenant au camp.

Ce général ne fut point arrêté par ces considérations ; il pensa sans doute que la présence de sa colonne, dans la direction où elle se portait, devait empêcher l'ennemi de marcher sur ses derrières ou sur les camps ; le contraire eut lieu précisément.

Pendant que le général Dampierre se portait sur le Boudouaou inférieur, à l'est, et que le convoi et son escorte marchaient sur la Maison-Carrée, à l'ouest, le bey Ben-Salem, bien informé de ce qui se passait près de lui, passa l'Oued-Kaddara, et déboucha, à onze heures du matin, par le chemin de Constantine, entre le camp de Kara-Mustapha et celui du Fondouk. Sa colonne, composée de huit cents cavaliers (dont quelques pelotons d'élite), de sept cents hommes d'infanterie régulière vêtus uniformément, et de trois à quatre cents mulets chargés de vivres et de tentes, s'arrêta en face du camp du Fondouk pour se concentrer.

L'apparition et la marche de l'ennemi furent signalées par deux coups de canon tirés du camp de Kara-Mustapha, où commandait le lieutenant-colonel Leblond, du 48e.

Il est facile de se figurer l'étonnement que dut produire sur la garnison des deux camps l'arrivée inattendue de l'ennemi, puisque le même jour, et à quelques heures de distance, la colonne du général Dampierre venait de traverser ces mêmes positions sur lesquelles le bey Ben-Salem se trouvait alors.

Le colonel Rambaud, du 48e, commandant supérieur, disposa aussitôt l'infanterie et l'artillerie de campagne du Fondouk de manière à pouvoir suppléer, par le choix des points de défense, aux forces qui lui manquaient pour protéger le camp. A midi et demi l'ennemi se remit en mouvement et côtoya la rive droite de la Hamis, vers l'ouest, à demi-portée de canon du camp du Fondouk. Le colonel Rambaud supposa que le projet de Ben-Salem était d'attaquer les établissements des vivres et des fourrages du camp, pour y mettre le feu et en même temps pour couper la route, avec une partie de sa cavalerie, au détachement de deux cents hommes du 48°, lequel revenait de sa mission, et qui se trouvait dans ce moment à une lieue du camp.

En effet, la cavalerie de Ben-Salem prit les devants, suivie par l'infanterie. Aussitôt l'artillerie française, bien placée en avant du camp et commandée par M. le lieutenant d'artillerie Rivet, fit un feu sur la colonne ennemie avec succès et la coupa en deux, en obligeant la moitié de la cavalerie et toute l'infanterie arabe à se jeter rapidement à droite pour s'éloigner du canon. Ce mouvement retarda la marche de cette partie de la colonne ennemie, en lui faisant faire un grand détour; l'autre portion de la cavalerie arabe, qui marchait en tête, et forte de trois à quatre cents chevaux, continua de se porter rapidement en avant dans sa direction primitive. Son avant-garde, ayant passé sur la rive gauche de la Hamis, aperçut quelques instants après le détachement du 48°, qui revenait au camp. Il rétrograda pour prévenir la masse qui la suivait, et aussitôt toute cette cavalerie traversa pareillement la rivière et se dirigea sur le détachement du 48°, commandé par le chef de bataillon Marchesan, du même régiment, et qui se trouvait en ce moment à trois quarts de lieue du camp. Heureusement pour le détachement que le colonel Rambaud avait envoyé au commandant Marchesan un brigadier de chasseurs au galop, pour le prévenir que l'ennemi marchait sur lui, et qu'il eût à quitter la grande route et appuyer à droite, afin de s'éloigner du restant de la colonne ennemie, qui marchait dans sa direction.

La petite colonne du 48° fut aussitôt formée en carré, couverte par quelques tirailleurs. Ceux de l'ennemi ne tardèrent pas à paraître et à commencer le feu. Bientôt le carré fut entouré; il continua néanmoins à marcher, sans faire d'autre feu que celui des tirailleurs, vers des hauteurs formant une plaine élevée, mais parsemée d'oliviers. On parvint ainsi à gagner les hauteurs; mais, après quelques minutes de marche, toute cette cavalerie arabe fondit sur le carré, qui fut alors arrêté et fournit un feu assez nourri pour obliger l'ennemi à s'éloigner avec perte.

Le carré se remit en marche, toujours entouré et poursuivi. Il fut obligé de s'arrêter une seconde fois et de fournir son feu. La cavalerie s'éloigna de nouveau.

Enfin, après une demi-heure de marche, et toujours en combattant, on approcha du camp. Alors le colonel Rambaud, qui ne pouvait envoyer du secours au 48°, fit avancer l'artillerie au-devant de la colonne, et quelques coups bien dirigés contribuèrent à ralentir la poursuite de cette cavalerie arabe.

Le détachement du commandant Marchesan perdit trois hommes tués et eut quatorze hommes grièvement blessés. Le sous-lieutenant Biot, du 48°, avait aussi été blessé. Cette perte était légère, sans doute, si l'on considère le danger auquel la petite colonne du 48° avait été exposée; car, si le restant de la cavalerie et toute l'infanterie arabes n'eussent pas été obligés, par le feu de l'artillerie du camp, de faire un grand détour, l'ennemi se serait porté en peu d'instants sur le détachement du 48°, et alors quelle eût été sa position!!!

Pendant l'affaire, les troupes de l'ennemi, qui étaient sur la rive droite de la Hamis, passèrent sur la rive gauche, laissant le camp du Fondouk à leur gauche, et furent rejoindre la portion de cavalerie qui avait été engagée.

Le bey Ben-Salem s'arrêta pendant une heure avec ses troupes à Haouch-Berik, à trois quarts de lieue du Fondouk, vers l'ouest. Il reprit ensuite sa marche et fut établir son camp sur les hauteurs de Zérouëla, à deux lieues du Fondouk, position qui découvre la plaine et qui lui permettait de se porter promptement sur la route d'Alger au Fondouk.

Au moment de l'engagement relaté plus haut, la colonne du général Dampierre se trouvait à la ferme de la Regaya, à deux lieues et demie du Fondouk, et faisait la soupe. Cette colonne ayant dû entendre le canon de Kara-Mustapha, qui fut tiré à dix heures et demie, on pensait qu'elle se mettrait en marche aussitôt pour se diriger sur le feu; elle ne bougea pas. Cependant, si elle se fût avancée vers le Fondouk, elle pouvait être rendue aux environs du camp vers une heure après midi, à peu près au moment où le bey Ben-Salem s'était remis en marche pour côtoyer la rivière la Hamis.

Il serait alors arrivé de deux choses l'une : ou Ben-Salem se serait retiré dans sa position, ou bien il aurait engagé une affaire. Dans ce dernier cas, l'issue d'une action ne pouvait être douteuse, puisque la colonne du général Dampierre, appuyée sur les lieux par quatre cent cinquante hommes que pouvaient fournir les camps du Fondouk et de Kara-Mustapha, eût été à même de faire payer cher à l'ennemi son audace, et l'engagement du 48° n'eût pas eu lieu. Il faut croire que la colonne du général Dampierre n'avait pas entendu le canon du Fondouk, bien que l'on eût tiré plus de trente coups de canon, puisqu'elle est restée jusqu'à une heure de l'après-midi à la ferme de la Regaya, d'où elle s'est dirigée sur la Maison-Carrée.

D'après ce qui vient d'être dit, on ne peut s'empêcher d'observer que, par suite de la fausse direction donnée à la colonne du général

Dampierre, en la portant sur le Boudouaou inférieur, tandis que l'ennemi se trouvait à trois lieues sur son flanc droit, et ayant toute facilité de la traverser sur ses derrières, le camp du Fondouk avait été exposé à une vive attaque, et deux cents hommes du 48e avaient failli être hachés par huit cents cavaliers et sept cents fantassins arabes, et cela en vue de leur camp, qui ne pouvait leur envoyer aucun secours.

Le 31 décembre, un avantage beaucoup plus brillant vengeait nos récentes injures; les combats des 14 et 15 décembre n'avaient pas diminué l'audace des Arabes, qui tenaient toujours le camp et la ville de Blidah dans une sorte de blocus, et Boufarik même n'était pas à l'abri de leurs tentatives de pillage et d'incendie. Toutes les forces réunies des khalifats de Médéah et de Miliana étaient venues prendre possession entre Blidah et la Chiffa; l'infanterie régulière de l'émir, soutenue par une cavalerie nombreuse, occupait le ravin de l'Oued-el-Kébir. Après avoir bien étudié le terrain, le maréchal Valée résolut d'aborder l'ennemi vigoureusement et de lui donner une rude correction : en conséquence, le maréchal partit de Boufarik le 31 décembre avec une colonne composée du 2e léger, du 17e léger, de mille hommes des 23e et 24e de ligne, et de quatre cent cinquante hommes du 1er régiment de chasseurs d'Afrique, avec quatre pièces d'artillerie.

Il prit la route de Oued-el-Aleg, à travers la plaine.

A Sidi-Kliffa, la cavalerie ennemie commença à harceler nos flancs, et à la hauteur de Oued-el-Aleg plus de deux mille cavaliers engageaient avec les tirailleurs du 17e léger, qui faisaient l'arrière-garde, un feu des plus nourris.

On n'avait eu affaire qu'à la cavalerie, lorsque, près d'un endroit appelé les Cinq-Cyprès, on signala l'approche d'une masse d'infanterie d'environ quinze cents hommes, dont huit cents hommes de l'infanterie régulière d'Abd-el-Kader, qui s'avançait rapidement vers la tête de colonne française, tambours battants, enseignes déployées. Aussitôt le colonel Changarnier, chargé du commandement de l'avant-garde, habile à saisir les occasions avec la rapidité de son coup d'œil militaire, fait passer son régiment sur la droite de notre colonne, de manière à l'opposer à la colonne arabe.

Il sollicite et obtient l'ordre de charger à la baïonnette, et s'élance à la tête de son régiment, le sabre à la main, en s'écriant : « En avant, 2e léger! à la baïonnette! » Et le 2e léger le suit au pas de charge.

En même temps, sur la gauche, le colonel Bourjolly s'élance à la tête de ses quatre escadrons du 1ᵉʳ régiment de chasseurs d'Afrique, et aussitôt, malgré la fusillade la plus vive, la colonne ennemie est culbutée, enfoncée par le sabre et la baïonnette, et prend la fuite dans le plus affreux désordre, laissant trois cents cadavres sur le champ de bataille. Une pièce de canon, trois drapeaux, les caisses des tambours des bataillons réguliers et une multitude d'armes furent les trophées de ce combat.

Le maréchal Valée, qui avait suivi de sa personne cette charge de plus de trois quarts de lieue, se trouva bientôt au milieu des chasseurs et du 2ᵉ léger, qui lui présentèrent leurs trophées avec les cris du plus vif enthousiasme; ce fut un beau moment militaire.

Cette journée, qui ne nous a coûté que vingt hommes tués, dont un lieutenant de cavalerie, et une cinquantaine de blessés, coûta aux Arabes trois cents fantassins, avec bon nombre de cavaliers restés sur le champ de bataille.

Cette défaite leur avait imprimé une telle terreur, que le maréchal Valée faisait exécuter sous ses yeux, à Blidah, des travaux qui, contre l'habitude, n'ont été nullement inquiétés. Les ennemis semblaient avoir renoncé pour toujours à leurs projets sur Blidah. Mais nous étions encore loin de croire à toute sécurité. Après cette rude affaire, les Arabes s'étaient, il est vrai, éloignés de nos postes; mais leurs masses frémissantes remplissaient encore les versants septentrionaux des montagnes les plus voisines. La plaine de la Métidja était dépeuplée d'Européens; leurs habitations avaient été détruites. Des partis ennemis se glissaient, à la faveur des plis du terrain, jusqu'aux abords d'Alger. Nulle part la campagne n'était sûre, et les communications d'un poste à l'autre ne s'effectuaient plus que par des colonnes nombreuses, avec tous les périls de l'état de la guerre. Nous venons de voir que, le 31 décembre, l'infanterie régulière d'Abd-el-Kader et ses cavaliers, rejoints entre la Chiffa et le camp supérieur de Blidah, avaient été mis en complète déroute. Mais ces rencontres n'étaient pas et ne pouvaient être décisives; il devenait évident que l'émir ne verrait anéantir ses ressources que par une suite d'opérations combinées qui emprunteraient une puissante assistance à une politique forte et persévérante.

Dans notre dernière rencontre avec les Arabes, « l'organisation à l'européenne d'une partie des troupes d'Abd-el-Kader nous a frappés, quoique bien imparfaite encore. Cela n'a rien de redoutable pour nous, car, dans tous les divers engagements que nous avons eus sur plusieurs points, les Arabes jusqu'alors avaient été constamment repoussés, et nous les culbuterons toujours de même; si ses bataillons réguliers offrent à nos yeux quelque importance, ce n'est que sous le rapport politique que le fait a le plus de gravité, car c'est avec ce noyau qu'il parvient à se faire obéir en sultan par les Arabes; et, s'il n'avait pas ce genre de troupe, qui reste toujours sous les armes à sa suite, il ne pourrait jouer qu'un rôle de cheik de tribu, forcé de cesser la guerre quand la tribu le voudrait, d'après l'espèce de constitution intérieure des tribus arabes.

L'infanterie régulière d'Abd-el-Kader a beaucoup souffert dans la dernière rencontre, et l'on pensait généralement que l'on aurait de la peine à la faire tenir encore une fois en face de nos bataillons. Le 2ᵉ léger, qui avait été chargé de l'attaque, s'acquitta de cette mission avec courage et bravoure, et les chasseurs d'Afrique (1ᵉʳ régiment) et l'artillerie firent leur devoir. La première décharge eut lieu à une distance de vingt pas environ.

Il paraît que le 1ᵉʳ de chasseurs a souffert : le colonel Bourjolly, le lieutenant colonel Korte et le commandant Dubern furent blessés.

Le lendemain du combat, les Arabes avaient reparu pour essayer d'enlever les cadavres que la veille ils avaient laissés sur le terrain; mais ils ont été accueillis par une vive fusillade où ils ont encore perdu du monde.

La nouvelle de la victoire remportée par le maréchal sur les Arabes, aux environs de Blidah, avait produit le meilleur effet sur l'esprit de la population européenne, que le paragraphe du discours de la couronne relatif à l'Algérie avait déjà rassuré; il y aura augmentation évidente de sécurité chez les colons : dans quelques jours on espérait qu'il y aurait encore moins de risque à parcourir la Métidja et le Sahel.

Depuis notre dernière affaire avec les Arabes, on avait fait partir de la Maison-Carrée un convoi considérable se rendant au camp du Fondouk, qui n'avait rien reçu depuis onze jours. Ce convoi avait une assez forte escorte, composée du 3ᵉ léger, d'une partie de la légion étrangère et d'une partie des 48ᵉ et 58ᵉ de ligne. Ce n'est qu'au moment d'arriver à sa destination que cette colonne a été faiblement attaquée par des cavaliers arabes, qui ont été bientôt mis en fuite. L'escorte rentrait le même jour sans avoir été inquiétée.

Revenons à l'organisation à l'européenne d'une partie des troupes d'Abd-el-Kader. L'émir avait déjà essayé de se former une infanterie régulière dans les diverses luttes qu'il a eu à soutenir avec nous, mais il avait toujours échoué; car du moment que les Arabes viendront se battre en bataille rangée contre nous, ils seront toujours battus, et ce sera le véritable moyen de les culbuter et de les écraser; la nouvelle politique d'Abd-el-Kader nous donnera donc le moyen infaillible de le vaincre plus facilement.

Dans la guerre de tirailleurs que nous faisaient les Arabes, nous ne pouvions pas les atteindre; mais ils seront obligés de revenir à leur ancienne méthode de combattre, sans quoi ils s'épuiseront en vains efforts contre nos baïonnettes, notre tactique, et contre la valeur de nos soldats.

L'organisation de l'émir était encore trop nouvelle et trop minime pour obtenir des succès contre nous; cependant nous sommes forcés de reconnaître les immenses progrès que les Arabes ont faits sur nous, nous le voyons évidemment par l'affaire du 31 décembre.

Que serait-ce donc si la paix eût duré plus longtemps? L'émir se fût tellement rendu redoutable, qu'il aurait fallu ensuite mettre tous nos efforts pour le vaincre; nous eussions alors rencontré de nombreuses difficultés, parce qu'il aurait su organiser pendant ce temps des moyens énergiques de résistance et d'agression; il venait de nous en donner des preuves, mais aussi grâce aux armes que nous lui avions fournies pendant la paix et aux instructeurs que lui ont fournis nos déserteurs.

Rendons donc grâce à l'idée qu'Abd-el-Kader a eu d'organiser des troupes régulières, puisque cela amènera sa chute et anéantira entièrement sa puissance, en même temps qu'elle affaiblira la considération que les Arabes avaient pour ce chef ambitieux, qu'une grande défection s'ensuivra, et que plusieurs tribus abandonneront ses drapeaux; car à la fin les Arabes se lasseront de cet état de choses.

Depuis quelque temps aucun événement sérieux n'avait eu lieu avec les Arabes, ces derniers se contentaient de harceler nos troupes vers Blidah; mais c'est surtout vers la province d'Oran qu'ils se proposent de nous attaquer sérieusement. Les Arabes concentrent des forces du côté de Mostaganem, où ils ont l'intention d'inquiéter cette place.

Il est probable qu'il ne se passera aucun événement important avant l'entrée en campagne du maréchal Valée. Assez de renforts ont été envoyés pour défendre nos positions, et jusque-là quelques engagements partiels pourront seuls avoir lieu.

Toutes les forces navales dont M. Rosamel doit prendre le commandement seront réunies sur la rade de Toulon vers le milieu de février. A cette époque, on fera un envoi considérable de troupes en Afrique;

il paraît même que la flotte se dirigera vers les côtes de Maroc, pendant qu'on marchera contre Abd-el-Kader. Cette démonstration, en effet, serait urgente, car tous les rapports d'Afrique s'accordent à signaler le sultan Abd-el-Rhaman, comme étant le plus ferme soutien de l'émir; car c'est du Maroc que ce dernier tire presque toutes ses munitions de guerre, et même quelques troupes qui servent à former le noyau de son armée régulière, nonobstant que quelques-uns de nos déserteurs, comme je l'ai déjà dit, lui servent d'instructeurs.

CHAPITRE VI

DOMINATION FRANÇAISE

Ouverture des hostilités dans la province d'Oran. — Attaque de Mazagran, 13 décembre 1839. — Prise d'un bâtiment du commerce devant Cherchell. — Attaques des 17 et 22 janvier à Oran. — Défense héroïque de Mazagran. — Combat de Ten-Salmet, en avant de Miserghin. — Prise de possession de la ville de Cherchell. — Le prince royal et le duc d'Aumale au Téniah de Mouzaia. — Occupation de Médéah et de Miliana. — Ravitaillement de Médéah et de Miliana. — Le duc d'Orléans s'embarque de nouveau pour la France.

Suite du gouvernement du maréchal Valée. — La division d'Oran, dès le 13 décembre 1839, avait à soutenir à Mazagran et à Mostaganem des attaques très-vives; les forces que déployait l'ennemi dans cette province étaient assez considérables pour que de nouvelles troupes dussent être dirigées de ce côté, non dans un but agressif, mais pour résister avec succès, dans les positions occupées, à des hostilités qui, dans aucun temps, n'avaient semblé plus vives et plus menaçantes.

C'est sur la partie la plus faible de notre occupation qu'Abd-el-Kader a dirigé ses premiers coups et ouvert les hostilités dans la province d'Oran.

Dès le 13 décembre, les Arabes, avec des forces considérables, se sont portés sur Mazagran, ancienne et petite ville en ruines, à une lieu de Mostaganem, à quelque distance de la mer.

Il y avait alors pour toute garnison une compagnie du 1er bataillon d'infanterie légère d'Afrique, vingt-cinq spahis réguliers et quelques cavaliers indigènes.

La fusillade s'engagea bientôt entre nos troupes et les Arabes.

Averti à Mostaganem de cet engagement, l'on fit sortir cinquante Turcs, à qui l'on ne remit que très-peu de cartouches; ils furent bientôt assaillis par un nombre considérable d'Arabes, ils se défendirent avec courage; mais, après avoir brûlé les faibles munitions qu'ils possédaient, ils furent à la merci de leurs féroces ennemis, qui les taillèrent en pièces : vingt-huit têtes furent enlevées; ceux qui échappèrent au carnage se réfugièrent dans Mazagran. Voyant les Turcs aux prises, M. le lieutenant colonel Dubarrail, commandant de la place de Mostaganem, sortit avec deux compagnies d'élite du bataillon du 15° léger, qui y était détaché, deux pièces de canon, et un peloton composé de chasseurs à cheval et de spahis; les Arabes se précipitèrent aussitôt sur ce détachement, qui fut obligé de battre en retraite jusque sur une esplanade qui touche à la ville; là une lutte s'engagea corps à corps, et la mêlée devint tellement forte, que l'artillerie de la place ne put jouer, dans la crainte de mitrailler les nôtres. Une section de voltigeurs, que l'on avait déployée en tirailleurs, fut coupée et enveloppée de toutes parts; elle perdit trois hommes, douze furent blessés. Les Arabes essayèrent d'enlever les deux pièces de canon que l'on avait amenées, mais ils furent vivement repoussés par les chasseurs à cheval qui les défendaient. Voyant leur tentative échouée, ils se dispersèrent et regagnèrent leurs tribus, les troupes de sortie rentrèrent en ville. La perte des Arabes est évaluée à cinquante ou soixante hommes; mais rien n'est moins exact que ce chiffre-là : les Arabes, ne laissant jamais leurs morts sur le champ de bataille, il nous sera toujours impossible d'en fixer le nombre.

Dans le courant de décembre, un fait nouveau a eu lieu, qui demandait une sérieuse attention de la part de la France.

Voici bientôt dix ans que nous sommes venus à Alger pour y détruire la piraterie, et pourtant voilà un de nos bâtiments de commerce qui vient d'être capturé devant Cherchell.

Serions-nous donc à la veille de voir recommencer la piraterie sous nos yeux, et de perdre ainsi tout le fruit de nos sacrifices? Après dix années d'occupation, il est temps de couper court à l'audace des Arabes ! Voici les détails de la prise de ce bâtiment.

Le brick de commerce le *Frédérick-Adolphe*, capitaine Jouve, venant d'Oran, avec un chargement de pommes de terre, fut surpris par le calme à quinze milles au large à la hauteur de Cherchell, dans la matinée du 26 décembre, à la pointe du jour; il avait été aperçu par les Kabaïles de la montagne, une centaine d'entre eux se jetèrent dans une mauvaise tartane et se dirigèrent vers le navire français.

Le capitaine Jouve n'étant pas en état de résister, faute de canons et de fusils, fit mettre la chaloupe à la mer, et, grâce à la supériorité de sa marche sur celle de la tartane, il parvint à atteindre Alger; les Arabes poussaient des cris de rage en voyant s'éloigner l'embarcation qui leur enlevait ces treize malheureux. Heureusement pour ceux-ci le calme continua jusqu'à leur arrivée à Alger, où l'on s'est empressé de leur donner les soins que réclamait leur position, après les fatigues d'une traversée de seize lieues dans une embarcation aussi frêle.

Dès que le capitaine Jouve eut rendu compte à l'autorité de ce funeste événement, l'amiral Bougainville ordonna au bâtiment à vapeur le *Sphinx* de prendre à bord la compagnie de débarquement du brick le *Dragon*, et d'appareiller pour Cherchell, avec la mission d'enlever le *Frédérick-Adolphe*, de canonner la ville et de détruire les embarcations amarrées dans le port. Ce bâtiment avait doublé le Môle à deux heures du matin. Une demi-heure après, le paquebot le *Crocodile*, venant de Bone, reçut ordre de conserver ses feux, et à trois heures il partit pour rejoindre le *Sphinx*, ayant à bord les passagers militaires et un détachement du 23ᵉ qu'il avait embarqué à Stora.

Cette petite expédition mouilla le 27 à mi-portée de canon de Cherchell, et à midi les équipages et un détachement de troupes passagères étaient à bord du navire capturé. Pendant trois quarts d'heure que nos hommes sont restés dans le port, la fusillade n'a pas cessé. M. Simon, capitaine du *Crocodile*, commandant le débarquement, ne put parvenir, malgré tous les efforts des hommes placés sous ses ordres, à remettre à flot le navire, qui était échoué sur le rivage. Il y renonça lorsqu'il vit le tiers de ses hommes hors de combat.

La retraite s'opéra dans l'ordre le plus parfait sous le feu de l'ennemi. Les morts et les blessés furent descendus dans les canots, qui regagnèrent leurs bords à une heure.

La valeur et le sang-froid de nos soldats et de nos marins ont été admirables; mais cette affaire a été plus brillante que fructueuse.

Les batteries du *Sphinx* et du *Crocodile*, qui étaient embossés à une demi-portée de canon, ont fait un feu bien nourri; ils ont détruit les embarcations des Maures et endommagé quelques maisons de la ville.

Avant de quitter le navire capturé, M. le commandant Simon y fit mettre le feu; mais, les Arabes ayant cherché à l'éteindre, on les canonna de plus belle.

Le *Sphinx* et le *Crocodile* ont quitté Cherchell à trois heures et demie, après avoir épuisé une partie de leurs munitions de guerre, ils étaient de retour à Alger le lendemain, après avoir rempli leur mission. Dans cette affaire nous avons eu quatre hommes tués et treize blessés, dont sept très-légèrement; la marine et le 23ᵉ ont acquis, dans cette expédition, de nouveaux titres à la bienveillance du gouvernement et du roi. M. Tessier, second du *Sphinx*, a été assez grièvement blessé, ainsi que M. Gourtaud, volontaire de la marine, qui était passager sur ce bâtiment.

Les hostilités recommençaient aussi, dès le mois de janvier, dans la province d'Oran, où la tranquillité n'avait pas été troublée depuis quelque temps.

Le 17 janvier, à Oran, des cavaliers du khalifa Bou-Hamedi ont essayé de venir surprendre et piller les Douers, nos alliés : ils étaient parvenus à leur enlever deux cents chameaux, trois cents bœufs et un millier de moutons qui paissaient derrière le fort de Mers-el-Kébir. Lorsque les Douers et Smélas, avertis de ce qui se passait, montèrent précipitamment à cheval pour aller reprendre leurs bestiaux, leur chef, le général Mustapha, dirigea si bien les opérations, que l'ennemi fut obligé de lâcher prise et qu'il ne put emmener une seule tête de bétail.

Le général Guéhéneuc fit soutenir ce mouvement par une colonne française sortie d'Oran; l'ennemi n'osa pas accepter le combat, et l'approche de la nuit obligea nos troupes à rentrer dans leurs lignes. Nous avons eu, dans cette affaire, un homme tué et quatre blessés.

Le 22 janvier, une masse de cavalerie ennemie s'étant montrée au pied de la montagne des Lions, le général Guéhéneuc, averti par le général Mustapha, marcha à l'ennemi : un combat de cavalerie s'engagea entre nos Douers et les cavaliers de Bou-Hamedi et coûta aux Arabes une cinquantaine d'hommes.

Les Smélas rapportèrent sept têtes à l'ennemi (selon leur coutume barbare).

Les Arabes se retirèrent ensuite sans que notre infanterie pût trouver occasion de tirer un seul coup de fusil, bien qu'elle fût sur le terrain.

Nous avons eu, dans cette rencontre, quelques blessés parmi nos Douers et un officier de chasseurs d'Afrique. Dans cette affaire, le général Guéhéneuc fait un grand éloge du général Mustapha et de l'agha El-Mezary.

Quant aux Douers et aux Smélas, nos alliés, ils montrent un grand dévouement à notre cause, et on ne saurait leur donner trop d'éloges, ainsi qu'au vieux général Mustapha-Ismaël, bien digne de les commander.

D'après les bruits qui couraient à Oran depuis quelque temps et semblaient s'accréditer principalement chez les Arabes, Abd-el-Kader, se voyant dans l'impossibilité de tenir les promesses qu'il a faites à ses partisans à l'ouverture de la campagne contre les Français (c'est-à-dire de chasser les infidèles de l'Algérie), serait en butte, dit-on, à toute espèce de dégoûts, aurait parlé aux personnes qui l'entourent de son intention de se mettre de nouveau en paix avec nous ; des ouvertures faites à ce sujet par l'émir auraient été repoussées et mal accueillies par ses lieutenants, et auraient rendu sa position pour un moment assez critique. Cependant nous lui reconnaissons trop d'énergie pour s'abattre aussi facilement. D'ailleurs, il était désormais inutile de traiter avec ce chef des Arabes : nous ne devions plus songer à nous remettre dans la position équivoque et par trop désavantageuse que nous avait créée le traité de la Tafna.

Le lieutenant général, à Oran, faisait tous les jours des reconnaissances ; mais il ne les poussait pas trop loin, parce qu'il avait moins l'intention de poursuivre l'ennemi que de l'attirer près de nos postes.

On travaillait toujours à perfectionner les fortifications de divers postes. On avait construit aussi sur la crête de la montagne, en avant de Miserghin, une tour destinée à servir de vigie : on aperçoit de ce point Bredia, le camp du Figuier, la plaine d'Oran et la Sennia.

Le lieutenant général commandant la division, voulant honorer le nom de deux braves militaires morts en Afrique, a donné à cette espèce d'observatoire le nom de tour Combes, et au blockhaus placé dans les environs le nom de blockhaus Perregaux. Un ordre du jour avait été publié à ce sujet.

Jusqu'à ce jour, à Oran, nous n'avions eu que des escarmouches et des attaques assez insignifiantes de la part des Arabes : il paraît que Mustapha-ben-Tamy n'avait reçu l'ordre d'Abd-el-Kader que de chercher à intercepter les communications de la route d'Arzew, afin de nous empêcher de porter secours à la garnison de Mostaganem, que les Arabes avaient l'intention d'attaquer sérieusement; ainsi, quoiqu'ils eussent annoncé plusieurs fois qu'ils allaient attaquer Oran et nos avant-postes, ce n'était que pour détourner notre attention et nous empêcher de diriger une partie de nos forces vers Mostaganem, où Abd-el-Kader porte tous ses vœux, espérant qu'il pourra facilement s'emparer de cette place, qu'il considère comme la plus faible de la province d'Oran. Cette garnison, en effet, n'est composée que d'un bataillon;

mais elle n'a rien à craindre des Arabes, puisqu'elle est bien fortifiée et bien gardée, puisque les Arabes n'ont aucun moyen pour prendre des places fortifiées et garnies d'artillerie.

L'ennemi, qui ne s'était pas montré dans la Métidja depuis le combat du 31 décembre 1839, y reparut à la fin de janvier 1840, s'approcha de Mered et chercha à s'établir près de Blidah ; mais il fut chassé de chacune de ces positions.

Une autre tentative que les Arabes firent plus tard sur le camp du Fondouk fut également repoussée.

Dans la province de Constantine, les intrigues d'Abd-el-Kader avaient allumé un foyer d'insurrection parmi les tribus de la Medjanah et celle de la zone méridionale : le Zab, le Beled-el-Djerid, la lisière du Sahara, le territoire situé entre les Portes de Fer et Sétif, étaient ou exploités ou dominés par plusieurs lieutenants de l'émir, et les khalifas nommés par nous ne pouvaient, sans assistance, leur disputer le commandement.

La frontière orientale était agitée par la présence d'Ahmed, l'ex-bey de Constantine, autour de qui se groupaient encore quelques partisans, et par les préparatifs de résistance qu'organisaient plusieurs tribus puissantes.

Les Kabaïles tenaient investies nos garnisons de Bougie et de Djidjeli.

C'était donc partout la guerre ou une situation voisine d'hostilités réelles.

Dans cet état de choses et vers la fin de janvier 1840, le maréchal Valée fit connaître ses projets d'opérations pour la campagne qui allait s'ouvrir.

Il déclara que la destruction d'Abd-el-Kader n'était pas une œuvre qui pût être accomplie rapidement, et qu'une campagne ne suffirait pas pour la consommer.

Il proposa d'employer l'année 1840 : 1° à refouler et anéantir les Hadjoutes, ce qui entraînerait la prise de possession de Cherchell ; 2° à occuper Médéah et Miliana, en construisant une route qui conduirait de la plaine de Métidja dans la vallée du Chélif ; 3° à opérer ensuite, dans cette vallée même, de manière à détruire les établissements nouveaux de l'émir et à donner la main à la division d'Oran.

Les deux premières parties du projet devaient s'exécuter avant l'époque des grandes chaleurs ; la troisième, en automne. On pouvait, dans le cours de cette dernière, être, par la faveur des circonstances, déterminé à marcher sur Maskara ; mais, dans tous les cas, toute opération sur Tlemcen devait être ajournée au printemps 1841.

La division de Constantine ne demeurerait pas inactive, non plus que celle d'Oran.

La première se porterait sur Sétif, où, indépendamment de la protection qu'elle assurait à la Medjanah, en tenant en échec le khalifa de l'émir, elle contiendrait peut-être les auxiliaires qu'il pourrait trouver, pendant la guerre, dans la province de Titery. La seconde, presque immobile jusqu'à l'automne, entrerait en ligne au mois de septembre, et, s'appuyant sur Mostaganem, porterait la guerre au sud du Chélif, au cœur même de la puissance de l'ennemi ; pendant qu'une autre division française, ayant Miliana pour base d'opérations, descendant le cours du fleuve, parcourrait un pays fertile et peuplé et viendrait communiquer avec les troupes sorties de Mostaganem.

Les diverses parties de ce plan obtenaient, au commencement de février, une approbation entière. Le ministre de la guerre pensait qu'on devait faire à l'émir une guerre patiente et opiniâtre, et qu'il était désormais impossible de traiter avec lui. Il fallait le poursuivre et l'atteindre dans les lieux où il avait fixé ses principaux établissements, sans se croire pour cela obligé de les occuper d'une manière permanente. Les troupes et les autorités françaises devaient être placées seulement dans des centres militaires ou commerciaux, en nombre fort limité, et choisis sur une ligne tracée parallèlement au rivage, de Constantine à Tlemcen. La garnison des villes occupées devait être assez considérable pour fournir une colonne de trois à quatre mille hommes, destinée à contenir et châtier au besoin les tribus insoumises. Enfin, il était recommandé de veiller avec la plus grande sollicitude sur la santé des soldats.

Les tentatives dirigées contre les Douers et les Smélas les 17 et 22 janvier 1840, comme nous l'avons déjà relaté, furent suivies d'une autre contre Mazagran. Cette affaire a été et sera toujours regardée comme l'une des plus glorieuses pour nos armes dans les fastes militaires de l'Algérie : nous nous y arrêterons donc avec un sentiment d'orgueilleux patriotisme.

En citant avec raison la belle défense qu'a faite Mazagran contre les vives attaques qu'elle a eu à soutenir contre les Arabes du 2 au 6 février 1840, nous ne pouvons donner même qu'une faible idée de la bravoure des cent vingt-trois militaires qui ont résisté pendant quatre jours et quatre nuits à une armée de douze mille Arabes dont le but était de s'emparer de Mazagran. La garnison s'était réfugiée dans un petit fort ou réduit; et là elle a repoussé une foule d'assauts tentés par l'ennemi avec une fureur inouïe, du 2 au 6 février.

Les soldats de la 10e compagnie du 1er bataillon d'infanterie légère d'Afrique, commandés par le brave capitaine Lelièvre (15), ont tenu tête à l'ennemi avec un courage héroïque.

Ce petit poste, dépendant de Mostaganem, fut attaqué par un lieutenant d'Abd-el-Kader, Mustapha-ben-Tamy, qui, dit-on, avait sous ses ordres dix à douze mille hommes, dont quatre mille fantassins; pendant quatre jours, ces forces imposantes enveloppèrent, dit-on, le réduit de Mazagran (16).

L'insuffisance de nos moyens de défense n'ayant pas permis d'occuper le bas de la ville, deux ou trois cents fantassins arabes purent s'y loger facilement, créneler les maisons, et diriger une fusillade extrêmement vive contre le réduit, tandis que les cavaliers l'attaquaient du côté de la plaine, et que deux pièces de canon, placées sur un plateau de cinq à six cents mètres, en battaient les murailles. Dans cette position critique, et n'ayant qu'une pièce de quatre en batterie, quarante mille cartouches et un baril de poudre, avec ce seul matériel de guerre, les défenseurs de Mazagran eurent à soutenir pendant quatre jours les plus violentes attaques; l'ennemi fut sur le point de pénétrer dans l'enceinte, « dans un assaut qui n'a duré qu'une heure, » dit le capitaine Lelièvre, commandant les cent vingt-trois braves du 1er bataillon d'Afrique composant seuls la garnison; mais, grâce à leur opiniâtre intrépidité, les Arabes furent repoussés à coups de baïonnette et jetés dans les fossés à mesure qu'ils se présentaient au haut des murailles; un premier assaut fut repoussé avec une froide intrépidité. Séparé de Mostaganem par une masse de sept à huit mille cavaliers qui en barraient tous les abords, et justement inquiet du sort de ce poste, le lieutenant colonel Dubarrail ne négligea rien de ce qui pouvait diviser les forces de l'ennemi, et lui prouver que Mazagran ne serait point abandonnée; dans ce but, plusieurs sorties, conduites avec habileté et résolution par cet officier supérieur commandant cette place, eurent lieu et produisirent l'effet qu'on en espérait.

Le 6 au matin, les Arabes, au nombre de deux mille, disent encore les documents officiels, tentèrent un dernier assaut sur Mazagran, comme dernière ressource, qui n'eut pas plus de succès que le premier. Convaincus enfin de l'inutilité de leurs efforts, et complétement découragés par les pertes immenses qu'ils avaient essuyées, ils se mirent en pleine retraite. L'ennemi se retira emportant cinq ou six cents tués ou blessés.

La compagnie de Mazagran n'eut que trois hommes tués et seize blessés.

Ce beau fait d'armes venait donc de s'accomplir! Honneur soit rendu au capitaine Lelièvre, qui se montra constamment à la hauteur de sa noble tâche; plus de la moitié de ses cartouches étant consommées dès la première journée, il recommande, afin de ménager le reste, de ne plus se servir que de la baïonnette pour renverser les assaillants.

Plusieurs fois le drapeau national, arboré sur l'humble redoute, eut son support brisé; il fut constamment relevé avec enthousiasme, et sa flamme, criblée de balles, agitée comme un chevaleresque défi. Aussi modeste qu'intrépide, le brave qui commandait à ces braves n'a pas voulu accaparer toute la gloire; montrons-nous comme lui justes envers les hommes placés sous ses ordres immédiats, et qui le secondèrent le plus dignement: c'est l'intrépide lieutenant Magnan, qui n'abandonnait la brèche que pour porter secours aux blessés; c'est le sous-lieutenant Durand; ce sont les sergents Villemot et Giroux, qui se multiplièrent en quelque sorte pour se trouver partout en aide à leurs frères d'armes.

Rapporter les faits héroïques et isolés que firent briller ces mémorables journées serait chose impossible: nous ne pouvons mieux remplacer les détails que par les deux passages suivants, extraits d'un rapport du capitaine Lelièvre:

« Le 3, un peu avant le point du jour, je fis placer quinze hommes au-dessus de la porte pour la défendre, sous les ordres de M. le sous-lieutenant Durand; avant de l'enfermer dans ce faible réduit, je lui serrai la main en lui disant: Adieu, il est probable que nous ne nous reverrons plus, car vous et vos hommes devez mourir en défendant ce poste. » M. Durand et ses hommes s'écrièrent: « Nous le jurons! »

Dans la soirée du 4, voyant que ses munitions allaient être épuisées, il réunit sa troupe, et lui adressa cette courte mais énergique allocution: « Nous avons encore un tonneau de poudre presque entier et douze mille cartouches; nous nous défendrons jusqu'à ce qu'il ne nous en reste plus que douze à quinze, puis nous entrerons dans la poudrière pour y mettre le feu, heureux de mourir pour notre pays. Vive la France! Vive le roi! » La 10ᵉ compagnie accepta cette glorieuse résolution du capitaine, et répéta son cri patriotique.

Enfin un Arabe, qui a aussi rendu compte de ce beau fait d'armes, s'exprime ainsi:

« On se battit quatre jours et quatre nuits. C'étaient quatre grands jours, car ils ne commençaient pas et ne finissaient pas au son du tambour: c'étaient des jours noirs, car la fumée de la poudre obscur-

cissait les rayons du soleil; et les nuits étaient des nuits de feu, éclairées par les flammes des bivacs et par celles des amorces. »

Il est juste d'expliquer ici à son tour la belle conduite de la garnison de Mostaganem pendant le siége de Mazagran.

Dès le premier jour, elle s'était mise en marche pour aller au secours de ses frères. Arrivée sur le plateau, elle s'aperçut qu'il lui
serait impossible, avec ses faibles moyens, de percer une troupe de sept
à huit mille cavaliers qui la séparait de Mazagran. La position du
commandant était d'ailleurs critique; Mostaganem est une ville de
trois à quatre mille âmes, peuplée d'Arabes alliés, il est vrai, mais
dont la fidélité n'était pas à toute épreuve; s'il essayait une trouée,
l'ennemi pouvait se jeter sur Mostaganem et s'en emparer sans coup
férir; peut-être attendait-il cette manœuvre, espérait-il ce résultat.
Ce qui le fait présumer, c'est que les Arabes avaient fait dire au commandant de cette place, avec leur fanfaronnade orientale, que si les
Français quittaient Mostaganem ils y rentreraient avant eux. Le lieutenant-colonel Dubarrail fit donc sagement d'arrêter ses soldats au
moment où l'ennemi tentait de se jeter entre la ville et ses troupes
pour lui couper la retraite; il étendit aussitôt une ligne de tirailleurs
sur ses flancs et se retira, toujours suivi, toujours combattant, jusqu'aux abords de la ville.

Le lendemain et les jours suivants, les sorties recommencèrent, et
l'ennemi éprouva des pertes graves. Les Arabes mettaient une si grande
ardeur dans leurs attaques, que les batteries tiraient sur eux à portée
de pistolet, et que la garnison de Mostaganem en avait tué un grand
nombre à bout portant.

La dernière sortie eut lieu le 5 après midi, une heure et demie
avant la nuit; le colonel en connaissait d'avance le résultat; il comptait bien que l'obscurité favoriserait en cas de besoin sa retraite.

Le capitaine Palais, commandant l'artillerie, précédait la colonne
avec deux pièces de canon; dix autres pièces avaient été disposées dans
la place pour protéger la retraite, et ce fut à elles que l'on dut de
pouvoir rentrer dans la ville sans éprouver des pertes plus considérables.

A peine la colonne était-elle hors des murs, qu'elle fut attaquée vigoureusement; elle tint bon et trouva assez de ressources dans son
courage et son intrépidité pour lutter contre une nuée d'Arabes qui
s'étaient lancés sur ces troupes de sortie, pour occuper l'ennemi, et
opérer ainsi une heureuse diversion en faveur de Mazagran; le combat
ne finit qu'à la nuit; le commandant et sa troupe rentrèrent en ville

dans le plus grand ordre, sans perte sensible; mais pendant l'engagement les Arabes avaient dû éprouver des pertes assez considérables,
car le canon de Matamore, celui de Mostaganem, avaient tiré à mitraille, de même qu'un obusier qui avait été placé à l'entrée des
jardins, et avait obligé l'ennemi à renoncer au projet qu'il paraissait
avoir conçu de pénétrer dans la ville avec la troupe.

Le lendemain, il n'y avait plus d'ennemis dans la plaine. Les efforts de la garnison de Mostaganem n'ont pas été sans fruit : ils ont
contribué à lasser l'ennemi, à répandre la terreur dans ses rangs, et
une part honorable lui est due dans la délivrance de Mazagran; si le
lieutenant-colonel Dubarrail n'a pas poussé la reconnaissance à fond,
et s'il n'a pas tenté d'arriver à Mazagran, ce n'est pas assurément
faute de résolution; mais il ne pouvait pas s'éloigner sans livrer Mostaganem à l'ennemi, son devoir a enchaîné son courage.

Le 7 au matin on n'entendait plus rien, la plaine était déserte, et,
suivant une belle expression, un silence plus effrayant que celui des
tombeaux régnait sur Mazagran. Le lieutenant-colonel Dubarrail, justement inquiet sur le sort de la garnison de Mazagran, se décida à
sortir comme les jours précédents dans le plus grand ordre.

Lorsqu'une partie de la garnison de Mostaganem se dirigea vers
cette ville, tremblant de trouver à chaque pas les débris mutilés du
bataillon d'Afrique, elle suivait en hâte le plateau, lorsque tout à coup,
étant encore à une grande distance de Mazagran, elle aperçut les
hommes de la garnison debout sur les murailles, ce qui démontrait
que l'ennemi s'était tout à fait retiré; et le glorieux drapeau criblé de
balles flottait sur ce modeste réduit; les défenseurs de Mazagran l'entouraient encore. On a bientôt communiqué avec la garnison, on les
admire et on les embrasse; c'était une scène bien touchante, la joie
fut égale de part et d'autre.

Deux heures après l'entrevue des deux garnisons, la 10ᵉ compagnie,
accablée de fatigues, entrait en triomphe dans Mostaganem au milieu
des acclamations de la foule et au bruit de l'artillerie qui saluait leur
glorieux drapeau.

Le même jour à cinq heures du soir, le tam-tam célébrait la levée
du siége de Mazagran et du blocus de Mostaganem; les indigènes ont
été en fête toute la nuit, ils ont témoigné au lieutenant-colonel Dubarrail leur reconnaissance des soins qu'il avait pris pour leur défense,
et ont fait retentir le tam-tam, qui a prolongé pendant quelques
jours sa bruyante harmonie.

Dans les diverses sorties de Mostaganem, nous n'avons eu que dix-neuf blessés et un homme tué; tandis que les Arabes ont emporté une grande quantité de morts et de blessés. Les résultats ne paraissent pas exagérés, quand on pense que notre brave infanterie a eu souvent occasion de faire des feux de bataillon dans des sorties de Mostaganem; que l'artillerie des deux places et les pièces mobiles ont tiré avec une justesse remarquable; qu'elles ont mitraillé les assaillants à portée de pistolet, tant les attaques étaient vives et pressantes. A ces considérations, il faut joindre la supériorité du feu bien ménagé de la petite garnison de Mazagran, tirant à bout portant sur des groupes de fanatiques tellement intrépides, que plusieurs drapeaux plantés par eux à quarante pas furent constamment entourés de défenseurs, et qu'ils vinrent plusieurs fois jeter bas les sacs à terre de la petite pièce de la garnison [1]. L'extrême supériorité de la défense et l'incertitude du tir des Arabes expliquent la différence entre nos pertes et les leurs. (Voir l'ordre du jour sur la défense de Mazagran, pièce n° IV.)

Le 12 mars 1840, dans la province d'Oran a eu lieu un combat en avant de Miserghin, à Ten-Salmet, entre un détachement commandé par le colonel Yousouf et quatre compagnies du 1er de ligne, commandées par M. Mermet, chef de bataillon du même corps; ils avaient affaire aux troupes du khalifa Bou-Hamedi. Les spahis ont été un moment ramenés sous les murs de Miserghin, et l'infanterie française, débordée par des forces considérables, a dû se former en deux carrés, l'un défendant l'autre; l'ennemi les avait cernés de toutes parts, et l'infanterie a repoussé bravement plusieurs charges. Au moment où le régiment de Yousouf arrivait prendre l'offensive et les chargeait bravement, il se jette dans un des carrés, et sous le feu de l'ennemi, il parvient à réunir les deux en un seul, et fait placer au

[1] Tel est le simple exposé de l'affaire de Mazagran; d'autres récits, fourmillant de détails dramatiques, ont été publiés par divers journaux de cette époque, sur la foi de correspondances particulières dont il nous est impossible de justifier la valeur, et par conséquent nous ne pouvons nous y arrêter.

Il est vrai que la 10e compagnie du 1er bataillon d'infanterie légère d'Afrique eut à repousser une vive attaque des Arabes, et qu'elle fit noblement son devoir sans compter le nombre des assaillants.

Le capitaine Lelièvre, qui commandait la compagnie de Mazagran, fut nommé chef de bataillon; il l'avait bien mérité, par sa belle défense dans un poste aussi périlleux. Ce que nous ne concevons pas, c'est que plus tard il fût mis en non-activité : à mon avis, il ne méritait pas d'éprouver une telle disgrâce; on devait mieux reconnaître ses éminents services.

Après cette affaire, M. Dubarrail fut nommé colonel, pour le récompenser de la juste part qu'il avait prise et du concours qu'il avait prêté à la garnison de Mazagran en venant à son secours, et pour avoir contribué, par ses sorties, à diviser les forces de l'ennemi, et avoir ainsi coopéré à son heureuse délivrance.

centre deux obusiers de montagne, qui vomissent la mort par les ouvertures que l'on fait sur les faces. Cependant les Arabes font des charges audacieuses sur le carré, ils arrivent sur nos baïonnettes et sont reçus avec intrépidité par nos modestes fantassins, qui font un feu bien nourri, et par l'artillerie, qui les renverse à brûle-pourpoint.

On se battait depuis onze heures du matin. Les Arabes s'acharnèrent au combat, et ne cédèrent le terrain qu'au moment où une colonne, arrivant d'Oran au pas de course, sous les ordres du général Parchappe, parut sur les hauteurs de Miserghin.

L'ennemi, dans ce combat, a éprouvé des pertes considérables : de notre côté, nous avons eu quarante et un morts et cinquante-deux blessés.

Le colonel Yousouf trouva l'occasion de s'y distinguer; M. Mermet, chef de bataillon, qui commandait le carré, dont on ne saurait proclamer le nom assez haut, a montré un sang-froid unique et une bravoure bien remarquable.

L'armée avait pris possession de Cherchell le 16 mars, sans éprouver de résistance de la part des populations kabaïles. L'insulte faite à notre pavillon par la prise d'un navire du commerce rendait nécessaire l'occupation d'un port qui pouvait devenir le foyer de nouveaux actes de piraterie, et, d'un autre côté, il était important, avant l'ouverture de la campagne, d'assurer à l'armée une nouvelle base d'opérations, pour l'époque où elle manœuvrerait dans la vallée du Chélif. Le maréchal Valée décida donc de s'emparer de ce port. A cet effet, il réunit à Blidah et à Koléah, dans les premiers jours de mars, un corps expéditionnaire qui se mit en marche le 12.

Dans les deux premières journées, tous les douars des Hadjoutes furent dispersés (17) ou détruits; le 14, l'avant-garde, composée du 17e léger et du 2e bataillon d'Afrique, traversa l'Oued-Hachem, devant trois cents cavaliers qui se retirèrent; elle bivaqua sur la rive gauche de cette rivière, et le 16 elle s'est portée ensuite sur Cherchell en une seule colonne. L'ennemi n'a opposé sur aucun point une résistance sérieuse : les cavaliers du khalifa de Miliana ont engagé une fusillade assez vive avec les flanqueurs des colonnes, mais se sont constamment tenus à une grande distance.

Les habitants de Cherchell avaient évacué cette ville à l'approche de nos troupes, qui y sont entrées sans coup férir : les bateaux à vapeur de la marine royale qui mouillaient à l'entrée du port, au moment où l'avant-garde de l'armée de terre se présentait devant les portes, n'ont pas eu à combattre, et ont débarqué sans difficulté les approvisionnements et les munitions qu'ils apportaient : le corps expéditionnaire est resté trois jours à Cherchell pour mettre la place en état de défense; elle y a laissé, commandés par le brave M. Cavaignac, une partie du 41ᵉ de ligne, le 17ᵉ léger, un détachement des bataillons d'Afrique, une compagnie du génie et d'artillerie.

Le corps expéditionnaire, le 19, se remit en marche pour revenir à Blidah; le 21, il était rentré dans ses cantonnements.

Cependant la tranquillité générale dont semblait jouir la province de Constantine, où, cette année comme la précédente, les intrigues d'Abd-el-Kader étaient demeurées sans succès, avait besoin d'être protégée et maintenue. Si la plupart des tribus se montraient disposées à la soumission et en donnaient des gages, quelques-unes, au contraire, plus éloignées du centre de notre domination, en cédant à des habitudes de désordre et de pillage, rendaient quelquefois nécessaire l'emploi de la force, et appelaient sur leurs têtes un châtiment qui ne se faisait jamais attendre.

Dès le mois de février, le khalifa de la Medjanah, avec le secours de plusieurs chefs de ce canton, poursuivit Ben-Omar, khalifa d'Abd-el-Kader, et lui fit éprouver des pertes sensibles. Les Beni-Abbes, gardiens des Portes de Fer, demandèrent, à cette même époque, la faveur de commercer librement avec Constantine.

Dans le courant du mois de mars, les tribus kabaïles de Beni-Saak et de Beni-Oualban, coupables de quelques brigandages sur la route de Philippeville à El-Arrouch, éprouvèrent la sévérité de notre justice militaire. Le fils du cheik des Eulma accourut nous apporter des excuses de la part de son père; les cheiks des tribus voisines s'empressèrent de faire leur soumission.

Sétif, occupé par des indigènes et un petit nombre de Français, commençait à sortir de ses ruines. Les Amar-Gharabah offrirent leur cavalerie au commandant français pour marcher contre Abd-el-Kader, et leurs familles comme otages en garantie de leur fidélité. Les Kabaïles vinrent concourir aux cultures de Guelma, et recommencèrent à approvisionner Djidjeli.

Un événement d'une notable importance vint en même temps révéler le progrès réel de notre domination. Les fonctions de cheik-el-arab avaient été conférées, en janvier 1839, à Bou-Aziz-ben-Ganah. Depuis le commencement de la guerre, Abd-el-Kader cherchait à soulever, contre l'autorité de la France des tribus qui habitent à l'entrée du Sahara, dans le Beled-el-Djerid; il avait envoyé dans la direction de Biskara son khalifa Ben-Azouz, avec un bataillon d'infanterie, huit cents cavaliers irréguliers et deux pièces de canon, dans la pensée que ces forces suffiraient pour l'accomplissement de ses desseins. Ben-Ganah, à la nouvelle de l'approche des troupes de l'émir, courut à leur rencontre; le 24 mars, il les atteignit et engagea le combat avec une telle vigueur, que le lieutenant d'Abd-el-Kader fut mis en pleine déroute, après avoir perdu cinq cents hommes, ses canons, trois drapeaux et tous ses bagages.

Ainsi, pour la première fois, un chef arabe, institué par nous, marchait seul contre nos ennemis, à plus de quatre-vingts lieues du siége de notre puissance dans la province de Constantine. Bientôt après, les Haraktas, excités par les émissaires d'Ahmed-Bey, ayant attaqué des tribus placées sous notre obéissance, une colonne française, partie de Constantine, pénétra jusqu'aux extrémités de leur territoire, et leur enleva une grande quantité de bétail. Les cavaliers de cette tribu furent culbutés, et les chefs vinrent demander grâce. A la même époque, les Kabaïles de Beni-Mouça, qui avaient dépouillé plusieurs habitants de Djidjeli, furent l'objet de représailles énergiques, et plusieurs chefs de ces montagnards, renonçant à faire une guerre inutile, entrèrent en relations pacifiques avec nous.

La situation générale de la province de Constantine offrait ainsi de jour en jour plus de sécurité. Les populations, éclairées sur leur véritable intérêt, n'accueillaient qu'avec défiance les menées d'Ahmed et de l'émir. Plus de six cents familles se réfugièrent dans le Ferdjiouah, pendant que leurs chefs, réunis au khalifa de la Medjanah, observaient les mouvements de l'ennemi et tenaient en respect les tentatives de Ben-Omar. C'est ainsi que nous voyions se développer, sous les plus favorables auspices, l'avenir de notre influence, tandis que les efforts expirants de nos ennemis s'éteignaient devant notre supériorité manifestée par l'issue de chaque combat.

La prise de possession définitive de Médéah et de Miliana étant résolue, l'armée, forte de neuf mille hommes, s'ébranla le 25 avril, pour l'effectuer, et prit position sur la Chiffa de Koléah, au camp de Blidah. Les renseignements recueillis sur les dispositions d'Abd-el-Kader annonçaient qu'il avait convoqué à la guerre sainte tous les cavaliers de la plaine du Chélif, et que son infanterie régulière était en marche pour nous fermer le passage de l'Atlas. Nous devions trouver devant nous dix à douze mille adversaires. Le 27, l'armée franchit la Chiffa sur quatre colonnes. Le prince royal formait l'avant-garde avec la première division; il avait ordre de se prolonger dans la direction de Bordj-el-Arbah, de passer l'Oued-Ger, et de prendre position à la tête du lac Alloulah, de manière à déborder le bois de Kharézas, dans lequel les autres colonnes devaient pénétrer. S. A. R. parvint au poste indiqué sans rencontrer l'ennemi.

A l'extrême droite, le colonel de Lamoricière partit de Koléah avec les zouaves et les gendarmes maures, un bataillon du 3e léger et un escadron de cavalerie de réserve. Il avait pour mission de s'avancer entre le Sahel et les Kharégas, de pénétrer dans les bois et d'y détruire tous les repaires des Hadjoutes. Au centre, le général de Rumigny, avec trois bataillons de la deuxième division et deux escadrons, devait appuyer le mouvement de M. de Lamoricière et prendre position au confluent de l'Oued-Ger et du Bou-Roumi.

Le maréchal Valée se porta lui-même, avec la réserve, entre la première et la deuxième division, pour envelopper le bois des Kharégas. Il laissa le convoi au camp de la Chiffa, sous la garde d'un bataillon du 24e.

Vers quatre heures, au moment où la réserve arrivait au centre du bois, toute la cavalerie de M'Barek, khalifa de Miliana, déboucha par la gorge de l'Oued-Ger, et se déploya parallèlement à notre flanc gauche. L'armée était presque entièrement réunie; le maréchal ordonna de marcher à l'ennemi, quoiqu'il fût déjà tard, et de l'aborder vigoureusement. Les troupes se formèrent à gauche en bataille; la réserve se plaça entre les première et deuxième divisions, et la colonne de Lamoricière, qui était dans le bois, vint prendre position en arrière de la division Rumigny.

Le prince royal [1], averti que le maréchal voulait déborder l'ennemi par ses deux ailes et le rejeter sur les montagnes de Mouzaïa, était déjà en marche dans la direction de la gorge de l'Oued-Ger. Dès qu'il fut à portée des Arabes, il les fit charger par un escadron de chasseurs d'Afrique, à la tête duquel marchait S. A. R. Mgr le duc d'Aumale. L'ennemi fut refoulé dès le premier choc sur la rive gauche de l'Oued-Ger. La cavalerie, suivie de près par l'infanterie, passa la rivière, et se porta rapidement en avant. Notre aile droite se trouvait alors à hauteur et à peu de distance de la gorge de l'Oued-Ger. Le corps du

[1] Nous voyons alors que le duc d'Orléans était revenu encore une fois à l'armée d'Afrique. Après l'expédition des Portes de Fer, dans l'ordre du jour qu'il avait adressé à sa division avant de quitter l'Afrique, il lui disait : « Partout où le service de la France m'appellera, vous me verrez accourir au milieu de vous; et là où sera le drapeau, là sera ma pensée. » Or cette même division se trouvait en face de l'ennemi, et son général n'avait pas oublié sa généreuse promesse; il était arrivé avec son jeune frère le duc d'Aumale, qui, lui aussi, venait recueillir sa part de dangers et de gloire.

général Schramm, composé de la deuxième division, de la réserve et de la colonne Lamoricière, et qui avait servi de pivot au changement de front de l'armée, devint aile marchante à son tour. Cet officier général lança contre l'ennemi le 1er régiment de marche, qui culbuta la cavalerie arabe; après un engagement très-vif, l'ennemi recula jusqu'au pied des hauteurs de l'Afroun, où le khalifa de Miliana avait établi son camp. Le maréchal Valée, pressant alors le mouvement de l'infanterie, quoiqu'il fût déjà six heures du soir, dirigea le prince royal sur la gauche des Arabes, pendant que le 17e léger abordait le centre de la position, et que le général Blanquefort, avec les zouaves, reprenait l'offensive. En arrivant au pied des montagnes, l'infanterie jeta ses sacs à terre; la charge battit sur toute la ligne, et l'ennemi fut attaqué à l'arme blanche, avec un tel élan, que, malgré les difficultés du terrain, la cavalerie arriva en même temps que l'infanterie sur les crêtes de l'Afroun. Les Arabes furent renversés dans la vallée de Bou-Roumi, et la nuit seule arrêta notre poursuite. Nous n'avions perdu dans cette affaire que six hommes tués et trente blessés; parmi ces derniers se trouvait le brave colonel Miltzen, des chasseurs, qui succomba quelques jours après.

Les troupes, fatiguées par une marche de seize heures, s'établirent dans le camp arabe.

Le 28, l'ennemi avait complétement disparu par la vallée de l'Oued-Ger.

Le 29, le maréchal Valée quitta l'Afroun à six heures du matin, la division d'Orléans, qui formait l'avant-garde, se dirigeant vers l'Oued-Bour-Kika, où les Arabes paraissoient s'être réunis. Après les avoir observés avec attention, et reconnu qu'ils se portaient, à une lieue environ de l'armée, vers le lac Alloulah, le prince fait exécuter la contre-marche et ordonne de les poursuivre en avançant par échelons; mais ils ne l'attendirent pas. Cette manœuvre avait ramené l'armée vers l'Oued-Ger; elle y prépara ses bivacs.

Il ne restait plus qu'à déloger Abd-el-Kader du col de Mouzaïa, où il s'était fortifié. Afin d'attirer dans la plaine sa nombreuse cavalerie, les Français quittèrent la position de l'Oued-Ger et franchirent le torrent comme s'ils ne pensaient qu'à se retirer. Ce stratagème réussit parfaitement. Sortant de leurs défilés, les Arabes se précipitent, avec leur fougue habituelle, sur nos bataillons, qui les accueillent par une décharge à brûle-pourpoint, puis leur présentent les infranchissables baïonnettes; ils tournent bride et laissent l'armée passer tranquillement la nuit sur l'Oued-Bou-Roumi.

Dans la nuit du 29 au 30 avril, le maréchal reçut de Blidah une dé-pêche télégraphique venant d'Alger, et qui annonçait l'attaque de Cherchell par des forces nombreuses. D'autres avis lui apprirent que toute l'infanterie régulière de l'émir avait pris position au col de Mouzaïa et s'y était fortifiée.

Voyant que les tentatives de l'ennemi se portaient sur la province d'Alger, le maréchal, après avoir pris l'avis de Mgr le duc d'Orléans, résolut d'attaquer le col, afin de déconcerter les projets de l'ennemi par un coup de vigueur. Mais, avant tout, il voulut dégager Cherchell et appeler à lui une partie des troupes momentanément inutiles dans la province d'Oran, où régnait une parfaite tranquillité. Il envoya au général Guéhéneuc l'ordre de faire marcher sur Cherchell trois batail-lons de sa division, et prescrivit à l'intendance de l'armée de diriger en même temps sur cette place cent mille rations pour en opérer le ravitaillement. En attendant que ces ordres fussent exécutés, il décida la construction d'un camp à la ferme de Mouzaïa, pour contenir le matériel et les approvisionnements destinés à l'occupation de Médéah. Pendant ce temps, il comptait tenir en échec la cavalerie arabe, qui ne pouvait, faute de vivres, tenir longtemps la campagne.

Le 30 avril, à sept heures du matin, l'armée avait quitté son bivac de Fum-Oued-Ger et se dirigea sur le gué qui se trouve auprès de Haouch-K'ndri. Après avoir traversé la rivière, le prince royal forma sa division sur la rive droite, pour protéger le passage du convoi et la deuxième division, que l'ennemi se préparait à attaquer. Un engage-ment très-vif eut lieu, en effet, quelques moments après; les Arabes qui avaient campé dans le bois de Kharégas, et tous les cavaliers arri-vant de l'ouest, se ruèrent sur les troupes du général Rumigny; le combat fut soutenu avec une énergie remarquable; un bataillon de la légion étrangère, contre lequel l'ennemi s'acharnait particulièrement, repoussa cet assaut avec un sang-froid digne d'éloges; un très-grand nombre de cavaliers furent tués ou blessés par le feu de ce corps, qui passa la rivière le dernier.

Dès les premiers moments de l'affaire, le maréchal avait arrêté la marche de la colonne et déployé le 17° léger sur la gauche, pendant que le prince royal prenait position sur le flanc droit. L'engagement dura deux heures, et les Arabes s'éloignèrent avec des pertes sen-sibles.

L'armée passa la nuit sur le Bou-Roumi, à une lieue du champ de bataille.

Le 1er mai elle arriva, à midi, sur le camp de la Chiffa, où elle fut arrêtée par un parti considérable de cavalerie, en tête duquel marchait Abd-el-Kader.

Le prince royal, ayant en seconde ligne la cavalerie de réserve, chargea l'ennemi, qui ne soutint pas le choc de nos bataillons.

Une partie de la journée du 2 fut employée à évacuer sur Blidah les malades et les blessés; après cette opération, l'armée vint s'établir à la ferme de Mouzaïa, où furent immédiatement commencés les travaux d'élargissement et de fortification.

Le 4, le maréchal se porta sur la Chiffa, en laissant au camp un bataillon du 48° et les sapeurs du génie. La cavalerie arabe vint attaquer l'arrière-garde formée par la division d'Orléans. Son Altesse Royale prit position, et les zouaves culbutèrent les assaillants, que quelques obus achevèrent de disperser. Le bivac fut établi le soir au bord de la rivière.

Le 5 mai arriva un convoi de matériel destiné pour Médéah. Les travaux du camp de Mouzaïa étant très-avancés le 6, le maréchal y laissa tous les approvisionnements de l'armée, et se porta, le 7, sur Bordj-el-Arbah, et le 8 sur Cherchell. Au passage de l'Oued-Nador, un engagement eut lieu avec les cavaliers arabes qui suivaient nos mouvements; mais le feu de l'artillerie les contint, et la colonne atteignit sans obstacle les bords de l'Oued-el-Hachem, dont la berge opposée et fort escarpée était garnie par une masse de Kabaïles. Le prince royal prescrivit au général Duvivier de les faire attaquer par la droite et par la gauche. Quatre compagnies du 2° léger enlevèrent cette position avec beaucoup d'élan; mais, lorsque ce détachement eut dépassé la première crête, il fut chargé avec fureur par les Kabaïles, qui se formèrent en demi-cercle pour l'envelopper. Le colonel Changarnier fit mettre les sacs à terre et plaça son détachement derrière la crête du mamelon. Au moment où les montagnards allaient gagner le plateau, cet officier supérieur fit sonner la charge; on se battit à la baïonnette, corps à corps, et, après une lutte acharnée, l'avantage nous restait déjà, lorsque cinq compagnies du 23°, commandées par le colonel Gueswiller, vinrent compléter ce succès, qui mit une fois de plus en relief la brillante valeur du brave Changarnier.

Pendant que l'avant-garde se trouvait aux prises, l'ennemi harcelait nos derrières; mais, malgré son ardeur, nous ne perdîmes que cinquante-deux hommes tués ou blessés.

L'armée arriva le 9 devant Cherchell, que le chef de bataillon Cavaignac avait énergiquement défendue pendant six jours. L'ennemi s'était retiré; les travaux de fortification, bien dirigés par cet officier supérieur, pouvaient défier toute attaque nouvelle; et le maréchal Valée, pressé de se rendre au col de Mouzaïa, se remit en route le 10, à la pointe du jour, emmenant avec lui deux mille hommes des renforts venus d'Oran.

Après plusieurs combats partiels, la colonne se retrouva, vers cinq heures du soir, à son ancienne position de Bordj-el-Arbah. Le lendemain elle rentra au camp de l'Haouch-Mouzaïa sans tirer un coup de fusil. Des ordres furent donnés aussitôt pour que le passage de l'Atlas pût être opéré le 12.

Le prince royal réclama l'honneur d'enlever cette formidable position. Sa division fut augmentée de trois bataillons; le reste de la deuxième division et le 17e léger formèrent une réserve prête à soutenir au besoin la première division. La cavalerie, inutile en cette circonstance, devait rester au camp de Mouzaïa, où tous les préparatifs étaient faits pour recevoir nos blessés.

Le plan d'attaque était dicté par la nature du terrain. L'occupation du piton de Mouzaïa était indispensable; il fallait y arriver par la gauche, de manière à protéger la marche de la colonne qui suivait la route; mais il n'était pas moins nécessaire de soutenir cet assaut en faisant déborder par la droite la position des Arabes, c'est-à-dire en portant des troupes sur la crête par une des arêtes qui prennent naissance au sud-ouest du piton.

Tous les préparatifs étant faits pour franchir le téniah de Mouzaïa, le duc d'Orléans annonça à sa division qu'elle allait franchir l'Atlas. Les chefs des divers corps qui faisaient partie de l'armée expéditionnaire briguèrent tous l'honneur de marcher les premiers à l'attaque des redoutes arabes; mais Son Altesse Royale voulut que le sort en décidât, et ce fut le 2e léger qui obtint cette faveur.

Le col de Mouzaïa, que nos soldats avaient déjà plusieurs fois traversé, venait d'être fortifié par Abd-el-Kader (18). Des retranchements armés de batteries le couronnaient, et sur le point le plus élevé du piton une redoute formidable avait été construite. Indépendamment de ces ouvrages de défense, l'émir avait recruté son armée d'un grand nombre de fanatiques venus de tous les points de l'Algérie. Pour attaquer cette position, le duc d'Orléans distribua ses forces en trois colonnes: la première, commandée par le général Duvivier, était composée de deux bataillons du 2e léger, d'un bataillon du 24e et d'un bataillon du 41e; elle devait se diriger sur le piton de gauche et s'emparer des retranchements. La deuxième colonne, sous les ordres de M. de Lamoricière, formée de deux bataillons de zouaves, d'un bataillon de tirailleurs et d'un bataillon du 15ᵉ léger, avait pour mission de gravir par la droite jusqu'au col, et de prendre ainsi à revers les retranchements arabes. La troisième colonne, que conduisait le général d'Houdetot, composée du 23ᵉ de ligne et d'un bataillon du 48ᵉ, était destinée à aborder le col de front, dès que le mouvement de la première colonne aurait réussi.

Le 12 mai, à trois heures du matin, le prince royal donna le signal de l'attaque : « Allons, enfants, dit-il en montrant la crête du Mouzaïa, les Arabes nous attendent et la France nous regarde ! » Les cris de : Vive le roi ! Vive le prince royal ! répondirent à ces paroles, et les colonnes se mirent à gravir au pas de course les flancs escarpés des rochers ; elles s'avancèrent sans trop de difficultés jusqu'au premier plateau, où elles firent halte.

A midi et demi seulement commença l'escalade du piton.

La résistance fut acharnée et terrible, car une seule colonne se trouvait engagée. Un nuage épais, enveloppant la montagne, dérobait aux regards la marche audacieuse de nos braves, quand une fanfare annonça que le 2ᵉ léger venait d'enlever un mamelon. Le duc d'Orléans, jugeant alors le moment opportun, ordonna au reste de l'armée de s'ébranler. Au même instant, le soleil, dissipant les nuages, versait des flots de lumière dans les gorges de Mouzaïa. Sur les crêtes on distinguait les Arabes au burnous blanc, qui, la main sur la détente du fusil, l'œil attentif, se penchaient vers l'abîme pour y précipiter les assaillants ; puis, sur la pente abrupte des rochers, nos soldats, se cramponnant des mains aux saillies et aux arbustes qu'ils rencontrent, atteignant difficilement les hauteurs, mais ne se laissant arrêter par aucun obstacle. Parvenus au pied des redoutes, ils sont accueillis par un feu terrible, et un moment ils montrent de l'indécision. Alors le général Changarnier, plaçant froidement son épée sous le bras, s'écrie en se tournant vers le 2ᵉ léger : « En avant, à la baïonnette ! » A la voix du chef, la charge bat, les rangs se resserrent, les redoutes sont enlevées, et l'étendard tricolore flotte presque aussitôt sur la plus haute cime de l'Atlas. De son côté, le prince royal, avec les deux autres colonnes, gravissait les hauteurs sous le feu de l'ennemi.

A trois heures du soir, c'est-à-dire après douze heures de marche et de combats, il atteignit une arête boisée qui prend naissance à la droite du piton.

Le prince fait déposer les sacs, et le cri : En avant ! retentit sur toute la ligne. Un bataillon du 23ᵉ se précipite vers les pentes déjà franchies par la deuxième colonne ; mais il rencontre les Arabes fortement retranchés derrière un ravin d'où partent de vives décharges de mousqueterie. Le prince défend de répondre au feu de l'ennemi et le fait aborder à la baïonnette. Les Arabes opposent à cette attaque une vigoureuse résistance. Le général Schramm tombe blessé à côté du prince; le commandant Grosbon a un cheval tué sous lui; plusieurs autres officiers sont atteints. A la vue de ses pertes, la troupe redouble d'efforts et parvient à tout balayer devant elle.

Le mouvement des trois colonnes avait été si bien combiné, qu'elles arrivèrent presque ensemble au sommet du col. L'enthousiasme de l'armée se manifesta par de bruyantes acclamations, qu'accompagnaient les fanfares des clairons et le roulement des tambours.

Malgré la défaite, l'ennemi était resté constamment en vue, et il fallut, dans la journée du 16, le chasser du bois des Oliviers, où il s'était établi. On l'aperçut encore le 17, prenant position à une petite distance de Médéah, dont il ne disputa pourtant pas l'entrée, et que nous trouvâmes complétement évacuée. Une garnison de deux mille quatre cents hommes fut laissée dans cette ville, d'où le corps expéditionnaire partit le 20. Chassés de la position qu'ils avaient voulu occuper le 17, les Arabes s'étaient portés sur la route de Milianah, prévoyant que l'armée française continuerait ses opérations de ce côté; mais la possibilité d'un retour vers la base d'opération ne leur avait probablement pas échappé, car on les trouva au bois des Oliviers, où ils attaquèrent avec fureur l'arrière-garde, à laquelle il fut un moment nécessaire d'envoyer des secours.

Le 21, le corps expéditionnaire avait regagné la ferme de Mouzaïa.

Le 27 du même mois, le duc d'Orléans quitta de nouveau l'Algérie, qu'il ne devait plus revoir. Mais il venait d'accomplir une belle mission. Son jeune frère venait d'illustrer, sous ses yeux, sa première campagne. Le baptême de feu, consacré par un des plus périlleux faits d'armes dont l'Afrique ait été le théâtre, vouait à l'amour de l'armée le troisième enfant royal, dont la victoire avait écrit le nom sur les drapeaux de la patrie.

Pour compléter les opérations projetées pendant la campagne du printemps, il restait, après la prise de Médéah, à occuper Miliana, dont la possession devait plus tard faciliter les opérations dans la vallée du Chélif. Pendant les préparatifs de cette expédition, Abd-el-Kader combina aussi de nouveaux moyens de défense : Ben-Salem, khalifa de Sebaou, occupa l'est d'Alger; El-Berkani, khalifa de Médéah, fut chargé de surveiller la population émigrée de cette ville et de l'empêcher d'y rentrer; Sidi-Mohammed, bey de Miliana, campa

entre cette ville et le Chélif, avec ordre de suivre tous nos mouvements ; enfin, Mustapha-ben-Tami, khalifa de Maskara, occupa le pont
du Chélif.

Tous ces lieutenants d'Abd-el-Kader, ayant chacun, indépendamment d'autres troupes, un bataillon régulier, reçurent pour mission
de s'opposer au ravitaillement de Médéah et à l'occupation de Miliana.
Cette combinaison n'arrêta pas notre mouvement.

Dès les premiers jours de juin, dix mille hommes, réunis à Blidah,
se mirent en marche pour gagner le col de Gontas et descendre dans la
plaine où s'élève Miliana. Toute la cavalerie de l'émir paraissait s'y
être réunie ; cependant elle se retira aux premiers coups de canon, et
Miliana fut occupée le soir même. La ville était déserte comme Cherchell et Médéah ; on employa trois jours à la mettre en état de défense et préparer l'installation de la garnison, qui se composa de deux
bataillons.

Le 12, le corps expéditionnaire commença son mouvement rétrograde. Les Arabes réunis et Kabaïles tentèrent de nous disputer le
passage ; mais nos colonnes les repoussaient devant elles, pendant
que l'arrière-garde leur tenait tête. L'armée marchait parallèlement à la chaîne des montagnes, se dirigeant sur le col de Mouzaïa,
par lequel, après s'être mise en communication avec Médéah, elle
devait redescendre dans la plaine. Les Arabes ne cessaient de la
suivre.

Les attaques de l'ennemi, et principalement des bataillons réguliers
de l'émir, furent très-vives. On se battit de part et d'autre avec acharnement ; mais l'impétuosité de nos troupes et une artillerie bien dirigée dispersèrent l'ennemi.

Le téniah de Mouzaïa demeura fortement occupé pendant que les
blessés étaient dirigés sur Blidah et qu'on faisait venir de la ferme de
Mouzaïa, où ils avaient été réunis, les approvisionnements destinés au
ravitaillement de Médéah.

Pendant que le maréchal Valée s'occupait d'assurer la défense et
les approvisionnements de cette place, cinq mille hommes étaient dirigés sur Miliana pour compléter son approvisionnement et faire sur
la route le plus de mal possible aux Arabes. Cette colonne, sous les
ordres du général Changarnier, communiqua avec le commandant supérieur de Miliana qui était venu au-devant du convoi. Une attaque,
conduite par l'émir en personne à la tête de toute sa cavalerie, dont
une partie avait mis pied à terre, fut repoussée avec vigueur. Le lendemain, l'ennemi était encore en vue, au nombre de cinq à six mille

cavaliers, au moment où le général Changarnier se dirigeait sur la rive gauche du Chélif ; mais il demeura hors de portée.

Le 26, la colonne était retournée au pied du Nador, où le maréchal Valée la rejoignit.

La chaleur ne permettant pas de continuer les opérations dans la province de Titery, le gouverneur se disposa à ramener ses troupes à Alger ; mais, avant d'y rentrer, il fit châtier les Kabaïles de Mouzaïa, qui, depuis le commencement de la guerre, avaient constamment inquiété nos convois.

Avant d'évacuer le camp de Mouzaïa, qui n'était qu'un poste de campagne, il ordonna des travaux préliminaires pour l'établissement d'une route qui permettrait de le tourner à l'est, comme on l'avait déjà tourné à l'ouest. Le 5 juillet, l'armée était rentrée dans ses cantonnements.

Cherchell, Médéah, Miliana occupés, le territoire des Hadjoutes balayé, les plus turbulentes tribus de la montagne atteintes et châtiées dans leurs propres foyers, l'ennemi repoussé partout où il avait essayé une résistance : tels étaient les résultats matériels de cette expédition. On espérait, en outre, que l'impuissance de l'émir à défendre ses villes affaiblirait son autorité, et que l'interposition des forces françaises dans le pays au sud des montagnes, en contenant les populations qui environnent la Métidja, rendrait plus difficiles, si elle ne les ruinait tout à fait, ses tentatives sur la province de Constantine ; mais c'était trop attendre d'une seule campagne.

De retour à Alger, le gouverneur s'occupa immédiatement des dispositions à prendre pour la campagne d'automne, et il y avait urgence, car nos succès n'étaient pas définitifs. Suivant leur coutume, les Arabes reprirent l'offensive dès qu'ils virent l'armée rentrée dans ses cantonnements. Médéah et Miliana furent très-vivement attaquées par Abd-el-Kader ; la cavalerie arabe se montra de nouveau dans la Métidja ; Cherchell fut obligé de repousser les entreprises d'El-Berkani ; le camp de Kara-Mustapha, momentanément évacué par mesure de santé, devint le théâtre d'un engagement sanglant avec les troupes de Ben-Salem. Ainsi la guerre, toujours la guerre, tel était le prix auquel nous devions acheter notre domination en Afrique.

La lenteur avec laquelle s'accomplissaient nos expéditions, les ménagements accordés à l'ennemi, furent la cause principale de ces constantes réactions.

Vers la fin du mois d'août, les dispositions étant faites pour les approvisionnements des places et pour ceux de la campagne d'automne, les colonnes se mirent en marche. Le corps destiné à opérer dans la province de Titery se dirigea sur Médéah avec un convoi pour la garnison de cette place, qu'elle atteignit après une seule rencontre avec les Arabes au bois d'oliviers.

Le 5 novembre, le gouverneur général se disposa à aller approvisionner Miliana ; il espérait, d'ailleurs, d'après quelques avis reçus, rencontrer l'émir, qu'on disait s'être dirigé, avec ses bataillons réguliers, vers la vallée supérieure du Chélif ; mais l'armée n'aperçut qu'une seule fois des cavaliers qui s'éloignèrent sans combat. Le 8, on arriva dans Miliana. La place fut trouvée dans un bon état de défense, quoique la garnison eût beaucoup souffert ; mais l'énergie des troupes et de leur chef était demeurée au-dessus des privations, et leur moral s'était soutenu dans le complet isolement où ils étaient restés durant cinq mois, ignorant même si les événements de la guerre permettraient de leur porter secours. La garnison fut relevée et l'approvisionnement effectué. On se mit alors à travailler à l'assainissement de la ville, à faciliter la culture de ses nombreux jardins et à assurer sur tous les points le bien-être de la troupe. Le 9, le corps expéditionnaire reprit la route de Blidah. On reconnut, en passant, l'ancien poste romain de *Aquæ callidæ,* où se bifurque la voie conduisant de Cherchell à Miliana. Au passage de l'Oued-Ger, deux mille cavaliers, précédés d'une ligne de tirailleurs, s'étant montrés à nous, on s'attendit à un engagement ; mais il fut impossible de les y amener.

Le maréchal ne s'étant pas porté de sa personne dans la province d'Oran et les troupes de la division n'ayant pas reçu de renforts, on ne songea pas à exécuter les opérations projetées en août et septembre précédents : circonstance fâcheuse qu'Abd-el-Kader exploita à son profit. Toutefois le général de Lamoricière put atteindre des tribus ennemies qui, à grande distance de nos postes, se croyaient en parfaite sûreté : les Beni-Amer, les Beni-Yacoub, les Bou-Ghouicha, les Ouled-Gharabah et les Ouled-Khalfa furent successivement frappés jusque sur leur territoire.

La répression des tribus rebelles était plus facile dans la province de Constantine.

Le kaïd Messaoud des Righa, après avoir reconnu l'autorité française, avait passé à l'ennemi : les indigènes rangés sous nos drapeaux punirent eux-mêmes cette trahison en ruinant complétement le parjure. Le chef des Beni-Salah avait fait assassiner un de nos officiers, le capitaine Sajet : le commandant de la subdivision de Bone dirigea aussitôt une colonne sur le territoire de la tribu coupable. Elle accourut demander grâce ; mais on ne la lui accorda qu'à la condition qu'elle livrerait l'assassin mort ou vif. La situation de la province était d'ailleurs satisfaisante.

Bou-Akkas, l'un des principaux chefs du pays, offrait ses services contre l'ennemi commun qui menaçait notre khalifa Mohammed-el-Mokrani ; les Haractas rapportaient eux-mêmes, toutes cachetées, les lettres de l'émir qui les excitait à l'insurrection ; les Nemenchah repoussaient l'ex-bey Ahmed, et les tentatives faites pour soulever les Kabaïles échouaient complétement.

La province de Constantine devenait le refuge de beaucoup de familles de celle de Titery, qui émigraient pour habiter de préférence un territoire placé sous l'autorité de la France.

Cette province continuait à présenter d'autres symptômes non moins rassurants : le tribut, perçu sans trop de difficultés sur une portion du pays, commençait à offrir quelques ressources, les premières de ce genre qu'on eût encore obtenues.

Les marchés étaient presque partout fréquentés par les indigènes.

Les Arabes, cultivant la terre avec sécurité, sollicitaient qu'on leur confiât des soldats pour leur enseigner des procédés moins imparfaits, et particulièrement la culture de la pomme de terre, dont ils commençaient à connaître la valeur.

Enfin, nouveau rapprochement, peut-être le plus remarquable de tous , près de quatre cents indigènes venaient se faire vacciner à Constantine.

Ces signes multipliés d'un véritable progrès attestaient que, s'il restait encore beaucoup à faire de ce côté, la situation y était, en 1840, relativement meilleure qu'elle ne l'avait été partout ailleurs : c'était là une faible compensation pour tout ce qu'il y avait d'incertain à Alger.

Le maréchal Valée, malgré ses incontestables qualités d'excellent général, était peu fait pour cette guerre de surprise, pour ces marches et contre-marches dont l'exécution rapide fait tout le succès. Le mauvais état de sa santé, les habitudes de toute sa vie, ne lui permettaient guère de commander ces razzias continuelles, et presque toujours il se laissait prévenir par les Arabes. Lui-même était le premier à se rendre justice, et, sentant son inaptitude, il avait plusieurs fois demandé à rentrer en France. Cette faveur lui fut enfin accordée.

CHAPITRE VII

DOMINATION FRANÇAISE

Gouvernement du général Bugeaud (29 décembre 1840 — 12 juin 1843). — Le général Bugeaud nommé gouverneur général de l'Algérie. — Prise des places fortes d'Abd-el-Kader. — Échange des prisonniers. — Situation de l'Algérie en 1842. — Détresse de l'émir. — Campagne de 1843. — Mouvement combiné de nos troupes. — Prise de la smalah par le duc d'Aumale. — État actuel de notre domination. — Le général Bugeaud est nommé maréchal de France, les maréchaux de camp de Lamoricière et Changarnier lieutenants généraux.

Nous avons vu précédemment que le maréchal Valée était rentré en France ; le gouvernement devait se hâter de lui donner promptement un successeur.

Jusqu'à ce moment, aucun système de colonisation n'avait été adopté pour l'Afrique. Le gouvernement n'avait encore rien fixé pour l'avenir agricole et industriel de notre colonie. D'autre part, l'effectif de nos troupes sur ce point n'avait jamais permis de recueillir des fruits durables de nos victoires ; le peu de succès que nos armes avaient obtenus sous le gouvernement temporisateur du maréchal Valée imposait au ministère l'obligation de changer de système en changeant de chef. l' le comprit, et M. le général Bugeaud, dont on fit choix, fut chargé de réaliser cette révolution.

Bien que le nouveau gouverneur ne réunît point en sa faveur toutes les sympathies, néanmoins on attendait de son caractère énergique et entreprenant des résultats différents de ceux obtenus par son prédécesseur.

Tous les yeux étaient fixés sur lui ; il savait lui-même qu'on scruterait sévèrement sa conduite : motifs puissants qui lui faisaient une loi de se distinguer, alors qu'il n'eût pas senti le besoin de faire oublier, par des actes éclatants et utiles, le traité de la Tafna.

Les circonstances se montraient d'ailleurs favorables : Abd-el-Kader était encore puissant, non pour inspirer des craintes sérieuses, mais assez pour qu'il y eût de la gloire à le vaincre. Il disposait toujours d'une armée imposante, il avait des places fortes, des arsenaux, des manufactures d'armes et un grand nombre de tribus prêtes à se soulever en sa faveur.

Jusque-là on n'avait guère fait contre lui qu'une guerre d'escarmouches, plutôt propre à exciter son audace que capable de le dompter.

Nos établissements, menacés constamment par les incursions des Arabes, restaient stationnaires; la colonisation et la guerre semblaient frappées de découragement. Cette situation précaire soulevait les clameurs de l'opinion, et de nouveau elle accusait le ministère de conspirer l'abandon de l'Algérie. Pour dissiper ces craintes, sans doute mal fondées, il résolut de relever notre attitude en Afrique.

Nommé aux fonctions de gouverneur général de l'Algérie, par ordonnance du roi, en date du 29 décembre 1840, le lieutenant général Bugeaud vint prendre possession de son commandement le 22 février suivant. Les instructions du ministère lui prescrivaient de poursuivre activement la destruction de la puissance de l'émir. Dans ce but, l'occupation de Maskara, avec une force agissante, était considérée comme essentielle; quelques postes peu importants devaient être évacués afin de concentrer nos troupes. Mostaganem était appelée à devenir une base d'opérations dans la province d'Oran.

Le ministre de la guerre, sans attendre les demandes du nouveau gouverneur général, avait pris les mesures nécessaires pour que l'effectif de l'armée fût porté, dès l'ouverture de la campagne du printemps, à soixante-treize mille cinq cents hommes d'infanterie et treize mille cinq cents chevaux. Cet effectif devait encore être augmenté, pour la campagne d'automne, de cinq bataillons, soit environ quatre mille cinq cents hommes. Mais, en mettant des forces aussi considérables à la disposition du gouverneur général, le ministre crut devoir préciser, dans ses ordres, que l'intention du gouvernement du roi était de conserver les places de Médéah, Miliana, Cherchell, et de donner aux ouvrages défensifs les développements que les localités pouvaient exiger ou permettre, afin que les troupes y trouvassent des facilités pour se livrer à divers genres de cultures, dont les produits augmenteraient leur bien-être et nos ressources.

Cette fois il n'était plus permis de douter des intentions du gouvernement; tant de sacrifices ne pouvaient aboutir au délaissement de notre colonie; bientôt même le général Bugeaud, dans sa proclamation à l'armée [1], se chargea de dissiper toutes les incertitudes.

---

[1] Un ordre général fut en même temps adressé aux troupes, qui recevaient leur nouveau chef avec le calme plat de l'obéissance passive, et sans autre opinion que les lointains échos qui leur étaient venus de France. L'essai de littérature militaire de M. Bugeaud ne fut point malheureux; il était ainsi conçu:

« Soldats de l'armée d'Afrique, le roi m'appelle à votre tête. Un pareil honneur ne

Après ce manifeste, le général Bugeaud s'empressa de concentrer ses forces dans la province d'Alger, par l'évacuation de plusieurs postes peu importants.

Il avisa en outre aux moyens d'assurer la tranquillité intérieure, qui n'existait plus depuis quelque temps : des maraudeurs et des réfugiés indigènes, échappant à toute surveillance, se livraient journellement, dans le Sahel, au pillage et à l'assassinat; on les expulsa de la retraite qu'ils s'étaient choisie, pour les réunir en avant de la Maison-Carrée, où ils formèrent la colonie de l'Oued-Haratch. Un service d'embuscades et de patrouilles très-actif fut également établi dans le Sahel et produisit des résultats immédiats.

Les garnisons que nous avions à Médéah et à Miliana suffisaient bien à la garde de ces deux places, mais elles n'étaient pas assez fortes pour imposer à nos ennemis du dehors; plusieurs autres points se trouvaient dans le même cas. Il s'agissait donc de donner une plus grande impulsion à l'offensive, de frapper avec énergie les tribus rebelles des provinces d'Alger et de Titery; il importait aussi de détruire tous les dépôts fortifiés de l'ennemi et de ruiner l'influence qu'exerçait Abd-el-Kader dans la province d'Oran, où il puisait constamment de nouvelles ressources.

se brigue pas, car on ne saurait y prétendre; mais, si on l'accepte avec enthousiasme pour la gloire que promettent des hommes comme vous, la crainte de rester au dessous de cette immense tâche modère l'orgueil de vous commander.

« Vous avez souvent vaincu les Arabes, vous les vaincrez encore; mais c'est peu de les faire fuir, il faut les soumettre. Pour la plupart, vous êtes accoutumés aux marches pénibles, aux privations inséparables de la guerre; vous les avez supportées avec courage et persévérance, dans un pays de nomades qui, en fuyant, ne laissent rien au vainqueur.

« La campagne prochaine vous appelle de nouveau à montrer à la France ces vertus guerrières dont elle s'enorgueillit. Je demanderai à votre ardeur, à votre dévouement au pays et au roi, tout ce qu'il faut pour atteindre le but; rien au delà. Je serai attentif à ménager vos forces et votre santé.

« Les officiers de tout grade et les sous-officiers me seconderont, j'en suis sûr; ils ne négligeront jamais ni d'épargner quelques instants de fatigue à la troupe, ni de prendre la plus petite précaution d'hygiène, ni de donner les encouragements moraux que les circonstances pourraient exiger. C'est par ces soins constants que nous conserverons nos soldats. Notre devoir, l'humanité, l'intérêt de notre gloire, nous le commandent également. Je serai toujours heureux de pouvoir signaler au roi non-seulement les actes de courage, mais encore, et sur la même ligne, les chefs qui se distingueront par les soins paternels qu'ils auront de leur troupe sous un climat où il faut multiplier les précautions.

« Soldats, à d'autres époques, j'avais su conquérir la confiance de plusieurs des corps de l'armée d'Afrique. J'ai l'orgueil de croire que ce sentiment sera bientôt général, parce que je suis bien résolu à tout faire pour le mériter. Sans la confiance dans le chef, la force morale, qui est le premier élément de succès, ne saurait exister. Ayez donc confiance en moi, comme la France et votre général ont confiance en vous. »

Tel était le programme de la guerre. Toutes les dispositions furent prises pour reprendre les hostilités avec avantage.

L'année 1841 s'ouvrait sous de favorables auspices. Dans la province d'Oran, une colonne de quatre mille hommes part de cette ville, dans la nuit du 12 au 13 janvier, sous les ordres du commandant de la place, et marchant à la rencontre du khalifa d'Abd-el-Kader, Ben-Tami, elle l'avait bientôt mis en fuite. Dans la province de Constantine, la tribu des Beni-Oualban, coupable de plusieurs meurtres sur la route de Philippeville, est sévèrement punie. Dans le même temps, la garnison de Djidjeli fait payer chèrement aux Kabaïles une tentative qu'ils avaient exécutée contre elle, avec autant de perfidie que d'audace, le 5 février. Le commandant, pour repousser leur attaque, sort à la tête de quelques compagnies et s'empare d'une gorge étroite qui, fermant toute retraite aux assaillants, les acculait à la mer; ils perdirent là près de quatre-vingts hommes.

Quelques autres avantages obtenus à la même époque pouvaient être considérés comme un présage heureux des succès qui allaient suivre.

Le général Bugeaud commença la campagne du printemps par les ravitaillements de Médéah et de Miliana. Dans l'approvisionnement de cette place, la colonne qui escortait le convoi eut avec l'ennemi, le 1er mai, une rencontre sérieuse.

Deux jours après, elle dut soutenir un engagement plus important encore contre les Kabaïles, parmi lesquels se trouvait Abd-el-Kader avec sa nombreuse cavalerie et trois bataillons de réguliers; ces forces réunies s'élevaient à près de dix à douze mille fantassins et dix mille cavaliers.

Le corps expéditionnaire, commandé par le gouverneur général en personne, se composait à peine de huit mille hommes de toutes armes.

Les ducs de Nemours et d'Aumale en faisaient partie. Le premier avait sous ses ordres l'aile gauche et une portion du centre; le second commandait deux bataillons.

L'ennemi se rua sur nous avec beaucoup de vigueur, mais il fut promptement repoussé.

Les réguliers d'Abd-el-Kader, ayant été atteints par la colonne qui avait franchi le Chélif, ne purent résister à l'impétuosité de nos troupes et essuyèrent une complète déroute. Ces préludes n'étaient point de nature à rassurer l'ennemi sur nos dispositions. L'activité que déployait le nouveau gouverneur lui paraissait extraordinaire en comparaison de la mollesse des années précédentes. Aussi de toutes parts se manifestait-il, chez les Arabes, une inquiète effervescence.

Après le ravitaillement des places de Médéah et de Miliana, le gouverneur général confia au général Baraguay-d'Hilliers le commandement de la division destinée à agir sur le bas Chélif, et se mit lui-même à la tête de l'expédition qui devait manœuvrer dans la province d'Oran. En son absence, la province d'Alger et sa capitale furent placées sous le commandement de M. le maréchal de camp de Bar.

Instruit de nos projets, Abd-el-Kader réunissait toutes ses ressources pour protéger contre nos attaques les forteresses de Boghar, Takdimt et Thaza; mais le jour approchait où ces remparts si péniblement élevés allaient s'écrouler sous nos coups.

Le 18 mai, une colonne commandée par le gouverneur général et munie d'un matériel imposant partit de Mostaganem. Après plusieurs escarmouches avec les Arabes, elle arriva, le 25, sous les murs de Takdimt. La cavalerie ennemie se montrait en nombre sur les hauteurs voisines, et semblait prête à nous disputer le terrain; mais un engagement très-vif, qui eut lieu entre elle et nos zouaves, découragea complétement l'émir, et notre colonne put pénétrer dans la ville sans coup férir. Les habitants l'avaient abandonnée : çà et là quelques maisons couvertes en chaume brûlaient encore; le petillement de l'incendie que les Arabes avaient allumé en fuyant troublait seul le silence de cette solitude.

Aussitôt l'ordre fut donné d'en ruiner les fortifications; et le lendemain, des hauteurs où il s'était retranché, Abd-el-Kader put voir s'écrouler cette citadelle, dont la construction lui avait coûté tant d'efforts.

Ce premier échec, qui commençait à ébranler la puissance d'Abd-el-Kader, l'avait amené à des procédés plus humains que par le passé envers nos prisonniers. Ce fut aussi vers cette époque qu'un événement remarquable s'accomplit dans la province d'Alger. Afin sans doute d'amener le gouverneur général à entamer des pourparlers avec lui, l'ennemi avait donné l'ordre d'épargner les Français qui tomberaient en son pouvoir. Plus de cent captifs avaient ainsi échappé au fatal yatagan, il s'agissait d'ouvrir en leur faveur des négociations. Le gouverneur général ne voulant point se commettre avec une puissance qu'il ne reconnaissait plus, laissa ce soin à l'évêque d'Alger[1],

---

[1] Du temps du gouvernement du maréchal Valée, l'évêque d'Alger avait déjà fait plusieurs échanges de nos prisonniers; il s'était adressé lui-même directement à l'émir, qui s'était bien gardé de ne pas obtempérer aux désirs de l'homme de Dieu et au saint zèle du marabout français, quoique le gouverneur n'eût pas approuvé les

dont le caractère religieux ne pouvait donner lieu à aucune interprétation politique.

M. Dupuch proposa donc l'échange des prisonniers au bey de Miliana. Celui-ci l'accepta avec empressement, et, grâce au zèle du vénérable prélat, qui ne craignit pas de se rendre presque seul au milieu des Arabes, cent trente-huit Français purent redevenir libres. Ces bonnes relations n'amenèrent pas cependant d'autres résultats (19).

Après la destruction de Takdimt [1], la colonne expéditionnaire se dirigea sur Maskara, où elle entra sans qu'Abd-el-Kader, qui était sur les hauteurs voisines, fît le moindre mouvement pour s'y opposer. De même que Takdimt, Maskara était complétement déserte : les portes et les meubles étaient brisés; mais les maisons n'avaient point été livrées aux flammes, et on put facilement y trouver des bâtiments capables de loger la troupe et d'emmagasiner les vivres.

On y laissa, sous les ordres du colonel Tempoure, deux bataillons du

démarches de notre évêque ; car, quand il les eut apprises, il les désavoua formellement.

[1] Takdimt est à deux fortes journées de marche de Maskara ; la route, qui serpente avec des difficultés inouïes à travers des terrains montagneux, est coupée neuf fois par l'Oued-Mina, la plus forte rivière de l'Algérie après le Chélif. Cette place d'armes était située au milieu de collines couvertes de chênes et d'amandiers sauvages, à peu de distance de la Mina. De tous les établissements créés par l'émir depuis le traité de la Tafna, c'était, sans contredit, le plus considérable et le plus important. La forteresse, les magasins et les souterrains casematés offraient un beau travail : c'est là qu'Abd-el-Kader avait installé ses fabriques d'armes, sous la direction de dix ouvriers français engagés à Paris, par Mouloud-ben-Harrach, en 1838. C'est là aussi que se frappait la monnaie au coin du sultan : tous les instruments nécessaires à cette fabrication y avaient été envoyés de France ; mais les Arabes n'étaient parvenus à produire que des pièces de cuivre d'une valeur de quelques centimes.

Impatient de voir se développer la ville qu'il avait rêvée, Abd-el-Kader avait fait incendier les cabanes des familles groupées autour du fort Takdimt, pour contraindre ses sujets à les reconstruire en pierres; mais il n'obtint d'autre résultat que l'établissement d'une enceinte moitié pierres et moitié pisé, servant de ceinture à des masures capables de recevoir environ deux mille habitants. Plus loin s'éparpillaient trois à quatre cents chaumières occupées par des Koulouglis de Miliana, de Mostaganem et de Maskara, issus presque tous de familles puissantes, aujourd'hui forcés de gagner à la sueur de leur front une chétive existence. La citadelle de Takdimt consistait, comme celles de Boghar et de Thaza, en un carré de maçonnerie ouvert par une seule porte, et variant d'un mètre à un mètre et demi d'épaisseur, portant cinq à sept mètres de hauteur, avec cinquante à soixante mètres de face. A chaque angle, une tourelle ou guérite; au centre de l'enceinte, une place entourée de hangars et de magasins assis sur de grandes caves. Pour matériaux de ces constructions, les Arabes n'avaient employé qu'un mélange mal digéré de pierres, de sable et d'une petite quantité de chaux. Pour architectes, l'émir avait ses secrétaires; pour ouvriers, tous les prisonniers, des renégats, des hommes pris, à tour de corvée, dans les douars voisins, et enfin des Kabaïles, travaillant volontairement pour dix ou onze sous par jour, un peu de biscuit et un morceau de chèvre. (De l'Afrique française, par P. Christian, liv. VII, p. 389.)

15ᵉ léger, un bataillon du 41ᵉ de ligne, et trois compagnies du génie, avec deux demi-batteries d'artillerie ; puis l'armée reprit le chemin de Mostaganem.

En traversant le défilé d'Abd-el-Kreda, qu'on avait choisi comme la route la plus directe, mais qui présente partout un terrain hérissé d'aspérités, l'arrière-garde de la colonne eut à soutenir à elle seule l'attaque de cinq à six mille Arabes, qui nous tuèrent et blessèrent quelques hommes ; de son côté, l'ennemi y laissa près de quatre cents des siens, beaucoup de chevaux et sept de ses principaux chefs.

Ce fut là, jusqu'à Mostaganem, le dernier engagement que nous eûmes à soutenir.

Le 3 juin, les troupes étaient rentrées sans ressentir beaucoup de fatigue, malgré les grandes difficultés qu'elles avaient eu à surmonter en traversant les chaînons entre-croisés de l'Atlas. Pendant que la forteresse de Takdimt croulait et que la colonne conduite par le gouverneur général s'emparait de Maskara, le général Baraguay-d'Hilliers, envoyé dans le Bas-Chélif, remportait de son côté de précieux avantages.

Parti le 18 de Blidah, il s'avança, entre la seconde chaîne du petit Atlas et celle du grand Atlas, jusqu'au bord du désert. Après avoir déposé un convoi à Médéah, il marcha dans la direction du sud-ouest, traversa le pays assez découvert des Abids, et bivaqua sur l'Oued-el-Akoum. Le 23, il était en vue de Boghar, établissement fortifié d'Abd-el-Kader : tout avait été livré aux flammes, dès le 22, par les Arabes ; nos troupes, ne pouvant utiliser ce poste, en achevèrent la destruction. Quelques heures auparavant, elles en avaient fait sauter le fort, que ses habitants avaient également abandonné, et où l'on ne trouva que des débris. Le lendemain, 24, la colonne poursuivit son mouvement vers le sud ; après avoir parcouru la lisière du désert d'Angad, elle arriva, le 26, en présence de Thaza, espèce de château fort ou bordj, dans lequel Abd-el-Kader enfermait les prisonniers français depuis qu'il avait ordonné de leur conserver la vie. Cette place avait coûté beaucoup de temps et d'efforts à construire ; elle était pour l'émir d'une extrême importance, non-seulement comme forteresse, mais à cause des magasins, des forges et usines qu'elle contenait. Néanmoins, à l'approche de nos troupes, craignant de compromettre l'honneur de ses armes et tenant surtout à ménager les soldats réguliers qui assuraient son pouvoir sur les tribus, il en ordonna l'abandon et la ruine. Quand les nôtres y pénétrèrent, ils la trouvèrent déserte et en grande partie dévorée par les flammes ; comme il n'était pas possible d'y laisser une garnison, on acheva de la détruire. La colonne, repassant ensuite dans la plaine du Chélif, châtia sévèrement la tribu des Ouled-Omrah, qui nous était hostile, et rentra le 1ᵉʳ juin dans ses cantonnements.

S. A. R. Mgr le duc de Nemours, après avoir pris part aux ravitaillements de Médéah et de Milianah, ainsi qu'aux expéditions de Takdimt et de Maskara, s'embarqua le 5 juin à Mostaganem pour revenir en France.

Ces premières expéditions eurent pour résultat d'imposer aux tribus et de porter un grave échec à la puissance d'Abd-el-Kader. La destruction de Boghar et de Thaza, que les Arabes croyaient hors de notre portée, leur prouvait que nous saurions toujours les atteindre, dans quelque endroit qu'ils essayassent d'élever des fortifications.

Profitant de l'influence qui lui restait encore de Msilah, Abd-el-Kader avait établi sur ce point un khalifa, Hadj-Mohammed. C'était de là, comme centre, qu'il envoyait ses agents dans la province pour y prêcher la guerre sainte et soulever les tribus. Hadj-Mohammed était parvenu à répandre un tel effroi chez les populations de la Medjanah, qu'elles s'étaient toutes enfuies dans les montagnes, et que cette plaine si riante, si fertile autrefois, n'offrait plus maintenant qu'un vaste désert.

Le 29 mai, le lieutenant général Négrier, commandant de la province, voulant faire cesser cette situation, sortit de Constantine à la tête d'une forte colonne, et se rendit à Msilah. A son approche, un grand nombre de tribus vinrent faire leur soumission; il chassa le khalifa d'Abd-el-Kader du siége de ses intrigues, et prit des mesures pour l'empêcher de recommencer ses menées. Dans le sud vers le désert, nos affaires se présentaient sous des auspices non moins favorables. Ferhat-ben-Saïd, l'allié d'Abd-el-Kader, avait pour compétiteur Ben-Ganah, le cheik El-Arab : celui-ci, intéressé à ruiner l'influence de son rival, lui faisait une guerre acharnée et remportait sur lui de notables avantages.

Ainsi l'émir, battu sur tous les points à la fois, voyait sa puissance décliner; à la nouvelle de nos succès, plusieurs tribus, jusque-là fidèles à sa cause, commencèrent à s'en détacher pour s'unir à nous. Instruit des bonnes dispositions de la population arabe et voulant les seconder par sa présence, le gouverneur général se rendit de nouveau à Mostaganem; de là il pouvait encourager un grand nombre de tribus à suivre l'exemple de celles qui s'étaient déjà soumises. L'impulsion étant donnée, il s'agissait de lier à un point central tous les éléments de défection qui menaçaient la puissance de l'émir dans la province d'Oran. A cet effet, Hadj-Mustapha, fils de l'ancien bey Osman, fut nommé bey de Mostaganem et de Maskara. Cette nomination était un acte de bonne politique, qui amena tout d'abord les plus heureux résultats. Dès les premiers jours, les Beni-Zeroual, les Flittas, les Bordjia et les tribus du Dahara vinrent réclamer l'appui du nouveau bey contre Abd-el-Kader; des députés furent envoyés à Hadj-Mustapha avec des otages par les Sidi-Abdallah, fraction considérable des Medjehers; un détachement nombreux des Ouled-bou-Kamel et des Cherfa vint aussi lui rendre hommage en plein jour et en armes. Abd-el-Kader était témoin de ces défections, et assistait impassible à sa propre défaite.

Quelques mois s'étaient à peine écoulés depuis le changement d'administration, et déjà le général Bugeaud comptait sur tous les points de l'Algérie de nombreux succès. L'invasion du pays où nous n'avions pas encore pénétré, la destruction de Takdimt, de Boghar, de Thaza, la capture de troupeaux considérables, la soumission d'une foule de tribus, enfin, la prise de Maskara : voilà quels étaient ses trophées !

Au mois d'août, pendant que les préparatifs de la campagne d'automne se poursuivaient, un grand nombre de tribus dans la partie ouest de la province d'Oran, fatiguées de la guerre, abandonnèrent la cause d'Abd-el-Kader et vinrent aussi se soumettre à notre domination. En même temps le général de Lamoricière opérait le ravitaillement de Maskara. La garnison de cette place, parfaitement installée, avait récolté des légumes et des fruits; on compléta ses approvisionnements, qui furent portés à quatre mois pour six mille hommes; en sorte qu'une division pouvait y passer l'hiver et s'opposer à ce que les Hachems, source et base de la puissance d'Abd-el-Kader, se livrassent à la culture. Par ce moyen, on courait la chance d'amener cette puissante tribu à se soumettre et à déterminer infailliblement la soumission de toutes les autres.

Dans sa course au sud de Maskara, le corps expéditionnaire se porta sur le village de la Guetna, berceau de la famille d'Abd-el-Kader, et le détruisit de fond en comble. La veille de l'invasion de nos troupes, le frère aîné de l'émir se trouvait encore dans la maison paternelle, et peu s'en fallut qu'il ne tombât en notre pouvoir.

Le fort de Saïda, situé à dix-huit lieues sud de Maskara, fut également pris et ruiné: il avait été construit dans cette position pour contenir le pays Yakoubia, qui désirait depuis longtemps se débarrasser du joug d'Abd-el-Kader. Aussitôt après la démolition de cette forteresse, six tribus : les Ouled-Bragim, les Ouled-Kaled, les Hassaina, les Doui-Zabet et une partie des Harar-Gharabah, vinrent faire alliance avec l'armée française, et depuis cette époque leurs cavaliers nous ont servi constamment d'auxiliaires dans les attaques dirigées contre la grande tribu des Hachems.

Dès que nos troupes furent retirées sur la côte, l'émir annonça à tous ses partisans que nous allions passer l'hiver dans nos cantonnements, le but de nos expéditions étant d'obtenir de lui la paix aux conditions les moins défavorables. Ces fausses nouvelles ranimèrent l'espoir des Arabes, et lui permirent de recruter quelques contingents, avec lesquels il fit irruption chez nos alliés de la Yakoubia. La garnison de Maskara, trop faible pour leur porter secours, avait été obligée de les abandonner à leurs propres forces; et elle-même, privée de son troupeau, qu'une embuscade de dix-huit cents cavaliers hachems lui avait enlevé, était exposée aux angoisses de la faim.

Dans une telle situation, le gouverneur général comprit que tous les avantages remportés dans la campagne du printemps allaient être perdus, et qu'il faudrait recommencer sur de nouveaux frais l'année suivante, si nous n'établissions à Maskara des forces suffisantes pour dominer la contrée. C'est alors que le général de Lamoricière reçut l'ordre d'aller s'installer dans cette place avec sa division, composée de dix bataillons d'infanterie, de deux escadrons de spahis et d'une batterie d'obusiers de montagne; il obtint en outre des fusils de rempart, une ambulance, et tout le matériel nécessaire à un séjour fixe. Avec lui marchait Ibrahim-Ouled-Osman-Bey, frère et khalifa de Hadj-Mustapha-Ouled-Osman-Bey, nommé par le roi bey de Maskara dans le mois d'août dernier.

Chemin faisant, l'expédition eut à souffrir de la mousqueterie des Arabes; au passage du col de Bordj, Ben-Tami, khalifa d'Abd-el-Kader, tenta même d'arrêter la colonne avec une masse de quatre mille hommes, deux bataillons réguliers armés de fusils à baïonnette, et quatre cents cavaliers rouges commandés par Moctar-ben-Aïssa, homme d'une férocité sauvage et d'un courage indomptable. La division avançait péniblement; les soldats étaient chargés d'effets et de vivres, les cavaliers marchaient à pied, conduisant leurs chevaux chargés de blé et d'orge, d'après le nouveau système du général Bugeaud, qui utilisait ainsi la cavalerie pour les transports.

A la vue de l'ennemi, quelques bataillons, ayant mis bas les sacs, se précipitèrent contre les troupes de Ben-Tami, et les culbutèrent en un instant.

Après ce mouvement énergique, la division ne rencontra plus d'obstacles et entra à Maskara le 30 novembre.

Placé ainsi au centre du pays ennemi, le général de Lamoricière put facilement rayonner dans tous les sens et réprimer les moindres hostilités.

Cette attitude, après une campagne de cinquante-trois jours, la plus longue qui eût encore été faite, annonçait aux populations de l'ouest notre résolution d'abattre définitivement la puissance d'Abd-el-Kader.

Instruites par là de la fausseté des nouvelles propagées par l'émir, elles pouvaient juger combien il était de leur intérêt de cesser toute résistance; aussi la face des choses changea-t-elle immédiatement: les Douers, qui nous avaient abandonnés l'année précédente, vinrent de nouveau se ranger sous nos drapeaux. Dès le quatrième jour de son installation à Maskara, la division commença ses courses aux environs de la ville: elle se porta d'abord vers le sud, dans la plaine d'Égris, renommée pour ses riches moissons: dans cette sortie, nos troupes vidèrent tous les silos des tribus qui avaient pris la fuite; au retour, elles furent attaquées avec acharnement par les Hachems et les Flittah, commandés par le khalifa Ben-Tami, accouru à la tête de ses cavaliers rouges; mais les agresseurs n'eurent qu'à se repentir de leur audace.

Afin de n'être arrêté par aucune difficulté dans la poursuite de l'ennemi, le général de Lamoricière conçut le projet de faire subsister sa division à la manière arabe. Il procura à sa troupe des moulins portatifs, au moyen desquels chaque homme pouvait obtenir une farine grossière qui servait à faire des galettes ou à préparer du couscoussou; à ce repas était ajoutée une ration de sucre et de café. Cette heureuse innovation lui permit de se porter partout où pouvait l'appeler l'insurrection; en sorte qu'à la suite de plusieurs expéditions, toujours couronnées de succès, le général de Lamoricière, tournant ses armes vers le nord, parvint à pacifier la contrée et attirer à lui toutes les populations. Au 31 décembre, aucune tribu de la province, à l'exception des Hachems, n'obéissait plus à l'émir. La libre communication entre Mostaganem et Maskara avait fourni le marché de cette dernière ville de toutes sortes de provisions : les Arabes y venaient vendre leurs denrées et consolidaient par leur concours notre domination ; les Gharabas d'Oran, ainsi que les Beni-Amer, contenus par la présence de nos forces à Maskara, n'osaient plus bouger. Les tribus de la Tafna, ainsi que l'agha de Ghozel, profitèrent de cette circonstance pour lever l'étendard de la révolte contre Abd-el-Kader, et proclamer pour leur chef le marabout Mohammed-ben-Abdallah-Oulid-Sidi-Chigr. Rival de l'émir, et par conséquent son ennemi naturel, Oulid-Sidi-Chigr manifesta aussitôt des dispositions favorables à notre cause. Son intérêt lui commandait de se rapprocher de nous, afin de n'avoir pas deux ennemis à combattre. Une colonne commandée par le colonel Tempoure fut donc envoyée exprès de Mostaganem pour l'appuyer : le général Mustapha faisait aussi partie de l'expédition. Dans leur marche, ils reçurent les députations d'un grand nombre de tribus. Le frère d'Oulid-Sidi-Chigr vint lui-même dans le camp, accompagné seulement d'une vingtaine de cavaliers arabes; enfin, le 27, le compétiteur d'Abd-el-Kader entra en communication avec le chef de la colonne française et le général Mustapha.

L'entrevue fut solennelle : elle eut lieu sur une montagne au bas de laquelle coule l'Isser et d'où l'on découvre Tlemcen.

Oulid-Sidi-Chigr avait une escorte composée d'environ mille cavaliers, la majeure partie chefs de tribus soumises à son autorité. On discuta, dans cette conférence, les moyens les plus propres à assurer la paix de l'Algérie; Abd-el-Kader fut regardé comme une cause de guerre incessante, et, dans l'intérêt commun, on proclama sa déchéance.

Au moment de se séparer, le général Mustapha-ben-Ismaël pria le marabout Oulid-Sidi-Chigr de vouloir bien appeler la bénédiction du Dieu grand sur les musulmans réunis autour de lui. Aussitôt plus de douze cents guerriers, au milieu desquels se trouvaient seulement cinq officiers français, répétèrent religieusement ensemble la prière suivante :

« Dieu clément et miséricordieux, nous te supplions de rendre la paix à notre malheureux pays désolé par une guerre cruelle! Prends pitié des populations que les décrets de ta souveraine justice ont réduites à la dernière misère.

« Fais renaître au milieu de nous l'abondance et le bonheur dont nous jouissions autrefois sous un pouvoir tutélaire.

« Donne-nous la victoire sur les ennemis de notre repos, et que ta sainte religion, révélée par le prophète, ne cesse jamais d'être triomphante! »

Cette alliance solennelle et l'échange des prisonniers qui avait eu lieu quelque temps auparavant sont deux faits d'une haute portée. Il y a là le commencement d'un nouveau droit des gens en Algérie et un indice certain de ruine pour la puissance de l'émir.

Nonobstant tous ces succès que nous obtenions en Algérie, le général Bugeaud continua à donner des soins actifs à la colonisation et redoubla d'ardeur pour atteindre le but qu'il s'était proposé : la pacification et la complète soumission du pays. Sur tous les points, les opérations furent, dès les premiers jours de 1842, vigoureusement poussées.

Le général de Lamoricière avait employé les mois de décembre et de janvier à poursuivre les Arabes dans toutes les directions; le gouverneur se rendit aussi d'Oran à Tlemcen, pour disperser les partisans armés que l'émir avait encore autour de lui. Bientôt après, le fort de Sebdou, situé à quarante kilomètres sud de Tlemcen, unique place de la seconde ligne qui lui restât, tombait en notre pouvoir, et, par suite de ces avantages, quinze tribus faisaient leur soumission.

De son côté, le gouverneur général s'occupa de soumettre les propriétés des Arabes émigrés à une nouvelle organisation administrative. Par un arrêté du 14 février, il mit le séquestre sur le domaine de tous ceux qui étaient en fuite, déclarant qu'ils seraient réunis irrévocablement au beylik si leurs propriétaires n'étaient pas rentrés dans l'espace de deux mois; et, afin d'éviter les embarras que l'administration avait déjà éprouvés à Alger, toute transaction sur les immeubles fut interdite aux Européens et aux juifs.

Le moment était arrivé où les Chambres allaient encore une fois s'occuper du sort de l'Algérie, véritable époque de crise pour notre colonie, car les discussions de la tribune y avaient jusque-là constamment exercé une fâcheuse influence. Cette fois, il est vrai, le général Bugeaud fournissait des arguments puissants aux partisans de notre possession d'Afrique : il pacifiait les provinces et les colonisait; mais les discours des députés anticolonistes pouvaient raviver la guerre sainte, et Abd-el-Kader y comptait pour reconstituer son pouvoir.

Cette fois, la Chambre ne lui donna pas gain de cause : elle vota, à une immense majorité, les crédits supplémentaires réclamés pour l'Afrique, en invitant le gouvernement à prendre un parti définitif sur le système d'occupation et de colonisation.

Cette détermination eut un grand retentissement en Algérie : elle rassura les colons et intimida l'ennemi.

Bien que, durant l'hiver, les colonnes de la province d'Oran n'eussent laissé ni trêve ni repos aux tribus hostiles de cette contrée, il restait encore beaucoup à faire pour obtenir une pacification complète. La division d'Alger venait de ravitailler Médéah et se disposait à porter des vivres et des munitions à la garnison de Miliana, qui avait déjà sévèrement châtié les Hadjoutes. Le général Changarnier jugea alors l'occasion favorable pour achever de les détruire.

Le bois des Kharégas fut fouillé et battu par divers détachements, et les restes de ces dangereux adversaires furent tous pris ou tués dans leurs repaires. Mais ce n'était encore que le prélude de la grande expédition du printemps.

Le gouverneur général commença ses opérations en infligeant un châtiment sévère aux Beni-Menasser, tribu kabaïle des environs de Cherchell, qui nous avait déjà donné plusieurs fois occasion de la punir. Cette tribu entretenait une zaouia (école) où on élevait de jeunes fanatiques pour exciter chez les musulmans la haine contre les chrétiens : la division détruisit l'établissement, brûla les tentes, les gourbies, et ravagea tout le pays; nécessité malheureuse, mais trop souvent imposée par le caractère opiniâtre des Arabes, qui ne se soumettent qu'à la terreur et à la force.

Dans sa seconde excursion, le général Bugeaud ne fut pas moins heureux : escorté de deux mille Arabes, il obtint la soumission de plus de vingt tribus, depuis les confins de la province d'Oran jusqu'au centre de celle d'Alger.

L'année 1842 touchait à sa fin; l'hiver s'avançait à grands pas; cependant, malgré la mauvaise saison qui rendait déjà les campements peu praticables, les hostilités ne paraissaient point devoir se ralentir. La présence d'Abd-el-Kader dans la chaîne des montagnes de l'Ouarenseris donnait trop d'inquiétudes pour qu'on le laissât paisiblement s'établir pendant l'hiver dans ce retranchement. On n'avait pas encore oublié l'influence qu'il avait exercée l'année précédente sur les provinces d'Oran et de Titery, et aujourd'hui on craignait qu'il ne reconquît la même puissance s'il séjournait longtemps au milieu des populations belliqueuses de l'Ouarenseris.

De cette position, en effet, il dominait, non-seulement tout le pays entre le Chélif et la Mina, mais encore il contenait par la terreur les tribus des environs qui nous étaient le plus attachées, et menaçait de porter la guerre dans les contrées soumises à nos armes en avant de Médéah, Miliana et Mostaganem. Soutenu par de nombreux contingents que sa troupe recrutait chaque jour au sein de ces montagnes, pouvant, d'ailleurs, disposer à son gré d'abondantes ressources, il devenait très-dangereux pour nos établissements : la prudence commandait de le déloger promptement.

A cet effet, le gouverneur général organisa une campagne d'hiver et réunit, le 24 novembre, sous les murs de Miliana, trois colonnes de la division d'Alger. Le lendemain, elles se mirent en mouvement pour aller occuper les montagnes couvertes de bois des Beni-Ouragh, retraite habituelle de la grande tribu insoumise des Flittah. D'un autre côté, par une habile combinaison, les divisions de Maskara et de Mostaganem, conduites par les généraux de Lamoricière et Gentil, devaient manœuvrer de manière à pousser les populations de cette tribu dans les montagnes des Beni-Ouragh, où la division d'Alger les attendait. La colonne de droite était commandée par le gouverneur lui-même, ayant sous ses ordres le duc d'Aumale; celle du centre obéissait au général Changarnier, et celle de gauche avait pour chef le brave colonel Korte. Le résultat des opérations répondit parfaitement à l'attente du général en chef. En vingt-deux jours, presque toute la chaine de l'Ouarenseris jusqu'à l'Oued-Rihou, ainsi que la plus grande partie de la tribu des Flittah, furent soumises. Le 17 décembre, les hostilités avaient entièrement cessé sur la rive gauche du Chélif.

Après un pareil succès, on jugea opportun de profiter de la circonstance pour intimider les populations qui environnent Tenès, où nous n'avions point encore porté nos armes. Le général Changarnier eut la direction de cette expédition, dont il s'acquitta avec une grande habileté.

Ces avantages divers, remportés par nos troupes, étaient autant d'échecs pour la puissance d'Abd-el-Kader. L'émir ne l'ignorait pas : il savait que l'Arabe obéit avant tout à la crainte, et que la force est pour lui la loi suprême. Aussi, dès les premières soumissions des tribus, Abd-el-Kader s'était ménagé des intelligences avec elles, afin de neutraliser les effets de nos victoires. Quelques-unes ne cachaient point leur sympathie pour lui ; mais, entre toutes, les mieux disposées en sa faveur étaient celles établies dans la partie de l'Atlas qui s'étend de Cherchell jusqu'auprès de Tenès. Suivi seulement d'un millier de chevaux, l'émir se présenta donc, vers la fin de décembre, dans la vallée du Chélif, où il arbora de nouveau le drapeau de l'insurrection. Aussitôt les tribus se lèvent de toutes parts, des forces nouvelles viennent grossir celles dont il dispose. A la tête de deux mille cavaliers et six cents fantassins il envahit l'aghalik de Bràz. Ce mouvement n'était que le prélude d'une défection plus grande. Le 7 janvier suivant, Abd-el-Kader ayant exécuté une razzia contre les Athaf, à une journée de Miliana, presque toutes les autres tribus soumises par nos armes au mois de décembre reconnurent de nouveau son autorité.

Voulant imposer à ceux qui seraient tentés de l'abandonner, l'émir

déploya la plus grande cruauté envers notre kaïd de Brâz et ses trois
fils : par ses ordres, tous quatre furent impitoyablement décapités.
Il fit mutiler plusieurs chefs, crever les yeux à quelques autres, et
enlever tous les individus soupçonnés d'être favorables à notre cause ;
puis il alla se retrancher dans les hautes montagnes des Beni-Zioui.
Zatima, Gouraya et Larhulh, où il recruta environ trois mille Kabaïles,
à la tête desquels il s'avança chez les Beni-Menasser avec son khalifa
El-Berkani. Comme son but était de pousser ces populations à une démonstration contre Cherchell, il avait eu soin de préparer d'avance ce
mouvement par ses émissaires et ses intrigues.

Ainsi l'année 1843 semblait commencer encore sous de fâcheux
auspices. De toutes parts, dans l'ouest, les hostilités reprenaient une
nouvelle vigueur. L'exemple des défections pouvait devenir contagieux
et ramener la guerre aux portes d'Alger : il importait donc de prévenir ce retour.

Pour cela, et afin d'achever la ruine de l'émir, il fallait s'attacher
obstinément à ses pas, paralyser toutes ses tentatives. Le général de
Bar, instruit à temps des projets d'Abd-el-Kader sur Cherchell, marcha
à sa rencontre et eut avec lui, dans les journées des 23, 24 et 25 janvier, plusieurs engagements, à la suite desquels il l'obligea de se jeter
dans les montagnes de Gouraya. Sur ces entrefaites, le général Changarnier, sorti de Miliana le 22, s'était porté, par une marche hardie,
sur ses derrières, châtiant sévèrement sur sa route plusieurs tribus
rebelles qui avaient cédé à l'entraînement de leur ancien chef. D'un
autre côté, le duc d'Aumale, ayant effectué de nombreuses prises sur
l'ennemi dans le sud de Miliana, dédommageait amplement nos
alliés des pertes que leur avaient fait éprouver les razzias d'Abd-el-
Kader.

En apprenant ces hostilités nouvelles et inattendues, le général
Bugeaud envoya sur le théâtre des événements un officier expérimenté, afin d'apprécier la véritable situation des choses. Le 27 janvier,
à quatre heures du matin, le colonel l'Admirault vint lui apprendre
l'arrivée d'Abd-el-Kader dans la province de Titery et les progrès que
faisait l'insurrection dans la partie occidentale. Aussitôt le gouverneur général s'embarque avec deux bataillons, et, dans la nuit même,
il aborde à Cherchell, et, trois jours après, il était à la poursuite de
l'émir et châtiait, chemin faisant, les tribus coupables de défection.

Le mauvais temps seul s'opposa à l'entier accomplissement de cette
campagne. Surprise par un ouragan terrible au milieu des montagnes,
l'expédition dut se hâter de gagner promptement les bords de la mer,

où stationnait un convoi. Des tourbillons de neige mêlée de grêle obscurcissaient l'atmosphère et rendaient la marche excessivement pénible. Malgré ces obstacles, le 5 février, à quatre heures du soir, on atteignit le convoi. Jusque-là, le temps n'avait pas discontinué d'être affreux, et, dans la nuit du 6 au 7, il tomba une si grande quantité de pluie, que les feux du camp furent tous éteints.

Deux des plus importantes tribus rebelles, les Beni-Ferrak et les Beni-Menasser, furent punies sévèrement ; le rassemblement des Kabaïles, qui s'étaient joints à Abd-el-Kader, se dispersa, et l'émir lui-même, avec son khalifa El-Berkani, fut contraint de chercher un refuge dans les montagnes.

Peu s'en fallut, dans cette courte expédition, que l'armée n'eût à déplorer la perte du gouverneur général : tombé au milieu d'une embuscade, il essuya le feu de six coups de fusil tirés presque à bout portant. Aucun ne l'atteignit, mais son cheval fut grièvement blessé.

Cette dernière tentative d'un pouvoir expirant fut donc complétement déjouée, et, pendant les mois de mars et d'avril 1843, des razzias incessantes, exécutées par les généraux Changarnier, Bedeau, Gentil, amenèrent la soumission définitive d'un grand nombre de tribus. Mais, de toutes ces opérations exécutées avec audace et habileté, aucune n'égale celle qui a eu pour résultat la prise de la smalah d'Abd-el-Kader par M. le duc d'Aumale. Lorsque l'émir n'eut plus de résidence fixe, et qu'il fut réduit à guerroyer en chef de bandes et à chercher un refuge sur la limite du désert, sa famille et celles des principaux personnages attachés à sa fortune se réunirent avec leurs équipages et leurs richesses, et formèrent une population nomade qui changeait sans cesse de demeure, selon les chances de la guerre.

Cette multitude, composée d'environ douze à quinze mille personnes, constituait la smalah [1] ; elle suivait tous les mouvements du chef, s'avançait dans les terres cultivées lorsqu'il obtenait quelque avantage, ou, dans le cas contraire, s'enfonçait dans le Sahara. Abd-el-Kader mettait beaucoup de sollicitude à la pourvoir des mulets et des chameaux nécessaires pour le transport des bagages, des malades, des femmes, des vieillards et des enfants ; et, afin de la mieux garantir de notre atteinte, il en avait confié la garde à ses troupes régulières.

_____

[1] Le mot smalah représente, chez les Arabes, ce que nous appelons en Europe les équipages, la suite ; elle comprend les tentes du maître, sa famille, ses domestiques et ses richesses.

Le gouverneur général, informé que la smalah d'Abd-el-Kader campait vers le sud-est de l'Ouarenseris, chargea M. le duc d'Aumale de s'en emparer.

Le 10 mai, le jeune prince se mit en marche, à la tête de treize cents baïonnettes et de six cents chevaux, sa petite armée approvisionnée pour vingt jours de vivres.

D'après les instructions du gouverneur général, il devait se trouver, le 13, près du village de Goudjilah, à vingt-cinq lieues de Boghar. Ce jour-là, le général de Lamoricière n'était qu'à trois marches du prince. Les mouvements des deux corps étaient concertés de manière que la smalah ne pût passer entre eux, pour regagner le Tell, sans être enveloppée par l'immense tribu des Arars, déployée comme un vaste filet jusqu'aux abords du Tiaret.

En arrivant, le 14 mai, à la bourgade de Goudjilah, M. le duc d'Aumale apprit que la smalah se trouvait à Oue-Sek-ou-Rekaï, à quinze lieues au sud-ouest. Il marcha aussitôt vers cette direction. L'armée s'engagea dans des plaines incultes et sans eau, d'une étendue considérable; mais l'ardeur du soldat était excitée par l'espoir d'une prompte victoire.

Au bout de vingt-cinq heures de course, l'avant-garde de la colonne aperçut à Taguin, le 16 au matin, comme une foule de tentes occupant une étendue de plus de deux kilomètres; elles étaient établies sur les bords de l'Oasis, qui coule au milieu d'abondants pâturages : c'était la smalah! Sans réfléchir à son infériorité numérique, ce faible corps, composé seulement de cinq cents chevaux, se lance soudain au galop à la suite du duc d'Aumale, du colonel des spahis Yousouf et du lieutenant-colonel Morris. Cette attaque si brusque jette l'épouvante au milieu de cette multitude d'hommes, de femmes, de vieillards et d'enfants : ils sont culbutés les uns sur les autres et tombent pêle-mêle avec les bêtes de charge.

Enveloppés dans ce tumulte général, les fantassins réguliers d'Abd-el-Kader ne peuvent faire usage de leurs armes; et ceux qui résistent sont sabrés par nos spahis ou entraînés par la foule qui les renverse sous ses pieds. Deux heures après, la déroute était complète. Tout ce qui pouvait fuir courait en désordre, çà et là, vers le désert, chassant les troupeaux aussi épouvantés que leurs maîtres.

Le nombre des prisonniers faits dans cette journée s'éleva à trois mille six cents environ, dont trois cents personnages de distinction appartenant aux familles des principaux lieutenants d'Abd-el-Kader. Parmi le butin se trouvaient les tentes de l'émir, sa correspondance, son trésor, quatre drapeaux, un canon, deux affûts et grand nombre d'objets précieux.

Le général de Lamoricière apprit cette nouvelle le 19 au matin. Il marchait vers les sources du Chélif pour surveiller les passages, lorsque quelques fuyards, détachés de la tribu des Hachems, lui donnèrent tous les détails de cet événement.

Aussitôt il fait hâter le pas et porte sa cavalerie en avant. En peu d'heures il joint une tribu qui fuyait, l'émir était au milieu d'elle. Cette multitude, encore épouvantée de la catastrophe qui venait d'avoir lieu, ne fit aucune résistance. Aussi, indignés d'une telle lâcheté, les réguliers et l'émir lui-même, au lieu de chercher à la défendre, tirèrent sur elle en s'éloignant.

Nos cavaliers ramenèrent donc, le soir, une population de deux mille cinq cents âmes, avec ses chevaux, ses troupeaux et tous les bagages qui n'avaient pu être sauvés dans le désordre de la fuite.

Tous ces succès devaient être bientôt suivis d'une perte sensible; la mort du vieux et brave Mustapha-ben-Ismaël vint mêler des regrets à la joie qu'avait causée la prise de la smalah. En retournant à Oran avec son markzen, chargé du butin pris à la razzia du 19, Mustapha fut attaqué dans un bois par des Arabes et reçut presque à bout portant une balle en pleine poitrine, qui l'étendit roide mort. Les cavaliers qui l'accompagnaient, au nombre de cinq à six cents, saisis d'une terreur panique, s'enfuirent en laissant au pouvoir de l'ennemi le corps de leur vieux général, qu'ils révéraient pourtant à l'égal d'un patriarche [1].

[1] C'est après la prise de la smalah d'Abd-el-Kader, en 1843, par Son Altesse Royale le duc d'Aumale.

Après ce coup de main hardi, le chef du goum (cavalerie auxiliaire) des Douers et des Smélas, Mustapha-ben-Ismaël, notre allié, se détacha imprudemment de la colonne du général de Lamoricière pour retourner à Oran avec sa troupe, chargée de riches dépouilles. Il fut attaqué dans un bois; ses cavaliers, au nombre de cinq ou six cents, craignant de perdre leur butin, se dispersèrent sans combattre, abandonnant à la merci des Arabes leur vieux chef, qui fut bientôt percé de coups. Son cadavre fut porté à Abd-el-Kader, que cette mort vengeait de plusieurs trahisons; et sa tête, coupée, servit longtemps de trophée aux Arabes restés fidèles à la cause de l'émir.

Mustapha-ben-Ismaël mourut à quatre-vingts ans. Depuis 1835 il était au service de la France; le gouvernement français, pour récompenser ses services, l'avait nommé maréchal de camp le 29 juillet 1837, et ensuite commandeur de la Légion d'honneur le 5 février 1842. C'était, malgré son grand âge, un homme de guerre encore remarquable, plein de courage et doué d'une certaine habileté.

On avait bien fait, sans doute, d'utiliser ses capacités et de l'attacher à nous; il nous a montré son dévouement jusqu'au dernier moment, et ce fut une perte bien sensible pour l'armée.

Le commandement du goum des Douers et des Smélas, formant le markzen d'Oran,

Un dernier engagement avec les débris de la smalah d'Abd-el-Kader eut lieu le 22 juin, au pied du plateau de Djeda. La victoire nous resta encore.

L'émir laissa sur le terrain environ deux cent cinquante morts; plus de cent quarante cavaliers ou fantassins réguliers furent faits prisonniers, et parmi les objets tombés en notre possession se trouvèrent trois cents fusils, des armes de tout genre, les caisses des tambours, cent cinquante chameaux, des chevaux, et l'un des cinq drapeaux qui étaient portés au devant de l'émir. Abd-el-Kader lui même faillit tomber entre nos mains et ne dut son salut qu'à la vitesse de son cheval.

Dans le même temps, une grande expédition, dirigée en personne par le général Bugeaud, sur l'Ouarenseris, soumettait toute cette contrée à notre domination.

Le 11 novembre, un autre corps expéditionnaire remporta une victoire complète, près de l'Oued-Malah, sur les troupes régulières d'Abd-el-Kader, commandées par Ben-Allal-Oulid-Sidi-M'Barek, le plus puissant de ses khalifas. Ce chef fut tué, et Abd-el-Kader ne se montra plus qu'errant et fugitif.

Enfin, de nouveaux succès obtenus en décembre, vers la Tafna et le Chott, sur plusieurs tribus kabaïles, achevèrent de réduire l'émir à l'impuissance et le forcèrent d'aller chercher un asile sur le territoire de Maroc.

Ces glorieux exploits furent accueillis en France avec un vif enthousiasme, et le ministère, entraîné par l'élan général, s'empressa de récompenser noblement les chefs de notre brave armée. M. Bugeaud fut élevé à la dignité de maréchal de France; les maréchaux de camp Changarnier et de Lamoricière reçurent le grade de lieutenants généraux, et S. A. R. le duc d'Aumale fut investi du commandement supérieur de la province de Constantine.

Tels étaient les résultats de trois années de fatigues, de batailles et de marches incessantes; et, hâtons-nous de le dire, ces sacrifices et cette politique étaient indispensables : ils pouvaient seuls assurer notre domination en Afrique.

Aussi, dès ce moment, comme tout change de face! Les tribus les plus éloignées s'empressent de faire leur soumission; une activité jusque-là inconnue règne dans l'intérieur des villes; à l'extérieur les

fut d'abord donné à son neveu, El-Mezari; mais le peu de zèle que celui-ci déploya dans ces hautes fonctions, joint à l'inconvenance de sa conduite, le fit bientôt révoquer.

défrichements commencent, les villages s'élèvent et les émigrants
d'Europe accourent en foule pour les peupler.

Dès ce moment encore, nos entreprises militaires prennent un tout
autre caractère : ce ne sont plus de simples razzias dirigées contre les
tribus impuissantes; ce ne sont plus de ces marches timides qui rayon-
nent autour de nos points d'occupation ; toutes les expéditions entreprises en 1844 ont un principe de force et d'organisation vraiment
remarquable. (*De l'Algérie ancienne et moderne*, par Léon Galibert,
page 545.)

CHAPITRE VIII

DOMINATION FRANÇAISE

Établissement du culte catholique en Algérie.

Immédiatement après la conquête, trois des aumôniers qui avaient
suivi l'armée française s'occupèrent d'établir le culte catholique à Alger : ils obtinrent pendant quelque temps une chapelle dans la Kasbah;
elle fut ensuite transportée à la caserne du Lion, au bas de la ville;
mais, le nombre des catholiques augmentant rapidement, cette chapelle devint bientôt insuffisante, et une nouvelle église fut ouverte dans
la rue de l'État-Major : c'était l'ancienne chapelle des lazaristes, dont le
local, plus commode et plus convenable que les précédents, permit de
donner quelques développements à la majesté du culte catholique.
Pour la première fois on entendit, à Alger, prêcher publiquement la
parole de Dieu et chanter la messe ainsi que les autres offices. Bientôt
après, la cour de Rome conférait le titre et les pouvoirs de vicaire
apostolique à l'un des trois aumôniers qui desservaient la nouvelle
église.

Le 24 décembre 1832, une des plus jolies mosquées d'Alger, située
dans la rue du Divan, ayant été consacrée au culte catholique, le service religieux s'y ouvrit par la belle solennité de la messe de minuit,
et y fut continué par le vicaire apostolique, assisté de quelques autres
prêtres français.

En 1838, le gouvernement demanda à la cour de Rome l'érection
d'un évêché pour l'Algérie, « dans le but de substituer au régime provisoire, dont jusqu'alors la nécessité avait fait une loi, une organisation conforme aux institutions du catholicisme. » Le pape s'empressa

de déférer à cette manifestation, et expédia, dans le courant de cette même année, les bulles pour l'érection et la circonscription de l'évêché d'Alger, ainsi que pour l'institution canonique du nouvel évêque.

En 1838, le clergé catholique d'Alger se composait, outre M. le curé Montéra, de cinq prêtres français, dont trois corses, ainsi que M. Montéra lui-même, et d'un prêtre allemand. Une ordonnance royale du 25 août de la même année nomma M. Dupuch, du diocèse de Bordeaux, à l'évêché d'Alger, dont il occupa, le premier, le siége épiscopal. Le nombre des prêtres est aujourd'hui d'une trentaine.

Sous l'influence combinée du gouvernement, des particuliers et du clergé, l'église chrétienne fait en Afrique de rapides progrès : à Alger, où on compte douze mille catholiques, non compris la garnison, trois églises et six chapelles sont en plein exercice; dans les environs, il y a en outre quatre chapelles et cinq églises. Les prêtres et desservants y sont au nombre de vingt-trois; on y compte aussi deux séminaires, six établissements de sœurs et de frères de Saint-Joseph du Mans, et une communauté de trappistes, qui s'occupent à la fois de travaux agricoles et de colonisation à Staouéli. Bougie, Médéah, Djidjeli, ont des temples et des desservants; Cherchell a dédié son église à saint Paul, apôtre; Mostaganem a placé la sienne sous l'invocation de saint Jean-Baptiste.

A Oran, où l'on compte cinq mille catholiques, sans y comprendre l'armée, un couvent de religieuses trinitaires a été fondé; dans cette ville se trouve aussi une église dédiée à saint Louis et desservie par trois prêtres; la Calle, malgré la faible importance de sa population, possède une église dédiée à saint Cyprien, et un couvent de frères de Saint-Jean-de-Dieu; Bone a aussi une église sous l'invocation de saint Augustin, et sur les ruines d'Hippone s'élève un oratoire dédié à la mémoire de ce célèbre évêque; à Calamt (Guelma), une église a été consacrée à saint Papirien, sur les débris de la sienne.

Milah, l'antique Mileum, célèbre par ses conciles, et où se trouve déjà un poste français, possédera bientôt un monument consacré à saint Optat, l'un de ses plus dignes évêques. A Constantine, une belle mosquée, agrandie par nos soins, a été transformée en église, sous l'invocation de Notre-Dame des Douleurs; en 1839, les sœurs de la doctrine chrétienne y ont fondé un couvent, un hôpital et une école; tout récemment, deux chapelles viennent encore d'y être ouvertes : l'une, dédiée à saint Fortunat, évêque de Cirtha; l'autre, ornée par les soins de Sa Sainteté, sous l'invocation de saint Grégoire. Aux environs de Constantine, dans le fond de la gorge de Rienn, à la place même où ils furent martyrisés en 259, selon l'inscription encore parfaitement lisible sur le roc, va s'élever un autel consacré aux illustres saint Jacques et saint Marcius et à leurs compagnons.

A Philippeville, près de Stora, ville toute récente, on compte déjà une église, trois chapelles et une communauté de sœurs de la doctrine chrétienne de Nancy.

Ainsi sur tous les points, grâce à l'intervention française, le christianisme tend à reconquérir, dans cette partie de l'Afrique, la prépondérance qu'il avait acquise aux premiers âges de l'Église.

Les indigènes montrent le plus profond respect pour les ministres de la religion chrétienne, et j'ai été souvent témoin, pendant mon long séjour à Alger, du recueillement qu'ils apportaient lorsqu'un convoi funèbre, précédé du clergé catholique, descendant la rue du Divan, venait à traverser la place du Gouvernement pour suivre la rue Bab-el-Oued et aller de là au cimetière chrétien, situé au pied du Bouzareah, déposer les dépouilles mortelles de quelque fidèle Européen.

CULTE PROTESTANT.

Le culte protestant, qui ne compte pas à Alger au delà de cinquante à soixante familles, possède un temple situé dans les bâtiments du collége, rue Bab-Azoun, et qui est contigu à la bibliothèque et au musée, dont il n'est séparé que par un faible mur. Le sol et les parois latérales de ce temple, ou plutôt de cette chapelle très-simple, sont revêtus de carreaux de faïence de couleurs variées, ce qui donne à ce lieu un air de fraîcheur admirable : les dames sont également séparées par une balustrade en bois. Mais maintenant on leur bâtit un temple élégant près de l'église catholique. Le service divin a lieu en français et en anglais.

CULTE ISRAÉLITE.

Les israélites d'Alger, dont le nombre peut aller à sept mille, et qui sont divisés en deux sectes, dont les points principaux de séparation consistent dans la différence et la longueur de quelques prières, avaient, avant la conquête, une cinquantaine de synagogues ou écoles (*scuole*); la plupart, dans un état de vétusté déplorable, n'étaient, à proprement parler, que des chambres; le génie en a dû faire démolir une douzaine pour cause de vétusté et d'alignement; celles qui subsistent n'offrent rien de remarquable; la plus belle est celle que l'on appelle Cla-el-Kebira (le grand temple). Ce n'est, dit-on, qu'à Tunis et surtout à Tripoli que l'on trouve des synagogues, ou *scuole*, qui méritent ce nom et qui soient décorées avec goût et avec quelque recherche. Les Juifs d'Alger suivent leur religion avec une ponctualité sans exemple et même avec superstition; un israélite, à Alger, ne voudrait pas boire ou manger dans un vase qui aurait servi à un chrétien.

CULTE MUSULMAN.

Le culte musulman, comme étant celui de la majeure partie de la population d'Alger, compte un assez grand nombre de mosquées ou chapelles, sans parler des marabouts qui sont aux portes, et dont les plus renommés sont ceux de Sidi-Abd-el-Kader et de Sidi-Abderrahman. Avant l'occupation, Alger avait près d'une centaine de mosquées, nombre qui pourrait paraître exagéré au lecteur s'il ne savait que la plupart n'étaient que de petites chapelles ou des marabouts. L'autorité française en a fait fermer un grand nombre pour cause de vétusté; le génie militaire a disposé de quelques autres pour servir de magasins et pour utilité publique. Aujourd'hui on n'en compte guère plus de cinquante, dont les deux plus grandes sont très-rapprochées l'une de l'autre; c'est la mosquée El-Djedid (la Neuve), située rue de la Marine, tout à côté de la maison Bisarry, et la mosquée El-Kébir (la Grande), ou mosquée de la Pêcherie, qui se trouve à l'entrée de la même rue, à l'un des angles de la place du Gouvernement. C'est cette dernière que l'on peut considérer comme la cathédrale, où le mufti officie. Toutes deux sont exposées au levant et ont vue sur la rade. Il existait encore, à notre entrée à Alger, une troisième mosquée assez belle, qu'on appelait Jama-Saïda, non loin de celles que je viens de citer. Mais, en août 1832, l'administration, jugeant qu'il était utile d'ouvrir une grande place à Alger, et que cette troisième mosquée, placée très-près des deux autres, n'était pas indispensable au culte, résolut de la détruire. Pour ne pas exciter le fanatisme d'une population ardente, le génie fit miner secrètement l'édifice pendant plusieurs nuits : un beau matin, au grand étonnement des Arabes, la mosquée s'écroula, ce qui leur fit dire que Mahomet les abandonnait, que c'était une punition de Dieu, pour avoir laissé prendre la ville. Ce fut en octobre 1831 que le ministre de la guerre décida que la place du

Gouvernement serait exécutée conformément au tracé des officiers du génie, approuvé par le comité des fortifications.

Malgré cette décision, depuis longtemps les travaux de cette place étaient frappés de suspension, quand le duc de Rovigo, ayant reçu du ministre de la guerre, en janvier 1832, une lettre prescrivant itérativement l'exécution du tracé du génie, arrêta que les travaux de la place du Gouvernement seraient incessamment repris et continués suivant les alignements déjà exécutés sur le terrain, de concert entre l'architecte de la ville et les officiers du génie. Les premiers travaux qu'exécuta le génie civil furent ceux de démolition, et notamment le déblayement des édifices déjà partiellement démolis, et dont les décombres obstruaient la circulation.

Il fut enjoint aux autorités civiles et militaires de veiller à la conservation des marbres et colonnes provenant de la mosquée démolie, et qui furent déposés dans les magasins du génie.

Le génie eut un moment la pensée de faire démolir les deux autres grandes mosquées, comme pouvant, en cas de sédition, servir de refuge aux assiégés et intercepter la défense; mais heureusement cette pensée ne reçut pas d'exécution. On réfléchit que ces mosquées, sous le feu des batteries du port et des vaisseaux mouillés dans la rade, situées en outre dans le voisinage des grandes casernes, pourraient être immédiatement occupées par les troupes dans un cas de révolte.

Avant l'occupation, tout chrétien qui franchissait le seuil d'une mosquée était mis à mort immédiatement, et les nattes que son sang avait rougies étaient soigneusement lavées ou même brûlées, pour qu'il ne restât aucune souillure de sa présence : l'intérieur même de la mosquée était blanchi à la chaux. Aujourd'hui, pourvu qu'on veuille consentir à ôter sa chaussure en entrant et observer une conduite décente, on peut pénétrer dans l'intérieur de ces lieux, autrefois si funestes aux chrétiens. Il est vrai qu'au-dessus de la porte principale est attaché un écriteau portant défense, de par le roi, d'entrer dans les mosquées; mais, cette ordonnance étant tombée en désuétude, on peut toujours les visiter étant accompagné d'un Maure qui vous sert d'introducteur.

Je m'arrêterai donc à donner la description de la mosquée El-Djedid, parce qu'elles se ressemblent à peu près toutes dans la disposition des locaux, et de leur ornement, qui est à peu près le même pour toutes.

La façade de la mosquée El-Djedid est décorée de dix-neuf colonnes en marbre blanc, surmontées de chapiteaux très-gracieux, qui forment une longue galerie, dont les arceaux, de style mauresque, sont élégamment découpés ; ce fut le duc d'Orléans qui posa la première de cette colonnade, lors de son voyage à Alger en 1836. Ce gage de sécurité donné au libre exercice de leur religion produisit un effet moral des plus satisfaisants sur l'esprit des indigènes.

Il est fâcheux toutefois, pour le coup d'œil, que cette galerie, qui peut faire une jolie promenade couverte, ne soit pas tirée au cordeau ; mais, la rue de la Marine n'ayant pas été tracée elle-même en ligne droite (c'est une des exigences du génie militaire dans toutes les villes de guerre), il en résulte que cette galerie fait un léger coude au milieu, ce qui en détruit la régularité.

Voici à quoi se réduisent les pratiques religieuses dans les mosquées : les fidèles musulmans, après avoir déposé leurs chaussures à l'entrée, commencent par faire leurs ablutions et pénètrent ensuite dans l'intérieur de la mosquée ; elle présente un carré long divisé en plusieurs nefs par des rangs de pilastres qui sont entourés de nattes jusqu'à hauteur d'appui : tout le sol, du reste, en est couvert également. La partie du fond, seule partie réservée au mufti, aux imans et aux chanteurs (*médahhinn*), qui sont la plupart de jeunes garçons à la voix douce et sonore, est revêtue de tapis. Quelques-uns des pilastres supportent des tribunes peintes en rouge, où l'iman (*hazzeub*) chargé de faire la lecture du Coran monte par un escalier roide en forme d'échelle de meunier.

Cinq ou six lustres en verre et plusieurs lampes, le tout en assez mauvais état, sont suspendus par des chaînes dans toute la longueur de la mosquée : les lampes sont allumées pour la prière du soir (*el-eïchâ*); quant aux lustres, ils ne le sont que dans les grandes cérémonies, à la fête du Baïram ou à Aïd-el-Kibir. Cependant les fidèles arrivent et prennent place successivement sur des lignes parallèles, accroupis sur leurs talons. Après plusieurs chants assez monotones, mais qui ne manquent pas d'une certaine douceur, après maints et maints baisements de terre, imités scrupuleusement par tous les fidèles, le mufti et ses acolytes se rangent sur une seule ligne, en face de l'orient, et prononcent un grand nombre d'oraisons, accompagnées de mouvements de bras, qu'ils élèvent et abaissent successivement; ils se prosternent par intervalles jusqu'à terre, se relèvent et se prosternent alternativement plusieurs fois de suite.

Enfin, les prières terminées, le mufti défile avec son monde, et les croyants les suivent de près; l'office est ainsi terminé, jusqu'à ce que le mouezzin (crieur), du haut du minaret, appelle de nouveau les fidèles à la prière.

DE L'INSTRUCTION PUBLIQUE.

Les établissements d'instruction publique sont venus en aide à l'influence religieuse. Avant 1830, l'étude des sciences était à peu près nulle dans la régence d'Alger. La lecture, l'écriture et le texte du Coran formaient l'unique enseignement dans les écoles arabes; l'éducation des enfants israélites était exactement la même, à cette différence près, que, pour eux, la Bible était substituée au Coran et les lettres hébraïques à celles de l'écriture arabe, car le gouvernement turc ne permet pas aux juifs d'employer les caractères sacrés qui composent le livre du prophète.

Dans les deux premières années qui suivirent notre établissement à Alger, plusieurs institutions particulières, sous le patronage et la surveillance de l'autorité locale, pourvurent aux besoins de la population européenne. En 1832, notamment, trois écoles françaises furent ouvertes, et une autre spécialement affectée à l'éducation de la jeunesse israélite. Au mois d'avril 1833, le service de l'instruction publique fut organisé dans la ville d'Alger. Une école d'enseignement mutuel pour l'étude de la langue française, de l'écriture et du calcul, et une chaire de langue arabe, s'élevèrent aux frais du gouvernement. Au mois de juin 1833, on ouvrit une école d'enseignement mutuel à Oran, sur le modèle de celle d'Alger, et en 1834 on fonda des écoles primaires à Bone, à Kouba et dans le village de Delhy-Ibrahim, situé à douze kilomètres d'Alger.

En 1835, on reconnut que l'instruction primaire ne suffisait plus aux besoins de la population européenne d'Alger. En conséquence, le conseil municipal vota, au mois de janvier 1835, les fonds nécessaires pour la création d'un collège dans cette ville. La convenance d'y établir une école primaire pour l'éducation des jeunes filles israélites fixa également l'attention du conseil municipal, et, au mois de février 1837, il vota une allocation pour cet établissement. Déjà, en 1836, il avait jeté les bases d'une école maure française destinée à rapprocher de nous la population indigène, à initier les jeunes Maures à la connaissance de notre langue et à les préparer à recevoir l'instruction élémentaire à laquelle participent les enfants dans les écoles françaises.

Toutefois cette institution rencontra, et trouvera peut-être encore longtemps, de la résistance dans la population indigène, naturellement disposée à repousser tout ce qui lui est offert par des hommes qui ne partagent point ses idées religieuses. Malgré cette répulsion, l'année 1837 n'en fut pas moins marquée par l'ouverture d'une école de langue française à l'usage des Maures adultes. Oran posséda bientôt après quatre écoles primaires : la plus florissante est l'école d'enseignement mutuel, dont la dépense est supportée par le budget municipal.

Bone fut aussi dotée d'une école d'enseignement mutuel ; aujourd'hui, outre cet établissement, elle a une école de juifs, deux écoles de filles et une école maure.

Pour donner une idée plus complète des développements que l'instruction publique a pris en Algérie sous notre influence, nous allons indiquer le nombre des élèves qui ont fréquenté les écoles françaises depuis qu'elles ont été ouvertes à Alger, Oran, Philippeville et Bougie.

En 1832, ce nombre était de soixante-treize, et, en 1842, il se trouvait porté à deux mille trois cents. A la même époque, les écoles indigènes d'Alger, d'Oran et de Bone, pour les Juifs et les Maures, recevaient onze cents élèves.

La propagation de l'instruction publique dans un pays où l'ignorance et la superstition ont si longtemps dominé sera une œuvre lente et difficile ; mais la France ne doit pas ralentir ses efforts pour entamer et modifier l'opiniâtreté du caractère arabe ; c'est à nos agents de varier les moyens pour atteindre le but et d'employer tour à tour la parole parlée et écrite, les jeux de la scène et la diffusion des connaissances utiles. Notre théâtre a fait ressortir mieux qu'une ordonnance tout ce qu'avaient d'ignoble les représentations du cynique Garagousse, et elles ont cessé. Le *Moniteur algérien* et l'*Akbar*, affranchis de toute entrave, devraient être rendus plus intéressants pour les Arabes ; ils ne tarderaient pas alors à avoir une action puissante sur les progrès de la civilisation en Algérie. Les Anglais n'ont eu qu'à s'applaudir de cette tendance sagement donnée à leurs journaux de l'Inde ; les Arabes n'y résisteraient pas plus que les Hindous. Au reste, les villes d'Oran et de Bone viennent de faire un pas dans cette voie en créant chacune un journal local ; bientôt Philippeville et Constantine auront le leur.

La fondation d'une bibliothèque centrale à Alger et celle de plusieurs bibliothèques auxiliaires dans les principaux lieux de cantonnement sont venues compléter les moyens d'instruction mis à la disposition des colons européens et des indigènes.

PROGRÈS DE L'ORGANISATION MATÉRIELLE.

Lorsque la France prit possession de l'Algérie, elle ne trouva de ressources d'installation que dans les villes d'Alger, d'Oran, de Constantine, de Bougie et de Cherchell. Mostaganem, Blidah, Médéah, Miliana, Maskara, Djidjeli, Arzew, étaient en ruines; Douéra, Boufarik, Koléah, Guelma, Philippeville, Sétif et Rachgoun ne présentaient que le sol nu.

Les premières obligations du génie militaire furent donc de réparer ou de construire des abris pour les troupes, et de relever ou de perfectionner les fortifications des places, à mesure que nous nous y établissions.

C'est ainsi qu'il a successivement mis en état de défense Alger, Cherchell, Philippeville, Constantine, Djidjeli, Bone, Guelma, la Calle, Oran, Mostaganem, Arzew, Maskara, etc.; qu'il a établi les camps fortifiés de Douéra, d'Erlon, de Smandou, d'El-Arrouch, les postes avec blockhaus, les casernes et les hôpitaux, et qu'il a construit des baraquements partout où les agglomérations de troupes ont réclamé ce genre d'établissement.

C'est aussi au génie militaire que l'on doit les travaux de desséchement les plus importants effectués dans notre colonie, tels que ceux des environs de la Maison-Carrée et de Boufarik; ceux de l'Oued-Kerma, qui entourent la Ferme-Modèle; ceux qui devenaient indispensables à l'ouverture des routes de Koléah à Blidah et à Douéra.

Le cours de la Boudjimah et celui du Ruisseau-d'Or ont été également améliorés par ses soins.

Organisé à Alger le 7 octobre 1841, le service des ponts et chaussées est venu continuer une partie des travaux commencés par le génie militaire.

Les routes principales tracées en Algérie, et qui se trouvent terminées ou en voie d'achèvement prochain, sont celles de Blidah par Birkadem, du Fondouk, d'Alger à Koléah, de Beni-Moussa, d'Alger à Blidah par Douéra, de Bone à la vallée Kharisas et au port Génois, d'Oran à Maskara et Tlemcen, de Stora à Philippeville, et de Constantine à ce dernier port. Quoique très-courte, nous devons aussi mentionner celle d'Oran à Mers-el-Kébir, car c'est un des plus beaux monuments de notre création : cette belle route carrossable a été taillée en partie dans le roc, sur le bord de la mer, et a donné lieu à un tunnel de cinquante mètres de longueur. Avant, il n'existait qu'un mauvais sentier le long de la mer. Cette route a deux lieues de long ; ainsi, quand la mer est mauvaise, on peut faire venir par terre toutes les marchandises débarquées au port de Mers-el-Kébir. Ces travaux ont été faits en partie par les condamnés et font honneur aux officiers du génie qui les ont dirigés, sous les ordres de M. le commandant Savart.

Les travaux d'embellissement et d'utilité publique, exécutés dans les villes et spécialement à Alger [1], méritent une mention spéciale.

Ce qui excite le plus aujourd'hui la surprise de l'étranger qui entre pour la première fois dans Alger, c'est l'aspect de nouvelles constructions, qui toutes affectent le style architectural moderne, et qui donne à la vieille capitale arabe l'apparence d'une de nos cités les plus élégantes. L'industrie, jointe à l'amour de l'art, qui métamorphose complétement depuis vingt années, en France, et nos antiques demeures et la disposition de nos quartiers, a été tout aussi empressée d'abattre et de réédifier en Algérie. En peu d'années, les mille petites rues de la basse ville, étroites et sinueuses, ont fait place à des voies larges et droites; des habitations régulières, gracieuses et à arcades, ont succédé aux espèces de geôles sans jour et sans ornements où s'emprisonnait autrefois la population maure; des monuments publics, dignes de leur destination, viennent en outre chaque jour embellir les points les plus remarquables de la nouvelle ville. A l'extrémité de la rue de Chartres se dessine une jolie place rafraîchie par une élégante fontaine et ceinte de belles maisons. La place du Gouvernement, d'où l'on domine le port et la vaste baie d'Alger, se trouve encadrée par de beaux hôtels, et l'incendie récent dont elle a été le théâtre hâtera l'achèvement des constructions qui doivent en compléter les embellissements. Le palais du gouverneur est resté à très-peu de chose près, du moins extérieurement, ce qu'il était lorsque Hassan-Pacha en faisait sa résidence; on l'a seulement revêtu, du côté de l'évêché, d'une façade en marbre blanc.

Plusieurs bazars ont été également établis dans cette partie de la ville, entre autres celui de la rue du Divan et celui qui porte le nom de galerie d'Orléans.

L'ancienne mosquée, devenue église métropolitaine, s'est agrandie

[1] Le port d'Alger est doté d'un phare à éclipses; Mers-el-Kebir, Bone, le cap de Garde, en ont aussi; des feux de port ont été installés sur plusieurs points, et on prépare la construction des phares de Philippeville et d'Arzew.

d'une nouvelle coupole; et les protestants, rivalisant de zèle avec les catholiques, font élever tout auprès un magnifique temple.

L'accroissement continuel de la population européenne et la répugnance qu'elle éprouve à se fixer dans la partie supérieure d'Alger ont jeté les constructions sur les deux seuls côtés où se trouvent des terrains à peu près unis accessibles. C'est surtout vers le faubourg Bab-Azoun que le mouvement se fait le plus remarquer. Le chemin d'Alger à la plaine de Mustapha passe maintenant entre deux rangées de maisons qui se sont bâties avec une rapidité vraiment prodigieuse, et un quartier considérable s'élève au-dessous de la route du fort de l'Empereur. Pour faire face à ce flot incessant d'émigrants que l'Europe verse sur l'Afrique, on s'est décidé à reculer l'enceinte de la ville, qui passera dorénavant par les forts Bab-Azoun, de l'Empereur et des Vingt-Quatre-Heures. Ce nouveau tracé a fait gagner un terrain considérable, et cependant, si l'accroissement de la population continue dans les mêmes proportions durant quelques années, il ne tardera pas à être insuffisant.

Alger, avant peu, s'étendra jusque dans la plaine de Mustapha, et, de l'autre côté, ses maisons ne s'arrêteront que devant les pentes du Bouzareah.

Après tous ces travaux d'intérieur, il est impossible de passer sous silence les routes magnifiques qui, des portes de la ville, se dirigent à une très-grande distance dans l'intérieur du pays. La première en date est celle du fort de l'Empereur, exécutée sous le gouvernement du duc de Rovigo, comme je l'ai déjà relaté dans le commencement de cet ouvrage.

Alger avait une mauvaise petite darse, où le vent du nord-est brisait les bâtiments; elle en a fait un port qui devient de jour en jour plus vaste et plus sûr. Le Môle a été réparé et enroché; une jetée, qui a déjà atteint une longueur de plus de deux cents mètres, s'est élancée vers le sud, laissant entre elle et les murs de la ville un espace qui ne fait que s'accroître.

Mais à ces nombreux navires qui abordent maintenant en Afrique, il fallait des quais vastes et commodes pour les déchargements. Ici tout était à faire et tout a été créé. Le port offre déjà une largeur de cinq cent cinquante mètres et une superficie d'environ onze hectares de bon mouillage pour les navires. La construction, en un mot, avance autant que le permettent les crédits, qui sont de un million cinq cent mille francs par an.

C'est à l'aide des blocs de béton, dont l'ingénieur en chef Poirel est l'inventeur, qu'est construite la jetée. Au lieu de pierres de trois à quatre mètres cubes au plus, qu'on se procurait à g...nd peine, on est parvenu, par cet heureux procédé, à établir des masses de dix à onze mètres cubes contre lesquelles la mer est impuissante, et dont la dureté, au sein des eaux où elles se trouvent plongées, va sans cesse croissant.

Dans les autres villes, les travaux d'embellissement et d'utilité publique ont été moins actifs; mais toutes se sont ressenties de notre présence : dans les principales, nous avons introduit les horloges et l'éclairage des rues, commodités inconnues dans les villes musulmanes.

Partout où la culture française a été introduite, elle a changé l'aspect général du sol; grâce à elle, la plupart des légumes d'Europe sont aujourd'hui acclimatés en Afrique, et la douceur du climat permet d'obtenir au cœur de l'hiver, et à un prix peu élevé, ces primeurs que l'on n'obtient en France qu'avec tant de frais et d'industrie; les céréales croissent là où, de mémoire d'homme, jamais charrue n'était venue tracer un sillon. Dans le Sahel, les récoltes de fourrages tiennent le premier rang et présentent des résultats qui deviennent chaque jour plus importants.

Les habitants de Douéra et de Boufarik ne cultivent encore que des jardins potagers et des plantations d'arbres; mais leurs travaux sont prospères et préparent admirablement les avantages qu'on est en droit d'attendre de l'exploitation de la Métidja. Dans les différents centres de notre occupation, l'armée a opéré des défrichements et des cultures considérables.

En 1841, le gouverneur général affecta trente hectares de terre à chaque régiment. Sur quelques points, comme à Oran, à Bone et à Constantine, ces exploitations sont dans une grande prospérité; dans la province de Constantine, l'armée cultive aujourd'hui près de quatre cents hectares, soit en jardins, soit en céréales.

N'oublions pas, dans cette énumération des travaux agricoles, la belle création des condamnés militaires d'Alger, sous la direction éclairée et paternelle du colonel Maringo; c'est un jardin qui peut rivaliser avec les plus magnifiques de nos villes d'Europe; partout des rempes, des murs solides, des massifs d'arbres, des tapis de fleurs, de belles allées. Ce sont des condamnés qui ont tout fait, tout planté : c'est encore à leur travail que l'on doit la fondation de plusieurs villages préparés pour installer de nouveaux colons.

Ajoutons enfin à ces établissements celui que les trappistes ont fondé à Staouéli. La concession qui leur a été faite est de mille hectares situés dans une plaine qui s'étend jusqu'aux bords de la mer, non loin de Sidi-Ferruch. La capacité bien reconnue qu'apportent les trappistes dans les exploitations agricoles, et l'excellente nature de la majeure partie des terres qui leur ont été livrées en Algérie, présagent à cette espèce de ferme modèle une prospérité qui sera très-profitable au pays.

Les premiers essais de colonisation remontent à 1832, époque de la fondation des villages de Kouba et Delhy-Ibrahim. Les modiques sommes qu'on y employa d'abord allèrent s'affaiblissant d'année en année, et furent enfin effacées du budget. D'un autre côté, les bras manquèrent, et l'avenir de l'Algérie paraissait encore trop peu assuré pour décider les cultivateurs sérieux à y former des établissements.

Dans les derniers mois de 1841, deux villages furent commencés par le génie militaire à Fouka, entre Koléah et la mer, et à Méred, entre Boufarik et Blidah, pour recevoir des militaires libérés qui devaient concourir à la garde de l'obstacle continu, dont les travaux venaient d'être commencés.

Ce n'était encore là qu'un début. En 1842, l'œuvre s'est mieux dessinée, et des résultats positifs ont été obtenus à l'aide d'un crédit spécial pour la colonisation civile, et, grâce à la cessation des hostilités sur divers points, du 10 janvier 1842 au 24 décembre 1843, douze villages nouveaux ont été créés aux environs d'Alger, savoir : Drariah, l'Achour, Cheraga, Douéra, Saoula, Ouled-Fayet, Baba-Hassan, Montpensier, Joinville, Krecia, Douaouda et l'annexe de Mered; enfin trois autres, anciennement créés, ont été complétés du mois de janvier 1842 au 1ᵉʳ août 1843; six cents familles ont été placées dans ces différents centres de civilisation, et, au mois de juillet 1844, on y comptait quatre mille deux cent douze personnes. Dans la province d'Oran se forment aussi plusieurs centres de colonisation; ce sont : la Sennia, Miserghin, Darbidah, Mazagran ; les riches plaines de Mostaganem et d'Andalousia vont bientôt aussi être disposées pour recevoir des émigrants européens. La vallée du Safsaf, près de Philippeville, les camps d'El-Arrouch et de Smendou, situés sur la route de Constantine, attendent aussi une population agricole pour mettre en rapport les terres fertiles qui les entourent. Des jardins d'essai et des fermes expérimentales, fondés sur plusieurs points, concourent encore à hâter les progrès de ces établissements.

Aujourd'hui que le succès de nos armes a donné une sécurité complète à notre colonie d'Afrique, et que notre administration a établi des relations suivies avec les indigènes, le commerce de l'Algérie a pris une importance qui sera de plus en plus progressive et qui mérite de fixer l'attention de la métropole.

Depuis plusieurs siècles, les produits manufacturés de l'Europe étaient presque entièrement exclus de la régence d'Alger, et les ports de la Méditerranée étaient privés des ressources que leur offrent maintenant et le transit de ces marchandises et le fret de leurs navires. D'un autre côté, les exportations des produits de l'Afrique diminuaient d'année en année; car, indépendamment de la misère qui régnait dans l'intérieur des terres, les acheteurs manquaient dans les ports, dont les éloignait la piraterie.

Cet état de choses a totalement changé depuis 1830. La France absorbe aujourd'hui les soixante et onze centièmes des produits de l'Algérie, qui se composent des matières premières que nous sommes intéressés à recevoir des Arabes, en attendant que la population européenne soit assez nombreuse pour les suppléer entièrement. Le territoire fournit à Gibraltar et à Malte des grains, des tabacs et autres produits qui peuvent lui être expédiés de Mers-el-Kébir avec une extrême facilité. Les laines, qui commencent à entrer dans nos cargaisons de retour pour des quantités assez considérables, sont expédiées d'Oran, de Bone et de Philippeville, et vont jusqu'à New-York. Les huiles de l'est, les grains du Chélif, les cires, les peaux et le kermès de la province d'Oran, donneront au commerce d'exportation une extension d'autant plus intéressante, qu'un bénéfice fait par les Arabes les décide toujours à renouveler les mêmes opérations. La pêche du corail commence aussi à devenir un objet important; en 1844, elle a produit quinze cent mille francs, et les droits prélevés pour le compte de la France se sont élevés à plus de deux cent mille francs.

Les tissus de soie et de coton fabriqués en France, à Alger et en Angleterre, les tissus de fil sortis de nos fabriques, les denrées coloniales, les drogueries, les teintures, les fers et les aciers, les ouvrages en fer et en cuivre, les instruments aratoires, des objets communs de quincaillerie et de mercerie, et quelques petits objets de luxe, telles sont les marchandises que les Arabes achètent en échange de leurs produits, et dont la valeur, d'après les courtiers juifs, s'élève à des sommes considérables. A ces ventes faites aux Arabes de la campagne, il faut ajouter la consommation des Maures et des juifs, qui, plus avancés que les campagnards, commencent à faire usage de draps français, de chapeaux, de bas, de gants, de meubles, d'horlogerie, d'argenterie, de porcelaine et de cristaux.

Si le commerce d'importation ne présente pas pour la métropole une augmentation d'affaires égale à la somme des valeurs importées, c'est que l'armée et la population civile consomment en Afrique ce qu'elles auraient consommé en France ; mais, réduction faite du chiffre des importations, qui ne sont qu'un simple déplacement, il reste encore une somme d'affaires très-considérable. D'ailleurs, le déplacement de la consommation par les échanges, les transports, la circulation des capitaux qu'il entraîne et le travail qu'il procure, est un véritable accroissement de richesse. C'est ce qui explique pourquoi le commerce de l'Algérie offre tant d'intérêt à la France, surtout à ses départements méridionaux.

C'est, sans contredit, aux progrès de la colonisation, à la constitution des propriétés, à l'ouverture des routes nombreuses, à l'accroissement de sa population agricole, que sont dus, en grande partie, les progrès commerciaux dont nous venons de faire un rapide exposé, progrès qui ne pouvaient se produire, en outre, qu'à la condition d'une sécurité conquise par une guerre habile et persévérante.

En continuant de marcher dans une pareille voie, l'Algérie, on n'en peut douter, verra se réduire rapidement les charges qu'elle impose à la mère patrie, et lui offrira, dans un prochain avenir, de précieuses compensations par l'exploitation des richesses de son sol et par le développement de son mouvement commercial. (*De l'Algérie ancienne et moderne*, p. 576.)

DES CARAVANES, DU PÈLERINAGE DE LA MECQUE ET DU PARTI QUE LA FRANCE POURRAIT EN TIRER [1].

Le pèlerinage de la Mecque a été considéré, dans tous les temps, comme l'une des principales causes qui ont concouru à entretenir des relations entre les peuples musulmans. Il est même permis de croire que le stimulant qu'il offrait à la piété des croyants ne fut pas le seul motif du législateur, et que les liens que le commerce pouvait trouver dans cette pratique n'occupèrent pas moins sa pensée que la propagation de la religion qu'il avait fondée.

Le nombre de mahométans qui, au retour de la Mecque, traversaient les régences barbaresques pour se rendre dans leur patrie, était souvent considérable. En allongeant ainsi leur route, leur but était de réchauffer la ferveur des fidèles, et, en se montrant à tous, d'inspirer le désir de les imiter.

[1] *De l'Établissement des Français en Afrique*, par M. Genty de Bussy.

Pendant le temps que durait l'espèce d'auréole de piété qu'ils avaient été conquérir aux lieux saints, on les entourait d'une vénération partagée par les grands fonctionnaires et par les souverains mêmes, qui étaient les premiers à les combler de présents. On leur rendait des honneurs, on allait à leur rencontre, on jetait des fleurs et des branches de palmier sur leur passage ; le dey d'Alger notamment les accueillait avec une extrême distinction et les offrait comme modèles à ses sujets ; partout enfin ils étaient l'objet d'une sorte de culte, et, retranchés derrière leur inviolabilité, ils cheminaient à l'abri de tout péril.

Des princes de Maroc, des cheiks du Sahara, des prêtres en grande vénération, figuraient de temps en temps parmi ces envoyés célestes, que les Maures appelaient de leurs vœux, autres pèlerins d'une autre terre, dont le zèle était d'autant plus vif, qu'il sympathisait avec des sentiments que le temps encore n'a pu affaiblir.

La Mecque et Jérusalem, le but qu'on se propose en les visitant marque mieux que ne pourraient le faire toutes les réflexions l'état actuel des deux croyances de Mahomet et de Jésus-Christ, la vivacité pour l'une, l'indifférence pour l'autre. C'est toujours la dévotion qui décide le pèlerinage des musulmans; ce n'est plus que la curiosité qui décide celui des chrétiens. Il y a encore affluence à la Mecque; il n'arrive plus que quelques voyageurs isolés à Jérusalem.

Dans la partie occidentale de l'Afrique, et dans la régence en particulier, les pèlerins suivaient deux directions principales : les habitants des versants méridionaux de l'Atlas, les tribus qui errent sur les confins du désert, et qui déploient leurs tentes sur les bords de la rivière Blanche et de celle du Chevreau, les Arabes dits Sahraoui, marchaient par petites troupes, comme autant d'affluents, dans le but de se réunir ensuite à la grande caravane, qui, partant du sud de l'empire de Maroc, traverse chaque année la mer de sable de l'ouest à l'est, et vient enfin camper sous les murs du Caire.

Les Arabes dits Tellias, ceux qui cultivent les plaines fertiles que renferment entre elles les ramifications de la grande chaîne de montagnes du sud, les Kabaïles, maîtres indomptés des crêtes de l'Atlas, et les habitants des villes nombreuses enfin qui couvrent encore le sol de la partie septentrionale de la régence, tous ceux-là se donnaient rendez-vous vers l'époque de la lune de Redjeb, dans les principaux ports de la côte, d'où ils frétaient des bâtiments pour se rendre à Alexandrie.

Alger voyait donc partir chaque année plusieurs navires chargés de pèlerins, et, lorsque quelque personnage de distinction voulait aller avec eux visiter le tombeau du prophète, le dey le faisait conduire par sa propre marine en favorisant l'exercice de ce pieux devoir, en proclamant que, par les soins de l'administration de la Mecque et Médine, des bâtiments partiraient pour l'Égypte aux époques consacrées, admettant à leur bord tous ceux qui voudraient s'y rendre. Nous verrons bientôt en abondance revenir sur nos marchés les denrées que les pèlerins se trouveront forcés de nous vendre pour subvenir aux frais de leur route.

Mais il resterait encore à pourvoir à d'autres besoins à Alger et ailleurs, la même sollicitude s'étendait à l'aller et au retour. Dans des caravansérais, sous des galeries spacieuses, les pèlerins trouvaient un abri pour leurs marchandises et pour eux, et partout des fontaines d'eau courante pour désaltérer leurs montures. Le faubourg de Bab-Azoun comptait plusieurs de ces établissements[1].

Depuis la conquête ils ont disparu ; des casernes, des hôpitaux, les ont remplacés. Il fallait loger nos soldats, sans doute ; mais il fallait songer à les faire vivre aussi, et le meilleur moyen pour cela était d'attirer les Arabes. Ce que nous leur prenions d'un côté, nous devions le leur rendre de l'autre, et la Mecque et Médine possédaient assez de maisons pour qu'on pût en affecter quelques-unes à cette destination. Nous ne l'avons pas fait jusqu'ici, c'est une faute ; il y a dès lors obligation de le faire aujourd'hui, de regagner le temps perdu et de rétablir la confiance.

Nous devons assistance aux indigènes, qui croient pouvoir, sous la protection française, se livrer en paix à toutes les pratiques de leur culte. Il importe d'élargir nos relations d'amitié avec les populations africaines, et il nous appartient surtout de chercher à détruire l'opinion, trop généralement accréditée parmi elles, et qui serait contraire aux vrais intérêts de notre politique et de notre commerce, que notre domination est hostile à leurs idées religieuses, quand notre premier besoin doit être de les faire respecter. (De l'*Établissement des Français dans la régence d'Alger*, par M. Genty de Bussy.)

DES MARIAGES EN ALGÉRIE.

Les mariages se déterminent et se contractent sans que les futurs

---

[1] A Bone, M. le général d'Uzer a rendu un seul de ces établissements à sa destination, et le lendemain, au lieu de cinquante Arabes, on en comptait six cents sur le marché de cette ville.

époux se soient jamais vus ni parlé ; l'affaire se traite par intermédiaire, sur la proposition qui en est faite. Le père ou le frère de la fille, ou à défaut un parent, tâche de dépeindre au futur mari la personne à laquelle celui-ci se propose de s'unir, et les époux ne se voient à visage découvert que lorsque la cérémonie et le contrat sont terminés. Quelques fois les fiançailles ont lieu un an avant le mariage ; les futurs époux ne se voient pas davantage pendant ce temps. La future réunit chez elle ses amies et ses voisines et fête ce jour-là par un repas et de la musique : l'époux en fait autant de son côté avec une réunion d'hommes. Le mari a toujours le droit de renvoyer sa femme ; il suffit, pour cela, de sa déclaration devant le kadi que sa femme cesse de lui convenir ; il lui restitue les biens et effets qu'il a reçus d'elle, et la femme rentre dans la maison paternelle, ou, si quelque motif s'y oppose, elle adopte un autre domicile. La femme a aussi le droit de demander la séparation conjugale, mais, pour cela, elle doit prouver que son mari est un joueur, ou qu'il fréquente les lieux de débauche, ou que sa sûreté personnelle est compromise avec lui.

La religion de Mahomet autorise la polygamie ; cependant peu de maris, à Alger, épousent plusieurs femmes ; la plupart n'en ont qu'une, et, si l'un d'eux en a plusieurs, elles paraissent pourtant vivre entre elles d'assez bonne intelligence. La jalousie extrême des hommes contribue beaucoup à rendre dure et pénible l'existence des femmes ; ainsi toutes les fenêtres d'une maison, quoiqu'elles soient intérieures et donnent sur les galeries dont j'ai parlé déjà, sont grillées en fer, en sorte qu'un mari peut, en fermant la porte de sa chambre, y constituer sa femme prisonnière, quoique la maison, dans son ensemble, soit déjà une prison. Même dans les maisons de campagne, dont toutes les fenêtres intérieures et extérieures sont garnies également de barreaux de fer, quelque élevé que soit l'étage auquel elles appartiennent, tout respire l'esclavage. La seule distraction journalière des femmes consistait à monter sur les terrasses de leurs maisons et à s'y promener au grand air ; ainsi, pour ce motif, les hommes s'en prohibaient l'usage, afin de ne pas compromettre la femme de leurs voisins ; ceci était réciproque et rigoureusement observé. Ce fut un grand émoi parmi les Maures lorsque les Français, maîtres du pays, eurent la hardiesse de monter sur les terrasses ; les femmes se mettaient en fuite comme si quelque danger imminent les eût poursuivies, et les hommes, enfreignant leur usage immémorial, paraissaient sur la maison pour enjoindre avec menace aux Français de se retirer. On juge bien que ceux-ci ne tenaient guère compte de ces brutales injonctions ;

aussi cessèrent-elles bientôt; mais depuis lors les Mauresques logées dans le bas quartier, où le nombre des Français est considérable et où il s'accroît tous les jours, s'abstiennent le plus possible de paraître sur le lieu de leurs anciennes promenades, et ce n'est jamais qu'en tremblant; leur fuite précipitée est la conséquence de la vue d'un homme. Les Maures, fidèles à leurs anciens usages, n'y paraissent jamais. On rencontre souvent des femmes à cheval, allant de la ville à la campagne, renfermées dans une espèce de cage (qu'on appelle palanquin) : c'est un cadre en bois aussi élevé que le haut de la tête, garni sur les quatre faces d'une toile blanche et reposant sur le devant et sur le derrière de la selle, en sorte que la captive n'a de découvert que le bas de la jambe; personne ne la voit, et elle ne voit rien autour d'elle.

Cependant toutes les femmes ne paraissent pas partager cette aversion pour la liberté; un grand nombre d'entre elles ne répugne pas à se laisser voir, lorsqu'elles sont assurées de l'absence de leurs maris, et il est de notoriété que beaucoup de Français ont trouvé le moyen de s'introduire auprès de plusieurs femmes du pays et de contracter des liaisons intimes avec elles.

Celles-ci ont, en général, beaucoup de prévenance pour les dames françaises; elles leur font des signes, leur parlent, les appellent dans leurs maisons, les accueillent avec empressement, leur donnent des fleurs, des parfums, leur font prendre du café, des friandises, et leur témoignent toujours l'envie de les revoir bientôt[1].

DES MARIAGES ENTRE MAURES.

Le jeune homme qui désire se marier, soit qu'il suive en cela son inclination personnelle ou la volonté de son père, prie une de ses parentes d'aller voir la personne qui lui est destinée, et la charge de recueillir tous les renseignements qui peuvent l'éclairer sur ses qualités ou ses imperfections. Sur le rapport qui lui est fait de sa moralité, il adresse une demande formelle à son futur beau-père, qui s'abouche alors avec lui ou avec celui de ses amis qui doit lui servir de témoin. C'est dans cette entrevue qu'on détermine la quotité et la nature de la dot, qui consiste ordinairement en bijoux, laine, meubles et quelque peu d'argent. Le fiancé, comme gage de sa foi, remet à son beau-père une bague ou quelques objets de prix destinés à sa future épouse.

[1] *Physiologie morale et physique d'Alger*, par D.-J. Montagne, page 35.

Les bases de l'union projetée ainsi posées et arrêtées d'un commun accord, les amis des deux familles se réunissent à la mosquée, où deux adouls (conseillers du kadi), mandés *ad hoc*, procèdent de la manière suivante à l'accomplissement des formalités officielles. Le témoin de la femme dit aux adouls : « Je consens à accorder ma fille ; » l'autre répond : « Je l'accepte. » Le consentement mutuel des parties une fois reconnu et établi, on expose à haute voix les stipulations du contrat, et, si les arrhes qui les rendent obligatoires n'ont point encore été données, on en requiert immédiatement la remise ; puis les adouls prononcent un assez long discours en forme d'exhortation et de règle de conduite, et l'assemblée se retire.

Le premier soin, comme le premier devoir du jeune homme à sa sortie du temple, est d'envoyer à sa fiancée des objets de parure ou de fantaisie : ce sont des robes, des étoffes, des souliers brodés, du henné, et, par une singularité toute locale, il y ajoute toujours des comestibles d'espèces variées. La jeune fille, à son tour, prépare avec une sollicitude non moins vive les éléments d'un repas auquel doivent être conviés les amis et les parents des époux. Les plateaux et les vases qui ont servi au transport des mets lui sont aussitôt renvoyés, mais cette fois les bijoux et les soieries, les broderies et les mousselines, ont envahi les plats ; les aliments du corps ont fait place aux aliments du caprice et des yeux.

Ce sont les deux tuteurs qui déterminent l'époque et le lieu où doit se célébrer le mariage ; en cela ils doivent avoir égard aux sympathies des familles. Dans le cas où il a été décidé que le jeune homme partagera la demeure des parents de sa femme, on l'informe du jour où il pourra y être admis pour prendre part aux fêtes qui doivent le signaler. Là sont réunies de bonne heure toutes les dames amies ou simplement connues des parties contractantes. La cour de la maison a été convertie en une salle de danse, où les almées du pays se livrent aux plus voluptueuses et souvent aux plus obscènes figures. Les rafraîchissements circulent avec une libéralité tout orientale ; les chants se succèdent tantôt plaintifs et doux, tantôt gais et graveleux, toujours d'une allure grave et monotone et d'une cadence uniforme. Telle qu'une victime que l'on conduit à l'autel, parée et couronnée de fleurs, la jeune fille, assise entre des femmes vêtues avec une grande richesse, assiste, silencieuse et pensive, aux joies qui s'agitent devant elle, et attend, avec une inquiétude mal déguisée, l'instant où l'on introduira son futur. Enfin, vers la nuit, celui-ci entre dans la chambre nuptiale ; il y trouve le témoin de sa femme et s'entretient quelque temps avec lui. En ce moment arrive la mariée, qui s'avance précédée des musiciennes ; celles-ci s'arrêtent au seuil de la porte ; le mari se lève, vient au-devant de sa jeune épouse, pose son pied sur le sien et l'invite à s'asseoir à ses côtés. Cet incident significatif, qui n'est en quelque sorte que la traduction libre de l'article 113 du Code civil, est bientôt suivi d'un autre, qui n'est pas moins singulier : une des musiciennes, ou plutôt celle qui remplit l'office de coiffeuse (*mechta*), entre dans la chambre des époux, s'approche de la mariée et lui verse dans le creux des mains une petite quantité d'eau de fleur d'orange. Celle-ci présente le breuvage à son futur ; mais, tout en l'invitant à le boire, elle a soin d'écarter ses deux mains avant qu'il puisse y porter ses lèvres. La même scène se répète, mais cette fois c'est l'homme qui joint ses mains et les offre, remplies, à sa femme, à laquelle il joue le même tour.

Ces formalités accomplies, les dames invitées, toujours mystérieusement voilées, vont procéder au déshabiller de la mariée ; une de ses amies intimes lui enlève ses parures, ses habits de fête, et la conduit, aidée de ses compagnes, à la couche nuptiale, préparée d'avance avec le plus grand luxe. Cet instant a quelque chose de solennel : le frémissement de la jeune fille à la vue du maître de sa destinée, ces femmes qui l'exhortent et la rassurent, ce trône vers lequel s'absorbent leurs regards, tout concourt à répandre sur l'assemblée une expression imposante.

On se retire.

Les danses et les chants, les bruits des gongs et des tambours de basque, continuent pendant toute la nuit. Le lendemain, vers cinq heures, le mari doit se rendre au bain. En ce moment la cour est encombrée de femmes ; le bruit discordant des instruments redouble ; les *you, you* (sorte d'applaudissements ironiques), se multiplient et prennent encore une nouvelle ardeur, lorsque l'homme, traversant la cour avec rapidité pour se soustraire aux regards qui l'obsèdent, jette aux pieds de l'assistance, avec un sentiment de satisfaction intérieure, le témoignage éclatant de sa puissance.

MARIAGE CHEZ LES TRIBUS ARABES

Lorsqu'un garçon veut obtenir une fille en mariage, il doit donner au père un certain nombre de bœufs ou de vaches, de moutons et de chèvres, qu'il conduit lui-même à la tente de sa prétendue. Quand il est arrivé, l'usage veut qu'on lui demande combien il a acheté son épouse; à quoi il répond qu'une femme laborieuse et sage ne coûte jamais cher. On assemble toutes les filles du douar, qui, ayant fait monter l'épouse à cheval, la conduisent à la tente du mari. Chemin faisant, des musiciens l'escortent et font entendre un tintamarre discordant; des espèces de triangles en bois sont couverts de petits cierges allumés, et, tout le long de la route, les détonations de coups de fusil se font entendre (car les fêtes, dans les tribus arabes, ne se célèbrent jamais sans cela). La mariée arrivée dans le douar de son futur, les parents de l'époux lui présentent un breuvage composé de miel et de lait, dans lequel on met aussi un morceau de la tente où se tient l'assemblée. Tandis que la mariée le boit, les compagnes chantent une espèce d'épithalame en l'honneur des deux époux, et leur souhaitent, entre plusieurs prospérités, qu'ils aient beaucoup d'enfants, que leurs troupeaux multiplient et que leur tente soit toujours remplie de lait. Après cette cérémonie, la mariée met pied à terre et plante devant la tente un pieu, qu'elle enfonce le plus qu'elle peut en disant : « Comme ce pieu ne sortira point du lieu où je l'ai mis, à moins qu'on ne l'arrache, ainsi on ne me verra jamais quitter mon mari, à moins qu'il ne me chasse. » On lui montre ensuite le troupeau dont elle doit être la gardienne, et elle le fait paître une heure ou deux dans les champs, après quoi elle revient à la tente du mari et s'y réjouit avec ses compagnes, qui se retirent vers le soir, pour la laisser dans les bras de son époux.

Les garçons se marient à l'âge de quatorze ou quinze ans, et les filles à neuf ou dix ans, et deviennent mères à neuf ou dix ans, ce qui n'empêche pas pourtant que leurs enfants soient très-beaux et très-robustes.

Les femmes Bédouines s'appliquent à élever des abeilles et des vers à soie, à conduire les bestiaux au pâturage, à pourvoir d'eau et de bois leur habitation. Les mères n'emmaillotent point leurs enfants et les laissent nu-pieds jusqu'à l'âge de sept ou huit ans. Elles les portent sur le dos lorsqu'elles vont au travail, leur donnent le sein par-dessus l'épaule, soit pendant le chemin, soit pendant qu'elles coupent du bois ou qu'elles puisent de l'eau. Ils couchent sur des feuilles d'arbres ou sur des nattes, et commencent à courir à l'âge de cinq ou six mois (20).

DU COMMERCE A ALGER ET PRODUCTIONS DU PAYS.

Le commerce qui se fait à Alger est peu considérable: les Turcs n'y prenaient aucune part; les Maures ne s'occupent que d'un rafic et d'un détail journalier; les juifs achètent toutes les marchandises de la première main, et font un monopole qui les enrichit.

Les marchandises qu'on porte dans ce royaume sont des étoffes d'or et d'argent, des damas, des draps fins, des épiceries, du fer, de l'étain, du plomb et du vif-argent, des toiles de chanvre et de lin, de la poudre, des balles et des boulets; des cordages, des voiles de navire et des ancres, de la cochenille, de l'alun, de la couperose, de l'arsenic, du cumin, du vermillon, de la gomme laque; du mastic, de l'opium, de l'encens et d'autres drogues; du papier, du soufre, du riz, du sucre, du café, diverses quincailleries, etc. Celles qu'on prend en retour sont : les plumes d'autruche, la cire, les laines brutes, les cuirs, les dattes, le cuivre, des mouchoirs brodés, des ceintures de soie, des couvertures de laine et les produits du pays.

Les Algériens sont excellents dans la fabrication des cuirs, et particulièrement des peaux colorées qu'on appelle maroquins; ils ont peu de rivaux dans l'art de distiller les roses; l'essence la plus recherchée est celle qui provient d'une rose blanche appelée Nessari. C'est une des branches les plus précieuses de leur commerce. Les tapis appelés Nérard sont très-renommés.

La laine d'Alger est propre à recevoir toutes les couleurs dont on veut la teindre; le nord de l'Afrique fait une grande consommation de châles, des écharpes, ceintures et bonnets qui se fabriquent dans cette régence; ces derniers articles se fabriquent également en France.

Une tribu nomade, sur ses frontières méridionales, par ses échanges avec les peuples des contrées centrales de l'Afrique, lui fournit la poudre d'or, les plumes d'autruche, l'ivoire et autres objets rares et précieux que les Algériens vendent aux Européens; mais, ce qui alimentait autrefois le commerce d'Alger de marchandises où tout était bénéfice, c'était le produit de leur piraterie.

INDUSTRIE DES INDIGÈNES.

L'industrie, dans l'ancienne régence, se borne à très-peu de chose. Dans les principales villes seulement, on travaille le cuir, on fabrique des armes, des burnous, des haïks, vêtements indispensables des hommes, à la ville comme à la campagne; des sarmahs, coiffures coniques, en métal découpé à jour, dont nous avons déjà parlé; des pantoufles et des bourses en cuir et velours brodées en or, et qui ont là forme de portefeuilles; différents objets de toilette et de fantaisie, et des poteries; du reste, il n'y a aucune manufacture ni usine.

Alger n'a jamais été une ville très-commerçante, mais elle fut toujours la ville de consommation, le trésor de la régence. Là s'entassaient les richesses prises sur les navires qui parcouraient la Méditerranée, et les contributions levées sur les juifs et les Arabes; là on apportait les produits de l'intérieur du pays et les produits étrangers, amenés à Bone et à Oran par quelques bâtiments européens. Enfin, là vivaient les riches de la régence.

Oran et Bone, au contraire, étaient des villes éminemment commerçantes, et qui avaient des relations fréquentes; l'une avec Maroc, Gibraltar et Carthagène; l'autre avec Tunis, Smyrne, Marseille et quelques villes d'Italie.

A Oran, chaque année, aux mois de mai et de septembre, une caravane (24) de deux à trois mille chameaux, qui commençait à se former au delà de Tombouctou, traversait le désert de Sahara, et, se complétant dans le royaume de Tafilet, apportait des dents d'éléphant, des plumes d'autruche, de la cire, du miel; du poil de chameau, qui sert à tisser les plus beaux burnous; des pelleteries, des dattes; des lions et d'autres animaux féroces apprivoisés, etc.

Parvenue à quelque distance de la ville, la caravane envoyait au bey une députation de plusieurs commerçants les plus notables, qui faisaient à celui-ci les présents d'usage, et lui demandaient la permission d'enrichir Oran des productions de leur pays, puis de remporter en échange des blés de la régence et des objets de fabrique européenne.

Cette permission accordée, la caravane venait camper à une demi-lieue d'Oran, et étalait dans la plaine ses marchandises; là alors s'établissait une espèce de foire qui durait une quinzaine de jours.

Les négociants d'Oran, Maures et juifs, apportaient, de leur côté, de gros velours et des brocarts fabriqués à Lyon, des foulards, une étoffe claire imitant la mousseline, confectionnée à Gibraltar, etc.

Une ou plusieurs tribus de la province d'Oran, désignées par le bey, apportaient la quantité de blé demandée; les transactions se faisaient, et quand elles étaient terminées, la caravane reprenait paisiblement la route qu'elle avait suivie pour venir. Ensuite les négociants d'Oran vendaient les mêmes marchandises qu'ils avaient reçues, partie à Alger, partie aux Européens, dont les navires fréquentaient habituellement leur port.

La dernière caravane que l'on vit à Oran vint au mois de mai 1830;

elle ne comptait pas moins de deux mille chameaux, outre un grand nombre de chevaux.

Le territoire d'Alger, dont on reconnaît généralement la fertilité, est en voie de prospérité; maintenant que la colonisation marche à grands pas, il pourra réaliser tout ce que la France peut attendre de son avenir. Il est indubitable que ces caravanes reparaîtront promptement à Oran, parce qu'elles ne peuvent se procurer que dans ce pays du blé, dont les contrées d'où elles viennent manquent totalement.

Il est à remarquer que la province d'Oran produit le plus beau blé que l'on connaisse; le grain est très-gros, la farine est un peu moins blanche que celle du blé de Provence, mais elle donne un pain d'aussi bonne qualité.

La pêche du corail, sur les côtes de Barbarie, pouvait être autrefois pour le gouvernement algérien une branche de commerce très-lucrative, mais il n'en tirait pas le parti que la France peut en espérer (22).

La frugalité des Arabes, la fécondité du sol qui les nourrit, et plus encore leur apathie, font que les terres cultivables de la régence ne produisent point la millième partie de ce qu'elles sont susceptibles de rendre.

En plaine, les Arabes ne fument point leurs terres, ils cultivent très-mal; leurs instruments aratoires consistent en une charrue formée d'une branche d'arbre ayant un coude effilé, avec laquelle ils écorchent à peine la terre, une herse ayant quelques dents et une houe. Ils ne se servent pas toujours de la herse, parce que souvent ils sèment avant de labourer. Leurs arbres ne sont jamais greffés ni taillés; ils se contentent d'en recueillir les fruits tels que la nature les leur donne, jamais non plus ils ne font de plantations. Ce n'est qu'à la longue qu'ils adopteront notre méthode de culture en voyant par expérience les heureux résultats obtenus par nous. Ils ne cultivent guère que le blé, l'orge et le maïs, et comme ils n'ont pas de granges, ils conservent le blé dans les silos [1].

AGRICULTURE.

La température d'Alger est douce en général, et très-fertile; les hautes montagnes, et principalement le mont Atlas, sont quelquefois

---

[1] Les silos sont des excavations profondes dans la terre, revêtues de paille et hermétiquement fermées.

couverts de neige, et le froid s'y fait vivement sentir. Mais dans les plaines, dans les basses vallées, dans le désert surtout, les chaleurs de l'été sont insupportables; cependant le vent d'est qui souffle pendant cette saison rafraîchit l'air et y amène des brouillards qui ne sont pas nuisibles à la santé des habitants, mais que les étrangers doivent redouter à cause des fluxions qu'ils occasionnent.

Les vents du nord, du sud-est et de l'ouest apportent les orages et les grandes pluies; ils règnent pendant l'hiver, et dans cette saison, ils rendent les côtes inabordables. Le terrible simoun ou siroco, kamsin, ou vent du sud, ne dure heureusement que peu de jours. Comme il arrive des tropiques, qu'il passe sur les déserts brûlants, il est chargé de particules d'un sable si fin, qu'il serait insupportable s'il durait davantage, car dans quelque lieu que l'on se trouve, on ne respire qu'avec peine (23); quand on se trouve surpris dans le désert ou dans les contrées arides et sans abri, le seul moyen de se garantir des tourbillons de sable qui vous enveloppent est de retenir autant que l'on peut son haleine, pour ne pas aspirer une vapeur ardente et mortelle. Souvent il arrive que le malheureux voyageur voit tout à coup ses vêtements couverts de sable qui pénètre dans son nez, dans sa bouche, dans ses oreilles et dans ses yeux; il est environné d'un nuage brûlant de poussière; ce vent embrasé pénètre dans ses pores, son sang s'allume; une sueur abondante énerve ses forces, il est oppressé par une suffocation convulsive; il tombe, et bien des années après, ses os blanchis apprennent à d'autres voyageurs sa triste destinée.

L'été commence vers la fin d'avril et finit à la fin d'octobre; il est chaud et sec; mais, vers le littoral, il est constamment rafraîchi par la brise de mer; il n'y a ni printemps ni automne, et l'on passe presque sans interruption à l'hiver, remarquable par ses grandes pluies.

L'agriculture était négligée à Alger avant que nous en fissions la conquête, il en est de même dans tous les pays accablés par le despotisme; mais, comme le despotisme algérien était le raffinement de la tyrannie sous les Turcs, un des plus beaux pays du monde, d'une fertilité étonnante, à notre arrivée à Alger, laissait la plus grande partie de ses terres en friche, dévouées à la stérilité ou à une inutile végétation.

Tout ce qu'on réclamerait à ce riche territoire, il le donnerait en abondance; la variation de ses climats lui permet de produire tout ce que l'on trouve dans les pays tempérés et sous la zone torride; la vigne, qui n'a pu réussir dans les Antilles, donne ici des raisins d'une ex-

cellente qualité, et dont la grappe acquiert un volume et une pesanteur non comparables à ceux de nos meilleurs vignobles de France.
L'ardeur du soleil au midi et sur les côtes rend ces parages moins
susceptibles de culture; aussi les Maures qui s'adonnent à l'agriculture se fixent dans les vallées, où la terre, moins brûlée et ameublie
par de fréquentes pluies, est plus facile à exploiter; qualité importante
à des hommes paresseux qui se servent d'une simple charrue sans
roues, faite d'un morceau de bois simplement durci au feu, qui ne
fait qu'effleurer la terre comme je l'ai déjà dit, et tirée par un cheval
ou une mule.

Le seul engrais qu'ils emploient est le feu ou les cendres; ils brûlent en septembre ou octobre le terrain qu'ils veulent ensemencer, un
ou deux mois après, ils y jettent le blé, la charrue suit la semence,
et dès les semailles finies, les nomades se retirent dans le désert.

En mai, ils retournent, font leur récolte; en juin, la foulent avec
les pieds des chevaux, la vannent au premier vent favorable, et quittent ce terrain pour aller chercher une terre vierge.

Pour conserver leur blé, dont la qualité est très-dure, et n'ayant
pas de granges, ils creusent de grandes fosses, qu'ils appellent silos,
et ils enterrent ce blé avec tant de soin, qu'il peut se conserver plusieurs années.

Les Maures sédentaires cultivent la vigne; mais ils font peu de vin,
puisque la loi de Mahomet leur défend d'en boire; ils mangent le
raisin ou en fabriquent un vinaigre excellent qui est une branche
lucrative du commerce.

Le vin est très-capiteux, et si on le faisait avec soin, ce serait un
vin exquis. Ils recueillent de bonnes oranges, et tous les fruits de
l'Italie, auxquels il faut ajouter les citrons, le cédrat, les jujubes, les
dattes, la pastèque ou le melon d'eau, et autres particuliers au pays.
La grande fertilité du terroir donne à leurs végétaux une croissance
rapide et un bon goût, et ceux qu'on apporte d'Europe y viennent
supérieurement, ainsi que l'ont expérimenté déjà nos colons, qui ont
fait des essais de culture, et ont obtenu des fruits et des végétaux
d'une grosseur et d'un développement plus considérables que ceux
d'Europe, ce qui prouve que le terrain ne demande qu'à être cultivé
pour produire abondamment, et indemniser ainsi le cultivateur des
peines qu'il aura prises à se fixer sur un sol aussi fertile.

L'olivier fournit une grande quantité d'huile, on pourrait la faire
excellente si l'on imitait nos cultivateurs provençaux; mais, les Maures déposant l'olive pendant deux mois dans une fosse après qu'elle

est cueillie, elle finit par se corrompre, et donner à l'huile un goût
rance et échauffé.

DES ESSAIS SUR LA CULTURE.

D'après les documents, dans l'ouvrage sur l'*Établissement des
Français en Afrique*, par M. Genty de Bussy, voici ce qu'il a été
constaté sur divers essais en culture. Laissons donc parler lui-même
l'auteur de cet ouvrage :

« Par les états que nous avons fait dresser, on pourra juger de nos
progrès. Nous sommes heureux de pouvoir ici joindre Bone et Oran à
Alger, et de constater que partout, au moins, des essais ont eu lieu
simultanément. Au premier rang des cultures diverses, il faut mettre
l'olivier et le mûrier, dont le succès n'a rien de problématique, car
partout où on les a plantés, ils ont parfaitement réussi, et c'est là véritablement qu'est la mine d'or du pays. En parcourant avec soin les
environs des villes que nous occupons, on acquiert la conviction qu'il
n'est pas de contrée qui jadis ait été cultivée avec plus de soin. On ne
peut pas faire un pas sans se heurter contre quelques débris de canaux, contre quelques vieux troncs vermoulus, et à côté d'oliviers
détruits se montrent de faibles rejetons qui sont là pour attester que
cet arbre est presque indestructible dans la régence ; plusieurs même
doivent avoir traversé des siècles. Dans la plaine comme dans la montagne, comme dans tous les lieux, l'olivier doit prospérer en Afrique,
car partout le sol lui est favorable, et quand les industriels agricoles
l'auront greffé et en auront considérablement augmenté le nombre,
nous marcherons rapidement vers un accroissement de produits tel,
qu'il échappe à tous les calculs.

« C'est l'expérience seule qui nous fixera sur celles de vingt et une
espèces du midi de la France qui conviendront le mieux au climat.

« Il en est du mûrier comme de l'olivier, et les chances de l'un sont
celles de l'autre. Déjà même, et s'il faut s'en rapporter à des versions
qui méritent confiance, le mûrier cultivé avec soin dans le beylik de
Titery y donnerait des récoltes qui s'élèvent annuellement à plusieurs
quintaux de soie ; c'est donc par l'olivier et le mûrier qu'il faut commencer. Avant de se livrer à des essais aventureux, il importe de pen-
ser aux produits d'un succès certain. »

On sera bien aise de trouver ici, sur l'acclimatement du mûrier et
l'éducation des vers à soie en Afrique, une lettre que j'ai reçue de feu

le docteur Chevereau, chirurgien en chef de l'armée, et de son vivant l'un de nos agronomes les plus distingués.

Voici sa lettre :

« M'étant procuré de la graine à la fin de 1830, j'ai commencé mes expériences au printemps de 1831, et je me trouve avoir aujourd'hui une troisième génération de vers naturalisés algériens. Je me suis attaché surtout à rendre mes insectes le plus rustiques possible ; j'ai toujours laissé les étoffes portant la graine pendues à la muraille d'une chambre au rez-de-chaussée dans ma campagne : cette pièce non habitée est ouverte à tous les vents, hiver comme été.

« Au lieu de faire éclore la graine par une chaleur artificielle, j'ai voulu que celle de l'atmosphère en fît tous les frais : les chenilles, placées partie sur des planches et partie sur le sol, ont parcouru leurs quatre mues avec la plus grande facilité : aucune épidémie ne les a détruites, et elles ont ensuite monté gaiement sur des bruyères, cystus et autres broussailles qu'on leur a présentés et qu'elles ont couverts d'innombrables cocons. Le bouquet touffu que j'ai eu l'honneur de présenter à M. l'intendant civil était un bel échantillon de ma récolte de cette année : la cueillette a donné environ trois cents livres de beaux cocons. Au lieu d'avoir recours aux fours ou étuves pour tuer les chrysalides, je me suis contenté de les exposer sur ma terrasse aux rayons du soleil de juillet, et j'ai eu la certitude que deux ou trois jours suffisaient pour cette opération : ce moyen m'avait réussi l'an dernier.

« Maintenant, après avoir pourvu à la provision de graines pour 1834, je fais filer ma soie à l'aide du métier que j'avais fait construire en 1832.

« M. l'intendant civil a pu juger des produits de ma première filature par l'écheveau que j'ai eu l'honneur de lui offrir l'année dernière. On prétend que ceux d'aujourd'hui la surpassent en perfection. Mais aucun suffrage ne peut me flatter si je n'ai le sien, et c'est pour le mettre à même d'apprécier les résultats de mes essais que je m'empresse de lui adresser des échantillons de ma seconde filature comme un hommage au zèle protecteur de notre industrie agricole.

« Par suite de mon goût décidé pour la magnanerie, et voulant prêcher d'exemple, je me suis empressé, dès 1831, d'acquérir une petite campagne à peu de distance de la ville [1]. N'ayant que peu de loisir à

---

[1] Cette campagne du docteur Chevereau était située à Birmandrès, où il a été enterré, d'après sa volonté exprimée à son lit de mort (24).

sacrifier, je l'ai enrichie d'abord de quatre cents mûriers greffés, qui
ont fort bien réussi. Ayant ensuite appris que des pépiniéristes possédaient et cultivaient déjà le *morus alba musicaulis* des Philippines,
importé par M. Perrolet, et dont se nourrissent les chenilles qui donnent la belle soie blanche de la Chine, je me suis empressé d'en demander, et j'en ai planté cet hiver environ quatorze cents, qui ont si
bien réussi, qu'on les voit couverts de belles feuilles dont beaucoup
sont plus larges que la main.

« J'ai le projet, cet automne, de renouveler le semis de mûriers en
prairie, à la manière d'Amérique : ma première expérience n'a pas
réussi, sans doute parce que la graine ne valait rien.

« Quelques graines de vers à soie placées sur un mûrier ont été la
proie des oiseaux et des fourmis; il s'agira de trouver le moyen de
parer à cet inconvénient en faisant de nouveaux essais. »

A cette lettre, j'en ajoute une autre bien plus curieuse encore, qui
contient le récit d'une expérience du plus haut intérêt, faite au jardin
d'essais de la colonisation, et qui tend à résoudre favorablement le
problème de l'éducation du ver à soie sur l'arbre même.

Voici cette dernière lettre, adressée toujours par M. le docteur
Chevereau à M. Genty de Bussy, alors intendant civil à Alger :

« Monsieur l'intendant,

«Considérant la culture du mûrier et l'éducation du ver à soie
comme une des opérations les plus utiles à la colonie et à la métropole, j'ai tenté d'élever en plein air, sur l'arbre même, comme cela
se pratique en Géorgie et en Syrie. Malheureusement j'étais en mission à Bone dans le moment où j'aurais pu trouver suffisamment
d'œufs de vers à soie, et, à mon retour, je ne parvins à m'en procurer qu'une très-petite quantité.

« Dès qu'ils furent éclos, je les plaçai (le 4 mai, à deux heures après
midi) sur un mûrier. Le vent était frais et assez fort, le thermomètre
de Réaumur marquait 19 degrés. Le même jour, à cinq heures, il y eut
une pluie d'orage de dix minutes. Le lendemain matin, du brouillard, et, pendant la journée, du vent; quelques jours après, un orage
assez violent, de la pluie et du tonnerre. Cependant les vers à soie sur
l'arbre devenaient plus vigoureux que ceux que j'avais conservés et soi-
gnés dans une chambre. J'étais très-satisfait du succès; mais je m'a-
perçus que je ne pourrais pousser mon essai jusqu'à son entière solution, car mes vers grossissaient bien, mais leur nombre, déjà si petit,

diminuait journellement, et les derniers, devenus comme les autres la proie des oiseaux, disparurent après dix-sept jours d'habitation sur l'arbre, ayant essuyé neuf fois la pluie, bravé le tonnerre et les brouillards.

« Notre expérience, si elle n'est pas décisive, prouve du moins que cette manière si économique d'élever les vers à soie peut être employée comme en Géorgie et en Syrie, puisque le ver se porte à merveille et qu'il n'y a à craindre, comme dans ces deux contrées, que les oiseaux.

« Pour remédier à cet inconvénient, on devra placer sur l'arbre une quantité d'œufs cinq à six fois plus considérable que celle que l'on mettait dans un endroit abrité; mais, les œufs de vers à soie étant une matière peu coûteuse, on ne peut mettre cette dépense en ligne de compte.

« Je crois que, en opérant de cette manière, on arrivera à obtenir presque sans frais la même quantité de cocons et une soie infiniment plus vigoureuse qu'avec les vers élevés dans des chambres.

« On peut encore chasser les oiseaux par quelque épouvantail, et même, au besoin, couvrir les mûriers de filets; toutefois je crois que la précaution d'augmenter la quantité d'œufs est suffisante. »

Mais je passe à d'autres cultures.

Sur les coteaux et dans les terrains secs l'amandier prospère, et quelques vieux arbres donnent d'assez beaux fruits, mais l'espèce est généralement médiocre : en s'attachant à l'améliorer, on pourrait en obtenir un bon produit.

On trouve dans les environs d'Alger quelques plantations de vignes; mais toutes étaient abandonnées ou très-négligées. Les renouvellera-t-on? en augmentera-t-on le nombre, dans l'intérêt bien entendu de la métropole, dans celui même des colons? Je ne le pense pas, ou du moins il me paraîtrait convenable de se borner à l'introduction des meilleures espèces d'Espagne. Si le raisin de Corinthe, comme on le croit, réussissait, il pourrait être l'objet d'une culture utile et deviendrait, après avoir été séché, un bon article d'exportation.

Dans les terrains frais ou irrigables, la fécondité du sol se prête à presque toutes les variétés du règne végétal. Une population nombreuse exige une quantité de légumes considérable ; aussi de vastes jardins potagers ont-ils été déjà établis et s'établiront-ils encore autour des villes principales.

Les arbres fruitiers, extrêmement rares et presque tous de qualité

médiocre, demandent à être multipliés, améliorés par la greffe avec
un peu de discernement dans le choix des exportations; il n'est aucune
des espèces cultivées en France qui ne puisse réussir ici, et nous pouvons y joindre beaucoup de celles qui croissent dans les contrées méridionales.

Après ces cultures, je ne dirai qu'un mot de celles de la pomme de
terre et du lin, qui, pour être connues et pratiquées en France, n'auront pas moins ici leur utilité. Je citerai aussi la garance en passant;
mais c'est aux nouveaux produits dont la création est possible que l'on
doit surtout s'attacher.

Nous aurons recours maintenant à l'ouvrage de M. J.-D. Montagne,
pour divers autres essais en culture faits à Alger, et voici comment il
s'exprime :

« Bien des personnes ont pensé que la garance serait avantageuse à
cultiver dans ce pays; je le pense également : cette racine demande un
terrain fertile, léger et profond; ces qualités se rencontrent facilement
à Alger. Quelques personnes ont déjà semé de la garance, et ce ne
sera que dans un an ou deux qu'elles pourront connaître le résultat
de leur expérience; mais, ce qu'il y a de certain, c'est que l'on en
trouve de la sauvage presque partout : cette circonstance semble indiquer la faculté d'en recueillir de la bonne; je ne doute pas du succès;
l'expérience seule nous apprendra si la nature du sol produira de la
garance dont la couleur est vive et qui donne de la bonne teinture, ou
seulement de celle qui est jaunâtre, qui ne produit jamais un si bon
effet, même en augmentant beaucoup la dose nécessaire. Dans ce dernier cas, cette importation n'aurait pas une grande valeur; toutefois,
s'il est permis d'avoir à l'avance une opinion sur une chose incertaine,
je croirai, d'après la comparaison que j'ai faite de certaines terres
d'Alger avec celles du département de Vaucluse, qui produisent de la
garance de première qualité, que celle d'Alger sera belle : il faut essayer et attendre; toutefois les teinturiers ont déjà essayé la garance
sauvage et en ont obtenu un excellent résultat. »

Le houblon devrait bien réussir aussi; les mêmes motifs qui font
préjuger la réussite de la cardère et de la garance se rencontrent à l'occasion de cette plante; le houblon sauvage est d'une abondance extrême : les buissons, les arbres placés dans les haies et entourés de
broussailles sont couverts de ses rameaux et de fleurs. Je pense qu'il
serait convenable de faire un essai en houblon de Hollande, dont la
France fait annuellement des achats assez importants.

Quelques particuliers ont essayé avec succès la culture du carthame ou safranum, dont la fleur s'emploie dans la teinture jaune; cette fleur, peu abondante et qui se vend à un prix passablement élevé, est décidément une heureuse introduction dans la colonie.

Le hasard ou les recherches feront découvrir assurément de nouvelles richesses dans le pays; déjà on a remarqué dans presque toutes les baies du lin à fleurs jaunes fort beau, quoique sans culture, ce qui promet de bonnes récoltes si les cultivateurs lui donnent les soins nécessaires.

L'absinthe, que les fabricants de liqueurs assurent être de fort bonne qualité;

L'orseille, qui, macérée dans l'urine, donne, pour les étoffes de soie, la riche couleur dont se décorent nos prélats;

Le palma-christi, arbuste qui se rencontre à chaque pas, et dont le fruit fournit l'huile de ricin employée en pharmacie;

La camomille, dont la fleur est très-utile également en pharmacie;

La gaude, que l'on cultive avec avantage dans quelques départements de la France pour la teinture jaune, et que les teinturiers ont trouvée égale en qualité à la meilleure de la France;

La salsepareille, cette plante devenue d'une utilité si grande aujourd'hui en médecine, dont la racine est l'objet d'une branche de commerce fort importante, et qu'Alger peut fournir en grande quantité à la France:

Ces plantes et plusieurs autres ont été découvertes par les Européens, mais il paraît constant que les Arabes connaissent un très-grand nombre de plantes tinctoriales, odorantes, médicinales et vénéneuses, et ils en apportent plusieurs aux pharmaciens établis à Alger; mais, comme ces derniers les achètent probablement à très-bas prix, ils ont intérêt à ne pas en faire connaître l'existence dans le pays, afin de les acheter sans concurrence. Le sol est, en général, très-riche en fleurs fort remarquables et en oignons de toutes sortes; je ne dois pas oublier parmi ceux-ci l'oignon de scille. A notre débarquement sur la plage de Sidi-Ferruch, le sol en était couvert; c'est une plante également utile en médecine. La France ne récolte que des tabacs d'une qualité fort ordinaire, et c'est de l'étranger qu'elle tire une bonne partie de la consommation qu'elle en fait; sans doute par suite du mauvais choix des semis, les tabacs cultivés jusqu'à présent dans la régence sont généralement plus médiocres encore; mais, en faisant venir les meilleures espèces de graines des points qui offrent le plus d'analogie avec le climat du pays, il est difficile que nous ne réussissions pas à les acclimater. En mettant de la persévérance dans cette

culture, on sera en mesure, par le résultat des premiers essais, d'é-
clairer les colons sur cette branche intéressante de l'industrie agricole. Je ne dois pas oublier de parler de ce que l'on entend communément sous la dénomination de denrées coloniales : je commence par le
coton, qui deviendra, pour Alger, une branche de commerce de la
plus haute importance; un grand nombre de colons en ont cultivé, et
tous en ont recueilli. Quoique cette culture soit extrêmement facile,
il faut cependant que l'on étudie par la pratique quelles sont la qualité de terre, l'exposition, la saison qui lui conviennent le mieux.

D'après le dire de M. Genty de Bussy, le cotonnier herbacé était déjà
connu dans la régence, et deux tribus qui avoisinent Alger en retiraient quelques produits. « Lorsque, dit-il, l'entière pacification du
pays nous aura assuré la libre possession de la plaine, il sera possible, à Bone comme à Alger, de se livrer en grand à cette culture. »

Plusieurs pieds de cotonnier arbuste sont bien venus.

Peu de personnes étaient versées dans la connaissance de cette culture; on a trouvé facilement de la graine, mais était-ce du coton arbuste qui dure plusieurs années, ou du coton herbacé qui est annuel?
était-ce du brin à longue soie ou à courte soie? Dès le principe, on a
semé au hasard; on sera mieux instruit à l'avenir; on saura plus
exactement observer les distances nécessaires, selon que l'espèce sera
arbuste ou herbacée; on connaîtra mieux les expositions et la nature
de terre qui conviennent; enfin on sera sorti de l'enfance de l'art, et
Alger, à l'instar de l'Égypte, mais avec beaucoup plus d'avantage,
versera sur le continent de la France de grandes quantités de coton.
Cette plante exige très-peu de frais de main-d'œuvre; c'est l'un des
motifs qui doivent engager les colons à la propager autant qu'il dépendra
d'eux; la seule plaine de la Métidja, si elle était toute plantée ainsi,
pourrait en produire autant que tout ce que la France achète toutes
les années à l'étranger. Les essais en indigo ont été encourageants;
cette plante précieuse est, comme le coton, d'une culture très-facile;
il suffit de semer la graine dans une terre bien labourée, de la sarcler
et de la faucher lorsqu'elle est mûre; elle est bisannuelle. Si on veut
l'exploiter avec un plus grand avantage, il faut pouvoir en recueillir
une assez grande quantité afin de monter une indigoterie au moyen
de laquelle on obtient cette fécule qui a tant de prix dans le commerce. Quant aux propriétaires qui ne peuvent semer que de petites
quantités, ils ont le moyen de faire sécher la feuille pour aller ensuite
la mettre en œuvre chez ceux de leurs voisins qui ont monté un établissement propre à la fabrication; ils sont alors à l'instar de ceux qui

portent leur blé au moulin : c'est ainsi qu'on le pratique aux colonies. Il n'y a qu'une culture un peu développée et renouvelée chaque année qui permette de faire les frais d'un établissement semblable. En l'état, il suffit de savoir que le peu d'indigo fabriqué à Alger a été jugé, par les chimistes, d'une fort belle qualité, et c'est là le point le plus important ; il est d'une belle nuance, bien cuivré, bien friable, et la quantité donnée de feuilles est au moins égale, si elle n'est supérieure, à ce que l'on obtient au Sénégal, où le produit est supérieur à celui de l'Inde.

La culture de l'indigo a donc complétement réussi à Alger ; elle est facile et peu coûteuse; mais il n'en est pas de même, comme je viens de le dire, de sa fabrication. La première, et la principale difficulté, est de posséder une indigoterie distribuée dans plusieurs bassins constamment alimentés d'eau. Ici peu de colons pourraient en faire les frais ou en entreprendre la construction ; c'est donc au gouvernement à doter l'Algérie d'une indigoterie pour encourager cette industrie.

La seconde difficulté consiste à posséder des connaissances spéciales pour ce genre de fabrication, qui exige une grande expérience. Ces considérations ont été si bien appréciées par le gouvernement, que, dans tous les temps, et aux Indes comme au Sénégal, il avait nommé des indigotiers qu'il obligeait de fabriquer pour tous ceux qui le demandaient. Maintenant que tous les doutes sont levés sur cette culture, les mêmes motifs ne doivent-ils pas l'engager à créer cet emploi pour Alger comme pour les autres colonies? La question nous paraît d'autant plus digne d'éveiller son attention, que les individus qui se sont occupés d'indigo, s'ils ne trouvaient point de débouchés à ce précieux produit, pourraient y renoncer et en déshériter l'Afrique.

Voici la manière de cultiver l'indigo, par M. J. D. Montagne, ancien administrateur et agriculteur à Alger, qui s'en est beaucoup occupé [1]. Nulle culture n'est plus avantageuse au propriétaire que celle de l'indigo ; la végétation de cette plante est très-active : trois mois et demi au plus après les semailles, elle est bonne à couper, et la fabrication est si rapide, que, huit jours après la coupe, la fécule bleue peut être livrée au commerce. Ainsi quatre mois suffisent pour faire rentrer dans la bourse du cultivateur son déboursé et son bénéfice ; la main-d'œuvre de fabrication est très-peu coûteuse ; elle demande seulement une connaissance exacte des procédés usités et une certaine expérience, mais elle n'occasionne que très-peu de frais ; avec deux ou

[1] Voir *Physiologie morale et physique d'Alger*, par J.-D. Montagne, page 259.

trois ouvriers, un indigotier expérimenté peut fabriquer de grandes quantités. Ainsi ce riche produit n'est pas même exposé à la difficulté que l'on rencontre sur tant d'autres marchandises, que l'on obtient dans certaines parties du monde à si bas prix, que l'Europe ne peut pas soutenir la concurrence; l'indigo ne coûtera pas plus à Alger qu'il ne coûte aux Indes, et quatre ou cinq jours après sa fabrication il peut être rendu dans le port de Marseille.

D'après M. Genty de Bussy, un essai de fabrication d'indigo fait dans les premiers jours de juin 1834, au jardin du gouvernement, a donné les résultats suivants :

Sur une surface de quatre mètres carrés, nous avons eu quatre mètres cubes de feuillages, et, après le battage et la cuisson, six onces de fécule. C'est une quantité supérieure à celle qu'on obtient dans le bas Bengale, et elle aurait été plus considérable encore si nous n'avions pas été au dépourvu d'instruments convenables.

La plante ne s'élève pas à la même hauteur que celle de l'Inde, cela est vrai; mais elle n'est pas moins robuste, et un colon distingué (M. Élie Petit), qui a vécu quelques années dans cette contrée, affirme qu'à Alger elle est chargée de plus de matière colorante.

Nous sommes donc enfin aussi favorisés que l'Indostan, et nous aurons trois récoltes par an, tandis que généralement, dans le bas Bengale, on ne peut compter que sur une.

Plusieurs propriétaires ont planté la canne à sucre; elle a pris de l'accroissement. M. Montagne en a vu de fort belles, et la pression qu'il lui a fait éprouver sous la dent a produit une saveur sucrée fort intense; mais la culture de la canne à sucre ne sera, dit-il, à Alger, qu'un objet de curiosité, tant qu'on n'aura pas monté une sucrerie, ce qui est bien plus coûteux qu'une indigoterie; toutefois il sera convenable de faire des essais en petit, sauf à dépenser proportionnellement beaucoup plus qu'on ne le fait dans un établissement organisé, afin de connaître si la quantité de sucre contenue dans les cannes du pays égale celle que produisent les cannes des Indes ou de l'Amérique. La plaine de la Métidja, à défaut d'autre culture, et celle beaucoup plus grande de Miliana, pourront nous fournir du sucre pour toute la consommation de la France, si une fois il est démontré que les cannes renferment suffisamment de la matière sucrée; on peut en concevoir l'espérance lorsque l'on sait que la sucrerie établie en Andalousie donne du bénéfice à ceux qui l'ont entreprise. La réussite du café est plus douteuse; plusieurs personnes en ont semé, mais cette graine ne peut pas supporter de longs voyages, et les semis n'ont pas d'abord réussi. Quelques plants de caféiers mis en plein champ se soutiennent fort bien jusqu'à présent ; il faut attendre pour voir comment ils passeront le premier hiver ; en cas d'affirmative, ils pourront commencer l'an prochain à donner un peu de fruit, et ainsi successivement, en mettant de la persévérance dans cette culture, nous arriverons indubitablement à d'heureux résultats.

La canne à sucre, le caféier, sont deux productions intertropicales sur l'opportunité desquelles nous avons cherché à nous fixer.

La première, si l'on s'en rapporte aux traditions conservées parmi quelques indigènes, a jadis été cultivée avec succès dans la régence, mais le despotisme des Turcs fit disparaître cette industrie, comme tant d'autres. La croissance des cannes à sucre que nous avons eues au jardin d'essai a été fort rapide : des colons, comme nous le voyons, s'en sont aussi occupés. Le temps a déjà, en partie, fait connaître les bons résultats de ces expériences simultanées.

Des caféiers expédiés de Paris et plantés sur un coteau exposé en plein midi ont parfaitement bien repris et donné de belles pousses. Quant aux orangers et aux citronniers, ce sont des fruits indigènes ; on les trouve partout, et à Blidah plus beaux que partout ailleurs.

Nous avons encore un produit digne de fixer notre attention : c'est le kermès, qui donne les teintures écarlates, et qui se trouve aux environs d'Oran.

Dans ce qui concerne la colonisation d'Alger, la question des denrées coloniales sera considérée comme la plus intéressante de toutes. Je m'arrête ici ; je n'ai pas l'intention d'étendre davantage une nomenclature agronomique ; mon but unique est de faire connaître le pays, ce qu'il produit et ce qu'il est susceptible de produire, tout en remplissant l'engagement que j'ai pris de relater tous les divers essais qui ont été faits en culture ; je crois en avoir dit assez pour fixer l'opinion du public sur une contrée digne de tout l'intérêt de la France.

Le vœu le plus ardent que l'on puisse former en faveur de cette possession nouvelle, le besoin le plus urgent que sa situation manifeste, c'est que le gouvernement, mieux éclairé, favorise plus qu'il ne l'a fait jusqu'à présent l'arrivée des travailleurs de terre, en levant les entraves qu'apporta un ministère, trop longtemps chancelant dans ses indécisions, qui arrêtèrent les progrès de la colonisation ; mais maintenant que le pays est pacifié, le ministère n'a plus à reculer dans des irrésolutions comme avant : aussi paraît-il décidé à laisser arriver de tous les points des travailleurs et des cultivateurs, que réclame ce sol fertile. Déjà la colonisation marche à grands pas :

des villages et des fermes vont se former sous la surveillance d'une administration sage, et cette riche possession indemnisera bientôt la France de tous les sacrifices qu'elle y a faits depuis quinze années d'occupation.

D'après M. Genty de Bussy, après avoir réuni tous les éléments d'une colonisation régulière et pour entrer dans une voie de prospérité, deux des mesures les plus pressantes que nous ayons à prendre, c'est de travailler à diminuer le prix des denrées et des logements. Ne jouons jamais l'avenir de nos provinces africaines.

Il faut dire aussi que nous devons à l'industrie de notables encouragements : des prix, des médailles, pourraient efficacement en activer l'essor. Ce serait de l'argent bien placé que de les distribuer à propos : favoriser un premier établissement utile, c'est en appeler un second, c'est provoquer la confiance, et rien ne l'entretiendra comme la certitude que l'œil de l'autorité veille sur les premiers pas et veut partout exciter l'émulation.

Après avoir donné une idée fixe sur le commerce, les productions du pays, de l'industrie des indigènes, de l'agriculture, des essais en culture, je crois à propos de donner ici une description botanique sur les végétaux qui ont une plus grande importance, qui seront d'une utilité incontestable pour l'avenir du pays, et dont je n'aurais pu m'occuper assez dans l'article des diverses cultures. Cette ébauche achèvera de compléter le règne végétal sur cette terre féconde en plantes et arbustes, si utiles dans nos possessions africaines.

BOTANIQUE ALGÉRIENNE

L'AGAVE.

Parmi les végétaux les plus utiles et propres au pays, je dois citer l'agave, plante grasse de la famille des broméliacées, une des plus belles conquêtes de l'ancien monde sur le nouveau. Nos soldats, qui l'ont vue acclimatée à Alger et au pied de l'Atlas, l'ont nommée aloès, selon l'erreur vulgaire. Les voyageurs l'admirent aux îles Borromées, dans la Sierra Morena d'Espagne, enfin au Mexique et dans les contrées chaudes d'Amérique, où elle est indigène [1]. Ses caractères bota-

---

[1] Je l'ai rencontrée aussi aux environs de Barcelone, en Catalogne, où cette plante est fort commune sur le littoral de la mer.

niques sont : calice coloré, pétaloïde, tubuleux, à six parties, soudé
à sa base avec l'ovaire ; six étamines débordant le calice, où elles s'in-
sèrent ; ovaire infère, stigmatifide ; capsule trigone, à trois loges ;
graines nombreuses, plates. Son aspect le fait surtout reconnaître : on
voit un tronc cylindrique et écailleux s'élevant jusqu'à trente pieds ;
à sa base sont des feuilles épaisses, étalées en rosette ; du milieu au
sommet apparaissent les fleurs sur chaque côté, en élégant candéla-
bre. Elles ne s'épanouissent que difficilement dans les contrées froi-
des ; c'est ce qui a fait dire que la floraison de l'agave n'avait lieu que
tous les cent ans, et était accompagnée d'une forte explosion. Cet ab-
surde récit s'est propagé et a trouvé croyance. Au lieu de nous arrêter
à le réfuter, nous parlerons des propriétés intéressantes de l'agave.
Les deux principales espèces de ce genre (on en compte sept ou huit)
sont l'agave americana et l'agave fœtida.

C'est la première, appelée aussi agave-pite, qui s'est naturalisée en
Afrique et dans le midi de l'Europe, où, comme au Mexique, elle forme
des haies vives, remparts redoutables par la solidité et par les piquants
acérés de ses feuilles ; celles-ci ont de cinq à six pieds de longueur,
sur une épaisseur de plus de moitié. La tige croît avec une rapidité
prodigieuse.

On en a vu dépasser vingt pieds en quelques jours. Si l'on écrase
entre deux rouleaux les feuilles de l'agave, le mucilage qui les constitue tombe et laisse libre une quantité immense de fils semblables à ceux du chanvre ; il ne s'agit plus que de les laver et de les
peigner. Avec ces fils, obtenus par une manipulation si facile, on fabrique des cordages grossiers de la plus grande solidité, et même des
toiles d'emballage. Cette industrie, pratiquée par les Américains et
par les Espagnols, a réussi en France, où, pendant quelque temps,
une manufacture de sparterie s'est alimentée de fils d'agave. Si l'on
voulait imiter les Mexicains dans les divers usages qu'ils font de cette
plante, on pilerait ses feuilles pour les donner aux bestiaux en guise
de fourrage, ou bien on retirerait l'huile contenue dans toutes ses
parties, et, la combinant à la potasse qui s'y trouve aussi, on obtiendrait une pâte visqueuse ayant la propriété du savon. Enfin on en extrait encore une liqueur spiritueuse appelée pulque, qui, distillée,
fournit une eau-de-vie très-forte. On remarquera que cette dernière
propriété est commune à l'agave et au chanvre. Cette belle et utile
plante se cultiverait très-bien en France, et y serait d'une grande ressource dans les provinces où tant de terrains restent en friche, car elle
réussit dans les plus mauvais, et ne souffre point des variations de la

AGAVE (Fleurs et Fruits).

température. Les récoltes sont toujours égales, c'est-à-dire qu'on obtient chaque année un nombre semblable de feuilles.

L'agave fœtida, qu'on a constituée en genre furcrea, parce que sa
corolle est campanulée (celle de l'americana est infundibuliforme), est
celle qui fleurit au Jardin des Plantes en 1793; les journaux en en-
tretinrent longtemps le public. Elle croissait, à cette époque, de cinq à
six pouces chaque jour, et parvint ainsi à trente-deux pieds; le froid
arrêta sans doute un plus grand développement.

Sa tige était garnie, de bas en haut, de rameaux couverts de fleurs.
La plupart, avortant, laissèrent des bulbes prolifères capables de prendre racine et de produire de nouvelles plantes.

Les feuilles de cette espèce sont plus minces et plus sèches que celles
de la précédente, mais leur fil est supérieur par sa finesse, sa sou-
plesse et sa quantité. On le préférerait donc à l'autre, s'il ne fallait
nécessairement employer le rouissage pour l'extraire. En outre, la
plante ne réussit que dans le midi de la France. Les jardins possèdent
une belle variété d'agave à feuilles panachées de blanc et de jaune (L)

Depuis notre occupation à Alger, nos soldats industrieux ont déjà
tiré partie de cette plante : avec leurs fils, ils font de fort jolis ouvrages, tels que des sacs pour dames, des souliers, des bourses, des
bonnets, des sûretés de montre, des carnassières, etc.

Tous ces petits ouvrages, dans le commencement que nous étions à
Alger, étaient à bon compte, surtout ceux qui sortaient de l'atelier
des condamnés, qui en fabriquent en grande quantité; nos prisonniers en confectionnaient également.

Tous ces ouvrages ont un peu augmenté depuis quelque temps,
surtout depuis que le génie militaire veut se réserver le monopole de
cette plante, pour en tirer sans doute parti et l'utiliser à son avantage; c'est pour cette raison qu'il veille à ce que nos soldats n'en
fassent pas une trop grande consommation, et que ces objets ont beaucoup renchéri, surtout depuis qu'on en fait une grande exportation
en France.

D'un autre côté, comme cette plante forme une haie vive et impé-
nétrable autour des propriétés, le génie a sans doute quelques raisons
pour s'opposer à ce que l'on n'en détruise une trop grande quantité [1].

---

[1] J'ai cru devoir donner la description de cette plante en première ligne, parce
qu'elle se rattache à notre occupation en Algérie et qu'elle a fourni, comme on le
voit, une branche à l'industrie de nos soldats.

LE CACTIER.

Cactier (*cactus*, bot. phan.). — Les plantes que nous appelons ainsi, à cause de la ressemblance, plus ou moins vraie, de leurs fleurs avec celles du chardon épineux, abondant en Sicile (*carduus ferox*), et non pas avec l'artichaut (*scolymus cynara*), comme on l'a dit, ont reçu ce nom de Linné, parce qu'il rappelle le mot *cactos* employé par Théophraste, pour désigner une plante armée d'aiguillons, dont la piqûre excite une douleur brûlante. Elles sont toutes originaires de l'Amérique équatoriale.

Tellement bizarres par leurs formes et leur aspect, que l'on pourrait presque douter à la première vue qu'elles font partie du règne végétal, ces plantes attirent les regards par la disposition singulière de leurs corolles si riches en couleurs variées, par les faisceaux d'aiguillons qui les accompagnent et semblent défendre que l'on y touche, comme nous venons de le dire; les cactiers constituent une famille qui appartient à l'icosandrie monogynie; le nombre des espèces connues est très-grand; presque tous croissent dans les forêts ou sur les rochers, demandent les rayons directs du soleil et redoutent l'humidité; d'autres, sur les troncs de vieux arbres.

Celui qui n'a jamais vu les cactiers que dans les serres ne peut se flatter de les connaître. Dans ces enceintes artificielles, ils dégénèrent, ils perdent leur physionomie et les traits énergiques de leur caractère; ce ne sont plus que des plantes faibles, sortant à regret de terre pour remplir, dans un état de langueur continuelle, le cercle de leur existence.

Sous les tropiques, dans les terrains qu'ils se sont choisis pour y vivre en colonies nombreuses, ils rivalisent en hauteur, en puissance, avec les arbres les plus élevés, avec les végétaux les plus robustes.

Je ne m'arrêterai qu'à la figue dite de Barbarie et propre au pays.

Le cactier en raquette (*cactus opuntia*) doit particulièrement nous occuper par ses usages nombreux et intéressants.

Le cactier en raquette monte à la hauteur de deux à trois mètres sur nos côtes méditerranéennes; on l'a vu atteindre six à sept mètres en Corse et le long du littoral italien; il va jusqu'à vingt mètres et même plus dans les plaines arides du Mexique, depuis le golfe de Honduras jusqu'à Guatemala, et depuis Mexico et Chapulco jusqu'aux côtes de la Californie, si fameuses par la pêche des perles. On en rencontre de très-

Opuntia humilis. — Cactus Killardeli. — Cereus speciosus. — Cereus coccineus. — Opuntia arborea. — Melo cactus coronatus.

CACTIERS.

beaux individus en Espagne, en Suisse et en Piémont, particulièrement entre Ivrée et Sospello. Sa tige, d'un vert glauque, se compose d'un grand nombre d'articulations ou raquettes ovales, plus ou moins épaisses, portant des épines cétacées, grêles, rousses, disposées par petits bouquets, autour desquels sont trois, quatre et cinq aiguillons solides, aigus, très-dangereux par leur piqûre, tantôt en étoile, tantôt en houppe. C'est du centre de ces défenses que sort une fleur solitaire, inodore, jaune, s'épanouissant en avril et se succédant jusqu'au mois de juin, et qui fournit, en août, un fruit succulent, bon à manger, quoique un peu fade, de la forme et de la grosseur d'une figue, qui a fait donner, dans quelques localités, à ce cactier le nom vulgaire de figuier d'Inde, et à son fruit celui de figue de Barbarie.

Ces plantes ne demandent aucun soin de culture, et prospéreront dans nos départements du centre, si on leur donne une bonne exposition.

Tous les cactiers se multiplient de bouture, que l'on enfonce de huit centimètres dans le sol; on l'arrose légèrement pour que la terre la presse de toutes parts, et on ne lui donne que rarement de l'eau, jusqu'à ce que la plante nouvelle soit enracinée, ce qui se reconnaît aux pousses qu'elle commence à donner.

La pulpe aqueuse et rougeâtre de ce fruit est appétissante; les Siciliens en mangent journellement pendant cinq mois entiers, et en font sécher des quantités considérables pour leurs repas en hiver.

On peut servir sur les tables la fleur et les bourgeons ayant de vingt-sept à cinquante-quatre millimètres de hauteur, et les accommoder de la même manière qu'on le fait pour les asperges. Cette méthode des Mexicains a parfaitement réussi en Italie. Le bœuf mange avec plaisir les enveloppes de ce fruit; on a vu, dans la Calabre, les moutons, les chèvres, se nourrir des articles de l'opontie coupés par tranches et dépouillés de leurs épines; ce mets insolite ne leur plaît que lorsque les grandes sécheresses ont brûlé les herbages; ils peuvent ainsi attendre l'époque des pluies, qui leur rendra leur nourriture habituelle. On se sert de ces mêmes articles en place de cantharides ou de sinapismes; on les regarde comme excellent spécifique contre les affections goutteuses et rhumatismales. Dans l'île Minorque, on les emploie en cataplasmes dans les dyssenteries et autres inflammations intestinales.

Une autre propriété du cactier opontie, c'est d'engraisser le sol qui l'a porté, au bout de dix-huit à vingt ans. On en forme des haies impénétrables autour des habitations; son bois sert aux nègres de la plaine du Cul-de-Sac dans l'île de Haïti, ainsi qu'aux naturels de l'Amérique, à faire non-seulement des assiettes et autres ustensiles de ménage, mais encore des rames, des planches, etc. On peut aussi l'employer à chauffer le four. Mais la propriété la plus intéressante, celle que l'on peut exploiter avec profit en France et dans nos possessions africaines, c'est de nourrir le galle-insecte qui fournit la couleur écarlate, et surtout la cochenille sylvestre, qui donnerait dans cette contrée un produit plus constant que ne le ferait la mestèque ou cochenille fine, parce qu'elle brave les pluies, le froid, comme l'extrême chaleur. Les essais tentés sur le cactier-nopal par M. Loze, à Alger, dont nous avons parlé (vol. I⁽ᵉʳ⁾, page 420), l'ont prouvé évidemment.

Au Mexique, dans d'autres parties de l'Amérique méridionale et, depuis quelques années, au Sénégal, on élève l'insecte qui donne la cochenille sur les articulations oblongues, épaisses et presque entièrement lisses du nopal (*cactus cochenillifer*) (voir, sur l'éducation de la cochenille, note 25), du cactier splendide (*cactus splendidus*), et du cactier de campêche (*cactus campechianus*).

Les parties ligneuses du cactus contiennent beaucoup de potasse, et c'est au moyen des cendres qu'on en retire que les Mauresques obtiennent ce linge si blanc que nous admirons sur elles : c'est encore une branche de fabrication dont on peut tirer un grand parti. Aux colonies, les négresses emploient un genre de cactus en guise de savon.

Le cactus devrait donc être classé au premier rang des découvertes utiles que la mère patrie devra à la conquête d'Alger.

Cette plante est d'une grande ressource. Les Maures et les Arabes en plantaient partout : ils se nourrissent une grande partie de l'année de son fruit, qu'ils font sécher au soleil ; mais, dans cet état, ce fruit prend un goût médicinal peu agréable. Les Français commencent à s'y habituer, en font un grand usage et le trouvent excellent ; quelques-unes de nos dames européennes le mangent aussi avec plaisir.

Ces figues sont apportées au marché par les Arabes, et, dès le commencement de notre arrivée à Alger, elles étaient à bon compte ; mais maintenant on n'en donne plus que de quinze à dix-huit pour cinq centimes, tandis qu'en 1831 et 1832 on en donnait trente, et du temps du dey quatre-vingts à cent pour le même prix. D'ailleurs, ce fruit est très-salubre et quelque peu astringent ; sous ce rapport il est d'un usage salutaire aux Européens, que le changement de climat éprouve quelquefois par un peu de dyssenterie.

LA GARANCE [1].

Garance (*rubia*, bot. ph.). — Genre de la famille des rubiacées-cofféacées, établi par Tournefort pour des plantes vivaces, le plus souvent hispides, extratropicales, quelquefois suffrutescentes à la base, à feuilles opposées, à stipules foliiformes, formant la plupart du temps un verticille, à fleurs diversement disposées, axillaires ou terminales. Ses caractères essentiels sont : calice très-petit, tétrafide; corolle rotacée à quatre lobes; un style bifide, deux baies monospermes rapprochées, dont un avorte souvent.

On connaît une vingtaine d'espèces de ce genre, mais une seule mérite l'intérêt : c'est la garance des teinturiers (*R. tinctorum*), plante vivace, indigène du midi de la France et de l'Europe, où elle se trouve dans les lieux pierreux et sous les buissons, le long des murs et des haies. Sa racine, rouge dans toutes ses parties, est longue, pivotante ou rampante. Ses feuilles sont disposées en verticilles de quatre à six feuilles et hérissées, sur leurs bords et sur la nervure, de poils durs et crochus. En juin et juillet, elle se couronne de bouquets de petites fleurs jaunes, auxquels succèdent des baies noires.

Cette plante est employée dans la teinture depuis la plus haute antiquité. Strabon nous apprend que les Aquitains la cultivaient comme plante tinctoriale, et la mêlaient au pastel pour avoir des couleurs violettes.

Pendant tout le moyen âge, elle joua un grand rôle dans notre agriculture nationale, et, à cette époque, on la cultivait surtout dans nos départements du Nord; mais, les troubles du seizième siècle ayant répandu sur toute la France un voile de deuil, l'agriculture fut délaissée, et la culture de la garance abandonnée sur certains points. Vers le milieu du dix-huitième siècle, on la reprit en Alsace, et elle se répandit en Lorraine et dans les parties de la Picardie les plus rapprochées de la capitale. Depuis lors, on a cultivé cette plante dans le département du Nord, dans ceux de Maine-et-Loire, d'Eure-et-Loire, de la Haute-Garonne, du Tarn, de Vaucluse et du Bas-Rhin, et l'on est parvenu, avec assez de succès, à en obtenir du rouge aussi beau que celui que produisent les garances du Levant.

La culture de cette plante exige des soins particuliers, malgré sa

[1] Nous avons dit, en parlant de la culture, que l'on avait découvert en Algérie la garance et plusieurs autres plantes: nous allons donc procéder par la description des plantes qui sont indigènes à ce pays.

rusticité, les terres qui lui conviennent doivent être riches en humus et ne pas garder l'eau, mais pourtant conserver une certaine humidité. Les sols calcaires et crayeux sont ceux qui fournissent la plus belle couleur. On la sème, vers la fin de l'hiver, à la volée ou en lignes dans le Midi; dans les pays où les gelées tardives du printemps peuvent compromettre la réussite du semis, et dans ceux où le loyer des terres et le prix de la graine sont élevés, on a recours à la transplantation : pour cela, on la sème en pépinières. En Flandre, on plante en automne, et en Alsace, au printemps. Le semis à la volée est, comme dans toutes les cultures, celui qui exige le plus de semences, présente des résultats assez incertains et rend plus difficiles les soins à donner à ses végétaux. Le semis en lignes est plus rationnel, en ce qu'il facilite les binages et les buttages. Il faut soixante-cinq kilos par hectare, et chaque kilo coûte cinquante centimes. Par la culture en pépinières, on ne plante que des racines qui ont déjà une année, et il en faut, par hectare, de quinze cent à deux mille kilogrammes.

On cultive la garance par deux méthodes bien différentes : la première, ou culture à la jardinière, a lieu après une fumure très-abondante, et c'est la plus en usage : les produits sont considérables ; la seconde, ou grande culture faite sans engrais, ne présente de bénéfices que quand les prix de la garance sont assez élevés.

La quantité d'engrais à répandre sur le sol pour avoir un bon produit est de six cent cinquante kilogrammes de fumier, pour chaque cinquante kilos de garance sèche.

Les soins à donner à cette plante, dont la culture dure de deux à trois ans, sont : pour la première année, trois sarclages pendant l'été, en rechaussant la plante à chaque fois, et, à l'automne, on la recouvre de six à neuf centimètres de terre pour la préserver du froid. Cette opération coûte environ vingt-cinq francs par hectare.

La seconde année, on renouvelle les sarclages, et, vers la fin de l'automne, on fait un labour un peu profond. Quand la plante est en fleurs, on la fauche pour fourrage, ou bien on la laisse monter à graines. Le produit d'un hectare en graines est de trois cents kilogrammes. Pour la troisième année, la culture est nulle; on se borne à faucher les tiges. Dès que les pluies d'automne ont ameubli la terre, on procède à l'arrachement. Cette opération a ordinairement lieu en août et septembre dans nos départements méridionaux, et en octobre et novembre dans ceux du Nord.

Le terme de trois ans dans les pays où l'on sème en place, et de deux dans ceux où l'on plante des racines demeurées pendant une année en pépinière, est le plus généralement adopté. Cependant, dans les terres fortes et compactes, on les laisse pendant quatre ou cinq ans. La règle à suivre est d'arracher quand la garance, ayant épuisé tous les principes nutritifs du sol, l'a réduit à son état purement minéral; mais on lui restitue une partie de sa fertilité en arrosant la plante avec des engrais liquides et chauds. On a cependant l'exemple de garance demeurée en terre pendant sept et huit ans, et qui a donné des produits considérables. Une des causes qui nuisent au produit de la garance est un champignon parasite, *rhizoctonia rubiæ*, qui envahit la plante et la dévaste, ce qui doit porter à en abréger la culture, bien que quelquefois le rhizoctone attaque la garance dès la seconde année.

La récolte a lieu à tranchée ouverte et à la bêche. Cette opération, quoique longue et dispendieuse, est celle qui produit le plus. Chaque ouvrier jette dans une toile placée devant lui les racines, à mesure qu'il les arrache.

Dans la grande culture, l'arrachage se fait à la charrue, et il faut une demi-journée pour arracher un hectare. On porte les racines sur une aire pour les faire sécher, si ce n'est au feu qu'a lieu cette opération. Dans le midi de l'Europe, on emploie la première méthode, et la seconde en France.

Un pied de garance donne, dans un bon terrain, vingt kilogrammes de racines fraîches, qui, une fois sèches, ne pèsent plus que deux kilogrammes et demi à trois kilogrammes. On les conserve ensuite dans un lieu sec, et on les porte au moulin à tan pour les réduire en poudre, état dans lequel elles sont livrées au commerce.

Quand on détruit une vieille garancière, on met de côté les plus belles racines, qu'on divise pour la transplantation.

La culture avec engrais, outre l'abondance des produits en racines, donne encore ses fanes et ses graines, ce qui n'a pas lieu dans la culture sans engrais.

La graine de garance demande à être nouvelle; quand elle est trop sèche, elle ne lève plus qu'au bout de deux ou trois ans, quelquefois même pas du tout; et on lui conserve ses propriétés germinatives en la stratifiant dans la terre ou du sable légèrement humide.

La garance contient deux matières colorantes : une rouge ou alizarine, dont la solution, mêlée à une solution de sulfate d'alumine, précipitée par la potasse, donne la laque rose employée par les peintres, et qui est plus solide que la laque de cochenille. La saveur et l'odeur de l'alizarine sont nulles. La seconde substance colorante est la xanthine, qui a une saveur sucrée d'abord, puis fort amère. Son solutum passe à l'orange jaunâtre par les alcalis, et au jaune-citron par les acides. La xanthine domine dans les terres humides, et l'alizarine dans les terres sèches.

C'est avec la racine de garance que se fabrique le rouge d'Andrinople. Elle sert à teindre en rouge les laines, la soie et le coton, et on donne, au moyen de l'alun, beaucoup de solidité à ces couleurs.

C'est au moyen de garance réduite en poudre et mêlée aux aliments des animaux qu'on colore leurs os en rouge.

La garance, qui faisait autrefois partie des cinq racines apéritives majeures et entre encore dans le sirop antiscorbutique de Portal, n'est plus en usage.

M. Dobereiner, de Iéna, a tiré de l'alcool de la garance, en délayant les racines dans l'eau tiède, tenant du ferment en suspension et qu'on distille quand le liquide a fermenté pendant quelques jours. Cette opération ne détruit en rien les principes colorants contenus dans ces racines.

Les fanes de garance donnent un fourrage très-recherché des animaux, et qui n'a pas, comme la luzerne, l'inconvénient de les météoriser. C'est par l'abondance des produits en fourrage qu'on juge de ceux des racines.

En général, les cultivateurs s'accordent à dire qu'elle est égale au poids du fourrage de la première année et du double de celui de la seconde.

On falsifie la garance avec de l'ocre ou des briques pulvérisées dont la couleur s'allie à la sienne.

On connaît trois variétés de la garance des teinturiers : la grande, la moyenne et la petite.

Nos garancières nationales suffisent non-seulement à notre consommation, mais encore nous en exportons chaque année des quantités considérables.

Le seul département de Vaucluse produit vingt millions de kilogrammes de racines pulvérisées, dont le produit, en calculant sur un prix moyen de trente et un à trente-deux francs les cinquante kilogrammes, est de plus de douze millions de francs. Moitié de cette quantité est exportée en Suisse, en Angleterre, en Prusse et aux États-Unis.

C'est à tort qu'on accuse la garance de nuire à la culture du blé; on peut sans crainte la faire entrer dans un assolement en renouvelant les engrais. Toutefois il est de fait certain que les prairies artificielles réussissent parfaitement après la garance. La conservation des jachères dans les garancières est donc un préjugé répandu dans nos campagnes, et qu'il convient de faire disparaître comme tous ceux qui obscurcissent la raison humaine.

Au Japon on cultive, pour les mêmes usages, la garance à feuilles en cœur (*rubia cordata*).

Il croît aux environs de Paris trois espèces de rubia : les rubia tinctorum, peregrina et lucida.

LE GRENADIER.

Grenadier (*punica*, Bot. ph.).— Genre de la famille des myrtacées, établi par Tournefort (*Inst.*, 401), et qui offre pour caractères principaux : calice coloré, coriacé, à tube turbiné; 5-7 fide, corolle à 5-7 pétales insérés à la gorge du calice, elliptiques, lancéolés; étamines nombreuses, insérées sur le tube du calice, incluses; anthères introrses, biloculaires, ovées longitudinalement, déhiscentes; ovaire infère; style filiforme, simple, à stigmate capité. Le fruit est une baie sphérique, coriacé, subcharnu. Les grenadiers sont des arbrisseaux à rameaux armés d'épines, à feuilles opposées, verticillées ou éparses, très-entières, tachetées, glabres, à stipules nulles; fleurs groupées au sommet des rameaux, entièrement d'un rouge vif.

Le grenadier est indigène de la Mauritanie, d'où il fut importé dans l'Europe australe et dans toutes les régions tropicales du globe.

On en connaît deux espèces, qui sont : 1° le grenadier commun (*punica granatum*), qui atteint jusqu'à six ou sept mètres de hauteur. Il croît sur les espaliers exposés au midi, dans les provinces tempérées, et produit, de juillet en septembre, des fleurs d'un rouge écarlate vif; il y en a de doubles appelées balaustes, des blanches, des jaunes, des panachées, ce qui le fait rechercher dans les jardins. On lui forme une tête souvent aussi arrondie que celle des orangers; on le met en caisse comme eux et on le cultive de même. Ce bel arbrisseau se multiplie par les greffes, les boutures et surtout par ses drageons.

Le fruit du grenadier demande à rester sur l'arbre jusqu'à maturité complète.

Les grenades sont généralement d'une saveur aigrelette agréable. On les mange dans certaines contrées méridionales de l'Europe, où elles sont fort utiles pour désaltérer et rafraîchir pendant les fortes chaleurs, et elles s'allient parfaitement avec le sucre et le vin comme les fraises.

On attribue à l'écorce de la racine du grenadier une action fébrifuge et surtout une propriété anthelmenthique très-prononcée. On l'a administrée avec succès contre le ténia, en poudre ou bien en décoction édulcorée avec le sirop d'armoise. L'écorce du fruit est employée en médecine en décoction, comme astringent pour la dyssenterie. Le bois du grenadier est fort dur et peut quelquefois être employé dans les arts.

2° Le grenadier nain (*punica nana*, L.) croît principalement aux Antilles et à la Guyane, où l'on en fait des haies de clôture. Il n'a que trente à quarante centimètres de haut, et produit un fruit plus acide que celui du grenadier commun.

Le grenadier est très-commun en Afrique, d'où il est originaire; on le trouve donc aux environs d'Alger, dans les provinces de Bone et de Constantine, et principalement à Oran, dans les jardins du Ravin, où il acquiert là une dimension et une proportion extraordinaires; il n'est plus là à l'état d'arbrisseau, mais bien à celui d'arbre très-fort et très-vigoureux.

Le grenadier croît également dans le midi de la France, en Italie et en Espagne. Lorsque le fruit du grenadier arrive à parfaite maturité, il s'ouvre et se décrève de lui-même.

L'ARBOUSIER.

Arbousier (*arbutus*), altération du nom celte de cet arbrisseau (Bot ph.).— Genre de la famille des éricacées, tribu des andromédées, formé par Tournefort et adopté par tous les botanistes modernes, qui les caractérisent ainsi : calice quinqueparti, corolle hypogyne, globuleuse ou ovée, campanulée, à limbe quinquefide, réfléchi. Étamines 10, insérées au bas de la corolle, à filaments courts, à anthères comprimées d'un côté, fixées par le dos au-dessous du sommet, biaristées, réfléchies, déhiscentes au sommet par deux pores. Ovaire quinqueloculaire, ceint d'un disque hypogène, ou semi-immergé, à loges multi-ovulées. Style simple; stigmate obtus. Baie subglobuleuse granulée, tuberculée, quinqueloculaires, à placentas libres, pendants du sommet de l'angle central. Graines assez rares, anguleuses, à tissu coriace.

Les arbousiers ou arboises sont des arbustes ou des arbrisseaux répandus dans l'Europe australe, les îles Canaries, l'Amérique boréale, dans le Mexique et au Chili; à feuilles alternes, très-entières ou dentées; à inflorescence en grappes terminales paniculées, dont les fleurs sont pédicellées, bractées, blanches et rosées. On en connait environ une douzaine, presque toutes cultivées comme arbrisseaux d'ornement dans les jardins. L'espèce la plus commune (*arbutus unedo*, L.) a fourni sept ou huit variétés aux cultivateurs. Ce bel arbrisseau, qui monte depuis deux et quatre mètres et demi jusqu'à sept, à dix, croît aussi spontanément dans nos forêts du Midi, en Italie, en Espagne, et particulièrement sur les dunes et la mer de sables qui s'étend de l'embouchure de la Gironde aux pieds des Pyrénées. Son tronc se divise en rameaux irréguliers nombreux, d'un beau rouge, et forme des taillis du plus bel aspect, surtout lorsqu'ils sont chargés de fleurs et de fruits. Il est impossible d'en voir des massifs plus élégants que sur le cratère de Valerose, près de Murviel, département de l'Hérault.

Le beau feuillage dont l'arbousier est orné persiste l'hiver; il est alterne, ovale-oblong, denté; d'un vert brillant, sur lequel tranche agréablement le pétiole, qui est rouge. En septembre, puis en février, il est couvert de fleurs blanches ou roses, simples ou doubles, suivant la variété, disposées en grelots et en grappes pendantes, axillaires ou terminales. Le fruit qui leur succède est semblable à la fraise de nos jardins, d'où l'arbousier a reçu le nom vulgaire d'arbre aux fraises et fraisier en arbre.

Il est très-sucré, d'une couleur rouge vif à l'époque de sa maturité, c'est-à-dire à l'entrée de l'hiver, tandis que ses fleurs paraissent dès le mois de mars et d'avril. Ses fruits sont très-recherchés par les enfants et surtout par les oiseaux, qui les dévorent avec avidité; quelques personnes en mangent, quoique son goût âpre et son astringence aient été cause du nom spécifique *unedo* que porte l'arbousier, et qui, abrégé de *unum edo*, signifie : J'en mange assez d'un. Quoi qu'il en soit, on retire de sa pulpe jaune, mucilagineuse, un sucre liquide, prêt à se cristalliser, et de l'alcool de seize à vingt degrés. Il est essentiel de n'opérer que sur les fruits d'une parfaite maturité; on recueille d'abord ceux tombés par l'effet du vent ou par suite de légères secousses de la main, puis ceux qui cèdent sans effort au simple toucher; et, après les avoir pressés dans des sacs sous l'action de la meule, on les traite comme le moût du raisin dont on veut obtenir du sucre. L'eau-de-vie d'arbouse, comme celle du raisin, est le produit de la fermentation spiritueuse et de la distillation. Cette double découverte date de l'année 1807 et appartient à l'Espagnol Juan Armesto.

L'arbousier se multiplie de graines semées en temps sec, au mois de mars, et de marcottes. Cultivé sous le climat de Paris, il demande à être couvert de litière pendant l'hiver; durant les grands froids, il faut quelquefois le rentrer dans l'orangerie. On en possède une variété panachée.

Il y a encore trois espèces d'arbousier : l'andrachné ou arbousier à panicules (*A. andrachne*, L.), l'arbousier des Alpes (*A. Alpina*), et l'arbousier raisin d'ours (*A. uva ursi*); mais nous nous bornons à celle que nous venons de décrire, comme la plus intéressante sous tous les rapports : c'est l'arbousier commun ou des Pyrénées (*arbutus unedo*, L.).

Cet arbrisseau est également très-commun en Algérie, et on le retrouve en Provence.

Les feuilles des diverses espèces d'arbousiers contiennent une grande quantité de tannin et d'acide gallique, ce qui les fait rechercher pour le tannage des cuirs. On leur donne aussi des propriétés médicales, surtout contre la gravelle; mais j'avoue qu'on peut en contester l'héroïsme. (T. d. B.)

LE BANANIER.

Bananier (*musa*, bot. phan.). *Polygamie monœcie*, L., famille des musacées, de Jussieu. — Ce genre a pour caractères : périanthe de deux folioles colorées, formant deux lèvres dont la supérieure embrasse entièrement l'inférieure par sa base et se divise à son sommet en cinq lanières étroites; la lèvre inférieure est plus courte, concave, cordiforme et nectarifère : six étamines, dont cinq stériles, la sixième fertile, plus longue; elles sont insérées sur le sommet de l'ovaire, qui est adhérent au périanthe; cet ovaire est très-grand, de forme à peu près triangulaire, et divisé en trois loges contenant chacune un grand nombre d'ovules : style terminé par un stigmate concave, dont le bord offre six dents : fruit non succulent dans l'état sauvage de la plante, mais que la culture rend pulpeux et d'une saveur agréable. La racine du bananier se compose d'un grand nombre de fibres allongées cylindriques et simples. Quant à la tige, elle est semblable à celle des liliacées : c'est de même un plateau charnu, qui, par sa face inférieure, donne naissance aux fibres qui constituent la racine, et, par sa supérieure, à cette colonne improprement appelée tige. En effet, cette prétendue tige n'est qu'un assemblage de gaîies foliacées, étroitement emboîtées les unes dans les autres, dont les plus intérieures se terminent par une longue feuille elliptique, et les plus extérieures sont nues. Du centre de ces feuilles s'élance une sorte de trompe recourbée et pendante, chargée à son extrémité de fleurs très-grandes, disposées en une série de demi-anneaux, dont chacun est accompagné à sa base d'une grande bractée colorée.

Toutes les fleurs ont les deux sexes, mais avec cette différence, qu'il n'y a dans les fleurs inférieures que la partie femelle, et dans les fleurs supérieures que la partie mâle, qui contribuent à la fructification.

Les botanistes distinguent dans ce genre une douzaine d'espèces; nous nous bornerons à décrire les deux plus remarquables :

1° Bananier à gros fruit, du paradis, figuier d'Adam, platanier, *musa paradisiaca*, Linné.

Racine vivace; partie hors de terre, périssant chaque année, après la fructification, mais repoussant de son plateau un nouveau bulbe, et ainsi successivement. Il parvient à une hauteur de douze à quinze pieds, et se couronne d'un faisceau de huit à treize feuilles pétiolées, larges de quinze à dix-huit pouces et longues de sept à neuf pieds, obtuses au sommet et d'un vert clair et agréable. Les fleurs sont jaunâtres, portées par une hampe, qui dépasse le sommet de la tige de trois à quatre pieds. Une grande bractée rougeâtre, caduque, protège la floraison, et un bouton d'écailles coloriées, serrées entre elles, forme le chapiteau de la hampe. Les fruits sont à peu près triangulaires, jaunâtres, longs de six à huit pouces et terminés en pointe irrégulière à leur sommet : ce sont les bananes. Leur chair est épaisse, ûn peu pâteuse : la culture fait presque toujours avorter les graines. Ce beau végétal croit spontanément et se cultive en Afrique et dans les deux Indes. C'est, disent quelques écrivains, avec ces feuilles qu'Adam et Ève couvrirent leur nudité après leur désobéissance; des sauvages en font le même usage. Il en est qui prétendent que les énormes grappes qu'apportèrent à Moïse ses émissaires n'étaient que des régimes de bananes. Une singulière croyance des Grecs de nos jours, c'est que, si quelqu'un s'avise de cueillir ce fruit avant sa maturité, l'arbre abaisse sa tête et frappe le ravisseur. Dans l'île de Madère, la banane est un objet de vénération : on pense que c'est le fruit défendu du paradis terrestre. Les Espagnols et les Portugais ne coupent jamais une banane transversalement, parce qu'en la coupant ainsi on y voit la figure d'une croix.

2° Bananier des sages, bananier figuier, *musa sapientium*, Linné. Semblable au précédent par son port et sa taille, mais différent par ses feuilles, qui sont plus aiguës, et par ses fruits, qui sont une fois

moins longs, à chair plus fondante : ces fruits sont connus sous les
noms de bacove ou figue banane. Le bananier des sages est ainsi
appelé parce qu'on prétend que les gymnosophistes de l'Inde passaient
leur vie sous son ombrage à méditer et à s'entretenir sur des sujets
philosophiques, et que son fruit faisait leur principale nourriture,
trouvant ainsi dans le même végétal le vivre et le couvert. La figue
banane figure, avec les mets de dessert, sur la table du riche colon,
tandis que la banane proprement dite est, en général, abandonnée aux
nègres. Cependant on en extrait une liqueur assez bonne, à laquelle
on donne le nom de vin de banane. En écrasant les bananes bien
mûres et les faisant passer au travers d'un tamis pour en séparer les
fibres, on fait une pâte qui donne un pain nourrissant, mais lourd.
Cette pâte se conserve lorsqu'elle est sèche, et, délayée dans de l'eau
ou dans du bouillon, fournit un aliment assez agréable, dont les marins se trouvent fort bien pendant leurs traversées. Les Mogols mangent leurs bananes avec du riz ; les habitants des îles Maldives les
font cuire avec le poisson ; les Éthiopiens les font entrer dans la composition de certains mets d'un goût exquis. Le cœur du bananier,
nommé *diantong*, se prépare comme un légume. Quant aux propriétés médicinales des bananes, on croit que, vertes, elles resserrent le
ventre, et que, mûres, elles le relâchent. Les feuilles mêmes de ce
précieux végétal sont mises à profit : on les emploie à couvrir les habitations, et, dans les repas, on les étend sur la table en guise de
nappe ou sur ses genoux en guise de serviette.

Faut-il ajouter foi à ce qu'on dit de ces mêmes feuilles, que, par la
quantité d'eau qu'elles rendent, elles sont capables d'éteindre un incendie ! Des gaînes foliacées de la tige, on fabrique des câbles, des
cordages, des hamacs, des toiles, des étoffes même pour robes et ten-
tures d'appartement.

Le bananier est désigné sous le nom de *dudaïm* en hébreu, de
phyximelon en grec, de *platanetree* en anglais. Du nom de *bananas*,
que lui donnent les habitants de la Guinée, est venu le nom français
bananier, qu'on lui donne vulgairement, et du nom *mauz*, qu'on lui
donne en Égypte, vient le nom latin qu'ont adopté les botanistes.

Bambous, bananiers ! arbres étrangers à nos climats, vous ne l'êtes
point pour nos cœurs : les bananiers et les bambous de *Paul et Vir-
ginie* nous intéresseront à jamais et plus vivement que les ormeaux
et les hêtres de Théocrite et de Virgile (C. E).

LE HENNÉ.

Le henné, ou *henna*, *Lawsonia intermis*, Linné. — On ne regrettera pas sans doute de trouver ici sur cette plante intéressante peu connue, sur son caractère botanique, sur sa culture et sa récolte, quelques renseignements qui ont été relevés dans le pays par les soins de M. Genty de Bussy.

Les femmes des indigènes et les enfants des deux sexes en emploient la feuille à se teindre les cheveux, les ongles et le dedans des mains, et les Arabes et les Maures la crinière, les jambes et le tour de l'emplacement de la selle de leurs chevaux favoris.

La suspension de cet usage est un signe de deuil.

M. Desfontaines, dans sa *Flore atlantique*, décrit ainsi le caractère botanique de cette plante :

Le *henna*, nom vulgaire de *Lawsonia intermis*, Linné, est une plante de la famille des Salicariées (Jussieu) ; c'est à tort que les auteurs la placent dans l'octandrie monogynie (Linné), car l'on rencontre depuis huit jusqu'à douze étamines sur chacune. Elle ne s'élève guère qu'à trois décimètres au-dessus du sol ; son aspect se rapproche beaucoup de celui que présente le grenadier (*punica granatum*), qui est assez commun pour que plusieurs fois on se soit trompé sur les deux.

Ses racines sont ligneuses, pivotantes, rameuses, cassantes, et s'enfoncent perpendiculairement dans la terre à une assez grande profondeur.

La tige est cylindrique, de la grosseur du doigt à peu près. Quelquefois son développement est plus considérable.

Les rameaux et les feuilles sont alternes, étalés, légèrement anguleux à la base, mais quadrangulaires au sommet. Pétiolées, aiguës, à leurs extrémités, glabres et très-entières, les feuilles paraissent opposées, mais, en les regardant avec attention, on voit qu'elles ne sont pas toujours assises parallélement.

Les fleurs sont très-nombreuses, petites, blanchâtres, naissant en panicule terminal, dont les ramifications sont grêles et alternes. Les pétales sont au nombre de quatre, blanchâtres, chiffonnés. A l'état frais, les fleurs répandent une odeur suave, et non spermatique, comme l'indique M. Desfontaines ; cette odeur se dissipe par la dessiccation, ou elle se rapproche un peu de celle indiquée par ce savant botaniste, circonstance qui conduit à croire que la description qu'il a donnée avait été prise sur le végétal déjà desséché.

Le fruit est une capsule sphérique, ordinairement de la grosseur d'un pois de senteur, légèrement déprimé à la partie supérieure, divisé en deux; trois ou quatre loges par une cloison papyracée.

Les semences sont petites, cunéiformes, rougeâtres, à l'état de dessiccation; leur nombre varie de trente à trente-cinq.

Avant la parfaite maturité, la capsule s'ouvre souvent à la partie inférieure et laisse échapper les semences. Cette déhiscence n'est que partielle et ne comprend que la moitié de la capsule. Le style persiste, soit avant, soit après la déhiscence.

La graine du *henna* ne se sème qu'attendrie et mélangée avec de la fine terre meuble. Au bout de trois mois, le plant a pris tout son développement; et ne le coupant qu'une fois la première année, et que deux fois la seconde, on s'assure trois récoltes pour toutes les années suivantes.

Les feuilles se conservent dix-huit mois sans perdre de leur force.

L'ORANGER.

Oranger (*citrus*, Bot. ph.). — Genre de plantes de la famille Aurantiacées, rangé par Linné dans polyadelphie icosandrie de son système. Son nom français d'oranger présente dans la pratique des inconvénients, à cause des équivoques et des confusions qu'il fait naître; on l'emploie en effet également, soit pour le genre tout entier, soit, et plus communément, pour une de ses espèces.

Dès lors, il aurait été peut-être avantageux d'adopter le nom d'agrumes, que proposait Gallesio pour le genre entier; mot qui n'était, au reste, que l'imitation de celui d'agrumi, sous lequel les Italiens réunissent commodément toutes les espèces et variétés cultivées de ce genre.

Les citrus sont des arbres de taille médiocre ou des arbrisseaux, souvent ornés d'épines axillaires, qui croissent spontanément dans l'Asie tropicale, d'où la culture les a répandus sur la plus grande partie de la surface du globe. Leurs feuilles, persistantes, alternes, sont composées-unifoliolées, c'est-à-dire qu'elles représentent des feuilles pennées dans lesquelles toutes les folioles, moins l'impaire, auraient disparu par avortement; presque toujours cette composition, réduite autant qu'elle puisse l'être, est indiquée par l'articulation qui existe à l'extrémité du pétiole, sous la foliole terminale; celle-ci présente dans son épaisseur des réservoirs vésiculaires d'huile essentielle, qui se montrent comme des points transparents lorsqu'on la regarde contre le jour.

Les fleurs, blanches ou légèrement purpurines, possèdent également dans l'épaisseur de leur tissu des réservoirs d'huile essentielle qui produisent sur elles l'effet de ponctuations, et à l'existence desquelles elles doivent leur odeur suave et pénétrante. Elles présentent les caractères suivants : calice urcéolé, 3-5 fide; corolle à 5-8 pétales hypogènes ; 20-60 étamines, à filets comprimés inférieurement, polyadelphes, à anthères 2 loculaires; ovaire à loges nombreuses, renfermant chacune 4-8 ovules, fixés à l'angle central en deux séries : style unique, cylindrique; stigmate renflé, hémisphérique.

Le fruit qui succède à ces fleurs a reçu des botanistes le nom d'Hespéridie (*hesperidium* des v.), et, dans le langage vulgaire, ceux d'orange, citron, cédrat, limon, etc. Ses loges, creuses dans l'ovaire et ne renfermant d'abord dans leur cavité que les ovules, se remplissent, peu à peu après la fécondation, de sortes de poils à grandes cellules allongées et pleines de pulpes, qui, de la paroi externe, s'étendent graduellement et se multiplient jusqu'à remplir tout le vide qui existait précédemment et à envelopper les graines.

Un endocarpe membraneux entoure ces loges, qui peuvent se séparer sans déchirement, formant ainsi ce qu'on nomme vulgairement les tranches.

Le reste du péricarpe forme ce qu'on nomme vulgairement l'écorce ou le zeste, et se distingue en deux couches : l'extérieure est orangée ou rougeâtre, creusée d'un grand nombre de réservoirs vésiculeux remplis d'huile essentielle, ou de vésicules qui, d'après l'observation de M. Poiteau, font saillie à la surface des fruits à jus doux, et forment, au contraire, une petite concavité dans ceux à jus acide ou amer; l'intérieure, très-épaisse dans certaines espèces et variétés, est blanche, plus ou moins charnue ou spongieuse, comme feutrée intérieurement; elle renferme une substance particulière qu'on nomme hespéridine. Cette manière d'envisager le fruit des citrus diffère entièrement dans celle de De Candolle.

Ce botaniste admettait, en effet, qu'un torus, qui est épais et glanduleux à l'intérieur, entoure complétement les carpelles jusqu'à l'origine du style et adhère avec eux au moyen d'un tissu cellulaire très-lâche (Organog, végét., t. XI, p. 41). Mais cette opinion est à peu près abandonnée aujourd'hui : les graines, dont plusieurs avortent d'ordinaire dans les individus cultivés, se distinguent par la multiplicité de leurs embryons, parmi lesquels il est en général un dont le volume dépasse celui des autres.

Les espèces citrus décrites jusqu'à ce jour sont, d'après la deuxième édition du *Nomenclator* de Stendel, au nombre de vingt-cinq. Celles d'entre elles dont la culture a pris de vastes développements dans ces derniers siècles ont donné une si grande quantité de variétés, que leur histoire en est devenue très-difficile. Les botanistes et les horticulteurs ne sont pas d'accord à cet égard, et nous voyons même les travaux successifs d'un même auteur présenter quelquefois, sous ce rapport, des divergences frappantes. Nous n'entrerons pas dans les détails de toutes les espèces décrites par les botanistes.

L'histoire de l'introduction des citrus dans les cultures européennes a donné lieu à des recherches multipliées, et desquelles est résultée la preuve de leurs diverses espèces qui ont été importées à des époques différentes.

L'introduction en Europe de l'oranger a eu lieu bien postérieurement à celle du citronnier. L'oranger est originaire, à ce qu'il paraît, de l'Inde, au delà du Gange; il est probablement arrivé dans l'Arabie vers la fin du neuvième siècle ou au commencement du dixième. De cette contrée, il a passé dans la Palestine, l'Égypte et la côte septentrionale de l'Afrique. Il paraît qu'il avait été introduit en Sicile dès la fin du dixième siècle ou au commencement du onzième. Enfin, ce fut à l'époque des croisades et dans le treizième siècle qu'il fut porté sur le continent de l'Italie et que sa culture s'étendit, avec celle du limonier, jusqu'à Salerne, Saint-Rême et Hyères. La culture des diverses espèces de citrus est d'une grande importance, à cause de la variété et de l'utilité de leurs produits. Dans les lieux où l'oranger pousse en pleine terre (comme en Algérie), ses fruits se consomment en grande quantité sur place. Le commerce en exporte des quantités considérables (comme de l'île Majorque) dans les climats favorisés.

Les limons et les bigarades forment aussi l'objet d'un commerce important. Ces fruits et ceux des autres espèces se confisent de diverses manières, soit en entier, soit leur écorce seulement.

Les feuilles, les fleurs et la couche extérieure du fruit de ces végétaux renferment une huile essentielle très-odorante, qu'on en extrait par la distillation, et qui, suivant la manière dont la préparation a eu lieu à la partie sur laquelle on a opéré, sert à divers usages et reçoit divers noms.

Dans les fleurs, cette huile essentielle est appelée néroli.

La plus connue et la plus répandue de ces préparations aromatiques est l'eau distillée des fleurs, vulgairement désignée sous le nom d'eau de fleurs d'oranger, bien qu'on la prépare principalement avec les fleurs de bigaradier. On fait aussi grand usage dans la parfumerie de

l'huile essentielle retirée de l'écorce de citron et de celle de berga-
mote. En médecine, on emploie fréquemment, soit ces huiles essen-
tielles, soit les fleurs, les feuilles d'oranger, et l'écorce ou zeste
d'orange et de citron. Cette dernière partie agit comme stimulant, à
cause de son huile essentielle et de son amertume. Les feuilles agissent aussi comme stimulants et non comme toniques ; elles ont de plus,
ainsi que les fleurs, une action très-marquée sur le système nerveux,
sur lequel elles agissent comme antispasmodiques ; aussi les emploie-
t-on tous les jours contre les affections nerveuses, en infusion ou en
décoction.

On a usé de la poudre des feuilles d'oranger à haute dose contre
l'épilepsie, et, dans quelques cas, on en a obtenu des résultats avantageux. Le bois de l'oranger, du citronnier, etc., est estimé en ébéniste-
rie : il est de couleur jaune clair, d'un grain fin et serré, très-liant,
susceptible de recevoir un beau poli.

On en fait des meubles de prix, des objets de tour et de tabletterie.
Un usage spécial, pour lequel on le préfère à tout autre, est la fabrication des mètres pliants. Enfin, on sait quel rôle jouent les divers
citrus pour la décoration des jardins et des parcs ; cultivés ainsi pour
ornement, ils sont d'autant plus précieux, qu'à la beauté de leur feuillage, à l'élégance de leur forme, au parfum des fleurs, ils joignent
l'avantage de fournir un revenu qui ne manque pas d'importance. (P. D.)

L'OLIVIER.

Olivier (*olea*, Bot. ph.). — Genre de la famille des Oléacées, de la
dyandrie monogynie dans le système de Linné.

Il se compose d'arbres et d'arbrisseaux qui croissent dans l'Europe
méditerranéenne, l'Asie tropicale, les parties extra-tropicales de l'Aus-
tralasie, au cap de Bonne-Espérance, et très-rarement dans l'Amérique septentrionale.

Les feuilles de ces végétaux sont opposées, très-entières, coriaces ;
les fleurs sont petites, blanches ou jaunâtres, généralement odorantes,
souvent disposées en grappes, en panicules, etc. ; elles présentent les
caractères suivants :

Calice court à quatre dents, corolle courte, campanulée, à limbe
4 fide ou 4 parti, plan nul quelquefois (sous genre *gymnelæa*) ; deux
étamines insérées au fond du tube de la corolle, saillantes ; ovaires à
deux loges, contenant chacune deux ovules collatéraux suspendus au

haut de la cloison; style très-court, terminé par un stigmate bifide; le fruit est un drupe à noyau dur et osseux, ou chartacé et fragile, creusé d'une ou de deux loges, et ne contenant, par suite d'un avortement, qu'une ou deux graines.

Tel que nous venons de le caractériser, d'après M. Endelicher, le genre olivier a une circonscription plus étendue que celui établi d'abord par Tournefort, adopté ensuite par Linné et par la plupart des botanistes; aussi M. Endelicher le divise-t-il en trois sous-genres bien tranchés et distingués par des caractères suffisants, aux yeux de beaucoup de botanistes, pour constituer des groupes génériques. C'est cette division en trois sous-genres que nous reproduirons ici, en y rapportant les espèces qui offrent de l'intérêt.

A. gymnelæa, Endelich. — Corolles nulles et étamines hypogynes, noyau du drupe osseux (ex. : *olea apetala*, Vahl). Ce sous-genre avait été proposé comme genre par M. Endelicher, dans son prodrome d'une flore de Norfolk.

O. oleaster, Endelich. — Corolle à limbe quadrifide, portant les étamines à sa base, noyau du drupe osseux. Ce sous-genre répond au genre *olea* de Tournefort et de presque tous les botanistes. Il renferme une espèce du plus grand intérêt et qui devra nous arrêter quelque temps.

Olivier d'Europe (*olea Europæa*, Lin.), plus connu sous le nom d'olivier. Selon qu'il est à l'état spontané ou cultivé, il forme soit un arbrisseau, rameaux tortueux et irréguliers, plus ou moins épineux, soit un arbre de hauteur moyenne, à tête arrondie, dont le tronc, haut seulement de deux à trois mètres, acquiert, grâce à sa grande longévité, une épaisseur assez forte. Ses feuilles persistantes, coriaces, ovales, lancéolées, entières, sont marquées de nervures pennées très-fines; leur vert grisâtre, surtout à la face inférieure, donne à l'arbre entier une teinte un peu triste qui réagit quelque peu sur l'aspect général du pays où on le cultive abondamment. Ses fleurs, petites et de peu d'apparence, forment, au moins chez les individus cultivés, une grappe paniculée souvent pyramidale, dressée, à bractées et bractéoles courtes et subulées.

Chacune de ces inflorescences ne donne le plus souvent que 1-3 fruits ovoïdes, acuminés, devenant d'un violet noir à leur maturité, mais variant au reste beaucoup de forme, de dimensions, même de couleur, par l'effet de la culture.

On distingue dans cette espèce deux sous-espèces, ou plutôt deux grandes variétés, dont l'une est le type sauvage [1], buissonnant, épineux, à fruits très-petits; dont l'autre est formée par le végétal cultivé et devenu un arbre énorme à fruits plus gros et plus huileux.

DES PALMIERS [2].

Palmiers (*palmæ*, Bot. ph.). — Grande et belle famille de Monocotylédons. Les végétaux dont elle se compose sont tellement remarquables par leur beauté et presque toujours par leur hauteur, que Linné, dans son langage poétique, les avait appelés les princes du règne végétal. De plus, ils ont une telle analogie d'organisation et de caractères, que, dès les premiers essais de méthode naturelle, on les a réunis en un groupe distinct; ainsi Linné, dans ses *Fragments de méthode naturelle*, en faisait son second ordre, dans lequel, il est vrai, une simple ressemblance de port lui faisait admettre les cycas.

Cette erreur fut commise également par Adanson, qui fit des palmiers la sixième famille. A.-L. de Jussieu, le premier, sut assigner à ce groupe ses véritables limites, qui n'ont pas été modifiées jusqu'à ce jour.

Dans ces derniers temps, les palmiers ont été l'objet de grands et beaux travaux qui ont jeté du jour sur leur histoire et qui ont fait connaître leur organisation, longtemps fort mal interprétée. Nous avons cité, à l'article *Monocotylédons*, ceux de ces travaux qui ont eu pour objet leur histoire considérée en général; les plus importants d'entre eux sont certainement ceux de Martius, qui constitue une monographie vraiment monumentale de cette famille.

Les palmiers présentent, dans leurs racines, la plupart des particularités qu'on retrouve chez la généralité des monocotylédons; mais on voit chez eux, plus clairement encore que chez la plupart de ces plantes, le pivot formé à la germination par l'allongement de la radicule se détruire de bonne heure, et des racines adventives se développer autour de lui ou de la place qu'il occupait, sur des points de plus en plus extérieurs; cette formation successive de racines adventives a donc lieu du centre vers la périphérie. Il en résulte une masse conique qui épaissit fortement le volume du bas de tige, et dont la grosseur est en proportion de l'âge et des dimensions de celle-ci. Cette masse

[1] Tels que nous les avons trouvés en Afrique, qui pour la plupart étaient à l'état sauvage, et non greffés.
[2] Quoique j'aie décrit une partie de la famille des palmiers, deux seuls sont indigènes à l'Afrique; ce sont le *phœnix datilifera* et le palmier *chamærops humilis*, vulgairement palmier nain.

devient parfois extrêmement volumineuse, et finit par dépasser le niveau du sol de deux mètres, et même un peu plus, comme chez certaines espèces de l'île de France, de Bourbon, et chez l'*oreodoxa regia*. Dans d'autres cas, elle ressemble à une sorte de piédestal creux, au sommet duquel la tige elle-même, et dans lequel M. H. Mohl a signalé une structure notablement différente de celle qui caractérise le bois proprement dit de ces végétaux. Outre ces racines adventives inférieures, la tige de palmier en développe quelquefois de tout à fait aériennes, qui prennent naissance sur des points plus ou moins élevés, même immédiatement au-dessous de la couronne. Chez le *mauritia armata*, ces racines adventives aériennes, ne se développant qu'imparfaitement, prennent la forme de productions cylindroïdes et épineuses.

La tige des palmiers, qu'on nomme aussi leur stipe, se montre sous de nombreuses modifications de forme générale, que M. H. Mohl a rangées en cinq catégories distinctes : 1° la tige arandinacée, mince, grêle, dressée, avec des entre-nœuds assez rapprochés et obconiques, elle a un épiderme lisse, luisant, et qui ne s'amincit pas par l'effet de l'âge ; sa consistance est médiocre ; au premier aspect, elle ressemble beaucoup à un chaume de bambou ; mais elle se distingue essentiellement, parce qu'elle n'a ni cavité centrale ni véritables nœuds. Cette forme existe chez la plupart des *geonoma*, beaucoup de *bactris*, hyospathe, *chamæ dorea* ; on le voit se modifier plus ou moins chez le *desmoneus, rhapis flabelliformis, corypha frigida* ; 2° la tige calamoïde a une assez grande ressemblance avec la précédente ; mais elle s'en distingue par la grande longueur de ses entre-nœuds, qui ont jusqu'à deux mètres ; ceux-ci sont grêles et paraissent presque cylindriques, tant leur forme obconique est peu prononcée ; leur surface est lisse, luisante et comme vernie, grâce à l'existence d'un épiderme siliceux extrêmement dur, fragile, et qui se détache par plaques lorsqu'on les emploie.

Ces tiges sont très-flexibles, élastiques, à faisceaux fibro-vasculaires, presque uniformément répandus dans leur intérieur ; elles ressemblent entièrement à celles de diverses lianes par leur grande longueur (quelquefois deux cents mètres) et leur entrelacement aux arbres et aux corps voisins. Elles n'existent que chez les calamus ou rotangs.

Le *desmoncus* rattache cette forme à la précédente.

3° La tige cylindrique de M. H. Mohl est lisse et grêle, en colonne fort élancée, à entre-nœuds très-allongés ; sa surface présente des cicatrices étroites, non relevées en nœuds, et souvent de forts piquants.

Sa structure, fort remarquable, consiste, en majeure partie, en un parenchyme central, mou et lâche, parsemé de quelques faisceaux herbacés, tandis que sa couche extérieure est formée par des faisceaux serrés, gros et durs, qui donne naissance à un bois extrêmement résistant et difficilement attaquable aux instruments tranchants (*mauritia œnocarpus, kunthia montana*, etc.).

4° La tige, cocoïde, est épaisse, quelquefois très-haute, mais, dans ce cas, n'ayant jamais la gracilité de la précédente, un peu irrégulièrement noueuse par l'effet de ses larges cicatrices de feuilles tombées ; souvent ces débris persistants des feuilles forment, par l'isolement de leurs faisceaux, conséquence naturelle de la destruction de leur parenchyme, des sortes de villosités sur la surface intérieurement ; les faisceaux ligneux sont distribués presque uniformément dans toute son étendue ; seulement ils sont un peu plus serrés et souvent un peu plus grêles vers sa circonférence, qu'occupe une épaisse couche corticale ; une conséquence naturelle de cette organisation est que son centre a une dureté presque égale à celle de sa périphérie (*cocos, Leopoldine elœis corypha*, etc.).

Le fruit est à trois loges ou à deux, même à une seule, par suite d'un avortement qui a également porté sur les graines.

Par l'effet d'une soudure incomplète de trois carpelles, il se montre quelquefois trilobé et même presque trimère. Son mésocarpe est charnu ou fibreux ; son endocarpe de consistance de papier, de parchemin, ou fibreux, ou ligneux, et d'une dureté presque pierreuse ; celui-ci présente au sommet trois trous qui répondent aux points par lesquels le tissu conducteur arrivait à l'ovaire ; mais l'inégalité du développement des carpelles, lorsqu'elle a lieu, agit aussi sur ces trous ; aussi dans l'endocarpe du cocotier, vulgairement connu et employé sous le nom de coco, un seul reste ouvert : c'est celui qui correspond à la loge fertile. Les deux autres, qui appartiennent aux deux loges avortées, sont obturés dans le fruit adulte. On sait quel énorme volume acquiert le fruit de certains palmiers, particulièrement celui des cocotiers, du lodoïcea.

Les graines des palmiers acquièrent souvent un volume très-considérable, et qui dépasse tout ce que l'on observe dans le reste du règne végétal.

Elles sont presque toujours solitaires dans chaque loge qu'elles remplissent, ou même dans le fruit entier par l'effet de l'avortement.

Elles sont ovoïdes ou globuleuses, dressées ou appendues latéralement à tégument le plus souvent soudé avec la surface interne de l'endocarpe; elles renferment un volumineux albumen, d'abord à l'état liquide laiteux (lait de coco), prenant ensuite peu à peu de la consistance, de manière à devenir corné dans certains cas (dattier); souvent même, dans le fruit mûr, il n'est passé à l'état solide que dans sa portion extérieure, et il forme alors un corps creux dont la cavité reste encore remplie de liquide laiteux. Il est fréquemment ruminé à des degrés divers, il est vrai; il est tantôt oléagineux (cocotier), tantôt plus ou moins corné, mais non farineux.

Une fossette creusée vers la périphérie, et recouverte seulement par une couche mince de sa substance, renferme un embryon conique ou cylindroïde, dont l'extrémité radiculaire est dirigée en dehors.

A la germination, chez le cocotier par exemple, la radicule se prolonge à travers le trou de l'endocarpe ou de la noix, et perce ensuite le mésocarpe fibreux ou le brou, qui est déjà plus ou moins altéré. En même temps, le sommet du cotylédon pénètre dans la cavité centrale de l'albumen, qu'elle ne tarde pas à remplir; l'albumen se ramollit ensuite, sa substance se modifie, et elle est absorbée progressivement et comme couche par couche, le cotylédon continuant de grossir à proportion. Pendant que s'opère cet accroissement intérieur, la portion qui passe par le trou de la noix s'allonge, reporte à l'extérieur la gaîne du cotylédon, de laquelle sort bientôt la gemmule, tandis que, de son côté, la radicule s'est enfoncée dans le sol, où nous avons dit de plus que son existence ne doit pas être d'une longue durée.

Quant à l'extrémité cotylédonaire enfermée dans la noix, elle ne peut s'en dégager, et on l'y retrouve vivante encore quelquefois après une année entière. La gemmule donne d'abord une feuille entière, et l'on n'a vu que celles qui lui caractérisent cet organe à l'état adulte.

Les palmiers appartiennent tous aux régions chaudes du globe, particulièrement à la zone intertropicale. Au delà des tropiques, le nombre de leurs espèces décroît rapidement; leur limite septentrionale ne dépasse pas 34 degrés en Asie; elle s'élève à 36 degrés en Amérique; enfin, en Europe, elle atteint 44 degrés; là, les seuls représentants sont le *chamærops humilis* et le dattier cultivé, mais ne mûrissant pas son fruit. Quant à leur limite méridionale, elle arrive en certains points à 38 degrés de latitude sud. Son terme extrême est formé par l'*areca sapida* de la Nouvelle-Zélande, qui croît dans les lieux froids dans lesquels il neige souvent. Dans la zone intertropicale ils abondent, surtout en Amérique et dans les nombreux archipels de la Polynésie; ils sont beaucoup moins nombreux en Afrique et en Asie.

Les végétaux dont se compose cette belle famille se recommandent non-seulement par leur beauté, par leur port léger et élancé, qui imprime un cachet si remarquable aux paysages des régions chaudes du globe, mais encore et surtout par leur extrême utilité. Toutes les parties servent à des usages importants. Leur tige est très-utile pour les constructions, dans les espèces où elles acquièrent une grande dureté; dans celles dont le centre reste peu consistant, elle fournit, par un simple évidement, d'excellents tuyaux de conduite. On sait que le commerce apporte en Europe le bois de quelques espèces, et qu'on l'emploie en quantité pour la confection des cannes, des manches de parapluie et beaucoup d'autres objets. Ce bois varie beaucoup de densité. D'après M. Martius, le plus léger est celui du dattier dont la densité n'est que 0,3963, ce qui réduit son poids à 13 kilog. 58 par pied cube.

LES PISTACHIERS.

Pistachier franc (*pistacia vera*, Lin.). — Genre de la famille des Anacardiacées, de la diœcie pentandrie dans le système de Linné. Tournefort avait établi comme genres distincts et séparés les térébinthes et les lentisques; Linné réunit ces deux groupes en un seul, auquel il donne le nom de *pistacia*, que les botanistes ont adopté. Néanmoins, A.-L. de Jussieu (*Genre*, pag. 371) avait substitué à ce dernier nom celui de *terebenthus*; mais cette substitution n'a pas été admise.

Le pistachier est un grand arbrisseau ou un petit arbre, originaire de Syrie, d'où il fut importé en Italie par Vitellius. Depuis cette époque, il s'est répandu dans presque toute la région méditerranéenne. Ses branches sont longues proportionnellement; ses feuilles, alternes, ternées ou pennées avec impaire, présentent trois ou cinq folioles ovales, légèrement rétrécies à leur base, obtuses, coriaces et glabres. Ses fleurs dioïques, apétalées, sont réunies en panicules ou en grappes auxillaires, et chacune d'elles est portée sur un pédicelle muni d'une bractée. Ses fruits sont ovoïdes, un peu renflés d'un côté vers la base, de la grosseur d'une olive moyenne, jaunâtres, ponctués de blanc vers l'époque de leur maturité, teintés de rouge du côté éclairé directement par le soleil. Ils s'ouvrent à la maturité en deux valves. L'amande de leur graine, bien connue sous le nom de pistache, a ses deux cotylédons volumineux, charnus et d'un beau vert gai. Sa saveur est agréable, délicate et parfumée. Sa substance est nourrissante et renferme une assez forte portion d'huile grasse.

Les fleurs mâles présentent un calice petit, quinquéfide, cinq étamines insérées sur le calice, opposées à ses divisions, dont les anthères, grosses, biloculaires, s'ouvrent longitudinalement; leur centre est occupé par un rudiment d'ovaires. Les fleurs femelles ont un calice petit, à trois, à quatre divisions, appliquées sur l'ovaire; un pistil à ovaire sessile uniloculaire, rarement triloculaire, avec deux loges rudimentaires, contenant un seul ovule suspendu à un long funicule ascendant à style très-court, terminé par trois stigmates papilleux recourbés. Le fruit est un drupe sec, à noyau osseux monosperme.

Les pistaches constituent un aliment très-agréable, mais toujours d'un prix assez élevé. On les mange en nature, ou bien on les fait entrer dans diverses préparations et friandises fort recherchées. Les confiseurs en emploient pour leurs dragées. En médecine, on en prépare des émulsions adoucissantes, et l'on en compose le looch vert avec le sirop de violette.

Le pistachier franc a été plusieurs fois cultivé avec succès en pleine terre aux environs de Paris, et il y a toujours bien fructifié toutes les fois qu'on a eu le soin de le disposer en espalier le long d'un mur, à une exposition méridionale, et, à cause de sa *diœcie*, de placer des pieds mâles à côté des femelles, ou de féconder ceux-ci avec des branches détachées des premiers. Sa multiplication s'opère par marcottes ou par semis, qu'on fait sur couche chaude couverte d'un châssis; on tient le jeune plant en pot pendant les premières années, en ayant soin de l'enfermer dans l'orangerie pendant l'hiver.

Pistachier térébinthe (*A. terebenthus*, Tourn.) — Feuilles ternées ou pennées avec foliole impaire tombante. — (*Pistacia terebenthus*, Lin.). — Cette espèce habite l'Europe méridionale, l'Afrique septentrionale et l'Orient. En France, elle s'avance jusque dans le haut département du Lot-et-Ga-ronne. Elle forme un petit arbre au plus de la taille du précédent; mais en Afrique il acquiert une proportion et une dimension beaucoup plus forte et vigoureuse.

Ses feuilles sont composées de sept folioles ovales, lancéolées, arrondies à la base, aiguës et mucronées au sommet, d'un vert foncé et luisantes à leur surface supérieure, plus pâles et blanchâtres à l'intérieure. Ses fruits sont petits, à peu près arrondis, renflés d'un côté vers le haut, rougeâtres ou violacés. De Candolle (*Prodr.*. t. II, pag. 64) en signale, d'après M. Requien, une variété à fruit plus gros et plus arrondi.

Le pistachier térébinthe fournit la térébenthine de Chio, la plus rare des substances connues sous le nom de térébenthine dans le commerce, et qui coule par les incisions pratiquées au tronc de l'arbre.

Cette matière résineuse se présente sous l'aspect d'un liquide pâteux et très-épais, jaunâtre, d'une odeur et d'une saveur agréables.

A cause de son prix élevé, on la sophistique souvent avec de la térébenthine de conifères, ou même on la remplace en médecine par celle-ci, substitution sans inconvénient, à cause de l'identité de propriétés de ces deux substances.

Les feuilles sont souvent piquées par un insecte qui détermine la production, à leur face inférieure, de gales d'abord arrondies ou bosselées, qui s'allongent parfois en longue corne, et qui renferment un liquide résineux d'une odeur térébinthacée. Ces gales rougissent à leur développement complet, après quoi elles noircissent[1].

Cueillies avant ce moment, elles servent pour la teinture de soie, ce qui en fait, en Orient, la matière d'un commerce étendu. Sous le climat de Paris, le pistachier térébinthe pousse en pleine terre; mais il doit être couvert pendant l'hiver. On le multiplie de la même manière que le précédent.

Pistachier lentisque (*pistacia lenticus*, Linné)[2]. — Ce pistachier est répandu, à peu près comme le précédent, dans les diverses parties de la région méditerranéenne. C'est un arbrisseau rameux, tordu, à écorce brune ou rougeâtre; ses feuilles sont formées de huit folioles lancéolées, obtuses, glabres, et d'un pétiole commun ailé et comme

---

[1] Dans la province d'Oran, toutes les teintures écarlates se font au moyen du kermès, produit donné par un petit insecte qui vit sur une espèce de chêne nain; on le trouve sur plusieurs points, mais nulle part en plus grande quantité que sur la montagne aux Lions, à trois heures de distance de la ville d'Oran, dans la direction d'Alger. C'est au commencement du printemps que l'insecte se fixe sur l'épiderme des rameaux et des feuilles; là, il se gonfle et prend la forme d'une noix de galle de la grosseur d'un pois. La récolte se fait en juin. Livourne et Tunis sont les seuls points sur lesquels on ait jusqu'ici dirigé ce produit, dont l'exportation, en 1832, s'est élevée à une valeur de vingt-six mille cinq cent soixante-douze francs. Il ne serait pas sans intérêt de s'occuper des moyens de lui donner de l'extension.

[2] Les pistachiers que je viens de décrire sont tous trois indigènes à l'Afrique; savoir, le pistachier franc, le pistachier térébinthe et le lentisque : ce dernier fut d'un grand secours à notre armée au camp de Sidi-Ferruch, pour y allumer des feux de bivac pendant l'orage du 16; ses branches s'allument et s'enflamment facilement.

plan. Ses fleurs sont rougeâtres; ses fruits sont de la grosseur d'un pois, rougeâtres.

Il existe dans l'île de Chio une variété de lentisque de taille un peu plus élevée, à feuilles ovales, qui fournit la substance connue sous le nom de mastic. Cette matière résineuse coule par de nombreuses incisions superficielles pratiquées à la tige et aux grosses branches du lentisque.

Elle constitue la principale richesse de l'île de Chio. D'après les renseignements recueillis sur les lieux par Olivier, on fait chaque année deux récoltes de mastic : la première a lieu après le 27 août; elle dure huit jours et fournit la qualité la plus estimée. Dès qu'elle est terminée, on pratique des incisions nouvelles, et la substance qui en découle est l'objet d'une seconde récolte, qui se fait à partir du 25 septembre. Plus tard, les règlements locaux défendent de recueillir ce qui peut s'écouler encore.

Le mastic est une substance d'un usage habituel dans tout l'Orient; on en distingue deux qualités, qui portent les noms, l'une, de mastic en larmes, ou mâle, c'est la plus estimée; l'autre, de mastic commun, ou femelle. La première se présente sous la forme de gouttes solidifiées ou de larmes de grosseur variable, d'un jaune clair, pulvérulentes à leur surface, translucides, d'une odeur agréable quand on les chauffe ou qu'on les frotte, d'une saveur aromatique, sous la dent se ramollissant et devenant ductiles. Cette qualité supérieure provient des gouttes qui se sont concrétées sur l'arbre même. La qualité inférieure est en morceaux plus volumineux et irréguliers; elle est impure et de couleur grisâtre. Cette matière est soluble dans l'alcool aux $\frac{1}{9}$ environ, et entièrement dans l'éther.

Dans l'Orient, les femmes, et souvent les hommes, mâchent continuellement du mastic, dans le but de parfumer leur haleine, de raffermir les gencives et de blanchir leurs dents; on en brûle aussi, comme parfum, dans l'intérieur des maisons. En Europe, le mastic a été très-employé par les anciens médecins; mais, de nos jours, son importance a beaucoup diminué. Il est cependant encore des circonstances dans lesquelles on en fait usage, à cause de ses propriétés toniques et excitantes. On l'introduit dans certaines poudres dentifrices; enfin on l'emploie quelquefois en fumigations contre les douleurs rhumatismales.

La graine de lentisque renferme une huile grasse qu'on utilise pour l'éclairage en Espagne et dans l'Orient. Dans nos jardins, on cultive cette espèce comme les deux précédentes, mais on l'enferme dans l'orangerie pendant l'hiver.

LE RICIN

Ricin (*ricinus*, Bot. ph.). — Genre de la famille des Euphorbiacées de la monœcie monadelphie dans le système de Linné, formé d'espèces arborescentes ou herbacées de haute taille, qui croissent en Asie et en Afrique, et dont une est très-répandue à l'état spontané ou cultivé. Les feuilles de ces végétaux sont alternes, palmées, peltées, portées sur un pétiole glanduleux au sommet et accompagnées de stipules.

Leurs fleurs sont monoïques, disposées en grappes terminales, dans lesquelles les femelles sont placées plus haut que les mâles.

Les unes et les autres sont accompagnées de bractées et présentent un périanthe simple, profondément divisé en 3-5 lobes à préfloraison valvaire. Les fleurs mâles ont des étamines nombreuses à filets soudés de manière à paraître rameux et à loges des anthères distinctes; les femelles se distinguent par un pistil dont l'ovaire globuleux, à trois loges uniovulées, porte trois styles cohérents intérieurement en un seul corps, bifides au sommet, qui a les papilles stigmates colorés.

Le fruit est généralement hérissé, capsulaire, à trois coques. Ce genre renferme une espèce intéressante, le ricin commun (*ricinus communis*, Linné). Cette plante, vulgairement connue sous le nom de *palma-christi*, est originaire de l'Inde et de l'Afrique, où elle forme un arbre de taille assez élevée; mais dans nos contrées, où elle est fréquemment cultivée, elle devient annuelle et ne s'élève guère qu'à deux ou trois mètres. Déjà cependant, dans le midi de l'Europe, sa taille s'élève et on la voit quelquefois redevenir arborescente, ainsi qu'on le voit en Provence et surtout en Andalousie. Aujourd'hui elle existe, soit spontanée, soit cultivée ou naturalisée, en Perse, dans l'Inde, dans toute la région méditerranéenne et diverses parties de l'Amérique. Dans l'état où nous le voyons dans nos jardins, le ricin commun se montre comme une plante herbacée annuelle à tige droite, arrondie, fistuleuse, glauque et rougeâtre; ses feuilles sont peltées, palmées, à sept ou neuf lobes lancéolés, aigus, dentés, glabres, portées sur de longs pétioles; elles sont accompagnées chacune d'une stipule solitaire et opposée au pétiole, membraneuse, concave et aiguë au sommet. Le ricin est connu depuis très-longtemps; il en est fait mention dans la Bible, dans les écrits de plusieurs auteurs grecs, etc. Il a joué, depuis cette époque reculée, un rôle très-important en médecine, et, bien que, depuis peu d'années, il paraisse perdre un peu de sa vogue, il est encore néanmoins d'une grande importance. Cette importance réside toute dans l'huile grasse qu'on extrait de ses graines. Cette huile, lorsqu'elle a été récemment et soigneusement préparée, est de consistance sirupeuse, de couleur jaune pâle et presque incolore ; elle a une odeur fade, un peu nauséeuse, une saveur d'abord douce, ensuite légèrement âcre ; en vieillissant, elle épaissit et se colore quelque peu.

Refroidie à dix degrés, elle se prend en une masse jaune transparente ; chauffée à quarante-cinq degrés, elle devient plus fluide. D'après MM. Bussy et Lecanu, elle renferme : 1° une huile odorante volatile entre cent et cent cinquante degrés ; 2° une substance solide particulière qui en forme le résidu.

Traitée par la potasse, elle se saponifie aisément, et, dans ce nouvel état, les deux chimistes que nous venons de nommer en ont retiré les acides ricinique, oléiodique et margaritique.

Sa propriété essentiellement caractéristique est de se dissoudre entièrement dans l'alcool à froid. Il résulte de là un moyen facile pour reconnaître sa sophistication par les huiles étrangères, et, en même temps, pour la débarrasser de l'âcreté plus ou moins prononcée qu'elle doit au mélange d'un principe volatil. On arrive aussi à ce dernier résultat à l'aide d'une chaleur modérée, et l'on obtient ainsi ce qu'on nomme l'huile douce de ricin. La graine de ricin rancit beaucoup en vieillissant ; aussi est-il bon de l'employer fraîche, autant que possible, pour la préparation de l'huile. Celle-ci y existe en abondance, au point que les procédés ordinaires en donnent un tiers du poids des graines, et que, par d'autres procédés trop dispendieux pour être appliqués en grand, on peut en obtenir un peu plus de moitié. Il existe plusieurs méthodes pour l'extraction de l'huile de ricin ; elles consistent : 1° dans une expression opérée à froid ; 2° dans une ébullition dans l'eau après une torréfaction très-légère : l'huile vient surnager le liquide employé. Pour peu que la torréfaction soit poussée trop loin, l'huile qu'on obtient ainsi est rougeâtre, d'une odeur nauséabonde et d'une âcreté très-forte. Telle est celle qui vient des Antilles et qui, malgré ses défauts, est fréquemment employée à cause de son bas prix.

Le procédé par pression à froid est le plus communément employé en Europe depuis 1776. Jusqu'à ces dernières années, l'huile de ricin a été employée journellement à titre de purgatif ; mais la difficulté qu'on éprouve à rendre son administration commode et l'inégalité de son action la font aujourd'hui négliger quelque peu par les médecins.

Cependant la quantité qui s'en consomme encore en Europe est considérable, et détermine en divers pays la culture de la plante qui la produit.

Cette huile a également des usages économiques, car elle brûle bien, et elle est employée pour l'éclairage en divers pays.

Aujourd'hui quelques médecins recommandent d'employer en médecine les graines elles-mêmes de ricin fraîches en place de l'huile, et ils assurent que l'émulsion qu'on en obtient est d'un effet plus sûr et en même temps plus agréable à prendre.

On trouve assez fréquemment le ricin cultivé dans les jardins comme plante d'ornement. On le voit aussi dans plusieurs jardins du midi de la France, mêlé aux plantes potagères, par suite de la croyance qu'il éloigne les taupes. Dans tous les cas où on le cultive, soit pour son huile, soit pour l'ornement des jardins, on le multiplie par semis, qu'on recommande de faire sur couche sous le climat de Paris. (P. D.)

LE SAFRAN [1].

Safran (*crocus*, κρόκος, safran, Bot. ph.) — Genre de la famille des iridées, de la triandrie monogynie dans le système de Linné. Il est formé de petites plantes herbacées, propres à l'Europe, à l'Asie moyenne et à la région méditerranéenne. Ces plantes ont un bulbe peu volumineux, qui produit généralement des caïeux superposés verticalement, et duquel partent immédiatement de longues fleurs vivement et élégamment colorées, ainsi que des feuilles linaires.

Leurs fleurs présentent : un périanthe à long tube et à limbe partagé en six divisions, dont trois extérieures et trois intérieures un peu plus petites; trois étamines insérées à la gorge du périanthe, à filet grêle et anthère sagittée; un pistil formé d'un ovaire adhérent, ordinairement caché sous terre, à trois angles obtus, d'un long style filiforme et de trois stigmates épais, charnus, plus ou moins roulés en cornets dentelés. A ces fleurs succède une petite capsule trigone à trois loges polyspermes.

Le nombre des espèces de crocus aujourd'hui connues ne s'élève que de trente à quarante; mais la détermination de ces espèces présente de grandes difficultés, et, pour éclairer leur histoire, il n'a fallu

---

[1] Le safran n'est point indigène en Algérie; mais cependant on a rencontré quelques bulbes de cette plante aux environs d'Oran, ce qui prouve qu'il peut être naturalisé dans ce pays. Sa culture pourrait y être pratiquée avec succès, le climat lui étant très-favorable; c'est pourquoi je vais donner la description de cette famille.

rien moins que les travaux de MM. Bertolini, Tenore, Zani, J. Gay, etc. Il est même fort à regretter que ce dernier botaniste, qui, pendant plusieurs années, a fait des safrans l'objet de ses travaux assidus, et qui a pu les étudier tous avec soin à l'état vivant, grâce à la collection complète qu'il en avait formée dans le jardin du Luxembourg, n'ait pas publié la monographie de ce genre, pour laquelle il avait réuni de vastes matériaux, et se soit borné à deux simples notes. (Voy. Bulletin de Férussac, section des sciences naturelles, botanique, 1° vol. XI, 1827, pag. 222, 346, 373; 2° vol. XXV, 1831, pag. 178, 219, 231.

Une espèce de safran a de l'importance comme étant l'objet d'une culture spéciale; quelques autres ont de l'intérêt comme plantes d'ornement. Nous nous occuperons surtout de la première.

Le safran cultivé (*crocus sativus*, Lob.) est cultivé depuis l'antiquité la plus reculée, pour les stigmates qui, à l'état de dessiccation, constituent le safran du commerce. Sa patrie a été ignorée jusqu'à ces derniers temps; mais, vers le commencement de ce siècle, Smith l'a signalé comme ayant été recueilli à l'état spontané par Sibthorp, dans les basses montagnes de l'Attique, et, plus récemment, M. Bertolini l'a indiqué comme croissant naturellement dans la Marche d'Ancône, près d'Ascoli.

Il se distingue par les tuniques de son bulbe traversées de nombreuses nervures longitudinales, qui finissent par rester isolées sous la forme de fibres capillaires à nombreuses anastomoses; par ses feuilles linéaires, allongées, marquées en dessous des nervures longitudinales saillantes, développées au printemps qui suit la floraison; par ses grandes fleurs violettes qui se développent en automne, et qui sortent d'entre des gaînes minces et plus ou moins translucides; leur périanthe a sa gorge lilas, revêtue de poils abondants; leurs stigmates sont très-longs, pendants, indivis, c'est pour ces stigmates que la plante est cultivée en divers pays : en France, dans l'ancien Gâtinais (départements de Seine-et-Marne, du Loiret), le département de Vaucluse; en Angleterre, près de Cambridge; en Allemagne, près Moëlk, etc. En effet, desséchés avec soin, ils constituent le safran du commerce, leur couleur est un orangé vif qui a pris lui-même dans le langage ordinaire le nom de la plante. Bouillon-Lagrange et Vogel y ont signalé l'existence d'un principe auquel ils ont donné le nom de polychroïte, parce que l'acide sulfurique le colore en bleu, l'acide nitrique en vert, tandis qu'avec l'acide de baryte il donne un précipité rougeâtre.

Cette substance agit comme matière colorante très-riche, une faible quantité suffisant pour colorer une assez grande masse d'eau en un beau jaune doré; mais malheureusement le peu de stabilité de cette couleur ne permet pas de l'utiliser pour la teinture. En médecine, le safran est employé comme stimulant et antispasmodique; de plus, il entre dans diverses préparations souvent à titre de principe colorant; mais ce qui en détermine la plus grande consommation, c'est qu'il entre comme condiment dans un grand nombre de préparations alimentaires, surtout dans le midi de l'Europe, en Orient, et, comme matière colorante, dans les vermicelles et les autres pâtes dites d'Italie, qui forment un aliment journalier en diverses parties de l'Europe, et plus particulièrement en Italie.

La culture du safran exige des soins multipliés, et, bien qu'elle soit productive lorsqu'elle réussit, elle est fréquemment exposée à des accidents fâcheux qui en diminuent fortement ou même en annihilent presque les bénéfices. De plus, elle exige des conditions qui la resserrent forcément entre des limites étroites, et la réduisent toujours à fournir uniquement aux besoins de la consommation.

Lorsqu'on veut établir une safranière, on prépare la terre en l'amendant et en l'ameublant au moyen de trois labours qu'on donne successivement en hiver et jusque vers l'époque de la plantation, c'est-à-dire vers la fin de mai, en juin et même en juillet. On choisit, en divers pays, pour la culture du safran, des terres de natures diverses; cependant celles qui paraissent lui convenir généralement le mieux sont les terres légères, un peu sablonneuses et noirâtres.

La plantation se fait en enfonçant les bulbes de près de deux décimètres dans des sillons serrés et en les espaçant d'un décimètre dans chaque sillon.

On emploie pour cet objet environ quarante-huit ou cinquante kilogrammes de bulbes par hectare, de manière à obtenir environ quarante-neuf mille cinq cents pieds sur cette surface.

On donne ensuite des sarclages et des binages à peu près toutes les semaines, jusqu'au moment où les fleurs commencent à se montrer, c'est-à-dire en automne, et plus particulièrement vers la mi-octobre. Les récoltes les plus précoces ont lieu dès le 21 septembre; les plus tardives se prolongent jusque vers la fin d'octobre. La première année, la floraison est peu abondante; la plus riche est celle de la seconde année. Les circonstances qui lui sont les plus avantageuses sont l'humidité du sol et une température moyenne de douze à quinze degrés. Les fleurs se succèdent pendant quinze jours environ, ce qui détermine la durée de la récolte; mais elles se montrent surtout pendant les huit premiers jours. Tous les jours, ou au moins tous les deux jours, on va dans la safranière cueillir les fleurs tout entières, qu'on met dans des paniers. Le soir même, on en détache les stigmates et l'on rejette tout le reste. La dessiccation de ces stigmates se fait avec soin dans des tamis de crin suspendus au-dessus d'un feu doux, et l'on a le soin de remuer et de retourner très-fréquemment. La diminution de poids, qui résulte de la dessiccation, est au moins de quatre cinquièmes. En moyenne, le produit définitif d'un hectare en safran sec, pendant les deux années de rapport, est d'environ cinquante kilogrammes. Ordinairement on relève les bulbes tous les trois ans.

Cette opération a lieu au mois de mai. On détache les caïeux des bulbes mères et l'on replante immédiatement dans une autre terre préalablement préparée à cet effet. Le safran ne résiste pas à un froid de quinze degrés; aussi les hivers exceptionnels pour nos climats exercent-ils de grands ravages dans les safranières. D'un autre côté, cette culture a également à redouter deux fléaux aussi cruels que fréquents : l'un consiste dans la carie des bulbes, et reçoit vulgairement des cultivateurs du Gâtinais le nom de tacon ; l'autre, nommé par eux mort du safran, est dû à la rapide propagation d'un champignon parasite, le *rhizoctonia crocorum*, D. C. (*sclerotium crocorum*, Pers.). Le rhizoctone attaque d'abord les enveloppes des bulbes, après quoi il s'étend à leur intérieur, qu'il détruit. Ses ravages se manifestent à l'extérieur sur des masses circulaires de la safranière, dans lesquelles les plantes périssent promptement ; ils s'agrandissent constamment, si l'on ne porte remède au mal en en circonscrivant le siége au moyen d'une tranchée, et finissent par occuper toute la surface du champ.

On cultive aussi communément le *crocus sativus* comme plante d'ornement et ordinairement en bordure.

Parmi les espèces de ce genre, cultivées uniquement dans les jardins d'agrément, la plus répandue est le safran printanier (*crocus vernus*, All.), ou le crocus des fleuristes. Il se distingue particulièrement par les longs poils qui garnissent la gorge de son périanthe et par ses stigmates dressés entiers ou légèrement crénelés. M. Gay en distingue deux variétés ou plutôt deux races : l'une indigène dans le Piémont, le Tyrol, dans les montagnes de l'Italie méridionale, etc., à fleurs lilas passant au violet, mêlées et rayées de blanc ; l'autre spontanée, dans la campagne de Rome, dans le royaume de Naples, à fleurs plus grandes, lilas, violet, unicolores. Dans les jardins, on confond, sous ce nom de safran printanier, d'autres espèces également printanières (P. D.).

LA SCILLE.

Scille (*scilla*, σκίλλα, le nom grec d'une espèce, Bot. ph.) — Genre de la famille des liliacées, de l'hexandrie monogynie dans le système linnéen. — Le groupe générique, établi sous ce nom par Linné et adopté, étendu même, par les botanistes postérieurs, a été subdivisé dans ces derniers temps. M. Linck a proposé d'établir, sous le nom d'*agraphis*, un genre distinct et séparé pour les espèces dont le périanthe a ses folioles conniventes intérieurement et ensuite étalées à leur extrémité, et dans lesquelles les filets des étamines adhèrent à ces mêmes folioles, jusque vers le milieu de leur longueur. D'un autre côté, Stenheil a formé le genre *urgina* pour les espèces dont le périanthe a ses divisions très-étalées, et dont la capsule renferme des graines nombreuses, ascendantes, à test spongieux, lâche. Ce genre, dans lequel rentre la scille maritime, devra nous occuper plus tard.

Ainsi réduit, le genre scille se compose de plantes bulbeuses qui croissent dans l'Europe moyenne, dans la région méditerranéenne et au cap de Bonne-Espérance.

Leur hampe se termine par une grappe de fleurs blanches ou bleues de ciel, accompagnées de bractéoles. Ces fleurs présentent un périanthe à six divisions profondes, pétaloïdes, étalées presque en roue ou un peu redressées dans le bas; leurs six étamines sont insérées à la base même du périanthe, et leurs filaments sont égaux entre eux, subulés; leur ovaire triloculaire contient des ovules nombreux, en deux séries, et supporte un style droit, filiforme, terminé par un stigmate obtus.

La capsule qui succède à ces fleurs ne renferme plus, dans chacune de ces trois loges, qu'un petit nombre de graines horizontales, presque globuleuses, à test crustacé, épaissi le long du raphé.

Quelques espèces de ce genre sont cultivées fréquemment dans les jardins comme espèces d'ornement. La plus belle et la plus recherchée d'entre elles est la scille du Pérou (*scilla Peruviana*, Linné), connue vulgairement des horticulteurs sous le nom de jacinthe du Pérou, qui, malgré son nom spécifique, est originaire, non du Pérou, mais des parties les plus méridionales de l'Europe, de l'Algérie et de Tunis.

De son bulbe, qui est assez volumineux, partent des feuilles allongées, assez larges, ciliées de poils courts et nombreux, étalées en cercle sur le sol, et une hampe, plus courte que les feuilles, terminée par une belle et grosse grappe corymbiforme, conique, formée d'un grand nombre de fleurs bleu d'azur, à périanthe étalé en étoile, persistant à filaments subulés élargis. On en possède une variété à fleurs blanches. Cette espèce se cultive dans une terre légère, à une exposition méridionale, et se multiplie par ses caïeux, qu'on sépare aussitôt que les feuilles se sont desséchées. On la couvre pendant les grands froids de l'hiver.

On cultive encore communément la scille agréable (*scilla amœna*, Linné).

La jacinthe étoilée des jardiniers, indigène de l'Europe méridionale, également à fleurs bleues, mais beaucoup moins nombreuses et ne formant plus qu'une grappe lâche, ainsi que la scille à deux feuilles (*scilla bifolia*, Linné) est une jolie petite espèce commune dans les bois d'une grande partie de la France, remarquable par ses feuilles, le plus souvent au nombre de deux seulement, et par sa grappe lâche de fleurs d'un beau bleu. (P. D.)

Cette plante est d'une grande utilité en médecine pour combattre l'hydropisie ; on l'administre en teinture et en oxymel dit scillitique.

La jacinthe dit du Pérou est donc celle qui est indigène à l'Algérie. En effet, à notre débarquement à Sidi-Ferruch, le sol était recouvert d'oignons de scille ; nos soldats ne pouvaient creuser le terrain sans en rencontrer à chaque pas.

LE CAROUBIER.

Caroubier (*ceratonia*, Bot. ph.). — Genre de la famille des légumineuses, tribu des césalpinées, établi par Linné pour un arbre du midi de l'Europe et de toutes les contrées du littoral de la Méditerranée, à branches tortueuses, souvent pendantes, formant une cime étalée, à feuilles ailées sans impaires, composées de six ou huit folioles, très-entières, obrondes-ovales, coriaces, lisses et d'un vert cendré, à fleurs d'un pourpre foncé, en petites grappes sur la partie nue des branches. Calice petit, quinquéfide, dépourvu de corolle ; étamines, cinq ; quelquefois six ou sept filets plus longs que le calice ; ovaire entouré d'un disque charnu à cinq loges et staminifère ; légume long, comprimé, à loges pulpeuses ; semences dures et luisantes.

Le fruit du caroubier, qui a jusqu'à dix pouces de longueur sur un de largeur, contient une pulpe d'un goût sucré, assez agréable lorsqu'elle est mûre.

En Espagne, en Italie, en Afrique et même en Provence, on donne le fruit du caroubier aux bestiaux, qui le mangent avec avidité et gagnent à ce régime un embonpoint rapide.

Dans les temps de pénurie, les pauvres s'en nourrissent. Comme le fruit est commun, il ne paraît guère sur la table du riche.

On tire de sa pulpe une eau-de-vie d'assez bon goût, mais qui a l'inconvénient de conserver l'odeur du fruit. Dans l'Orient, on se sert du suc du caroube, réduit à l'état sirupeux, pour faire des conserves.

Ses propriétés médicinales sont à peu près celles de la casse, mais il est moins laxatif. Le bois du caroubier, connu dans les arts sous le nom de carouge, est d'une grande dureté et sert à faire de belle menuiserie.

Cet arbre n'est pas difficile sur le choix du terrain; il aime surtout les roches voisines de la mer et des cours d'eau; mais sous notre climat il est d'orangerie. (C. d'O.)

LE JUJUBIER.

Jujubier (*zizyphus*, Bot. ph.). — Genre de la famille des rhamnées de la pentandrie monogynie dans le système sexuel. Il se compose d'arbrisseaux ou de petits arbres qui habitent principalement les parties voisines du tropique et celles qui bordent la Méditerranée, dans l'hémisphère nord, que l'on rencontre aussi, mais en petit nombre, dans l'Amérique intertropicale; leurs rameaux sont grêles, garnis de feuilles alternes presque distiques, à trois nervures. Leurs stipules sont tantôt transformées l'une et l'autre en épines, dont l'une est droite, l'autre recourbée; tantôt l'une des deux seulement est transformée en épine, tandis que l'autre est caduque ou avortée. Les fleurs de ces végétaux présentent un calice étalé, dont le tube est très-peu concave, tandis que le limbe est divisé en cinq lobes étalés; ce tube calicinal est tapissé intérieurement par un disque dont le bord porte une corolle à cinq pétales et cinq étamines opposées à ces pétales. L'ovaire est enfoncé par sa base dans le disque auquel il adhère; il présente intérieurement deux, ou, plus rarement, trois loges, dont chacune renferme un seul ovule dressé, et il supporte autant de styles (le plus ordinairement distincts) et de stigmates qu'il existe de loges. Le fruit qui succède à ces fleurs est charnu et renferme un noyau à 2-3 loges monospermes, quelquefois à une seule, par l'effet d'un avortement. Sous lui persiste la base du calice, qui s'est rompu transversalement.

Parmi les espèces de jujubiers, il en est deux qui méritent d'être examinées en particulier.

1° Jujubier commun (*zizyphus vulgaris*, Pline. *Rhamnus zizyphus*, Linné). — C'est un grand arbrisseau ou un arbre de taille peu élevée, originaire de Syrie, d'où il fut transporté à Rome sous Auguste. Depuis cette époque, il s'est répandu sur tout le littoral de la Méditerranée, où on le cultive communément et où il s'est même naturalisé en quelques endroits. Dans son pays natal, il s'élève en arbre de sept à dix mètres de hauteur, avec un tronc cylindrique recouvert d'une écorce brune. Généralement sa taille s'élève moins dans l'Europe; cependant il en existe, en Provence et dans le bas Languedoc, des individus cultivés qui forment d'assez beaux arbres.

Ses rameaux sont tortueux, grêles et flexibles; ses feuilles sont ovales, dentelées sur le bord, glabres, ainsi que les rameaux, luisantes; ses piquants stipulaires sont ou nuls ou géminés, l'un des deux étant recourbé. Ses fruits, appelés jujubes, sont de forme ovale oblongue, longs de un centimètre et demi à deux centimètres, de couleur rouge, un peu jaunâtre à leur maturité; leur chair est ferme, de saveur douce et très-agréable.

On les mange en abondance dans le midi de l'Europe et en Orient; on les nomme guindoulos dans le bas Languedoc. Séchées au soleil, les jujubes ont des usages médicinaux assez importants; avec les dattes, les figues et les raisins, elles constituent ce qu'on a nommé les fruits béchiques ou muscoso-sucrés.

Leur décoction forme une tisane calmante, adoucissante, que l'on emploie contre les irritations, particulièrement contre celles des poumons. Elle forme aussi la base de la pâte de jujube, dans laquelle elle est mêlée à la gomme et au sucre.

Le bois de jujubier commun est dur, de couleur roussâtre; il est susceptible de prendre un beau poli, ce qui le fait employer assez souvent pour le tour, les pièces qu'il donne n'étant pas assez fortes pour qu'on puisse s'en servir pour des usages plus importants.

Le jujubier se multiplie facilement par graines et par drageons; il se plaît surtout dans les terrains légers, sablonneux et secs.

Dans le midi de la France, on le cultive en plein vent; dans le Nord, il demande une exposition au midi, contre un mur, et il doit même être couvert pendant l'hiver.

2° Jujubier lotos (*zizyphus lotus*, Lam.). — Cette espèce ressemble, sous plusieurs rapports, à la précédente; ses feuilles sont ovales-oblongues, légèrement crénelées, glabres, ainsi que les rameaux; ses piquants sont géminés, l'un crochu, l'autre droit, plus long que le pétiole; ses fruits sont presque arrondis ou légèrement ovales.

Elle croît en Afrique, dans les parties intérieures et surtout dans le nord, dans la régence de Tunis, en Sicile, dans le Portugal. C'est elle qui produit le fruit si célèbre, dans l'antiquité comme formant l'aliment favori des Lotophages, ainsi que l'avaient déjà avancé quelques botanistes anciens, et que l'a démontré Desfontaines dans un mémoire en date de l'année 1788.

Le plus souvent ces peuples l'écrasaient, faisaient ensuite macérer sa pulpe dans l'eau, et ils en faisaient ainsi une sorte de liqueur qu'on prépare encore dans le nord de l'Afrique.

Je m'arrête ici sur la botanique et les végétaux que je viens de décrire, n'ayant pas l'intention de faire une botanique générale sur l'Algérie, sur ce pays si riche et si fertile en productions agricoles. J'ai dû m'attacher seulement à décrire les plantes intéressantes qui devaient m'occuper, comme je l'ai annoncé au commencement de mon opuscule; je crois donc avoir rempli mon but en terminant ici cette partie de la botanique algérienne dans laquelle je me suis renfermé (26).

CHAPITRE IX

NOTICE SUR QUELQUES PRATIQUES SUPERSTITIEUSES DES MAURES, DES ARABES, DES NÈGRES ET DES JUIFS [1].

Les Maures et les juifs attribuent également la plupart de leurs maladies à des génies malfaisants, djunones (démons) [2], qu'ils supposent habiter les sources des montagnes ou les rivages de la mer. Ils cherchent à se les rendre favorables en leur immolant des victimes au pied de l'Atlas et le long de la Méditerranée; ces traditions se sont également perpétuées à Alger : a pu en faire la remarque qui a voulu.

Ces autels en plein air ont leurs prêtres comme ceux du vrai Dieu; seulement ce ne sont pas les malades eux-mêmes, mais bien des nègres qui les desservent; nommés par le chef de la nation, ils sont toujours au nombre de sept, et, dès que l'un vient à mourir, on pourvoit

---

[1] *De l'établissement des Français en Afrique*, par M. Genty de Bussy.

[2] Selon Shaw, les djunones, pour les mahométans, tiennent le milieu entre les anges et les démons.

aussitôt à son remplacement. Un grand sacrificateur est choisi
parmi eux, et les sacrificateurs ordinaires lui témoignent, en toute
circonstance, une vénération profonde. Aux sacrificateurs ordinaires
sont adjointes deux ou trois négresses. Ces femmes ou prêtresses sont
préposées à la garde des sources, autour desquelles elles placent et allument des cierges.

Avant d'être immolée, la victime doit être purifiée : on l'immerge
d'abord [1], puis, pendant la durée des sacrifices, on la parfume, elle
et les sources, avec de l'encens et divers aromates qu'on brûle ensuite
sur des réchauds; chaque prêtresse est armée du sien.

Quand les victimes sont des quadrupèdes, des chèvres et des moutons, etc., on les soumet à des onctions d'huile et de feuilles de
henné [2]. Ces onctions, qui s'appliquent sous forme de raies, sont au
nombre de trois principales : la première s'étend de la tête, à partir
du museau jusqu'à l'extrémité de la queue; la seconde, d'une épaule
à l'autre jusqu'au bas des membres, et de manière à former une
croix avec la première; la troisième, d'une hanche à l'autre jusqu'aux
pieds. Après les onctions, on administre à l'animal une préparation
blanchâtre, qui paraît être de la crème ou du lait caillé. Si les victimes, au contraire, sont des volatiles, avant de les immoler, on les promène plusieurs fois autour de la tête des patients. A peine ont-ils
cessé de vivre, que les assistants se hâtent d'en détacher les plumes,
de les faire voltiger sur les sources, et les femmes même ne manquent
pas d'en emporter une certaine quantité pour les convertir en amulettes. Ces premières cérémonies terminées, le sacrificateur, tourné
vers l'orient, auquel il présente le tranchant du couteau sacré, appuie
le pied gauche sur le corps de la victime, puis il en assujettit la gorge
de la même main et la lui coupe de l'autre.

Le coup porté, les quadrupèdes meurent toujours sur place.

Les volatiles, au contraire, sautent encore plus ou moins, et, lorsque
par hasard ils plongent dans la mer, on en tire un heureux augure.
Les victimes sont fournies aux sacrificateurs par les malades ou en
leurs noms par d'autres personnes, ordinairement par des parents.
Lorsque le malade est lui-même présent, le sacrificateur le marque
avec le pouce du sang de la victime sur le front si la maladie est gé-

---

[1] Dans la mer, lorsque la source en est voisine.
[2] Nous avons décrit le henné précédemment, article *Botanique*, p. 209. La plante
est broyée dans l'huile, ce qui produit une matière d'un jaune brunâtre ; c'est la même
dont se servent les indigènes pour se teindre les ongles, les cheveux, la paume des
mains et la plante des pieds.

nérale, et sur les parties souffrantes si elle n'est que locale. Les animaux immolés sont repris par les malades, qui les mangent eux et les leurs [1]. Il ne reste sur la place que les extrémités, que, depuis notre occupation, quelques femmes européennes misérables viennent ramasser ensuite.

Les prêtresses entretiennent la lumière des cierges qui brûlent autour des sources qu'elles parfument; de temps à autre, en passant à la surface de l'eau les réchauds d'où se dégagent les aromates qui servent à purifier les victimes, on voit des malades boire de cette eau et s'en frotter différentes parties du corps, d'autres en recueillir dans des vases pour en faire ailleurs le même usage.

Communément, dans l'intérieur des familles, on en boit pendant trois jours, en même temps qu'on s'en sert pour les ablutions.

Enfin, avant de se séparer, les sacrificateurs se rassemblent autour de leur chef, et récitent en commun une prière à laquelle les malades prennent mentalement part; après, les uns et les autres se baisent réciproquement les mains et se retirent.

Les sacrifices commencent tous les mercredis, au lever du soleil, et se prolongent jusqu'à midi et au delà.

Leur durée se règle sur la quantité des victimes à immoler, c'est du moins ainsi qu'ils ont lieu près de l'hôpital de la Salpêtrière, au pied d'un rocher schisteux d'où s'échappent plusieurs petites sources.

Les sacrificateurs y précèdent toujours les malades, et ils les expédient dans l'ordre de leur arrivée; le tribut qu'ils exigent pour chaque victime varie de deux à dix sous de notre monnaie. L'affluence des assistants n'est pas toujours la même, mais elle est quelquefois si considérable, qu'à peine les prêtres peuvent-ils suffire; mais, lorsque des intervalles plus ou moins longs s'écoulent entre l'arrivée des uns et des autres, les sacrificateurs s'assoient sur le rocher, s'étendent sur le rivage et tournent leurs regards vers la ville, se plaignant et de l'indifférence des fidèles et de leur mauvaise journée.

Voici la prière que récitent ordinairement les assistants :

« O Sidi Soliman, vous qui avez sans cesse pitié des fidèles serviteurs de Dieu,

    « *You, you, you* (cris de joie)!

« O Sidi-ben-Abbas-Essebti [2], vous qui êtes le vrai roi de la terre et de la mer !

---

[1] Il n'est pas rare que le nombre des victimes immolées dépasse deux et trois cents.

[2] Sidi-ben-Abbas était, selon la légende, un marabout d'Alger fort célèbre; on pré-

« *You, you, you !*

« Ayez compassion de moi, malheureuse créature, je viens me placer sous votre protection ; faites que ma guérison soit prompte, et ma reconnaissance sera aussi éternelle que votre renommée !

« *You, you, you !* »

Pendant tout le temps que s'accomplissent ces bizarres pratiques, juifs, Maures, Arabes, nègres, sont paisiblement côte à côte. Point de dissentiment, point de trouble ; c'est le même recueillement qu'en un lieu saint. En religion, les hommes diffèrent ; en superstitions, il y a confraternité générale. Le matelot à son bord, le soldat dans les camps, l'enfant dans son berceau, chacun a les siennes.

Partout des préjugés, partout des erreurs, et, en changeant de ciel, on ne fait souvent que changer de rêve.

Les Maures et les Arabes ont une grande foi dans les talismans. Quand ils les leur distribuent, les marabouts ont soin de spécifier les maux et les dangers dont ils doivent les garantir.

A l'époque où se répandit le bruit de la mort du bey de Constantine, des juifs à qui on en parlait répondirent : « Cela n'est pas possible, parce qu'il était invulnérable. Le plomb ne pouvait l'atteindre. » Puis ils ajoutèrent : « Il est vrai qu'il peut avoir été tué d'un coup de sabre. » Les juifs s'abstiennent de boire de l'eau pendant une heure ou deux à certains mois de l'année ; ils donnent pour raison de cet usage que l'ange qui préside aux eaux est changé à ces époques, et que, si on a le malheur d'en boire au moment où le premier ange est parti et avant l'arrivée de son successeur, les chairs s'enflent et se crevassent, et qu'on finit par mourir dans les plus vives douleurs.

Ils prétendent même que, si l'on observe l'eau avec attention, on la trouve opaque et troublée à l'instant où l'ange en sort.

Plusieurs fixent un fer à cheval à l'une des colonnes des maisons qu'ils habitent ; c'est dans le but, disent-ils, de se garantir des effets pernicieux du regard des étrangers. Ils sont dans la croyance que, si l'individu qui entre dans une maison s'arrête quelque temps pour l'examiner, elle est frappée d'un sort, et qu'on doit s'attendre à quelque malheur.

tend cependant qu'ayant passé la mer il se rendit en Europe, où il embrassa la religion catholique.

Les Maures assurent qu'aussitôt après avoir mis pied à terre il bénit à jamais la mer, et la rendit par là plus facile à la navigation. C'est pour cette raison, sans doute, qu'on l'invoque encore dans cette prière.

ABD-EL-KADER.

HISTOIRE CONTEMPORAINE D'ABD-EL-KADER.

Nous avons vu, dans le courant de cet ouvrage, le général Boyer, à Oran, essayant d'y naturaliser le système d'extermination, qu'il prétendait être le seul capable d'assurer notre domination en Afrique. Il n'obtint que des résultats diamétralement opposés ; les tribus se soulevèrent et le tinrent hermétiquement bloqué.

Ce fut alors que l'empereur de Maroc, renonçant à agir directement sur la régence d'Alger, voulut du moins exercer une influence occulte sur les affaires du beylik d'Oran, dans l'espoir de le réunir tôt ou tard à son empire. A cet effet, il se mit en relation intime avec un jeune Arabe qui commençait déjà à briller d'un certain éclat, et qu'à raison de son âge il croyait pouvoir soumettre à son ascendant avec plus de facilité que les autres chefs. Ce jeune homme, c'était Abd-el-Kader. Sa brillante carrière, la grande influence qu'il exerçait alors en Algérie, la longue lutte qu'il soutint contre nos armées, nous imposent le devoir de faire connaître avec détail son origine et son passé.

Abd-el-Kader est né vers 1802 [1]. Son père, le marabout Mahi-Eddin, prépara ses destinées en faisant circuler quelques récits de visions, où était annoncée sa future grandeur.

A une dizaine de milles à l'ouest de Maskara, sur la rive gauche de l'Oued-el-Hamman (rivière des Bains), au pied des Gibel-el-Scherfah (montagnes des Chérifs), est située la Guetna (réunion de tentes fixes ou de cabanes) de Mahi-Eddin. C'est là qu'est né Abd-el-Kader.

Élevé par son père Mahi-Eddin, il fit avec lui, n'ayant encore que huit ans, le pèlerinage de la Mecque, et, dans le cours de ses études, acquit les diverses connaissances qui constituent l'érudition chez les Arabes, c'est-à-dire la lecture raisonnée du Koran, puis les notions de théologie, de jurisprudence, d'histoire, qui se rattachent au livre par excellence ; car, pour les musulmans, c'est dans l'œuvre du prophète que se trouve le principe de toute science humaine.

Le jeune Abd-el-Kader profita si bien des soins de son père, qu'il ne tarda pas à être considéré comme savant et lettré.

---

[1] D'après une généalogie plus ou moins avérée, les aïeux d'Abd-el-Kader font remonter leur filiation aux anciens kalifes fathimites, et de ceux-ci à la lignée du prophète par sa fille unique Fathima et son gendre Ali. En admettant pour certaine cette origine, Abd-el-Kader serait shérif aussi bien que le sultan de Maroc.

Au surplus, malgré cette prétendue descendance d'une dynastie de princes que les kalifes d'Orient flétrissaient de l'épithète de *kgouaregy*, ou schismatiques, Abd-el-Kader est regardé comme très-orthodoxe.

D'après des témoignages assez authentiques, il paraîtrait que l'idée de restaurer une monarchie arabe dans l'Algérie germait depuis long-temps dans l'esprit de Mahi-Eddin. Au retour de leur saint pèlerinage, il commença à raconter comme confidentiellement des visions surnaturelles qui lui avaient prédit la grandeur future de son fils.

Mais, la sourde fermentation produite par ces discours ayant éveillé l'attention du bey d'Oran, Mahi-Eddin et Abd-el-Kader furent arrê-tés : ils n'échappèrent au dernier supplice que par l'intercession de grands chefs arabes, qui obtinrent leur élargissement sous la condition d'un exil immédiat, et qu'ils iraient à la Mecque.

Le père et le fils reprirent donc le chemin de la Mecque en suivant la route de terre jusqu'à Tunis, où ils s'embarquèrent pour Alexan-drie.

Le jeune Abd-el-Kader puisa, dans ce qu'il vit en Égypte, des no-tions qui se gravèrent fortement dans son esprit.

Les pèlerins, après avoir visité à la Mecque la chambre de Dieu, firent une excursion jusqu'à Bagdad, pour y voir la tombe du plus illustre marabout de l'islam, soi-disant un de leurs aïeux, connu de cette contrée sous le nom de Muley-Abd-el-Kader.

Ils arrivèrent accablés de fatigue et de chaleur. Ils allaient en fran-chir le seuil, quand tout à coup un nègre sortit du tombeau et leur offrit des dattes, du lait et du miel ; mais ils n'eurent pas plutôt mangé une seule datte, que leur faim se trouva rassasiée.

Le lendemain, pendant qu'Abd-el-Kader était allé faire paître les chevaux, le même nègre se présenta de nouveau à Mahi-Eddin, et lui demanda d'une voix sévère où était le sultan.

« Seigneur, il n'y a pas de sultan parmi nous, répondit Mahi-Ed-din ; nous sommes de pauvres gens craignant Dieu et venant de la Mecque.

— Le sultan, repartit son interlocuteur avec autorité, est celui que vous avez envoyé conduire vos chevaux dans la plaine, comme si ces fonctions convenaient à l'homme qui doit un jour commander tout le Gharb (l'ouest). »

Et, comme le marabout lui représentait que ces imprudentes pa-roles attiraient sur eux l'attention dangereuse des Turcs, l'inconnu compléta sa prédiction en ajoutant : « Le règne des Turcs touche à sa fin. »

Telle est la légende populaire qui contribua tant par la suite à la grandeur d'Abd-el-Kader.

Après avoir accompli un troisième pèlerinage, Mahi-Eddin et son fils retournèrent dans leurs foyers en 1828, et ils s'appliquèrent dès lors à captiver les esprits dans les tribus d'alentour, non plus en annonçant une prédestination politique dont les Turcs auraient de nouveau pris ombrage, mais en se faisant, par une vie austère et vouée à la pratique rigide des principes du Koran, une grande réputation de vertu, de science et de sainteté ; sauf à exploiter, quand le temps serait venu, la considération et l'autorité morale qu'ils auraient acquises par ces moyens détournés.

Notre conquête de l'Algérie, l'anarchie qui en fut la conséquence parmi les Arabes, ouvrirent enfin la carrière aux vues ambitieuses qui fermentaient au cœur de Mahi-Eddin et de son fils.

Leur principale étude fut de maintenir, dans le cercle encore bien restreint de leur action immédiate, l'ordre et la justice oubliés partout ailleurs, et d'offrir ainsi aux gens de bien un centre de ralliement.

C'est alors que l'intervention du sultan de Maroc vint donner une impulsion au mouvement insurrectionnel qui devait mettre en relief le plus dangereux de nos adversaires.

Enhardis par ce patronage, les tribus voisines de Maskara résolurent de se donner un chef et jetèrent les yeux sur Mahi-Eddin lui-même ; mais celui-ci refusa ce périlleux honneur, trop lourd pour son âge, et proposa son fils, qui fut agréé. Pour aider à l'élévation du nouvel élu, on mit en œuvre les moyens qui ont toujours réussi auprès des peuples ignorants et barbares : on raconta la prédiction du fakir de Bagdad, d'après laquelle le titre de sultan devait appartenir à Abd-el-Kader.

Un marabout célèbre, âgé de cent dix ans, appuya ces sollicitations par le récit d'un songe où le jeune Abd-el-Kader lui était apparu sur un trône rendant la justice.

Mahi-Eddin fit appeler son fils et lui demanda comment il entendait l'exercice du pouvoir et de la justice.

Abd-el-Kader lui répondit : « Si j'étais sultan, je gouvernerais les Arabes avec une main de fer, et, si la loi ordonnait de faire une saignée derrière le cou de mon propre frère, je l'exécuterais des deux mains. »

A ces mots, Mahi-Eddin prit son fils par la main, et, sortant avec lui de la tente qu'entourait une foule inquiète, il s'écria : « Voilà le fils de Zohra ! voilà le sultan qui vous est annoncé par les prophètes ! »

Aussitôt s'élevèrent des acclamations unanimes. La musique des anciens beys fut amenée de Maskara pour donner plus d'éclat à la fête, et d'innombrables cavaliers la célébrèrent par leurs fantasias.

Cette fête se passait à Gresibia le 22 novembre 1857 ; le héros en était un jeune homme de vingt-huit ans, au front pâle, au regard inspiré, au vêtement simple, à la physionomie majestueuse ; il montait un cheval magnifique, et toute sa richesse numéraire consistait en quatre oukyas (1 fr. 25 c.) noués dans un coin de son haïk, à la manière des Arabes. Un chef l'en plaisanta, et il répondit en riant : « Dieu m'en donnera d'autres. » En effet, on vint de toutes part lui offrir des cadeaux magnifiques.

La splendeur d'un si beau jour n'éblouit point le jeune Abd-el-Kader. Trois tribus l'avaient proclamé, une seule peut-être avec un dévouement inaltérable, parce qu'il en était sorti (les Hachems).

Abd-el-Kader proclama la guerre sainte pour rallier toutes les tribus rivales.

Il envoie de riches présents au sultan de Maroc.

Abd-el-Rhaman ratifie l'élection du peuple et, comme chef de la religion, prescrit d'obéir au promoteur de la ligue contre les infidèles.

Le traité qu'Abd-el-Kader conclut avec le général Desmichels fut la principale base de sa fortune : ce fut le chef-d'œuvre de sa politique et le triomphe de l'astuce barbare sur l'inexpérience civilisée.

Dans le traité de la Tafna, les Français eux-mêmes lui décernèrent le titre d'émir-el-moumenin (commandeur des croyants).

Nous verrons bientôt que sa réputation ne cessa de grandir.

Afin de rallier à sa cause un plus grand nombre de tribus, Abd-el-Kader se mit à prêcher la guerre sainte. Aux heures de la prière, on le voyait sortir de sa tente et réciter lui-même les versets du Koran, qu'il faisait servir de texte à ses exhortations.

Lorsqu'il eut réuni une troupe suffisante d'hommes dévoués, il entra en campagne et vint harceler la garnison d'Oran.

Le vieux Mahi-Eddin l'accompagnait, ajoutant par sa présence un relief au pouvoir naissant de son fils.

Heureusement les Français venaient d'être renforcés d'un régiment de cavalerie, récemment formé par le brave colonel de l'Étang, et se trouvaient en mesure de repousser les attaques de cet ennemi nouveau.

Telle fut l'ardeur des Arabes, que plusieurs d'entre eux parvinrent à se loger jusque dans les fossés de nos retranchements et n'en sortirent qu'à la nuit, après avoir reconnu la complète impossibilité d'escalader l'escarpe.

Renouvelées plusieurs fois quoique sans succès, ces tentatives fournirent à Abd-el-Kader l'occasion de déployer son sang-froid et sa bravoure : il eut un cheval tué sous lui. A cette époque, les Arabes osaient
à peine affronter le feu de notre artillerie. Pour leur apprendre à la
mépriser, il lançait son cheval contre les obus et les boulets qu'il
voyait ricocher et saluait de ses plaisanteries ceux qui venaient siffler
à ses oreilles.

Tels furent les préludes tout à la fois religieux, guerriers et politiques de cet homme qui, nouveau Jugurtha, a tenu en échec pendant
dix-sept ans les forces de la France.

Quelque temps après l'élection d'Abd-el-Kader, l'affaire de la
Macta eut lieu et consolida sa puissance. Sûr désormais de la fidélité
et du dévouement des populations arabes de l'ouest de l'Algérie, l'émir
commença le système d'organisation qu'il mûrissait depuis longtemps. Loin d'être, comme la plupart des chefs, enflé d'orgueil par le
petit succès de la Macta, il comprit qu'il était dû à des circonstances
purement accidentelles, et que les Arabes indisciplinés, malgré leur
nombre et leur bravoure, ne pouvaient résister à la tactique des
troupes européennes. Alors il créa ses bataillons réguliers et ses cavaliers rouges, qui, plus d'une fois, prouvèrent à nos soldats que, s'ils
leur étaient inférieurs dans l'art de la guerre, ils les égalaient en
courage.

Abd-el-Kader, au moyen de ses bataillons réguliers, frappa des
taxes sur les marchandises, leva des impôts sur les villes et villages ;
il se gagna l'esprit des troupes en établissant un tarif de solde men-
suelle et de récompense pour les actions d'éclat. Dans plusieurs villes,
il fit bâtir des magasins de vivres, d'armes et de munitions de guerre.
Loin d'être barbare et d'exterminer les prisonniers français, ainsi
qu'on a pu l'en accuser, il donna constamment les ordres les plus
sévères pour les préserver de tous mauvais traitements; il s'efforça
d'inspirer au Bédouin féroce de la pitié pour tous ceux qui tombaient
dans ses mains. C'est encore à lui qu'on doit l'échange des prisonniers de guerre, et cette belle recommandation aux marabouts des
tribus, de répéter chaque jour, dans leurs prières publiques, ce ver-
set : « Allah ne permet de verser le sang des ennemis que sur le
champ de bataille, et jamais celui des vaincus faibles et désarmés .. »

On raconte un fait qui témoigne à la fois de la présence d'esprit,
du sang-froid et de la grandeur d'âme du chef arabe. Un nègre, envoyé par de puissants ennemis pour assassiner l'émir, put, malgré
l'active surveillance qui règne autour de la smalah (demeure royale),

parvenir jusqu'à la tente où Abd-el-Kader tenait conseil. Arrivé devant lui, l'assassin est tout à coup saisi d'un violent remords, il brise le poignard sous ses pieds, et, se jetant la face contre terre :

« J'étais venu pour te poignarder, s'écria-t-il, mais j'ai aperçu l'auréole du prophète autour de ton noble front! Mon cœur a défailli et ma main s'est refusée au crime : je ne suis qu'un vil esclave; frappe! car j'ai mérité la mort! »

Abd-el-Kader cacha la vive émotion que lui causait un tel aveu; il se leva gravement du tapis sur lequel il était assis, et, s'avançant vers le nègre prosterné, lui porta la main au front :

« Relève-toi, malheureux! prononça-t-il avec douceur. Allah pardonne au repentir, et moi, son serviteur, je ne saurais te condamner. Nègre, rends grâce au prophète d'avoir pu pénétrer jusqu'à moi, car il m'a suffi de te toucher du doigt pour opérer ta conversion : d'assassin que tu étais en entrant ici, tu sortiras honnête homme. Va! et que le reste de ta vie soit consacré à reconnaître ce bienfait. »

Cette audacieuse tentative d'assassinat eut un immense retentissement dans les diverses provinces de l'Algérie : la noble vengeance de l'émir donna un nouvel éclat à sa réputation de bonté, de sagesse et de sainteté. N'était-ce pas encore une ruse de son esprit fécond, pour prouver son invulnérabilité et rendre plus profonde la vénération qui s'attachait à sa personne?

Dans le but de hâter l'organisation de ses troupes, il donna des ordres à ses khalifas et à tous les chefs de tribus de lui amener les prisonniers de guerre intelligents. Il accueillit fort bien ceux qui furent conduits à son quartier général et s'en servit pour enseigner la manœuvre à ses nouveaux bataillons. Le besoin d'instructeurs lui fit souvent envoyer des émissaires dans le camp français pour embaucher les mécontents, les attirer à lui, et se les attacher par de magnifiques promesses.

Les ouvriers en tous genres, surtout les forgerons, les fondeurs, les poudriers, etc., étaient l'objet de sa prédilection.

L'émir avait visité les arsenaux et les manufactures d'Alexandrie : il pensait que les Bédouins n'étaient pas tellement inférieurs aux Égyptiens, qu'ils ne puissent apprendre les arts et métiers de première nécessité. A la prise de Miliana, en juillet 1840, les Français furent témoins de la rapide impulsion qu'Abd-el-Kader avait donnée à différentes branches de l'industrie. On trouva des ateliers d'armuriers, une fonderie de canons, une poudrière, des hauts fourneaux, etc.

Ces établissements, que devaient diriger des Européens, commençaient à peine à s'organiser : le premier canon était encore à fondre lorsque la France chassa l'émir de sa ville manufacturière et planta son drapeau sur la grande mosquée.

Toujours vaincu et jamais découragé, toujours poursuivi de près et jamais atteint, le chef arabe avait, depuis quelque temps, borné sa tactique à harceler nos troupes, à les fatiguer, pour leur occasionner, par l'effet des maladies, des pertes que ne pouvaient leur faire éprouver ses armes.

Chassé successivement de Médéah, de Miliana, de Hamza, de Takdimt, son dernier refuge, il laissa toujours dans ces différentes villes des traces nombreuses de ses constants efforts pour amener les Arabes à se fabriquer eux-mêmes leurs armes, leurs munitions de guerre, afin de n'en point manquer lorsque le Maroc et les marchands anglais lui feraient défaut.

Mais le système stratégique suivi par le maréchal Valée, qui consistait à envahir par zones le territoire, et à refouler les populations arabes hors de ces zones gardées par une série de postes militaires, ce système, marchant avec les razzias nombreuses, avec la dévastation et l'incendie des gourbies, des silos et des moissons, ne laissa plus de relâche aux tribus de l'Algérie : la famine devait bientôt les mettre sur les dents et amener leur soumission.

Débusqué de tous les points qu'il occupait, poursuivi l'épée dans les reins, l'émir se vit obligé d'abandonner le théâtre de la guerre, laissant au chef Ben-Salem le soin de guériller dans le Sahel et la plaine. Il se retira dans les tribus qui lui étaient restées fidèles. Comme les moyens pécuniaires commençaient à lui manquer, il leva, soutenu par les bataillons réguliers, des contributions forcées sur les tribus pacifiques et souvent les força de marcher avec lui. De ce moment, Abd-el-Kader ne s'engagea plus dans aucune affaire sérieuse; mais, de temps à autre, il attaquait les convois, interceptait les communications, et, lorsqu'on le croyait loin, ses cavaliers arrivaient tout à coup, tombaient sur nos faibles détachements, les dispersaient, les massacraient.

Pendant une année que dura cette guerre d'escarmouches, qui causa beaucoup de dommages à notre colonie, par le peu de sécurité qu'offraient les communications, l'émir organisait ses forces, recrutait au loin des troupes, réparait ses pertes et rétablissait ses moyens épuisés, pour reparaître de nouveau sur le terrain qu'il avait un instant abandonné.

Tous ceux qui ont vu et connu Abd-el-Kader s'accordent à dire qu'il est, par son intelligence, bien au-dessus des autres chefs de tribus. C'est un homme extraordinaire, qui a su rallier à la cause nationale les Bédouins pillards et indisciplinés, et même a eu le talent de faire marcher sous sa bannière les Kabaïles, peuples indomptables qui ne suivent jamais le pouvoir et qui n'obéissent ordinairement qu'à leurs chefs montagnards.

Enfin, Abd-el-Kader est une de ces âmes fortement trempées, dont la mission est de faire triompher une idée ou de mourir en protestant.

Habile à trouver des ressources lorsqu'on le croit perdu, il l'est également à étouffer les révoltes et à maintenir les tribus dans l'obéissance.

Abd-el-Kader est aujourd'hui âgé de quarante-cinq ans environ. Marié très-jeune à Lella-Keira, fille de son oncle paternel, Sidi-Ali-ben-Thalib, il a eu d'elle d'abord deux filles, ensuite deux garçons. L'aîné de ses fils entre dans sa treizième année, le cadet dans sa neuvième.

Lella-Keira se fait remarquer par la régularité de ses traits et la bonté de son âme. De même que son époux domine les Arabes, elle est également au-dessus des personnes de son sexe. La douceur de son regard, l'aménité de son sourire, sa coiffure et son ample vêtement lui donnent quelque ressemblance avec ces femmes de patriarches dont Vernet nous a rappelé le costume et le maintien. On la dit très-affable et d'un cœur toujours ouvert à la pitié. Contrairement aux femmes bédouines, qui n'obtiennent presque jamais les égards dus à leur sexe, la sœur et la femme d'Abd-el-Kader jouissent d'une grande vénération. On dit que les captifs et même les condamnés qui avaient le bonheur de toucher leurs vêtements devenaient aussitôt inviolables : personne n'osait plus porter la main sur eux.

L'immense prérogative accordée à ces deux femmes seulement aurait été utile à beaucoup d'infortunés. Bien des prisonniers français ont dû à Keira et à Kadidja, sa belle-sœur, un soulagement à leur captivité; plusieurs même leur sont redevables de la vie.

L'aîné des fils d'Abd-el-Kader est destiné à la carrière des armes et à lui succéder; le jeune reçoit une instruction tout à fait religieuse et perpétuera dans la famille le titre de marabout.

Abd-el-Kader a encore aujourd'hui quatre frères et une sœur.

Son cinquième frère, Sidi-Ali, reçut la mort à ses côtés, en combattant devant les remparts d'Oran. Mohamed-Saïd, l'aîné de la famille, est âgé de quarante-sept ans; il porte le titre de marabout et remplace son père Mahi-Eddin au douar. Étranger aux affaires politiques, ses occupations se bornent à compléter l'éducation religieuse de ses deux plus jeunes frères, Sidi-el-Moktar et Sidi-el-Haussin. Il passe chez les Arabes pour un marabout très-instruit.

Le second frère de l'émir, Sidi-Mustapha, également son aîné, est âgé de quarante-six ans. Plus entreprenant que les autres, il a suivi la carrière des armes. En 1836, il essaya vainement de se faire proclamer cheik de la tribu du désert; sa tentative échoua, et l'émir irrité le frappa de disgrâce. Cependant, à ses sollicitations pressantes, au vif repentir qu'il manifesta de sa faute, Abd-el-Kader le nomma bey de Médéah, place qu'il ne put conserver longtemps, à cause de son peu de capacité.

Au commencement de 1840, Sidi-Mustapha commanda en chef les hordes que son frère envoya dans la province de Constantine pour inquiéter les troupes françaises disséminées sur une grande étendue de terrain; il ne s'acquitta que très-médiocrement de cette mission et fut continuellement battu.

Le quatrième frère, Sidi-Mérad, fils de la négresse Lella-Embarka, quatrième femme de Mahi-Eddin [1], commande la garde de l'émir, composée en partie de nègres fanatiques et dévoués.

Lella Kadidja, sœur d'Abd-el-Kader, plus âgée que lui d'un an, fut mariée par son père à Sidi-Mustapha-ben-Tamy, homme riche et influent, autrefois considéré du bey Hassan. Quelques mois après le traité de la Tafna, l'émir le nomma son khalifa. Ben-Tamy est resté fidèle et s'est entièrement attaché à la fortune de son beau-frère.

Dans ces dernières années, les forces imposantes que la France a envoyées en Algérie ont porté un coup mortel à la puissance d'Abd-el-Kader.

Des colonnes nombreuses sillonnèrent en tous sens la plaine et les montagnes; des expéditions dirigées par des officiers habiles, de nombreuses razzias opérées sur tous les points, lassèrent les tribus et amenèrent leur défection. Enfin, traqué de tous côtés, pourchassé à outrance par le maréchal Bugeaud, à qui on ne saurait refuser une

---

[1] (Pour l'explication.) Le père de l'homme dont nous esquissons la biographie, comme nous avons vu, se nommait Sidi-Mahi-Eddin, mort en 1833. Le mot hadji (pèlerin) fut ajouté à son nom après son retour du premier voyage qu'il fit à la Mecque. Il eut à la fois quatre femmes, qui lui donnèrent cinq fils et une fille. Zhora, sa troisième épouse, la seule femme lettrée peut-être de toute l'Arabie, est mère du fameux Abd-el-Kader et de Kadidja, sa sœur. Mahi-Eddin et Mustapha-ben-Moktar, son père, sont regardés comme les deux plus grands marabouts des temps modernes.

grande part dans la conquête et la pacification du pays, le malheureux
émir se vit forcé de chercher un refuge sur les terres du Maroc, où sa
réputation d'homme de guerre et de saint l'avait précédé. Il eut le
soin de faire répandre par ses amis la fable et les visions que son père
avait eues sur sa future grandeur, sans oublier les prédictions du fakir
de Bagdad, qui avait annoncé à l'avance qu'il serait possesseur du
titre de sultan. Et au Maroc alors il devint bientôt, comme en Algérie,
l'objet d'une vénération toute particulière. On prétend que c'est en
partie à ses instigations que sont dues les dernières affaires du
Maroc.

Il serait possible que par la suite l'influence d'Abd-el-Kader, qui
doit grandir chez les Marocains en raison de son intelligence, de son
activité et de sa réputation de sainteté, devienne funeste à l'empereur
Abd-el-Rhaman, et tout porte à croire que celui-ci ne voit pas sans inquiétude le séjour de l'émir se prolonger dans ses États. Car Abd-el-
Rhaman est entouré de tribus arabes belliqueuses et remuantes, toujours prêtes à se battre et à piller. Ces tribus sont superstitieuses,
faciles à se laisser séduire par le merveilleux, et si Abd-el-Kader parvient à leur faire croire qu'il est l'envoyé du prophète, malheur à la
dynastie des empereurs marocains! C'est là probablement à quoi vise
Abd-el-Kader, pour devenir plus puissant que jamais. C'est son dernier rêve !

C'est en continuant de dérouler l'histoire d'Abd-el-Kader que nous
allons apprendre ce qui est résulté de ce fameux internat ; nous allons
voir les intrigues et les ruses de ce chef arabe, qui, après avoir été
soutenu et protégé par le chérif du Maroc, ne craint point de tromper
sa bonne foi pour chercher à le supplanter et à se mettre à ses lieu et
place, s'il lui est possible.

L'empire du Maroc, par son voisinage de l'Algérie, offrait de grandes
ressources à Abd-el-Kader. Les populations y étaient favorables à sa
sainte entreprise ; et, s'il éprouvait quelque grand désastre, non-seulement il était certain que leur hospitalité ne lui manquerait pas, mais
encore il pouvait compter sur leur concours. A leurs yeux, l'émir
était un envoyé de Dieu pour châtier les infidèles, et il était moins
obligatoire, pour les musulmans du territoire marocain, d'observer
les défenses de leur empereur que de se rendre aux exhortations fanatiques du belliqueux restaurateur de la future unité arabe.

Abd-el Kader connaissait leurs dispositions, et, pour les féconder, il
employa de nombreux émissaires dont les prédications lui firent, en
peu de temps, acquérir des partisans nombreux. Bientôt le héros des

déserts, chassé de la ville de Maskara, où il avait établi le siége de son
autorité, se vit contraint de se réfugier dans le Maroc, où il put en
sécurité se préparer à ce que les sectateurs du prophète appellent la
guerre sainte.

Jusque-là, Abd-el-Rhaman ne s'était pas montré hostile à la France;
mais ce sultan du Maroc ne put bientôt plus, contre l'opinion de ses
sujets, maintenir une neutralité qui le compromettait; afin de prouver qu'il était un musulman zélé, il prêta les mains à des actes d'une
cruelle persécution, soit contre les chrétiens, soit contre les juifs. Un
de ces derniers, Victor Darmon, agent consulaire d'Espagne, fut sa
première victime.

Le sultan le fit mettre à mort dans le port de Mazagran.

Victor Darmon, originaire de Tunis, était né à Marseille; pour se
dérober à la loi du recrutement, il avait négligé de faire constater sa
nationalité comme Français. Jeune encore, il était venu faire le commerce à Mogador et Mazagran, où il ne tarda pas à être commissionné
par le gouvernement britannique comme agent consulaire.

Les juifs sont tenus dans le Maroc, par les Maures, dans un état
odieux d'abjection; passent-ils devant une mosquée, on les oblige de
prendre leurs sandales à la main et de marcher nu-pieds; on les
traite constamment comme des êtres dégradés, et, à tout propos, on
les abreuve d'humiliations ou on leur prodigue l'avanie.

Darmon, vêtu à l'européenne et vivant à la manière des Français,
protégé d'ailleurs par sa qualité d'agent consulaire de deux nations, n'était point en butte à de pareils outrages; il jouissait, au
contraire, d'assez de considération pour oser dénoncer au sultan les
abus qu'il remarquait: c'est ainsi qu'il lui signala les exactions et les
escroqueries en matière de douane du gouverneur d'Azamor, Hadji-
Moussa, dont il s'était fait un ennemi d'autant plus dangereux, qu'à
quelques égards, aux yeux des habitants, lui-même n'était pas exempt
de tout reproche. Ardent comme tous les hommes du Midi, Darmon n'a-
vait pas su se tenir dans une prudente réserve à l'égard des beautés
musulmanes : on l'accusait d'avoir eu des relations très-intimes avec
des courtisanes et même avec des veuves de la religion du prophète.
Dès lors il devint odieux comme un profanateur.

L'agent consulaire, signalé à l'empereur, par Hadji-Moussa, comme
un juif dangereux, à cause de la licence de ses mœurs, dut s'exiler à
Mogador. Cet ordre ne fut pas exécuté sur-le-champ, et Darmon voulut
obtenir un délai. Il sortit, en conséquence, à cheval pour se rendre
auprès du gouverneur d'Azamor; mais on feignit de se méprendre sur

ses intentions, et deux cavaliers furent lancés à sa poursuite, comme s'il tentait de se soustraire au décret du sultan.

Bientôt ils l'atteignirent, le précipitèrent de son cheval et s'emparèrent de son fusil. Darmon voulut résister à cette attaque, il essaya de ressaisir son arme; mais, pendant la lutte, le fusil part et blesse un des assaillants; en même temps il tombe à terre, et, par l'effet du choc, une seconde décharge a lieu sans résultat.

Darmon n'avait pu s'attendre à cet événement, qui le compromettait gravement dans un pays où il ne manquerait pas d'être interprété au gré de la malveillance. Pour se mettre à l'abri du danger qui le menaçait, il se réfugia en toute hâte dans la maison du vice-consul de Sardaigne; mais à peine y était-il entré qu'il en fut arraché violemment et jeté en prison, au mépris des priviléges consulaires. Dénoncé à l'empereur comme ayant attenté à la vie de deux musulmans, il fut, sans autre information, condamné à mort : c'était Hadji-Moussa qui avait adressé au sultan le récit mensonger d'après lequel la sentence avait été prononcée. En la recevant, l'infâme exacteur affecta une douleur hypocrite; il réunit le corps consulaire, il lui communiqua le terrible message qui lui était adressé, en déclarant qu'il était profondément affligé d'un jugement aussi rigoureux. Son intention, disait-il, était de faire parvenir au sultan des représentations dont le succès lui paraissait d'autant plus probable, que Darmon était investi d'un caractère sacré, celui que lui conférait son titre de vice-consul de deux nations amies.

Mais, soit que la démarche que Moussa promettait de faire ne fût qu'une perfidie nouvelle, soit que le sultan eût appris qu'elle avait été libéralement payée, l'ordre d'exécuter la sentence fut expédié de nouveau. Moussa le tint secret; aucun des agents européens n'en eut connaissance : Darmon devait périr sur le lieu même où l'un des deux cavaliers avait été blessé.

Le 25 janvier 1844, deux soldats nègres vinrent le tirer de sa prison et l'accompagnèrent hors de la ville en prenant la route de Mogador, où ils étaient censés le conduire.

Arrivé sur le lieu fatal, Darmon fut contraint de s'arrêter; alors les nègres se jetèrent sur lui et le tuèrent à coups de yatagan. Sa tête fut portée à l'infâme Moussa, et son corps abandonné aux chacals. Ce meurtre était un crime atroce : c'était en même temps un attentat inouï contre le droit des gens.

Toutes les puissances de l'Europe s'en indignèrent; le gouvernement espagnol eut quelque velléité d'en exiger réparation; mais il avait trop d'embarras intérieurs pour rien tenter contre le Maroc.

L'Angleterre, pour n'avoir pas à agir, feignit d'ignorer que Darmon fût aussi son agent. La Sardaigne parut vouloir déployer quelque énergie; mais elle se borna à de vaines récriminations. L'impunité enhardit singulièrement l'empereur du Maroc; il crut dès lors qu'il n'avait rien à redouter des puissances de l'Europe, et qu'il pourrait sans danger se livrer à une agression contre la France, sur notre frontière de l'Algérie. Dès lors il seconda ouvertement les entreprises d'Abd-el-Kader, dont ses peuples et lui subissaient l'influence. Cependant il fallait un prétexte à ce concours prêté à notre infatigable ennemi; ce prétexte s'offrit de lui-même. L'Espagne ayant enfin demandé réparation pour le meurtre de son consul, le gouvernement français fut désigné comme l'instigateur des réclamations légitimes du cabinet de Madrid. A la même époque, la Suède et le Danemark déclarèrent leur intention de s'affranchir du tribut qu'elles payaient au sultan de Maroc. Cette résolution de ces deux États chrétiens, appuyée par la médiation affectueuse des gouvernements de France et d'Angleterre, ajouta à l'irritation des musulmans.

L'empereur de Maroc, regardé jusque-là comme le chef des vrais croyants, dut nécessairement s'associer à leur ressentiment : toute autre conduite l'eût exposé à perdre son influence, et peut-être même à être supplanté par Abd-el-Kader, dont les partisans, assez nombreux, lui inspiraient des craintes trop fondées. Il ne lui restait donc, pour sa propre sûreté, qu'à se montrer tout disposé à entreprendre la guerre sainte. Le sultan était dans une position difficile; il ne voulut pas rompre tout d'un coup avec la France; mais, pendant qu'il se préparait à une sérieuse agression, il favorisait par tous les moyens Abd-el-Kader, qui était venu chercher un asile sur son territoire, à proximité des possessions françaises dans le nord de l'Afrique. Abondamment pourvu de tout ce qui lui était nécessaire, l'émir pouvait attendre, en pleine sécurité, l'occasion de nous attaquer. Nos postes étaient sans cesse sur le qui-vive, et il devenait indispensable de les renforcer pour les mettre à l'abri d'un coup de main. L'émir n'avait pas auprès de lui des troupes nombreuses, mais dans sa deira se trouvait rassemblée une masse considérable d'officiers, de secrétaires, de marabouts et d'anciens kaïds ou khalifas de l'Algérie avec leurs familles. Là aussi étaient plusieurs tribus ou fractions de tribus qu'il avait forcées d'émigrer de l'Angad algérien et du district de Tlemcen, et qui, hommes, femmes et enfants, formaient une réunion de près de trois mille individus, parmi lesquels il y avait environ cinq cents cavaliers supérieurement montés, et un nombre à peu près égal de fantassins.

La deira est une population nomade qui mène avec elle ses chameaux, ses troupeaux, ses approvisionnements, ses munitions de guerre et ses ustensiles d'agriculture. Elle campe sur le premier terrain venu, au choix de l'émir; et, dès qu'elle y a planté ses tentes, elle laboure autour d'elle et moissonne pour la subsistance commune. Ce noyau des adhérents d'Abd-el-Kader ne tarda pas à se grossir des Marocains que ses prédications et celles de ses émissaires avaient fanatisés.

La guerre sainte une fois proclamée, on accourut de toutes parts sous l'étendard du prophète. Dès ce moment, il fallut doubler nos postes sur notre frontière et la garder avec plus de vigilance que jamais, afin d'empêcher Abd-el-Kader de pénétrer dans la province d'Oran et jusque dans le Chélif.

Désormais il n'était plus un partisan isolé; plus de trois mille combattants obéissaient à ses ordres; et, s'il lui prenait fantaisie de pousser une pointe en Algérie, il n'était pas probable que les colonnes mobiles qui lui étaient opposées parvinssent à l'arrêter dans sa course à travers des contrées où tout ce qui lui était favorable devenait un obstacle pour nos troupes. On ne pouvait prévoir sur quel point il ferait sa trouée, et, malgré l'activité des colonnes mobiles, d'un moment à l'autre il pouvait fondre sur nos possessions, entraînant à sa suite les tribus marocaines, excitées par l'avidité du butin et portant partout sur leurs pas la dévastation et la mort.

L'initiative de la guerre sainte appartenait à l'émir, dont l'empereur du Maroc n'était encore que l'auxiliaire secret. Avant d'agir ouvertement, il voulait être en mesure de le faire avec des chances de succès. Comme il s'agissait d'une guerre contre les infidèles, il était bien certain qu'au premier appel toutes les tribus éparses de son empire s'empresseraient de fournir leur contingent.

Dans toutes les provinces les gouverneurs reçurent l'ordre de diriger des troupes sur la frontière de l'Algérie et de les faire marcher par petits détachements, afin de donner le moins possible l'éveil sur ces mouvements et sur le but qu'on se proposait. Le fils du sultan devait commander l'armée qui se concentrait non loin de la deira de l'émir. Cette armée, en temps ordinaire, se compose d'une quinzaine de mille hommes soldés, dont environ six mille forment la garde du souverain et sont toujours prêts à partir en expédition. A ces forces, s'il est besoin, vient se joindre le goum, c'est-à-dire une partie de la population des diverses tribus, qui n'est mandée que dans de graves circonstances. Les Oudaïas et la cavalerie noire (Abid-el-Bokhari) sont le corps principal; mais les plus vaillants comme les plus terribles guerriers du Maroc sont les Riffas, montagnards de la province du Riff, entre Tétuan et Tèza. Chaque centurie est commandée par un kaïd-el-mia, c'est-à-dire par un capitaine et quatre lieutenants. Dès qu'on entre en campagne, l'armée traîne à sa suite une multitude de non-combattants : muletiers, charretiers, femmes, enfants, vieillards des tribus; les uns conduisant les tentes, les bagages et les vivres de chaque goum, les autres n'ayant quitté leurs foyers que pour ne pas se séparer du chef de la famille. Le goum transporte toujours avec lui une provision de blé et d'orge pour les hommes et pour les chevaux. Chaque tente est pourvue de son moulin. Les esclaves dressent et replient les tentes; des négresses apprêtent le couscoussou, qui est le mets national. Lorsque les vivres sont épuisés, on se ravitaille au moyen des razzias, on vide les silos, et, si le temps de la moisson n'est pas arrivé, on fait manger aux chevaux le blé en herbe.

Trente à quarante jours suffisent pour qu'on soit à bout de pareilles ressources; alors on lève le camp et l'on se transporte ailleurs.

On évalue à trois cent mille hommes le nombre total des guerriers jeunes et valides dont l'empire du Maroc peut disposer pour sa défense; mais cette force est dispersée sur une trop vaste étendue, et, dans un cas pressant, l'empereur ne pourrait la rassembler avec la promptitude nécessaire, dans un pays où les communications sont souvent interrompues par les hautes chaînes de l'Atlas. Le nombre de soldats que le sultan peut mettre sur pied est considérablement réduit par ces circonstances, et tout au plus s'élèverait-il en réalité à soixante ou quatre-vingt mille hommes, ayant un état-major formidable d'officiers, de Talibs et de cavaliers d'élite (Oudaïas) chargés de transmettre les ordres.

Les chefs de l'armée n'ont ni tactique ni stratégie; ce sont purement des barbares qui ne connaissent aucun des principes de l'art militaire. Font-ils choix d'un emplacement pour camper, peu leur importe l'avantage de la position, soit pour l'attaque, soit pour la défense : il leur suffit d'être à portée de l'eau et du pâturage. Chaque corps ou chaque tribu forme un cercle ou un carré, dont le milieu est occupé pendant la nuit par les chevaux et par les bêtes de somme. Au centre du camp est dressée la tente du général en chef, et elle y est entourée des tentes de ses serviteurs et de sa garde. En arrière, et situés concentriquement, se dessinent d'autres cercles et groupes de

tentes plus ou moins éloignés de la tente du général, selon la noblesse
des tribus ou l'importance des divers contingents. Il n'y a là ni front
de bandière, ni ligne de bataille jalonnée comme chez nous. Toutes
ces rangées circulaires occupent une surface immense; un camp de
vingt mille hommes offre un déploiement plus vaste que ne le ferait
chez nous une ville de cent mille habitants. Rassurés par ce qu'il y
a de colossal dans cet ensemble, pourtant si mal ordonné, chefs et
soldats ne doutent jamais de la victoire; assaillants, ils s'imaginent
que rien ne pourra leur résister; attaqués, il se croient inexpugnables. S'ils estiment qu'ils sont les plus nombreux, ils célèbrent d'a-
vance leur triomphe, car ils ne connaissent pas d'autre supériorité que
celle du nombre. Ils ne conçoivent pas qu'on ose attaquer un ennemi
plus nombreux que soi, ou même qu'on ose lui résister. A les entendre, deux armées, pour en venir aux mains, doivent être au moins de
force égale.

La cavalerie fait la principale, on pourrait dire la seule force de
l'armée marocaine; l'infanterie y est comptée pour peu de chose,
excepté dans les montagnes; elle ne connaît aucune des dispositions
auxquelles recourent nos fantassins pour résister à la cavalerie. Ils ne
croient pas à la puissance du bataillon carré, et, suivant eux, toute
charge à fond sur une masse inerte d'infanterie a inévitablement pour
effet de l'enfoncer et de la mettre en déroute : si les cavaliers sont
assez nombreux pour l'envelopper de toutes parts, il ne lui reste plus
qu'à mettre bas les armes.

L'artillerie marocaine est peu nombreuse et de faible calibre. Quelques pièces de trois, portées par des chameaux, une vingtaine de
pièces de campagne des calibres de six et de huit, ancien modèle,
quatre ou cinq obusiers donnés en présent ou même à titre de tribut par les puissances de l'Europe, composent leur gros attirail de
guerre.

Leurs artilleurs sont les plus inhabiles manœuvriers que l'on connaisse; quelques renégats chrétiens ou juifs les dirigent; mais, comme
ils sont généralement méprisés et que l'on se défie d'eux, ils sont sans
autorité pour améliorer le service. Le canonnier marocain continue
par conséquent d'être un soldat ignorant et indocile. Le boulet fourré
dans le canon, tout est dit pour lui; il ne s'inquiète nullement du
pointage et se soucie peu de ne pas tirer au hasard.

Le cavalier est armé d'un long fusil, d'un sabre courbe et d'un
yatagan : quelques chefs ont des pistolets; les Oudaïas ont des baïon- '
nettes.

La plupart des fusils n'ont pas le cran de repos et sont de fabrique indigène, sans uniformité de calibre. L'usage si commode de la cartouche ne s'est pas encore introduit dans l'armée marocaine; voilà pourquoi les cavaliers, après avoir fait feu, s'éloignent au galop, afin de recharger leur arme à distance, ce qui ne met pas moins de dix à douze minutes d'intervalle entre deux décharges.

La figure de l'armée marocaine, dans l'ordre de bataille, est le croissant, avec extension inverse des ailes à partir des extrémités.

Chaque goum a sa place et donne la main à un autre goum, en dissimulant l'intervalle. Au centre de l'arc sont les corps d'élite et l'artillerie. C'est en arrière du centre que les ailes doivent se replier lorsqu'on se trouve avoir affaire à des forces supérieures; dans le cas contraire, elles se déploient de manière à envelopper l'ennemi et à le couvrir de tous ses feux. Les cavaliers, bien que sans ordre, sont formés par centaines sur plusieurs rangs. Les différents goums, tous placés sur une même ligne circulaire, observent de cette position le mouvement général, de manière à se soutenir mutuellement et à suivre l'impulsion de l'ensemble. Des nuées de tirailleurs, dispersés en avant du corps de bataille, engagent d'abord le combat, en tâchant d'étourdir l'ennemi par la rapidité de leurs évolutions individuelles. Au milieu de ces préludes, le premier rang des cavaliers s'élance et se précipite au grand galop sur la ligne qui lui est opposée. Chacun d'eux, courant bride abattue, tient son fusil en joue de la main droite par le centre de gravité de l'arme, et attend toujours d'être à demi portée pour presser la détente avec le doigt de la main gauche. Le coup parti, il fait volte-face et va recharger son arme pendant qu'arrive un second rang, puis un troisième, et quelquefois un quatrième et un cinquième, jusqu'à ce que le premier rang reparaisse, pour être de nouveau remplacé de la même manière. Les cavaliers ne chargent jamais à fond que lorsqu'ils voient leurs adversaires battre en retraite. On conçoit qu'une lutte entre barbares de cette espèce doit constamment se terminer à l'avantage du parti le plus nombreux. Celui-ci est-il victorieux, et il doit toujours l'être, il extermine tout ce qui est devant lui; la guerre devient alors un massacre où rien n'est épargné; mais, en présence des troupes de l'Europe, de leurs bataillons compactes, de leurs colonnes serrées, de leurs baïonnettes vaillamment présentées, de pareils sauvages ne sauraient jamais obtenir un entier succès. Malgré leur dextérité, leurs cavaliers ne peuvent ni tenir contre les nôtres ni les entamer.

CHAPITRE X

DOMINATION FRANÇAISE

Suite d'Abd-el-Kader. — Rupture définitive entre le Maroc et la France. — Premier combat. — Bombardement de Tanger. — Prise de Mogador. — Victoire d'Isly. — Négociations et conditions de la paix.

On croyait encore que l'empereur de Maroc hésiterait à entreprendre une guerre qui ne pourrait avoir pour lui que de funestes conséquences, lorqu'au mois de mai 1844 le général de Lamoricière, qui avait été envoyé sur la frontière dans la province d'Oran, fut soudainement attaqué par quinze cents cavaliers marocains, réunis à cinq cents Arabes conduits par Abd-el-Kader.

Cette agression imprévue fut rudement châtiée, deux cents cavaliers ennemis sabrés ou faits prisonniers, et le reste de cette troupe mis dans la déroute la plus complète, tel fut le résultat de cette escarmouche, qui ne nous coûta que quelques blessés. Jusque-là on avait pensé que le sultan marocain ne céderait pas aux pressantes instances de l'émir, et qu'en définitive il refuserait de faire cause commune avec lui : on supposa encore que les cavaliers marocains engagés dans cette affaire y avaient pris part contre son gré. Toutefois on prit des mesures pour une vigoureuse résistance, dans le cas où une attaque plus sérieuse aurait lieu. Le général Bedeau, accouru de Tlemcen, vint renforcer le général de Lamoricière, et le général Bugeaud se disposa à se porter avec une partie de ses troupes sur le point menacé.

La violation de notre territoire, sans déclaration préalable, paraissait un fait inexplicable, et on ne pouvait guère l'attribuer qu'à un de ces actes d'indiscipline si fréquents chez ces hordes de barbares. Le rapport de deux prisonniers marocains appuyait cette conjecture : ils racontaient que Sidi-el-Mamoun-Chérif, personnage allié à la famille impériale, ayant amené à Ouchda cinq cents Berbères, envoyés de Fez par le fils de Muley-Abd-el-Rhaman, avait eu l'initiative de cette hostilité.

Emporté par son fanatisme, il avait voulu voir de près le camp des chrétiens, et s'était mis en marche malgré les observations d'El-Guennaoui, qui, tout en alléguant les ordres de l'empereur, n'avait pas osé opposer une défense absolue à un prince de la famille impériale.

C'était lui, disaient les prisonniers, qui avait entraîné les Berbères et la troupe noire.

Ce récit offrait quelque vraisemblance; mais il ne prouvait pas suffisamment la bonne foi de l'empereur. Si les intentions d'Abd-el-Rhaman eussent été bienveillantes à l'égard de la France, et qu'il eût véritablement voulu conserver avec elle des relations pacifiques, il aurait été facile de désarmer Abd-el-Kader et les quelques centaines de cavaliers qui étaient venus au milieu des masses marocaines; tout au moins devait-il les expulser de son territoire et leur en interdire l'accès; mais Abd-el-Rhaman, aveuglé par son propre fanatisme de musulman et dominé par la haine que ses sujets vouaient aux chrétiens, n'était pas fâché de céder à l'espèce de violence morale que lui faisait Abd-el-Kader. S'il nous faisait la guerre, il pouvait dire que c'était contre son gré, et, en cas de revers, être traité moins rigoureusement par un ennemi généreux: si le succès, au contraire, couronnait ses armes, et même encore dans la supposition d'une défaite, son zèle était célébré, sanctifié; car il n'avait pas refusé de soutenir Abd-el-Kader, que les Marocains regardaient comme le champion et le vengeur de l'islamisme.

A tout prendre, l'empereur du Maroc restait toujours responsable d'une agression qu'il avait dépendu de lui d'empêcher, et il devait en supporter toutes les conséquences. Une provocation aussi perfide ne pouvait rester impunie, et le consul de France à Tanger eut ordre de demander réparation de la violation de notre territoire par les troupes marocaines. Il devait exiger que le gouvernement du Maroc rappelât dans l'intérieur des terres les troupes campées dans la province d'Oudjah: il fallait en outre que le territoire du Maroc cessât d'être un refuge ouvert à l'émir Abd-el-Kader. Le gouvernement français ne pouvait souffrir plus longtemps qu'après chaque défaite, ce chef, le plus dangereux ennemi de notre domination en Afrique, se retirât comme dans un asile inviolable, sur un territoire neutre, d'où il revenait avec de nouvelles forces et de nouvelles ressources. La parole portée par notre consul devait être appuyée par une démonstration, qui fut annoncée au sultan comme très-prochaine. Mais la situation d'Abd-el-Rhaman, vis-à-vis de l'émir et de ses propres sujets, se compliquait de plus en plus: il redoutait Abd-el-Kader et son zèle de croyant plus qu'il ne redoutait les Français ou toute autre puissance européenne.

Abd-el-Kader mécontent était à ses yeux le danger le plus près et le plus imminent : d'un autre côté, s'il refusait d'entrer en guerre avec la France, son autorité sur ses sujets ne se trouvait-elle pas affaiblie, peut-être même compromise, par l'opinion dans laquelle ils seraient qu'il était moins bon musulman que l'émir? Abd-el-Rhaman avait encore d'autres inquiétudes : bien que son gouvernement eût été, à quelques égards, plus doux que celui de ses prédécesseurs, et que, dans un règne de vingt ans, on n'eût à lui reprocher qu'un petit nombre d'exécutions sanglantes, les Maures et les Arabes trouvaient son joug insupportable, parce que, avide de richesses, il les ruinait par un système de fiscalité sans frein et sans limite.

Les circonstances enfin étaient telles, qu'il pouvait craindre d'être supplanté par Abd-el-Kader; aussi, dans le but de conjurer ce danger, donna-t-il entière satisfaction à l'opinion de son entourage.

Pendant que le sultan obéissait à cette fausse politique, et qu'il repoussait les justes demandes du consul de France, le prince de Joinville, commandant une division navale dans la Méditerranée, partait de Toulon sur le vaisseau le *Suffren*, à bord duquel flottait son pavillon. Sous ses ordres étaient placés deux autres vaisseaux : le *Jemmapes* et le *Triton*; une frégate de soixante canons, la *Belle-Poule*; une frégate à vapeur, l'*Asmodée*; une corvette à vapeur, le *Pluton*, et deux autres bâtiments également à vapeur, le *Phare* et le *Rubis*.

Les troupes de débarquement s'élevaient à douze cents hommes, savoir : une compagnie du génie, deux compagnies d'artillerie de la marine et un bataillon d'infanterie de bord. Officiers, marins et soldats, tous rivalisaient de zèle et d'ardeur, et n'aspiraient qu'au moment de prouver leur dévouement à la France.

Le 23 juillet, le prince de Joinville mouilla dans la rade de Tanger. Là, des dépêches du général Bugeaud lui apprirent que le fils du sultan de Maroc s'avançait par la route de Fez avec un corps de troupes assez considérable, et qu'il paraissait dans les dispositions les plus hostiles. Il fut informé presque en même temps que le kaïd ou gouverneur de Tanger avait reçu ordre de sa cour de s'opposer à l'embarquement des Français et de les retenir comme otages.

Il sut également que le consul général d'Angleterre avait échoué dans une tentative pour ramener l'empereur à des dispositions plus pacifiques. La défense aux Français de quitter la ville n'avait point encore été signifiée. Le prince envoya à terre deux officiers de son état-major, qui ramenèrent à bord notre consul général et trois autres personnes attachées au consulat. On les laissa partir dans la persuasion qu'ils n'allaient que faire une visite au prince français. Les femmes et les enfants de ces employés parvinrent aussi à s'échapper, le prétexte d'un baptême ayant justifié leur sortie. Tous les Français qui étaient dans la ville furent invités à s'embarquer sans retard. Ce fut alors que le gouverneur se prononça formellement contre leur départ; en même temps, une émeute éclatait dans la ville, et on les menaçait de mort; on proférait même des vociférations contre le gouverneur, que l'on accusait de trahison, parce qu'on supposait qu'il voulait laisser partir les chrétiens.

Les consuls des diverses nations, indignés d'une pareille violation du droit des gens, firent en vain des représentations au gouverneur. Celui-ci leur refusa même la liberté d'aller conférer avec le prince de Joinville. Cependant cette autorisation fut accordée au consul de Naples, qui, avec le vice-consul anglais, se rendit à bord du *Pluton*. Le prince accordait au gouverneur un délai de trois jours pour révoquer sa défense aux chrétiens de quitter Tanger : en attendant, il consentait à se retirer à Cadix, et laissait, pour recevoir les Français ou protéger leur embarquement, l'*Argus*; il expédia un autre bâtiment vers les ports de l'Océan, pour recueillir de même nos consuls sur les différents points du littoral. Le consul de Naples se rendit en toute hâte auprès du pacha de Larache, qui avait de l'autorité sur le kaïd de Tanger, afin d'obtenir de lui l'ordre de laisser partir les Français, auxquels il fut en effet permis de s'embarquer. Cependant la position des chrétiens et des juifs à Tanger devenait de plus en plus critique: six mille Kabaïles du Rifed-del'-Kasbat étaient campés aux portes de cette ville qu'ils devaient défendre en cas d'attaque. La présence de ces hommes farouches, habitués à tous les excès, inspirait une vive terreur aux habitants, qui ne les redoutaient pas moins qu'ils ne redoutaient les armées du dehors, et qui, en attendant, parlaient d'assouvir leur fureur sur quiconque n'était pas musulman. Tout ce qu'il y avait d'Européens à Tanger dut chercher son salut dans la fuite. Le consul général d'Angleterre resta seul dans l'intérieur du pays pour tâcher de voir l'empereur et ses ministres, afin de les déterminer à accepter l'ultimatum de la France, c'est-à-dire, à accéder à la retraite de l'armée marocaine campée à proximité de la frontière algérienne, à l'expulsion d'Abd-el-Kader et de sa deira.

A la suite des premières hostilités, dont la préméditation avait été niée par le lieutenant de l'empereur, le général Bedeau demanda au nom de la France qu'Abd-el-Kader fût chassé du Maroc ou forcé d'y vivre en simple particulier, après avoir congédié tout son monde. Dans ce dernier cas, l'émir devait interner et résider de tout ce côté de l'Atlas, dans la ville que lui désignerait l'empereur. Les contingents des tribus devaient être renvoyés, et les troupes régulières du Maroc être employées à rétablir la tranquillité sur la frontière et à combattre Abd-el-Kader, s'il refusait de déposer les armes.

El-Guennaoui, dans la conférence qu'il eut avec le général, ne put contester la justice et la modération de ces demandes; mais, afin d'avoir un prétexte pour ne pas tomber d'accord, il aborda la question des limites, prétendant les reporter pour nos troupes sur la rive droite de la Tafna. C'était la première fois, depuis la conquête d'Alger, que le Maroc élevait une pareille prétention; le général Bedeau, sans la repousser formellement, déclara que ce litige ne pouvait être vidé que diplomatiquement et à l'amiable. Pendant ces pourparlers, une grande fermentation se manifestait parmi les Marocains. Les agents d'Abd-el-Kader avaient répandu le bruit que les Français exigeaient la cession de tout le territoire limitrophe, qu'ils demandaient en outre la tête d'Abd-el-Kader, pour laquelle ils offraient à l'empereur autant de quadruples en or que pourrait en porter un chameau.

Le lieutenant de l'empereur était en conférence depuis une demi-heure, lorsqu'on vit les Marocains s'ébranler et se préparer à cerner les troupes françaises : c'était, de leur part, une trahison infâme, à laquelle El-Guennaoui tenta en vain de s'opposer.

La garde de l'empereur, qui comptait dans ses rangs trois mille cinq cents cavaliers, se montra la plus ardente à violer le droit des gens; le détachement qui avait accompagné le général Bedeau battit en retraite, se trouva tout à coup renfermé comme dans un cercle par une nombreuse cavalerie de la garde et des tribus, et sa position était des plus périlleuses, lorsque le maréchal Bugeaud accourut avec des renforts. L'affaire s'engagea chaudement sur le bord du Oued-Mouilha, à l'issue d'un vallon, par lequel descendait, sans être vue, l'aile gauche de l'armée ennemie, qui devait couper la retraite du camp à nos soldats surpris et interdits par une trahison si imprévue; mais, à son arrivée, le maréchal fit charger les Marocains, dont un grand nombre fut taillé en pièces au moment même où ils s'applaudissaient déjà du succès de leur lâche perfidie.

Le maréchal victorieux se proposait de pousser l'ennemi vers la partie la plus aride du désert d'Angad, et, s'il venait à se diriger vers l'ouest, de lui couper le chemin des sources d'Aïn-Moilouk, qui sont à dix lieues d'Ouchdad, sur la route de Fez; mais, après une marche de quatre jours dans des solitudes brûlantes, la crainte de s'aventurer trop et le manque d'eau l'obligèrent à rétrograder sur le camp de Lella-Maghrnia. Bientôt il apprit que le fils du sultan arrivait à la frontière dans l'intention de pousser la guerre avec plus de vigueur; peu de jours après, le maréchal annonça au gouvernement que des ouvertures pacifiques venaient d'être faites par Sidi-Hamida, nouveau chef des troupes marocaines : ce kaïd affirmait que son maître désirait la paix, et que son fils n'arrivait que pour en hâter la conclusion. Mais toutes ces ouvertures n'avaient pour but que de donner aux Français une fausse sécurité; elles furent appréciées à leur juste valeur, et ce fut le prince de Joinville qui se chargea de faire la réponse qu'elle méritait, en paraissant avec sa flotte devant Tanger, dont le bombardement eut lieu sur-le-champ. C'est le 6 août que les bâtiments, sous les ordres du prince, se concentrèrent dans les parages de Tanger; six de nos vapeurs étaient prêts à agir à six heures du matin, deux d'entre eux remorquaient un égal nombre de vaisseaux de ligne, pour les mettre à portée du canon de la place. Un de ces bâtiments était monté par le prince; la frégate la *Belle-Poule*, le brick l'*Argus* et un autre bâtiment vinrent se poster à peu de distance des batteries ennemies construites entre la place et la tour Blanquille. A huit heures un quart, le vaisseau le *Suffren* ouvrit le feu contre Tanger, et il fut répondu par une décharge générale de mitraille de toutes les batteries ennemies en état de jouer. Mais le tir de l'escadre était si rapide et si juste, qu'en peu de temps il fit taire le feu des Maures, toutes les batteries, et notamment celles du port et celles du fort de la Alcazabah.

Un troisième vaisseau français avait été remorqué par un vapeur et disposé de manière à rendre inutile la batterie Renégat, dont le feu incommodait par leur proue les premiers bâtiments de la ligne. Ce vaisseau s'acquitta de sa mission avec le plus grand succès; en même temps un vapeur, porteur d'une batterie à la congrève, lançait ses fusées incendiaires; mais elles produisirent moins d'effet que les projectiles des autres bâtiments, dirigés avec autant d'habileté que de bonheur. Le plus grand nombre des vapeurs, par leurs mouvements continuels, tenaient en respect tout le reste de cette immense plage : toutes les batteries des Maures furent détruites, et leurs pièces démontées avec une promptitude incroyable.

L'ennemi avait une formidable artillerie; mais elle était mal servie par ses canonniers; c'est à leur inexpérience qu'il faut attribuer la faiblesse de notre perte dans ce combat, où le nombre des morts et des blessés a été très-considérable parmi les défenseurs de la place : tout au plus eûmes-nous à regretter vingt-cinq de nos braves et à réparer quelques légères avaries.

Les escadres des autres nations restèrent simples spectatrices de cette action dans la baie même. A la chute du jour, les bâtiments français mirent à la voile pour Cadix, où ils allaient prendre de nouvelles munitions. Depuis ce dernier engagement contre les Marocains, le maréchal Bugeaud avait manœuvré dans la direction de l'ouest, afin de forcer le goum d'Abd-el-Kader à s'éloigner de nos limites et de faire interner les tribus algériennes que l'émir avait entraînées à sa suite.

Revenu tout à coup sur ses pas, le maréchal s'était fortifié dans son camp de Lella-Maghrnia, devenu la place d'armes de nos troupes concentrées sur la frontière du Maroc, au nombre d'environ sept mille hommes d'infanterie et quatorze cents de cavalerie.

Nos soldats n'avaient jamais été exposés à plus de privations; mais la proximité de l'ennemi enflammait le courage de nos troupes, qui brûlaient de se mesurer avec les Marocains. En vain Sidi-Hamida protestait-il de l'intention où était son maître de rester en paix avec la France; on ne pouvait pas douter que les réponses évasives faites à un ultimatum des plus précis ne fussent un moyen de gagner du temps.

Le maréchal Bugeaud se rapprocha du camp ennemi plutôt pour reconnaître par lui-même les forces qui s'y trouvaient rassemblées que pour resserrer le cercle parcouru par les cavaliers d'Abd-el-Kader, qui tuaient, comme traîtres, tous porteurs de dépêches d'un camp à un autre. Cependant l'armée marocaine recevait sans cesse des renforts; les goums des provinces accouraient, et tout annonçait que la guerre sainte était prêchée officiellement.

Le 9 août, les conférences furent rompues; l'armée française se porta en avant, et le 14 son avant-garde rencontra l'armée ennemie, qui prit l'offensive avec deux mille quatre cents chevaux.

Le général Bedeau, dit le maréchal dans son rapport, m'ayant rallié le 12 avec trois bataillons et six escadrons, je me portai en avant le 13, à trois heures après midi, en simulant un grand fourrage, afin de ne pas laisser comprendre à l'ennemi que c'était réellement un mouvement offensif. A la tombée de la nuit, les fourrageurs revinrent sur les colonnes, et nous campâmes dans l'ordre de marche, en silence et sans feu. A deux heures du matin, je me remis en mouvement, et je passai une première fois l'Isly au point du jour. Arrivés à huit heures du matin sur les hauteurs de Djar-el-Akhdar, nous aperçûmes tous les camps marocains s'étendant sur les collines de la rive droite; toute leur cavalerie s'était portée en avant pour nous attaquer au second passage de la rivière. Au milieu d'une grosse masse réunie sur la partie la plus élevée, nous distinguâmes parfaitement le groupe du fils de l'empereur, ses drapeaux et son parasol, signe du commandement. Après cinq ou six minutes de halte, nous descendîmes sur les gués au simple pas accéléré et au son des instruments. De nombreux cavaliers y défendaient le passage ; ils furent repoussés par nos tirailleurs d'infanterie, et bientôt j'atteignis le plateau immédiatement inférieur à la butte la plus élevée, où se trouvait le fils de l'empereur. J'y dirigeai le feu de mes quatre pièces de campagne, et à l'instant le plus grand trouble s'y manifesta.

Les masses ennemies furent arrêtées et se mirent à tourbillonner : quatre pièces de campagne, placées en tête de l'ordre de comba¹   é-cipitèrent leur retraite en ajoutant au désordre. Dès que les efforts de l'ennemi sur mes flancs furent brisés, je continuai ma marche en avant. La grande butte fut enlevée, et la conversion des camps s'opéra. La cavalerie marocaine se trouvant divisée par ses propres mouvements et par un cercle qui la coupait en deux, je fis sortir la mienne sur le camp que je supposais défendu par l'infanterie et par l'artillerie. J'ordonnai au colonel Tartas d'échelonner ses dix-neuf escadrons par la gauche, de manière que ce dernier échelon fût appuyé à la rive droite de l'Isly. Après avoir sabré bon nombre de cavaliers, le colonel Yousouf, commandant le premier échelon, composé de six escadrons, aborda, sous le feu de l'artillerie, cet immense camp, où le terrain lui fut disputé pied à pied par des nuées de fantassins et de cavaliers. La réserve des trois escadrons du 2ᵉ chasseurs arriva : une nouvelle impulsion fut donnée ; l'artillerie fut prise, et le camp enlevé. Il était couvert de cadavres d'hommes et de chevaux ; toute l'artillerie, toutes les provisions de guerre et de bouche, les tentes du fils de l'empereur, celles de tous les chefs, les boutiques de nombreux marchands qui accompagnaient l'armée, tout, en un mot, resta à notre pouvoir. Pendant ce temps, le colonel Morris, commandant les deuxième et troisième échelons, luttait héroïquement avec six escadrons contre des forces vingt fois supérieures. Nos chasseurs firent des prodiges de valeur : trois cents cavaliers berbères ou abids-bokhari tombèrent sous leurs coups.

Secouru à temps par le général Bedeau, commandant l'aile droite, le colonel Morris, après une merveilleuse résistance, reprit la plus énergique offensive et exécuta, avec le plus grand succès, plusieurs charges vigoureuses : cinq cent quarante chasseurs du 2ᵉ combattirent six mille cavaliers ennemis ; chaque chasseur rapporta un trophée de cet engagement.

L'infanterie n'avait pas tardé à suivre au camp les premiers échelons de la cavalerie ; l'ennemi s'était rallié en grosse masse sur la rive gauche de l'Isly et semblait disposé à reprendre le camp; l'infanterie et l'artillerie le traversèrent rapidement : celle-ci se mit en batterie, et, de la rive droite, elle foudroya cette vaste confusion de cavaliers se réunissant de tous côtés; l'infanterie passa alors la rivière sous la protection du canon. Les spahis débouchent et sont suivis de près par les trois escadrons du 4ᵉ, et le quatrième échelon, composé de deux escadrons du 1ᵉʳ régiment de chasseurs et de deux escadrons du 2ᵉ régiments de hussards. Les spahis, parfaitement soutenus, recommencèrent l'attaque; l'ennemi fut poursuivi pendant une lieue : sa déroute fut complète. Il était alors midi; la chaleur était excessive; les troupes tombaient de fatigue; l'ennemi avait abandonné ses bagages; ses canons étaient tombés en notre pouvoir : il n'y avait plus qu'à cueillir les trophées de cette éclatante victoire; on s'arrêta dans le camp des vaincus.

Le colonel Yousouf m'avait fait réserver la tente du fils de l'empereur. On y avait réuni les drapeaux pris sur l'ennemi, au nombre de dix-huit, les onze pièces d'artillerie, le parasol du commandement et une foule d'autres objets. Plus de huit cents Marocains, presque tous cavaliers, étaient tombés sur le champ de bataille; l'infanterie fut moins maltraitée : à la faveur des ravins, elle put se dérober à nos coups. Quinze cents à deux mille Marocains furent blessés. Notre perte a été de quatre officiers tués, dix autres blessés légèrement, de vingt-trois sous-officiers ou soldats tués, et quatre-vingt-six blessés.

Dans ces entrefaites, le prince de Joinville paraissait à l'autre extrémité, dans les parages de Mogador. Arrivée le 11 août, l'escadre ne put agir que le 15. Durant quatre jours, elle fut assaillie par le gros temps; les énormes chaînes de fer et les ancres monstrueuses des vaisseaux de ligne étaient brisées : cette station fut des plus périlleuses. On put enfin commencer les opérations.

L'attaque fut dirigée contre le côté le plus fort, la presqu'île : deux vaisseaux de ligne, le *Jemmapes* et le *Triton*, s'embossèrent par le travers en face de la batterie casematée et sous les canons de la Kasbah. Il y a très-peu de fond sur ce point : les vaisseaux, ne pouvant assez s'approcher, durent exécuter leur canonnade d'une distance d'environ mille toises. Ils n'en démontèrent pas moins promptement les canons qu'ils avaient en face, et ils battirent également de flanc et d'écharpe le rempart du débarcadère.

Le prince, avec le *Suffren* et la *Belle-Poule*, se prépara à les attaquer tous de front en prenant position sur les ancres, sans répondre à l'ennemi, qui faisait feu de toutes ses batteries. Il était alors midi; à deux heures, notre canonnade commença, et il fut énergiquement riposté jusqu'à quatre heures que le feu des Marocains se ralentit, les deux tiers de leurs batteries étant démontées. Les approches n'étaient plus que faiblement défendues : l'heure était venue d'opérer le débarquement. Le prince fit entrer dans le port trois bricks, qui s'embossèrent devant l'île, afin d'examiner les batteries; bientôt après, dans les intervalles des bricks, vinrent s'établir deux vapeurs portant cinq cents hommes, qui furent débarqués sous une fusillade très-vive.

Le combat entre les soldats de marine et la garnison marocaine fut des plus acharnés; mais, animés par la présence du prince, les assaillants affrontèrent les plus grands périls, et l'île ne tarda pas à être prise d'assaut.

Cette victoire fut chèrement achetée : les Maures, au nombre de quatre à cinq cents, se défendirent avec fureur derrière leurs épaulements, dans les rochers et enfin dans l'enceinte de la mosquée et de la caserne, espèce de citadelle dont ils disputèrent le terrain pied à pied et de mur en mur. Habitués à couper les têtes des chrétiens prisonniers, ils s'attendaient que ceux-ci leur feraient éprouver un sort pareil. Lorsqu'ils virent qu'on les épargnait, ils se montrèrent touchés de la générosité des Français, et maudirent le sultan ainsi que leur pacha, qu'ils accusaient de les avoir abandonnés.

Le lendemain, le prince de Joinville fit jeter bas et enclouer les canons au débarcadère de Mogador : on ne trouva personne pour s'opposer à cette opération.

L'empereur de Maroc, après de tels revers, devait s'attendre que le gouvernement français lui imposerait les conditions les plus dures. Il n'en fut rien : le traité conclu avec le Maroc présenta des résultats si inattendus, que les droits des vainqueurs semblaient y être oubliés dans l'intérêt des vaincus. On sait de quelles accusations le traité de Tanger a été l'objet. Elles retentissent encore. Hier encore on le répétait, quand, à son tour, a retenti la nouvelle de la soumission d'Abd-el-Kader. Cette soumission était au fond du traité de Tanger, comme l'effet est dans la cause. Sans doute il fallait l'y trouver, et elle pouvait être longtemps différée, longtemps douteuse, suivant la manière dont le traité serait exécuté. Mais quelle est donc la politique qui est dispensée d'habileté, de mesure et de prudence? Quelle est donc la diplomatie qui marche à coup sûr? Le gouvernement français n'a pas hésité, mais il a attendu. Il a demandé l'expulsion d'Abd-el-Kader du Maroc, pouvant l'exiger. Il a voulu l'obtenir par la voie des négociations, pouvant l'imposer à force ouverte. Mais la force, c'était la guerre, et il a reculé devant de nouveaux sacrifices à infliger à la France. Il a donc fait de la diplomatie, au lieu de faire la guerre. Au lieu d'avoir le Maroc pour ennemi, il l'a eu pour allié. C'est avec l'assistance de l'empereur, avec ses soldats, aux frais du Maroc, que le gouvernement français a acculé Abd-el-Kader aux frontières de la province d'Oran, où l'influence de l'émir est venue se briser dans les ruines de Sidi-Brahim, où le pied lui a glissé sur la pierre des tombeaux de l'héroïque brigade de Montagnac !

Tel a été le résultat du traité de Tanger. Au lieu d'accabler l'empereur après la bataille d'Isly, la France l'a épargné ; au lieu de le ruiner, « pour payer notre gloire, » comme on disait alors, la France lui a laissé ses trésors, et ces trésors nous ont plus servi dans les caisses d'Abd-el-Rhaman qu'ils ne l'auraient fait dans les nôtres ; car ils ont soldé l'armée qui a chassé l'émir du Maroc. Nous pouvions ravager l'empire et détrôner l'empereur ; nous avons mieux aimé le protéger contre Abd-el-Kader, qui était son ennemi comme le nôtre.

Nous avions battu l'empereur à Isly, et il nous redoutait. Nous lui avons montré de la confiance après le traité de Tanger, et il se fiait à nous. C'est en lui inspirant cette juste mesure de confiance et de crainte, qui a tant d'empire sur les musulmans, que notre diplomatie a triomphé au Maroc.

De tous les généraux qui ont gouverné l'Algérie, M. le duc d'Isly est celui dont le gouvernement a duré le plus longtemps et a produit les résultats les plus sérieux et, on peut le dire aujourd'hui, après la soumission d'Abd-el-Kader, les plus durables. La soumission d'Abd-el-Kader était le complément prévu, inévitable, du système proposé par M. le maréchal Bugeaud en 1841, adopté par le ministère du 29 octobre, et appliqué pendant sept ans par le gouverneur de l'Algérie sur une échelle immense et avec les ressources si abondamment fournies par l'intelligente et patriotique libéralité des Chambres. La reddition de l'émir a manqué, nous ne dirons pas à la gloire, mais au bonheur du maréchal Bugeaud. Personne toutefois n'y aura plus contribué que lui ; personne n'avait fait à Abd-el-Kader une guerre plus opiniâtre, plus habile, plus hardie, plus infatigable ; personne n'avait mieux compris, plus résolûment pratiqué le système de la grande occupation, c'est-à-dire de l'extermination d'Abd-el-Kader ; car la grande occupation le refoulait au désert ou au Maroc. Au désert, Abd-el-Kader perdait le prestige de sa domination sur les Arabes ; au Maroc, la bataille d'Isly, qui avait été livrée, non pas contre lui, mais à cause de lui, devait le perdre ou le sauver, suivant la politique qui serait adoptée par le vainqueur. Il était sauvé si le gouvernement français avait suivi alors les conseils qui lui furent donnés après la victoire.

Cependant il fallut encore attendre pour que les événements prouvassent que la prudence avait dicté les conditions de la paix. Bien qu'Abd-el-Kader eût été forcé de battre en retraite, il inspirait partout une si grande crainte, qu'à l'apparition de ses troupes régulières les Arabes ne manquèrent jamais de se ranger sous ses drapeaux. Ce fut là tout le secret de la puissance de l'émir : vivre au milieu de cruelles angoisses, condamnées à toutes les calamités de la guerre sans espoir des bienfaits de la paix, tel était le sort que faisait aux tribus arabes le défenseur de l'islamisme reconnu officiellement par le traité de la Tafna.

La mise hors la loi prononcée contre lui par l'empereur du Maroc ne lui enleva rien de son autorité ni de sa puissance.

Une campagne de neuf mois, dans laquelle généraux et soldats firent vaillamment leur devoir, ruina définitivement la fortune d'Abd-el-Kader.

Chassé dans le Maroc par nos colonnes, il n'eut plus d'autre ressource qu'une vie d'aventures et de hasards dont le dénoûment vient enfin d'éclater. Par une de ces coïncidences dont l'histoire a plus d'un exemple, Abd-el-Kader s'est rendu aux Français à l'endroit même où Jugurtha, auquel on l'a tant de fois comparé, avait vu finir sa fortune. C'est, en effet, sur les bords de la Moulouïa, en latin Malva, que Jugurtha fut livré aux Romains.

Comme homme de guerre, Abd-el-Kader s'est toujours montré très-brave et très-habile. Téméraire à ses débuts, parce qu'il avait besoin de frapper les imaginations et de se donner tout de suite une grande renommée de valeur personnelle, il a souvent, depuis, montré que ce courage était, si l'on peut parler ainsi, dans son âme plus encore que dans son sang, et jamais il n'a compromis les plans du capitaine par la bouillante ardeur du soldat. Évitant d'exposer inutilement sa personne, on ne cite pas une rencontre où son cœur se soit trouvé au-dessous du péril ou de la nécessité.

Tous ceux qui l'ont combattu, le maréchal Bugeaud le premier, reconnaissent en lui un tacticien aussi habile qu'infatigable.

Par sa sagacité, par sa promptitude, par la grandeur de ses plans et l'inébranlable vigueur avec laquelle il en a poursuivi l'exécution, il a su nous inquiéter sur tant de points à la fois, profiter si habilement de toutes les ressources que lui offrait le pays, nous susciter tant d'obstacles et tant de périls, qu'enfin il a su tenir tête, pendant sept ans, à une armée de cent mille Français, et que ç'a été pour cette armée une gloire immortelle de défaire ce seul ennemi. Il attaquait partout, et ne se laissait rencontrer nulle part.

Avant que le maréchal Bugeaud, dont on ne louera jamais trop le mérite, eût pris la conduite de la guerre, et même durant les premières années de son commandement, sous lequel véritablement l'Afrique a été conquise, tout le monde a pu douter qu'on vînt à bout d'Abd-el-Kader. La première expédition un peu considérable du maréchal Bugeaud fut pour détruire Takdimt et occuper définitivement Maskara. Elle dura environ vingt jours ; et, pendant toute cette expédition, qui nous coûta quelques centaines d'hommes morts, non pas de leurs fatigues, mais de leurs blessures, l'armée française, constamment enveloppée d'un réseau d'ennemis invisibles, entendit souvent les fusils d'Abd-el-Kader sans atteindre jamais l'ennemi. L'émir nous épuisait par ses marches infructueuses : il a fallu une énergie, une habileté égale à la sienne pour briser ce cercle d'airain qui nous mettait partout en prison et tuait par la misère et la maladie nos garnisons partout captives.

L'adresse d'Abd-el-Kader dans les négociations était encore supérieure à ses talents militaires. Sur ce terrain, nos officiers et nos négociateurs ont toujours été battus, depuis le bon général Desmichels jusqu'à M. le duc d'Aumale. Ses relations avec M. le maréchal Valée, depuis la paix de la Tafna jusqu'à la reprise des hostilités après l'expédition des Bibans, sont tout ce qu'on peut imaginer de plus habile et de plus hardi.

Toujours il a su demander tout ce qu'il pouvait demander, et obtenir plus qu'on ne voulait lui donner ; et l'on peut dire qu'il lui faut peu de temps, non-seulement pour prendre le parti qui convient dans sa situation, mais encore pour pénétrer jusqu'au fond le caractère particulier de l'homme qui négocie avec lui et pour en tirer tous les avantages possibles. Il sut encore exploiter admirablement, même en se livrant, l'impatience qu'on avait de le saisir.

CHAPITRE XI

DOMINATION FRANÇAISE

Suite et fin d'Abd-el-Kader. — Sa soumission. — Abd-el-Kader dans le Maroc. — Sa reddition aux armées françaises après une lutte de dix-sept ans. — Son arrivée à Toulon. — Son avenir.

On a vu comment Abd-el-Kader, après mille combinaisons, mille essais de soulèvements, d'irruptions rapides et soudaines à la tête de quelques cavaliers, était parvenu à réveiller le feu sacré de la nationalité arabe et à rattacher à sa cause une partie des sujets d'un prince voisin de l'empereur de Maroc, à dominer même un moment les volontés de ce prince. Il n'avait rien moins fallu que la bataille d'Isly et le bombardement de Mogador et de Tanger pour tempérer les élans belliqueux des populations marocaines.

Un an après nos victoires, l'indomptable émir remuait de nouveau l'Algérie entière, et reparaissait menaçant au sommet des montagnes des Traras.

Blessé à l'affaire de Sidi-Brahim, il procéda néanmoins sans délai à l'exécution du plan qu'il avait conçu. Il parcourut toute la frontière méridionale des provinces d'Oran et d'Alger, pénétra dans la grande Kabylie, parut aux portes mêmes d'Alger, et opéra sa retraite par le Sahara, course audacieuse qui épuisa nos colonnes mobiles et obligea le maréchal Bugeaud à déclarer qu'Abd-el-Kader était imprenable. Ce fut au milieu de ces nouvelles hostilités que se produisit un de ces terribles événements qui contristent profondément l'humanité. Le colonel Pélissier s'occupait à poursuivre les Ouled-Riah, tribu qui n'avait jamais été soumise, parce que le pays qu'elle habite renferme d'immenses cavernes, véritables labyrinthes, où c'eût été le comble de la témérité d'engager les troupes assaillantes.

Les Ouled-Riah, se voyant serrés de trop près, coururent à leur refuge habituel. Après avoir cerné les grottes, on fabriqua quelques fascines que l'on enflamma, et qui furent jetées ensuite devant l'entrée des cavernes.

Après cette démonstration, faite pour indiquer à ces gens qu'on pouvait tous les asphyxier dans leurs cavernes, le colonel leur fit jeter des lettres où on leur offrait la vie et la liberté s'ils consentaient à

rendre leurs armes et leurs chevaux. Ils refusèrent d'abord, puis ensuite ils répondirent qu'ils feraient ce qu'on leur demandait si l'armée française était préalablement éloignée. — On ne voulut pas de
cette condition inadmissible.

On recommença à jeter des fascines enflammées; alors un grand
tumulte s'éleva dans ces grottes; on sut plus tard qu'on y délibéra
sur le parti à prendre, et que les uns demandaient à se soumettre,
tandis que les autres s'y refusaient avec opiniâtreté. Ces derniers
l'emportèrent; cependant quelques-uns des dissidents s'échappaient
de temps à autre.

Le colonel Pélissier[1], voulant sauver ce qui restait dans les grottes,
leur envoya des Arabes pour les exhorter à se rendre. Les Ouled-Riah
refusèrent de le faire.

Quelques femmes, qui ne partageaient pas le fanatisme sauvage de
ces malheureux, essayèrent de s'enfuir; mais leurs maris et leurs parents firent eux-mêmes feu sur elles, pour les empêcher de se soustraire au martyre qu'ils avaient résolu de souffrir.

Une dernière fois, le colonel Pélissier fit suspendre le jet des fascines pour envoyer un parlementaire français : celui-ci, accueilli par
une fusillade, dut se retirer sans avoir rempli sa mission.

Ces différentes phases de la catastrophe avaient duré jusque dans la
nuit du 19 juin. Alors, à bout de patience et n'espérant pas pouvoir
réduire autrement des fanatiques dont l'insoumission orgueilleuse
était une instigation permanente à la révolte, et qui étaient le noyau
perpétuel des insurrections du Dahara, on rendit au feu toute son intensité.

Les cris des malheureux que la fumée allait étouffer retentirent
longtemps aux oreilles des soldats français; puis on n'entendit plus
rien que le petillement du bois vert des fascines.

Ce silence funèbre en disait assez. On entra : cinq cents cadavres

[1] Le colonel Pélissier dont il est ici question n'a rien de commun, pas même l'or-
thographe du nom, avec M. E. Pellissier, officier supérieur d'état-major, ancien chef
du bureau arabe à Alger, et auteur des *Annales algériennes*. Le colonel Pélissier du
Dahara est devenu maréchal de camp. M. E. Pellissier, homme de guerre instruit et
savant d'élite, occupe actuellement le poste de consul de France à Souza, dans la régence de Tunis; membre de la commission scientifique d'Algérie, ses précieux travaux
sur l'histoire, l'ethnographie et les institutions des races arabes font regretter que le
gouvernement ne lui ait pas créé en Algérie même une haute position, dans laquelle
son expérience des affaires d'Afrique, ses véritables capacités administratives et ses
éminentes qualités personnelles eussent rendu les plus importants services à l'avenir
politique de nos établissements. (*De l'Afrique française*, par P. Christian, liv. VIII,
page 444.)

étaient étendus çà et là dans les cavernes. On envoya visiter les grottes et savoir ceux qui respiraient encore; on ne put en retirer que cent cinquante, dont une partie mourut à l'ambulance.

La nouvelle de cette terrible issue était à peine connue, que tout le Dahara se soumit, apportant des armes en très-grande quantité [1].

Cet exemple nous prouva que les soumissions n'étaient bonnes et durables que lorsque les tribus avaient immensément souffert des maux de la guerre. Presque toutes celles qui n'avaient pas senti le poids vigoureux de nos armes avaient toujours mal obéi et s'étaient révoltées à la première occasion, telles que les populations des deux rives du Chélif central.

Dans l'hiver de 1842 à 1843, nous avions soumis cette contrée avec une extrême facilité. Deux ou trois petits combats en firent les frais. Les populations n'éprouvèrent aucun dommage: elles n'eurent à supporter aucune contribution de guerre; la plus sévère discipline fut observée parmi les troupes. Nous parcourûmes pendant plus de six semaines les deux rives du fleuve sans faire une razzia, sans prendre ni un bœuf, ni une poule, ni un œuf, et nous payâmes religieusement tout ce dont nous avions besoin. Les populations vantaient très-haut notre justice et notre modération.

Forcés de nous retirer parce que nous n'étions pas en mesure d'occuper le pays au milieu de l'hiver, Abd-el-Kader revint; les populations si reconnaissantes, en apparence, de la manière dont nous les avions traitées, se jetèrent dans ses bras. Il fit couper la tête à une trentaine de chefs compromis, afin de rendre les tribus moins faciles à nos exigences.

Abd-el-Kader ne se montra pas philanthrope, mais toujours grand politique.

Au printemps de 1843, nous rentrâmes dans ce pays pour y fonder Tenez et Orléansville. Nous le soumîmes moins facilement que la pre-

---

[1] Le colonel témoignait toute l'horreur qu'il éprouvait d'un si affreux résultat. Il redoutait principalement les attaques des journaux, qui ne manqueraient pas sans doute de critiquer un acte si terrible; mais il n'avait rien à se reprocher, puisqu'il avait fait auparavant toutes les sommations pour les exhorter à se rendre. Ce qu'il y a de certain, c'est que l'on a obtenu la soumission de tout le pays. Le prestige superstitieux qui s'attachait aux grottes est détruit pour toujours dans le Dahara. Ce prestige est immense; jamais les Turcs n'avaient osé attaquer les grottes. Toutes les tribus qui possédaient de ces grottes s'y croyaient inexpugnables, et, dans cette opinion, elles se sont de tout temps montrées fort récalcitrantes. (De l'Afrique française, par P. Christian, liv. VIII, pages 142 et 143.)

mière fois. Cependant deux ou trois combats nous le livrèrent de nouveau.

Il était bien légitime alors de peser sévèrement sur lui pour le punir de son manque de foi. Nous n'en fîmes rien cependant.

Nous nous bornâmes à de légères contributions de guerre, qui ne s'élevèrent qu'à environ huit mille francs, pour une des plus riches contrées de l'Algérie.

Cette seconde preuve de modération ne nous fut nullement profitable; mais les rigueurs dont on vient de lire le récit devinrent mille fois plus efficaces.

L'événement des grottes, le désarmement, nous garantirent, sur ce point, une domination facile et une assez longue suite de tranquillité.

A quelques mois de distance, nous avions à déplorer un nouvel et sanglant incident de la lutte terrible, incessante, engagée sur un vaste territoire avec une population guerrière et fanatisée. Le drame dont nous voulons parler se passait aux environs du poste de Djemma-Ghazouat, situé sur le bord de la mer, non loin des frontières du Maroc.

Abd-el-Kader s'était montré avec une nombreuse cavalerie devant la tribu des Souahelia. Ceux-ci, feignant de redouter la présence de l'émir, mais en réalité travaillés par l'esprit de révolte qui soufflait de toutes parts, députèrent un kaïd au lieutenant-colonel de Montagnac, du 15ᵉ léger, qui commandait la petite garnison de Djemma-Ghazouat. L'envoyé arabe demandait protection contre Abd-el-Kader, qui, disait-il, voulait traverser le territoire des Souahelia pour gagner celui des Traras, où tout le monde prenait les armes en sa faveur, depuis la côte de Djemma-Ghazouat jusqu'à l'embouchure de la Tafna. M. de Montagnac ne put obtenir aucun renseignement précis sur les forces de l'émir; mais c'était un homme de cœur et d'audace, dont toutes les pensées n'avaient d'autre but que l'honneur de prendre Abd-el-Kader mort ou vif. Assuré de l'énergie et du dévouement de ses troupes, il sortit de Djemma-Ghazouat le 22 septembre, à dix heures du soir, avec trois cent cinquante hommes du 8ᵉ bataillon de chasseurs d'Orléans, sous les ordres du commandant Froment-Coste, et soixante cavaliers du 2ᵉ hussards, conduits par le chef d'escadron Courby de Cognord. Il arriva au point du jour sur l'Oued-Saouli et s'établit dans une bonne position, dont la trahison devait bientôt l'arracher pour l'entraîner à sa perte.

Le 22, à deux heures du matin, de nouveaux renseignements l'engagèrent à s'avancer, dans la direction de l'est, jusqu'au ruisseau de

Sidi-Brahim, où il laissa ses bagages sous la garde du commandant Coste. Espérant surprendre Abd-el-Kader, qui, d'après les dires de son guide, n'avait avec lui qu'une faible escorte, il se porta en avant, suivi de trois compagnies de chasseurs d'Orléans et des soixante hussards.

A peine avait-il fait trois quarts de lieue, que des cavaliers arabes, en assez grand nombre, parurent sur un plateau. Les deux premiers pelotons des hussards entamèrent la charge; mais presque aussitôt ils furent écrasés sur leur gauche par une masse de cavalerie, dirigée par Abd-el-Kader en personne, et sortie à l'improviste d'une embuscade couverte par les plis d'un défilé.

Au premier choc, le commandant de Cognord fut démonté et blessé; le capitaine Gentil Saint-Alphonse eut la tête fracassée d'un coup de pistolet tiré à bout portant. Le colonel Montagnac s'élance avec deux pelotons de réserve, auxquels se rallient vingt hommes échappés au carnage; mais un ennemi dix fois supérieur en nombre l'entoure, le presse; il tombe atteint d'un coup mortel. Rappelant à lui, pour sauver ses braves, le reste de ses forces, il ordonne de former le carré et dépêche le maréchal des logis Barbié pour aller appeler le commandant Coste avec sa réserve.

Pendant trois heures de combat, les héroïques chasseurs d'Orléans et les débris des hussards soutiennent comme un mur les assauts de la cavalerie arabe; mais le carré tombait homme à homme, et les cartouches s'épuisaient. Le courageux Montagnac, se sentant mourir, trouve encore assez de voix pour dire à ses malheureux soldats : « Enfants, laissez-moi, mon compte est réglé; tâchez de gagner le marabout de Sidi-Brahim et de vous y défendre jusqu'au bout. » Ce fut sa dernière parole.

Le commandant Coste accourait avec une compagnie, mais les premières décharges le renversèrent, et tout son monde périt autour de son cadavre.

Il ne restait plus que quatre-vingt-trois chasseurs d'Orléans, sous les ordres du capitaine de Géraux. Cette petite troupe parvint à gagner le marabout de Sidi-Brahim avec le convoi qu'elle protégeait encore. La porte du marabout étant très-basse, on escalada les murailles. Une partie des bêtes de somme put entrer dans la cour, qui présentait un carré contenant vingt hommes sur chaque face. Il était onze heures du matin.

Le caporal Lavaissière, sur l'ordre de son capitaine, monta sur le marabout et y arbora, au milieu d'une grêle de balles, un drapeau formé de la ceinture rouge du lieutenant Chappedelaine, et d'un mouchoir bleu qui appartenait au caporal lui-même. Ce drapeau était un signal que l'on pensait pouvoir être aperçu par la petite colonne aux ordres du colonel Barral, laquelle n'était pas à plus de trois lieues de là. Descendu du poste périlleux qu'il venait d'occuper, le caporal Lavaissière dut y remonter quelques instants après, pour, à l'aide d'une lunette, regarder dans toute la campagne à l'entour; on ne voyait que des cavaliers arabes qui accouraient en foule et qui cernèrent étroitement le marabout.

Un des nôtres, fait prisonnier, fut envoyé par Abd-el-Kader pour sommer le capitaine de Géraux de se rendre. Un refus énergique fut la seule réponse qu'obtint ce premier message. Un second ne produisit pas plus d'effet. Abd-el-Kader fit alors écrire une lettre par l'adjudant Thomas, qui était au nombre des prisonniers. Cette lettre, apportée par un Arabe, qu'on laissa approcher après l'avoir fait descendre de cheval, portait qu'il y avait quatre-vingt-deux prisonniers, au nombre desquels se trouvaient M. le lieutenant Larrazet et quatre clairons. Abd-el-Kader faisait dire dans cette lettre que, si les Français ne se rendaient pas immédiatement, il les aurait plus tard, et qu'il ferait, en cas de résistance, couper la tête à tout le monde. La réponse de M. de Géraux fut aussi nette, aussi précise que celles qui avaient précédé. Une seconde lettre, écrite en arabe, fut envoyée ensuite, mais avec aussi peu de succès.

Alors le feu commença sur les quatre faces. Les Arabes ne se bornaient pas à tirer, ils lançaient des pierres. Cette attaque acharnée, et faite presque à bout portant, dura cinq quarts d'heure.

Vers deux heures, Abd-el-Kader fit cesser le feu et donna l'ordre à ses troupes d'aller camper à dix minutes du marabout.

Jusque-là il n'y avait eu qu'un seul blessé parmi les nôtres, le sergent Styard; les pertes de l'ennemi avaient dû être considérables.

L'attaque ne tarda pas à recommencer de la part des Kabaïles, tant à coups de fusil qu'à coups de pierres. La nuit survint, on tira peu.

Le lendemain, 24, Abd-el-Kader revint lui-même à la charge avec ses cavaliers et son infanterie; mais cette dernière seule fut chargée de l'attaque.

Dans l'obscurité de la nuit, les assiégés avaient fait des sortes de demi-créneaux aux murs d'enceinte du marabout, et coupé en quatre et même en six les balles qui leur restaient. On continua de se battre jusqu'au lendemain à deux heures après midi. Alors Abd-el-Kader fit sonner, par un des clairons prisonniers, le signal du départ et s'éloigna avec tout le gros de ses troupes, ne laissant autour du marabout que trois colonnes d'observation, fortes chacune de cent cinquante hommes environ.

A la fin du troisième jour, la faim et la soif se firent sentir parmi les nôtres. Comme les sacs avaient été abandonnés lors de la marche sur le marabout, il y avait très-peu de vivres, et, pour toute boisson, on était réduit à mélanger de l'urine avec un peu d'eau-de-vie et d'absinthe. D'abord il avait été résolu qu'on profiterait de la nuit pour évacuer ce poste, désormais indéfendable, et où il n'y avait plus que la mort à attendre; mais, les Arabes ayant rapproché leurs sentinelles et fait une garde très-active, on dut renoncer à ce projet. A sept heures du matin, tout ayant été disposé pour le départ, la petite troupe franchit le rempart, ayant ses officiers en tête et portant sept blessés, qu'elle ne voulut pas abandonner. Ce mouvement fut exécuté d'une manière si prompte et tellement inopinée, que trois sentinelles seulement eurent le temps de tirer et que le premier poste fut enlevé à la baïonnette. Après ce premier succès, la colonne, formée en carré de tirailleurs, se mit en marche. Les Arabes, très-fatigués eux-mêmes, se montrèrent d'abord peu acharnés à la poursuite, et, vers huit heures du matin, on se trouva vis-à-vis le village des Ouled-Zéri, n'ayant eu que quatre nouveaux blessés. Mais, au moment où le capitaine de Géraux venait de former sa petite troupe en carré pour prendre un moment de repos, les gens des Ouled-Zéri, ceux des Sidi-Thamar et les Arabes des villages environnants, qui avaient été prévenus, accoururent en grand nombre, armés de fusils, et descendirent dans le ravin, afin de lui couper la retraite. D'un autre côté, deux mille Kabaïles environ pressaient les nôtres par derrière. Il n'y avait pas à balancer; le plus sûr, l'unique moyen, pour mieux dire, c'était de fondre par la ligne la plus courte sur les Arabes qui barraient le passage du ravin. Le capitaine de Géraux y fit, en conséquence, descendre son monde, qu'il reforma en carré quand on eut atteint le milieu du ravin. Là bon nombre de nos braves succombèrent; les Arabes pouvaient à loisir, et de tous côtés, tirer sur eux; ils venaient d'épuiser leurs dernières cartouches. Lorsqu'on fut parvenu tout à fait au bas du ravin, il ne restait plus que quarante hommes; le lieutenant Chappedelaine avait été tué; au milieu du petit carré qu'ils formaient, étaient encore debout le capitaine, le chirurgien et l'interprète. Les Arabes étaient en si grand nombre, qu'il n'y avait plus, pour échapper à une véritable boucherie, qu'à prendre conseil du désespoir et à vendre chèrement sa vie. Après s'être mutuellement encouragés et dit un dernier adieu, les Français fondirent sur les assaillants à la baïonnette.

La petite garnison de Djemma-Ghazouat, avertie depuis deux jours, par un hussard qui était miraculeusement parvenu à gagner cette place, du désastre qui avait frappé la colonne du lieutenant-colonel de Montagnac, avait déjà, par deux fois, fait une sortie dans l'espoir de se mettre en communication avec les débris dont une fusillade lointaine lui indiquait la direction ; mais ces périlleux efforts étaient restés vains. Entendant de nouveaux coups de fusil dans un voisinage beaucoup plus rapproché, elle tenta une nouvelle sortie. Au moment où elle parvint à atteindre le petit plateau sur lequel se passait l'action que nous venons de rapporter en dernier, il ne restait que quatorze hommes, dont deux sont tombés morts en arrivant. Parmi les survivants se trouve le caporal Lavaissière, au récit duquel nous avons emprunté la plupart des détails qui précèdent.

Peu de jours après ce désastre, le général Cavaignac, voulant augmenter la force du poste d'Aïn-Temouchin, situé sur la route d'Oran, à moitié chemin entre l'Oued-Senan et l'Oued-Malah, y envoya deux cents hommes pris parmi ceux que leur faible santé ne permettrait pas d'utiliser dans les colonnes expéditionnaires ; ce détachement fut attaqué par des forces supérieures, entouré et pressé de toute part ; il fut contraint de mettre bas les armes. Deux désastres à la fois venaient de nous accabler.

Abd-el-Kader, toujours habile à profiter des circonstances, fit publier parmi les tribus que, pour éprouver le courage et la foi de ceux qui suivaient sa bannière, il avait voulu qu'à Sidi-Brahim les soldats français se défendissent comme des héros. Plus tard il annonça qu'il avait fasciné de son regard les deux cents hommes capturés à Aïn-Temouchin et paralysé leurs bras pour récompenser la fidélité et le dévouement de ses guerriers. C'est ainsi qu'il savait exploiter au profit de sa cause la passion des Arabes pour le merveilleux, et que ses défaites, comme nos revers, servaient sa politique. Après ces exploits, Abd-el-Kader espérait surprendre le général Cavaignac, qui manœuvrait à la hauteur de Tlemcen ; mais là l'émir rencontra treize cents hommes sur leurs gardes ; il ne pouvait tendre à ce dernier un piége perfide et vaincre par la trahison, comme il l'avait fait au trop crédule et trop brave Montagnac. Là il fallait combattre loyalement : c'est assez dire que l'avantage resta aux Français.

Cependant le général de Lamoricière, gouverneur par intérim, avait pris les plus promptes mesures, et, partant lui-même avec des renforts pour la province d'Oran, il s'était transporté, sans perdre un moment, sur le théâtre des événements, et il battit les Arabes sur tous les points.

Tandis qu'il rétablissait ainsi l'honneur de nos armes, le ministère dirigeait sur l'Afrique douze mille hommes de renfort, infanterie et cavalerie, pour lutter avec force contre la révolte et l'insurrection qui s'organisaient sur tous les points dans les montagnes.

Abd-el-Kader espérait nous vaincre : les victoires de nos troupes le déjouèrent ; les Arabes, fatigués par tant d'années de guerre, firent leur soumission à la France ; mais Abd-el-Kader resta debout. Dans ces derniers temps, un autre Arabe, Bou-Maza, se disant inspiré comme lui, s'était mis à la tête de quelques tribus fanatisées. Ce nouveau chef s'était fait remarquer par son intrépidité.

Abd-el-Kader le regarda bientôt comme un rival dangereux, et le réduisit à se réfugier dans nos rangs. C'est à ce moment qu'Abd-el-Kader prit la résolution de quitter définitivement le champ de bataille de l'Algérie et de chercher à se composer un petit État aux dépens de l'empereur de Maroc.

Les peuples de Maroc ne pouvaient se persuader que, malgré la défaite de l'armée marocaine à Isly, la paix et même l'alliance avec les chrétiens ne fussent pas un crime. L'occasion était donc favorable à une agression qui aurait pour prétexte de venger la foi musulmane outragée et pour but véritable l'avénement du fils de Mahi-Eddin au trône de Maghzeb.

Déjà, depuis longtemps, Abd-el-Kader avait laissé entrevoir ses projets ambitieux au sujet du Maroc, où il entretenait des relations avec des personnages influents. Des prophéties répandues, surtout dans le royaume de Fez, annonçaient que le soleil couchant serait un jour remplacé, sans nuit, par le soleil levant, etc. Après les triomphes qui succédèrent à la ruine de Maskara, il semblait que l'on approchait du moment où ces prédictions devaient s'accomplir. Fidèle au caractère perfide de sa race, l'émir préparait tout pour le succès de son grand dessein, et, tandis qu'il travaillait secrètement les esprits pour les indisposer contre Abd-el-Rhaman, il ne négligeait aucune occasion de cultiver son amitié et de lui donner des marques de soumission. En effet, du moment où il eut été proclamé sultan des Arabes, Abd-el-Kader s'était reconnu vassal de l'empire du Maroc. Il s'était ainsi placé sous un protectorat puissant, et même il voulait qu'on le crût sincère dans cet acte d'obéissance ; il affectait de nommer toujours l'empereur dans ses prières, car il voulait qu'Abd-el-Rhaman pût le croire un de ses serviteurs les plus dévoués. Il le caressait et le flattait sans cesse, afin de lui inspirer une confiance bienveillante ; c'est ainsi qu'après le traité de la Tafna, lorsqu'il eut reçu du gouvernement français des présents d'une grande valeur, il les envoya à l'empereur de Maroc, qui, en échange, lui donna un superbe cheval noir.

« Aujourd'hui, dit M. Delacroix dans son *Histoire privée et politique d'Abd-el-Kader*, grâce au roi des Français et à un excellent compensateur Bréguet, le jeune sultan des Arabes peut régler l'heure de ses prières, de ses repas et même de ses brusques attaques sur les chrétiens, avec autant de précision qu'un moine régulier ou que le plus ponctuel des généraux de l'armée française[1].

« Depuis ce temps, l'émir a toujours entretenu une correspondance active, soit avec l'empereur lui-même, soit avec ses ministres, qui lui ont constamment fourni de la poudre, des fusils et des habillements pour ses troupes. Ces fournitures se sont élevées jusqu'à la somme de deux millions, dont la majeure partie a déjà été payée. L'émir s'approvisionnait aussi à Gibraltar, par l'entremise de plusieurs maisons anglaises ou juives. Ces maisons avaient des agents qui traversaient le Maroc et apportaient ainsi à Abd-el-Kader les choses dont il avait besoin. Parmi ces juifs, il y en a même qui font les fonctions de consuls français dans le littoral du Maroc.

« Cela explique aussi pourquoi l'empereur du Maroc n'a pas voulu recevoir le brave commandant Pellissier en qualité de consul français à Mogador. Le commandant Pellissier, homme d'honneur et vrai patriote, n'aurait pas consenti à donner les mains à un si honteux commerce.

« Du reste, l'empereur n'a jamais fait mystère de ses sympathies et de son admiration pour Abd-el-Kader. Cette admiration allait jusqu'au fanatisme, et les personnes qui ont approché l'empereur Abd-el-Rhaman, ou qui ont vécu dans l'intimité d'Abd-el-Kader, ont pu en voir plus d'un exemple. Nous n'en citerons qu'un, qui est caractéristique. Jusqu'à l'époque de l'expédition du Maroc et de la bataille d'Isly, l'empereur professait une sorte de culte pour celui qu'il appelait le défenseur de la religion, et dont il proclamait lui-même la mission divine. L'austérité de la vie d'Abd-el-Kader justifiait, en quelque sorte, la vénération religieuse dont il était l'objet. Cette vénération s'étendait de sa personne jusqu'aux objets qui lui avaient appartenu. »

Enfin, d'après M. Delacroix, Abd-el-Kader, que, dans tous les pays du monde, on eût regardé comme un héros, était vénéré comme un

---

[1] Les présents que la France fit à Abd-el-Kader après le traité de la Tafna se composaient d'un envoi d'armes d'une beauté remarquable; une aiguière en vermeil, pour faire les ablutions, merveilleusement ciselée; un sabre très-riche et une montre d'une élégance rare. Les Arabes auxquels on montra ces objets furent si étonnés, qu'ils restèrent comme ébahis et en extase en les contemplant.

saint par l'empereur Il était tout ensemble le prédicateur éloquent et le vengeur de la foi musulmane.

Abd-el-Kader s'était-il signalé par quelque nouveau fait d'armes, toujours exagéré dans le récit qu'on répandait aussitôt, Abd-el-Rhaman lui écrivait pour lui demander, comme une précieuse relique, quelques-uns des objets qu'il portait au moment où il avait si vaillamment combattu les infidèles, et, dès que l'émir les lui avait envoyés, il les faisait placer dans un sanctuaire disposé pour cette destination dans son palais.

Si Abd-el-Kader avait cessé d'être redoutable à partir de la rigoureuse répression qui suivit l'insurrection du Dahara, la dernière et la plus violente révolte des indigènes contre la puissance française, il était toujours à craindre que la présence sur nos frontières de l'homme qui avait si souvent et si longtemps bravé nos armes ne servît à entretenir de fâcheuses illusions, et surtout à exploiter les accidents possibles de mécontentement. Abd-el-Kader ne menaçait plus l'ordre dans notre colonie, mais il l'inquiétait encore.

On avait vu un moment ce chef redoutable, chassé de l'Algérie par la vigoureuse poursuite du maréchal Bugeaud, et réfugié dans le Maroc, parvenir à dominer en sultan toute la partie orientale de cet empire et à menacer même le trône d'Abd-el-Rhaman; ses partisans, encore neufs à la lutte, étaient impatients d'essayer leur courage sous le commandement d'un guerrier et d'un saint si renommé, ils étaient pleins d'ardeur et commençaient à devenir nombreux dans plusieurs provinces, notamment dans le Riff, où l'on professait pour lui un véritable culte d'admiration, tandis qu'au contraire Abd-el-Rhaman y était l'objet de toutes les malédictions; car, depuis qu'il était allié à la France, on le regardait non-seulement comme un lâche, mais aussi comme un impie et un traître. Le mépris dans lequel était tombé Abd-el-Rhaman semblait on ne peut plus favorable à l'ambition de l'émir; peut-être ne lui fallait-il que cela pour substituer son autorité à celle de l'empereur. C'était une nouvelle et brillante carrière qui s'ouvrait devant lui : il s'agissait de conquérir un empire, et, après tant de vicissitudes, de se relever plus puissant que jamais.

Les correspondances d'Afrique représentaient comme possible une révolution en faveur d'Abd-el-Kader. Des troupes avaient été envoyées pour l'observer, sous les ordres du kaïd El-Amar. Abd-el-Kader surprend le camp, fait le kaïd prisonnier, et lui fait trancher la tête comme à un rebelle.

Dès lors il sembla n'avoir plus qu'à marcher contre la grande ville de Fez; toutes les tribus kabaïles du Riff, entre notre frontière et Tanger, reconnaissaient son autorité, et elles se seraient précipitées en masse à sa suite pour avoir part au pillage.

Abd-el-Kader fut en effet sur le point de tenter l'exécution d'une entreprise de ce genre. Deux grandes tribus algériennes, réfugiées dans le Maroc et campées dans la plaine de Fez, devaient se soulever tout d'un coup et commencer la guerre, pendant que l'émir s'avancerait pour faire sa jonction avec elles.

Le fils de l'empereur fit échouer ce projet ; les deux malheureuses tribus furent massacrées. Pour contre-balancer l'effet d'un pareil désastre, Abd-el-Kader exécute une impitoyable et terrible razzia sur les Guelaïa, tribu qui avait fourni son contingent contre lui, et reste encore assez redoutable, assez fort pour braver les troupes marocaines et pour compter sur la victoire dans le cas où on oserait l'attaquer.

L'empereur Abd-el-Rhaman, qui habitait la ville de Maroc, capitale très-éloignée du théâtre de la guerre, avait cru d'abord que ses kaïds, avec quelques troupes des maghzen et des contingents de tribus, suffiraient à réprimer les tentatives d'Abd-el-Kader; mais, éclairé enfin par des rapports exacts, par les pressantes dépêches de nos agents diplomatiques, il se met enfin en marche pour Fez, rassemblant sur sa route toutes les forces disponibles de la province de Maroc. Sa marche fut très-lente, car il mit trois mois à se rendre à Fez; mais il s'était arrêté deux mois à Rabat, grande ville sur l'Océan, voulant profiter de la réunion de son armée pour soumettre un grand nombre de tribus des montagnes qui refusaient l'impôt depuis plusieurs années, et pour ne point laisser de rebelles derrière lui.

Il y eut de sanglantes razzias, des pillages, des confiscations, des amendes excessives et beaucoup de têtes coupées. La terreur se répandit dans tout l'empire; chacun tremblait à l'approche des troupes impériales, et s'empressait de manifester la plus complète obéissance aux ordres de l'empereur et de ses dignitaires.

Enfin, l'empereur arriva à Fez dans le mois de novembre. Ses deux fils, qui, jusque-là campés près de Thaza, s'étaient bornés à couvrir la route de Fez, reçoivent des renforts considérables et se portent en avant dans la direction de l'Oued-Mouilah (la Moulouïa), rivière qui court du sud au nord et qui se jette dans la Méditerranée, à quatre lieues de notre frontière et à six lieues du port de Djemma-Ghazouat (la nouvelle ville de Nemours). Leurs forces opéraient en deux colonnes : celle de gauche longeait les montagnes du Riff, et celle de droite s'avançait dans la direction de la Moulouïa. En même temps, le kaïd d'Ouschda réunissait son maghzen et ses goums pour seconder ces deux mouvements. Ce déploiement de forces et le terrible exemple des exécutions précédentes en imposent aux montagnards du Riff et aux autres tribus kabaïles. Voulant éviter le châtiment et avoir part à la destruction d'Abd-el-Kader, qu'ils jugent désormais certaine, ils s'empressent de mettre tous leurs contingents aux ordres des fils de l'empereur, qui se trouvèrent ainsi à la tête de trente à quarante mille hommes de toute espèce.

Abd-el-Kader, abandonné des tribus, devenues menaçantes pour lui sous l'influence des camps marocains, devait bientôt manquer de ressources pour faire vivre ses troupes et sa deïra surtout, qu'il ne pouvait déplacer, n'ayant aucun lieu plus sûr où la conduire. D'ailleurs, un pareil mouvement eût été, selon toute apparence, le signal d'un désastre.

La présence de la colonne du général de Lamoricière sur la frontière augmentait encore ses vives inquiétudes. Ému de ces préparatifs de lutte, il fit hypocritement offrir sa soumission : il envoya à l'empereur deux chevaux richement harnachés; mais Abd-el-Rhaman répondit qu'il ne traiterait qu'avec un homme haut placé dans son estime et dans son intimité.

Dans cette circonstance, Bou-Hamedi, khalifa d'Abd-el-Kader, partit pour aller implorer la clémence de Muley-Abd-el-Rhaman.

Cette mission, que le juste ressentiment de celui-ci ne présentait pas comme sans danger, était digne de l'homme qui a soutenu le plus énergiquement la fortune de l'ex-émir. Son départ de la deïra eut lieu au milieu des vœux et des larmes. A en juger par les premières démarches de Bou-Hamedi, il allait offrir une soumission complète; il se rendit d'abord au camp de Kasbah-el-Massoûm, où se trouvaient réunis les deux fils du chérif, et il immola devant eux trois bœufs, acte éclatant d'une humilité absolue.

Après quelques pourparlers, il fut dirigé sur Fez, où se trouvait le sultan. Arrivé auprès du maître, la scène changea; l'empereur accueillit très-froidement le khalifa, et, au lieu de l'écouter, il l'engagea à aller prendre un repos dont il devait avoir besoin.

Abd-el-Rhaman demanda ensuite comme otage la mère de l'émir, et pour appuyer ses prétentions, les camps, qui s'étaient un instant arrêtés, firent un nouveau mouvement vers la deïra.

Dans les premiers jours du mois de décembre, Abd-el-Kader, inquiet de ne pas recevoir de nouvelles de Bou-Hamedi, son négociateur au camp marocain, et présumant qu'il allait être obligé d'en venir aux mains avec ses adversaires, quitta la position de Zalin et vint camper, en descendant la Moulouïa par la rive gauche, au lieu dit Énerma. Appuyée d'un côté à la rivière, de l'autre aux montagnes de Kebdana, dont les habitants voulaient rester neutres, sa deira se trouvait dans une position facile à défendre avec peu de monde.

Dans la journée du 9, deux cavaliers de l'empereur, accompagnés d'un des serviteurs de Bou-Hamedi, lui apportèrent une lettre de Muley-Abd-el-Rhaman et une autre du khalifa.

L'empereur lui disait en substance qu'il ne pouvait écouter de lui aucune proposition tant qu'il resterait dans le pays qu'il occupait; que, s'il voulait venir à Fez, il y serait traité aussi bien qu'il pourrait le désirer; que ses cavaliers et ses fantassins seraient admis dans les troupes marocaines; que la population de la deira recevrait des terres, etc.; que, s'il refusait ces propositions, le chemin du désert était libre et qu'il pouvait le prendre; que, s'il n'acceptait aucun des deux partis, on serait obligé de lui faire la guerre pour exécuter les traités passés avec la France.

Bou-Hamedi disait à l'émir que, s'il tenait à lui, il eût à accepter ce que l'empereur lui proposait; qu'autrement ils ne se retrouveraient que devant Dieu, où chacun aurait à rendre compte de sa conduite.

Abd-el-Kader, après avoir régné en maître sur une portion considérable de la régence, après avoir ravagé la Métidja, soulevé la Kabylie, soufflé la révolte au bey de Constantine, et menacé, jusque sous les murs d'Alger, la sécurité de nos colons, juge qu'un coup de vigueur et de désespoir peut seul le sauver. Il méprise cette cohue de combattants; ses cavaliers, ses fantassins, aguerris par leurs nombreux et rudes combats contre les Français, mettront encore une fois en déroute ces Marocains qu'il a toujours battus, malgré la supériorité du nombre. Son parti est pris : il renvoie les cavaliers marocains sans réponse et réunit toute la population de la deira, ainsi que ses réguliers. Il leur expose quelle est sa situation, sans rien dissimuler; leur dit qu'il est résolu à tenter la fortune; qu'il va essayer de prendre un des fils de l'empereur pour se faire rendre son khalifa; que, s'il est vainqueur, il continuera sa marche vers l'ouest, où la deira aura à le rejoindre; que, s'il est vaincu, la deira sera probablement pillée, mais qu'il sera toujours temps d'aller demander un asile aux Français.

Voici maintenant quel était son plan d'opérations : le 11, il fit partir son infanterie dans la direction d'un camp marocain, qui était, suivant les uns, à Aïoun-Keart, suivant d'autres, à Aïn-Tigaout.

Les camps marocains, d'après les mêmes renseignements, paraissaient, dans les derniers jours, s'être concentrés vers l'un ou l'autre de ces deux points, sans s'être complétement réunis, pour n'en former qu'un seul. Abd-el-Kader rejoignit son infanterie avec ses cavaliers : il avait avec lui mille à douze cents chevaux et huit cents à mille hommes à pied ; il avait laissé ses canons à la deira.

Pour se donner des chances de succès, il avait fait enduire quatre chameaux de goudron et d'étoupes; ces animaux, poussés vers le camp qu'on attaquerait, et enflammés à quelque distance, devaient, au milieu de l'obscurité et dans les contorsions d'une horrible agonie, produire un spectacle effrayant qui ne manquerait pas d'ébranler fortement le courage déjà mal assuré de soldats superstitieux. Une soudaine et vigoureuse attaque devait faire le reste, et peut-être qu'en courant à la tente du prince impérial on parviendrait à s'en saisir.

L'émir avait, grâce à ce stratagème aussi hardi qu'ingénieux, surpris, dans la nuit du 11 au 12, les camps marocains. Cette attaque, qui a causé de grandes pertes au maghzen de l'empereur, paraît avoir eu un succès complet ; mais Abd-el-Kader avait affaire à un ennemi si nombreux, qu'il dut s'arrêter devant la multitude et la masse compacte de ses adversaires, plutôt que devant une défense qui paraît avoir été à peu près nulle. Il rallia donc sa deira et concentra toutes ses forces et tout son monde vers l'embouchure de la Moulouïa, entre la rive gauche de cette rivière et la mer.

Les camps marocains continuèrent de resserrer le cercle qui l'enveloppait. Le général de Lamoricière avait envoyé au kaïd d'Ouchda trente mulets chargés de cartouches, qui furent distribuées aux Beni-Snassen; même envoi avait été fait de Nemours par une balancelle au kaïd du Riff ; des contingents kabaïles grossissaient de toutes parts et constituaient pour l'émir un danger plus redoutable que tous les autres.

Dès lors Abd-el-Kader ne pouvait plus vaincre, il ne pouvait même plus combattre, si ce n'est pour protéger pendant quelques heures cette multitude contre le massacre et le pillage. Quant à lui, avec un groupe de cavaliers fidèles, il compte s'échapper ensuite et se réfugier dans le désert, d'où il reparaîtra quand les circonstances lui redeviendront favorables.

Tout annonçait un événement décisif. Le frère de l'émir, Sidi-

Mustapha, s'était enfui de la deira et avait gagné notre territoire, après avoir obtenu l'aman du lieutenant général. Les postes de cavalerie, échelonnés le long de la frontière, savaient, par les tribus marocaines, qu'on avait entendu des cris et du désordre dans la deira, que de sanglants trophées et des prisonniers avaient été envoyés à Fez.

Le frère du kaïd d'Ouchda, commandant en son absence dans cette ville, transmettait toutes ces nouvelles, et annonçait une attaque dernière pour le 20 ou pour le 21.

Tels étaient les événements qui s'accomplissaient pendant que S. A. R. le gouverneur général se rendait à Nemours, où, retardé par la violence de la mer, il ne débarqua que le 23 décembre, au point du jour.

On y avait connaissance d'un dernier combat fatal à l'émir. Le 20, la violence du mauvais temps avait empêché d'en venir aux mains; mais le 21, la deira ayant commencé à traverser la Moulouïa, les camps et les Kabaïles marocains se précipitèrent à la fois et semblaient rendre sa destruction inévitable et complète, quand Abd-el-Kader, dans un effort suprême, courant au-devant d'eux à la tête de ses cavaliers et fantassins réguliers, réussit, au prix de la vie de plus de la moitié de ses soldats, à couvrir le passage de la rivière et à ramener toute la deira jusqu'à l'Oued-Kiss, où s'était arrêtée la poursuite du maghzen marocain : c'est notre frontière. Cherchant son chemin, au milieu de l'obscurité, dans le territoire des Msirdas, il avait interrogé, sans soupçonner la méprise, un des cavaliers de notre kaïd, et demandé des indications pour regagner les sources du Kiss et le col de Kerbous, chez les Beni-Snassen.

Ces particularités étaient connues à neuf heures de M. le lieutenant général de Lamoricière; une lettre du kaïd d'Ouchda l'informait des événements de la matinée et l'invitait à surveiller de même le col de Kerbous.

Dès lors, plus de doute : l'émir, après avoir amené la deira sur le territoire français, la livrant à son sort et à notre générosité, essayait, avec ses fidèles, tenter encore une fois la route du désert : c'est la seule que Muley-Abd-el-Rhaman lui eût laissée libre. Des tribus dévouées l'y attendent et lui assurent un asile, peut-être encore la puissance. Mais le lieutenant général ne désespère pas de lui fermer cette voie; des postes de cavalerie sont échelonnés au loin sur la frontière pour avertir de tout ce qui surviendra. Un poste de vingt spahis, qui ont échangé leurs burnous rouges contre le burnous blanc des Arabes, est poussé, sous les ordres d'un brave lieutenant indigène, Mohammed-ben-Krauïa, jusqu'au col même de Kerbous, à plus de deux lieues au delà de la frontière.

Un second poste le suit en intermédiaire. Enfin, le 22, à trois heures du matin, ne craignant plus que son mouvement soit éventé avant le jour, le lieutenant général de Lamoricière, laissant son camp à Sidi-Mohammed-el-Ouessini, sous la garde de quelques compagnies, s'avance lui-même avec toute la colonne.

Cependant le lieutenant Ben-Krauïa, arrivant au col de Kerbous, vers minuit, avec ses vingt spahis, avait distingué, au milieu de l'obscurité de la nuit et de la pluie, quelques cavaliers qu'il avait fait chasser à coups de fusil et qui avaient riposté. Le poste intermédiaire était accouru au bruit en sonnant la charge. Le feu avait cessé devant ce renfort, et des paroles avaient été bientôt échangées.

Abd-el-Kader, car c'était lui-même, reconnaissant au son des trompettes que c'était une troupe française, et voyant l'impossibilité de déboucher devant elle, demandait à envoyer des parlementaires au général.

Le lieutenant Ben-Krauïa, sans cesser de l'observer, y consentit et fit partir deux de ses cavaliers avec deux compagnons de l'émir; bientôt il s'approcha du sultan déchu et lui porta des paroles encourageantes.

La nuit et la pluie ne permettaient pas d'écrire. Abd-el-Kader, apposant sur un papier blanc l'empreinte bien connue de son cachet, la remit à Ben-Krauïa comme indication certaine de sa présence, lui dit qu'il parlerait en son nom et le chargea d'être son organe.

Il demandait l'aman, et offrait de se remettre entre les mains des Français, demandant seulement d'être conduit avec sa famille en Égypte ou en Syrie.

M. le lieutenant général de Lamoricière était déjà en marche, comme nous l'avons dit, et avait pressé son mouvement sur l'avis des premiers cavaliers. De même que l'émir, il ne pouvait écrire : il remet à Ben-Krauïa, pour l'accréditer près de l'émir, comme avait fait celui-ci, son sabre et le cachet du bureau arabe de Tlemcen, dont le chef l'accompagne. Ben-Krauïa retourne au galop sur ses pas. Le général poursuit sa route sans s'arrêter, renvoie au camp, avec une réponse rassurante, les chefs de la deira et de la cavalerie régulière qui sont venus se remettre à sa discrétion, et, à la pointe du jour, prend enfin position sur l'extrême frontière, devant le col de Kerbous.

Les hésitations de l'émir furent longues. Il lui était encore possible

de tenter la fortune dans le Sud ; et puis un regret cruel lui inspirait
sans doute un grand trouble d'esprit au moment de se confier aux adversaires qui avaient admiré sa persévérance, mais qui pouvaient être
devenus implacables au souvenir du sang déloyalement versé.

Toute la journée s'écoula sans solution. Elle fut employée à prendre des mesures militaires prescrites par la circonstance, à régler les
derniers arrangements avec la deira, arrêtée chez les Msirdas, et incapable de se mouvoir de plusieurs jours, par l'excès de la fatigue et
de la faim.

Il était onze heures du soir, et le lieutenant général était entré
dans son camp, lorsque le lieutenant Ben-Krauïa revint, porteur, cette
fois, d'une lettre dans laquelle l'émir sollicitait une parole française
(c'était son expression) pour se livrer sans défiance et se résigner à
sa destinée.

L'engagement qu'il réclamait fut pris immédiatement par M. le
lieutenant-général de Lamoricière, et le rendez-vous convenu, pour le
lendemain 23, au marabout de Sidi-Brahim.

Il y fut reçu, à deux heures de l'après-midi, par M. le colonel de
Montauban, du 2° chasseurs d'Afrique, à la tête de cinq cents chevaux.

M. le lieutenant général de Lamoricière arriva bientôt, et, d'après
les ordres de Son Altesse Royale, dont le débarquement venait de lui
être annoncé, on prit aussitôt la route de Nemours.

L'émir parut éprouver un dernier sentiment d'orgueil lorsqu'il fut
accueilli au son des fanfares, avec les honneurs militaires, sur ce terrain de Sidi-Brahim, théâtre de ses plus importants succès, où se
voient encore les tombes de nos soldats, dont nous pouvons pardonner
la mort, victimes qu'ils ont été ce jour-là, mais victimes glorieuses
du sort des armes.

Il se renferma, pendant la route, dans cette gravité triste qui lui
est, dit-on, habituelle, et que la circonstance était très-propre à augmenter.

A six heures du soir, il arrivait avec MM. le lieutenant général de
Lamoricière, le général Cavaignac et le lieutenant-colonel de Beaufort,
et il était introduit devant Son Altesse Royale. Conformant ses démarches à sa fortune présente, il déposa humblement ses sandales sur
le seuil, attendit un instant en silence, et prononça les paroles suivantes, traduites par M. l'interprète principal Rousseau :

« J'aurais voulu faire plus tôt ce que je fais aujourd'hui ; j'ai attendu l'heure marquée par Dieu. Le général m'a donné une parole sur
laquelle je me suis fié. Je ne crains pas qu'elle soit violée par le fils

d'un grand roi comme celui des Français. Je demande son aman pour ma famille et pour moi. »

Son Altesse Royale confirma, par quelques paroles simples et précises, la promesse de son lieutenant, et congédia avec dignité des personnages envers lesquels doivent se taire désormais les passions des premiers temps d'une si longue lutte.

Des tentes avaient été dressées dans l'enceinte de l'hôpital de Nemours pour Abd-el-Kader et pour sa famille ; il y fut conduit et put s'y occuper, pendant toute la journée du 24, des affaires qu'il allait délaisser sans retour.

Une dernière cérémonie, qui n'a pas dû moins coûter à son orgueil, avait eu lieu dans la matinée.

Au moment où Son Altesse Royale rentrait de la revue qu'elle avait passée de la cavalerie qui retournait au camp, l'ex-sultan s'est présenté à cheval, et entouré de ses principaux chefs, a mis pied à terre à quelques pas du prince : « Je vous offre, a-t-il dit, ce cheval, le dernier que j'ai monté : c'est un témoignage de ma gratitude, et je désire qu'il vous porte bonheur.

— Je l'accepte, a répondu le prince, comme un hommage rendu à la France, dont la protection vous couvrira désormais, et comme signe de l'oubli du passé. »

C'est, comme on l'a vu, à Sidi-Brahim (27) qu'Abd-el-Kader est venu se rendre au général de Lamoricière. Il fut de là dirigé sur Djemma-Ghazouat (Nemours), où le duc d'Aumale était arrivé la veille par le vapeur le *Solon*.

Après quelques heures employées à la vente de ses chevaux, de ses bagages, et à désigner ceux de ses gens qu'il voulait emmener, Abd-el-Kader prit passage sur le *Solon*, et il arriva le 25, à quatre heures du matin, à Oran, où il devait passer quelques jours ; mais ses premières heures de captivité lui auraient trop pesé sur la terre d'Afrique, et il demanda à quitter ce pays le plus tôt possible. On lui offrit alors de partir immédiatement sur la frégate à vapeur l'*Asmodée*, commandée par le capitaine Cartier, à qui de glorieux services ont acquis tant de titres à la considération et à l'estime publiques. Ce fut lui qui débarqua les premières troupes françaises à l'époque de l'expédition de 1830 ; il lui appartenait de ramener le dernier et le plus redoutable des ennemis que nous avons eu à combattre en Afrique. Avant de partir, Abd-el-Kader écrivit au duc d'Aumale une lettre de remercîments pour les égards dont il avait été l'objet pendant la traversée de Djemma-Ghazouat à Oran.

L'*Asmodée* mit à la voile, emportant l'émir et sa suite nombreuse. La traversée fut mauvaise, et les captifs arabes en furent très-fatigués. Aussi se mirent-ils en mesure de conjurer le mauvais temps : ils procédèrent d'abord à une quête dont le produit devait être distribué aux pauvres, et le beau temps arriva le soir à leur grande satisfaction. Mais cette pratique, parfaitement religieuse, n'avait pas conjuré pour toujours les éléments.

Les vagues, un moment apaisées, furent de nouveau soulevées par la violence des vents; et, pour les calmer, nos prisonniers leur jetaient des poignées de sel! Nous n'ajoutons pas que ce remède, éminemment homœopathique, ne put apaiser la fureur des flots!

Abd-el-Kader parut atteint de légères blessures ou excoriations sur les jambes, et d'une petite plaie sur la face dorsale du pied gauche; mais, parmi ses compagnons de captivité, il en était dont les blessures offraient plus de gravité. Nous citerons surtout l'agha des noirs, homme de taille herculéenne, et dont la face avait été traversée par une balle qui, après avoir pénétré près du nez et glissé sur la partie osseuse, était sortie près de l'oreille correspondante.

Les chirurgiens de l'*Asmodée* ont donné tous les soins nécessaires à ces blessés, et l'émir leur en a témoigné ses remercîments par une lettre dont voici la traduction :

« Louanges à Dieu seul et unique !

« Cet écrit de la part d'Abd-el-Kader-ben-Mahi-Eddin est adressé aux chirurgiens français...

« Que Dieu les favorise de sa bonté et les contente ainsi qu'ils le méritent.

« Vous avez agi avec bonté envers mes compagnons qui sont blessés; que Dieu vous accorde sa grâce et vous récompense!

« Il est puissant en toutes choses! »

Reconnaissant aussi des soins qu'il avait reçus du capitaine de l'*Asmodée*, et plein des émotions qu'avaient fait naître en lui la tempête qui avait rasé la frégate comme un ponton, et le sang-froid des officiers au milieu des dangers qu'on avait courus, l'émir, prenant la main du commandant, lui dit dans son langage biblique : « Bénie soit la femme qui t'a porté dans son sein, car tu as le cœur d'un lion et la douceur de la gazelle! que Dieu te protège! » Et, détachant sa ceinture de guerre, il la lui offrit comme un témoignage de son estime et de sa reconnaissance, le priant de la conserver en mémoire de lui.

Pendant la traversée, Abd-el-Kader n'a pas quitté sa chambre.

Le 29, dans l'après-midi, des ordres ont été donnés par l'autorité locale, en attendant ceux de Paris, de déposer tous les passagers de l'*Asmodée* au lazaret de Toulon, dont la marine a fait meubler à la hâte les appartements destinés à les recevoir. M. le préfet maritime s'est rendu à bord de l'*Asmodée*, et peu de temps après le débarquement s'est fait.

Abd-el-Kader, accompagné de M. Rousseau, interprète principal, et de ses ministres ou généraux, s'est rendu au lazaret dans le canot du préfet. Il a voulu voir les appartements qui étaient préparés pour sa suite, pour sa famille et pour ses femmes; il a paru en être satisfait. On a remarqué que les gens de sa suite observent à son égard le plus grand respect. Tous marchent à une assez longue distance de leur chef, et nul ne lui adresse la parole. Parmi les femmes, se trouvait la mère de l'ex-émir, que deux femmes soutenaient pour l'aider à marcher.

Voici le nom des principaux personnages débarqués au lazaret de Toulon et formant la suite de l'ex-émir Abd-el-Kader : sa mère, ses trois enfants en bas âge et une suite de vingt personnes, Hadji-Mustapha-ben-Tamy, cousin et beau-frère d'Abd-el-Kader, ses deux femmes et sa suite; le khalifa Kaddour-ben-Allah, frère de Sidi-Embarack, sa femme et sa suite; plusieurs aghas de cavalerie et d'infanterie.

En tout quatre-vingt-dix-sept personnes, dont soixante et un hommes, vingt et une femmes et des enfants des deux sexes (28).

Un détachement de grenadiers du 3ᵉ régiment d'infanterie de marine, commandé par M. le lieutenant Roman, a été envoyé au lazaret pour faire le service. M. Rousseau, interprète principal de l'armée d'Afrique, est resté au lazaret auprès de l'ex-émir.

Dix jours plus tard, d'après les ordres du gouvernement, Abd-el-Kader a été tranféré avec sa famille au fort Lamalgue, à Toulon, ainsi que Mustapha-ben-Tamy, son beau-frère, et leurs domestiques, au nombre d'une trentaine de personnes.

L'abattement profond dont Abd-el-Kader parut frappé, par la communication de l'ordre de sa translation au fort Lamalgue, s'est changé depuis en une sorte de résignation solennelle. Aux premiers mots de la notification qui lui en fut faite par M. Rousseau, interprète du gouvernement auprès de lui, la sérénité ascétique de sa figure se voila sous une expression de tristesse muette, qui n'a disparu qu'après son départ du lazaret, comme réagissant sous la pression du fait accompli. La parole grave et sombre de l'émir vaincu, mais qui, pour fanatiser les courages, s'arma souvent d'une si ardente éloquence; cette parole a semblé tout un jour éteinte au souffle glacé du découragement;

Sans doute, en envisageant cette mesure, qui ne diffère en rien d'un emprisonnement, le morne captif s'est souvenu de l'affreux traitement qu'il fit subir à des prisonniers français, et il a peut-être rêvé des représailles; nul ne sait, en effet, malgré toutes les preuves de longanimité que leur a données la France, tout ce qui s'agite de conjectures et de chimères sinistres dans ces imaginations brûlées aux feux du Koran et du désert.

M. Rousseau, en lui notifiant l'ordre de se disposer à partir pour le fort Lamalgue, fut contraint d'insister à diverses fois sur l'inutilité absolue des hésitations et des expédients dilatoires. Puis il l'invita à désigner les quelques personnes de sa suite qu'en outre de sa famille il désirait emmener avec lui.

« Mais ils sont tous de ma famille, répondit Abd-el-Kader; il n'en est pas un dont il ne me serait cruel de me séparer, et n'ayant point de préférence, je n'ai point de choix à faire ici. »

Cette réponse eut un écho bruyant parmi ces grands enfants enthousiastes. Tous voulaient le suivre, comme naguère au combat, tous s'attachaient à ses pas avec une sorte de douleur sauvage et passionnée. Il y avait sans doute quelque chose de touchant et de beau dans cette confusion délirante.

Quoi qu'il en soit, Kaddour et Mustapha-ben-Tamy, beau-frère d'Abd-el-Kader, ont été les seuls qui, avec sa famille et ses gens, aient obtenu de l'accompagner. Mustapha, l'exécuteur, comme on sait, et peut-être l'auteur unique du massacre de nos prisonniers [1], présente

---

[1] Dans le courant de mars 1846, Abd-el-Kader avait donné l'ordre à Bou-Hamedi de remettre le commandement de sa deira à son beau-frère Mustapha-ben-Tamy, et de venir aussitôt le rejoindre avec les Beni-Amers. Ébruité dans le Sud, où il avait passé pour être exécuté, cet ordre ne fut pas rempli, car les Beni-Amers et Bou-Hamedi refusèrent de partir. La tribu, de l'aveu même du khalifa, entama, au contraire, avec Bouzianne-Ouled-Chaoui, des négociations dans le but d'obtenir son assistance pour se séparer de la deira.

A la suite de ces événements, qui eurent lieu dans les derniers jours d'avril, Mustapha-ben-Tamy, demeuré seul avec les Hachems et quelques émigrés de diverses tribus, se trouva fort embarrassé, ne pouvant plus faire subsister sa deira ni les Français qui s'y trouvaient prisonniers.

Dès ce moment, la perte de nos malheureux prisonniers fut inévitable : le massacre en fut ordonné dans la deira, par le khalifa Ben-Tamy, quelques heures après l'arrivée d'un courrier d'Abd-el-Kader.

Les premiers renseignements obtenus sur cette catastrophe avaient été rapportés par Guillaume Rosland, clairon à la 2ᵉ compagnie du 8ᵉ bataillon des chasseurs d'Orléans, qui était parvenu à s'échapper, et qu'un Marocain reconduisit au camp de Lella-Maghrnia. Suivant le récit de ce soldat, certaines dispositions prises par les Arabes, à l'entrée de la nuit du 27 au 28 avril, auraient fait naître dans son esprit quelques inquiétudes; mais sa fuite presque immédiate ne lui laissa pas le temps de voir tous les détails de cette scène sanglante. Depuis quelques jours, la deira, qui était campée à trois lieues environ

une expression de physionomie aussi hideuse et féroce que la figure d'Abd-el-Kader est belle et douce. Sa barbe roussâtre, son regard faux et farouche, son teint livide et ses lèvres excoriées lui donnent un air de bête fauve, qui pourrait se passer du complément qu'y ajoute l'impression du lâche carnage qu'il ordonna. On ne saurait imaginer un contraste plus saisissant que celui qu'offrent ces deux beaux-frères.

Abd-el-Kader et les vingt-six personnes de sa suite n'arrivèrent au fort Lamalgue que vers six heures du soir. L'ex-émir gravit d'un pas ferme, et tenant son fils le plus jeune par la main, l'escalier qui conduit au nouveau logement qui lui avait été assigné. La courte durée du trajet du lazaret au fort Saint-Louis, où il débarqua, lui avait suffi apparemment, ou pour s'armer de cette résignation musulmane qui se résume en un Allah-Kerim, ou pour reprendre ce masque d'impassibilité froide et dédaigneuse, dont l'oubli d'un instant ne peut s'expliquer que par la préoccupation d'une tristesse insurmontable. Mais il n'en fut pas de même de sa vieille mère. A l'aspect de cette grande cour intérieure, froide et sombre comme le préau d'une prison, de ce haut et roide escalier dont une pâle lanterne attristait encore les

---

de l'Oued-Mouilah, se trouvait dans une position des plus critiques : une sorte de papier monnaie créé par l'émir, et auquel l'espoir d'un succès chimérique avait jusqu'alors donné crédit, n'obtenait plus de cours parmi les tribus marocaines chez lesquelles Abd-el-Kader faisait acheter des vivres. Il n'y avait plus d'existence possible pour la deira, en restant sur le point qui lui était assigné; mais son chef, Ben-Tamy, n'osait prendre sur sa responsabilité l'ordre d'effectuer le départ. Il écrivit à Abd-el-Kader pour lui exposer l'embarras de sa situation, que rendait plus difficile la nécessité de nourrir les trois cents prisonniers français dont la garde lui était confiée. L'émir, ayant échoué dans les propositions d'échange qu'il tenta près du maréchal Bugeaud, transmit à son lieutenant des instructions secrètes qui le laissaient libre d'agir selon les circonstances. Ben-Tamy, redoutant le courage désespéré des Français, eut recours à la perfidie. Sous prétexte de les convier à une fête, il fit appeler auprès de lui les chefs prisonniers, MM. Courby de Cognord, Larrazeth-Maria et Hillerin; M. Cabasse, chirurgien; l'adjudant sous-officier Thomas, le maréchal des logis Testard, et trois soldats. Les autres prisonniers furent partagés en plusieurs fractions de huit à dix hommes, isolés les uns des autres au milieu des gourbies, occupées par les fantassins réguliers, dont le nombre s'élevait à près de cinq cents. A minuit, des cris poussés par ces derniers furent le signal du massacre. Le clairon Rosland se tenait éveillé, ainsi que ses camarades, et, lorsque les meurtriers se présentèrent, ils purent opposer quelque résistance. Armé d'un couteau qu'il était parvenu à soustraire depuis trois ou quatre jours, Rosland blessa plusieurs des assaillants, et réussit à s'échapper dans les ténèbres, presque nu. Après de longues alternatives de crainte et d'espérance, il fut arrêté et réduit en esclavage sur le territoire marocain; mais l'appât d'une rançon avait enfin décidé son maître à le conduire au poste de Lella-Maghrnia, où il fut recueilli. Nous ne comprenons pas comment une pitoyable question d'amour-propre a pu conduire M. le maréchal Bugeaud à sacrifier ces malheureux plutôt que d'accepter d'Abd-el-Kader un cartel d'échange; le massacre de nos prisonniers n'aurait pas eu lieu.

mornes ténèbres, la pauvre femme sembla frappée d'une terreur étrange et se prit à pleurer. Mustapha, voyant son hésitation, la saisit alors par le bras avec une certaine violence, et lui aida ou la contraignit à monter.

M. le lieutenant-colonel L'Heureux, préposé, pour la circonstance, au commandement du fort Lamalgue, reçut Abd-el-Kader sous la voûte d'entrée, en lui disant que sa translation n'avait rien qui fût de nature à le préoccuper fâcheusement; que, le département de la guerre étant chargé des affaires de l'Algérie, la marine avait dû, pour ce motif unique, lui faire la remise des hôtes de la France; que, quant à lui, il était envoyé par le gouvernement du roi pour veiller au bien-être d'Abd-el-Kader et des siens, et que la générosité française était le garant des nobles traitements auxquels il devait s'attendre.

« Je suis sans inquiétude, répondit l'ex-émir, d'un ton et avec une attitude dont la fermeté, légèrement altière, avait quelque chose d'emphatique et peut-être d'un peu étudié; j'ai confiance dans la France, cette noble et grande nation qui m'accueille à son foyer; d'ailleurs, le monde a les yeux fixés sur moi, et il jugera si je suis traité comme j'ai le droit de l'être. Au surplus, il arrivera de moi ce qu'il plaira à Dieu. »

On sait que cette phrase est la péroraison invariable de tous les musulmans possibles. Assurément elle était de circonstance ici plus que jamais. Tandis que l'émir, Ben-Tamy et leur famille se rendaient au fort Lamalgue, situé à l'est de Toulon, les autres prisonniers arabes qui se trouvaient avec eux au lazaret étaient envoyés au fort Malbousquet, à l'ouest. Ces prisonniers, au nombre de soixante et onze, ont été débarqués à Castigneau, où des prolonges de l'artillerie les attendaient pour les transporter à leur destination.

Les populations arabes ont été plongées dans la stupeur à la nouvelle de la soumission de l'émir. Cette nouvelle, propagée rapidement jusque dans le désert, a particulièrement impressionné la grande tribu des Hamianes-Gharabas, la seule qui eût persisté jusqu'à ce jour à se tenir en dehors de notre obéissance, et qui avait encore des cavaliers à la deira le jour du dernier combat livré par l'émir. Ainsi qu'on devait s'y attendre, la soumission d'Ab-el-Kader a fixé enfin les irrésolutions. Les trois principales fractions de cette tribu ont envoyé une députation au commandant de la subdivision de Maskara, pour demander l'aman. Les conditions de la soumission ont été arrêtées. Ainsi se trouve complétée la pacification de la province.

La deira, composée d'environ cinq à six mille individus, s'est rendue dans la plaine de Meleta, épuisée de fatigues et de privations.

M. le général de Lamoricière, accompagné de tous les chefs des bureaux arabes et de tous les aghas, est venu à Meleta pour la licencier lui-même. Les familles dont elle se composait ont été remises immédiatement aux chefs des tribus auxquelles elles appartenaient, et dirigées sur leurs territoires. Des mesures ont été prises pour que leur subsistance fût assurée, afin d'éviter que l'extrême misère à laquelle la plupart sont réduits ne devînt une cause de vols et de brigandages.

La soumission d'Abd-el-Kader n'est pas un fait isolé, soudain et fortuit dans l'histoire de cette longue lutte que notre armée soutenait, avec tant de persévérance, d'héroïsme et de résignation, contre son influence et son génie. Ce n'est pas un coup de main, pour ainsi dire, dont le succès soit dû à l'habile manœuvre d'un général entreprenant et d'une troupe intrépide : c'est le résumé et le fruit de longs efforts où nous aimons à reconnaître que la diplomatie s'est habilement alliée à la stratégie, où chacun de nos héroïques soldats peut en quelque sorte réclamer sa part, où notre gouvernement a joué son rôle avec la modération, la prévoyance et la fermeté qui sont le caractère de sa politique.

Disons-le d'abord : M. le duc d'Aumale est heureux. Si ce n'est pas là un mérite, c'est un avantage. Le nouveau gouverneur général de l'Algérie a apporté avec lui, dans cette conjoncture, le bonheur qui le suit partout. C'est l'intrépide vainqueur de la Smalah qui a reçu la soumission d'Abd-el-Kader. En remettant entre les mains du prince ses armes de combat, Abd-el-Kader n'a pu s'empêcher de reconnaître que « son étoile venait d'être effacée dans le ciel de l'Afrique » par une influence plus jeune et plus heureuse. Ceux qui ont assisté à sa soumission déclarent qu'elle a été marquée de tous les signes qui caractérisent la résignation des Orientaux à la fatalité.

Il est juste de dire maintenant que, dans cette circonstance décisive, M. le duc d'Aumale s'est montré non moins dévoué à sa haute mission que confiant dans sa fortune. Actif, entreprenant, empressé à saisir l'occasion qui s'annonçait comme il avait été habile à la préparer, on l'a vu accourir au premier signe qu'elle a donné, et communiquer aux généraux sous ses ordres cette activité et cette confiance qui résultent toujours de la présence du supérieur. C'est donc avec raison que l'opinion publique lui accorde une large part dans l'honneur de ce glorieux succès, qui signale avec tant d'éclat les débuts de son influence en Algérie comme gouverneur général.

M. le duc d'Aumale a rendu une éclatante justice au concours que lui a prêté un de ses lieutenants les plus dévoués, M. le lieutenant général de Lamoricière. Il a fait plus : quand Abd-el-Kader lui a re-

mis ses armes, le jeune prince a pris le pistolet de l'émir, et il a dit :
« Ceci est pour le roi! » Puis il a pris le sabre du chef arabe, et il l'a
donné au général de Lamoricière, en lui disant : « Ce sabre est pour
vous; vous l'avez bien gagné! » Nous ne voulons rien dire de plus :
un si éclatant témoignage honore le prince qui l'a rendu avec un empressement si vif et si sincère. Mais, dans ce succès auquel ont concouru tant d'officiers distingués de tous les grades, si la place de M. le
général de Lamoricière est marquée, la part de notre armée n'est pas
moins grande.

Si Abd–el–Kader a pu songer à une soumission, s'il a été réduit à se
rendre par impuissance de continuer la lutte, l'honneur de ce résultat
revient au dernier soldat de notre brave armée comme aux plus illustres
de ses généraux; car tous ont lutté, tous ont souffert, tous ont arrosé
de leur sang généreux ou de leurs sueurs glorieuses cette terre si obstinément disputée à notre drapeau.

Nous avons parlé des chefs illustres qui ont présidé à cette œuvre
sanglante et laborieuse de la conquête. Les bornes que nous nous
sommes prescrites ne nous permettent pas de les citer tous; mais tous,
au moment où la guerre d'Afrique semble à jamais terminée par la
soumission d'Abd-el-Kader, tous ont droit à cette justice : Bourmont,
Berthezène, Clausel, Rovigo, d'Erlon, le duc d'Orléans, le duc de Nemours, le duc d'Aumale, Valée, Bedeau, Cavaignac, Bugeaud, Changarnier, de Lamoricière, et combien d'autres encore qui ont laissé
leur nom à l'histoire de cette longue campagne ou leur dépouille à la
terre d'Afrique !

Après avoir lu attentivement les rapports, on reste convaincu
qu'Abd-el-Kader ne pouvait pas s'échapper. La cavalerie du général
avait eu le temps de prendre position dans la plaine, et, le jour une
fois venu, l'émir allait être traqué sans relâche. Songeant alors sans
doute à l'odieux massacre de nos prisonniers de guerre, la perspective d'être fait prisonnier a intimidé son courage et sa conscience. Il a
profité du peu d'heures qui lui restaient pour s'assurer le bénéfice
d'une reddition volontaire, en se confiant à la générosité française.

Voici en quels termes le gouverneur général de l'Algérie a informé
les généraux commandants supérieurs des provinces de la soumission
d'Abd-el-Kade .

« Oran, le 25 décembre 1847, à six heures du matin.

« *Le gouverneur général à messieurs les généraux commandants*
supérieurs.

« Abd-el-Kader a fait sa soumission à la France.

« Battu par les Marocains, abandonné de la plupart des siens, qui s'étaient réfugiés sur notre territoire, il tâchait de gagner le sud par le pays des Beni-Snassen; mais, cerné par les cavaliers du lieutenant général de Lamoricière, il a dû se rendre et est arrivé à Nemours le 23.

« Il vient d'arriver à Oran avec moi, pour être dirigé sur Marseille, aux ordres du gouvernement, qui l'enverra en Orient. Répandez immédiatement cette grande nouvelle. »

Le fait le plus capital de la reddition de l'ex-émir, c'est cette promesse qu'on lui a faite de le conduire en Égypte; nous devons nous empresser d'ajouter qu'on lui a loyalement fait connaître que cette promesse devait être sanctionnée par le gouvernement du roi des Français pour être exécutée. Quoi qu'il en soit, Abd-el-Kader a cru, en quittant Oran, qu'on le transportait en Égypte.

Jusqu'au moment où le gouvernement a prononcé sur le sort d'Abd-el-Kader, on disait et l'on espérait vivement qu'il n'accorderait pas sa sanction à la parole généreuse donnée par le général de Lamoricière; car envoyer Abd-el-Kader en Syrie ou en Égypte, ce serait lui rendre, aux yeux des Arabes, tout le prestige qu'il vient de perdre; ce serait mettre une arme terrible aux mains de notre plus redoutable ennemi, ce serait, en un mot, s'exposer à une grave responsabilité envers la France...

Cependant, contrairement aux présomptions qu'avaient fait naître les rapports publiés à l'occasion de la prise du nouveau Jugurtha, M. de Lamoricière est venu, à la séance de la Chambre des députés du 6 février, essayer de se justifier de tout reproche de légèreté.

D'après cette nouvelle version, Abd-el-Kader n'aurait pas été pris; il se serait soumis volontairement... Le général a prétendu que, s'il lui était facile d'enlever la tente, les tapis, peut-être les femmes d'Abd-el-Kader, dans la gorge de la montagne où celui-ci s'était engagé, rien néanmoins ne pouvait empêcher l'émir et ses khalifas de s'enfuir dans le désert. Ce fait était réellement démontré, il n'y a personne qui n'approuve les conditions signées sur les lieux mêmes par le général, et, du moment qu'elles sont signées, comment ne pas les tenir?

Le gouvernement, voulant donc concilier la parole donnée par le général et confirmée par le prince avec l'intérêt de l'État, a exclu Saint-Jean-d'Acre comme résidence future de l'émir, attendu que cette ville est une possession de la Porte Ottomane, qui n'a point encore reconnu notre conquête d'Afrique. Il consent, au contraire, à ce qu'Abd-el-Kader soit transféré à Alexandrie, mais sous des conditions de surveillance propres à garantir notre sécurité. Des négociations sous M. Guizot, ministre des affaires étrangères, furent entamées dès lors avec le vice-roi d'Égypte pour qu'il consentît à recevoir l'émir et nous donnât les garanties dont nous avions besoin.

Quoique la question relative à Abd-el-Kader soit aujourd'hui jugée par le gouvernement, on peut encore se demander quel sera l'avenir de cet ex-émir dont le passé a été si glorieux et dont la condition présente est si misérable, et si l'on n'avait pas le droit de ne point ratifier les engagements pris par le gouverneur général.

D'après le droit musulman même, et d'après les commentaires des imans, l'aman, accordé ainsi, n'est valable que sous la condition de ratification.

Voici en effet ce qu'on lit dans un livre d'un ancien ambassadeur de Suède à Constantinople, M. d'Ohsson, dont l'opinion fait loi chez les musulmans comme chez les chrétiens, en matière de législation et de jurisprudence. « Qu'on respecte l'aman, quand même cette grâce aurait été accordée au nom d'un musulman quelconque; mais alors le souverain est maître de ratifier ou non cet engagement. »

Or il s'agit ici d'un intérêt immense, de la paix ou de la guerre dans nos possessions africaines, d'un budget de cent millions ou d'un budget de trente millions, de sang répandu ou de sang épargné.

La soumission d'Abd-el-Kader et les conditions qui doivent ou la maintenir ou la rendre vaine renferment toutes ces questions-là.

Quel droit, en effet, pouvons-nous nous réserver sur l'émir dès qu'il est placé hors de notre territoire, hors de nos lois, hors de notre action toujours présente? S'il plaît aux puissances étrangères de le prendre sous leur sauvegarde, comment l'empêcherons-nous? Qu'on prenne toutes les précautions possibles, elles seront frivoles. Nul engagement ne prévaut contre les instincts de la liberté; toute obligation personnelle souscrite par Abd-el-Kader sera dénouée par une violence nulle de soi. La force impose, elle n'oblige point.

Rien au monde ne peut empêcher Abd-el-Kader, rendu en Égypte, de déclarer que, s'il s'est soumis à la France, c'était momentanément, et à la condition d'avoir sa liberté en Orient; qu'il a voulu seulement passer d'Oran à Alexandrie, et qu'il a demandé la liberté du passage aux troupes qui tenaient la route; qu'une fois parvenu à sa destination, il entend y vivre sous la protection du sultan, disposer de sa personne et de ses mouvements suivant sa propre volonté, et réserver toutes ses forces à sa nationalité et à sa foi, pour lesquelles il conserve au fond de l'âme le même amour et le même espoir de les servir.

Prétendrait-on lier notre ennemi par un serment? Mais nous ne sommes plus au temps des chevaleresques Maures d'Espagne. Un sauvage fanatique ne se croira jamais engagé par une promesse faite à des infidèles que sa loi lui commande de combattre par tous les moyens possibles. A-t-on oublié, d'ailleurs, qu'il s'agit de ce même homme qui n'a pas rougi de massacrer impitoyablement nos prisonniers?

Tels sont les points sur lesquels l'avenir prononcera.

Nous avons vu primitivement qu'Abd-el-Kader, par ordre du gouvernement du roi, avait été, après sa sortie du lazaret, transféré et mis au fort Lamalgue à Toulon, pour y demeurer, lui et les personnes de sa suite, et où il a habité pendant quelque temps.

Sa reddition à l'armée française a eu lieu, comme nous l'avons vu, à la fin de l'année 1847.

Au mois de février 1848, lorsque la République fut proclamée, l'ex-émir réclamait instamment pour qu'on le fit sortir du fort Lamalgue, séjour pour lui triste et monotone, qui ne différait en rien de celui d'une prison. « Toujours était-il, disait le captif, qu'en se confiant à la générosité française, il ne pensait pas qu'on dût le traiter ainsi, en le séquestrant entre quatre murailles, sans lui donner même le loisir de respirer un autre air que celui de la forteresse où il avait été déposé. »

Malgré le changement qui s'était opéré en France, l'on vit, comme sous la dynastie déchue, qu'il était d'un immense intérêt pour la France de ne point donner la liberté à Abd-el-Kader, ni de permettre qu'il se rendît en Égypte, puisque ce serait, comme nous l'avons déjà dit, nous exposer à nous créer de nouveaux embarras dans nos possessions africaines, malgré que l'ex-émir prétendît qu'une fois rendu à la Mecque il ne s'occuperait que d'y vivre de la vie contemplative et religieuse.

Qui peut enfin nous rendre garant de sa parole? Rien, assurément.

Rien ne l'empêche de rompre son serment, auquel rien ne l'attache; dès qu'il ne sera plus sur notre territoire ni sous notre dépendance, nos voisins d'outre-mer seront peut-être les premiers à lui faciliter les moyens de reparaître sur le théâtre de ses exploits, en nous le jetant de nouveau en Algérie, pour épuiser encore nos forces et répandre le sang généreux de nos valeureux soldats! Ne nous exposons donc pas à commettre une pareille erreur! gardons-nous-en bien. D'après l'organe et l'opinion publique de l'Angleterre, elle ose nous blâmer et dit que la France, cette nation tant vantée, devrait savoir qu'il est honorable de tenir sa parole et de remplir les promesses de ses agents. Elle a en quelque sorte raison. ¹

La France cependant, ne voulant pas et ne pouvant pas laisser partir Abd-el-Kader en Orient, malgré la parole donnée, qui ne peut se réaliser dans un intérêt bien senti et au risque de compromettre le repos de nos établissements en Algérie, a bien voulu du moins consentir à adoucir sa captivité, en lui assignant pour demeure le château de Pau, habitation au moins plus digne de lui.

Dès que cette décision ministérielle fut prise, il y fut donc transféré, lui, sa famille et toute la suite attachée à sa personne. Ainsi le chef arabe allait habiter l'antique demeure de nos rois, le séjour et le berceau d'Henri IV.

L'ex-émir d'abord a été fort satisfait du nouveau séjour qui lui avait été assigné; mais, comme la ville de Pau se trouve dans les Pyrénées, l'hiver y étant assez rigoureux, le climat l'éprouvait, lui et les siens: en effet, cette température ne convient guère à des Africains.

En conséquence, en dernier lieu, le ministre de la guerre, dans l'intérêt de l'illustre captif, vient d'affecter le château d'Amboise à la résidence future d'Abd-el-Kader. Enfin, l'on veut rendre son sort le plus doux et le plus agréable possible pour tâcher de lui faire oublier qu'il est sur une terre étrangère, en le mettant sous le ciel doux et tempéré de la Touraine; là il jouira de ce pays charmant et des jardins qui avoisinent ces riantes contrées, qui ne sont point âpres comme les montagnes qui l'ont vu naître.

D'après les ordres du ministre, sa translation a eu lieu immédiatement pour lui et les personnes de sa suite à cette nouvelle résidence. Laissons-le là, livré à ses réflexions : il peut voir encore que la France généreuse ne le traite point avec rigueur, mais au contraire avec infiniment d'égards, ne se souvenant plus des représailles et de la lutte acharnée qui le rendit coupable à nos yeux, surtout pour son dernier acte de cruauté envers nos prisonniers, car Mustapha-ben-Tamy ne fut que l'exécuteur de ses volontés; mais la France ne viola jamais l'hospitalité. Aussi Abd-el-Kader, en se rendant à nous, avait compté d'avance sur un ennemi généreux; aussi il n'a point été trompé dans ses prévisions.

En lui accordant l'aman qu'il nous a demandé instamment, nous lui avons accordé le pardon et l'oubli du passé.

Louis-Napoléon, président de la République, dans un voyage qu'il

fit, vint rendre visite à Abd-el-Kader au château d'Amboise, où résidait depuis quelques années l'illustre prisonnier ; il eut la générosité
de le rendre à la liberté.

Le chef arabe prit alors en grande admiration le chef de l'État de la
France, lui en témoigna sa vive reconnaissance et lui jura sur le
Koran qu'il n'entreprendrait jamais rien contre la France, qu'il re-
gardait désormais comme son hôte, et il a tenu fidèlement sa parole.
Il avait choisi pour résidence Brousse, ville dans les États du
sultan.

Depuis peu il a désiré passer à Damas, en Syrie, où il réside maintenant, ne s'occupant que de la vie contemplative et de religion.

CHAPITRE XII

DE BOU-MAZA ET SA SOUMISSION

Le chérif Bou-Maza est arrivé à Paris le 5 mai 1847.

Bou-Maza, de la race la plus illustre que vénèrent les Arabes, se fit
remarquer de très-bonne heure parmi ses frères par l'ardeur de son
enthousiasme. Il n'avait pas plus de dix-huit ans quand le chef de la
secte l'avertit de la mission qui lui était réservée de purger de la
présence des infidèles la terre de l'islamisme.

Le Dahara lui fut indiqué comme point de départ. Le Dahara, renommé par le fanatisme et la bravoure de ses habitants, était admirablement choisi comme centre d'un soulèvement. Lorsqu'il crut son
heure venue (c'était au commencement de 1845), il alla retrouver à
Constantine son premier initiateur, qui lui donna l'investiture comme
sultan et lui remit le cachet (tabax), signe de son commandement.
Bou-Maza reprit la route du Dahara, plein de force dans ces paroles
du chef : « Va, triomphe pour la religion, Dieu est avec toi. »

Plusieurs événements militaires furent la suite de son apparition
aux environs d'Orléansville. Quelques semaines après ses premières
attaques, le 17 juillet 1845, notre agha Hadj-Ahmed, escorté par un
goum nombreux et brillant, revenait de Mazouna, où il avait été chercher la fiancée de son fils, lorsqu'en face de lui se présenta un goum
pareil. L'agha croit reconnaître son collègue de Sbehha, Sidi-Mohammed, qui vient lui faire honneur. Il continue de s'avancer sans défiance, en disposant sa troupe pour recevoir et rendre une fantasia,

lorsque tout à coup la troupe opposée s'élance et décharge ses armes sur le cortége. L'agha riposte, et sa balle, coupant le devant de la selle de Bou-Maza, lui effleure le flanc.

Le chérif se précipite sur l'agha le sabre à la main. « Tue-moi d'une balle, lui crie Hadj-Ahmed. — M'aurais-tu laissé le choix, si tu étais le plus fort? » répliqua Bou-Maza, et il frappa mortellement son adversaire.

Le chérif Bou-Maza ne tarda pas à se montrer de nouveau dans le sud-ouest d'Alger, et chercha à soulever une partie des tribus du Djebel-Dira.

Le 21 septembre, au moment où Abd-el-Kader franchissait la frontière pour assaillir, à Sidi-Brahim, le lieutenant-colonel de Montagnac, le général de Bourjolly essuyait, dans les défilés des Flittas, une attaque furieuse, renouvelée avec plus d'ardeur encore le lendemain, et dans laquelle succombaient deux de nos plus braves officiers supérieurs, le lieutenant-colonel Berthier et le chef de bataillon Clène.

Avant l'action, Bou-Maza avait dit à son agha Chadli : « Il faut tomber à coups de sabre sur l'ennemi. Si tu tombes, je te relèverai; si je tombe, tu me relèveras. »

Et il s'était jeté dans la mêlée le sabre au poing. Mais, à quelques pas des Français, Chadli lâcha son coup de fusil et tourna bride à la manière arabe. Bou-Maza resta bravement au milieu de ses adversaires, soutint une lutte corps à corps, reçut quatre coups de baïonnette et fut même pris un instant sans qu'on le reconnût, parce que, suivant son habitude, il avait laissé ses drapeaux sur une hauteur voisine. Il ne réussit à s'échapper qu'en terrassant à coups de sabre les hommes qui le tenaient.

A la suite du combat du 21 septembre, Bou-Maza put se porter, par une partie hardie, jusque dans les jardins de Mostaganem, qui ne fut préservé de malheurs sérieux que par l'audace de son commandant supérieur, le lieutenant-colonel Mellinet, et de quelques cavaliers des chasseurs d'Afrique.

La fortune de Bou-Maza fut alors à son apogée. Il domina pendant quelque temps, sans opposition, dans tout le pays des Flittas et dans le Dahara, réunissant environ six mille hommes sous ses ordres, disposant des forces de toutes les tribus établies entre la mer, la Mina et l'Ouarsenis, sur une étendue de territoire d'environ quarante lieues carrées, et entretenant au loin des intelligences parmi les populations soumises à notre domination.

Le 15 mars 1846, après diverses tentatives infructueuses par l'activité et la persévérance de nos généraux, il avait réussi à relever le courage des tribus du bas Dahara, et tenait de nouveau la campagne avec trois ou quatre cents cavaliers et autant de fantassins, à la tête desquels il reçut, sur l'Oued-Ksa, le choc inopiné des troupes d'Orléansville et de Tenez, conduites par le colonel de Saint-Arnaud. Cavaliers et fantassins, culbutés et poursuivis, se dispersèrent dans les montagnes. Bou-Maza, sans que cette fois encore il eût été reconnu, reçut à bout portant une décharge de cinq coups de grosse carabine; son cheval fut tué roide de deux balles, et lui-même fut blessé au bras gauche d'une balle qui lui a fait perdre presque entièrement l'usage de ce membre et qui le mit pour longtemps hors de combat. Couché sur un mulet dont les mouvements occasionnaient de cruelles douleurs à son bras brisé, Bou-Maza traversa furtivement le Chélif, rejoignit dans l'Ouarsenis le khalifa El-Hadj-Seghir, et tous deux rejoignirent Abd-el-Kader à Stitten, pour le suivre à la deira dans le Maroc.

Bou-Maza resta près de deux mois à la deira entre vie et trépas.

Abd-el-Kader mit à profit son état de souffrance pour lui enlever peu à peu tous les hommes valeureux qui l'avaient suivi dans sa mauvaise fortune, et quand il l'eut suffisamment affaibli, il dirigea contre lui une razzia, lui enlevant dix mulets chargés de douros d'Espagne, trente chevaux de selle, quinze couples d'esclaves et la femme qu'il avait épousée dans la tribu des Ouled-Fers, aux environs d'Orléansville. Bou-Maza s'échappa seul à cheval par une sorte de miracle. Le lendemain, quatorze seulement de ses cavaliers le rejoignirent, et c'est avec ce faible noyau qu'il continua la guerre.

Bou-Maza sonda en vain les dispositions de grandes tribus nomades de l'Ouest. Il fut mieux accueilli chez les Ouled-Naïl, et suscita dans le Ziban, chez les Ouled-Djellal, une prise d'armes qui donna lieu à un combat meurtrier, le 10 janvier 1847, contre la colonne du général Herbillon.

En revenant du désert, Bou-Maza trouva soumises à notre autorité toutes les tribus précédemment insurgées. Il comprit alors qu'il n'y avait plus de chances de succès pour ses nouveaux efforts, et prit à ce moment la détermination d'aller à Orléansville se rendre au colonel de Saint-Arnaud, son plus infatigable adversaire.

Le colonel de Saint-Arnaud, en quittant le pays des Ouled-Jounès, avait laissé près du kaïd El-Haceni quatre cavaliers chargés de recueillir l'amende imposée à la tribu. Le 12 avril suivant, ces cinq hommes étaient réunis pour s'occuper du but de leur mission, lorsque paraît devant l'entrée de la tente un cavalier qui met pied à terre.

C'était Bou-Maza. A sa vue, le kaïd, saisi d'une profonde terreur, veut se sauver, ainsi que les mkrazenis, sans songer le moins du monde à la résistance. Mais le chérif, étendant les bras, les cloue immobiles à leur place : « Je vous donne mon aman (pardon), dit-il ; il n'est plus question de guerre : il s'agit de venir avec moi chez le colonel d'Orléansville. » Un cavalier prit le devant et vint avertir le colonel de Saint-Arnaud.

Entré, le 13 avril, en plein jour, à Orléansville, Bou-Maza aborda le colonel avec assurance, et parodiant, sans le savoir, la fameuse lettre de Napoléon au prince régent d'Angleterre, non sans grandeur et sans dignité : « J'ai fait tout ce que j'ai pu pour ma religion et pour l'indépendance de mes frères : c'est à toi que j'ai voulu me rendre, lui dit-il, parce que tu es celui des Français contre lequel j'ai le plus souvent combattu. »

Cette soumission a produit dans le pays une sensation immense, et jamais événement semblable ne s'était produit depuis la conquête.

Embarqué, le 15 avril, à Tenez, à bord du bateau à vapeur le *Caméléon*, Bou-Maza est arrivé le 16 à Alger, où le gouverneur général l'a traité avec la distinction et la générosité dues au courage malheureux. La frégate à vapeur le *Labrador*, partie d'Alger le 22, l'a transporté à Toulon, et, le 24, il mettait le pied sur la terre de France, qu'il avait témoigné le désir de visiter.

Bou-Maza est âgé d'environ vingt-cinq ans ; sa taille est élevée, svelte et même élégante. Quoique souffrant de plusieurs blessures, surtout de celle du bras gauche, dont l'articulation est complétement ankylosée, sa physionomie respire l'audace et l'énergie ; ses grands yeux noirs, bordés de longs cils noirs et surmontés de sourcils bien arqués, sont éclairés d'un feu sombre ; ses lèvres un peu épaisses, le bas de son visage préominent, son teint bronzé, annoncent de violentes passions. Rien dans sa personne ne dément les aventures extraordinaires, ni la réputation d'audace et de cruauté qu'a laissée le sultan du Dahara parmi les populations qu'il a traversées.

Bou-Maza porte le même costume qu'Abd-el-Kader : il est vêtu d'un haïk en laine et soie d'une éclatante blancheur, qui entoure son visage basané ; une petite corde brune, en poil de chameau, fixe ce vêtement autour de sa tête. Son burnous, passé par-dessus le haïk, est noir. Il est chaussé du toumak (sorte de bottes) en peau couleur orange, comme un cavalier qui vient de mettre pied à terre, et porte en outre des souliers arabes.

Bou-Maza demanda instamment que la France acceptât ses services et l'employât à poursuivre Abd-el-Kader, impatient qu'il est de se venger des affronts sanglants qu'il en a reçus. Il montrait dernièrement ses nombreuses blessures, qui ont fait de son corps un crible, selon sa pittoresque expression, et disait : « Mon cœur était rempli de haine contre les Français ; avec le sang qui s'est écoulé de ces blessures faites par eux, la haine est sortie de moi : aujourd'hui mon cœur est purifié. »

Nous avions dans Bou-Maza un ennemi d'autant plus à craindre, qu'il avait pour lui l'admiration et le respect des Arabes.

Sa vie était un tissu de faits extraordinaires, de succès et de résultats plus extraordinaires encore. Bien souvent, après avoir eu à défendre son existence et son pouvoir contre nous, il avait encore à les défendre contre des compétiteurs religieux. Bien souvent aussi son éloquence bouillante et persuasive lui suffit pour écarter des rivaux ; mais il arriva parfois que ceux-ci parlaient avec autant de vivacité et de chaleur que lui ; alors, faisant un appel au courage : « Que celui que l'esprit de Dieu anime, s'écriait-il, se révèle, du moins en présence de l'ennemi. » Et cet appel restait sans réponse ; nul ne pouvait entrer dans la lice avec lui, nul n'osait lui disputer le prix de la bravoure. Or on sait que c'est la vertu qui a le plus de mérite aux yeux des Arabes. La vaillance et la force, voilà leurs idoles. Le ciel avait donné la première à Bou-Maza ; il avait su se créer la seconde. Le prestige qui l'entourait était grand, le malheur ne l'a point affaibli. Partout sur son passage on a vu les populations traverser son escorte française, se prosterner à ses genoux, baiser ses pieds, ses étriers, ses vêtements, même son cheval. Chacun sollicitait un mot, un regard, et sa marche ressemblait souvent à un triomphe.

Il est permis de le dire, si la puissance matérielle du chérif était ruinée, quant au moment présent, son influence morale vivait encore dans bien des cœurs, et, s'il ne pouvait sans folie espérer de sortir avec succès d'une lutte contre nous, il pouvait cependant conserver l'espoir de relever un jour son autorité, pendant assez de temps pour jeter encore un peu de gloire sur son nom. Sa résolution n'a donc pas été un pis aller, le résultat d'une position désespérée, comme celle d'Abd-el-Kader ; mais elle a été le fruit de ses réflexions, le fruit de sa conviction sur la supériorité de la France, sur la certitude de son avenir en Algérie. Et il faut que cet avenir se montre bien clair et bien assuré, puisque des hommes tels que Bou-Maza, tels que Ben-Salem et tels qu'Abd-el-Kader ont posé les armes, car des hommes comme ceux-là ne se découragent jamais par lassitude ; la nature arabe est patiente et persévérante, tant qu'elle aperçoit la plus petite lueur poindre à l'horizon ; elle ne renonce à poursuivre l'œuvre commencée que lorsque aucune illusion, quelque légère qu'elle soit, ne lui est plus permise.

SOUMISSION DU BEY AHMED

Nous avons vu que, dans l'année 1847, deux événements importants s'étaient manifestés : c'était d'abord la soumission de Bou-Maza et ensuite celle d'Abd-el-Kader, cette dernière surtout, la plus importante pour la pacification de l'Algérie. L'année 1848 est venue nous révéler un fait d'une non moins grande importance, c'est la soumission à la France d'Hadji-Ahmed, ancien bey de Constantine, celui qui deux fois nous avait disputé la conquête de cette ville, et qui, lors de la prise de Constantine, n'avait point voulu se soumettre et était demeuré fugitif au milieu des tribus qui lui étaient restées fidèles, ou que, par la terreur, il avait forcées à se rallier à lui ; nous avions dans ce dernier un ennemi acharné, qui, plus d'une fois, avait cherché à nous susciter des troubles et des soulèvements dans la province de son ancien beylik, cherchant toujours à ressaisir le pouvoir qui lui était échappé ; mais nos troupes, dans Constantine, se tenaient sur leurs gardes ; aussi vainement il cherchait à nous surprendre.

Mais enfin Ahmed, comprenant qu'il ne pouvait pas espérer de pouvoir toujours lutter contre nos forces, poursuivi et traqué sans cesse par nos colonnes, et battu de tous côtés, a pris enfin la détermination de venir se rendre et de faire sa soumission à la France.

C'est le 10 juin 1848 que le bey Ahmed a fait sa soumission à l'autorité française ; il s'est rendu à M. le commandant Saint-Germain à Kebbach, à deux jours de marche de Biskara. Depuis deux mois environ des négociations ouvertes entre Ahmed et le directeur des affaires arabes de la province avaient fait prévoir ou espérer ce résultat ; mais la révolution et les faux bruits répandus en Algérie avaient rendu à notre ennemi un reste d'espoir et mis fin aux pourparlers. A quelques jours de là, M. le colonel Canrobert, au retour d'une expédition dans le mont Aurès, avait pris position à Mena, dans l'Oued-Abdi ; instruit qu'Ahmed, non loin de là, devait y être campé avec quelques troupes, il a informé le commandant Saint-Germain, qui, de son côté, s'étant avancé à la tête des goums du cheik-el-arab, a fermé tous les défilés de l'Amar-Kadou. Ahmed, se voyant cerné de toutes parts, a essayé d'obtenir passage chez les Beni-Himan ; sur leur refus, il adressa aux officiers français une lettre dans laquelle il faisait quelques propositions, et qui probablement avait pour but d'obtenir un nouveau délai. Sans se laisser prendre à ce leurre, nos troupes continuèrent à s'avancer, et Ahmed, comprenant l'inutilité de la résistance, a capitulé sans autre condition que d'avoir la vie sauve et de conserver ses biens et sa smalah.

SOUMISSION DE BEN-SALEM

Des négociations par lettres étaient ouvertes depuis quelque temps avec Sidi-Ahmed-ben-Thaïeb-ben-Salem, qui avait même accepté plusieurs entrevues avec le capitaine Ducros, chef du bureau arabe d'Aumale. C'est donc dans la journée du 27 février 1847 que le célèbre et puissant khalifa se décida à une démarche décisive.

Escorté par tous les chefs importants des revers nord, sud et ouest du Jurjura, suivi par des personnages marquants qui, ayant refusé leur adhésion à la soumission de leurs tribus, s'étaient réfugiés dans la grande Kabylie, il arriva à Aumale et se présenta devant le gouverneur général pour faire sa soumission.

Au nombre des chefs qui accompagnaient Ben-Salem, on remarquait Bou-Chareb, de Médéah, qui a déployé contre nous une grande énergie jointe à une rare capacité ; Sid-Abd-el-Rhaman, ancien chef de Delhy sous Abd-el-Kader, lieutenant et ami de Ben-Salem, et le frère de Ben-Kassem ou Kassi. Ce dernier, ancien chef de toute la vallée de Sebaou, étant tombé malade en route, s'était fait remplacer par lui, promettant d'avance d'adhérer à tout ce qui serait convenu. On comprend facilement l'effet produit sur les populations algériennes par la démarche de ces hommes qui, jusqu'à ce jour, avaient été si invariablement attachés à l'émir. L'aman accordé à ces chefs était pour elles un signe éclatant qui leur annonçait qu'elles devaient renoncer à revoir jamais Abd-el-Kader revenir se mettre à leur tête. Pour nous, c'était un pas immense fait vers la possession complète de la Kabylie, de plus un gage sûr de sécurité dans toute la province d'Alger ; enfin c'était un agrandissement de territoire ; en un moment notre frontière a reculé. Tout à l'heure elle n'était qu'à dix-huit lieues est d'Alger, maintenant elle en est à cinquante. — Donc double résultat : avantage moral par le découragement des Arabes, avantage matériel par l'extension de notre domination.

FIN DU TOME SECOND.

NOTES

n.

NOTES

TROISIÈME PARTIE

1

Page 2. — Le choléra avait déjà éclaté à Alger.....

CHOLÉRA-MORBUS A ALGER [1], DÉBUT DE LA MALADIE.

Dès les premiers jours de juillet 1835, la commission de santé d'Alger fut informée que le choléra régnait à Toulon, et, pour se conformer aux lois sanitaires, elle considéra comme suspectes toutes les provenances de ce pays. Un lazaret fut établi au fort Bab-Azoun, hors de la ville, et la quarantaine fixée à sept jours. Pendant ce mois, un nombre assez considérable de passagers y arriva par les bateaux à vapeur ou par des bâtiments marchands; et quelques bâtiments de l'État, qui avaient des cholériques à bord, le *Triton* principalement, furent éloignés du port et mis en rade pour éviter toute communication.

La ville d'Alger était donc menacée du choléra par terre et par mer. Il y en avait dans les tribus qui l'environnent, il y en avait aussi sur quelques bâtiments mouillés dans sa rade. Cependant la première victime qu'il y fit n'appartenait ni à la population ni aux tribus. Ce fut un soldat qui, traîné de prison en prison, venait de France pour entrer dans les bataillons d'Afrique. Cet homme, apporté par le bateau à vapeur la *Chimère*, fut déposé au lazaret

---

[1] Nous allons consigner ici les propres observations sur le choléra par M. J.-M. Audouard, médecin principal d'armée, officier de la Légion d'honneur, envoyé extraordinairement en Afrique par M. le ministre de la guerre, à l'occasion du choléra-morbus à Alger.

avec les autres voyageurs, et le 2 août, sixième jour de sa quarantaine, il fut pris du choléra, dont il mourut dans la nuit du 3 au 4. On a bien dit qu'il y avait eu d'autres atteintes de choléra auparavant ; mais ces cas, qui ne furent pas mortels, furent contestés, et l'on s'accorda à dire que le premier avait été le soldat mort au lazaret.

Trois jours se passèrent sans que l'on vît de nouvelle apparence de choléra ; mais le 7, deux soldats en furent violemment atteints à l'hôpital militaire du Dey, qui est à un quart de lieue de la ville, à l'extrémité opposée à celle où était le lazaret ou fort Bab-Azoun.

Le 8, il y eut d'autres atteintes en ville, principalement dans la partie basse et celle qui renferme un grand nombre de juifs.

Le 9, trois condamnés aux travaux publics en furent frappés. Ils habitaient le Fort-Neuf, à la porte Bab-el-Oued.

Le 10, dès le matin, on eut connaissance de nouveaux cholériques dans la population et parmi les condamnés, dont l'habitation au Fort-Neuf était humide et malsaine. Les condamnés furent transférés à Kouba, dans la campagne, où, sur six cents, il en mourut trente-deux dans tout le cours de l'épidémie.

M. Leroi, chirurgien aide-major, chargé de cette ambulance, en mourut aussi.

Le 11, toutes les classes de la population, Maures, juifs, Européens, comptaient plusieurs malades, et la maladie était si promptement mortelle, que de l'invasion à la mort il n'y avait assez souvent que quelques heures.

Le 12, on reconnut que la caserne des Lions, rue Bab-Azoun, avait perdu beaucoup d'hommes en très-peu de temps, ce qui effraya, et on l'évacua.

Mais déjà les juifs étaient attaqués en très-grand nombre, et toujours dans la partie basse de la ville. De ce jour date l'établissement des bureaux de secours ; mais les Maures, qui s'accommodent peu de nos coutumes, les délaissaient, et les juifs en faisaient autant.

Le 13, point de changement notable. La maladie cause de nouvelles pertes, principalement parmi les hommes qui abusent des boissons spiritueuses.

Le 14, même état. La peur se répand ; on voit que le fléau va toujours croissant, et beaucoup de personnes quittent la ville. Les Maures et les juifs riches vont à la campagne, et les Européens qui peuvent s'embarquer vont en France ou en Italie. La population est réduite à vingt-quatre mille âmes, dont la moitié maure et l'autre moitié mi-partie de juifs et d'Européens. Aux efforts de l'administration pour atténuer les effets du fléau, les indigènes opposent une force d'inertie incroyable, tant leurs usages et leurs idées religieuses les tiennent éloignés des nôtres ; les juifs aussi refusent d'enterrer leurs coreligionnaires le samedi. Pour les y contraindre, on les menace de mettre leurs morts dans la fosse commune, après les avoir enlevés de vive force de chez eux. Il est arrivé plusieurs fois que les cadavres sont restés deux jours dans leurs maisons, ou mieux dans leurs gîtes étroits, en compagnie de la famille entière. Pour ne pas déroger à leurs coutumes, les Maures et les juifs refusent aussi de laisser répandre de la chaux vive sur leurs morts, qu'ils mettent dans des fosses de trois pieds de profondeur au plus. On soupçonne même que, pour se soustraire aux mesures hygiéniques, les indigènes enterrent dans leurs maisons. Des visites domiciliaires sont faites, au grand déplaisir des Maures; on ne découvre aucune sépulture, mais on reste persuadé que cela a eu lieu.

Tous les hôpitaux sont encombrés; on a dû y recevoir les Européens étrangers à l'armée, car alors il n'y avait pas encore d'hôpital civil.

Le 15, la mortalité est effrayante, et, soit le grand nombre de morts, soit la terreur qui a frappé tous les esprits, on ne trouve plus de bras pour emporter les cadavres, les rues étroites ne permettant pas d'autres moyens de transport. On manqua même de fossoyeurs. Ainsi, au plus fort de l'épidémie, les cadavres séjournent dans les habitations, et l'observation du sabbat se joint aux difficultés déjà existantes pour augmenter cette accumulation.

Le 16, la mortalité parmi les juifs était plus forte que dans les autres parties de la population; et, comme il est difficile de leur faire entendre qu'on ne doit pas se tenir groupés dans des logements étroits, privés d'air et de lumière, M. le maréchal gouverneur prend le parti de les faire camper au Boudjaréah, mont situé à l'ouest de la ville, ce qui fut exécuté le lendemain même. Un autre embarras naquit du manque d'infirmiers. Ceux des hôpitaux étant malades, on ne trouva personne pour les remplacer, et l'administration, embarrassée pour les sépultures, eut encore à pourvoir au service des malades. Pour cela, on eut recours aux compagnies de discipline.

Le 17, il n'y avait aucune apparence de diminution du fléau, et l'on pressa les juifs de se rendre au camp.

Le 18, la mortalité est encore plus forte que les autres jours. On assure que ce jour-là les juifs eurent plus de cent morts. De toutes parts aussi on est informé que le choléra fait les plus grands ravages. A Blidah, ville de quatre mille âmes, la mortalité est effrayante.

Le 19, la désolation était dans tous les esprits; les boutiques fermées annonçaient que l'on ne s'occupait plus des intérêts matériels. Il fallut céder aux conseils, aux exigences de la masse, et, sans croire à l'efficacité des moyens, on chercha à repousser au loin dans l'atmosphère l'élément cholérigène, que l'on supposait disséminé dans l'air et planant sur toutes les têtes. Pour cela, on fit tirer le canon à plusieurs reprises, et on alluma de grands feux de bois résineux sur les places publiques, dans les rues et sur les terrasses.

Cependant le 20, les cas nouveaux furent moins nombreux et moins intenses; la mortalité frappait sur les malades déjà en traitement.

Le 21, quelques cas de choléra se sont montrés au campement des juifs, qui y sont au nombre de cinq cents environ sous la tente. Si je suis bien informé, on n'y a compté que quinze malades, dont quatre sont morts, depuis l'établissement jusqu'à la fin de l'épidémie. La chaleur est excessive, le vent du désert règne.

A Mustapha-Pacha, où est un camp militaire, la maladie s'est déclarée depuis trois jours.

Enfin, à partir du 22, le choléra d'Alger a été décroissant tous les jours, quoique la mortalité ait été assez grande encore; mais chaque jour était un pas de plus vers le terme de la maladie, idée bien consolante que l'on caresse avec autant de délices que si l'on se promettait une grande fortune.

La seconde période a été un peu plus longue que la première. Celle-ci, que j'appelle de croissance, a commencé le 2 août et fini le 23. La seconde, ou celle de décroissance, a commencé le 24 août et fini le 20 septembre.

Je compte donc vingt jours pour la première et vingt-huit pour la seconde, ce qui a été observé dans toutes les épidémies qui ont frappé des villes assez considérables.

Il n'y avait plus de choléra dans Alger lorsque j'y arrivai, le 7 octobre. Mais, dès les premiers jours de novembre, il y eut une petite recrudescence. Elle atteignit quelques personnes dans la population, mais elle se fit mieux sentir dans les hôpitaux militaires, et particulièrement parmi des malades nouvellement venus de Bougie par évacuation. Ces hommes, affaiblis d'ailleurs par des maladies antérieures, étaient dans les mêmes circonstances que les habitants de Toulon qui rentrèrent au déclin de l'épidémie.

Ils n'avaient pas subi l'épreuve de la maladie, et, se trouvant placés sous un ciel cholérique, ils payèrent tribut comme ils l'auraient fait s'ils s'étaient trouvés à Alger pendant le choléra.

Il résulte des états tenus par l'administration civile que, dans la première période, il y eut dans toute la population huit cent quatre-vingt-quinze cas de choléra, dont cinq cent quarante-deux furent mortels; et, dans la seconde, six cent soixante-douze atteintes, dont cinq cent six suivies de mort. Total des décès, mille quarante-huit. A ce chiffre, il faut ajouter cent soixante-douze civils morts à l'hôpital militaire, ce qui fait un total de mille deux cent vingt.

Ce nombre de décès calculé d'après la population, qui était de vingt-quatre mille âmes, on trouve que celle-ci a perdu le dix-neuvième.

D'après les états déposés à l'intendance militaire, l'effectif de l'armée dans Alger et dans les camps était, au 1er août, de onze mille huit cent quatre hommes.

En outre, le mouvement général des hôpitaux fait connaître qu'il y a eu mille deux cent et un cholériques, dont six cent trente-neuf sont morts, ce qui donne la proportion d'un dix-huitième.

Je pense que les mouvements d'après lesquels les calculs qui précèdent ont été faits, tant pour la population que pour l'armée, ne sont pas d'une exactitude très-grande. Mais voilà tout ce que j'ai pu trouver qui s'approchât le plus de la vérité.

Parmi les victimes de ce choléra, on compte principalement M. le colonel Ricard, commandant la place d'Alger, et M. Perroud, sous-intendant militaire. Mais les officiers de santé ont perdu beaucoup. Parmi eux, on distingue M. Juving, pharmacien principal de l'armée, et M. Marie, pharmacien major. MM. Leroi, Debourges, Cresté, Gérardin, Semidei, Susini et Vialet, chirurgiens; Elkerbout, Brossut et Hubert, pharmaciens, ont aussi payé le fatal tribut, et plus de douze médecins, chirurgiens ou pharmaciens de tous grades, ont été aux portes du tombeau. Moins malheureux, un plus grand nombre d'officiers de santé ont redoublé de courage pour remplacer au champ d'honneur ceux de leurs collègues qui y étaient restés morts ou blessés.

A leur tête se montraient MM. Stéphanopoli et Guyon, officiers de santé principaux de l'armée. Hélas! à quoi leur a servi tant de dévouement et de zèle? Les récompenses ont été si rares, qu'elles ont été comme inaperçues, tandis qu'on a été jusqu'à flétrir du reproche de lâcheté quelques-uns de ces honorables confrères, dont le courage et les talents éprouvés dans mille autres circonstances ne se sont pas démentis un instant dans celle-ci.

DU CHOLÉRA-MORBUS DANS LES ENVIRONS D'ALGER, DANS LES CAMPS ET DANS LES TRIBUS.

Les communes et les tribus qui environnent Alger ont été plus ou moins atteintes par le choléra : quelques-unes ont été ravagées, d'autres entièrement exemptes. Ainsi la commune de Birmandrès, qui est à deux lieues au sud d'Alger, et où l'on compte plus de mille âmes, n'eut pas un seul cas de choléra, tandis qu'à Mustapha-Pacha, qui est dans la même direction entre Birmandrès et Alger, il y eut beaucoup de malades. Mais en se portant plus avant et en se rapprochant de l'Atlas, on a rencontré le choléra fort loin. La ville de Blidah, à douze lieues sud-ouest d'Alger; Miliana et

Médéah, à plus de trente lieues au sud-ouest, ont perdu une grande partie de leurs habitants, et le choléra y était déjà bien établi lorsqu'il n'avait pas encore paru à Alger.

Quatre camps étaient à une distance plus ou moins grande de cette capitale. Les plus éloignés et les plus considérables étaient ceux de Douéra et de Boufarik, à six ou sept lieues de la ville.

Ces camps contenaient la moitié des troupes dont j'ai donné l'effectif, et cette moitié a moins souffert du choléra que celle qui était dans les casernes d'Alger. Il n'est pas possible de donner le chiffre exact de la mortalité; mais je ne crains pas de faire erreur en disant que les troupes de la garnison ont perdu deux fois plus de monde que celles qui étaient campées. Cette différence est due à la ventilation facile et à la pureté de l'air qui régnait dans les camps, non moins qu'à leur éloignement du foyer principal du choléra.

Disons aussi que le choléra fit d'autant plus de ravages parmi les militaires d'Alger, qu'à l'époque de son apparition on comptait beaucoup de malades dans les hôpitaux, malades débilités par d'anciennes maladies, et contre lesquels le choléra sévissait plus particulièrement.

J'ai remarqué qu'à Oran et à Bone[1] le premier individu atteint était un homme habitant non loin de la mer. Il en avait été ainsi à Toulon, et cette remarque est à faire encore pour Alger.

En outre, ici, comme à Toulon, à Oran et à Bone, les seconds coups de choléra ont porté sur des hommes malades dans les hôpitaux ou sur des prisonniers et des condamnés, c'est-à-dire dans des lieux où il y avait une réunion d'hommes trop grande pour que l'air y jouît de toute la pureté nécessaire. Je ne dois pas omettre de consigner ici que, sur plus de mille passagers, venant de Marseille ou de Toulon, qui entrèrent au lazaret d'Alger pendant le mois qui précéda l'épidémie, il n'y eut d'autre cas de choléra que le soldat qui succomba dans la nuit du 3 au 4. Il y avait, à cette époque, plus de cent quarantenaires au lazaret.

Cette remarque tend à prouver que l'exportation par les individus n'est pas le moyen d'extension de cette maladie.

Pendant l'épidémie d'Alger, les juifs ont perdu proportionnellement plus que les autres parties de la population, parce qu'ils occupent le bas de la ville, les rues les plus étroites; qu'ils sont entassés dans leurs habitations, d'ailleurs petites, sales et mal aérées. Aussi la mesure que l'on prit de les

[1] La mission de M. Audouard était d'écrire sur le choléra d'Oran, qui s'était manifesté un an avant celui d'Alger, en 1834, et sur celui de Bone, qui s'est déclaré postérieurement à celui d'Alger. Quant à moi, je me suis borné à décrire les ravages que le choléra a faits dans la ville d'Alger et ses environs, parce que je m'y trouvais quand l'épidémie a eu lieu, et que j'en ai été atteint grièvement moi-même.

faire camper fut-elle sage, et, quoiqu'elle ait coïncidé avec l'époque où l'épidémie allait perdre de sa force, il est juste de dire qu'elle a préservé de la mort un bon nombre de ceux qui se rendirent au camp.

La préférence que cette maladie affecte pour les personnes qui abusent des boissons spiritueuses et qui font d'autres excès a été constatée à Alger, comme elle l'avait été dans d'autres lieux sous le règne du choléra.

La garnison d'Alger était de cinq mille hommes environ, répartis dans divers quartiers ; mais, entre autres casernes, celle de la Kasbah fournit proportionnellement moins de cholériques que les autres : sa position à la partie la plus élevée d'Alger en donne assez la raison. Celle dite des Lions, au contraire, située dans la partie basse, rue Bab-Azoun, fut jugée tellement mauvaise et funeste, qu'on fut obligé de l'évacuer.

Une mesure qui parle en faveur de l'éloignement des lieux qui, à raison de leur insalubrité, aident à l'action du choléra, fut non-seulement le campement des juifs et l'évacuation de la caserne des Lions, mais encore l'abandon du Fort-Neuf par les condamnés. C'est de là que les premiers cholériques étaient sortis, et l'on y aurait perdu beaucoup de monde sans le parti que l'on prit de transférer les condamnés au camp de Kouba, où ils n'eurent plus que quelques malades.

Pendant le choléra à Oran, l'on cite les victimes qu'il fit : on eut à déplorer la perte de M. le général Fitz-James, maréchal de camp ; de M. Dalmas, chef d'escadron au corps royal d'état-major ; de madame la comtesse Wolinska, tante de madame Desmichels, ainsi que d'un frère de celle-ci. MM. Desmichels, chirurgien-major au premier bataillon d'Afrique ; Galéani, directeur de l'hôpital militaire ; Dantan, capitaine des vétérans à Mers-el-Kébir, et Dverton Élisson, capitaine d'un brick anglais, périrent également ; et, pendant la recrudescence, M. Dhéuin, lieutenant au premier bataillon d'Afrique, et une femme de chambre de madame Desmichels, payèrent le tribut.

Parmi les officiers de santé, le jeune Morelle, chirurgien sous-aide ; Sommerfogel et Marc, pharmaciens sous-aides, succombèrent également à cette épidémie.

Parmi les victimes du choléra de Bone, l'une des premières et des plus notables fut M. Briant, pharmacien en chef de l'hôpital militaire.

Le corps des officiers de santé perdit encore M. Fortier, chirurgien aide-major au 59ᵉ de ligne, et M. Pigou, chirurgien sous-aide à l'hôpital ; un autre sous-aide, M. Peyrusse, fut à toute extrémité.

Quelques officiers de diverses armes et du grade de capitaine et au-dessous périrent aussi. Les grades supérieurs furent épargnés.

M. Mérot, agent comptable des subsistances, et son épouse, moururent à peu de jours de distance l'un de l'autre.

D'après les observations de M. le docteur Audouard, voici la marche qu'a suivie le choléra-morbus avant de faire invasion en France :

Le choléra-morbus, sorti, en 1817, des bords de l'Indus et du Gange, avait traversé l'Asie en se dirigeant vers l'Europe, et, remontant le Tigre et l'Euphrate, était arrivé sur les bords du Volga en 1828. La Russie fut donc le premier pays d'Europe qu'il visita, puis la Pologne; de là, il pénétra en Autriche, et ce fut à Vienne même qu'il exerça le plus de ravages; et, comme si les capitales étaient plus spécialement son domaine, après avoir décimé les populations de Moscou, de Saint-Pétersbourg, de Varsovie et de Vienne, il se porta sur Berlin et Hambourg. Déjà l'on redoutait en France la visite de ce terrible voyageur, on s'attendait à le voir passer le Rhin, lorsque, par un de ces écarts dont il a marqué si souvent sa marche, il parut à Sunderland, en 1831, et de là à Londres. Il était facile de prévoir que Paris ne tarderait pas à en souffrir : c'est ce qui arriva au commencement du printemps de 1832, et ce fléau se montra successivement dans plusieurs des départements voisins de celui de la Seine et même plus loin, soit en 1832, soit encore l'année suivante. Mais ensuite il parut s'éloigner de la France; en 1833, il passa en Espagne et en Portugal, d'où il franchit les mers pour se porter en Afrique et en Amérique. Je ne poursuivrai pas l'examen de sa marche dans les pays divers où on l'a signalé depuis; j'ai dû me borner à parler de ses ravages dans le nord de l'Afrique occupé par les troupes françaises.

2

Page 5. — Il fut accueilli vigoureusement.....

POURSUITE PAR LES BENI-AMER.

(Scènes africaines.)

Un capitaine qui avait été en Afrique dans les spahis, et qui racontait ses aventures à ses camarades dans une garnison de France, s'exprimait ainsi en parlant des Beni-Amer, tribu de la province d'Oran :

« Vous voulez, messieurs, que je vous raconte mes aventures : il m'en est advenu d'assez piquantes, quelquefois même d'assez terribles, pour ne pas vous en souhaiter de semblables; et, puisque vous voulez bien m'accorder la parole, je vais vous raconter une aventure encore présente à ma

POURSUITE PAR LES BENI-AMER.

mémoire; d'abord elle est récente, et puis elle est si riche d'émotions, que de ma vie je ne l'oublierai.

« C'était avant que je quittasse mon arme pour rentrer dans la vôtre, et lorsque je n'étais encore que sous-officier en Afrique : écoutez-moi.

« Campés dans la plaine de Miserghin, continua le capitaine Saint-Gaudens, point militaire éloigné d'Oran de quatre lieues environ, les spahis, dont je faisais partie, n'étaient pas encore bien installés dans cette position. Les escadrons de guerre étaient au camp, tandis que l'état-major habitait la ville.

« Chaque jour de prêt, les maréchaux de logis chefs des quatre escadrons détachés étaient obligés de se rendre à Oran pour y recevoir la solde des mains du capitaine trésorier, et de revenir ensuite pour payer la troupe.

« Bien que nous fussions en pleine paix, et que les communications du camp à la ville fussent aussi sûres qu'on pouvait le désirer, le colonel avait donné l'ordre que les quatre maréchaux des logis chefs partissent ensemble, pour éviter aux nombreux Arabes que l'on rencontrait à tout moment sur les routes la tentation de nous enlever la paye du régiment.

« Cette mesure était sage, car, toujours escortés par nos ordonnances, nous n'avions aucun danger à courir : huit hommes, bien armés et bien montés, présentaient assurément une force suffisante pour tenir en respect les maraudeurs que le hasard pouvait amener sur nos pas. Mais, par une circonstance indépendante de ma volonté, il arriva qu'un jour de prêt je ne pus partir avec mes camarades : l'arrivée d'un ancien condisciple, comme moi enrôlé volontairement sous les drapeaux et venu en Afrique pour fuir la monotonie de la vie de garnison, m'avait retenu en ville plus tard que de coutume.

« Il y avait longtemps que nous ne nous étions vus. C'était pour moi un devoir de traiter cet ami, car on ne cause jamais si bien de son pays que le verre en main. Je tenais à lui prouver que, quoique dans un pays sauvage, on pouvait s'y procurer toutes les douceurs de la vie.

« J'avais commandé en son honneur un dîner chez le plus fameux traiteur d'Oran. Les vins n'avaient point été épargnés, le champagne surtout; aussi nos têtes s'étaient-elles un peu échauffées à force de nous porter de mutuelles santés en souvenir de la France. Quelque pénible que fût pour moi le moment de la séparation, j'avais cependant conservé assez de raison pour ne pas perdre de vue mon devoir : nous nous séparâmes en nous disant : A bientôt !

« Et, sautant sur mon cheval, que mon spahi tenait en main à la porte de l'hôtel, je partis au galop pour le camp de Miserghin, non sans faire crier après moi maints individus que ma course précipitée dans la principale rue d'Oran, qui ne ressemble guère aux rues de la capitale, avait failli renverser. Jusqu'à ce que nous eussions atteint le blockhaus du ravin, dernière limite de la place, je ne cessai de tourmenter mon pauvre cheval, qui, docile à l'éperon, semblait avoir des ailes : il fallut nous arrêter au *Qui-vive!* de la sentinelle placée en vedette ; mais bientôt nous reprîmes notre course, en faisant des temps d'arrêt pour laisser souffler nos montures.

« Le grand air, la rapidité du voyage, m'avaient un peu calmé.

« Arrivé sur un mamelon qui domine la plaine du côté du Figuier, dans la direction du lac Seghba, je mis mon cheval au pas, et mon spahi, qui avait ma pipe appendue à l'arçon de sa selle, me la présenta toute chargée.

« Ce soldat, qui me servait d'ordonnance depuis mon arrivée au corps, était bien l'être le plus bourru que je connusse ; il m'était sincèrement attaché, mais plus intimement encore à mon cheval ; aussi lui avais-je laissé prendre un ton de familiarité que ne comportait pas toujours la discipline militaire, mais qu'il avait au moins le bon esprit de n'employer qu'en dehors du service.

« — Major, vous avez mis Maleck dans un bel état, dit-il en caressant de la main l'encolure blanche d'écume de mon cheval de pure race arabe. Il faudra, ce soir, un fameux coup d'étrille !... Mais vous vous en moquez pas mal, vous !... C'est à moi la peine... Ne serai-je donc jamais brigadier, pour cesser une bonne fois le maniement de la brosse et du bouchon de paille ?

« — Allons, grognon, fais-moi grâce de tes sermons et de tes souhaits ; tu sais bien que cela ne me regarde pas !

« Et, pour couper court à cette conversation, dont le début me promettait une avalanche d'exclamations plus grondeuses les unes que les autres, je lui offris un morceau d'amadou allumé pour le placer sur la pipe veuve de son tuyau, qu'il portait en permanence à sa bouche. Ce geste fut compris : mon spahi alluma sa pipe, et, tout entier au bonheur d'aspirer la fumée rare de son brûle-gueule, il me laissa tranquille, en me disant :

« — Merci, major.

« Nous marchions déjà depuis quelque temps de compagnie, fumant tous deux et ne disant mot, lorsque, à quelques pas devant moi, j'aperçus cinq Arabes groupés en cercle près du chemin.

« Leurs chevaux, débridés, étaient entravés non loin d'eux, mangeant quelques brins d'herbe semés çà et là, que le soleil n'avait point entièrement brûlée.

« A leurs burnous blancs, à leurs thouak[1] de maroquin jaune, je ju-

---

[1] Espèce de doubles bottes que les Arabes qui sont riches portent lorsqu'ils sont à cheval.

geai que ce devaient être des chefs. Je connaissais parfaitement tous les cheiks appartenant aux tribus alliées des Douers et des Smélas. Ceux-là me parurent étrangers, et je pensais, avec raison que c'étaient des Beni-Amer qui, au retour du marché, avaient fait une halte de quelques heures pour attendre leurs serviteurs, qui, sans doute, venaient derrière nous, conduisant les bêtes de somme.

« En passant près d'eux, je saisis quelques-unes des paroles qu'ils échangèrent à notre vue. La phrase qui parvint distincte à mon oreille me donna la mesure de leurs dispositions peu bienveillantes à l'égard des spahis en général : « *Roumi ben meniouk alkrara.* » Il me serait difficile de donner la traduction littérale de ces mots ; vos oreilles, messieurs, auraient trop à souffrir.

« — Au trot ! criai-je à mon spahi.

« Ces gredins-là, fiers de leur nombre, nous injuriaient gratuitement. Il me tardait de ne plus être à portée de leurs insolentes épithètes.

« Gros (c'était le nom de mon spahi) me répondit par un juron énergique, que l'on pourrait traduire ainsi :

« — Ah ! s'il n'étaient pas cinq, comme je leur renfoncerais les paroles dans le ventre. Puis nous repartîmes rapidement.

« Déjà nous avions fait un quart de lieue, lorsque le bruit précipité du galop de plusieurs chevaux arriva jusqu'à nous. Je me retournai aussitôt, et je vis les Beni-Amer qui couraient sur nous, le fusil haut et le burnous relevé.

« — Attention, Gros ! nous allons avoir du nouveau, dis-je à mon soldat.

« Arrêtant en même temps nos chevaux, nous les attendîmes de pied ferme, laissant la route libre, dans le cas où mes prévisions se fussent trouvées fausses.

« Cette attitude imposa sans doute aux Arabes, car, arrivés à notre hauteur, ils prirent le pas, comme s'ils eussent voulu faire route avec nous.

« Je recommandai à mon spahi de rester en arrière pour surveiller leurs mouvements ; et, comme de mon côté je pris la gauche du chemin, me laissant dépasser par deux d'entre eux d'une demi-encolure, de cette manière j'avais l'œil sur nos nouveaux compagnons de route, et l'avantage de la droite me restait.

« Bientôt la conversation s'engagea. Celui qui paraissait le chef, à en juger par la propreté de son costume et la richesse de ses armes, m'adressa le premier la parole, en langue franque, circonstance fort heureuse pour moi ; car vous verrez tout à l'heure que, certain de n'être pas compris, il se réservait le moyen de communiquer avec les siens en arabe, et de comploter ainsi notre perte, sans que nous pussions deviner la manière dont ils s'y prendraient pour arriver à leur fin.

« La langue franque, en usage en Afrique, est un composé d'espagnol, d'italien et d'arabe, que tout le monde, après quelque temps de séjour dans le pays, comprend aisément; c'est ce qui établit des relations faciles avec quiconque fréquente les marchés.

« — Tu es Français? me demanda-t-il.

« — Oui.

« — Et l'homme qui est avec toi?

« — Turc de Stamboul.

« Je donnai à dessein à mon soldat la qualité de turc, parce que je connaissais la terreur que ces anciens maîtres de l'Algérie avaient su inspirer à tout ce qui est arabe.

« — Turc! exclama le Beni-Amer.

« Et, se tournant vers Gros, dont la barbe noire et épaisse, l'œil vif et courroucé, lui donnaient en ce moment quelque ressemblance avec la tête de Méduse, il lui demanda en arabe s'il était bien de Stamboul.

« Gros ne répondit rien; cela se conçoit, il ne savait pas un mot d'arabe.

« Ne recevant pas de réponse, mon interlocuteur continua à m'adresser de nouvelles questions.

« — Quel est ton grade dans les spahis?

« — Sous-officier.

« — Tes armes sont belles: sont-elles à toi?

« — Oui.

« — Montre-moi ton sabre?

« — Volontiers.

« Et en même temps je lui présentai la pointe en tenant fortement ma lame attachée à mon poignet par la dragonne. Évidemment il dut voir que je n'étais pas assez simple pour me dessaisir d'une arme dont la longueur plus que raisonnable (c'était ce que nous appelons une demi-latte) et le tranchant effilé devaient produire un certain effet sur son esprit.

« De son côté, Gros avait dégagé sa lame du fourreau, et sa carabine armée était prête à tout événement.

« Mon interlocuteur resta muet quelques instants. Il m'examinait de la tête aux pieds. Ses regards se portaient surtout sur mon cheval, dont les formes saillantes, les jambes grêles et nerveuses, l'encolure fière et redressée, semblaient lui donner des idées de convoitise. Je l'avouerai, ce voisinage de cinq Arabes, armés jusqu'aux dents, qui, malgré moi, me faisaient une escorte d'honneur comme à un général, me souriait peu.

« Complétement remis de l'exaltation factice que le champagne m'avait procurée, je jugeais les choses de sang-froid, et j'étais forcé d'avouer *in petto* que les chances n'étaient pas pour nous; j'étais inquiet, toutefois je me contenais assez pour ne laisser paraître sur mon visage aucune trace d'émotion; car, si les Arabes avaient pu saisir sur mes traits le moindre indice de crainte, c'en était fait de nous: adieu la paye de mes braves camarades qui devaient attendre mon arrivée avec anxiété. J'affectais donc un air tranquille, et pourtant, si ces coquins-là eussent pu lire dans mon âme, ils auraient vu, à n'en pas douter, que j'étais loin d'être à mon aise.

« Éloigné de tout secours, perdu au milieu d'un chemin dont les sinuosités ne permettaient pas de voir à trente pas devant moi, et n'ayant d'espoir qu'au hasard, j'avais un sujet de réflexion qui n'était rien moins que gai. Cependant cette incertitude était pour moi cent fois plus horrible que la réalité, quelle qu'elle pût être: elle cessa bientôt.

« Mes compagnons de route, comptant sur mon ignorance de la langue arabe, ne se gênèrent pas pour comploter en ma présence.

— Au détour du chemin, disait l'un de ces brigands, le même qui m'avait fait subir la torture de son interrogatoire, je pousserai un cri; alors trois de vous ferez votre affaire du Turc. Quant au Français *imbécile* (c'était moi qu'il qualifiait ainsi), aidé de Méhémet-Bekir, je saurai bien en venir à bout.

« — Alerte, Gros! dis-je à mon spahi le plus tranquillement que je pus, ces gredins-là veulent nous assassiner au détour du chemin, ne nous laissons pas prévenir. Quand tu entendras l'explosion de mon pistolet, fais feu, et que le ciel donne des ailes à nos chevaux; c'est le seul espoir de salut qui nous reste. Puis, sans être aperçu, armant mon pistolet posé dans ma fonte droite, je fis faire avec la rapidité de l'éclair un écart à mon cheval, et, lui enfonçant les éperons dans le ventre, je lâchai contre mon ennemi la détente de mon arme.

« Surpris de cette attaque inattendue, les Beni-Amer durent hésiter un instant avant de nous poursuivre, car nous pûmes gagner une centaine de pas sur eux, avant qu'ils commençassent à faire feu à leur tour; leurs balles passèrent à côté de nous en sifflant, tandis que nos chevaux, animés par l'explosion des coups de feu, semblaient dévorer l'espace. Penché de tout mon corps sur l'encolure de Maleck, afin de donner moins de prise aux Arabes, je ne distinguais rien devant moi, lorsque Gros s'écria d'une voix de stentor :

« — Des jambes, des jambes, major! si vous n'arrivez vite, nous sommes flambés.

« Quels ne furent pas ma joie et mon bonheur lorsque j'aperçus sur la crête de la colline que nous gravissions une patrouille de spahis dont les burnous rouges se dessinaient dans le lointain !

« Attirés par le bruit de la fusillade, ils arrivaient vers nous au galop de charge, cachés à nos assaillants par un coude de la route où ceux-ci n'étaient pas encore parvenus.

« Oh! alors, de poursuivis que nous étions, nous devînmes poursuivants, et, tournant bride, nous commençâmes la chasse; mais les Beni-Amer ne tardèrent pas à s'apercevoir que la chance avait tourné; ils cessèrent bientôt de prendre l'offensive, et cette fois, plus désireux de nous fuir qu'ils ne l'avaient été de nous atteindre, ils abandonnèrent la route de Miserghin pour se jeter sur la gauche, dans la direction du lac Salé. En vain cherchâmes-nous à les atteindre, ils avaient sur nous trop d'avance.

« Nous nous bornâmes à leur envoyer quelques balles perdues, et, brisés par la fatigue de cette course au clocher, nous reprîmes ensemble le chemin du camp.

« Je me gardai bien, à mon arrivée, de raconter mon aventure, car le commandant, tout en compatissant aux dangers que je venais de courir, m'aurait bien certainement envoyé à la salle de police, pour avoir enfreint les ordres du colonel relatifs au départ des détachements venant d'Oran.

« Mes sauveurs furent largement gratifiés par moi de petits verres d'eau-de-vie et de tasses de café; et, encore tout ému de l'événement, je me livrai aux opérations de la solde, tandis que Gros, toujours bourru et grondeur, allait à l'écurie faire donner à nos chevaux une double ration d'orge et s'apprêtait à les bouchonner avec cette sollicitude qu'une mère a pour ses enfants. »

                                    (Émile Marco de Saint-Hilaire.)

3

Page 19. — Pour former la garnison de Tlemcen.....

BIOGRAPHIE POLITIQUE ET MILITAIRE DU GÉNÉRAL CAVAIGNAC.

Cavaignac (Eugène), né à Paris le 15 décembre 1802, fils du conventionnel de ce nom, est frère de Godefroy Cavaignac, dont la mémoire est restée chère à tous les cœurs élevés et généreux. Leur première éducation se fit à Paris, sous les yeux et par les soins de leur père et de leur mère, secondés par l'enseignement public.

Élève de Sainte-Barbe et de l'École polytechnique, il était capitaine en second dans le 2ᵉ régiment du génie, à la campagne de Morée.

En 1830, il se trouvait à Arras, où il fut l'un des premiers à se déclarer pour les principes de la révolution de Juillet.

En 1831, il signa à Metz le projet d'association nationale. Le gouvernement le mit alors en non-activité.

Mais en 1832 il fut envoyé en Afrique comme capitaine dans le 2ᵉ régiment du génie.

Dès 1835, on l'y voit prendre une part active aux luttes qui devaient illustrer son nom. A cette époque (3 juillet), et à la suite du désastre de la
Macta, il partit d'Oran avec le commandant de Lamoricière, sous l'escorte
du petit nombre de cavaliers arabes restés fidèles, pour porter au général
Trézel les nouvelles qui devaient le décider à revenir par terre à Oran.

Après la prise de Tlemcen (janvier 1836), le maréchal Clausel, qui avait
commandé l'expédition, organisa un bataillon de volontaires destiné à former la garnison de la citadelle de cette ville. Le commandement en fut
donné au capitaine Cavaignac. Il se maintint dans cette position absolu-
ment isolée avec un grand honneur. Il repoussa les attaques des Arabes.
Mais, étroitement bloqué par Abd-el-Kader, il eut surtout à inspirer à tous
ceux qui l'entouraient la patiente fermeté dont il était lui-même pénétré.
On lit à ce sujet dans un historien distingué : « Les officiers et les soldats
s'étaient fait des vêtements avec des étoffes du pays, ils s'étaient procuré,
à force d'industrie, quelque bien-être. Le capitaine Cavaignac inspirait à
son monde une confiance sans bornes, et, par des soins de tous les instants,
empêchait le découragement de s'emparer de cette poignée de Français re-
légués au milieu d'une population ennemie. »

Le général Bugeaud eut à ravitailler cette garnison (juillet 1836). « Le
bataillon du Méchouar, dit l'historien déjà cité, si admirable de résignation
et de dévouement, n'avait reçu aucune marque de bienveillance du ministre; aucune des propositions faites en sa faveur par le général Clausel
n'avait été accueillie. M. Bugeaud annonça cependant au capitaine Cavaignac qu'il demanderait pour lui le grade de chef de bataillon; mais cet officier, d'une vertu et d'un désintéressement stoïques, répondit qu'il n'ac-
cepterait rien, s'il était le seul qui dût être récompensé [1]. »

Le capitaine Cavaignac conserva la position de Tlemcen jusqu'en
mai 1837, époque à laquelle il fut nommé chef de bataillon, en même
temps que l'avancement promis était accordé enfin à tous les sous-officiers
sous ses ordres.

En 1839, il publia un volume intitulé *de la Régence d'Alger* [2]. Cet ouvrage est remarquable par une rare intelligence des faits, par une ap-
préciation élevée et calme du caractère de la conquête et en même temps
par une grande fermeté de vues. L'auteur s'y montre partisan d'une vaste
occupation.

En 1840, Cavaignac défendait, lors de l'expédition de Médéah, la ville de
Cherchell; cette position fut l'objet d'attaques acharnées de la part des
Arabes. Mais toutes ces attaques vinrent échouer contre l'habileté du com-
mandant Cavaignac.

[1] *Annales algériennes*, t. III, p 120.
[2] In-8°, chez Victor Magen, éditeur.

Le 21 juin 1840, il fut nommé lieutenant-colonel.

Le 11 août 1841, il fut élevé au grade de colonel des zouaves.

En 1843 et 1844, il commandait comme colonel la subdivision d'Orléansville, et présidait, à ce titre, à la création de ce point important d'occupation.

Peu de temps après, il fut fait maréchal de camp et chargé du commandement de la subdivision de Tlemcen (16 septembre 1844).

En 1845 (mars), il protège, à la tête de quatre cents chasseurs d'Afrique, l'entrevue qui a lieu entre l'envoyé français et les commissaires plénipotentiaires du Maroc, pour la délimitation des frontières ouest de l'Algérie.

En septembre de la même année, une levée générale de boucliers a lieu chez les tribus de la frontière de l'ouest. Le général Cavaignac se porte chez les Traras avec une colonne de treize cents baïonnettes, et a deux combats très-chauds à soutenir. — Quelques jours plus tard, il marche au secours de la petite ville de Nedroma, que tenait assiégée Abd-el-Kader. Il fait sa jonction, au col de Bab-Thaza, avec le général de Lamoricière. — Rentré à Tlemcen, il quitte bientôt cette ville pour se porter chez les Beniben-Saïd. Il agit ensuite avec vigueur contre les Beni-Senous et les amène à composition, ainsi que les tribus environnantes. Toutes ces opérations, dans le sud de Tlemcen, ont le plus grand succès.

Après la terrible et sanglante insurrection de cette année, le général Cavaignac appliqua ses talents à pacifier sa division; et, moitié de gré, moitié de force, il rappela sur le sol de l'Algérie plusieurs tribus émigrées au Maroc.

Chargé ensuite par le gouverneur d'essayer une tentative sur le royaume ambulant de l'émir, qu'on appelait la deira ou la smalah, et qui était établi derrière la Mouilha, il envahit le Maroc à la tête de cinq à six mille hommes (février 1846). Mais il ne put atteindre la deira, qui, à son approche, avait disparu dans les terres.

Après cette expédition, le général Cavaignac marcha vers Djemma-Ghazouat, qui, cinq mois auparavant, avait été le théâtre d'un horrible massacre de nos soldats. Le soleil d'Afrique et les pluies d'hiver avaient consumé les corps de nos soldats, qui n'étaient plus alors que des squelettes. Par ses ordres, tous ces vénérables restes furent recueillis avec un soin religieux.

Rentré à son quartier général, il eut à combattre le prophète Mohammed-ben-Abdallah, qui avait prêché la guerre sainte dans le désert du Maroc. Cet étrange personnage avait ordonné au général Cavaignac de se convertir à l'islamisme et de le reconnaître pour son maître.

Le général lui répondit en l'attaquant et en dispersant toutes les forces qu'il avait réunies (mars 1846).

En 1847, il a opéré énergiquement sur les tribus sahariennes, au sud-ouest de la division d'Oran.

Les fatigues, les opérations militaires, ne le détournent point des travaux de l'administration. Le versement du zekka (dîme sur les bestiaux) se fait avec la plus grande régularité dans toute l'étendue de sa subdivision, où il maintient l'ordre le plus parfait.

A peine rentré de congé, à la fin de cette année, il arrive pour assister à la reddition de l'émir.

Le général Cavaignac avait remplacé le général de Lamoricière dans le commandement de la province d'Oran, lorsqu'un décret du gouvernement provisoire du 24 Février 1848 l'appela au gouvernement général de l'Algérie.

Arrivé à Alger le 10 mars, il s'empressa d'adresser une proclamation à la population de l'Algérie.

On y remarque le passage suivant :

« Ma pensée est droite, mon intention est pure. Ce que je crois bon, je vous le dirai; ce que je crois mauvais n'aura pas mon appui. La nation seule est puissante; c'est elle qui donne, c'est à elle qu'on obéit, c'est à elle qu'il est glorieux d'obéir.

« Préparez-vous dans le calme et la réflexion à répondre à mon appel, la pensée qui naît ainsi est rarement mauvaise.

« ...Vous avez compris comme moi que la mémoire de mon noble frère est vivante parmi les grands citoyens qui m'ont choisi pour présider à vos affaires. En me désignant, ils ont voulu faire comprendre que le gouvernement de cette colonie soit établi sur des bases dignes de la République. »

Dans sa proclamation à l'armée, on ne retrouve pas sans émotion le souvenir de son frère. Ce souvenir est toujours vivant en lui, il l'accompagnait sous la tente, dans les rudes fatigues du bivac; il le presse encore dans les positions les plus élevées.

« En me désignant, le gouvernement a voulu honorer, au nom de la nation, la mémoire d'un citoyen vertueux, d'un martyr de la liberté.

« ...Vous me trouverez tel que beaucoup me connaissent, car je ne suis pas nouveau pour vous. Quant à vous, vos devoirs se résument dans un mot : l'obéissance. — L'obéissance, non à la volonté d'un homme, mais à la loi militaire, telle que la nation l'a faite. »

L'un des premiers soins, dans son gouvernement, fut d'appeler les officiers généraux des armes spéciales et le commandant de la marine à l'examen des questions qui se rattachent à la défense du littoral.

Par un acte qui mérite d'être loué, et qui révèle chez le général Cavaignac les vues les plus libérales, il proclama la liberté de l'exercice de la profession d'avocat en Algérie. Il affranchit en même temps la presse des entraves qui l'avaient jusqu'alors opprimée en Algérie, et il la plaça sous le régime des lois de la métropole. Il rendit applicable en Algérie le décret du gouvernement provisoire qui lève, dans les cas déterminés, les effets de la contrainte par corps.

Pendant l'exercice de son gouvernement en Algérie, le général Cavaignac a eu l'occasion de montrer toute la fermeté de son caractère et de ses principes. Le conseil municipal d'Alger s'était rendu auprès de lui et avait exprimé l'intention de sortir des limites de la législation spéciale qui le régit, pour se placer sous l'empire de la loi française. Le général Cavaignac lui adressa à ce sujet une allocution sévère qui avait pour objet de le ramener au respect de la loi existante. On remarque dans cette allocution les passages suivants :

« L'énergie qui consisterait à s'appuyer sur l'opinion du grand nombre pour manquer à son devoir serait une énergie détestable. Je la repousse.

« ... On n'administre pas avec des discours, on administre avec une règle écrite... Il n'y a pas de règle si mauvaise qui ne vaille mieux que le désordre. »

Ces maximes si claires et si fermes font connaître à la fois l'esprit et le caractère du général Cavaignac.

Un tel homme était naturellement désigné au vote des électeurs pour la représentation nationale. Nommé à la fois dans le Lot et dans le département de la Seine avec cent quarante-six mille cent quarante-neuf suffrages, le général Cavaignac a opté pour le Lot, qui a vu naître toute sa famille.

Un décret du gouvernement provisoire, du 28 février, l'avait nommé général de division ; un autre décret, du 20 mars, lui confia le portefeuille de la guerre ; mais le général Cavaignac ne quitta point l'Algérie.

Un nouveau décret, du 29 avril, l'appela à Paris, sur sa demande d'aller y prendre part aux travaux de l'Assemblée nationale. Il fit ses adieux à la population civile de l'Algérie, par une proclamation dans laquelle il exprime des vues qu'il devait plus tard appliquer sur l'administration de la colonie. (Henri MONTFORT.)

L'année 1847 vit terminer la guerre par la reddition d'Abd-el-Kader, qui, poursuivi et combattu sans relâche par les troupes de Tlemcen et d'Oran, fut enfin réduit à implorer la générosité du vainqueur.

La Révolution de février, en proclamant la République, vint réaliser les plus chères espérances, le rêve de toute la vie du général Cavaignac. Il commandait alors par intérim la division d'Oran. Nommé d'abord gouverneur général de l'Algérie, avec le grade de général de division, puis ministre de la guerre, son premier mouvement fut de refuser ces importantes fonctions, et il ne les accepta que quand il eut compris que, dans les circonstances, c'était un poste de dévouement et de danger, auquel un bon citoyen ne pouvait se soustraire sans manquer à son devoir envers le pays.

Un motif le rappelait en France : il avait à remplir le mandat de représentant que lui avaient confié les départements du Lot et de la Seine. Un mois s'était à peine écoulé depuis son retour, quand la guerre civile éclata dans Paris. En présence du danger qui menaçait la République, la société tout entière, l'Assemblée nationale n'hésita pas à conférer au général Cavaignac la dictature militaire.

Dans ces terribles journées, nuit et jour sur pied, soit pour des ordres, soit pour conduire au feu les héroïques défenseurs de l'ordre et de la liberté, il sut allier l'énergie que réclamait les circonstances avec l'humanité due à des citoyens égarés, qui, fanatisés par des prédications incendiaires, venaient en aveugles tourner leurs armes sacrilèges contre cette République qu'ils avaient fondée au prix de leur sang. Son âme se peint tout entière dans cette exclamation sublime, qu'on retrouve dans une de ses proclamations :

« Dans Paris, si je vois des vainqueurs, des vaincus, que mon nom soit maudit, si je consentais jamais à y voir des victimes. »

En reconnaissance des services signalés qu'il venait de rendre, l'Assemblée nationale lui conféra d'une voix unanime, le 28 juin, le titre de président du conseil, chef du pouvoir exécutif.

Pendant quatre mois, le général Cavaignac occupa ces éminentes fonctions ; à force de droiture, de persévérance et de talent, il est resté à la hauteur où il s'était placé dans les funestes journées de juin.

Comme tous les grands citoyens de tous les temps, il n'a point échappé à la calomnie. Mais tous les gens de cœur, tous les hommes sincèrement dévoués à leur pays, ont apprécié, comme ils méritent de l'être, et ses services et les généreux sentiments qui l'animaient. Tous lui ont rendu ce témoignage, qu'au nombre de ses glorieux enfants la France n'en a pas eu qui lui soient plus profondément dévoués que lui et qui aient plus de titres à sa reconnaissance.

4

Page 29. — Description de Constantine. — Attaques infructueuses ...

DESCRIPTION DE CONSTANTINE.

La ville de Constantine (*Cirtha* des anciens, *Cossamtina* des Arabes) est la capitale de la province (le beylik) qui porte son nom ; elle est située au delà du petit Atlas, sur le Oued-Rummel, à quatre journées de marche et au sud-ouest de Bone; sa population est de vingt-cinq à trente mille Maures et juifs[1]. Elle est bâtie en amphithéâtre, s'élevant vers le nord-ouest dans une presqu'île contournée par la rivière et dominée par la montagne El-Mansourah, dont elle est séparée par une grande anfractuosité, où coulent les eaux du Oued-Rummel (de sable; qui, au-dessus de la ville, reçoit le Oued-bou-Merzoug, dans un lieu appelé El-Kouar (les arceaux aqueducs antiques). Ce ruisseau, de sept à huit lieues de cours, vient de l'est et aboutit à la rive droite du Rummel.

Au nord-est de la ville, on voit la montagne El-Mansourah, qui s'étend dans la direction du sud-est au nord-est; elle est dépouillée d'arbres, mais la terre serait facilement mise en culture; on la compare au mont Boudjaréah.

Vis-à-vis de Constantine, deux mamelons s'élèvent sur les plateaux de Mansourah; celui de l'est domine la ville, à grande portée de canon; il est couronné par deux marabouts en maçonnerie, appelés Sidi-Mabroug; l'autre mamelon, au nord-est, porte le nom des tombeaux de Sidi-Mecid. De ces appendices très-accidentés et couverts de tombeaux israélites, on battrait encore la ville.

Au sud-ouest de Constantine, à quinze cents mètres du faubourg, sont les hauteurs du Koudiat-Aty, sur lesquelles il y a des tombeaux musulmans; elles dominent les approches de la ville. Constantine, entourée de jardins et de cultures, est dans un site agréable, Au sud et à l'ouest, la vue s'étend très-loin; on aperçoit des montagnes boisées au delà des plaines et des pays peu accidentés.

Au nord-est, l'horizon peu étendu est borné par les hauteurs de Mansourah.

La Kasbah est une vaste construction composée de quatre cours inégales, plantées d'orangers, de citronniers, de jasmins et de vignes, et entourées de galeries soutenues par des colonnes de marbre.

Il ne faut pas cependant chercher ici la symétrie, l'élégance d'ornementation et la richesse de détails qui se font remarquer dans les palais de Séville et de Grenade; mais, dans cet ensemble, on trouve encore un effet prestigieux sous l'impression duquel l'esprit rêve de plus grandes magnificences.

A part ce palais et quelques autres de moindre apparence, Constantine est un vaste et triste assemblage de maisons, coupé de ruelles tortueuses et infectes, vrai labyrinthe de cloaques et d'égouts.

Les habitations, entassées les unes sur les autres, sont construites en

---

[1] Les maisons sont couvertes en tuiles, et il y avait toujours huit mille hommes capables de porter les armes. Sous le Bas-Empire, elle fut nommée Constantine, son nom actuel, parce que, suivant Aurélius Victor, Constantin l'aurait embellie.

briques mal cuites, et dans la partie supérieure en matériaux de terre séchée au soleil, ayant toutes des étages en saillie, qui envahissent la voie publique et l'attristent de la teinte sombre de leurs parois.

Les seules parties sur lesquelles les yeux fatigués peuvent se reposer, ce sont les ruines; là du moins circule un peu d'air et de lumière.

La plupart des maisons n'ont qu'un simple rez-de-chaussée et une petite cour sombre et humide, de forme carrée ou triangulaire. D'autres, en plus petit nombre, ont deux et même trois étages, des colonnes en marbre et quelques ornements d'architecture.

Constantine n'offre pas, comme Alger, un type unique de constructions servilement calquées d'un bout à l'autre de la ville : ici la colonne s'assied gravement sur de larges bases; là, elle se contourne de la manière la plus bizarre; ailleurs, elle s'élance, svelte et gracieuse, comme la tige d'un palmier. D'une maison à l'autre, souvent même d'un étage à l'autre, dans la même maison, l'ogive s'allonge, se déprime ou se marie au plein cintre et à la plate-bande. Plusieurs mosquées, quoique sans marbres et sans décorations brillantes, se font remarquer par la multiplicité de leurs nefs, que séparent des rangées d'arcades ogivales.

Mais parmi ces spécimens d'architecture, les plus remarqués, sans contredit, sont ceux qui appartiennent à l'art antique; la puissance de leur structure, la hardiesse de leur jet, la majesté calme avec laquelle ils abritent, sous leurs grandes ombres, les masures modernes, les font ressembler aux chênes majestueux des forêts qui protégent de leurs branches séculaires, mais toujours vigoureuses, les arbustes et les buissons qui végètent auprès d'eux.

Quelques pans de mur de la Kasbah paraissent être de construction romaine; on y distingue çà et là des matériaux antiques : le pont d'El-Kantara réunit aussi de nombreux vestiges de la domination romaine.

Cinq rues principales traversent Constantine dans un sens à peu près parallèle au cours du Rummel. La plus élevée conduit de la porte supérieure à la Kasbah, qui suit assez exactement la crête du terrain sur lequel la ville est assise. Deux autres partent des abords, l'une de la porte inférieure, l'autre d'une porte intermédiaire, auxquelles elles se rattachent par de tortueux embranchements. Une troisième prend naissance à la porte intérieure, auprès de laquelle eut lieu la grande explosion. A leurs extrémités opposées, ces grandes voies se transforment en un réseau inextricable de petites rues dont le nœud est auprès de la porte du pont. Les autres rues, pour la plupart perpendiculaires à celles-ci, sont en pente rapide; elles se joignent et se séparent, se perdent et se retrouvent, et semblent disposées tout exprès pour faire le désespoir de celui qui est forcé de les parcourir.

Le seul côté pittoresque de ces voies immondes, ce sont les passages voûtés, au moyen desquels les rues se prolongent à travers des massifs de bâtiments; le jour y meurt et renaît tour à tour, les passants glissent comme des ombres dans le clair-obscur, et dessinent de bizarres silhouettes sur le fond lumineux qu'encadrent les derniers arceaux.

La ville de Constantine, entourée de rochers, a la forme d'un ovale allongé dans la partie qui est tournée vers le sud-ouest.

Nous venons de voir qu'elle a trois portes : celle de l'ouest se trouve à l'angle saillant, sur le point le plus élevé du contre-fort, et où les rochers cessent d'être continus et de former une enceinte naturelle. On nomme cette porte Bab-el-Djedid; le chemin d'Alger y aboutit. Celle du centre s'appelle Bab-el-Oued, appelée aussi Bab-el-Rabah; elle conduit vers le sud et peut faire gagner, par un embranchement, le chemin d'Alger, dit du Garb. La troisième porte, nommée El-Gabia, communique avec la rivière El-Rummel; elle est dominée par la porte et le rempart Bab-el-Oued.

Ces trois portes sont réunies par une muraille antique, haute de trente pieds, souvent sans fossés. Entre ces portes sont des batteries élevées, armées de quelques pièces de canon, pour battre les approches de la ville.

En avant de ces portes, il y a sur le contre-fort, qui se lie au Koudiat-Aty, un faubourg peu étendu (comme celui de Bab-Azoun), habité par des artisans et des marchands. On y tient les marchés de certaines productions; les autres denrées se vendent en ville. Au delà du faubourg, sont diverses habitations, une mosquée, des fondouks et les vastes écuries du bey; on y voit beaucoup de ruines antiques, des jardins entourés de haies ou de petits murs, beaucoup de tombeaux et quelques santons.

Le reste de l'enceinte est formé par des murailles antiques, peu solides et sans terrassement. Des maisons sont adossées quelquefois contre ces murs, qui, élevés sur des rochers à pic, présentent une bonne défense.

Une quatrième porte, dite d'El-Kantara, se trouve en face du mont El-Mansourah; le pont qui donne ce nom est vis-à-vis; il est de construction antique, large et fort élevé, ayant trois étages d'arches; il traverse la rivière et unit les deux côtés de cette grande coupure qui sépare la ville de la montagne.

La porte d'El-Kantara est défendue par six pièces de canon; les chemins qui conduisent sur le littoral et ceux venant de l'est y aboutissent.

A côté du pont, le long des murs de la ville, est une rampe en mauvais état, qui conduit au fond de la rivière, véritable précipice, où les eaux du Rummel coulent quelques instants sous terre et reparaissent bientôt à découvert.

Entre la porte d'El-Kantara et celle de Bab-el-Djedid, vers l'angle élevé qui forme les murailles, se trouve la Kasbah, dont nous avons déjà parlé : c'est un édifice antique qui servait de caserne; c'est une petite citadelle défendue par huit pièces de canon. Dominant Constantine, elle couronne les rochers à pic qui entourent presque toute la ville. A la Kasbah, se trouvent les plus forts escarpements : ils ont plus de cent mètres de hauteur.

La rivière El-Rummel, qui prend sa source à cinq jours de marche de Constantine, est guéable dans toutes les saisons ; par les fortes pluies, elle a quatre pieds d'eau ; ordinairement, sa profondeur est de deux pieds.

En amont de la ville, les plaines cultivées sont sur la rive gauche, et la rive droite est bordée par El-Mansourah. A la porte d'El-Gabia est une cascade où commence la ravine profonde qui contourne plus de la moitié de la ville et peut être considérée comme un immense fossé, régnant le long des murailles jusqu'au pied de la Kasbah, depuis la porte d'El-Gabia jusqu'à celle d'El-Kantara ; cette ravine n'a que cinquante mètres de profondeur et quatre-vingt-dix mètres de largeur.

Vis-à-vis de la Kasbah, la coupure est beaucoup plus large et plus profonde ; au-dessous de la ville, non loin de la Kasbah, est une autre cascade, dite des Tortues ; elle fait mouvoir des moulins à blé.

L'eau de source manque dans Constantine : il n'y a que des citernes ; mais la rivière à laquelle on parvient par un chemin couvert, en dehors et le long du rempart Bab-el-Oued, fournit de l'eau pour les habitants. Aux environs de la ville, on rencontre plusieurs fontaines abondantes, surtout en arrivant de Bone.

On a dit aussi qu'il y avait eu autrefois une batterie de trois mortiers sur le Mansourah ; mais plusieurs personnes nous ont assuré qu'elle n'a jamais existé[1] ; d'ailleurs, l'évidence nous a prouvé le contraire, puisque, lors de notre première expédition sur Constantine, nous n'y avons trouvé aucune batterie, que notre armée y a pris position en arrivant sans aucune difficulté, et que c'est un des points les plus favorables, avec Koudiat-Aty, pour battre la ville.

[1] Il y a une trentaine d'années que les Tunisiens attaquèrent Constantine. Ils établirent leurs batteries sur les hauteurs de Mansourah, et ils tournèrent la ville du côté sud, pour occuper le Koudiat-Aty. Cette opération n'eut pas de succès, parce que les assiégés s'embusquèrent dans les maisons et les jardins du faubourg, où ils firent une vigoureuse résistance.

Toutefois les batteries d'El-Mansourah commençaient à inquiéter les défenseurs, lorsqu'ils virent les Tunisiens lever le camp et s'éloigner. Ceux-ci craignirent le renfort de deux mille cinq cents Turcs que le pacha d'Alger avait fait débarquer à Bone pour secourir Constantine.

L'exposé de cette expédition fait voir combien est dangereuse pour la ville l'occupation de Mansourah ; il paraît à peu près certain que les premiers obus nous auraient rendus maîtres de la ville, si les Constantinois ne s'étaient prémunis à l'avance contre la catastrophe infaillible qui se préparait pour eux, et ne s'étaient fortifiés énergiquement sur tous les points de la ville pour résister avec vigueur à nos attaques ; d'ailleurs, ils avaient confiance dans leur succès, d'après l'attaque de l'année précédente, qui avait échoué contre eux. Ainsi on ne saurait proposer une disposition d'attaque plus favorable qu'un établissement sur cette montagne, en faisant un détachement vers le sud : et, maintenant que nous occupons Constantine, ce point, étant fortifié, pourrait protéger la ville en toutes circonstances.

L'ancienne Cirtha (Constantine) fut d'abord appelée par les Romains *Colonia Sittianorum*, du nom d'un partisan qui rendit de grands services à César dans la guerre d'Afrique. Appien assure même qu'elle fut donnée en dotation à ce *Sittius*.

Micipsa y avait mené une peuplade grecque et, suivant Strabon, l'avait rendue tellement puissante, qu'elle pouvait mettre sur pied vingt mille fantassins et dix mille cavaliers. Lorsque les Vandales, dans le cinquième siècle, envahirent la Numidie et les trois Mauritanies, ils détruisirent toutes les villes florissantes ; mais Cirtha fut du petit nombre de celles qui résistèrent au torrent dévastateur. Les victoires de Bélisaire la retrouvèrent debout. Constantin l'embellit de riches édifices et lui donna son nom ; l'empereur Justinien y fit aussi de grandes réparations et reçut à ce titre, dit Procope, le nom de second fondateur de Constantine.

Au douzième siècle, un écrivain arabe (Edris) s'exprimait ainsi sur l'état de Constantine : « Cette ville, disait-il, est peuplée et commerçante ; ses habitants sont riches ; ils s'associent entre eux pour la culture des terres et pour la conservation des récoltes ; le blé qu'ils enferment dans des souterrains y reste souvent un siècle sans éprouver aucune altération. Entourée presque entièrement par une rivière profondément encaissée et par une enceinte de murailles, cette ville est considérée comme une des places les plus fortes du monde. »

Au commencement du seizième siècle, lorsque Kaïr-Eddin s'en empara, Constantine contenait environ huit mille maisons ; ce qui suppose une population de trente à quarante mille âmes.

5

Page 43. — Pendant que le général Rapatel.....

PROCLAMATION DU GÉNÉRAL BUGEAUD AUX ARABES AVANT SON ENTRÉE EN CAMPAGNE.

« Arabes,

« Je viens reprendre la guerre au point où je la laissai pour me rendre en Espagne après le combat de Traza au Sickak, le 6 juillet 1836.

« Alors vous sûtes sans doute que, le 6 juin précédent, j'avais été jeté sur le sable de la Tafna sans cavalerie, sans chevaux pour moi et mes officiers, sans moyens de transport pour les vivres, les munitions et les blessés ; et, cependant, vous savez si, malgré ces obstacles, j'ai évité la rencontre de vos guerriers, l'âpreté de vos montagnes et la chaleur de votre soleil.

« Aujourd'hui je viens avec tout ce qui est nécessaire à la guerre qu'il convient de vous faire ; vous n'aurez plus à harceler ces lourdes colonnes chargées de chariots qui ne pouvaient pas vous poursuivre, et dont vous connaissiez à l'avance la marche lourde et embarrassée.

« Je me suis fait Arabe comme vous, plus que vous peut-être, car je puis rester en campagne plus longtemps sans retourner aux provisions de vivres ; vos vastes solitudes, vos montagnes les plus escarpées, vos rochers, vos profonds ravins, ne peuvent m'effrayer ni m'arrêter un seul instant.

« Je ne suis pas aussi rapide que vous, mais je suis aussi mobile.

« Il n'est pas un coin de votre terre que je ne puisse visiter.

« Comme un torrent de feu, je sillonnerai dans tous les sens : aujourd'hui au sud, demain à l'est, après-demain à l'ouest, le jour suivant au nord ; je puis vous dire : Vous ne jouirez pas cette année de la récolte d'un seul champ de blé. Si vous la moissonnez, vous n'aurez pas le temps de faire sortir le grain de l'épi, ou si, sur quelques points, je vous laisse le temps de mettre le grain dans les silos, je l'en retirerai, soit pour le détruire, soit pour nourrir ma cavalerie. Non-seulement vous ne récolterez pas, mais vous ne sèmerez pas.

« Je laisserai assez de troupes à Oran pour tenir toujours au complet et pour renforcer, au besoin, ma colonne expéditionnaire.

« Arabes, vous n'aurez que deux moyens pour éviter l'orage qui gronde sur vos têtes : combattre et vaincre, ou demander la paix.

« Le premier est hasardeux ; le second est sûr, si vous y mettez de la loyauté et de la bonne foi. Si vous offrez des garanties, je puis, sans détour et sans honte, vous parler de paix, parce que je suis fort et résolu.

« Oui, je vous offre la paix ou une guerre auprès de laquelle les guerres précédentes ne sont que des jeux d'enfants.

« Je voudrais détourner de vous ce fléau, parce que nous ne sommes pas venus pour vous faire mourir de faim ; mais, au contraire, pour vous apporter la surabondance de nos produits en échange des vôtres.

« Nous ne sommes pas venus pour vous tuer, mais, au contraire, pour favoriser l'accroissement de votre nation par l'augmentation du bien-être ; nous ne voulons attenter ni à votre religion, ni à votre liberté, ni à vos usages : nous voulons seulement commercer librement avec vous et augmenter ainsi le bonheur des deux peuples.

« Que si vos chefs, plus désireux de satisfaire leur ambition que de vous préserver des horreurs de la guerre, s'opposaient à la paix, qu'ils viennent donc protéger vos moissons et vos troupeaux : je les défie au combat.

S'ils ne peuvent pas vous protéger, qu'ils viennent eux-mêmes demander la paix, car ils sont tenus, devant Dieu et devant les hommes, de faire l'un ou l'autre, puisqu'ils sont chargés de vous administrer et de vous conduire paternellement.

« Je vous ai parlé avec franchise et assurance, parce que j'ai la force et la volonté : je vous prouve ma confiance dans mes moyens, puisque je vous dis à l'avance le genre de guerre que je vais vous faire.

« La première campagne commencera quand vos moissons jauniront, et finira quand elles seront détruites, ainsi que vos arbres et vos forêts. La deuxième campagne commencera après les pluies et durera jusqu'à la fin de mars, afin que vous ne puissiez pas semer un seul arpent de blé.

« Rassemblez donc vos guerriers, ou apportez-moi l'olivier de la paix, soit à Oran, soit à Tlemcen, soit dans nos campements.

« J'offre aussi la paix à un de vos chefs principaux, Abd-el-Kader ; s'il la refuse, c'est qu'il se croira assez fort pour vous protéger ; car, sans cela, comment serait-il assez criminel pour vous livrer ainsi au fer et aux flammes ? Mais il a, dit-on, de la loyauté, de la sincérité ; je me pique d'en avoir aussi : nous pourrons nous entendre.

« Oran, le 14 mai 1837.

                                        « LE GÉNÉRAL BUGEAUD. »

6

Page 49. — Voir les détails de cette entrevue.....

ENTREVUE D'ABD-EL-KADER ET DU GÉNÉRAL BUGEAUD[1].

Le général Bugeaud, soutenu par une attitude imposante, a fini par triompher de nombreuses difficultés; et, après bien des allées et venues entre les deux camps, un traité lui fut apporté, revêtu, non pas de la signature, mais du cachet de l'émir, parce que les Arabes ne signent jamais.

Le général Bugeaud, désirant voir au moins une fois le chef des Arabes avec lequel il venait de traiter, fit alors proposer à Abd-el-Kader, pour le lendemain, une entrevue à trois lieues du camp français, et à six ou sept

---

[1] Cette pièce, publiée dans le temps dans tous les journaux, paraît avoir un caractère semi-officiel; nous avons cru devoir la reproduire.

de celui des Arabes. L'entrevue acceptée sans hésitation, le général Bugeaud se rendit le lendemain au lieu convenu, et il s'y trouvait, à neuf heures du matin, avec six bataillons, son artillerie et sa cavalerie. C'était la première fois qu'il devait se trouver en face du chef arabe autrement que les armes à la main. La conférence ne pouvait manquer d'offrir un grand intérêt, et ce fut, en effet, une des scènes les plus dramatiques que l'on puisse imaginer.

Le général Bugeaud, rendu à neuf heures sur le terrain avec les troupes dont il s'était fait accompagner et avec plusieurs officiers qui avaient demandé à le suivre, n'y trouva point l'émir. Ce retard s'expliquait tout naturellement par la plus grande distance de son camp. Abd-el-Kader avait sept lieues à faire, tandis que le général français ne s'était éloigné que de trois lieues du gros de son armée. En conséquence, on ne s'en inquiéta point. Cinq heures se passèrent à attendre sans voir arriver personne, sans que le chef arabe donnât signe de vie. Enfin, vers deux heures après midi, commencèrent à se succéder auprès du général français plusieurs Arabes avec qui on avait eu des relations les jours précédents, et qui apportaient les uns des paroles dilatoires, les autres des espèces d'excuses.

L'émir avait été malade, il n'était parti de son camp que fort tard, peut-être demanderait-il que l'entrevue fût remise au lendemain; il n'était plus loin, et puis il était tout près, mais arrêté; enfin, un quatrième porteur de paroles engagea le général Bugeaud à s'avancer un peu, lui disant qu'il ne pouvait tarder à rencontrer Abd-el-Kader. Il était alors près de cinq heures; le général, qui voulait ramener les troupes au camp, et désirait en finir le jour même, se décida à se porter en avant, suivi de son état-major.

On marche sans crainte et sans défiance. Le chemin, qui était assez rude, suivait les détours d'une gorge étroite, entrecoupée de collines, et on ne voyait pas très-loin devant soi. Après avoir ainsi marché plus d'une heure sans rencontrer l'émir, le général Bugeaud aperçoit enfin l'armée arabe au fond de la vallée, qui se rangeait, en assez bon ordre, sur des mamelons épars, de manière à bien se mettre en évidence. En cet instant, le chef de la tribu des Oulassabs, Bou-Hamedy, vint au-devant de lui pour lui dire qu'Abd-el-Kader se trouvait près de là, sur un coteau qu'il lui montrait du doigt, et qu'il allait l'y conduire.

Le général et son escorte se trouvaient au milieu des postes avancés de l'ennemi, et quand même on aurait pu avoir quelques inquiétudes, il eût été inutile de reculer. D'ailleurs, le général Bugeaud était entièrement rassuré; mais, quelques signes d'hésitation s'étant manifestés autour de lui, le Kabaïle lui dit: « Soyez tranquille, n'ayez pas peur. — Je n'ai peur de rien, lui répondit le général, et je suis accoutumé à vous voir; mais je trouve indécent de la part de ton chef de me faire attendre si longtemps et venir si loin. — Il est là, vous allez le voir tout à l'heure. »

Cependant il fallut encore marcher près d'un quart d'heure avant de le rencontrer. On fit bonne contenance, et enfin on aperçut l'escorte de l'émir qui s'avançait du côté de la petite troupe en tête de laquelle marchait le général Bugeaud. L'aspect en était imposant : on pouvait y compter cent cinquante ou deux cents chefs marabouts, d'un physique remarquable, que leur majestueux costume relevait encore. Ils étaient tous montés sur des chevaux magnifiques, qu'ils faisaient piaffer et qu'ils enlevaient avec beaucoup d'élégance et d'adresse. Abd-el-Kader lui-même était à quelques pas en avant, monté sur un beau cheval noir qu'il maniait avec une dextérité prodigieuse; tantôt il l'enlevait des quatre pieds à la fois, tantôt il le faisait marcher sur les deux pieds de derrière. Plusieurs Arabes de sa maison tenaient les étriers, les pans de son burnous, et, je crois, la queue de son cheval.

Pour éviter les lenteurs du cérémonial et lui montrer qu'il n'avait aucune appréhension, le général Bugeaud lance aussitôt son cheval au galop, arrive sur lui, et, après lui avoir demandé s'il était Abd-el-Kader, lui offre cavalièrement la main que l'émir prend et serre par deux fois. Celui-ci lui demande alors comment il se portait. » Fort bien, répond le général en lui faisant la même question; » et, pour abréger tous ces préliminaires, ordinairement fort longs chez les Arabes, il l'invite à mettre pied à terre pour causer plus commodément. L'émir descend de cheval et s'assied, sans engager le général Bugeaud à en faire autant. Alors le général Bugeaud s'assied auprès de lui sans façon. La musique, toute composée de hautbois criards, se met alors à jouer de manière à empêcher la conversation. Le général Bugeaud lui fait signe de se taire; elle se tait, et la conversation commence.

« Sais-tu, s'écria M. Bugeaud, qu'il y a peu de généraux qui eussent osé faire le traité que j'ai conclu avec toi? Je n'ai pas craint de t'agrandir et d'ajouter à ta puissance, parce que je suis assuré que tu ne feras usage de la grande existence que nous te donnons que pour améliorer le sort de la nation arabe et la maintenir en paix et en bonne intelligence avec la France. — Je te remercie de tes bons sentiments pour moi, a répondu Abd-el-Kader; si Dieu le veut, je ferai le bonheur des Arabes, et, si la paix est jamais rompue, ce ne sera pas de ma faute. — Sur ce point, je me suis porté ta caution auprès du roi des Français. — Tu ne risques rien à le faire; nous avons une religion et des mœurs qui nous obligent à tenir notre parole, je n'y ai jamais manqué. — Je compte là-dessus, et c'est à ce titre que je t'offre mon amitié particulière. — J'accepte ton amitié, mais que les Français prennent garde de ne pas écouter les intrigants! — Les Français ne se laissent conduire par personne, et ce ne sont pas quelques faits particuliers, commis par des individus, qui pourront rompre la paix: ce serait l'inexécution du traité ou un grand acte d'hostilité. Quant aux faits coupables des particuliers, nous nous en préviendrons réciproquement. — C'est très-bien, tu n'as qu'à me prévenir, et les coupables seront punis. — Je te recommande les Koulouglis qui resteront à Tlemcen. — Tu peux être tranquille, ils seront traités comme les Hadars. — Mais tu m'as promis de mettre les Douers dans le pays dè Hafra (partie des montagnes entre la mer et le lac Segba). — Le pays de Hafra ne serait peut-être pas suffisant; mais ils seront placés de manière à ne pouvoir nuire au maintien de la paix. — As-tu ordonné, reprit le général Bugeaud après un moment de silence, de rétablir les relations commerciales à Alger et autour de toutes nos villes? — Non; je le ferai dès que tu m'auras rendu Tlemcen. — Tu sais bien que je ne puis le rendre que quand le traité aura été approuvé de mon roi. — Tu n'as donc pas le pouvoir de traiter? — Si; mais il faut que le traité soit approuvé: c'est nécessaire pour ta garantie, car, s'il était fait par moi seul, un autre général qui me remplacerait pourrait le défaire; au lieu qu'étant approuvé par le roi, mon successeur sera obligé de le maintenir. — Si tu ne me rends pas Tlemcen, comme tu le promets dans le traité, je ne vois pas la nécessité de faire la paix; ce ne sera qu'une trêve. — Cela est vrai, ceci peut n'être qu'une trêve; mais c'est toi qui gagnes à cette trêve, car pendant qu'elle durera, je ne détruirai pas les moissons. — Tu peux les détruire, cela nous est égal; et à présent que nous avons fait la paix, je te donnerai par écrit l'autorisation de détruire tout ce que tu pourras; tu ne peux en détruire qu'une bien faible partie, et les Arabes ne manquent pas de grain. — Je crois que les Arabes ne pensent pas tous comme toi; car je vois qu'ils désirent bien la paix, et quelques-uns m'ont remercié d'avoir ménagé les moissons depuis la Sickak jusqu'ici, comme je l'avais promis à Amadi-Sekkal. » Abd-el-Kader sourit d'un air dédaigneux, et demanda ensuite combien il fallait de temps pour avoir l'approbation du roi des Français. » Il faut trois semaines. — C'est bien long. — Tu ne risques rien : moi seul pourrais y perdre. » Son khalifa, Ben-Harach, qui venait de se rapprocher, dit alors au général : « C'est trop long, trois semaines; il ne faut pas attendre cela plus de dix à quinze jours. — Est-ce que tu commandes à la mer? répliqua le général français. — Eh bien, en ce cas, reprit Abd-el-Kader, nous ne rétablirons les relations commerciales qu'après que l'approbation du roi sera arrivée, et quand la paix sera définitive. — C'est à tes coreligionnaires que tu fais le plus de tort; car tu les prives du commerce dont ils ont besoin; et nous, nous pouvons nous en passer, puisque nous recevons par la mer tout ce qui nous est nécessaire. »

Le général ne crut pas devoir insister davantage, et demanda si le détachement qu'il avait laissé à Tlemcen avec quelques bagages pourrait en sûreté le venir rejoindre à Oran, ce à quoi Abd-el-Kader répondit affirmativement. Le général s'était levé pour prendre congé. « Abd-el-Kader restait assis, dit-il plus tard à la Chambre des députés; je crus voir dans cet acte un certain air de supériorité; alors je lui fis dire par mon interprète : — Quand un général français se lève devant toi, tu dois te lever aussi. Et, pendant que mon interprète lui traduisait ces paroles, avant même qu'il eût fini de les traduire, je pris la main d'Abd-el-Kader et je le soulevai : il n'est pas très-lourd. » Nous ne contestons pas cette anecdote; cependant, d'après M. Pellissier, il est bien vrai que le général Bugeaud, sans attendre que son interprète eût traduit ses paroles, et sans attendre la réponse, prit la main d'Abd-el-Kader en souriant et l'enleva de terre, au grand étonnement des Arabes, qui trouvaient sans doute le procédé un peu leste et ouvraient de fort grands yeux.

Cette main, que le général Bugeaud tint alors un moment dans la sienne, est jolie, mais petite et faible, et Abd-el-Kader est lui-même d'une stature frêle et délicate [1].

Il était tard; Abd-el-Kader et le général Bugeaud se dirent adieu et se quittèrent, le premier salué par les cris de joie de sa nombreuse escorte, qui retentirent majestueusement le long des collines et furent répétés par toute son armée. Au même moment, éclata un long et violent coup de tonnerre, dont les échos multipliés ajoutèrent à tout ce que cette scène

---

[1] Abd-el-Kader est âgé aujourd'hui d'environ trente-neuf ans. « Sa taille est médiocre, dit M. le commandant Pellissier, à l'époque où il a écrit son deuxième volume; il a peu d'embonpoint; sa physionomie, douce, spirituelle et distinguée, ressemble assez au portrait qu'on nous a donné traditionnellement de Jésus-Christ; ses yeux sont fort beaux; sa barbe est rase et noire; ses mains sont jolies, et il en a un soin particulier; il porte sa tête un peu penchée vers l'épaule gauche; ses manières sont affectueuses et pleines de politesse et de dignité; il se livre rarement à la colère, et reste toujours maître de lui; sa conversation est animée et quelquefois brillante : toute sa personne séduit; il est difficile de le voir sans l'aimer. — Il n'a qu'une femme, qu'il aime tendrement; sa famille se compose d'une fille et d'un fils qui lui est né peu de jours avant l'entrée des Français à Maskara [1]. Toujours vêtu simplement, son costume est celui d'un pur Arabe, sans aucune espèce d'ornement; il n'emploie quelque luxe que pour ses armes et ses chevaux. Il vivait dans cette ville (Maskara) sans gardes, et comme un particulier. Il est honnête homme; rien n'est plus éloigné de son caractère que la cruauté. Il gouverne les Arabes avec justice et douceur, et donne par là un démenti formel et permanent à ceux qui soutiennent avec tant d'emportement qu'on ne peut les gouverner que par la terreur; il s'est toujours montré, lorsqu'il l'a pu, clément et généreux envers ses ennemis. Voilà un caractère que nous ne croyons pas flatté, et qui sera reconnu par tous ceux qui ont vu de près l'original. Avec plus d'habileté et de convenance dans ses relations avec lui, la France aurait pu le mettre dans sa dépendance, et alors en tirer d'immenses services. Maintenant il s'est élevé trop haut pour que nous songions à autre chose qu'à le renverser complétement. » (*Annales algériennes*, t. II, p 358.) On voit par là que le commandant Pellissier avait pressenti d'avance la chute d'Abd-el-Kader; mais, pour cela, il fallait lui faire une guerre opiniâtre et persévérante.

[1] Depuis que M. le commandant Pellissier a écrit, il est né d'autres enfants à Abd-el-Kader et il lui est mort un fils à Maskara; c'était sans doute le premier qui naquit dans cette ville. Il a eu plusieurs enfants qui sont nés en France pendant sa captivité.

avait d'imposant. Le cortége frémit, des cris d'admiration se firent entendre, et on rejoignit les troupes amenées par le général, en continuant à
s'entretenir du chef arabe et du beau spectacle auquel on avait assisté, et
que pas une des personnes présentes n'oubliera de sa vie.

Des témoins oculaires ont évalué à près de dix mille chevaux l'armée
d'Abd-el-Kader, massée en grande profondeur depuis la base jusqu'au sommet des mamelons épars dans la vallée, sur une ligne de plus d'une demi-
lieue. Mais elle n'offrait pas de traces bien sensibles d'une organisation et
d'une discipline sans lesquelles le nombre n'est rien à la guerre.

Le général Bugeaud retrouva sa petite troupe, qu'il avait laissée, à plus
d'une lieue en arrière, un peu inquiète de son aventureuse expédition ; et
déjà, quand il reparut avec son escorte, on examinait s'il ne serait pas à
propos de se porter en avant, pour le soutenir à tout hasard.

Malgré les dix mille hommes d'Abd-el-Kader, le général estimait que les
chances n'eussent pas été trop inégales.

« Cette multitude, disait-il, ne fait rien à l'affaire ; il n'y a là que des
individualités et pas de force d'ensemble. Nous en aurions bien vite raison
avec nos six bataillons d'infanterie de ligne et notre artillerie. »

Ainsi se termina cette journée, qui laissera des souvenirs ineffaçables.
Elle a prouvé qu'Abd-el-Kader voulait sérieusement la paix ; cette paix
ayant été bientôt ratifiée, comme tout l'annonçait, elle signala dès lors
pour nos troupes, non moins intelligentes que braves, et pour le génie or-
ganisateur de nos officiers de l'armée d'Afrique, le commencement d'une
ère nouvelle et féconde.

7

Page 69. — La ville prise d'assaut.....

DES SŒURS HOSPITALIÈRES A CONSTANTINE.

Depuis que nous occupons Constantine, il y a aujourd'hui dans la ville
cinq hôpitaux militaires qui contiennent, terme moyen, cinq cents malades.

A côté d'un de ces hôpitaux se trouve l'hôpital civil, qui est une importation française, mais une importation très-récente. Il y a un comité d'administration, composé de trois Français et de trois Maures des plus distingués de la ville ; les salles sont prêtes : il ne leur manque plus que le
mobilier.

Il y a, pour le service de cet hôpital, quatre sœurs de Saint-Joseph de l'Apparition, jeunes et jolies. Qu'il y a d'abnégation de soi-même, de mérite, de vertu, à traverser les mers pour aller soigner des plaies ! Et combien ces braves religieuses ont déjà acquis de cœurs à la France par les services qu'elles rendent aux indigènes ! Une sœur, Calliste Bousquet, de Toulouse, est aimée, chérie des Arabes pour son zèle et son dévouement infatigables.

Dans le dispensaire de l'établissement, les Arabes reçoivent gratis la consultation, le pansement et les médicaments. Il s'en présente de soixante à cent par jour, le plus grand nombre attaqués d'ulcères. Une fois guéris, aucun ne s'en va sans exprimer sa reconnaissance par de vives paroles, cette parole orientale qui a tant de poésie. D'autres apportent aux sœurs des fruits, des œufs, des poulets, quelquefois des moutons.

Le conseil municipal avait doté cet hôpital civil d'un revenu de quatre mille francs ; mais, après le passage du prince royal, ce même conseil, composé d'Arabes et de musulmans, augmenta cette dotation de trois mille francs, à prendre sur le revenu de l'église de Constantine. Pour bien comprendre cela, il faut savoir que l'église catholique est une ancienne mosquée, et la mosquée du bey, riche par des legs, par des donations, et qu'un relevé exact de ses terres, de ses maisons, donnait un revenu de dix-huit mille francs. Le conseil municipal a décidé que les biens de la mosquée retourneraient à l'église catholique.

Tout Français ne peut aller à Constantine sans visiter le petit cimetière établi sur un tertre en dehors de la ville, vis-à-vis la porte Valée. Cette sépulture est consacrée aux officiers morts sur la brèche en 1837. On y voit la tombe du colonel Combes, du capitaine du génie Grand, etc., etc.; on y admettra encore les officiers morts sur le champ de bataille. On y a enterré le lieutenant Lepic; ce jeune officier, héritier de la noble bravoure de son père le général, a péri par excès de courage.

8

Page 69. — Pendant que le général Damrémont.....

BIOGRAPHIE DU GÉNÉRAL NÉGRIER.

Négrier, dont nous allons retracer rapidement la vie militaire, est né au Mans, le 27 avril 1788. Sa famille le destinait à la diplomatie; mais l'amour de la gloire, qui l'enflammait comme tant d'autres, le récit des premières grandes batailles de l'Empire, le jetèrent, malgré les résistances de ses parents, dans la carrière des armes. Il avait dix-sept ans quand il courut, échappé du collége, prendre le sac et le fusil dans le 2ᵉ régiment d'infanterie légère.

Sa première étape l'achemina vers les murs de Dantzig. Ce fut au siége de Hameln, en 1806, qu'il débuta. Il s'y distingua, ainsi qu'au siége de Dantzig, et fut successivement, de simple soldat qu'il était parti, caporal, fourrier et sergent. Un an plus tard, sa bravoure, déjà constatée dans son régiment, le faisait remarquer à la bataille de Friedland et lui méritait la croix de la Légion d'honneur, qu'il reçut des mains de l'Empereur sur le champ de bataille; il était alors sergent et n'avait que dix-huit ans.

Sous-lieutenant le 5 juillet 1808, lieutenant le 15 novembre de la même année, capitaine le 31 juillet 1811, il avait conquis chacun de ces grades sur le champ de bataille, dans ces journées mémorables de la péninsule où la France eut à lutter contre les armées combinées de l'Espagne et d'Angleterre.

Rentré d'Espagne, en 1813, avec le grade de chef de bataillon, et toujours dans le même régiment, il fit en France cette campagne de 1814, que l'Empereur comparait à ses plus belles campagnes d'Italie.

Dans cette lutte si active, où chaque jour marquait un combat, où chaque combat était une bataille, le jeune commandant Négrier a grandi la réputation qu'il avait déjà ; il s'illustra d'une manière toute particulière à l'affaire de Méry.

Quinze jours après, prévenu par son colonel que le maréchal Ney l'a choisi seul parmi les plus braves pour enlever la position de Chivry, qu'occupaient les Russes avec des forces considérables et de l'artillerie, instruit en même temps que la mission qu'on lui confie est des plus périlleuses, il répond ces seuls mots : « A demain, mon colonel, je serai tué ou j'aurai la croix d'officier. »

Le lendemain, le maréchal Ney lui attachait la croix d'officier sur la poitrine.

Le jeune Négrier, avec cinq compagnies de son bataillon, était tombé sur deux mille Russes, qu'il avait tués ou faits prisonniers. Étonné de cette intrépidité dans un chef de bataillon de vingt-cinq ans, le maréchal Ney ne le croyait pas assez récompensé par la croix d'officier de la Légion d'honneur, il le serra dans ses bras devant le front de son régiment et obtint de l'Empereur vingt-cinq croix que le commandant de l'expédition avait demandées pour ses soldats.

La campagne de 1815 s'ouvrit un an plus tard; ce fut le dernier grand effort de l'Empire contre les armées coalisées de toute l'Europe.

Le commandant Négrier, à la tête d'un bataillon du 2ᵉ régiment d'infanterie légère, prit part à la bataille de Waterloo en soldat décidé à se faire tuer ou à voir l'armée française victorieuse. Frappé de cinq coups de feu, dont un des plus graves à travers la mâchoire, ayant eu deux chevaux tués sous lui, il ne quitta le champ de bataille que lorsque, tombé sans mouvement, ses soldats purent l'arracher, malgré lui, du lieu où il avait combattu.

Retiré avec l'armée sur les bords de la Loire, il suivit le sort de ses malheureux frères d'armes; il fut licencié, puis placé comme chef de bataillon dans la légion de Lot-et-Garonne. Pendant douze ans, la Restauration le laissa dans ce grade, qu'il avait obtenu à l'âge de vingt-quatre ans. Ce furent douze années de douleur dues à son culte pour l'Empereur. Vainement demanda-t il à faire la campagne de 1829 en Morée et de 1830 en Afrique : ces sortes d'honneurs étaient le partage des favoris de la Restauration. Il fut condamné à l'inaction.

Fait colonel après les journées de Juillet 1830, il devint maréchal de camp en 1836, et obtint de passer en Algérie, où il prit le commandement d'une brigade active chargée de soumettre une tribu de la Métidja. En 1837, il supplia le gouverneur général de lui permettre de faire l'expédition de Constantine, que celui-ci devait commander en personne. Le général Damrémont crut faire mieux pour les intérêts de la colonie en lui laissant le commandement par intérim de l'Algérie, pendant que lui-même marchait sur Constantine.

Il partit tranquille, dit sa correspondance, parce qu'il laissait derrière lui le général Négrier.

L'expédition terminée, la ville de Constantine prise, ce fut le général Négrier qui fut appelé à y commander. Avec trois mille hommes de troupes à peine, il soumit les tribus voisines et rattacha à la place de Constantine toute une grande province. Après plus de quatre ans d'un commandement difficile, il y gagna le grade de lieutenant général, qui lui fut donné en 1842.

Les campagnes du général Négrier datent de 1806 :

Siége de Hameln, 1806. — Passage de Freisch-Holff, 1807. — Combats sous Dantzig, les 4 et 11 avril 1807. — Siége de Dantzig, 1807. — Prise de l'île de Holm, 1807. — Combats de Veixelmund, 1807. — Bataille de Friedland, 1808. — Bataille de Burgos, 1808. — Combat de Gamodel, 1808. — Combat de San Vencente de la Bagueira, 1808. — Combat de Villafranca, 1809. — Combat de Casabello, 1809. — Combat de Lugo, 1809. — Combat d'Elvina, 1809. — Bataille de la Corogne, 1809. — Combat de Monterey, 1809. — Bataille d'Oporto, 1809. — Passage de la Taméga, combat d'Amerende, 1809. — Bataille de Braga, 1809. — Bataille d'Alcoba, 1810. — Combat de Sivalteria, 1810. — Bataille de Bessosa, 1810. — Combat de Sabugal, 1810. — Combat de Fuente-de-Onora, 1811. — Bataille des Arapiles, 1812. — Siége et assaut de Castro, 1812. — Bataille de Victoria, 1813. — Combat de Vera, 1813. — Combat d'Oricari, 1813. — Combat d'Irun, 1813. — Combat de la Coterelle, près de Donnemarie, 1814. — Combat de Méry, 1814. —

— Bataille de Craonne, 1814. — Combat de Cuivry, 1814. — Bataille de Laon, 1814. — Bataille d'Arcis-sur-Aube, 1814. — Combat de Saint-Dizier, 1814. — Combat de Thuin, 1815. — Combat des Quatre-Bras, 1815. — Bataille de Waterloo, 1815. — Combat des Karésas (Algérie), 1837. — Commandement par intérim de l'Algérie pendant l'expédition de Constantine, 1837. — Première expédition sur Stora (Philippeville), 1838. — Première expédition sur Msylasch, 1841. — Première expédition contre les Kabyles de Collo, 1841. — Combats des 5, 6 et 7 juin 1842 contre les Haractas. — Le général Négrier commandait en chef les cinq dernières expéditions.

Le général Négrier avait une belle âme, et son cœur, toujours ouvert aux généreux sentiments, s'attendrissait aisément jusqu'aux larmes. Au milieu de sa carrière militaire, si sévèrement remplie, il ne put résister à la joie de produire le bien chaque fois qu'il en put saisir l'occasion. On en pourrait citer de nombreux témoignages. L'amitié sincère fut portée chez lui à un haut degré. Bon, simple comme l'enfant, cet homme si terrible à ses ennemis s'abandonnait à l'aménité la plus franche en dehors de la rigidité de ses fonctions. Pour celles-ci, il ne les séparait pas de la dignité de sa personne; car il savait que, pour commander aux autres avec autorité, une vie irréprochable est le meilleur talisman, le prestige le plus sûr.

L'équité fut sa règle; l'amour de la patrie, celui de la gloire, lui firent faire des prodiges de valeur. Ses divers commandements n'ont été pour lui que l'accomplissement d'un devoir. Juste envers le soldat, étendant sur lui une sollicitude de père, il en était aimé. Ami de l'ordre, partout décidé à le défendre jusqu'à la mort, le département du Nord, dont il avait l'estime et les sympathies, l'envoya à l'Assemblée nationale. Il est tombé en brave, et le pays tout entier s'est ému de sa perte.

9

Page 73. — Peu de temps après, Abd-el-Kader marcha sur Takdimt. ...

SIÉGE D'AÏN-MADHI. — ELLE EST LIVRÉE PAR TRAHISON.

A quinze lieues ouest d'El-Arouat et à six lieues de Tadjemont, dans la même direction, s'élève la ville d'Aïn-Madhi, fameuse par le siége de huit mois qu'elle a soutenu, en 1838, contre toutes les forces d'Abd-el-Kader.

Sa forme dessine une ellipse, fermée par une muraille de deux mètres d'épaisseur et de huit de hauteur, dont les créneaux, garnis de chapiteaux en pyramide, présentent un coup d'œil pittoresque. Les deux portes sont à l'est et au nord-ouest : celle de l'est, Bab-el-Kébir, flanquée de deux tours en saillie, s'ouvre sur une petite place d'armes que sépare de la ville une seconde porte, percée à côté de la ligne de feu qui battrait la première.

Les jardins d'Aïn-Madhi, clôturés par une mauvaise chemise en pisé, servent à la ville de double enceinte ; les environs sont tristes et dévastés depuis la guerre. La ville est plus remarquable par sa force que par son étendue ; ses deux cents maisons n'ont, pour la plupart, qu'un rez-de-chaussée et une terrasse ; celle du marabout Tedjini se distingue seule par sa blancheur et son élégance. La mosquée n'a point de minaret.

Tedjini, souverain d'Aïn-Madhi, est d'origine marocaine et descend des chérifs. Son caractère, alliance bizarre de mysticisme et d'instincts belliqueux, n'admet ni égaux ni dépendance ; marabout, il commande la vénération par son âge, sa piété et l'illustration de ses ancêtres ; chef politique, il ne se mêle jamais aux révolutions du pays, et gouverne sa ville avec un despotisme qui n'excite ni plaintes ni soulèvements.

Sa courageuse résistance contre Abd-el-Kader, qui ne fut vaincue que par la trahison, l'a haut placé dans l'estime des Arabes.

L'émir, lassé d'un siége inutile, eut recours à l'adresse. Une députation, conduite par son beau-frère, Sid-el-Hadj-Mustapha-ben-Tamy, khalifa de Maskara, fut envoyée à Tedjini : « — Abd-el-Kader, le défenseur de la foi des croyants, ne voulait que faire sa prière dans la mosquée d'Aïn-Madhi : ce vœu si saint pouvait-il trouver obstacle à son accomplissement auprès d'un marabout de la race des chérifs ? — Tedjini, cédant à ces hypocrites démonstrations, consentit à recevoir Abd-el-Kader pendant cinq jours et se retira dans El-Arouat pour y passer ce délai ; mais à peine l'émir eut-il franchi les portes d'Aïn-Madhi, qu'il en fit abattre les murs et ruiner les maisons. Les tribus du désert, indignées de ce parjure, pillèrent ses convois, mirent en pièces ses soldats et lui laissèrent à peine le temps de faire une prompte retraite. Tedjini vint alors relever les remparts de sa ville et rentra dans une paix qui ne fut pas troublée depuis.

Il a juré de ne plus voir la face d'aucun sultan et ne se montre à personne.

Il répondit au maréchal Bugeaud, qui, dernièrement, recherchait son alliance :

« Je suis chérif et je suis marabout ; je ne veux que faire le bien : je ne suis pas de ce monde. »

De l'Afrique française, par P. Christian, liv. II, p. 98.

10

Page 76. — L'hiver se passa en nouvelles négociations.....

RETOUR D'ABD-EL-KADER DU SIÉGE D'AÏN-MADHI.

Nous venons de raconter, d'après M. Christian, les efforts d'Abd-el-Kader contre la ville d'Aïn-Madhi. Devenu maître par ruse, après un siége de huit mois, de cette place importante dont il projetait de faire le centre de sa puissance, l'émir s'était vu forcer d'abandonner sa conquête, pour ne pas se voir fermer les passages de Tell par les tribus sahariennes qu'avait soulevées son usurpation. De retour sur le territoire algérien que lui concédait le traité de la Tafna, il apportait toute son activité au recrutement d'une armée régulière, que nos déserteurs dressaient à la manœuvre française.

Depuis le traité Desmichels, en 1834, le génie de cet homme extraordinaire recherchait avec un zèle inouï tous les moyens de s'assimiler les ressources de notre organisation. Comme il n'avait autour de lui, pour le seconder, que des intelligences assez médiocres, il était forcé d'entrer lui-même dans tous les détails. Il attira à Maskara des ouvriers armuriers qui parvinrent à lui faire d'assez bons fusils sur des modèles français.

Son désir de connaître notre législation, nos usages et notre système militaire lui faisait adresser chaque jour de nouvelles questions à un certain commandant Abdallah, que nous avions placé auprès de lui. Mais, comme cet officier ne pouvait toujours lui répondre d'une manière assez complète, assez satisfaisante, il fut convenu qu'il serait dressé une série de questions auxquelles nous répondrions par écrit d'une manière positive, avec les développements nécessaires; de telle sorte que l'émir pût, sans crainte d'erreur, puiser dans ces renseignements toutes les idées d'amélioration qu'il jugerait applicables à sa nation. (Oran sous le commandement du général Desmichels, p. 176.)

Nous avons appris à nos dépens le profit qu'il avait su tirer de nos leçons.

Abd-el-Kader accueillit plus tard pour secrétaire intime un Français, le sieur Léon Roche, ex-interprète assermenté à Alger. Il recevait alors nos principaux journaux, et se les faisait traduire chaque jour pour mieux connaître nos projets. (*De l'établissement des Français dans la régence d'Alger*, par Genty de Bussy, intendant militaire, t. Iᵉʳ, p. 168.)

Après un long séjour auprès de l'émir, dont il s'était attiré la confiance et qui l'avait comblé de bienfaits, M. Roche l'abandonna subitement pour revenir chercher fortune du côté des Français. M. Bugeaud, ravi de posséder un homme qui avait été l'ami d'Abd-el-Kader, en fit son interprète et l'associa aux gloires de ses bulletins. Pour mieux prouver la sincérité de son retour, l'ex-ami des Arabes donna dès lors tête baissée dans toutes les razzias, et s'y distingua sous les yeux d'un juge compétent.

Malgré les dires de certaines personnes, qui n'approuvent pas entièrement sa double conduite, M. Roche a réussi, et le succès justifie tant de choses !

Cet interprète est devenu officier de la Légion d'honneur et secrétaire du consulat de Tanger, après le traité de 1845.

Comme tous les gens que favorise une fortune singulière, M. Roche a des ennemis en Algérie. On m'y racontait, en 1843, que, pour éprouver la fidélité de l'homme qui venait lui offrir ses services, Abd-el-Kader lui aurait ordonné un jour de couper la tête, en sa présence, à plusieurs prisonniers français, et que M. Roche se serait prêté, sans hésiter, à cette horrible exécution. Mais nous croyons que ce bruit, répandu par les indigènes, est dénué de réalité. Le caractère de l'émir, tel que nous l'avons dépeint d'après l'autorité d'officiers français d'une haute distinction et qui l'ont particulièrement connu, dément la possibilité d'un fait si odieux. Nous n'hésitons pas à ajouter que, si l'on peut reprocher à M. Roche, en sa qualité de Français, d'avoir été le familier d'Abd-el-Kader, il nous paraît incapable d'avoir usé de sa position contre nos compatriotes malheureux. Profondément instruit dans la langue arabe et les coutumes musulmanes, courageux et doué d'une grande finesse d'esprit, il pourra se rendre très-utile dans le poste auquel vient de l'attacher la confiance du gouvernement. (*De l'Afrique française*, par P. Christian, liv. VI, p. 327.)

11

Page 77. — A la nouvelle de ce sinistre.. ..

DESCRIPTION DE DJIDJELI.

Djidjeli (Igilgilis de Ptolomée, *Geog. nub.*, lib. IV, cap. II; — *Plini Secundi* lib. V, cap. III; — J. Solin, *Polyhist.*, cap. XXVI) est bâti sur une langue de terre qui forme un double mouillage. C'était encore, au seizième siècle, une petite cité commerçante en rapports avec Marseille, Gênes, Livourne et

Venise. Sous la domination romaine, Igilgilis communiquait par de grandes voies avec Saldæ (Bougie), Sitifis Colonia (Sitif), Cirtha (Constantine) et Hippo Regius (Hippone). A l'époque de la grande invasion arabe, ses habitants combattirent longtemps avec vigueur pour le maintien de leur indépendance. En 1514, Djidjeli acheta, moyennant un léger tribut, l'alliance du corsaire Haroudj-Barberousse, qui en fit une place de guerre et le magasin de ses prises, jusqu'à ce qu'il se fût emparé d'Alger. La France, sous Louis XIV, l'assiégea par mer et en conserva quelque temps la possession ; mais, après notre évacuation, les Kabaïles des montagnes voisines ruinèrent cette ville par des attaques fréquentes, et, dès 1725, époque du voyage de Peyssonnel et de Desfontaines, on n'y comptait plus guère qu'une soixantaine de chétives masures.

L'expédition du maréchal Valée fournit l'occasion d'un magnifique bulletin de conquête ; mais bientôt l'occupation de Djidjeli ne fut, en réalité, qu'un embarras de plus ajouté à tous ceux qui nous pressaient en Afrique.

Les marais voisins de la ville rendent sa situation malsaine : ce n'est qu'un hideux cloaque où pourrissent des soldats.

Mais, objectera-t-on, Djidjeli possède un avantage précieux : une jetée naturelle formée par huit cents mètres de rochers, qui ne laissent entre eux que d'étroits intervalles faciles à remplir, et avec peu de dépenses on aurait là une excellente station pour nos navires. Je suis loin de contester l'avantage des rochers de Djidjeli, et je serais heureux qu'on en tirât prochainement tout le parti possible. Mais est-il nécessaire pour cela d'occuper incomplétement un point inutile? Et l'établissement d'une station maritime dans sa rade ne nous assurerait-il pas suffisamment la possession de cette côte? Telle qu'elle est aujourd'hui, l'occupation de Djidjeli est inutile et désastreuse : une station maritime coûterait moins, ne ferait mourir personne et produirait plus de fruits. Avons-nous à choisir? (*De l'Afrique française*, par P. Christian, liv. VI, p. 328.)

12

Page 77. — Une seconde colonne.....

DESCRIPTION DU CAMP DE DJIMMILAH.

Le camp de Djimmilah se trouve établi au milieu des plus belles antiquités romaines qui aient résisté, en Afrique, à l'action des siècles. Un temple, un théâtre, deux mosaïques très-étendues, attestent la grandeur de la ville dont les débris jonchent le sol. Mais l'attention du prince royal fut surtout fixée par un arc de triomphe admirablement conservé, d'une structure élégante et hardie, et dont les riches proportions sont relevées par une grande beauté de sculpture. Ce monument, presque entier encore, s'élève tout doré de ces tons rougeâtres dont le temps a coloré ses assises. Quelques pierres détachées gisent au pied de ces larges pilastres, mais si bien conservées, que la main d'un architecte retrouverait facilement la place que chacune d'elles doit reprendre.

Le prince, à la vue de ce splendide monument des vieux âges, exprima le vœu que ses pierres, numérotées, fussent transportées en France et vinssent, sous la direction d'un habile artiste, reproduire, sur l'une des places de la capitale, ce symbole éclatant de la grandeur romaine en Afrique. Selon le vœu de Son Altesse Royale, une simple inscription, gravée au faîte du monument (L'armée d'Afrique à la France), rappellerait à la pensée tout le sang versé par nos soldats, leurs travaux, leurs souffrances, pour conquérir ces vastes contrées à leur patrie et à la civilisation moderne. La vue de ce glorieux arc de triomphe, les souvenirs qu'il réveillerait des grandes fondations des Romains, feraient songer au pénible constraste que présentent nos établissements provisoires, où le soldat trouve à peine un abri, où les privations l'accablent; et, sans nul doute, la France voudrait aussi que rien ne manquât à ceux de ses enfants qu'elle envoie remplir la grande et pénible tâche de la conquête d'Afrique.

L'auteur de l'*Histoire de l'Algérie ancienne et moderne* pense que la réédification de l'arc de triomphe de Djimmilah serait loin d'être satisfaisante, attendu qu'il ne se distingue, ajoute-t-il, « ni par l'élégance de ses proportions, ni par la richesse des sculptures qui le décorent, et que ce n'est qu'un produit abâtardi de l'art romain, comme la plupart des autres monuments que l'on trouve en Afrique. » Ce jugement aventuré nous ferait croire que M. Galibert ne se l'est formé que d'après quelques opinions étrangères, et qu'il n'a même incomplétement visité l'Algérie qu'après avoir écrit son livre. La plupart des ruines romaines, dont ce pays est jonché, datent des plus beaux siècles de la République et de l'Empire. Tout le monde sait, d'ailleurs, qu'en fait d'œuvres d'art le prince royal était un juge du goût le plus exquis. (L'*Afrique française*, par P. Christian. liv. VI. p. 329.)

13

Page 90. — Voir relation de l'expédition des Portes de Fer.....

RELATION DE L'EXPÉDITION DE CONSTANTINE A ALGER AUX PORTES DE FER
(BIBAN), SUR DES RENSEIGNEMENTS OFFICIELS DU RAPPORT
DU MARÉCHAL VALÉE.

Nous nous bornerons à faire connaître la suite du voyage de Mgr le duc d'Orléans dans l'Algérie jusqu'au moment de l'arrivée de Son Altesse royale à Sétif.

A l'époque de son départ de Constantine, le corps d'armée formé par les ordres du maréchal Valée venait de se concentrer autour de ce fort.

L'approvisionnement de la colonne et la réserve que le maréchal avait prescrit de former à Sétif se complétaient rapidement. La ville de Calâa est chef-lieu de la puissante tribu des Beni-Abbes.

Nous avions, pendant une partie de la journée, aperçu le minaret de la mosquée de la ville de Slissah ; mais, comme les Beni-Abbes et toutes les tribus kabaïles qui habitent le chaînon de l'Atlas, que nous traversions, reconnaissaient l'autorité du khalifa de la Medjanah, on ne jugea pas devoir fatiguer les troupes en leur faisant faire une marche pénible pour visiter cette ville bâtie sur une montagne escarpée.

Le 28 octobre, un ordre du jour fit connaître que la division de S. A. R. Mgr le duc d'Orléans passerait les Portes de Fer pour se porter sur Alger par les vallées de l'Oued-beni-Mansour et de son confluent l'Oued-Hamza, et que la division Galbois rentrerait dans la Medjanah pour continuer les travaux que la colonne avait entrepris pour assurer la position de Sétif, que le maréchal avait résolu d'occuper définitivement. A dix heures, M. le duc d'Orléans, après avoir reçu des chefs kabaïles le tribut qu'ils payent au souverain lorsqu'il se rend auprès d'eux, se dirigea vers le Biban. La tête de colonne, précédée par les chefs connus sous le nom de cheiks des Portes de Fer, y arriva à midi.

Le passage commença immédiatement, mais ne put être terminé qu'à quatre heures du soir.

Le chaînon de l'Atlas qui porte le nom de Portes de Fer est formé par un immense soulèvement qui a relevé verticalement les couches de roches horizontales à l'origine.

L'action des siècles a successivement enlevé les portions de terrain qui réunissaient autrefois les bancs de roche, de telle sorte qu'elles présentent aujourd'hui une suite de murailles verticales qu'il est presque impossible de franchir, et qui se prolongent au loin en se rattachant à des sommets d'un accès plus difficile encore. Au milieu de cette chaîne coule l'Oued-Biban (Oued-bou-Ketheun), ruisseau salé qui s'est ouvert passage à travers un lit de calcaire noir, dont les faces verticales s'élèvent à plus de cent pieds de haut et se rattachent, par des déchirements inaccessibles, aux murailles qui couronnent les montagnes.

Le passage, dans trois endroits, n'a que quatre pieds de large; il suit constamment le lit de la rivière torrentueuse qui l'a ouvert et qui y amène constamment des cailloux roulés qui rendent très-pénibles la marche des hommes et des chevaux. Dès que les pluies augmentent le volume des eaux, le passage devient impraticable; le courant, arrêté par les rétrécissements auxquels on a donné le nom de portes, élève quelquefois le niveau de la rivière jusqu'à trente pieds au-dessus du sol. La rivière s'échappe ensuite avec violence par une étroite vallée qu'elle couvre entièrement : c'est la seule issue à ce passage, que ceux qui viennent de le voir trouvent encore plus difficile que la renommée ne le leur avait dit.

Telle est la route que les Turcs avaient tracée pour se rendre d'Alger à Constantine. Des trous de mines indiquent que, pour la mettre dans l'état où elle se trouve aujourd'hui, des travaux ont dû être exécutés, et qu'avant l'établissement de la puissance algérienne elle n'était pas praticable.

Les Romains, au temps de leur grande domination, ne paraissent pas avoir suivi cette voie; aucune trace de ce peuple célèbre ne se fait remarquer aux environs, et l'étude du système de routes qui reliait ensemble les différents points de la Mauritanie semble prouver que la communication entre Sitifis Colonia et Auzéa se faisait, soit par Saldæ (Bougie) et la station de Tubusuptus, soit par la route, plus longue encore, qui tourne par le désert les montagnes d'Ouannougah.

Après avoir franchi le Biban, la colonne expéditionnaire se prolongea dans la vallée ; mais, retardée dans sa marche par un violent orage, elle ne put arriver le soir à Beni-Mansour; elle dut bivaquer à une lieue et demie du Biban, sur la rive gauche de ce ruisseau, qui porte le nom d'Oued-Maleh.

Le 29, le temps, devenu meilleur, permit de se mettre en marche de bonne heure. La colonne arriva à Beni-Mansour à dix heures du matin; elle traversa avec beaucoup d'ordre les villages qui appartiennent à cette tribu puissante, dont les chefs, nommés par le khalifa El-Mokrani, vinrent avec empressement se présenter au maréchal et fournirent quelques approvisionnements. L'armée avait hâte d'arriver à l'Oued-beni-Mansour. Depuis deux jours, le manque d'eau s'était vivement fait sentir. De Dahr-el-Hamar à Beni-Mansour on ne trouve que quelques sources d'eau douce; la rivière qui surgit au pied du plateau de Dabr-el-Hamar, traverse le Biban et verse ses eaux dans l'Oued-beni-Mansour, est salée.

Les chevaux n'avaient pu boire depuis cinquante-deux heures, et les soldats, fatigués par de longues marches dans un pays difficile, avaient un pressant besoin de se désaltérer. Les Arabes appellent cette partie de la route le chemin de la Soif, et jamais nom ne fut plus justement donné.

A une heure, la colonne se remit en marche par la rive gauche de l'Oued-beni-Mansour, se dirigeant sur Hamza.

Le maréchal crut prudent de presser la marche de la colonne, et elle vint s'établir, à six heures du soir, sur la rive droite de l'Oued-Redjillah (la même rivière que l'Oued-Hamza). Le maréchal s'occupa immédiatement des dispositions que les circonstances lui prescrivaient d'adopter.

La colonne avait suivi, depuis Sétif, la grande voie qui conduit de Constantine à Médéah par les plaines élevées de la Medjanah et de l'Oued-beni-Mansour.

Pour se rapprocher d'Alger et franchir la première chaîne de l'Atlas, elle devait tourner au nord, à hauteur du fort de Hamza, pour se porter ensuite de la vallée de l'Oued-Hamza dans celle de l'Oued-Beni-Djaad, cours d'eau qui, réuni à l'Oued-Zeitoun, forme la rivière des Issers.

Dans le cas où le khalifa d'Abd-el-Kader, Ben-Salem, eût eu des intentions hostiles contre la colonne, il eut dû avoir pour but de s'établir sur le plateau du fort de Hamza, pour barrer la route d'Alger. Pour prévenir cette manœuvre, le maréchal prescrivit à S. A. R. Mgr le duc d'Orléans de réunir les compagnies d'élite de sa division, toute la cavalerie et deux obusiers de montagne; de partir de Kef-Redjillah le 30, une heure avant le jour, et de se porter rapidement sur Hamza. Le maréchal se réservait de conduire lui-même le reste de la colonne, de manière à se trouver en mesure de soutenir Son Altesse Royale si le combat s'engageait.

Mgr le duc d'Orléans marcha rapidement, le 30 octobre, sur Hamza.

Au moment où sa tête de colonne débouchait dans la vallée de ce nom, Achmet-ben-Salem, après avoir passé l'Oued-Nougah (nom que porte dans cette partie de son cours l'Oued-beni-Mansour), se prolongeait sur la crête opposée à celle que suivait la colonne française.

Le prince royal, après avoir fait occuper fortement par son infanterie les hauteurs qui dominent l'Oued-Hamza, lança sa cavalerie dans la vallée. Les chasseurs et les spahis, conduits par le colonel Miltgen, gravirent rapidement la berge sur la crête de laquelle paraissaient les cavaliers de Ben-Salem. Ceux-ci ne tardèrent pas à se replier sans tirer un coup de fusil, et le khalifa, dont on apercevait les drapeaux, averti que le prince royal se dirigeait sur Alger, donna l'ordre à sa cavalerie de se retirer et se porta vers l'ouest, se repliant sur Médéah et renonçant au projet qu'il avait sans doute formé de défendre la position de Hamza.

Dès que la cavalerie eut couronné les hauteurs que les Arabes abandonnaient, le prince royal, qui s'y était porté de sa personne, fit donner l'ordre à son infanterie de remonter la vallée et d'occuper Hamza.

L'avant-garde ne tarda pas à s'établir autour de ce fort, que l'on trouva complétement abandonné.

A midi, le maréchal arriva avec le reste de la division.

Le fort de Hamza est un carré étoilé, dont les revêtements sont en partie détruits. Les logements intérieurs construits par les Turcs n'existent plus. Onze pièces de canon, en partie enclouées, gisant sur le sol : aucune n'avait d'affût, et l'armée n'a trouvé dans l'enceinte du fort aucun approvisionnement de bouche ou de guerre.

Après une halte de deux heures, la colonne d'expédition se mit en marche, se portant vers le nord. La route, quoiqu'en partie construite par les Turcs, ne tarda pas à devenir difficile, et la division ne put arriver le soir jusqu'au point sur lequel le maréchal avait eu l'intention de la faire bivaquer : elle s'établit, vers cinq heures, sur la rive gauche du ruisseau de marbre.

Jusqu'à ce moment, la marche de la colonne n'avait été troublée par aucun incident fâcheux. Sur tous les points, les populations étaient venues faire leur soumission, et l'armée n'avait pas encore eu l'occasion de tirer un coup de fusil. Dans la journée du lendemain, elle devait se rapprocher du territoire de la tribu du Beni-Djâad, qui, de tout temps, s'est montrée hostile. Des ordres furent donnés pour que la colonne manœuvrât plus serrée encore que les jours précédents, et des mesures furent prises pour qu'en cas de combat la marche du convoi ne fût pas retardée.

Le 31, vers dix heures du matin, quelques coups de fusil furent tirés de l'intérieur d'une tribu sur l'extrême arrière-garde.

Mgr le duc d'Orléans, qui se porta rapidement vers le point attaqué, reconnut promptement qu'une faible partie de la population prenait part à cet acte d'hostilité, et, après avoir fait répondre par quelques coups de fusil, prescrivit à la colonne de continuer sa marche.

La division vint faire une grande halte sur la rive droite de l'Oued-beni-Djâad.

Quelques cavaliers ne tardèrent pas à se montrer derrière l'arrière-garde, formée par le 2ᵉ léger; leur nombre augmenta peu à peu, et ils commencèrent, vers une heure, à tirer sur l'infanterie qui couvrait le convoi. Les Arabes se prolongèrent ensuite par leur droite et vinrent s'établir, au moment où la colonne se remettait en route, sur un mamelon qui dominait la plaine. Mgr le duc d'Orléans ne voulut pas les laisser dans une position d'où ils pouvaient inquiéter le flanc droit de la colonne, et il prescrivit au colonel Miltgen de gravir cette hauteur avec sa cavalerie, en tournant la gauche des Arabes, pour les rejeter dans le ravin.

Le colonel Changarnier reçut l'ordre d'appuyer ce mouvement avec deux compagnies d'élite du 2e léger; de s'établir sur la hauteur, pour permettre à la cavalerie de se retirer et de protéger ensuite la marche de la colonne en suivant les crêtes les plus rapprochées.

Ces mouvements furent exécutés avec une grande rapidité, sous les yeux du prince.

Les Arabes furent culbutés, et, peu d'instants après, la cavalerie reprit sa position dans la plaine et appuya le mouvement de retraite que le prince royal fit exécuter à la ligne de tirailleurs qui avait couvert le départ du convoi.

M. le duc d'Orléans fit continuer encore pendant quelques moments le feu de l'infanterie; il ordonna ensuite de tirer deux obus sur un groupe de cavaliers qui se montraient vers la gauche : les Arabes s'arrêtèrent immédiatement, et la colonne, après deux heures de marche, vint s'établir entre l'Oued-beni-Djaàd et l'Oued-Zeitoun, à peu de distance du confluent de ces deux rivières. L'armée apprit, par un ordre du jour, que la division du lieutenant général Rulhière était réunie sur l'Oued-Kaddara, et qu'elle prendrait le numéro trois dans le cas où elle serait appelée à prendre part aux opérations.

Le 1er novembre, la colonne pénétra dans le massif de l'Atlas qui touche au mont Ammal. Une arrière-garde, formée par le 17e léger, resta dans le camp de Ben-Hini, pour donner le temps au convoi de gravir la pente difficile sur laquelle se développe la route des Turcs. Le colonel Corbin ne tarda pas à être attaqué : il se retira dans un ordre parfait et ne tirant qu'à de rares intervalles.

M. le duc d'Orléans fit successivement couronner par l'infanterie toutes les crêtes qui dominent la route.

La cavalerie se tenait en mesure de le soutenir au besoin, et quelques obus tirés, lorsque les Arabes se groupaient, ne tardèrent pas à les décourager. Les coups de fusil cessèrent entièrement lorsque l'arrière-garde eut dépassé Aïn-Sultan, et la colonne continua sa marche sans accident.

A quatre heures, elle passa l'Oued-Kaddara, se mit en communication avec le corps commandé par le général Dampierre, et vint s'établir, à six heures du soir, sous le canon du fort du Fondouk.

Ainsi s'est terminée cette grande entreprise, dont le succès, préparé avec soin, rehaussera la gloire de la France.

Le prince royal, dans un commandement important, a acquis de nobles titres à l'affection des peuples et de l'armée. Le souvenir que Son Altesse Royale conservera dans la part qu'elle a prise aux travaux des troupes assure à la colonie sa constante protection; à l'armée, son appui dans toutes les circonstances ; aux braves qui ont combattu auprès de sa personne, la récompense de leurs services.

La France sera fière d'apprendre que le fils aîné de son roi a inscrit le premier son nom sur les Portes de Fer, et que les populations indigènes qu'il doit un jour gouverner ont appris à le connaître et à l'aimer.

Cette expédition, si heureusement terminée, aura une grande influence sur l'avenir de l'Algérie.

Nous avons la conviction profonde que l'autorité du khalifa de la Medjanah ne sera désormais contestée sur aucun point de son arrondissement.

Les tribus soumises à son administration savent maintenant que la France est résolue à le soutenir s'il était attaqué.

L'organisation des restes de la colonie des Turcs et Koulouglis de Zamorah, et le rétablissement du fort de la Medjanah, lui donneront la possibilité d'agir dans la province en s'appuyant des points fortifiés.

Notre établissement de Sétif grandira d'ailleurs rapidement : ce point est le grand marché du désert ; les tribus nomades viennent s'y approvisionner des grains que le Sahara ne peut produire, et en Afrique, comme partout, l'occupation des grands centres de commerce peut seule assurer la domination du peuple vainqueur. Le système d'occupation de la province de Constantine s'est développé rapidement.

Nos établissements militaires arrivent aujourd'hui jusqu'au Biban et touchent au désert : il faut désormais les consolider, les approvisionner, et nous tenir prêts à les soutenir dans toutes les éventualités. Les mesures récemment adoptées pour l'organisation de la cavalerie de l'armée, celle que le ministre de la guerre préparera pour la création d'une force indigène imposante, contribueront à l'affermissement d'une œuvre immense sans doute, mais dont le succès semble désormais assuré.

Le maréchal Valée n'a pas jugé convenable d'occuper en ce moment Hamza : ce fort était désarmé et en partie démantelé, la saison des pluies approchant, et il eût été peut-être dangereux d'y laisser une garnison, alors que la route, qui doit y conduire du Fondouk, n'est pas encore construite.

Dans cette brillante expédition, l'armée a rempli noblement tous ses devoirs.

Le 2e léger, le 17e léger, le 22e et le 23e de ligne, si habilement commandé par le colonel Gueswiller ; les détachements de l'artillerie, du génie, des 1er et 3e régiments de chasseurs d'Afrique, du troisième bataillon d'infanterie légère d'Afrique, les spahis et les tirailleurs de Constantine, ont rivalisé de zèle et de dévouement.

On cite d'une manière particulière : S. A. R. Monseigneur le duc d'Orléans, commandant la première division, qui a constamment marché à la tête de ses troupes, et dont les soldats ont remarqué dans toutes les occasions le courage, le sang-froid et l'habileté; le lieutenant général baron de Galbois, dont l'habile administration a préparé le succès d'une opération à laquelle il a pris une part active jusqu'au Biban.

L'armée a remarqué le zèle, l'intelligence et la bravoure des officiers du corps royal de l'état-major. On cite en particulier : le lieutenant-colonel Salles, chef de l'état-major général; le chef d'escadron d'Espinoy; les capitaines de Rozières et Mesnil.

La géographie et la topographie de l'Algérie devront de nouveaux progrès aux travaux des capitaines Puillon, Boblaye, de Saint-Sauveur et de Saget.

Les services administratifs ont été dirigés avec habileté par M. le sous-intendant militaire Haussman. Le corps expéditionnaire n'a pas manqué de vivres un seul instant, et on a pu augmenter pendant toute l'expédition la ration de viande.

MM. Darricau, sous-intendant militaire adjoint, et Fabus, agent du service des subsistances, méritent également une mention honorable.

Le service de santé s'est fait avec une régularité remarquable : le zèle et le dévouement de MM. Antonini, médecin en chef de l'armée; Guyon, chirurgien en chef; Pasquier, chirurgien principal; Ceccaldi, chirurgien-major, et tous les officiers de santé sous leurs ordres, ne se sont pas démentis un instant. L'habileté dès longtemps éprouvée de tous les chefs de service assurait aux soldats tous les secours dont ils pouvaient avoir besoin.

Dans la première division, monseigneur le duc d'Orléans a remarqué particulièrement le colonel Gérard, chef d'état-major, et les officiers employés auprès de lui; MM. Changarnier, colonel du 2e léger, qui a eu un cheval blessé; Picouleau, chef de bataillon au 2e léger; Forez, capitaine de carabiniers au 2e léger; Martinet, sergent, et Essollier, chasseur au même régiment. Dans le 17e léger : le colonel Corbin, le lieutenant Marguenot, le sous-lieutenant Daille, le sergent Baunic; dans le 3e de chasseurs : le lieutenant-colonel Miltgen, qui a dirigé la charge avec fermeté; les capitaines Peyronnet, Legrand; les lieutenants Ducrest et Listapy, blessés l'un et l'autre; les maréchaux des logis Cousin, Claine, blessés grièvement; Pelangier.

Dans le 1er régiment de chasseurs, le lieutenant Malestrie.

Dans les spahis de Constantine, le brigadier Bra-Inni, blessé grièvement.

Dans l'artillerie, le sous-lieutenant Rostaing.

Dans la deuxième division, M. le lieutenant général Galbois cite de la manière la plus honorable : MM. Sézille de Biarre, capitaine, faisant fonctions de chef d'état-major; de Champeron, lieutenant au 5e de chasseurs; Chanabas, maréchal des logis; Delaportière, lieutenant d'artillerie; Foucaud, capitaine du génie.

Dans le 3ᵉ bataillon d'infanterie d'Afrique, MM. Peyssard et de Montauban.

Dans le 22ᵉ de ligne, MM. Genton, capitaine de grenadiers; Brunet, sergent; Casteix, sergent-major.

Les spahis de Constantine, commandés par le lieutenant de Vernon, officier très-distingué, ont pris une part de tous les instants à cette expédition, qui leur rappelait la marche des chefs turcs au milieu des populations indigènes. On cite en particulier le maréchal des logis Iacoub et le brigadier Bra-Inni, déjà recommandé par le prince royal, et le maréchal des logis Bonnemain, dont le duc d'Orléans, en s'adressant au ministre, disait : « Ces derniers, que j'ai déjà eu plusieurs fois l'occasion de vous recommander. » Avec la colonne marchait le kaïd des Haractas, Ali, dont le brillant courage, si connu dans la province de Constantine, a trouvé plusieurs occasions de se faire remarquer, et dont le dévouement à la France mérite une distinction particulière.

14

Page 96. — Le capitaine Daumas.....

MORT DU COMMANDANT MÉNONVILLE, NOVEMBRE 1837.

Avant que M. Daumas fût envoyé comme consul à Maskara près d'Abd-el-Kader, le commandant Ménonville, chef de bataillon au 47ᵉ de ligne, résidait à Maskara auprès de l'émir, pendant la seconde expédition de Constantine, comme consul de France.

Depuis quelques jours, les personnes attachées à sa maison croyaient avoir remarqué dans ses actions et dans ses paroles des symptômes de folie. Le fils unique d'Abd-el-Kader, qui avait été soigné par le chirurgien français, étant mort des suites de sa maladie, M. Ménonville croyait que les habitants de Maskara l'accusaient d'avoir fait empoisonner l'enfant, et il disait à tout le monde qu'on voulait l'assassiner. La nouvelle de la prise de Constantine arriva sur ces entrefaites. En l'apprenant, il s'écria: « Mon bataillon s'est couvert de gloire, et ce n'est pas moi qui le commandais! »

Ces regrets, ces craintes exagérées et dénuées de toute espèce de fondement, joints à des douleurs aiguës causées par des affections de la vessie, ont déterminé chez ce malheureux officier un transport au cerveau qui l'a conduit à commettre cet acte de démence.

M. Zacchar, son interprète, a été la victime choisie, parce que le commandant le soupçonnait d'avoir été envoyé par le capitaine Pellissier, directeur des affaires arabes, pour épier sa conduite, contrôler ses actes et rendre compte de tout à Alger. On ne peut malheureusement assigner d'autre cause à sa défiance que le dissentiment qui régna dans le principe entre les gouverneurs d'Alger et d'Oran. M. Ménonville aura sans doute ignoré la franche réconciliation des deux généraux, et il aura cru qu'après le départ du général Bugeaud on allait lui enlever sa mission; funeste erreur, qui a coûté la vie à un innocent étranger qui servait la France pour avoir le droit de se faire naturaliser.

On raconte que, pendant toute la journée du 24, le commandant a suivi son interprète pas à pas, le canon de ses pistolets sans cesse dirigé vers sa poitrine. Après cette longue agonie, il l'a fait coucher le soir à ses côtés, et lorsque cet infortuné, cédant au besoin du sommeil (depuis six jours personne ne dormait dans la maison), a fermé les yeux, le commandant, qui avait la tête sur le même oreiller que lui, a dirigé un de ses pistolets vers son œil droit, et il a placé l'autre dans sa propre bouche. Les deux coups sont partis en même temps, et il ne restait plus que deux cadavres [1].

Le corps du commandant Ménonville ayant été rapporté, par les soins du chirurgien attaché avec lui au consulat de Maskara, dans le courant de novembre 1837, à Oran, on lui a rendu les derniers honneurs funèbres. Toutes les autorités accompagnaient ce cortége, ayant le général Bugeaud en tête; l'état-major de la place et les officiers de la ligne le précédaient. C'était un bien triste spectacle, de voir une mort aussi prématurée et si inattendue, lorsque cet officier supérieur aurait dû terminer sa carrière plus glorieusement et d'une manière moins tragique; ses moyens et la confiance qu'il inspirait l'auraient conduit à une fin moins triste. Les personnes qui l'avaient connu ne purent s'empêcher de donner quelques larmes et quelques regrets à sa mémoire; le cercueil de l'interprète Zacchar était derrière le sien, et ils furent enterrés en même temps.

---

[1] Au milieu de ce malheureux événement, on doit faire l'éloge de M. Warnier, chirurgien sous-aide attaché au consulat de Maskara, qui a agi avec toute la prudence et la fermeté qui lui étaient nécessaires, en s'emparant de la confiance du commandant, et lui imposant sa volonté en tout, excepté pour ce qui regardait Zacchar. M. Warnier, jusqu'au dernier moment, a cherché à veiller et à placer tout le monde pour que personne ne courût de danger; mais il n'a pas été maître du transport du commandant, qui a saisi le moment où tout le monde reposait pour opérer sa destruction et celle de son malheureux interprète. Dans cette circonstance, M. Warnier eût mérité qu'on le récompensât, en lui attachant l'étoile d'honneur à sa boutonnière; mais enfin ce qu'il n'a pas obtenu d'abord, et qu'il avait si bien mérité, j'ai appris qu'il l'avait obtenu plus tard par ses services rendus.

15

Page 117. — Les soldats de la 10e compagnie.....

BIOGRAPHIE DU CAPITAINE LELIÈVRE.

Le capitaine Lelièvre était sous-officier avant la Révolution de juillet ; par ordonnance du 27 décembre 1830, il fut nommé sous-lieutenant au 15e régiment de ligne, alors en Afrique, et l'un des corps qui avaient fait partie de la première expédition. Il resta en Afrique jusqu'au mois de janvier 1832, et, à cette époque, il rentra en France avec son régiment.

Une ordonnance du 3 juin 1832 ayant prescrit l'organisation de bataillons d'infanterie légère d'Afrique, spécialement destinés à servir dans ce pays, le sous-lieutenant Lelièvre demanda à en faire partie, et entra comme sous-lieutenant dans le 2e bataillon.

Par ordonnance du 10 juin 1835, il fut nommé lieutenant, et il prit part à tous les combats et escarmouches qui eurent lieu entre nos troupes et les Kabaïles dans les environs de Bougie ; il se distingua surtout à l'attaque du village de Darnasser, le 10 novembre 1835, où, à la tête d'un détachement, il enleva de vive force ce village aux nombreux Kabaïles qui l'occupaient. Il fut soutenu dans cette action par un détachement de zouaves, sous les ordres du capitaine Davière.

Le lieutenant Lelièvre continua de servir dans ce corps jusqu'au 22 mai 1839. Par ordonnance de ce même jour, il fut nommé capitaine au 1er bataillon d'infanterie légère d'Afrique et au commandement de la 10e compagnie.

Le reste de la carrière de ce brave officier est connu de tout le monde : l'épaulette de chef de bataillon au 1er régiment de ligne, en garnison à Oran, a été la récompense de sa courageuse défense à Mazagran.

Nous avons vu, en parlant du combat de Mazagran, que le lieutenant-colonel Dubarrail avait été nommé colonel par suite de sa belle conduite et sa coopération active aux affaires de Mazagran, par les sorties qu'il a faites pour opérer diversion avec cette dernière place.

Le lieutenant Magnan a été nommé capitaine aussi pour sa belle conduite à Mazagran ; il avait été décoré à la première affaire de Mazagran ; en lui donnant le grade de capitaine, on lui a rendu justice, et à ces trois officiers si dignes d'être récompensés.

Après cette glorieuse affaire de Mazagran, des chants de victoire célébrèrent ce beau fait d'armes; je crois donc à propos de mettre ici trois morceaux improvisés sur ce combat et l'assaut qu'eurent à soutenir, pendant trois jours et trois nuits, nos cent vingt-trois braves de Mazagran. Je ne donne pas ces chants, improvisés à cette époque, comme sujet de poésie parfaite; ils n'ont pour tout mérite que l'à-propos.

16

Page 117. — Ce petit poste, dépendant de Mostaganem.....

CHANTS IMPROVISÉS SUR L'AFFAIRE DE MAZAGRAN.

(Couplets dédiés à la 10ᵉ compagnie du 1ᵉʳ bataillon.)

I

LE DRAPEAU DE MAZAGRAN.

Air du Drapeau tricolore.

Jadis, au temps glorieux de l'Empire,
Chaque soldat jurait de s'illustrer;
La gloire alors était un vrai délire
Que le héros savait leur inspirer.
Ils sont tous morts, ces guerriers de la France,
Dans les combats d'Austerlitz, de Friedland [1]!
Nous, héritiers de leur noble vaillance,
Nous avons su défendre Mazagran.

O Mazagran! tes ruines fumantes
Sont un trophée pour notre bataillon;
Car ses enfants, sur tes pierres sanglantes,
Ont à jamais inscrit leur noble nom.
Tous ces soldats, dont la France s'honore,
Avec orgueil diront pendant longtemps:
Nous défendions le drapeau tricolore
Qui protégeait les murs de Mazagran.

[1] J'ai été obligé de changer, dans ce morceau, quelques rimes qui ne cadraient point avec le mot Mazagran, dont l'auteur, sans doute, ne s'était point aperçu.

Ce drapeau saint que la balle déchire,
Dont les lambeaux flottaient au gré des vents,
Qui doit, parmi les drapeaux de l'Empire,
Prendre sa place un jour au premier rang;
Il était là, fixé sur la muraille
Où l'ennemi tombait en arrivant;
Contre le feu, les boulets, la mitraille,
Il protégeait les murs de Mazagran.

Pour l'arracher en vain le bronze tonne
Et l'ennemi redouble de fureur,
Docile au chef, à la voix qui l'ordonne,
Le soldat reste à son poste d'honneur;
Puis, quand la nuit a mis fin au carnage,
Que l'ennemi se retire sanglant,
Le drapeau saint flotte comme un nuage
Pour protéger les murs de Mazagran.

Quoi! quatre jours le combat recommence,
Et quatre jours vous luttez corps à corps;
Vous défiez l'Arabe qui s'élance,
Et sur vos murs vous le frappez de mort.
Mais contre vous en vain le nombre augmente,
Votre valeur l'étonne et le surprend;
Il fuit, rempli de terreur, d'épouvante,
Et le drapeau flotte sur Mazagran!

Et nous, soldats d'un bataillon illustre,
Qu'on vit jadis combattre à la Macta,
Cette victoire ajoute un nouveau lustre
A vos trophées des bords de la Tafna.
Lorsque bientôt le fameux cri de guerre
Sera poussé : Bataillon, en avant!
Jurons de vaincre encor sous la bannière
Qui protégeait les murs de Mazagran.

Noble drapeau, deviens notre oriflamme,
Sois notre guide au milieu du danger;
Chacun de nous te porte dans son âme,
Chacun de nous saura te conserver!
Si quelque jour, jaloux de notre gloire,
Abd-el-Kader venait auprès d'Oran,
Nous inscririons encore une victoire
Sur le drapeau des murs de Mazagran.

Ernest BONJEAN, chasseur à la 10e compagnie.

II

LES ZÉPHYRS A MAZAGRAN.

O Muse! porte-moi dans le sein des batailles,
Viens offrir à mes yeux leurs tristes funérailles;
Car le son de l'airain m'est encore étranger,
Et pourtant je bouillonne aux accents de la gloire;
Mon âme, impatiente, envie à la victoire
Des périls qu'avec tous je voudrais partager.

J'aime, fils de soldat, à voir une bannière
Étaler dans les airs ses brillantes couleurs;
J'aime quand retentit la trompette guerrière,
Et le chant des combats fait répandre mes pleurs.

Oh! si j'avais cent voix, comme la Renommée,
Mes chants retentiraient au bout de l'univers
Pour vanter les héros qu'engendre notre armée
　　Triomphante dans ses revers,

Je peindrais nos soldats sur la rive étrangère,
Cernés de toutes parts, sans pain pour se nourrir,
Opposant au trépas une âme calme et fière,
Fidèles à ces mots : Il faut vaincre ou mourir!

Si de nombreux héros ont exhalé leur vie,
Immolés par le plomb du Kabyle irrité,
　　Ou si leur ingrate patrie
N'a pas voué leurs noms à la postérité;

Mânes de nos soldats, dont la cendre sommeille
Dans les champs de l'Arach, témoins de vos hauts faits,
Que votre ombre aujourd'hui pour un instant s'éveille.
Le sang des ennemis a baigné nos cyprès.

Cent héros ont appris à l'Arabe en démence
Ce que peut le courage, à la valeur soumis;
Les zéphyrs ont prouvé que les fils de la France
Ne lavent un affront qu'au sang des ennemis.

Zéphyrs! braves soldats, levez vos nobles têtes!
La tache de vos fronts est passée à jamais;
Pour vous, en ce beau jour, des couronnes sont prêtes,
Et la patrie en vous retrouve des Français.

France, enorgueillis-toi de la palme nouvelle
Que viennent de cueillir tes glorieux enfants;

Elle ornera son front, tu deviendras plus belle.
Honneur aux zéphyrs triomphants!

Voyez le Kabyle, avec rage,
Contre cent vingt soldats fondre de tout côté;
Leur cohorte vomir une insulte sauvage
Que les échos ont répété.
Rien n'émeut le noble courage
Des Français au cœur indompté;
Ils ont juré de succomber en braves,
Et reçoivent le choc de ce troupeau d'esclaves
En s'écriant : Vive la liberté!

Trois fois le fer et la mitraille
Ont renversé l'invincible drapeau
Dont les couleurs brillent sur la muraille
Et n'offrent plus qu'un glorieux lambeau.
Et trois fois la bannière a relevé la tête;
Les cent héros lui font un rempart de leur corps.
Devant eux le Kabyle, épouvanté, s'arrête...
Après de vains efforts...

Que le même transport sans cesse vous anime!
Honneur à vous, Lelièvre! à vous, Magnan, Durand!
Votre nom désormais s'attache à Mazagran.
Chacun de vos soldats fait un guerrier sublime;
Votre mâle courage a dirigé leurs coups.
Honneur aux chefs dont le cœur magnanime
Sait aux combats s'illustrer comme vous!

Oh! vous avez conquis des titres à la gloire!
Pour vous la Renommée a pris son noble essor;
Vos noms seront inscrits au temple de mémoire,
Et les siècles futurs les rediront encor!

G.-A. Borgely, chirurgien sous-aide à l'hôpital
militaire du Dey.

III

AUX CENT VINGT-TROIS DE MAZAGRAN.

Air : A soixante ans.

De cet assaut, qui ne dura qu'une heure [1],
Nous qui savons ce que sont des assauts,
Chantons la gloire, et que jamais ne meure
Ce fait guerrier, digne de vieux héros.   (Bis.)

[1] Expression d'héroïque modestie de l'officier Lelièvre.

Ah! sur l'airain que l'histoire burine,
  Mazagran, tes cent vingt et trois!   (*Bis.*)
Puisque déjà dans leur jeune poitrine   }
Battait un cœur de vieux soldat gaulois, } (*Bis.*)
    De vieux soldat gaulois.   (*Bis.*)

Abd-el-Kader, dans sa rage inutile,
Rêvait, en lâche, un facile succès;
Car contre cent l'on vient à double mille,
Quand on combat nos braves désormais.   (*Bis.*)

Ah! sur l'airain, etc.

D'un pôle à l'autre on a pu se convaincre
Que, combattant pour leurs triples couleurs,
Faudrait trahir ou surprendre, pour vaincre
Du nom français les vaillants défenseurs.   (*Bis.*)

Ah! sur l'airain, etc.

France, souris de te voir si féconde
En rejetons qui soutiennent ton rang!
Entends l'écho des quatre coins du monde,
Ainsi que nous, célébrer Mazagran!   (*Bis.*)

Ah! sur l'airain, etc.

Tel qu'à Boulogne on voit cet obélisque
De noir granit, formidable géant,
Qu'au sol brûlant de la française Afrique
Lui naisse un frère appelé Mazagran!   (*Bis.*)

Ah! sur l'airain, etc.

Chacun accourt pour être tributaire,
L'un par son or, l'autre par son talent;
Abd-el-Kader, baissant son cimeterre,
Salue aussi, vers le désert fuyant.   (*Bis.*)

Ah! sur l'airain, etc.

Soldats de terre et soldats de marine,
Frères de gloire et d'intrépidité,
Pour vous encor le sort de Constantine
Offre une voie à l'immortalité!

Ah! sur l'airain que l'histoire burine,
  Mazagran, tes cent vingt et trois!   (*Bis.*)
Puisque déjà dans leur jeune poitrine   }
Battait un cœur de vieux soldat gaulois, } (*Bis.*)
    De vieux soldat gaulois.   (*Bis.*)

E. Avril, ancien volontaire, ex-adjudant du 1er bataillon
de la 1re légion de la banlieue de Paris.

17

Page 122. — Dans les deux premières journées.....

TOMBEAU DE LA CHRÉTIENNE (KOUBBER-EL-ROUMIA).

Nous reproduirons l'expression dont se servait le maréchal Valée dans son rapport. Les Hadjoutes sont effectivement la population la plus belliqueuse de la plaine. « Mais, dit M. le commandant Pellissier, ancien directeur des bureaux arabes, on a beaucoup exagéré leurs brigandages. Les Hadjoutes sont fins, indépendants, assez disposés à faire sentir leur supériorité à leurs voisins; et pendant longtemps on leur a exclusivement attribué tous les ravages qui se commettaient dans la Métidja. Maintenant que nous les connaissons mieux, il est sage de se mettre en garde contre ces accusations exagérées. » Leur territoire était encore, il y a quelques années, fort beau et parfaitement cultivé, ce qui annonce des habitudes d'ordre et de travail; leur marché se tenait, tous les samedis, à Haouch-el-Sebt, qui était autrefois la résidence du kaïd de l'Outhan, ou district du même nom.

On voit sur ce territoire, au sommet d'une colline d'où le regard embrasse la mer, une pyramide assez élevée connue dans le pays sous le nom de Tombeau de la Chrétienne (*Koubber-el-Roumia*). Selon Marmol Caravajal, ce monument était la sépulture de Cava, fille du comte Julien. Au commencement du huitième siècle, époque de la domination des Goths sur l'Espagne, leur roi Rodéric, qui prenait aussi le titre de roi des Romains, ayant violé la fille de ce comte Julien, l'un de ses généraux, celui-ci, pour se venger, se créa des intelligences secrètes avec Tharik-ben-Zaïd, lieutenant de Mouça, et lui offrit d'introduire les Arabes au cœur de l'Espagne. Tharik prit cinq cents cavaliers d'élite, et franchit avec eux, sur quatre barques, le détroit qui sépare Tanger de la rive opposée. A la tête de cette petite troupe, il ravagea les côtes de l'Andalousie et repassa en Afrique, au mois de juillet 710, avec un immense butin et de nombreux prisonniers. Au printemps de l'année suivante, il parut avec vingt mille hommes, livra bataille à Rodéric, aux environs de Cadix, auprès de la petite ville de Xérès et de la rivière Guadalète, fut vainqueur par la trahison du comte Julien, tua le roi des Goths, et, poursuivant son triomphe, se rendit bientôt maître de toute l'Espagne.

Les traditions arabes signalent aussi à Haouch-ben-Omar, dans le Sahel, les ruines antiques du palais d'une princesse chrétienne appelée Métidja, et qui aurait donné son nom à la plaine de Métidja.

On peut choisir entre cette tradition et le récit de Marmol, et supposer que le Koubber-el-Roumia pourrait être le tombeau de la même personne. Quoi qu'il en soit, les indigènes, passionnés pour le merveilleux, croient que ce monument renferme de grandes richesses, et nous trouvons à ce sujet, dans les *Annales algériennes*, une légende populaire qu'on nous saura gré de reproduire. (*De l'Afrique française*, par P. Christian, livre VI, page 343.)

Cette historiette, que rapporte M. le commandant Pellissier, peut prouver que les Arabes n'ont pas perdu le goût des contes dans le genre de ceux des *Mille et une Nuits*.

Il existait il y a fort longtemps, dans le pays des Hadjoutes, un homme nommé Jousuf-ben-Cassem, riche et fort heureux dans son intérieur. Sa femme était douce et belle, et ses enfants étaient robustes et soumis. Cependant, comme il était très-vaillant, il voulut aller à la guerre; mais, malgré sa bravoure, il fut pris par les chrétiens, qui le conduisirent dans leur pays et le vendirent comme esclave. Quoique son maître le traitât avec assez de douceur, son âme était pleine de tristesse, et il versait d'abondantes larmes lorsqu'il songeait à tout ce qu'il avait perdu.

Un jour qu'il était employé aux travaux des champs, il se sentit plus abattu qu'à l'ordinaire, et, après avoir terminé sa tâche, il s'assit sous un arbre et s'abandonna aux plus douloureuses réflexions. « Hélas! se disait-il, pendant que je cultive ici les champs d'un maître, qui est-ce qui cultive les miens? que deviennent ma femme et mes enfants? Suis-je donc condamné à ne plus les revoir et à mourir dans le pays des infidèles? »

Comme il faisait entendre ces tristes plaintes, il vit venir à lui un homme grave, qui portait le costume des savants. Cet homme s'approche, et lui dit :

— Arabe, de quelle tribu es-tu?

— Je suis Hadjoute, lui répondit Ben-Cassem.

— En ce cas, tu dois connaître le Koubber-Roumia?

— Si je le connais!... Hélas! ma ferme, où j'ai laissé tous les objets de ma tendresse, n'est qu'à une heure de marche de ce monument.

— Serais-tu bien aise de le revoir et de retourner au milieu des tiens?

— Pouvez-vous le demander? Mais à quoi sert de faire des vœux que rien ne peut exaucer?

— Je le puis, moi, repartit le chrétien; je puis t'ouvrir les portes de ta patrie et te rendre a   embrassements de ta famille; mais j'exige pour cela un service : te sens-tu disposé à me le rendre ?

— Parlez! Il n'est rien que je ne fasse pour sortir de ma malheureuse position, pourvu que vous n'exigiez rien de moi qui puisse compromettre le salut de mon âme.

— Sois sans inquiétude à cet égard, dit le chrétien. Voici de quoi il s'agit. Je vais de ce pas te racheter à ton maître, et je te fournirai les moyens de te rendre à Alger. Quand tu seras de retour chez toi, tu passeras trois jours à te réjouir avec ta famille et tes amis, et, le quatrième, tu te rendras auprès du Koubber-el-Roumia; tu allumeras un petit feu à quelques pas du monument, et tu brûleras dans ce feu le papier que je vais te donner. Tu vois que rien n'est d'une exécution plus facile. Jure de faire ce que je viens de te dire, et je te rends aussitôt à la liberté.

Ben-Cassem fit ce que lui demandait le chrétien, qui lui remit un papier couvert de caractères magiques dont il ne put connaître le sens. Le même jour, la liberté lui fut rendue; et son bienfaiteur le conduisit dans un port de mer, où il s'embarqua pour Alger.

Il ne resta que quelques instants dans cette ville, tant il avait hâte de revoir sa femme et ses enfants; et se rendit le plus promptement possible dans sa tribu. Je laisse à deviner la joie de sa famille et la sienne. Ses amis vinrent aussi se réjouir avec lui, et pendant trois jours son haouch fut plein de visiteurs. Le quatrième jour, il se rappela ce qu'il avait promis à son libérateur, et s'achemina, au point du jour, vers le Koubber-el-Roumia. Là, il alluma du feu et brûla le papier mystérieux, ainsi qu'on le lui avait prescrit. A peine la flamme eut-elle dévoré la dernière parcelle de cet écrit, qu'il vit, avec une surprise inexprimable, des pièces d'or et d'argent sortir par milliers du monument, à travers les pierres. On aurait dit une ruche d'abeilles effrayées par quelque bruit inaccoutumé. Toutes ces pièces, après avoir tourbillonné un instant autour du monument, prenaient la direction du pays des chrétiens avec une extrême rapidité, en formant une colonne d'une longueur indéfinie, semblable à plusieurs vols d'étourneaux. Ben-Cassem voyait toutes ces richesses passer au-dessus de sa tête. Il sautait le plus qu'il pouvait, et cherchait avec ses mains à en saisir quelques faibles parties. Après s'être épuisé ainsi en de vains efforts, il s'avisa d'ôter son burnous et de le jeter le plus haut possible. Cet expédient lui réussit, et il parvint à faire tomber à ses pieds une vingtaine de pièces d'or et une centaine de pièces d'argent. Mais à peine ces pièces eurent-elles touché le sol, qu'il ne sortit plus de pièces nouvelles et que tout rentra dans l'ordre ordinaire. Ben-Cassem ne parla qu'à quelques amis de ce qui lui était arrivé. Cependant cette aventure extraordinaire parvint à la connaissance du pacha, qui envoya des ouvriers pour démolir le Koubber-el-Roumia, afin de s'emparer des richesses qu'il renfermait encore. Ceux-ci se mirent à l'ouvrage avec beaucoup d'ardeur; mais, aux premiers coups de marteau, un fantôme, sous la forme d'une femme, parut au haut du tombeau, et s'écria:

« Allouah! Allouah [1]! viens à mon secours, ou viens enlever tes trésors! »
Aussitôt des moustiques énormes, aussi gros que des rats, sortirent du lac
voisin et mirent en fuite les ouvriers par leurs cruelles piqûres. Depuis ce
jour-là, toutes les tentatives que l'on a faites pour ouvrir le Koubber-el-Roumia ont été infructueuses, et les savants ont déclaré qu'il n'y a qu'un chrétien qui puisse s'emparer des trésors qu'il renferme. (*Annales algériennes*,
par M. Pellissier, tome Ier, 2e partie, page 359.)

Telle est, dans toute sa naïveté, la légende algérienne. Nous n'enga-
geons personne à démolir le Koubber-el-Roumia; mais nous léguons aux
archéologues présents et futurs le soin de retrouver son histoire.

Pour peindre encore mieux le caractère arabe et leur goût pour le merveilleux, nous ajouterons encore à cette historiette une autre non moins
fabuleuse que je vais raconter.

HISTOIRE DE LA GAZELLE ET DU LION DE MANZOURA.

Tlemcen est une ville florissante et riche, où s'arrêtent les caravanes du
grand désert : ses guerriers sont nombreux et intrépides; les beys des princes
magnifiques; ils sont aimés d'Allah et adorés des tribus. Ali, le bey, avait
une fille plus belle que la plus belle fleur de ses jardins; sa voix était plus
douce que la voix de l'ange; ses yeux étaient fendus et timides comme ceux
d'une gazelle effrayée. Lorsque, par hasard, un mortel la voyait, il en devenait fou, s'il n'en perdait la vie.

Elle s'entourait toujours d'un long voile qui couvrait sa tête et son corps
et retombait sur la pointe de ses sandales, laissant entrevoir le pied d'une
biche. Les femmes esclaves la suivaient dans ses promenades et ne la quittaient jamais. Mais le Seigneur Dieu avait mis dans la florissante ville de
Tlemcen, en même temps que le bey Ali et sa fille, un homme pauvre qui
gagnait sa vie à de petits trafics avec les chameliers des caravanes; il s'appelait Kaddour. Les pauvres l'aimaient, les riches ne le connaissaient pas;
car les riches ne sont pas bons mahométans et ne vont pas au-devant des
pauvres. Kaddour avait un fils jeune, déjà renommé dans les guerres, et
beau comme l'ange des batailles; sa taille était droite et hardie comme
celle d'un pin de la montagne, ses yeux vifs et braves comme ceux du
lion magnanime, et sa voix forte comme celle d'un soldat du prophète. Un
jour, après s'être promené dans les grands et magnifiques jardins qui entourent la ville, le fils de Kaddour s'assit près d'un ruisseau, et s'endormit
sous le feuillage d'un citronnier chargé de fleurs. Le Seigneur lui apparais-
sant en songe, car ses lèvres laissaient échapper un doux sourire, tout à
coup un bruit léger le réveille; il aperçoit une femme à demi voilée qui
venait à lui. Il se cache; et cette femme, appelant ses esclaves, leur donne

---

[1] C'est le nom d'un lac qui est auprès du Koubber-el-Roumia.

son voile. C'est la fille du bey. Le jeune homme la voit, sa raison s'égare;
il veut sortir du bosquet, mais la jeune fille, effrayée par le bruit des
feuilles, s'enfuit et disparaît à ses yeux.

Depuis, le malheureux enfant de Kaddour ne put chasser l'amour qui
s'était glissé dans son âme; il revenait à chaque heure du jour dans les
jardins, mais sans rencontrer celle qu'il y cherchait.

Le pauvre marchand, qui voyait dépérir son fils, voulut savoir la cause
de son chagrin, et n'y parvint qu'après l'avoir tourmenté.

Effrayé des dangers qu'il affrontait, craignant la colère du bey, il va
trouver le fou Ben-Meida, saint homme que tout le monde adorait, et qui
faisait des miracles autant que Mahomet, le grand prophète du vrai Dieu.
Après s'être prosterné devant le saint, Kaddour lui conta ses peines et lui
demanda conseil. « Je sais, répondit le fou, que la fille du bey est amou-
reuse comme une tourterelle de ton fils, l'heureux Salem; mais les deux
amants ne pourront parler de leurs amours qu'en échangeant leurs formes
humaines contre celles des animaux qui courent la plaine et le désert.

« Si ton fils veut prendre la peau d'un lion, elle prendra la tunique d'une
gazelle, et le bois d'oliviers de Manzoura sera le lieu du rendez-vous amoureux. »

Après avoir baisé les haillons du fou, le marchand le remercia, et fut
trouver son fils, auquel il raconta les paroles saintes et prophétiques du
marabout. Salem, au comble du bonheur, consentit avec joie aux conditions imposées, et disparut aussitôt de la maison de son père. Les gardes
de la porte du Maroc furent effrayés par l'apparition subite d'un lion qui
s'élança vers Manzoura, et les soldats qui gardaient la porte du Levant
(Men-el-Chark) ne furent pas moins surpris du passage rapide d'une jeune
gazelle qui franchit les barrières et se perdit dans la plaine.

Dès le lendemain, tout le beylik fut en grande rumeur; les cavaliers couraient les plaines et les montagnes pour retrouver la jeune fille du bey,
disparue. Le bey Ali, après l'avoir redemandée au Seigneur Dieu et à tous
les hommes, mourut de chagrin.

Le marchand Kaddour riait seul dans sa barbe; cependant, ne voyant pas
revenir son fils chéri, le seul espoir de sa vieillesse, il fut trouver le saint,
pour lui demander à faire redevenir homme le lion. Mais le fou fit d'horribles
grimaces, et se mit à rire aux éclats, en lui disant qu'il ne comprenait
pas. Jamais il ne put se ressouvenir de la métamorphose qu'il avait faite.

Souvent les chasseurs ont poursuivi une jolie gazelle, légère comme le
vent qui souffle sur la mer des tourbillons du désert; mais ils ont toujours
entendu des rugissements terribles qui grondaient dans les ruines de Manzoura, et qui effrayaient leurs chevaux. — On voit souvent, dans la forêt
des Oliviers, un lion superbe qui protège et défend une timide gazelle;
c'est le malheureux Salem, près de sa belle amante.

Dieu seul est Dieu ; il est juste, et punit les ambitieux comme les femmes infidèles.

Ce conte, dont la simplicité est digne des premiers âges, se fait écouter par les vieillards, les hommes et les enfants. Ce simple fait n'est-il pas le meilleur et le plus vrai des tableaux de mœurs de ce peuple?

18

Page 129. — Le col de Mouzaïa.....

DESCRIPTION DU COL DE MOUZAÏA.

Le col de Mouzaïa se trouve dans un enfoncement de la chaîne principale, à peu de distance d'un piton élevé qui domine au loin la position. Il ne peut être abordé de front, et, lors même qu'on pourrait y arriver, il est tellement surplombé par des roches à pic, qu'il serait impossible de s'y maintenir. La route qui y conduit, construite en 1856 par le maréchal Clausel, suit d'abord une arête qui se dirige du sud au nord, et qui permet d'arriver sans de grandes difficultés jusqu'au tiers de la hauteur. La route se développe ensuite jusqu'au col, sur le versant occidental de la montagne, en contournant plusieurs arêtes; elle est dominée constamment par les crêtes, qui se rattachent, d'un côté, au piton de Mouzaïa, et, de l'autre, au col lui-même.

A droite de la route se trouve un profond ravin qui prend naissance au col, et dont la berge occidentale, extrêmement tourmentée, ne peut être abordée sans de grands dangers. A l'ouest du col, la chaîne se bifurque, s'abaisse et se rattache, par une arête peu élevée, au territoire de Bou-Alouan. Le col n'est donc évidemment abordable, en venant de la ferme de Mouzaïa, que par la crête orientale, dominée tout entière par le piton de Mouzaïa. Abd-el-Kader, depuis six mois, avait fait exécuter de grands travaux pour le rendre inattaquable. Un grand nombre de redoutes, reliées entre elles par des branches de retranchement, couronnaient tous les saillants de la position; et, sur le point le plus élevé du piton, un réduit presque inabordable avait été construit. D'autres ouvrages se développaient ensuite sur la crête jusqu'au col. Les arêtes que la route contourne avaient été également couronnées par des redoutes, et le col lui-même avait été armé de plusieurs batteries. Enfin l'émir avait réuni sur ce point toutes ses troupes régulières. Les bataillons d'infanterie de Médéah, de Miliana, de Maskara et de Sebaou avaient été appelés à la défense du passage, et les Kabaïles de toutes les tribus des provinces d'Alger et de Titery avaient été convoqués pour couvrir cette position, regardée comme la plus redoutable et la plus importante de l'Algérie.

En présence d'une armée européenne, on eût fait une faute grave en attaquant de front des obstacles aussi périlleux. Il eût été plus sage de prolonger le mouvement des troupes par la droite jusqu'au point le moins élevé de la chaîne, et de tourner les hauteurs de Mouzaïa, soit pour se porter directement sur Médéah, soit pour aborder le col par la crête la moins élevée. Mais, dans les circonstances où il se trouvait placé, en face d'ennemis très-braves, mais sans discipline, sans tactique, sans notions de l'art de la guerre, le maréchal Valée devait frapper un coup décisif pour semer le découragement dans les masses arabes, en leur prouvant combien la supériorité du savoir et l'énergie intelligente peuvent l'emporter sur le nombre. D'ailleurs, toutes les ressources d'Abd-el-Kader étant concentrées sur ce point, une éclatante victoire nous ouvrait les portes de Médéah, portait au loin la terreur de nos armes, et détruisait le prestige exercé par l'émir sur toutes les tribus dont les contingents marchaient sous ses drapeaux. (*De l'Afrique française*, par P. Christian, liv. VI, p. 347.)

19

Page 141. — Mgr Dupuch proposa donc l'échange des prisonniers.....

DE L'ÉCHANGE DE NOS PRISONNIERS PAR L'ÉVÊQUE D'ALGER.

Le gouverneur général, dès les premiers temps de son arrivée, avait rapidement visité la province de Constantine. Dans cette province, comme dans celle d'Alger, il ordonna la suppression de tous les postes inutiles, sur la ligne de Bone à Constantine, et sur celle de cette dernière ville à Sétif. Cette mesure permit de renforcer les garnisons de Constantine, Sétif, Guelma et Bone. A son retour, le général Bugeaud s'occupa des préparatifs de la campagne du printemps, dont les ravitaillements de Médéah et de Miliana pouvaient être considérés comme l'heureux prélude. Ces opérations terminées, il confia au général Baraguey-d'Hilliers la division qui devait agir dans le bas Chélif, pendant que lui-même dirigeait l'expédition qui allait se faire dans la province d'Oran. M. le général de Bar recevait en même temps l'importante mission de commander Alger et son territoire.

C'est à cette même époque que s'accomplit dans la province d'Alger un événement remarquable. Un échange de prisonniers français et arabes eut lieu, près de Boufarik, le 19 mai, avec des circonstances propres à en conserver le souvenir.

Abd-el-Kader avait, depuis longtemps, prescrit à ses khalifas de faire épargner la vie des soldats français qui tomberaient entre leurs mains. Son humanité naturelle était, en cela, d'accord avec la politique; ses ordres furent observés religieusement.

Quelques arabophages militaires et civils s'imaginèrent que l'émir n'était inspiré que par le désir de se ménager ainsi des voies de négociations pour sauver sa puissance menacée.

Mais des hommes plus éclairés, plus généreux, des esprits de paix et de civilisation, jugeant de plus haut les qualités du caractère arabe, tentèrent une épreuve glorieuse dont les résultats devaient démontrer tout ce que la charité chrétienne peut accomplir de supérieur aux œuvres de la guerre.

Le premier évêque de l'Afrique française, Mgr Dupuch, avait obtenu du gouverneur général l'autorisation d'envoyer un de ses prêtres auprès d'Abd-el-Kader pour négocier la rançon de quelques soldats prisonniers.

L'abbé Suchet s'était acquitté de cette pieuse mission avec un courage apostolique, et avait pleinement réussi. L'émir, qu'il était parvenu à rejoindre auprès de Maskara, lui avait rendu sans rançon cinquante-six Français. Sur toute sa route, les Arabes des tribus les plus hostiles avaient salué l'homme de prière avec vénération, et l'admirable abbé Suchet avait regagné Médéah, en compagnie d'un seul interprète, avec plus de sécurité qu'au milieu d'une colonne expéditionnaire.

Encouragé par cet heureux fruit de la piété et de la foi, l'évêque d'Alger avait repris, avec le khalifa de Miliana, de nouvelles négociations pour obtenir l'échange de cent trente-huit prisonniers français contre autant de captifs arabes. Sa lettre, portée par quatre Arabes dont la liberté venait d'être obtenue par le plus digne prélat, fut accueillie favorablement; et, comme si la Providence se fût chargée de conduire pour notre enseignement cette œuvre de charité, toutes les difficultés s'aplanirent d'elles-mêmes, et la réponse du lieutenant d'Abd-el-Kader annonça presque immédiatement le succès de cette sainte démarche, en fixant le jour, l'heure et le lieu de l'échange convenu [1].

---

[1] Quelques passages de la lettre de Sidi-Mohammed-ben-Allal, khalifa de Miliana, à monseigneur l'évêque d'Alger, peuvent servir à prouver une fois de plus que les Arabes n'ont pas tout le fanatisme que M. Bugeaud et tant d'autres s'efforcent de leur prêter. Voici quelques pensées extraites de ce message, dont la forme et le style rappellent d'une manière naïve les touchantes vertus des temps primitifs qui se perpétuent chez les indigènes de l'Algérie, et dont une meilleure politique eût pu tirer tant de fruits.

« Vénérable serviteur de Aïssa (Jésus) et de Lella-Mariem (Marie), nous avons reçu tes lettres; nous en avons compris le contenu. Nous avons reconnu avec bonheur ton amitié et la vérité, dont tu es la lumière. Les quatre prisonniers que tu as délivrés pour nous les apporter sont heureusement arrivés. Il nous reste à te prier de vous occuper du soin de ceux qui sont encore à Alger ou ailleurs, et très-particulièrement de Mohammed-ben-Moktar, qui m'est cher. Les parents, les amis de ces pauvres captifs

Le 17 mai, à six heures du matin, les cent trente-huit prisonniers arabes, hommes, femmes et enfants, furent habillés de neuf aux frais de l'évêque, et le cortége sortit de la Kasbah d'Alger pour se mettre en route par la porte de la Victoire. La voiture de Mgr Dupuch ouvrait la marche; douze autres la suivaient, portant les femmes, les plus petits enfants et quelques hommes malades ou blessés. La veille au soir, le prélat avait reçu, de la part de Mohammed-Sidi-ben-Allal, des dépêches qui l'informaient de l'arrivée de ce khalifa pour le lendemain 18 mai, à l'heure où se partage le jour, c'est-à-dire vers midi. Le rendez-vous était donné à la ferme de Mouzaïa, au pied du fameux Téniah. Au moment où les cavaliers arabes porteurs de cette lettre descendaient les pentes du fort de l'Empereor, ils avaient été rencontrés par le général Baraguay-d'Hilliers, qui partait avec une colonne pour ravager la province de Titery; mais ce général ne devait arriver à Blidah que dans la soirée du 17, et son mouvement offensif pouvait être ajourné de quelques heures, pour laisser à l'œuvre de l'échange le temps de s'accomplir.

L'évêque se hâta d'adresser à ce général une lettre fort pressante pour le supplier de ne pas rendre stérile un acte de charité qui allait couronner tant de travaux et de dévouement religieux. Malheureusement M. Baraguay-d'Hilliers ne crut devoir faire aucune réponse, et ses troupes durent occuper le haouch de Mouzaïa dans la nuit du 17 au 18.

Ce manque de déférence à l'égard d'une mission que le gouverneur général avait lui-même autorisée nous semble appeler le blâme sur la conduite de M. Baraguay-d'Hilliers, qui rendait ainsi, d'une part, impossible la

---

étaient venus avec nous le jour où nous nous sommes déjà si doucement rencontrés. Quand ils ont vu que ceux qu'ils aiment n'y étaient pas, ils se sont mis à pleurer; mais, dès qu'ils ont su ce que tu nous avais promis et qu'ils ont vu ton écriture, ils se sont réjouis : l'amertume de leur âme s'est changée en allégresse, persuadés qu'ils les reverront bientôt, puisque tu l'as dit. Nous t'écrivons ceci, parce que tous les jours ils viennent pleurer à la porte de notre tente : aussi seront-ils consolés; car, pour nous, nous te connaissons, et nous savons bien qu'il n'est pas nécessaire que nous te fassions de nouvelles recommandations. Nous savons qui tu es, et que ta parole de chef de la prière parmi les chrétiens est sacrée.

« Nous t'envoyons la femme, la petite fille et les hommes de ton pays qui étaient restés captifs à Takdimt ou chez Mouloud-ben-Harrach. Quant au capitaine et aux autres prisonniers chrétiens qui sont avec lui, sois sans inquiétude sur eux, ils sont en toute sûreté sous la garde de Dieu. La guerre seule nous empêche encore de te les renvoyer; mais bientôt tu les auras tous.

« Je t'envoie, en attendant, le sauf-conduit dont tes amis pourraient avoir besoin. Ils feront bien d'aller d'abord chez le kaïd des Hadjoutes; les chemins ne sont pas sûrs. Je t'envoie vingt chèvres avec leurs petits, qui tettent encore leurs mamelles pendantes; avec elles, tu pourras nourrir les petits enfants que tu as adoptés au nom de Dieu, et qui n'ont plus de mères. Daigne excuser le peu de valeur de ce présent : tu sais que le don ne se mesure pas à son prix, mais au bon cœur qui l'offre.

« Que Dieu tout-puissant et miséricordieux te protége et te conduise toujours dans sa lumière. »

conclusion des négociations de Mgr Dupuch, et de l'autre exposait nos malheureux prisonniers aux représailles des Arabes. Bourrelé d'angoisses, l'évêque néanmoins ne perdit point courage. Arrivé à Boufarik à six heures du soir, il écrivit au khalifa de Miliana pour lui déclarer la douloureuse surprise que lui faisait éprouver la marche d'une armée hostile au moment d'une transaction pacifique. Il protestait, au nom des choses les plus saintes, qu'il était entièrement étranger au mouvement du général Baraguay-d'Hilliers, près de qui ses remontrances et ses supplications n'avaient obtenu qu'un silence dédaigneux. Il terminait en conjurant le khalifa de ne pas rompre des relations accueillies dans un but d'humanité, et qui touchaient à un terme si désirable, mais de vouloir bien en changer l'époque et le lieu.

Le courrier arabe qui se chargea de ce message partit de Boufarik le 18 au point du jour, après avoir promis d'être de retour avant le milieu du jour. Pendant les six heures que dura son absence, le digne évêque, entouré de ses prêtres, déplorait amèrement ce fatal concours de circonstances et les obstacles que la logique du sabre opposait brutalement au succès de ses efforts. On entendait distinctement l'écho lointain du canon et de la fusillade dans la direction de Mouzaïa ; les uns comptaient avec effroi ces tristes détonations, les autres priaient avec un cœur plein de trouble, partagés entre l'espoir, qu'ils ne pouvaient se résoudre à perdre, et les affreuses craintes que leur inspirait le dénoûment possible, probable même, de l'imprudente conduite du général. Enfin, à midi, par une chaleur étouffante, le courrier reparut aux avant-postes du camp d'Erlon, accompagné de deux envoyés du khalifa de Miliana. On les conduisit chez le commissaire civil de Boufarik, où l'évêque attendait l'issue de sa démarche. La réponse écrite qu'ils apportaient de la part de Sidi-Mohammed ben-Aïlal fut déchiffrée avec avidité : elle était sévère et presque menaçante. Le khalifa se plaignait de la présence de l'armée comme d'une trahison. Sans accuser l'évêque d'avoir directement participé à cette agression, il ne comprenait pas que le chef de la prière eût pu manquer d'influence pour s'y opposer. Cette opinion était justifiée par le respect dont les Arabes entourent leurs marabouts, respect qui va souvent jusqu'à leur faire déposer les armes à la seule parole de ces hommes investis d'un caractère sacré.

Sidi-Mohammed ignorait la position de quasi-impuissance que subissait, au milieu d'une armée chrétienne, l'évêque négociateur. Irrité de l'approche de nos troupes, dont il n'avait pas soupçonné le danger au moment de son entrevue avec un dignitaire qu'il croyait honoré parmi nous, il s'était retiré en toute hâte, entraînant avec lui nos malheureux compatriotes prisonniers, qu'il ne s'inquiétait plus de soustraire aux mauvais traitements des Arabes exaspérés.

Que faire à cette nouvelle? Abandonner son œuvre, c'était livrer cent

trente-huit têtes françaises à la fureur de l'ennemi. L'évêque ne consulte
plus que son cœur; il veut monter à cheval et s'élancer tout seul sur les
traces du khalifa; mais ses prêtres le retiennent, et deux d'entre eux, accompagnés d'un interprète et de M. de Toustain du Manoir, jeune Français
plein de cœur et d'audace, se dévouent pour le salut de leurs frères. Ils
partent avec les trois Arabes et un jeune officier des réguliers d'Abd-el-
Kader nommé Ahmed-Khoracin, pris dans un des derniers combats du
mois d'avril, et dont l'évêque autorisait la remise immédiate, et sans conditions, à Sidi-Mohammed-ben-Allal [1]. Cette petite caravane s'élance à toute
bride, et parvient à rejoindre le khalifa sur la lisière de la forêt des Kha-
réjas, où il campe avec sa cavalerie et les prisonniers confiés à sa garde.
A la vue d'Ahmed-Khoracin, le farouche guerrier s'attendrit, et, pour ne
pas le céder en générosité à l'évêque, il délivre immédiatement un Français, M. le sous-intendant militaire Massot [2]. Les pourparlers se repren-

[1] Un mois ou deux auparavant, Ahmed-Khoracin commandait, dans le camp d'Abd-
el-Kader, le poste d'honneur placé près de la tente des premiers députés de l'évêque
d'Alger. Trahi par les chances de la fortune de guerre, ce jeune chef, issu d'une des
familles les plus notables du pays, était tombé au pouvoir des Français à la suite d'un
combat dans la vallée du Chélif. Conduit dans les prisons d'Alger, et confondu avec
les autres captifs, il y reçut un jour la visite de monseigneur Dupuch, et fut reconnu
par un des ecclésiastiques qu'il avait momentanément protégés. Devenu l'objet d'un
intérêt particulier, il montrait, dans son malheur, une stoïque résignation. Aux marques de compassion qu'il recevait, on ne l'entendit répondre qu'une seule chose :
« C'était écrit! »

[2] M. Massot, sous-intendant militaire au camp de Douéra, avait été pris par les
Arabes en se rendant à Alger par la diligence de Douéra. Les Arabes, au nombre
d'une cinquantaine, s'étaient embusqués à un des tournants de la route, à peu de
distance d'un de nos blockhaus, attendant le passage de cette diligence pour fondre
sur elle. L'escorte que l'on fournissait à cette diligence n'était point suffisante pour
empêcher un coup de main de la part des Arabes, qui ne l'ignoraient pas : on donnait
ordinairement deux chasseurs à cheval et un brigadier, ou deux ou trois gendarmes.
Cette escorte, en vérité, était une dérision. Il arriva donc ce qui devait arriver tôt
ou tard.

Cette diligence fut attaquée par les Arabes, qui s'étaient embusqués à l'entrée
d'un petit bois qui donnait sur la route; ils attaquèrent la diligence par devant, au
coupé, en barrant le passage; d'autres attaquèrent par derrière, à la rotonde. Plusieurs coups de feu furent tirés par les Arabes : un conducteur des ponts et chaussées, qui essaya de se défendre, fut tué par eux. Un de ces Arabes demanda de l'argent à un cantinier de Douéra qui se trouvait dans le coupé; après que ce dernier
eût donné ce qu'il possédait, l'Arabe lui lâcha son coup de fusil, et le blessa grièvement.

Les Arabes, après avoir enlevé les chevaux de la voiture et le postillon, emme-
nèrent également le sous-intendant militaire Massot, abandonnant la diligence au
milieu de la route, et prirent la traverse. Ils n'avaient pas eu le temps de piller la
voiture, parce que quelques-uns de nos hommes descendaient déjà d'un blockhaus
voisin pour voler au secours de la diligence. Ces hommes, parvenus à l'endroit où se
trouvait la voiture, tandis que les Arabes fuyaient, s'empressèrent de porter secours
aux personnes qui se trouvaient dans l'intérieur; car les Arabes, ne connaissant pas
la composition de nos voitures, n'avaient pas soupçonné qu'il existât un autre compar-
timent au milieu de la diligence, et par conséquent n'avaient attaqué la diligence que

nent, et il est décidé que trois Français resteront en otage au camp arabe, tandis que le quatrième, M. de Toustain du Manoir [1], va retourner sur ses

par devant et par derrière, et avaient laissé l'intérieur intact. Mais il y avait une pauvre demoiselle, bien effrayée et qui était presque morte de peur, qu'on s'efforça de rassurer le plus que l'on put, en lui annonçant qu'elle était hors de tout danger. Il y avait deux autres personnes; elles furent conduites au blockhaus, en attendant que le camp de Douéra fût prévenu de cette attaque imprévue. Deux chasseurs qui servaient d'escorte avaient rebroussé chemin en toute hâte, et au grand galop, sur Douéra, pour prévenir de ce qui était survenu, et on envoya de suite un fort détachement pour dégager la diligence, s'il en était encore temps. Un détachement de cent hommes fut envoyé de suite à l'endroit où se trouvait la diligence; on prit une charrette que l'on rencontra venant d'Alger, pour conduire à Douéra le corps du conducteur des ponts et chaussées; et le malheureux cantinier de Douéra, nommé Bousquet, qui était blessé mortellement, mourut à l'hôpital militaire pendant la même nuit; des chevaux ayant été envoyés de Douéra, on ramena la diligence.

M. Massot, après sa délivrance de chez les Arabes, revint à Douéra, où il reçut un accueil fraternel qu'il méritait, car il y était très-aimé. Comme il entrait au camp et descendait du mulet sur lequel il était monté, je fus le premier qui eus le bonheur de recevoir ses premiers embrassements. M. Massot se loue des procédés et des adoucissements qu'il recevait d'Abd-el-Kader pendant sa captivité au fort de Thaza [*], où était une partie des prisonniers français : même l'émir lui avait donné un Français pour lui servir de domestique, mais il ne le garda pas, parce que ce dernier, au lieu de le servir, aurait voulu plutôt qu'on le servît, propre expression de M. Massot. Il profita d'un congé qu'il avait sollicité du ministre pour aller se refaire en France de sa captivité et calmer en même temps les angoisses et les inquiétudes de sa jeune épouse, qui l'attendait avec anxiété pour le presser dans ses bras.

[1] M. de Toustain du Manoir joint à un beau nom et aux qualités personnelles les

[*] Boghar est située à une journée de marche de Médéah, sur des ruines romaines. On y arrive par un chemin montueux et malaisé, où on ne rencontre pas une seule source d'eau. Cette forteresse avait longtemps servi de dépôt d'armes et d'asile pour les Arabes blessés; mais, à l'approche des Français, tout le matériel avait été transporté à Takdimt, à l'exception de trois canons de petit calibre.

Thaza était, avec Takdimt, une des positions sur lesquelles Abd-el-Kader comptait le plus; aussi l'un des magasins intérieurs avait-il reçu le nom de Palais du Sultan, avec la décoration et l'ameublement qui devaient le rendre digne de sa destination.

Cette forteresse, élevée sur un mamelon, dans la chaîne de Matmata, occupait l'emplacement d'un château romain, dont on voyait encore quelques traces jusqu'au moment où elles furent recouvertes par la nouvelle construction. Certains archéologues prétendent que ces ruines appartenaient à une ville arabe du nom de Thaza, bâtie depuis trois siècles seulement par un cheik nommé El Hadji-Châoui. A peu de distance de ces ruines, on a trouvé, en creusant, une pierre sur laquelle est gravé, en caractères arabes, le mot Thaza, au milieu d'un cadre d'inscriptions tirées du Koran. Cette pierre couronnait le cintre du portail de la forteresse, qui fut élevée par des ouvriers français que le maréchal Valée avait mis à la disposition d'Abd-el-Kader.

Thaza, située à une journée de marche de Miliana, à portée de sources abondantes, d'une forêt immense, de riches carrières de plâtre et d'une mine de sel gemme, ayant à peu de distance, vers l'est, le mont Kapsaga, qui contient du souffre et du salpêtre, également peu éloignée du mont Zakkar, où se trouvent de riches mines de fer, Thaza semblait répondre, par un accroissement rapide, aux vues de son fondateur. Entre Thaza et Miliana court la vallée du Chélif; sur chaque versant, la route traverse des bois d'un accès difficile. De Thaza à Médéah, le chemin devient encore plus sauvage; il faut passer au pied du fort Boghar, après avoir traversé la montagne de Matmata par des sentiers presque inaccessibles à l'artillerie.

En deux jours la pioche et la mine détruisirent complétement les belles voûtes, les vastes magasins du fort, et le fort lui-même. De la ville de Thaza et de sa citadelle, qui avaient coûté quatre cent mille francs à l'émir, il ne resta qu'une masse de pierres se confondant avec les rochers environnants. (*De l'Afrique française*, par P. Christian. Livre VII, pages 589 et 590.)

pas, à travers mille dangers, pour annoncer au digne prélat que l'échange aura lieu le lendemain, 19, à une demi-lieue de Boufarik. Il était, en outre, convenu que l'évêque d'Alger et le khalifa s'aborderaient seuls et sans escorte. En effet, le lendemain, à l'heure dite, mille à douze cents cavaliers parurent dans la Métidja, conduisant avec une grave solennité les captifs chrétiens. Monseigneur Dupuch versait des larmes de joie; des deux côtés, Français et Arabes furent accueillis par leurs compatriotes avec des acclamations touchantes.

Après une longue entrevue, les deux négociateurs se séparèrent, en échangeant des signes de sympathie et de vénération mutuelle; c'étaient deux cœurs faits pour se comprendre et conserver un éternel souvenir de ce rapprochement fugitif, opéré par la foi au Dieu unique dont la providence gouverne toutes les races; puis l'évêque reprit le chemin d'Alger avec le cortége des infortunés qui lui devaient la vie et la liberté. Le khalifa rejoignit au galop ses cavaliers, et disparut en un clin d'œil à l'horizon de la plaine. La mission de la paix était achevée; celle du sang allait bientôt poursuivre son funeste avenir. (De l'Afrique française, par P. Christian, liv. VII, page 385.)

                                    20

                Page 177. — Les femmes bedouines.....

                    D'UN MARIAGE MUSULMAN A TLEMCEN.

                            (Épisode.)

Nous quittons le Ksar dévasté pour retourner à Thiout. Le soir, nous campons sur l'Oued-Salam, à l'endroit où il débouche du défilé de l'Oued-Hadjej. Comme l'eau a une légère salure, quelques groupes d'hommes vont

plus distinguées une étude approfondie des mœurs arabes et un savoir d'orientaliste qui le met à même de rendre en Algérie de précieux services. Il fit preuve, dans la mission qu'il avait volontairement acceptée en 1841, d'un chaleureux dévouement et d'une rare intrépidité, car il risquait sa vie sans autre espoir de récompense que la conscience d'une noble action. Mais c'est un de ces hommes rares dont s'honore notre jeune génération, et qui, fidèle à la maxime française, que « noblesse oblige, » font le bien pour le bien, sans rien chercher au delà. La reconnaissance publique voudrait voir attachée sur sa poitrine l'étoile de l'honneur; mais, victime d'une modestie dont on ne trouve plus que si peu d'exemples, M. de Toustain du Manoir ne comptait pas même sur les rémunérations de l'histoire. Il est juste que l'histoire, en signalant sa belle conduite, réclame en sa faveur le prix d'un service plus éclatant que bien des faits de guerre.

puiser à une fontaine qui coule au pied de la montagne, à cinq cents pas seulement des avant-postes; mais les Maghariens, qui nous suivent sur les crêtes, se glissent derrière les rochers, parviennent près de la source et tirent de très-près sur nos soldats. Un jeune Koulougli [1] est blessé mortellement. Appelé pour lui donner mes soins, je reconnais Sliman, mon voisin de Tlemcen : mes treilles passent sur le mur mitoyen et ombragent sa cour; ses treilles franchissent aussi la séparation et se mêlent aux miennes; le même conduit fournit de l'eau à nos bassins, et nous partageons en bons frères les fruits d'un vieux figuier de Barbarie (*cactus opuntia*) qui croît dans une brèche du mur.

Quelques mois auparavant, j'assistais à sa noce. C'était le soir : il parcourait les rues de Tlemcen enveloppé d'un burnous blanc aux longs glands de soie, et cheminait processionnellement, monté sur un beau cheval caparaçonné avec luxe, qu'un nègre conduisait par la bride; chaque couadji (cafetier), quand on passait devant son échoppe, versait une tasse de café aux pieds du cheval, antique hommage réservé aux grands personnages qui entrent dans la ville et aux jeunes mariés lorsque leur cortége nuptial parcourt triomphalement les rues. Le cortége avançait dans les étroites ruelles du quartier des Hadars, à la lueur de grands candélabres en bois hérissés d'une foule de bougies de cire jaune. Des musiciens précédaient la mariée, frappant en cadence sur leurs tambours [2], raclant leur violon [3], soufflant dans leur hautbois [4] et pinçant leur rustique mandoline [5]; étrange et sauvage concert que la foule accompagnait de ses chants et les enfants de leurs cris aigus, musique primitive et sans art dont les simples mélodies ont toujours pour nous des charmes indicibles, et dont le souvenir nous reporte bien mieux dans le désert que les beaux morceaux de Félicien David. La nuit, la fête continue : les hommes, accroupis sous les arcades qui ceignent la cour, fumaient de longs sipsi [6] en prenant le café. Les femmes, rangées sur les terrasses et sous les cintres du premier étage, ne laissaient voir qu'un œil noir qui pétillait dans l'ombre. L'orchestre continuait son monotone concert. De temps en temps un des assistants appelait le déclamateur, lui donnait une pièce d'argent, et faisait publier à haute voix les louanges de sa maîtresse inconnue ou les

---

[1] Koulougli, descendant des Turcs et des femmes arabes.

[2] Le tambour (*trabouka*) est l'instrument de prédilection des Arabes; c'est un cylindre ordinairement en terre cuite, à une extrémité duquel est attaché un morceau de peau de tambour. L'instrument est placé sous l'aisselle; le musicien le frappe avec les doigts des deux mains quelquefois pendant des journées entières, et la joie des auditeurs va toujours en croissant.

[3] Kemengia, violon à trois cordes.

[4] Guessebah, espèce de hautbois dont le bout est garni d'un jeton qui s'applique sur les lèvres.

[5] Koultra.

[6] Pipes.

qualités de son ami ; puis l'ami répondait par la bouche du déclamateur, et un combat de politesse s'engageait, tout chamarré de brillantes fleurs orientales, tout plein de métaphores et de riantes figures.

Je fis mettre le jeune Koulougli sur un brancard, et je l'accompagnai à l'ambulance. En chemin, tous les souvenirs que je viens de retracer se présentaient en foule à ma mémoire. Je ne sais vraiment en vertu de quelle étrange aberration dans l'association des idées l'image de la mort menaçante pouvait ainsi jeter dans mon esprit les couleurs de ce joyeux tableau.

Arrivé à l'ambulance, Sliman me baisa affectueusement la main, marque de respectueuse amitié qu'il ne m'avait pas donnée depuis quelque temps, car il était devenu jaloux et prétendait, oh ! bien à tort, que j'allais beaucoup trop souvent regarder dans sa cour, sous prétexte de soigner notre commun figuier de Barbarie. Je passai toute la soirée auprès du pauvre Koulougli, qui me répétait à chaque instant : « Je vais mourir cette nuit; tu ne peux rien contre mon mal. Tu me soignes comme ton frère... Va voir tes autres malades. » Le lendemain, il n'était plus.

Pendant la nuit, on tira sur notre camp plusieurs coups de fusil qui ne nous firent pas de mal. (*De l'Expédition du général Cavaignac dans le Sahara algérien*, par le docteur Félix Jacquot, chapitre VIII, page 216.)

21

Page 179. — A Oran, chaque année.....

EMBARQUEMENT EN L'ALGÉRIE DES PÈLERINS DE LA MECQUE.

Le pèlerinage est pour les fidèles musulmans de l'un et de l'autre sexe un acte religieux qui consiste à visiter, une fois dans sa vie, le Kaabah (maison carrée, tabernacle de Dieu), à la Mecque, au jour prescrit par la loi, et avec différentes pratiques ordonnées par la religion. Cette loi n'oblige que ceux à qui leur position ou des circonstances particulières ne permettent pas de s'en dispenser, comme par exemple la condition libre, le bon sens, l'âge de majorité, l'état de santé, l'état d'aisance, la sûreté du voyage, la compagnie du mari ou d'un proche parent, sous la garde duquel doit être la femme qui se destine au pèlerinage; enfin l'absence de tout empêchement légitime, de quelque genre qu'il soit.

Le fidèle est tenu en son particulier à différents exercices, pour s'acquitter convenablement de ce devoir important de l'islamisme; ces exercices consistent à s'arrêter aux premières stations autour de la Mecque, à une certaine distance de la cité sainte et sur la route même des pèlerins qui y viennent de toutes les parties du monde, à y faire les purifications, à prendre l'irham, espèce de voile ou manteau pénitencier formé de deux pièces de laine blanches et neuves, sans coutures, l'une pour se couvrir la partie inférieure, et l'autre la partie supérieure du corps; à se parfumer avec du musc ou d'autres aromates, à réciter des prières et à psalmodier des cantiques à haute voix. Le pèlerin ne peut être vêtu que de son irham; il peut cependant avoir sur lui des espèces en or ou en argent, mais dans une bourse ou dans une ceinture, être armé d'un sabre, porter son cachet au doigt, et le saint livre du Koran dans un sac pendu à son côté.

A son arrivée à la Mecque, il doit aussitôt se rendre directement au Kaabah, entrer dans le temple par la porte Schéibé, les pieds nus, et en récitant une prière consacrée s'approcher de la pierre Noire[1], la baiser respectueusement ou bien la toucher des deux mains, et les porter ensuite à la bouche, faire, immédiatement après, les tournées autour du sanctuaire, en partant de l'angle de la pierre Noire, et avançant toujours du côté droit, pour avoir le sanctuaire à gauche, et par là plus près de son cœur.

Cette tournée autour du Kéabé se renouvelle sept fois de suite : le pèlerin est tenu de faire les trois premières en se balançant alternativement sur chaque pied et secouant les épaules; les quatre autres, au contraire, d'un pas lent et grave. Les tournées, qui forment un des actes les plus importants du pèlerinage, doivent se faire en trois différents temps: la première, le jour même de l'arrivée du pèlerin à la Mecque; la seconde, appelée tournée de visite, pendant un des quatre jours de la fête de Bairam, et la troisième, tournée de congé, le jour même de son départ de la Mecque.

Le pèlerin doit aussi, ce dernier jour, boire de l'eau du puits de Zemzem, dont l'origine miraculeuse est attribuée à l'ange Gabriel, et même emporter de cette eau sainte pour en avoir chez lui et pour en donner à ses proches et à ses amis. Enfin, au moment où il sort du temple, il doit encore, 1° porter la main sur le voile du Kaabah; 2° faire les prières les plus ferventes, en les accompagnant de larmes et de soupirs; 3° toucher le mur Multezem, qui est entre la pierre Noire et la porte du sanctuaire, en y posant d'abord la poitrine, ensuite le ventre et la joue droite, à l'exemple

[1] L'hommage que l'on rend à cette pierre est pour rappeler au fidèle l'aveu et la confirmation de l'acte de foi que toute la légion des êtres spirituels fit à la création du monde. L'Être suprême les ayant interrogés de la sorte : « Ne suis-je pas votre Dieu? » tous répondirent : « Oui, vous l'êtes. » Ces paroles furent déposées dans le sein de cette pierre par l'Éternel lui même; aussi la pierre Noire, d'après les expressions du Koran, est un des rubis du paradis. « Elle sera envoyée au dernier jour; elle verra, elle parlera, et elle rendra témoignage de tous ceux qui l'auront touchée en vérité et dans la sincérité de leur cœur. »

de ce qu'a pratiqué le prophète lui-même; 4° se retirer le visage constamment tourné vers le sanctuaire; et 5° sortir par la porte El-Ouada (porte de la promesse), après en avoir respectueusement baisé le seuil.

Ces principales pratiques du pèlerinage sont entremêlées d'une foule d'autres, d'excursions ou de processions hors de la ville, de visites à l'OEumré, petite chapelle située au milieu d'une plaine, à deux heures au nord de la Mecque, du jet des sept pierres, de la célébration de la fête des sacrifices (Aïd-Adha ou Kourban-Baïram), l'une des deux grandes fêtes religieuses de l'islamisme.

C'est Mohammed (Mahomet) qui établit d'une manière invariable et permanente le jour où tous les ans seraient célébrées la fête du pèlerinage et celles des sacrifices. Il la fixa au commencement de mars, à l'approche du printemps, dans le double but de rendre le voyage moins pénible aux pèlerins, et de faciliter en même temps le transport et la vente de leurs denrées. On voit par là que le pèlerinage fut dans l'origine une institution non moins politique que religieuse, favorisant le commerce par la création dans le désert d'un immense marché, source de richesses et de prospérités pour les villes pauvres où l'habile législateur vécut longtemps obscur chamelier.

Rien n'égale le zèle et l'empressement de tous les peuples qui professent l'islamisme à remplir ce devoir important de leur culte. Les anciennes traditions relatives à l'origine du Kaabah, la profonde et constante vénération des Arabes païens pour ce tabernacle, la politique qu'eut Mohammed de consacrer ces mêmes opinions et de présenter la visite du sanctuaire comme un précepte divin et l'un des principaux articles de sa doctrine, la dévotion avec laquelle il s'en acquittait lui-même, enfin l'exemple de ses disciples, de ses successeurs et des musulmans de tous les siècles, concourent à faire regarder encore aujourd'hui comme absolue et indispensable l'obligation de visiter au moins une fois dans sa vie le temple de la Mecque. Pour entreprendre ce pèlerinage, les musulmans surmontent avec une constance étonnante les hasards et les difficultés d'un voyage long et pénible. Aussi en voit-on chaque année plus de cent mille de tout sexe, de tout âge, de toute condition, s'acheminer des diverses contrées de l'Europe, de l'Asie et de l'Afrique, vers le Kaabah de la Mecque. Il est des années où le nombre des pèlerins va jusqu'à cent cinquante mille. Selon une opinion populaire, il ne peut jamais en avoir moins de soixante-dix mille, parce que c'est le nombre arrêté dans les décrets du ciel, et que, toutes les fois qu'il reste inférieur, les anges y suppléent d'une manière invisible et miraculeuse.

Le grand corps des pèlerins réunis à Damas marche sous l'escorte d'une véritable armée, qui est chargée de les protéger contre les attaques des Arabes nomades, surtout dans les déserts de la Syrie et de l'Arabie, et qui les conduit jusqu'à la distance de trois journées de Médine. Là, ces pèlerins se réunissent à ceux d'Afrique, qui marchent également sous la garde d'un des premiers beys d'Égypte. La sortie de la grande caravane, qui part du Caire dans les derniers jours du mois de décembre et qui met quarante jours pour arriver à la Mecque, se fait en grande pompe. Au jour fixé, toute la foule des pèlerins, logée sous des tentes en dehors de la porte des Victoires, se met en chemin, ayant à sa tête le chameau (*mahmel*) portant le tapis offert chaque année à la ville du prophète. Tous les deux ou trois ans, les sujets de l'empereur de Maroc font aussi ce voyage en corps, sous la conduite particulière d'un officier de ce monarque.

Les mahométans de la Perse, du Japon, des Indes et du reste de l'Orient marchent d'ordinaire par bandes vers l'Arabie, et pourvoient par eux-mêmes à ce qui leur est nécessaire, tant pour la sûreté que pour la commodité du voyage. Arrivés sur les terres de l'Arabie, tous, en général, se reposent sur la vigilance et sur les soins du chérif de la Mecque, qui est censé répondre d'eux.

Le chérif de la Mecque reçoit le corps des pèlerins à la tête de troupes nombreuses chargées de veiller à leur salut pendant les stations hors de la cité, soit avant, soit après la célébration de la fête des sacrifices, comme aussi de maintenir l'ordre parmi les pèlerins eux-mêmes.

Toutes les pratiques, aussi austères que minutieuses, qui constituent le pèlerinage, se terminent par des fêtes et des réjouissances qui durent trois nuits du Bairam, et pendant lesquelles le chérif de la Mecque, les pachas de Damas et d'Égypte font tirer des milliers de fusées, tandis qu'une bonne partie des pèlerins, surtout les Égyptiens et les Arabes, s'égayent par toutes sortes de jeux et de bouffonneries. Tout musulman qui se destine au pèlerinage se nomme hallal (débutant), jusqu'au moment où il prend l'ihram dans l'une des stations aux environs de la Mecque. Couvert de ce manteau, il porte le nom de Mohrim, auquel succède celui de Hadji, qui signifie pèlerin. Aussitôt qu'il a satisfait à toutes les pratiques requises pour cet acte religieux, cette dénomination de Hadji, que la religion accorde à tous ceux qui ont visité le sanctuaire, devient une espèce de surnom que les pèlerins de tout état, de tout rang et de toute condition conservent le reste de leurs jours. A cette prérogative, qui leur concilie une espèce de vénération publique, se joint encore celle de se laisser croître la barbe, comme étant une pratique consacrée par la loi et par l'exemple même du prophète.

Sous la domination turque, l'époque ordinaire du départ d'Alger pour le pèlerinage de la Mecque était à peu près fixée au mois de novembre, afin que les pèlerins pussent arriver assez à temps au Caire pour se joindre à la grande caravane qui part de cette ville. Le pèlerinage était autorisé par le dey dans une réunion du Medjilis (tribunal des ulémas), qu'il convoquait à cet effet, et où était appelé l'oukil (administrateur) de la corporation de la Mecque et Médine. Celui-ci remettait au muphti les sommes destinées aux pauvres de ces villes, et qui étaient fixées invariablement pour chaque année à environ dix mille huit cents francs. Cet argent était ensuite confié par portions égales à chacun des pèlerins, qui en devenait le gardien et en faisait la remise, à la Mecque, au beit-el-mal (trésorier), qui était regardé comme le chef de la caravane d'Alger. Cette caravane se composait de trois à quatre cents pèlerins, qui se réunissaient à Alger de tous les points de la Régence. Les Arabes habitant les contrées les plus voisines du désert s'adjoignaient à la caravane de Maroc, qui traversait une partie du Sahara pour se rendre à Alexandrie.

Ces voyages se faisaient ordinairement sur un ou plusieurs bâtiments de transport frétés par des négociants d'Alger. Chaque pèlerin payait son passage; celui du beit-el-mal et des gens à son service était seul gratuit.

Au moment du départ d'Alger, l'oukil de la Mecque et Médine remettait au beit-el-mal l'oukfia, ou état nominatif des personnes de la ville sainte qui avaient droit aux secours annuels envoyés d'Alger. La somme de dix mille huit cents francs, versée par la corporation, s'accroissait parfois des dons faits par les hauts fonctionnaires de la Régence. La caravane arrivée à sa destination, les fonds étaient distribués par le beit-el-mal aux personnes désignées, dans la proportion d'un tiers pour les pauvres de la Mecque, et de deux tiers pour ceux de Médine.

En cas de décès d'une de ces personnes, les héritiers avaient droit à sa portion. Si, dans la traversée, un pèlerin venait à mourir, le beit-el-mal s'emparait des effets, en faisait la vente, prélevait un droit de dix pour cent, et rendait compte, à son retour, des successions qu'il avait recueillies.

Aucun envoi de marchandises n'était expédié de la Régence, dont le commerce d'exportation était presque nul; mais les denrées produites par l'Hedjaz (nom de la province où est située la Mecque) étaient importées en assez grande quantité et donnaient un bénéfice important au commerce algérien, tels que l'ambre, la perle, les cachemires, le café moka, le musc, le bois d'aloès et de santal, l'écaille, les chapelets et les étoffes brochées de Damas.

Après la conquête d'Alger par la France, les pèlerinages ont été interrompus, et les indigènes ont pu voir, dans cette omission d'une pratique qui leur est chère, une preuve de notre mépris ou tout au moins de notre indifférence pour leurs mœurs et leur religion. Dès le commencement de 1836 cependant, l'attention de l'administration algérienne s'était portée sur l'utilité de faire revivre en Algérie les pèlerinages, sous les auspices et avec la protection de l'autorité française. Les circonstances difficiles dans lesquelles le pays s'est trouvé, l'état de guerre sans cesse renaissant, et de permanentes hostilités, ont, pendant plusieurs années encore, retardé la réalisation de ce projet. Mais, en 1842, la situation favorable de notre colonie a permis enfin de mettre à exécution une mesure dont l'importance politique et commerciale même ne saurait être l'objet d'aucun doute; car, en même temps que les indigènes trouveront naturellement, dans l'assistance accordée par le gouvernement à l'accomplissement de l'une des prescriptions de l'islamisme, une preuve de l'égale sollicitude avec laquelle l'administration s'attache à protéger toutes les croyances religieuses, sans distinction de culte et de nation, il est présumable que nous retirerons de grands avantages, pour l'influence morale de notre domination et pour l'extension de nos relations commerciales, d'une disposition dont l'effet doit être, tôt ou tard, d'attirer dans nos ports les caravanes, qui aujourd'hui font le commerce du désert par le Maroc.

Parti de Toulon le 13 septembre 1842, un bâtiment à vapeur de l'État, le *Caméléon*, de deux cent vingt chevaux, commandé par M. le capitaine de corvette Pourtier, a été expédié en Algérie, pour être mis à la disposition des pèlerins. Cent vingt-quatre indigènes, appartenant aux classes riches et lettrées, et recueillis dans les provinces d'Alger, d'Oran et de Constantine, ainsi que dans la régence de Tunis, ont pris place à bord de ce navire, et ont été transportés, aux frais de l'État, à Alexandrie, où ils sont arrivés le 3 octobre suivant. A leur débarquement, les dispositions prises par les soins de notre consul général leur ont assuré l'aide et l'assistance qui leur étaient acquis en leur qualité de sujets de la France, et dont ils avaient besoin pour accomplir leur pèlerinage. Comme la plupart étaient venus sans provisions, le gouvernement a pourvu à la nourriture pendant la traversée, et avait fait mettre à bord des approvisionnements en moutons, volailles, œufs, fruits secs (raisins et figues), riz, biscuit, sucre et café.

Le pèlerinage terminé, un autre bâtiment de l'État, le *Tancrède*, est allé rechercher les pèlerins, et les a ramenés, au mois de juillet 1843, dans les divers ports où ils avaient été embarqués.

Dès le mois d'août 1842, l'agha El-Mezari, deux de ses fils, et Abd-el-Aziz, chef des douairs de la province d'Oran, avec une douzaine de sa suite, avaient été admis comme pèlerins, aux frais de l'État, sur les paquebots partant de Marseille pour Alexandrie, d'où ils ont été également ramenés de la même manière.

Les heureux résultats produits par ce premier essai ont déterminé le gouvernement à le renouveler chaque année, en allant prendre dans les différents ports non-seulement les pèlerins de l'Algérie, mais encore ceux du Maroc et de Tunis.

C'est par de semblables mesures, sagement combinées avec les résultats des expéditions militaires, et surtout avec le développement de la colonisation, qu'il deviendra chaque jour moins difficile, il faut l'espérer, d'assurer le succès de l'œuvre importante que la France a entreprise et poursuit depuis plus de quinze années en Algérie.

22

Page 180. — La pèche du corail.....

DU CORAIL.

Corail (*corallium*, zooph. polyp.), genre qui termine l'ordre des gorgoniées, dans la section des polypiers corticifères, la dernière des flexibles, ou non entièrement pierreux. On lui assigne les caractères suivants : Polypier dendroïde, inarticulé, ayant l'axe pierreux, plein, solide, strié à sa surface, et susceptible de prendre un beau poli, recouvert par une écorce charnue, adhérente à l'axe au moyen d'une membrane intermédiaire très-mince, invisible dans l'état sec ; cette écorce devient crétacée et friable par la dessication. Le corail rouge (*ruber*) est la seule espèce de ce genre.

Le polypier ressemble assez bien, mais en petit, à un arbre privé de feuilles et de branches. On le trouve fixé aux rochers par un large empâtement ; il s'élève à environ un pied. Il est formé d'un axe calcaire et d'une écorce gélatino-crétacée.

Cet axe, aussi dur que le marbre, est composé de couches concentriques, faciles à apercevoir par la calcination ; sa surface est plus ou moins couverte de stries parallèles et inégalement profondes. L'axe et l'écorce semblent unis par un corps réticulaire, composé de petites membranes, de vaisseaux et de glandes imprégnées d'un suc laiteux.

Ce corps réticulaire se trouve dans tous les polypiers corticifères.

L'écorce, substance molle, moins foncée en couleur, se compose de petites membranes et filaments très-déliés ; elle est sillonnée par des tubes, et couverte de tubercules épars, clairsemés, dont le sommet se termine par une ouverture divisée en huit parties.

Dans l'intérieur, on voit une cavité qui sert à loger un polype blanc, presque diaphane et mou ; elle contient les organes destinés aux fonctions vitales de l'animal. La bouche est entourée de huit tentacules coniques, légèrement comprimés, et ciliés sur les bords.

Ce polypier gracieux se rencontre dans la Méditerranée et la mer Rouge.

On le trouve à différentes profondeurs : sur les côtes de France, il couvre les roches qui regardent le midi ; on le voit aussi sur celles du levant et de l'ouest, mais jamais sur celles du nord.

Dans le détroit de Messine, il est, au contraire, plus commun du côté de l'orient.

La pêche du corail n'est pas sans danger (nous avons donné la description de cette pêche dans une note du premier volume, page 369); elle est aujourd'hui moins lucrative qu'autrefois. Les corailleurs, sur les côtes de l'Afrique septentrionale, ne le recherchent qu'à la distance de trois ou quatre lieues de terre, et ne recueillent que celui qu'on rencontre entre quarante et deux cents mètres de profondeur.

Le corail se développe plus rapidement sous l'influence d'une lumière intense; c'est pourquoi celui des eaux profondes est moins beau et présente rarement les belles dimensions de celui qui se trouve à quelques brasses seulement de la surface de la mer.

Le corail des côtes de France et le corail d'Italie passent pour les plus beaux; celui des côtes de Barbarie a plus de grosseur, mais sa couleur est moins éclatante. Cet éclat de couleur a servi de base aux diverses qualités qu'on distingue dans le commerce. Cette substance était employée autrefois en médecine; on l'a tout à fait abandonnée. La poudre de corail, réduite en poudre impalpable et mélangée, est encore en usage comme dentifrice. Façonné, taillé sous diverses formes, c'est encore un ornement recherché des Orientaux; mais, en France, où la mode l'avait adopté pendant plusieurs années, il est tombé, sous ce rapport, dans un entier discrédit.

Le corail pâlit à la longue, et devient poreux; la transpiration de certaines personnes peut, dans un temps assez court, lui faire perdre sa couleur.

Les Turcs et les Arabes, et les Maures en général, en ornent presque toutes leurs armes; les Mauresques ont des boucles d'oreille et des bracelets qui sont garnis également de corail; jusqu'aux femmes du Kabaïle qui s'en parent et estiment ces ornements autant que nos dames des cours étrangères attachent de prix aux diamants.

23

Page 181. — Les vents du nord.....

DE LA VENTILATION, A ALGER. — DU SIROCO ET DU MIRAGE.

Les vents soufflent ordinairement du nord ou du sud pleins, souvent du nord-ouest et du sud-ouest, mais plus rarement du sud-ouest.

Communément, vers cinq heures du matin, le vent, qui soufflait dans

une direction quelconque change subitement, et en quelques minutes parcourt jusqu'à cent quatre-vingts degrés de l'échelle anémométrique. Le
vent que les Arabes appellent kamsin, et que les Européens nomment siroco d'Afrique, vient du sud ou du sud-sud-ouest : son intensité, sa vitesse,
sa chaleur, et les résultats qu'il produit, varient comme l'axe de direction;
par exemple, il est moins violent quand il souffle du sud plein que lorsqu'il
souffle du sud-sud-est.

La durée de son action est également subordonnée à sa direction.

Le kamsin qui a soufflé le 6 août 1833 venait du sud-sud-est; il avait
traversé le désert de Barcáh. Le tourbillon rasait la cime du petit Atlas; il
était chargé d'une immense quantité de sable. A la pointe du jour, il y eut
un assez bel effet de mirage qui n'a duré qu'un instant.

Ce mirage est produit par la réflexion de la lumière sur les particules
sablonneuses qui, suspendues dans l'atmosphère, offrent l'aspect de nuages.
A Alger, les effets du mirage s'observent communément au nord-ouest;
alors on voit à l'horizon le dessin le plus exact des montagnes du petit
Atlas, qui se présentent vis-à-vis celles-ci comme une contre-épreuve [1].

---

[1] En parlant du mirage, je dois consigner ici les observations de M. le docteur Félix
Jacquot, qui en donne des notes intéressantes dans son ouvrage sur l'expédition du
général Cavaignac dans le Sahara algérien, ouvrage scientifique et d'un mérite incontestable, auquel je me ferai toujours un vrai plaisir d'emprunter quelques citations.
Voici ce qu'il dit à l'occasion du mirage qu'il a eu l'occasion d'observer dans le cours
d'une expédition :

« Dans le cours de notre expédition, le mirage nous a souvent présenté la trom-
peuse image de nappes d'eau, de lacs, de mares; mais jamais nous n'avons eu devant
les yeux les féeriques tableaux qui font quelquefois espérer, quand on parcourt les
déserts de l'Égypte, l'ombrage délicieux de l'oasis, l'eau claire des fontaines dans des
bassins de marbre, et les minarets élancés des mosquées. Cette fantasmagorie n'est
possible qu'au voisinage des lieux possédant en réalité des palmiers et des habitations;
le mirage n'invente rien que des nappes d'eau, et il ne fait que répéter tout le reste.

« Il vous est sans doute arrivé plusieurs fois de vous trouver en face d'un grand feu
allumé dans la campagne; si vous avez regardé le paysage à travers l'air dilaté par la
chaleur de la flamme, vous avez dû remarquer que les contours de tous les objets sont
fondus et comme échevelés par une sorte de vapeur qui fait incessamment passer et
repasser devant vos yeux une suite de longues rides oscillantes. Les erreurs d'optique
qui se sont si fréquemment offertes à nous ont une origine analogue.

« Le sable, brûlé par le soleil, dilate les couches d'air qui se trouvent en contact
avec lui : ces couches, échauffées, acquièrent une moindre pesanteur spécifique qui
les sollicite à l'ascension; elles s'élèvent vibrantes, onduleuses, et miroitent comme
les eaux qu'un léger vent effleure et sur lesquelles jouent, dans le vague de la brume,
les rayons qui tombent du soleil.

« Lorsque les couches d'air dilatées cachent toute la plaine, et que des montagnes
terminent l'horizon, la perspective aérienne nous représente une vaste mer qui baigne
des rivages bleus dans un lointain infini.

« Quand le mirage existe à une faible distance, on ne peut pas toujours distinguer
l'apparence de la vérité, à cause des arbres qui se peignent dans les vapeurs comme
dans le miroir de l'eau. Bien que nous fussions parfaitement sur nos gardes, nous
avons un jour poussé notre cheval au galop jusqu'à une mare dans laquelle un beau

Au kamsin succède toujours et très-ordinairement une petite pluie d'orage, accompagnée d'éclairs et de violents coups de tonnerre.

Durant les mois d'été, il y a peu de ventilation à Alger, surtout dans le milieu du jour; cependant l'atmosphère est rafraîchie lorsqu'on s'élève à deux cents mètres environ au-dessus du niveau de la mer: c'est pourquoi on éprouve une différence sensible dans la température de Dely-Ibrahim.

Le 1er juillet 1853, à midi, le thermomètre y a marqué 19° 5 (Réaumur) à l'ombre, tandis qu'au même moment à Alger il marquait 21°.

Dans les ravins situés entre Boudjaréah et la route romaine, dans quelques localités analogues d'El-Biar et de Mustapha-Pacha, le thermomètre descend de 1° à 1° et 1/2, selon les profondeurs et le voisinage des eaux courantes.

TEMPÉRATURE.

La température moyenne d'Alger, d'après les observations faites de 1852 à 1853, peut être déterminée ainsi qu'il suit :

Température moyenne d'été....... 26° 8 centigrade.
Température   id.   d'hiver..... 16° 4   id.
Température   id.   de l'année .. 21° 6   id.

Depuis le 1er janvier jusqu'au 31 mai 1853, le thermomètre de Réaumur s'est soutenu entre 15 et 18°. Pendant les mois de juin et juillet, il a constamment marqué 20°.

Depuis le 1er août, il s'est soutenu à 22° 5, à l'ombre, dans une galerie exposition ouest; la variation de l'ouest au nord est d'un demi-degré.

Les mêmes jours et mêmes heures, le thermomètre (Réaumur), placé sur une terrasse élevée environ à soixante mètres au-dessus du niveau de la mer, a donné une différence de 5° en plus; étant exposé à l'ombre, soit à l'est, soit à l'ouest, direction sud et au soleil, il s'est élevé, le 17 juillet, à midi, à 37°.

On n'a point remarqué de différence sensible entre la chaleur de neuf heures du matin et celle d'une heure après midi; ces deux instants de la journée paraissent se correspondre, et ce sont ceux qui sont les plus chauds, quelle que soit la saison.

Depuis dix heures du matin jusqu'à midi, le mercure s'abaisse un peu,

---

lentisque se répercutait; mais à peine avions-nous fait trois cents pas, que le lentisque n'était plus baigné par le lac, et que celui-ci fuyait devant nous.

« Dans quelques circonstances, assez rares du reste, ce n'est plus une pièce d'eau qu'on croit avoir sous les yeux, mais des champs de blanches pâquerettes, des étoffes de soie tendues par terre, des carrières de pierres à chaux *, » etc.

* L'explication physique des images renversées que présente le mirage est trop connue pour qu'il soit nécessaire de nous étendre ici davantage. (*Expédition du général Cavaignac dans le Sahara algérien*, par M. Félix Jacquot. Chapitre IV, page 86.)

et remonte ensuite; de sorte qu'à une heure il se trouve au même point qu'à neuf heures.

La différence entre la chaleur moyenne du jour et celle de la nuit est de 1° environ, lorsque le temps est serein, lorsque le kamsin (vent du désert) souffle; à sa première impulsion, le thermomètre monte subitement depuis 3° jusqu'à 5°; il arrive même jusqu'à 10° au delà du point où le mercure était fixé avant l'apparition du phénomène, et il descend à mesure que le vent cesse.

EAUX.

L'eau puisée à la fontaine présente immédiatement une température de 17° (Réaumur); exposée au soleil pendant deux heures, elle acquiert une température de 25 à 26°. (Cette expérience a été faite de onze heures à une heure, le 5 août 1833.)

PLUIES.

Le nombre de jours de pluie a été de quatre-vingt-deux, depuis le 1ᵉʳ novembre 1832 jusqu'au 10 avril 1833 (jour où on a cessé les observations [1]), la hauteur du baromètre (hauteur moyenne), depuis le 1ᵉʳ novembre jusqu'au 1ᵉʳ avril, s'est soutenue à 76° 35.

24

Page 184. — Cette campagne du docteur Chevereau.....

DE L'ASSASSINAT DE LA FAMILLE PIGALE.

Le décès de M. Chevereau, à Alger, arriva le 24 février 1834.

Avant sa mort, ce dernier avait fait deux legs de vingt mille francs chacun, l'un à M. Philippe, chirurgien aide-major, alors au 2ᵉ bataillon d'Afrique, et l'autre à la demoiselle Pigale jeune; ces deux legs à prendre sur la propriété de Birmandrès lorsqu'elle serait vendue. Le chirurgien aide-major M. Philippe, se trouvant en Afrique, était donc à même et il lui était facile de réaliser le legs qui lui était échu; mais, la demoiselle Pigale se trouvant en France, il fallait que quelqu'un de sa famille vînt avec procuration pour recueillir l'héritage qui lui était échu en partage.

[1] En 1833 et 1834, à pareilles époques, les jours de pluie ont été beaucoup moins nombreux. (*De l'Établissement des Français dans la régence d'Alger*, par M. Genty de Bussy.)

La mère de cette dernière se décida donc à se rendre à Alger, pour aller faire valoir les droits de sa fille la plus jeune à la succession du chirurgien en chef M. Chevereau.

Mais, comme les affaires de cette succession traînaient en longueur, cette propriété ne pouvant se vendre dans un temps court et limité, faute d'acquéreurs, et que cette affaire pouvait encore durer indéfiniment, elle se détermina donc à appeler auprès d'elle, à Alger, ses deux filles, jusqu'à la conclusion de la liquidation de ladite succession en litige.

Les deux filles, selon le désir de leur mère, se rendirent à Alger; l'une mariée, et l'autre héritière, jeune personne de dix-huit à vingt ans; toutes trois allèrent se fixer et demeurer à la campagne de Birmandrès de défunt Chevereau.

Dans le séjour que firent ces dernières à Alger, où elles venaient assez souvent, la jeune demoiselle Pigale plut à un négociant d'Alger, qui la demanda en mariage; les accords en partie étaient déjà faits, et l'époque fixée pour ce prochain mariage.

M. Meunier, négociant en mercerie et quincaillerie à Alger, rue Bab-el-Oued, après la fermeture de son magasin, se rendait tous les soirs à Birmandrès pour tenir compagnie à ces dames, qui étaient seules, jusqu'à conclusion de son mariage, y passait la nuit, et s'en retournait à Alger le lendemain matin de bonne heure.

Une nuit que ces quatre personnes reposaient paisiblement, ainsi qu'un enfant de dix-huit à vingt mois, appartenant à l'aînée des deux filles Pigale, elles furent tout à coup assaillies par un homme qui s'introduisit dans la maison à l'aide d'une corde et d'un crampon de fer au bout, jeté en dehors, pour se procurer facilement le moyen de gravir par-dessus la maison; c'est par ce moyen qu'il parvint à s'introduire dans l'habitation par la terrasse. Ces dames étaient sans défiance, toutes les autres portes étaient ouvertes dans l'intérieur, sachant que la porte de la rue était parfaitement fermée; cet assassin eut donc la facilité de pénétrer dans toutes les chambres sans difficulté, et de profiter du sommeil des habitants de la maison pour commettre son crime.

Il pénètre donc dans toutes les chambres, et tour à tour massacre la dame Pigale, ses deux filles, le négociant et le pauvre enfant de dix-huit mois, qui ne trouve point grâce devant ce monstre horrible. Une seule personne a été épargnée : un petit domestique maure, qui habitait à l'extrémité de la maison, et qui dormait profondément, n'a rien entendu et n'a pu rendre compte de rien de ce qui s'était passé. Toutes ces personnes ont été assassinées à coups de hache. L'aînée des filles Pigale a été tuée et assaillie par derrière en appelant au secours par une fenêtre. Il y avait un poste français à quelque distance, mais qui malheureusement n'entendit rien.

M. Meunier a été tué ayant un pied en dehors de son lit, comme pour chercher à en descendre et à se défendre.

La justice, après s'être transportée le lendemain sur les lieux, après perquisition faite, a trouvé encore l'enfant respirant, mais sans espoir de le sauver. Il avait été jeté et roulé le long de l'escalier, où il y avait encore des traces de sang. Et le jeune domestique seul était resté vivant au milieu de cette scène de meurtre, parce que sans doute l'assassin n'avait pas soupçonné qu'il y eût encore une autre personne dans l'habitation.

Jamais meurtre plus horrible n'a figuré dans les annales. Malgré les recherches les plus minutieuses et toutes les investigations de la justice, on n'a jamais pu découvrir l'assassin. Dans les chambres, rien n'avait été dérangé ni soustrait; donc on ne pouvait pas attribuer ce crime à quelque Arabe; il n'a pu être commis que par quelque Européen, seulement par un motif de pure jalousie incompréhensible. On ne peut l'interpréter autrement. Dans tous les cas, ce monstre à figure humaine peut être classé au rang des plus odieux criminels.

25

Page 198. — Au Mexique.....

DE L'ÉDUCATION DE LA COCHENILLE.

Cochenille (*coccus*, insecte), genre d'hémiptère de la famille gallinsectes, établis par Linné, et ayant pour caractères : tarses d'un seul article terminé par un seul crochet; mâles ailés, dépourvus de suçoir.

Les cochenilles sont de petits insectes remarquables, sous bien des rapports, et surtout par la grande différence qui existe entre les femelles et les mâles ; ceux-ci ont le corps allongé, deux ailes beaucoup plus grandes que le corps, les secondes ailes ou les inférieures étant probablement avortées, comme on en voit des exemples, soit chez des insectes de cet ordre, soit chez des insectes d'ordres voisins. Jusqu'à présent, les recherches qui ont été faites ne leur ont fait découvrir aucun organe propre à prendre la nourriture. Seulement, dans certaines espèces, Réaumur et Latreille ont vu de petits points lisses à leur place. Les femelles, au contraire, sont aptères, ont le corps ovale, très-susceptible de dilatation, et sont pourvues d'une trompe renfermant le suçoir.

Lorsqu'au printemps les jeunes cochenilles sont sorties de l'œuf, elles restent encore assez agiles pour parcourir les branches et les feuilles, où elles cherchent leur nourriture. Après plusieurs mues arrive le moment des amours : alors elles se fixent sur quelques branches, et c'est pour le reste de leur vie. Les mâles, jusqu'à cette époque, sont semblables aux femelles; mais, après avoir été fixes quelque temps, leur peau se durcit et devient une coque sous laquelle ils subissent leur métamorphose en nymphe. Celle-ci offre cette particularité que les pattes antérieures sont étendues en avant ; aussi, quand il passe à l'état d'insecte parfait, le mâle sort de cette coque à reculons et sous la forme d'insecte ailé, prêt à remplir le vœu de la nature. Dès qu'il a séché ses ailes, il voltige pour trouver des femelles ; quand il en a découvert une, il parcourt quelque temps son corps, tant est grande la différence de taille, la féconde, et se retire dans quelque fissure de l'arbre ou sous une pierre ; là il termine sa carrière. Les femelles fécondées ne tardent pas à grossir beaucoup et à faire leur ponte ; les œufs sortant de leur corps sont poussés dessous par un mécanisme particulier, et sont en outre enveloppés d'un duvet cotonneux qui n'est qu'une transsudation du corps de la mère. Le corps de la femelle se dessèche ; alors ses deux membranes se rapprochent, et elle périt formant une coque qui garantit ses œufs. Les petits sortent de dessous la mère environ trente jours après la fécondation. La vie des cochenilles, qui ne passent pas l'hiver, est de deux mois, et celle des mâles de moitié moins. Les cochenilles mortes ne sont pas, à la vue, faciles à distinguer des cochenilles vivantes ; mais on peut s'en assurer en les touchant : les vieilles tombent de suite, au lieu que souvent on écrase celles qui sont vivantes plutôt que de les détacher ; et, quand on parvient à les ôter de la place qu'elles occupaient, ce n'est toujours qu'en brisant la trompe, qui reste enfoncée dans la branche où elles étaient fixées.

On connaît beaucoup d'espèces de cochenilles, les unes nuisibles, et les autres utiles ; mais nous ne nous arrêterons qu'à la cochenille du nopal.

Cochenille nopal (*C. kacti*) femelle, convexe en-dessus, aplatie en dessous, avec les segments des anneaux bien marqués, d'un brun foncé ; mâle rouge foncé, terminé par deux longues soies, et ayant les ailes diaphanes.

M. Latreille dit que les petits d'une espèce voisine, nommée cochenille silvestre, étaient renfermés dans une petite coque. Un auteur a fait des observations analogues sur le kermès.

La première et la plus ancienne cochenille, qui fait partie du genre kermès et qui porte le nom de cochenille de Pologne, était autrefois l'objet d'un grand commerce ; mais l'espèce que nous venons de citer, ayant été apportée du Mexique en Europe, a fait tomber celle-là. C'est donc sur la manière de cultiver cette dernière qu'il faut fixer son attention. Elle porte le nom de cochenille du nopal, à cause de la plante sur laquelle elle vit, plante grasse analogue à celle qu'on nomme communément serpenteau et raquette. Les Mexicains, ayant remarqué qu'en écrasant cet insecte il en sortait une superbe couleur rouge, en ramassèrent et s'en servirent pour teindre leurs vêtements de coton; mais leur méthode était très-imparfaite. Ils ramassaient au fur et à mesure de leurs besoins, souvent en mauvaise saison, différentes espèces de cochenilles mêlées ensemble. Aussi, quand les avides Européens se furent emparés de ce pays, et que le commerce eut rendu cet insecte d'un prix élevé, on chercha tous les moyens de le récolter en plus grande quantité et de la meilleure qualité possible. Pour cet effet, on en vint à élever d'une manière régulière la plante qui nourrit la cochenille. Après quelques essais, on parvint à les recueillir en temps opportun pour tirer tout le parti possible de ces animaux, et, d'essais en essais, on est parvenu à la méthode que nous allons exposer.

Les nopals par eux-mêmes peuvent venir dans toutes sortes de terrains, bons ou mauvais, pourvu qu'ils soient secs, dans les climats cependant où la température se soutient de 9 à 25 degrés de chaleur; mais ils croissent beaucoup plus vite dans les bons terrains, et peuvent, avec beaucoup plus de végétation, nourrir davantage de cochenilles.

Mais les cochenilles ont beaucoup de dangers à redouter : les grands vents, les pluies continues, sans compter les insectes, les oiseaux, etc.

Il convient donc d'établir la nopalerie (c'est ainsi qu'on nomme une plantation de nopals), d'après ce qui vient d'être dit, dans un terrain sec, le meilleur possible, sous une température moyenne de 14 degrés, à l'abri du vent.

Deux mois suffisent pour faire une récolte; ainsi, dans tous les endroits où l'on peut compter sur deux mois de sécheresse, on pourrait compter sur une récolte complète.

Le terrain propre à une nopalerie étant choisi, il faut le purger de toute mauvaise herbe, le défoncer au moins d'un pied, et ne jamais y mettre d'engrais, si ce n'est dans les pépinières, pour hâter les jeunes plants, et encore ce ne doit être que du fumier de bestiaux entièrement consommé. On divise ensuite son terrain en rigoles d'un pied de large sur un demi-pied de profondeur, et toujours dirigées du nord au sud et espacées de six pieds. Cet intervalle occupe beaucoup de terrain, et dans notre pays, par exemple, où il est précieux, il serait peut-être possible de palisser les nopals par des gaulettes, comme on fait des contre-espaliers, et de gagner deux ou trois pieds sur chaque rangée, en ne les tenant pas très-élevés : cette méthode faciliterait le binage.

Les meilleures boutures pour la plantation sont celles qui sont le plus près des racines; elles doivent être de deux articulations et avoir été coupées dans une articulation. Il serait imprudent de les rompre, et pour la bouture, et pour les souches. On les laisse à l'ombre pendant une dizaine de jours avant de les mettre en terre, ce qui leur fait perdre une partie de leur principe aqueux qui pourrait les faire pourrir. On les plante dans des rigoles à six pieds de distance, la première articulation à plat contre terre, et la seconde sortant à moitié de terre. On les couvre de deux pouces de terre pour le moment, et on les rechausse plus tard, lorsqu'elles ont quelques pousses vigoureuses.

Les nopals plantés exigent des sarclages faits avec beaucoup de soin, pour ne pas attaquer les racines ; ils poussent alors avec beaucoup de force, et à deux ans ils ont six pieds de haut. On les maintient à cette hauteur pour la facilité de la récolte.

Tous les ans, à la belle saison, il faut mettre de la cochenille sur les nopals ; c'est ce qu'on appelle semer, expression qui vient de ce que l'on prenait autrefois la cochenille pour une graine.

On prend donc quelques mères fécondées sur des nopals qu'on a tenus, pendant la mauvaise saison, à l'abri sous des hangars bien aérés ; on en met huit à douze dans un petit nid formé de quelque étoffe imitant le canevas, qu'on coupe à deux pouces carrés et qu'on joint par les quatre coins. On place un de ces nids à la base de chaque branche formée de quatre articulations, et au moins à dix-huit pouces de terre. De cette manière, les nids se trouvent répartis assez également sur le nopal ; les petits partent par les trous de l'étoffe, se répandent sur la plante, ne s'épuisent pas les uns les autres, et n'épuisent pas la plante qui les nourrit. Les nids doivent être préparés d'avance, pour que la nopalerie puisse être semée en deux ou trois jours au plus, afin que la récolte puisse se faire en même temps. Lorsqu'on voit quelques petites cochenilles sortir du sein de leur mère, c'est le moment précis de faire la récolte générale de toutes celles qui ont été semées le même jour ; ce moment arrive jour pour jour deux mois après qu'elles ont été semées, et un mois jour pour jour après que les femelles ont été fécondées.

La récolte se commence au point du jour ; tout le monde y est propre : femmes, enfants, vieillards. Il ne faut qu'un couteau à tranchant arrondi et un panier. On passe légèrement le bout du couteau le long de la peau du nopal, de haut en bas, en ayant soin de ne blesser ni l'arbre ni l'insecte, et l'on reçoit dans sa main les cochenilles qui tombent ; on les met ensuite dans un panier.

La cochenille doit être tuée le jour même qu'elle a été recueillie. La meilleure manière consiste à la mettre sur un tamis, que l'on couvre et que l'on fixe au fond d'une terrine ; l'on verse dessus de l'eau bouillante pour le couvrir entièrement ; on agite le tamis un instant pour faire passer la terre qui pourrait être mêlée avec les cochenilles, puis on les retire de l'eau ; on étend les insectes sur une table pour les faire sécher : une journée de soleil suffit.

On reconnaît que la cochenille est bien sèche quand, en la laissant tomber sur la table, elle rend un son semblable à celui que rendrait une graine. Elle doit alors être marbrée de pourpre et de gris; on la met alors dans des boîtes tenues au sec, et c'est dans cet état qu'elle passe dans le commerce, où elle entre avec tant d'avantage dans les teintures, et même dans la peinture, comme un des premiers ingrédients du carmin.

D'après ce que nous venons d'exposer de l'éducation des cochenilles, il serait bien à désirer qu'on étudiât davantage les espèces indigènes qui pourraient donner différentes teintures utiles dans les arts.

Des essais tentés sur l'éducation de la cochenille à Alger ont parfaitement réussi, comme nous l'avons vu dans le premier volume, page 419. Depuis longtemps elle est acclimatée à Malaga; il serait même très-possible de l'élever dans le midi de la France, une espèce de nopal, *cactus opuntia*, se trouvant naturellement en Provence.

Il est à présumer que le cactus nopal y prospérerait.

26

Page 253. — Je m'arrête ici sur la botanique.....

BOTANIQUE. — LE MANCENILLIER.

C'était une soirée d'été dans les Antilles, une de ces soirées où les fleurs ont des émanations à la fois embaumées et funestes; où les brises de mer tempèrent seules l'excessive chaleur, et ondulent les vertes et hautes fougères qui se penchent comme abattues sous les gouttes humides formées par la vapeur des eaux.

Les fleurs scintillaient à travers cette espèce de rosée brillante, qui règne habituellement dans l'air de ces régions lointaines, et les joyeux colibris se balançaient sur les branches verdoyantes du palmiste, du tamarin aux formes élégantes, et de la rouge grenadille, semblable à une guirlande de rubis rivalisant d'éclat avec le soleil.

Bientôt un léger bruit se fit entendre sous les épais berceaux de gayac et d'aloès, et une jeune femme, au teint livide, à l'air égaré, apparut au milieu des touffes écarlates et blanches qui enlaçaient leurs branches sveltes et élancées; elle avait suivi l'étroit sentier tracé dans les savanes et s'avançait lentement, regardant d'un œil fixe et morne le soleil couchant dans les eaux, et le polypode y mirant sa noble tige et les larges feuilles dentelées qui la couronnent, écoutant avec indifférence le doux bruissement que faisaient les légers oiseaux-mouches en agitant leurs petites ailes aux reflets d'or et de pourpre.

La taille de cette femme était gracieuse et noble, son teint légèrement cuivré, et sa poitrine, ses jambes et ses bras couverts de tatouages de mille couleurs; elle portait le costume des Indiennes, un tablier de coton à raies bleues, une écharpe d'un jaune vif, et sur sa tête une toque de cocotier.

Arrivée sur le bord de la mer, la jeune sauvage mesura des yeux son immensité, sa profondeur, paraissant méditer quelque projet sinistre; mais tout d'un coup, apercevant un arbre majestueux dont les branches, s'étendant au loin, invitaient à chercher le repos sous leur ombrage, elle hâta sa marche, son regard triste s'anima et sembla remercier le ciel; elle saisit avec solennité quelques fruits pareils à des pommes d'api et parut les manger avec délices; puis, se couchant à l'abri du feuillage, elle croisa les bras sur sa poitrine, et dit d'une voix grave et lente: « Lumière du Grand-Esprit, pardonne. Norah va rejoindre les âmes de ses pères, qui errent autour d'elle et lui disent: Suis-nous, ma fille, ton voyage est fini. »

Alors elle essuya une larme qui roulait dans ses yeux, et sa figure reprit un air de calme et de tranquillité. Bientôt ses paupières s'appesantirent, sa tête vacillante se courba sur son sein, et elle céda à l'influence somnifère qu'elle respirait dans l'air qu'elle aspirait dans le parfum des fleurs.

Entraîné par une foi vive, une ardente charité, un pieux missionnaire revenait à cette heure d'une excursion lointaine; il avait quitté sa patrie, bravé tous les dangers d'un périlleux voyage pour répandre dans ces climats sauvages la sublime morale de l'Évangile; il allait porter à ceux qui souffraient des consolations, et sa parole éloquente et sainte avait déjà éclairé plus d'un esprit et fermé bien des blessures. Disciple des saint Vincent de Paul, des Charles Borromée, il continuait sur la terre leur divine mission, et le bien qu'il faisait était sa récompense.

Il s'approcha de la jeune Indienne et fit un mouvement pour la réveiller; elle leva pesamment ses yeux rouges et gonflés et le regarda avec anxiété.

« Imprudente! lui dit-il, que faites-vous? ne savez-vous pas que le repos ici, c'est la mort? » Et, la soulevant d'un bras nerveux, sans attendre sa réponse, il la transporta à une certaine distance de l'arbre malfaisant. Un peu ranimée par cette agitation, la jeune Indienne lui répondit : « Je cherche le repos éternel, la mort c'est la vie pour moi; j'ai vu incendier la cabane de mes pères, j'ai vu tous ceux que j'aimais tomber sous le tomahawk des Mohicans; je suis seule au monde, et le Grand-Esprit m'appelle à lui; il a faim [1]; Norah a entendu sa voix. — Non, ma fille, il ne vous appelle pas, vous n'avez pas rempli votre mission sur la terre; vous marchez dans les ténèbres et vous vous croyez environnée de clartés; vous prenez votre criminelle volonté pour un écho du ciel, qui vous dit au contraire : Fille du désert, reste pour soigner tes frères, pour consoler les affligés, reste sur le champ des victimes pour donner la sépulture aux morts et ranimer les mourants; plus il y a d'infortunés, plus il faut de bras pour les soutenir.

« Eh quoi! tu abandonnes aux vents l'âme de tes ancêtres, et leurs corps deviendront demain la pâture des vers! tu es sans force, sans courage, sans énergie! relève ta tête abattue, ô Norah! et deviens l'ange réparateur des maux de ta tribu! » Et, en disant ces mots, le pieux missionnaire tira de sa poche une tasse de cocotier, et y ayant puisé de l'eau de la mer, il la présenta à la jeune Indienne, qui, dominée par son ascendant, but sans résistance cette eau salutaire, bien qu'elle connût l'influence presque miraculeuse qu'elle devait avoir sur ses souffrances; mais déjà elle rougissait de sa faiblesse, et sentait qu'elle avait des devoirs à remplir.

Appuyée sur le bras du missionnaire, elle se laissa conduire vers une habitation occupée par une famille catholique qui s'empressa de lui prodiguer les plus tendres soins. Pour compléter sa guérison, on lui fit prendre de l'huile d'olive, dont on connaissait l'efficacité dans cette circonstance, et bientôt la jeune Indienne, rendue à la santé, paya à cette famille bien-

---

[1] Expression dont les Indiens se servent pour dire que leur Dieu a marqué le moment de leur mort.

faisante le doux tribut de la reconnaissance. Les yeux baissés, l'air attentif et recueilli, elle écoutait en silence les paroles évangéliques de celui qui l'avait sauvée et protégée; une douce éloquence découlait de ses lèvres, et la jeune néophyte, convertie à la religion chrétienne et convaincue de la vérité de ses dogmes et de la sublimité de sa morale, fut baptisée solennellement à Antigoa, et reçut le nom de Clotilde.

Elle devint un modèle de charité et de résignation, et tous les jours elle bénissait l'homme vertueux qui lui avait épargné un crime et montré le véritable but de l'existence.

Le mancenillier croît aux bords de la mer dans les Antilles; il est à peu près de la hauteur de nos noyers; ses feuilles ressemblent à celles du poirier; ses fleurs, d'un fort beau rouge, ont la forme d'un épi de la longueur d'un demi-pied, et ses fruits, que l'on nomme mancenilles, celle d'une pomme d'api, dont l'odeur agréable invite le voyageur affamé à satisfaire son appétit; mais malheur à lui s'il cède à cet appât trompeur, car il sort de ce fruit une substance laiteuse, âcre, brûlante, qui porte le feu dans ses entrailles; malheur à lui s'il cherche le repos sous l'ombrage perfide qui l'attire et l'excite au sommeil, car ce sommeil, lourd, profond, léthargique, a des suites funestes, bien que l'on ait exagéré son danger.

Chaque feuille que le vent promène sur la figure y laisse une trace rouge et enflammée; chaque goutte de rosée qui découle de l'arbre forme, en tombant sur la peau, une ulcération.

On fait de très-beaux meubles avec le bois du mancenillier. Lorsqu'on veut abattre un de ces arbres, on a soin d'allumer auprès un grand feu, afin d'absorber et de détruire les qualités vénéneuses imprégnées dans son écorce et dans ses feuilles.

Les sauvages Caraïbes, qui trempent le bout de leurs flèches dans le suc du mancenillier, détournent la tête au moment où ils font une incision, afin d'en éviter la vapeur, qui serait dangereuse pour la vue.

L'eau de mer et l'huile d'olive sont les meilleurs contre-poisons que l'on puisse opposer aux effets morbifiques du mancenillier.

Mme Émilie MARCEL.

27

Page 285. — C'est, comme on l'a vu, à Sidi-Brahim.....

RESTES DES VICTIMES RECUEILLIES A SIDI-BRAHIM. — CÉRÉMONIE RELIGIEUSE
PAR M. L'ABBÉ SUCHET.

Le 25 février, M. l'abbé Suchet, vicaire général du diocèse d'Alger, arriva ici (*Djemmâa-Ghazouat-Nemours*) pour organiser le culte. Chaque jour qu'il passa sur ce coin de terre, où la parole du vrai Dieu ne s'était peut-être jamais fait entendre, fut marqué par quelqu'une des grandes cérémonies de l'Église.

Ces actes religieux, accomplis si loin du centre de la domination française, à la porte de l'empire de Maroc, ne laissaient pas de faire naître bien des réflexions dans certains esprits; mais la dernière cérémonie qui eut lieu fut, sans contredit, la plus solennelle, la plus propre à émouvoir nos cœurs.

M. le vicaire général voulut remplir un devoir religieux, celui de confier à la terre, suivant l'esprit de l'Église catholique, les ossements encore épars des victimes de Sidi-Brahim.

Ce pieux projet fut exécuté le 1er mars. On partit à cinq heures du matin, par un temps magnifique. M. le colonel commandant le camp sous Nemours se mit lui-même à la tête des troupes. Tout le monde témoignait le plus vif empressement.

On arriva de bonne heure à la kabba de Sidi-Brahim, où l'on fit une halte. Nous contemplâmes, avec un sentiment douloureux et fier, les larges taches de sang que l'on voit encore sur la muraille de ce petit bâtiment.

L'officier commandant l'artillerie de la colonne expliqua avec précision les différentes phases du séjour et du départ du capitaine Géraux et de sa troupe, et l'on se remit en route pour gagner le champ de bataille, ou plutôt le coupe-gorge où succombèrent et de Montagnac, et Froment-Coste, et Alphonse de Sainte-Aldegonde.

A moitié chemin, on commence à gravir une pente rapide, qui couronne un plateau enserré par deux arêtes de montagnes, abruptes et déchirées du côté du nord, en pente douce du côté du sud, convergentes à l'ouest et au point de jonction desquelles succomba la troupe de Montagnac.

Nous arrivâmes. Des ossements sont encore épars sur le sol; à cette vue, une émotion puissante courut dans les rangs. On se mit aussitôt à l'œuvre pour installer un autel.

Deux perches de hauteur d'homme enfoncées en terre, sur lesquelles fut accroché le manteau du prêtre, formèrent le fond de cet autel; des planches grossières posées sur deux bâtons devinrent la table sainte; deux fanaux de la marine servirent de flambeaux; on fixa la croix dans le canon d'un fusil. Ces préparatifs achevés, M. l'abbé Suchet dit la messe, et cette messe fut sublime. A l'élévation, les tambours et les clairons retentirent comme la clameur d'un triomphe : officiers et soldats, le genou en terre, la main au front, adorèrent le Dieu de vérité.

A l'issue de la messe, M. le vicaire général jeta l'eau bénite sur les ossements amoncelés devant l'autel et sur la fosse qui devait les recevoir;

son aspersoir fut une feuille de palmier-nain, son bénitier un vase à boire du soldat en campagne.

Ensuite, s'adressant à cette foule attentive, il prononça une allocution qui fit couler bien des larmes et qui émut tous les cœurs. Il exprima, avec une haute éloquence, les sentiments du plus pur patriotisme, des plus vraies et des plus tendres affections, des plus nobles et des plus consolantes espérances.

J'ai recueilli soigneusement ses paroles; j'essayerai de les reproduire de mémoire. Elles auront perdu de leur prix inestimable, mais il leur en restera encore assez pour intéresser.

« C'est là, c'est là qu'ils succombèrent! Voilà cette terre qui a bu le sang de quatre cents braves! Ils succombèrent sous le nombre. Comme à Waterloo, où la France avait dit, par la bouche d'un de ses fils : « Je meurs et je ne me rends pas, » de même, longtemps après, en face d'autres ennemis, quatre cents Français ont prouvé que les enfants de la France savent toujours préférer la mort à une honteuse captivité.

« Le nombre les accablait; ils ne pouvaient vaincre. Ils ont triomphé par la mort; mais ils moururent loin de leur patrie, sans recevoir les derniers adieux d'une mère, d'une sœur, d'un ami, d'une épouse peut-être! Qui nous dira les secrets de la mort? Qui nous dira ce qui se passe dans l'âme du héros chrétien à ce moment suprême, alors que, dégagé des illusions d'un monde qui lui échappe, à la porte de son éternité, elle va paraître devant Dieu qui l'attend? Le sentiment religieux, qui ne s'éteint jamais dans un noble cœur, se réveille avec toute son énergie. Le doux et pieux souvenir d'une mère, d'une sœur, qui ont tant prié, excite en lui le repentir qui ouvre le ciel. Ils moururent comme vous savez tous mourir, comme vous seriez morts à leur place, comme meurent des soldats français.

« Une voix s'est élevée qui nous crie d'aimer la France. Ils sont là; voilà leurs ossements déposés devant vous.

« Déjà leurs frères d'armes sont venus leur rendre les honneurs militaires et déposer ici, avec leurs regrets, des palmes, des couronnes. Mais il manquait à ces nobles dépouilles de derniers et plus sublimes honneurs, les honneurs de la religion, qui sait imprimer sur toutes les œuvres des hommes le cachet de l'éternité. C'est ce devoir sacré que nous remplissons. Ce ne sont pas de stériles regrets, ni des couronnes périssables que nous déposons en ce moment sur cette grande tombe : j'y ai appelé l'auguste victime immolée pour le salut de tous. Nous avons prié le Dieu des armées, par le sang de son divin Fils, d'ouvrir à ces héros, à nos frères, les portes du ciel.

« Seigneur, que leurs noms soient inscrits non pas seulement sur le marbre et le bronze, mais sur le livre éternel des élus! Et pourquoi n'espérerions-nous pas que le Dieu clément les a reçus dans sa grande miséri-

corde? La valeur n'est-elle pas une vertu? Ces vaillants hommes ne sont-
ils pas morts pour la patrie? Et le drapeau de la patrie, sur cette terre
d'Afrique, n'est-il pas le drapeau de la religion? J'espère que leur généreux sacrifice fléchira la justice divine; que s'ils devaient encore quelque
satisfaction, le sang de la précieuse victime, répandu sur les flammes
expiatrices, en aura éteint les ardeurs et placera nos guerriers dans un
lieu de rafraîchissement, de lumière et de paix.

« Maintenant, que la renommée aille dire à la France que la religion
est venue verser ses vœux, ses prières, ses bénédictions sur la tombe solitaire de Sidi-Brahim; qu'elle le redise surtout à ces mères, à ces sœurs,
à ces épouses en deuil; et leurs larmes couleront moins amères, et leurs
cœurs seront consolés par l'espérance de retrouver, dans une meilleure
vie, ceux qu'elles ont perdus.

« La France entière est avec vous; elle sera reconnaissante de l'acte religieux que vous venez d'accomplir.

« Le musulman vous voit; soyez sûrs qu'il réfléchira. Il connaît et redoute votre valeur; il admire et bénit votre justice; mais il demande avec
inquiétude où est votre Dieu. Il vous calomnie, vous venez de le prouver.
Qu'il vienne et qu'il contemple le spectacle que vous offrez en ce moment,
il verra comment vous honorez ce Dieu pour lequel vous sauriez mourir.
Votre Dieu est au ciel; il met dans vos esprits des clartés suprêmes, et
dans vos cœurs des espérances victorieuses de la mort.

« Recouvrons d'un peu de terre les restes glorieux de nos frères dévoués.
Plus tard sans doute, lorsque des villages et des villes couvriront cette
Algérie à jamais française, on élèvera ici, à la place où nous sommes, un
monument digne de notre grande nation, et le guerrier viendra, comme
autrefois les anciens preux, aiguiser son épée sur la pierre de cette tombe
avant d'aller, s'il en était besoin encore, combattre et vaincre nos turbu-
lents ennemis. »

Les ossements furent déposés dans la fosse; la terre amoncelée pour les
recouvrir fut façonnée en cénotaphe; des guirlandes de fleurs, fixées par
de petites croix de bois taillées par nos soldats, servirent à le maintenir.

Ce cénotaphe provisoire va être remplacé par un monument durable,
dont la construction sera confiée aux soldats du génie, et qui portera le
nom de chacun des braves officiers et soldats morts si glorieusement. (Histoire de l'Algérie, par M. Lamé-Fleury, chapitre LVIII, page 329.)

28

Page 287. — En tout quatre-vingt dix-sept personnes.....

LES DEUX PRISONNIÈRES CHEZ ABD-EL-KADER.

Une femme française nommée Juliette, la même dont a parlé le trompette Escoffier, a été trouvée dans la deira après la reddition d'Abd-el-Kader. Elle s'est parfaitement accommodée des habitudes arabes, au point qu'elle a demandé instamment à ne pas quitter son époux arabe, celui dont elle veut partager le sort jusqu'au bout.

Cette même Juliette, dont il a été souvent question parmi nos prisonniers qui avaient été échangés, et qui avaient été à même de la voir et qui la regardaient avec admiration, jeune, bonne et douce, elle avait su souvent compatir aux maux de ses compatriotes prisonniers, adoucir leurs peines et venir à leur secours quand elle l'avait pu.

Juliette, prisonnière d'Abd-el-Kader, est revenue en France avec l'ex-émir et les autres captifs arabes.

Il est juste que je raconte comment elle fut capturée, elle et sa mère. C'était en 1839; madame Reine Aillaud et sa fille Juliette (cette dernière n'avait alors que quinze ans) demeuraient à Oran, où elles étaient toutes deux cantinières. S'étant un jour un peu écartées dans la campagne, aux environs de cette ville, elles furent surprises par quelques réguliers d'Abd-el-Kader qui maraudaient, et conduites à l'émir, près de Maskara.

A cette époque, la femme d'Hadji-Bachi, frère de lait de l'émir, avait été prise par les Français; Abd-el-Kader lui donna Juliette, et il l'épousa, malgré la répugnance de la jeune fille à partager la couche d'un Arabe qui, par son âge, aurait pu être son père.

Plus tard, la première épouse d'Hadji-Bachi fut rendue par les Français, et elle a continué d'habiter la même tente avec Juliette, qui a eu un enfant d'Hadji-Bachi.

Reine Alliaud a habité huit ans la deira avec sa fille, et elle a rendu de grands services aux prisonniers français.

M. le lieutenant-colonel Courby de Cognord et M. le docteur Cabasse doivent se souvenir de cette bonne femme, qui adoucissait leur dure captivité en leur faisant avoir des habits et des aliments.

La position de la dame Aillaud et de Juliette n'était pas malheureuse à la deira : les Arabes avaient en grande estime leurs travaux d'aiguille, et elles se procuraient facilement, par la couture, de l'argent, qui les aidait à soulager leurs compatriotes. Les prévenances de la mère de Juliette lui avaient attiré la bienveillance d'Abd-el-Kader, qui se plaisait à faire ressortir la différence qu'il y avait entre l'obligeance et l'empressement des femmes chrétiennes et l'apathie servile des femmes arabes. Aussi, lorsque l'échange des prisonniers eut lieu, la dame Aillaud demanda sa liberté à Abd-el-Kader, qui s'empressa de la lui accorder, en lui donnant un sauf-conduit revêtu de son sceau.

Juliette voulut rester alors avec son mari arabe; l'amour maternel la retenait sous la tente. Sa mère revint seule en France, où elle obtint un secours de deux cents francs de madame la duchesse d'Orléans. Ayant appris ensuite la reddition d'Abd-el-Kader et son arrivée à Toulon avec ses parents et ses familiers, elle s'est empressée de partir pour cette ville, afin d'aller saluer l'ex-émir et embrasser sa fille Juliette. Juliette avait alors vingt-huit ans; elle est petite, brune, et, sans être jolie, a quelque chose d'attrayant dans sa physionomie mobile.

Son mari étant attaché à la suite d'Abd-el-Kader, elle éprouve tant d'attachement pour la nouvelle famille qu'elle a adoptée, que rien au monde ne lui ferait quitter son mari et son enfant.

FIN DES NOTES DU TOME SECOND ET DERNIER.

PIÈCES DIVERSES

I

RAPPORT DU MARÉCHAL CLAUSEL AU MINISTRE DE LA GUERRE SUR L'EXPÉDITION DE CONSTANTINE, 13 NOVEMBRE 1836 ; DATÉ DE BONE LE 1er DÉCEMBRE 1836.

Monsieur le ministre,

J'ai eu l'honneur de vous faire connaître avant le départ de l'expédition combien j'avais eu de peine à réunir à Bone les troupes et le matériel que les vents contraires et les tempêtes avaient dispersés dans toutes les directions. Tandis que les soldats, embarqués ainsi pendant longtemps, souffraient beaucoup à bord, des pluies abondantes tombaient à Bone, et les différents corps, à mesure qu'ils arrivaient, ne pouvaient se refaire des fatigues de la mer; je laissai dans les hôpitaux près de deux mille sur sept mille hommes d'infanterie que j'étais parvenu à réunir.

Le temps s'étant remis au beau le 12 novembre, je quittai Bone le 13, et me mis en marche sur Constantine avec sept mille hommes de toutes armes.

L'armée avait à peine établi son premier bivac à Bou-Afra, qu'une pluie des plus abondantes vint nous assaillir; et, le ruisseau sur les bords duquel nous étions campés étant promptement devenu un torrent, je ne pus le faire passer aux troupes qui se trouvaient en deçà de cet obstacle que le 14 à midi. A cette heure, le soleil ayant reparu, nous fûmes camper à Moubelfa; et le 15, après avoir passé, non sans les plus grandes difficultés pour les bagages, le col de Mouara, nous arrivâmes à Guelma, et je fis camper l'armée sur la rive gauche de la Seybouse.

Il reste à Guelma de nombreuses ruines de constructions romaines, et notamment l'enceinte de l'ancienne citadelle est assez bien conservée pour permettre d'y établir en toute sûreté, contre les Arabes, un poste militaire. Je profitai de cette facilité pour y laisser, sous une garde convenable, environ deux cents hommes, que la route que nous avions parcourue avait déjà fatigués, et qui n'auraient pu suivre jusqu'à Constantine.

Le temps continuait à être favorable; nous reprîmes notre route le 16 au point du jour, et nous nous arrêtâmes de bonne heure à Medjez-Amar, où, pour traverser la Seybouse, nous rencontrâmes encore de grandes difficultés. Les rives étant très-escarpées, les troupes du génie passèrent la nuit à établir les rampes et. à débarrasser le gué encombré de pierres énormes.

Le 17, je fis effectuer le passage, qui dura très-longtemps, et nous atteignîmes, sur les quatre heures après midi, la fameuse montée de la 10°, au haut de laquelle on passe le col Ras-el-Akba, nommé par les Arabes le Coupe-Gorge.

Une foule de ruines que l'on rencontre sur tous les mamelons atteste que les Romains avaient construit, de demi-lieue en demi-lieue, des tours et des forts pour rester entièrement maîtres de ce point militaire; une partie de ces ruines donne également à supposer que beaucoup de grands personnages de Rome avaient construit de vastes et beaux palais dans ce pays si pittoresque. Ce passage avait toujours été signalé comme si difficile, que les Arabes étaient convaincus que je ne pourrais le franchir avec le matériel de l'armée.

Je fis reconnaître la montagne et les gorges par plusieurs officiers: je restai moi-même à cheval pendant six heures, pour me rendre compte des nombreuses difficultés qui se présentaient; et, tandis que l'armée passait la nuit au pied de la montagne, à Akbet-lel-Acheri, les troupes du génie, aidées de nombreux travailleurs, entreprirent le tracé d'une route qui fut parfaitement dirigée, et par laquelle tout mon convoi parvint le 18, à six heures du soir, au col, qui fut ainsi franchi sans perte d'aucune partie du matériel de l'armée.

Ce même jour 18 novembre, les troupes campèrent chez les Ouled-Zenati, une lieue au delà de Ras-el-Akba. Jusque-là, tant que le temps nous avait été favorable, nous marchions au milieu d'une population amie et pacifique; les Arabes labouraient leurs champs, et les troupeaux, nombreux autour de nous, se trouvaient quelquefois sur le chemin même que nous parcourions. Nous n'étions plus qu'à deux marches de Constantine.

Le 19, nous campâmes à Ras-Oued-Zenati, et ce fut là que commencèrent pour l'armée des souffrances inouïes et les mécomptes les plus cruels.

Nous étions parvenus dans des régions très-élevées: pendant la nuit, la pluie, la neige et la grêle tombèrent avec tant d'abondance et de continuité, que nous fûmes exposés à toutes les rigueurs d'un hiver de Saint-

Pétersbourg, en même temps que les terres défoncées représentaient aux vieux officiers les boues de Varsovie.

Nous apercevions Constantine, et déjà nous désespérions d'arriver jusque sous ses murs.

Nous nous mîmes, toutefois, en marche le 20, et l'armée parvint, à l'exception des bagages et d'une arrière-garde, au monument de Constantine, où l'on fut obligé de s'arrêter.

Le froid devint excessif : beaucoup d'hommes eurent les pieds gelés, beaucoup d'autres périrent pendant la nuit ; car, depuis le Ras-el-Akba, on ne trouve plus de bois.

Enfin, les bagages, sur lesquels on doublait et triplait les attelages, nous ayant ralliés, nous franchîmes, le 21, le Bou-Merzoug, l'un des affluents de l'Oued-Rummel : grossie par les torrents, cette rivière avait beaucoup débordé ; les hommes avaient de l'eau jusqu'à la ceinture, et plusieurs auraient péri sans le dévouement des cavaliers, qui couraient eux-mêmes de grands dangers en cherchant à les sauver. Plusieurs chevaux des transports furent noyés dans cette circonstance difficile ; mais enfin l'armée entière atteignit l'autre bord, et, quelques heures après, nous prenions position sous les murs de Constantine. Les bagages de l'administration étaient, toutefois, restés à une demi-lieue en arrière, enfoncés dans la boue, et faisant tous les efforts possibles pour rejoindre l'armée.

La position de Constantine est admirable, et sur tous les points, à l'exception d'un seul, elle est défendue merveilleusement par la nature même. Un ravin, de soixante mètres de largeur, d'une immense profondeur, et au fond duquel coule l'Oued-Rummel, présente, pour escarpe et contrescarpe, un roc taillé à pic, inattaquable par la mine comme par le boulet. Le plateau de Mansourah communique avec la ville par un pont très-étroit aboutissant à une double porte très-forte et bien défendue par les feux de mousqueterie des maisons et des jardins qui l'environnent. Dans les circonstances où nous nous trouvions, je n'avais pas le loisir d'investir convenablement la place, devant laquelle j'occupais, avec les troupes du général Trézel, le plateau de Mansourah.

J'avais dirigé la première brigade d'avant-garde sur les mamelons de Koudiat-Ati, avec l'ordre de s'en emparer ; d'occuper les marabouts et les cimetières, en face de la porte El-Rabah, et de la bloquer immédiatement.

Il était facile, au premier coup d'œil, de reconnaître que c'était sur ce point que la ville devait être attaquée ; mais il était aussi de toute impossibilité d'y conduire l'artillerie de campagne, qui, déjà sur le plateau de Mansourah, s'enfonçait en place jusqu'aux moyeux des roues. Le colonel Tournemine ne put parvenir à faire porter sur l'autre position deux pièces de huit. C'est alors que commencèrent les hostilités : elles nous furent annoncées par deux coups de canon de vingt-quatre pointés contre nos pièces, et par le drapeau rouge des Arabes, arboré sur la principale batterie de la place.

Le bey Ahmed avait craint de s'enfermer dans Constantine; il en avait confié la défense à son lieutenant, Ben-Haïssa, et, comme il pouvait compter sur les habitants, il avait introduit dans la ville une garnison de douze à quinze cents Turcs et Kabaïles bien déterminés à la défendre.

La brigade d'avant-garde, après avoir traversé l'Oued-Rummel, se porta sur les hauteurs, qui, défendues par les Kabaïles, sortis en grand nombre de la place, furent successivement et bravement enlevées par nos troupes; elles s'y établirent sous le canon des Arabes, tandis que, de mon côté, je disposais mon artillerie, dont je fis diriger le feu contre la porte d'El-Kantara pendant toute la journée du 22. Durant toute cette journée aussi, la brigade d'avant-garde soutint un combat brillant contre les Arabes, réunis à l'infanterie turque, sortie par celle des portes que nous ne pouvions bloquer, puisque nous n'avions plus que trois mille hommes sous les armes.

J'envoyai des chevaux de renfort aux prolonges de l'administration, qui, malgré cela, ne purent être tirées des bourbiers dans lesquels elles se trouvaient enfoncées. M. l'intendant militaire m'ayant alors proposé de faire partir des mulets pour aller prendre le chargement de ces voitures, j'ordonnai cette disposition. Mais elle ne put avoir son effet; car, au moment où le convoi partait sous l'escorte d'un demi-bataillon, on apprit qu'une partie du 62e régiment, qui accompagnait et défendait les prolonges, voyant qu'elles ne pouvaient être emmenées, et, malgré les efforts du colonel, avait pillé les vivres, défoncé les tonneaux de vin et d'eau-de-vie, et venait ainsi de nous priver d'une partie de nos ressources [1].

Le temps continuait à être affreux; la neige tombait à gros flocons; le froid était excessif.

Il me fallait essayer d'enlever la place de vive force, et, si je ne réussissais pas, ne pas attendre davantage pour ramener l'armée.

La première porte que l'artillerie avait battue était enfoncée; et, si le génie parvenait à faire sauter la seconde, on pouvait espérer de pénétrer dans la ville.

---

[1] Il était bien permis à des hommes tourmentés par la faim de profiter d'un convoi abandonné, avant de le quitter et de le livrer à l'ennemi, de se dédommager au moins des longues privations qu'ils avaient éprouvées depuis leur départ de Bone. Grand nombre d'entre eux, malheureusement déjà soumis aux angoisses de la faim, se gorgèrent d'eau-de-vie. Cette boisson, perfide sur des estomacs vides, les plongea dans une ivresse telle que, ne pouvant plus opposer la moindre résistance aux Arabes, ils tombèrent sous les coups du yatagan : leurs têtes, portées à Constantine, redoublèrent le courage des habitants. Les voitures du génie et une partie de celles de l'artillerie n'arrivèrent qu'à minuit à Mansourah.

Nul n'aurait, toutefois, le triste courage de blâmer et d'accuser de malheureux soldats livrés à tant de souffrances pendant cette campagne désastreuse.

J'ordonnai des dispositions pour le logement des sapeurs et des compagnies qui devaient les suivre.

Le génie, qui était resté en arrière avec une partie de ses voitures, étant arrivé à huit heures du soir, je prescrivis au colonel Lemercier de tout préparer pour reconnaître le soir même l'état de la porte d'El-Kantara, faire sauter ce qui restait encore debout, et frayer un passage à cinq compagnies d'élite des 63e et 59e régiments, que je mis sous les ordres du commandant Rancé, mon aide de camp. Ces dispositions ne reçurent, de la part des troupes du génie, qu'une lente exécution; elles étaient exténuées de fatigue, venant de passer trente-six heures dans la boue, sans feu et sans repos.

On ne reconnut la porte que peu de temps avant le jour, et le génie déclara qu'il lui fallait la journée du lendemain pour faire les préparatifs que nécessitait l'opération.

Le 23, tandis que l'artillerie continuait à battre la ville, la brigade d'avant-garde fut vivement attaquée; elle culbuta l'ennemi sur tous les points, et la cavalerie tua et sabra une grande partie de l'infanterie turque du bey. Ce fut le chef d'escadron de Thorigny qui dirigea cette charge de la manière la plus brillante; et, durant tout le temps de la campagne, il n'a cessé de donner des preuves de valeur et de sang-froid. De notre côté, nous fûmes également attaqués, et le général Trézel fit repousser vivement les Arabes par le 59e de ligne, qui couvrait le quartier général.

Dans l'espoir de détourner l'attention de la garnison et d'effrayer les habitants, j'ordonnai pour la nuit deux attaques simultanées : l'une, contre la porte d'El-Kantara, devait être dirigée par le colonel Lemercier; l'autre, du côté de Koudiat-Ati, devait être tentée par les troupes de l'avant-garde.

Le général Trézel, aussitôt que la nuit fut venue, plaça lui-même les troupes du 59e et du 63e, qui devaient seconder le corps du génie.

Le colonel Lemercier fit avancer ses hommes et son matériel sous les ordres du commandant Morin et des capitaines Hackett et Ruy. La garnison commença aussitôt le feu le plus nourri et le plus soutenu. Un ordre donné mal à propos de faire avancer la compagnie franche de Bougie, qui faisait tête de colonne, mit le désordre dans le travail commencé par les sapeurs.

Nous eûmes beaucoup de monde mis hors de combat; les hommes qui portaient les échelles furent tués ou blessés; le capitaine du génie Ruy eut la jambe et le poignet fracassés; enfin le général Trézel, qui se tenait au plus fort du feu pour disposer et encourager les troupes, fut renversé par un coup de feu au travers du cou.

Le colonel Lemercier déclara qu'il fallait renoncer à l'attaque et faire retirer les troupes; ce que j'ordonnai.

L'attaque sur Koudiat-Aty fut également infructueuse; deux braves officiers y trouvèrent une mort glorieuse, entre autres le capitaine du génie

Grand et le commandant Richepanse. Le lieutenant-colonel Duvivier donna dans cette circonstance de nouvelles preuves de bravoure et d'habileté. Le lieutenant d'artillerie Bertrand, qui fut blessé, montra une valeur et une énergie dignes des plus grands éloges.

Ces tentatives, qu'il était de notre honneur de faire avant de partir, ayant échoué, je songeai à profiter du reste de la nuit pour réunir l'armée et tout disposer pour la mettre en marche. J'envoyai le commandant de Rancé à la brigade d'avant-garde, pour lui donner l'ordre de lever son camp sur-le-champ, de repasser avant le jour l'Oued-Rummel, afin de se placer sur la position que j'occupais.

Cette marche ayant été promptement et heureusement faite, j'indiquai l'ordre dans lequel devaient se placer les différents corps; et l'armée, s'étant ébranlée avec tous ses bagages et toute l'artillerie, nous fîmes camper à Somma.

Cette première journée de retraite fut très-difficile, la garnison entière et un grand nombre de cavaliers arabes nous attaquant avec acharnement, surtout à l'arrière-garde.

Mais le 63° régiment et le bataillon du 2° léger du commandant Changarnier, soutenus par les chasseurs à cheval d'Afrique, repoussèrent brillamment toutes les attaques, tuèrent beaucoup de monde à l'ennemi et le continrent constamment.

Dans un moment si grave et si difficile, M. le commandant Changarnier s'est couvert de gloire et s'est attiré les regards et l'estime de toute l'armée. Presque entouré par les Arabes, chargé vigoureusement et perdant beaucoup de monde, il sut inspirer une telle confiance à son bataillon formé en carré, qu'au moment où il était vivement assailli, il fit pousser à sa troupe deux cris de *Vive le roi!* Et, les Arabes, intimidés, ayant fait demi-tour à vingt pas du bataillon, un feu de deux rangs, à bout portant, couvrit d'hommes et de chevaux trois faces du carré.

Le capitaine Mollière, mon officier d'ordonnance, chargé, en cet instant critique, de porter un ordre au commandant Changarnier, se trouva au nombre de ces braves, et eut part à cette noble résistance pendant toute la journée et celles qui suivirent.

Le bataillon du 2° léger servit à l'arrière-garde avec la même distinction, et fut vaillamment imité, notamment au passage de la Seybouse, à Medjez-el-Amar, par le lieutenant-colonel Duvivier, commandant le bataillon d'Afrique et la compagnie franche de Bougie.

Le 25, nous fûmes camper à Oued-Talaga, repoussant toujours avec succès les attaques réitérées des Arabes.

Le 26, l'armée coucha à Sidi-Tamtam, et déjà nous nous apercevions que le nombre des ennemis avait considérablement diminué.

Au moment où nous quittâmes ce bivac, les Arabes et les Kabaïles s'étant, comme d'ordinaire, précipités sur l'arrière-garde, dans l'intention de lui faire abandonner quelques bagages ou quelques blessés, trois escadrons des chasseurs d'Afrique exécutèrent une charge brillante, à laquelle prirent part, avec distinction, le capitaine de la Tour-du-Pin, mon aide de camp, et les lieutenants de Drée et Baichis, mes officiers d'ordonnance. Le capitaine de chasseurs Morrice, commandant l'un des escadrons, et qui s'était déjà fait remarquer, laissa la moitié de la lame de son sabre dans le corps d'un Arabe.

Le 27, nous avions à passer le défilé difficile qui conduit au col de Ras-el-Akba ; j'ordonnai au commandant Raucé d'ouvrir la marche à la tête de deux escadrons.

Cette cavalerie s'acquitta vigoureusement de cette mission difficile, couronnant les crêtes de mamelons en mamelons, et repoussant ou contenant à distance la cavalerie arabe.

Nous repassâmes enfin le col de Ras-el-Akba. Les Arabes cessèrent, à ce point, de nous suivre, et ne reparurent plus.

Les Kabaïles, ayant essayé de nous fermer ce passage, furent chargés au haut du col par les spahis, et grand nombre d'entre eux restèrent sur place; débusqués ensuite par l'infanterie des bois où ils avaient pris position à droite et à gauche du chemin que nous avions tracé, ils furent contraints à une retraite précipitée.

Dans cette circonstance, le capitaine Mac-Mahon, aide de camp de Son Altesse Royale, les lieutenants Baichis et Bertrand, mes officiers d'ordonnance, se conduisirent vaillamment : ce dernier eut son cheval tué à bout portant. Nous campâmes au pied de la montée, sur la rive droite de la Seybouse.

Le 28, nous achevâmes d'éloigner les Kabaïles, dont quelques bandes occupaient les crêtes qui dominent le défilé qui conduit à Guelma, où nous arrivâmes de bonne heure.

Je laissai à Guelma les malades, qui pouvaient s'y rétablir plus facilement qu'à Bone, et je pris, avec l'intendant militaire et le génie, les dispositions nécessaires pour faire de ce poste un point militaire très-important.

C'est une grande satisfaction pour moi, monsieur le ministre, d'avoir à vous signaler le courage, la patience et parfois la résignation de nos jeunes soldats, au milieu de tant de souffrances, de tant de fatigues et de dangers; ils n'ont pas proféré une plainte, montré aucun découragement.

Les 63ᵉ, 59ᵉ régiments de ligne, le 17ᵉ léger, le bataillon d'Afrique, la compagnie franche de Bougie, le bataillon du 2ᵉ léger et l'artillerie, constamment et habilement dirigée par le colonel Tournemine, ont rivalisé de zèle et de bravoure. Lorsqu'une partie du 62ᵉ a pillé les prolonges restées en arrière, le colonel Levesque a fait humainement tout ce qui était possible pour empêcher ce désordre.

Le colonel Boyer, aide de camp de Son Altesse Royale, s'étant mis à ma disposition, avec l'agrément du prince, a rendu de grands services dans plusieurs circonstances difficiles et périlleuses : je l'ai chargé de commandements importants; il a eu un cheval tué sous lui.

Le lieutenant-colonel de Chabannes, déjà connu du 3e régiment de chasseurs, a été fort remarquable aussi, en dirigeant plusieurs fois les mouvements de ce corps, et même ceux de quelques colonnes d'infanterie.

M. Baudens, chirurgien-major attaché à monseigneur le duc de Nemours, a donné avec beaucoup de dévouement, sur le terrain même et sous le feu de l'ennemi, des soins empressés au général Trézel et aux blessés du 63e régiment.

MM. les ducs de Mortemart et de Caraman, et M. de Sainte-Aldegonde, qu'un noble intérêt pour ce pays a conduits à faire toute la campagne au milieu de nos troupes, m'ont souvent offert leurs services dans les occasions les plus graves.

Tous les officiers qui m'étaient attachés comme officiers d'ordonnance ont fait plus que leur devoir. Les capitaines Mollière, Clausel et Leblanc, le lieutenant Rewel et le sous-lieutenant Guyon, méritent d'être cités honorablement. M. le général Trézel fait le plus grand éloge du capitaine d'état-major de Laveaux-Coupé et du lieutenant de Morny.

Le chef d'état-major, colonel Duverger, qui déjà, comme commandant de Bone, avait rendu des services que j'ai plusieurs fois signalés, a fait tout ce que, dans une campagne aussi difficile, il était possible de faire pour diriger le service important dont il était chargé. Je lui ai confié plusieurs fois des commandements à l'arrière-garde et à l'avant-garde, notamment pendant notre première marche en retraite; il a fait preuve à la fois d'expérience et d'habileté. Il a été parfaitement secondé par le commandant Perrin, le capitaine Zaragosse et les lieutenants Minon et Letellier.

Le capitaine d'état-major Saint-Hippolyte, que j'avais envoyé à l'avance pour recueillir des renseignements topographiques, s'en est acquitté avec une grande distinction; chargé, pendant toute la campagne, de plusieurs missions importantes, il a servi de manière à vous être, monsieur le ministre, vivement recommandé.

Le service de l'intendance a été habilement dirigé par M. l'intendant Melcion-d'Arc et M. le sous-intendant Évain, qui ont eu beaucoup à se louer de l'agent comptable Thiébaut. Enfin, monsieur le ministre, dans une situation comme celle où s'est trouvée l'armée, il a fallu de la part de tous les officiers une énergie et un courage à toute épreuve; tous ont compris et rempli leur devoir; tous ont mainte fois payé de leur personne à la tête des troupes.

Je n'ai pu réunir encore les documents que doivent me fournir les chefs de corps ; aussitôt qu'ils seront entre nos mains, j'en ferai l'objet d'un second rapport, que j'aurai l'honneur de vous adresser par le prochain courrier, en appelant tout votre intérêt sur ceux qui, parmi un si grand nombre ayant bien fait, mériteront de vous être plus particulièrement désignés. Je vous ferai connaître en même temps, monsieur le ministre, le nombre des tués et blessés.

En résumé, le corps expéditionnaire s'est porté sur Constantine sans avoir aucun acte d'hostilité à réprimer ; il a éprouvé pendant quinze jours, à Bone, des fièvres qui ont retenu dix-huit cents hommes aux hôpitaux ; il a été abîmé, près de Constantine et autour de cette place, par la pluie, la neige, la glace et la boue.

Il a peu perdu par le feu de la place et de l'ennemi, lorsqu'il nous a suivi sur Ras-el-Akba, tandis que les Kabaïles, qui étaient venus pour s'opposer à notre retour, ont eu plus de quatre cents tués.

Le corps expéditionnaire a ramené son artillerie, tous les caissons qui ne s'étaient pas brisés. Tous les soldats faibles et tous les malades ou blessés ont été aidés ou transportés, et enfin il a été établi une garnison à Guelma, où tout ce qui serait nécessaire pour une autre expédition peut être réuni avant qu'on l'exécute.

Je donne l'ordre au commandant de Rancé de se rendre auprès de vous, monsieur le ministre, afin de vous faire connaître les détails dans lesquels les bornes d'un rapport ne permettent pas d'entrer.

Je charge particulièrement mon aide de camp d'exprimer au roi comment monseigneur le duc de Nemours a su partager la fatigue et les périls de l'armée, et combien sa sollicitude pour nos soldats a été vivement éclairée, dans les circonstances pénibles et difficiles dans lesquelles nous nous sommes trouvés.

J'ai l'honneur d'être, monsieur le ministre, votre très-humble et très-obéissant serviteur.

> Le gouverneur général des possessions françaises dans le nord de l'Afrique,
>
> Maréchal CLAUSEL.

Quelques jours après son retour de Constantine, le maréchal Clausel avait jugé à propos de se rendre à Paris, afin de calmer par sa présence les anxiétés de l'opinion publique et de se trouver en mesure de conjurer l'orage qui le menaçait. On ne lui en laissa pas le temps : le 12 février, le lieutenant général Damrémont était nommé gouverneur de l'Algérie pour le remplacer. Cette disgrâce fut d'autant plus sensible au comte Clausel, que le ministère annonçait l'intention de tirer prompte vengeance de l'affront subi par nos armes. En lui donnant un successeur, on l'empêchait de prendre sa revanche ; aussi s'écriait-il, dans l'excès de sa douleur : « On a laissé une carrière de victoires trébucher sur un revers, sans vouloir lui laisser cueillir un dernier laurier! On a pensé sans doute que j'étais assez tombé, pour m'empêcher de me relever. Non, non! je me relève, moi! je me relève pour rentrer, la tête haute, dans mes foyers! Je me relève, et sur le seuil de cette maison paternelle où je retourne, je poserai entre moi et la calomnie ma vieille épée de combat! »

Pourquoi surtout s'est-il oublié jusqu'à imputer l'insuccès de la campagne à des désordres commis par quelques soldats tourmentés par la faim?

Le commandant en chef devait appeler sur lui seul la responsabilité du revers, car à lui seul serait revenue toute la gloire du succès. Ses plaintes intempestives lui portèrent préjudice dans l'opinion publique. Nous sommes loin de cette affreuse époque où un général devait vaincre ou porter sa tête sur l'échafaud : la France, de nos jours, comprend toutes les situations ; ce n'est pas elle qui manquerait de sympathie pour le courage malheureux.

II

EXPÉDITION DE CONSTANTINE (13 NOVEMBRE 1836). EXTRAIT DU RAPPORT DE M. LE CO-
LONEL DUVIVIER, COMMANDANT LES 1ᵉʳ ET 2ᵉ BATAILLONS LÉGERS D'AFRIQUE (BRIGADE
DE RIGNY), DATÉ DU 2 DÉCEMBRE 1836.

21 novembre. — Arrivés au marabout de Sidi-Mabroug, vis-à-vis de Constantine, les bataillons reçoivent, avec l'avant-garde dont ils faisaient partie, l'ordre de tourner la ville et d'aller s'emparer de la hauteur de Koudiat-Aty, située au sud-est de cette dernière.

Les bataillons exécutent ce mouvement, franchissant au gué l'Oued-Bou-Merzoug, puis l'Oued-Rummel, et atteignent en colonne le pied de la position. Le général commandant la brigade détache en tirailleurs, pour aborder le plateau supérieur, la 8ᵉ compagnie, commandée par le lieutenant Bidou. Peu d'instants après, il détache dans la même direction la 7ᵉ compagnie, capitaine Vieille, puis ensuite la 1ʳᵉ, commandée par le lieutenant Soutoul. Inquiet sur le sort de ces compagnies, qui disparaissent à la vue derrière la convexité du terrain, et qui évidemment vont se trouver sans direction unique et sans ensemble devant un ennemi très-supérieur, le colonel se porte immédiatement vers elles de sa personne. Il les trouve en effet trop disséminées et trop isolées dans des directions divergentes. La compagnie Bidon avait vigoureusement repoussé l'ennemi, et s'était emparée d'une première masure; mais les nombreux combattants sortis de Constantine, ayant compté leurs adversaires, reprennent vigoureusement l'offensive, tant directement que par un mouvement sur les flancs. La compagnie Bidon, à peine appuyée par quelques hommes arrivant de la 7ᵉ compagnie, est obligée de rétrograder, étant serrée de très-près; enfin les têtes de colonnes de l'avant-garde paraissent et la reçoivent. La cavalerie se présente pour charger vers la gauche; mais toutes les troupes sorties de Constantine prennent rapidement la fuite et rentrent en grande confusion dans la ville. On s'établit sur la hauteur de Koudiat-Aly, et deux compagnies du 1ᵉʳ bataillon d'Afrique sont placées en tirailleurs sur l'extrémité de ce mamelon, pour tirer contre les embrasures et contre les créneaux.

Pendant ces opérations, la compagnie franche avait été laissée en position sur le plateau entre les deux rivières, pour protéger le passage du convoi contre un corps nombreux de cavalerie arabe qui cherchait à couper la communication.

Il est à présumer, vu la grande quantité de gens qui étaient sortis de Constantine, que si ce jour la hauteur de Koudiat-Aly eût été abordée rapidement par tout le corps d'avant-garde, précédé à peine de quelques éclaireurs, que l'on fût entré pêle-mêle avec les Constantinois dans leur ville; ou du moins, si la porte eût été fermée sur eux, que l'on eût fait un grand carnage, dont le contre-coup eût pu être la reddition immédiate de la ville.

Cette journée nous a coûté cinq tués et cinq blessés.

22 novembre. — Le matin, à la pointe du jour, un corps nombreux d'infanterie musulmane se présente avec résolution pour attaquer le flanc gauche de sa position.

Le bataillon, campé en carré sur le plateau, prend ses armes; mais celles-ci, abîmées par la pluie et la neige de la nuit, ne peuvent faire feu. La 8ᵉ compagnie (capitaine Bidon), placée près de l'artillerie, sur le sommet du mamelon, défend et garde vigoureusement sa position par le feu et la baïonnette.

La 2ᵉ compagnie (capitaine Troncosso),
La 3ᵉ — (capitaine Gouvion),
La 5ᵉ — (lieutenant Ledieu),
sont détachées contre l'ennemi et l'abordent vigoureusement à la baïonnette, en même temps que la cavalerie charge le flanc droit de celui-ci, qui est immédiatement mis en déroute et éprouve des pertes assez considérables.

23 novembre. — Cette journée a coûté au bataillon un homme tué et un blessé.

2ᵉ compagnie : quatre égarés.

Le colonel fut aussi atteint d'une balle au menton.

24 novembre. — Dès le matin, un corps nombreux de cavalerie se présente en arrière de la hauteur de Koudiat-Aty, sur les mamelons qui précèdent le camp du 3ᵉ régiment de chasseurs. Le général commandant la brigade se porte à sa rencontre avec les chasseurs, le 17ᵉ léger, le 2ᵉ léger et la 1ʳᵉ compagnie du 1ᵉʳ bataillon d'Afrique et deux pièces de montagne. Il laissa au colonel Duvivier le soin de défendre le plateau de Koudiat-Aty avec son bataillon et un bataillon du 17ᵉ léger.

L'infanterie ennemie, peu nombreuse du reste, se présente pour tirailler ; mais le colonel fait établir rapidement quelques petits parapets en pierres ou en briques, et, avec une trentaine de tirailleurs ainsi cachés, il dégoûte l'ennemi, qui se retire bientôt sans avoir blessé personne du bataillon.

Cette journée coûta quatre blessés à la compagnie engagée contre la cavalerie. Le matin, le colonel avait proposé au général d'embusquer son infanterie et son artillerie sur la partie déclive de l'arrière de la hauteur de Koudiat-Aty, de faire rétrograder sa cavalerie vis-à-vis la cavalerie arabe, et de ramener ainsi cette dernière sous le feu très-rapproché, et même sous les baïonnettes de l'infanterie et de l'artillerie embusquées d'avance. Il pensait qu'on obtiendrait ainsi un engagement réel et complet dont les conséquences ne pouvaient être que très-avantageuses. Il regrette que son avis n'ait pas été agréé.

Ce jour même, à neuf heures du matin, la compagnie franche était partie pour rejoindre l'attaque de M. le maréchal.

Nuit du 23 au 24 novembre. — Vers onze heures et demie, l'ordre fut donné au colonel d'attaquer, avec le bataillon d'Afrique, la porte située en face de Koudiat-Aty, nommée dans le pays Bab-el-Rabah (porte du marché). On mit à sa disposition treize hommes du génie portant quelques pioches, quelques haches et un sac de cinquante livres de poudre, commandés par le capitaine Grand et par deux autres officiers du génie. On lui adjoignit également une section de deux obusiers de montagne, commandés par le lieutenant d'artillerie Bertrand.

A minuit moins un quart, la colonne se mit en route en tournant par la gauche de Koudiat-Aty ; mais l'ennemi s'en aperçut bientôt et commença à tirer. La colonne fut arrêtée dans un fond très-près de la place, où elle était entièrement à couvert des feux de l'ennemi.

Le colonel se porta de sa personne dans le faubourg pour mieux reconnaître les lieux ; il plaça la 1ʳᵉ compagnie (capitaine Soutoul) sous un hangar à droite, la 2ᵉ compagnie (capitaine Troncosso) contre la mosquée au centre. Là, cette compagnie se trouvait entièrement cachée, et, ayant quelques sapeurs armés de pioches, elle devait chercher à s'établir solidement dans la mosquée. Il plaça également la 3ᵉ compagnie (capitaine Gouvion) à gauche, derrière une espèce de contre-garde en terre et en boue, où elle se trouvait défilée. Le but était d'avoir trois compagnies qui, lorsque le temps serait venu, pourraient tirailler contre la place, et qui, plus tard, serviraient de réserve et d'appui en cas de malheur. Puis il a mené le reste de la colonne contre la mosquée, dans un endroit où elle était à peu près sans danger.

Avant d'engager la colonne dans la rue qui menait à la porte du marché, le colonel, sachant que vers la gauche il devait exister une autre porte nommée Bab-el-Djedid (porte neuve), chercha le chemin qui pouvait y conduire; mais il était sans autre issue, et il fut reconnu que c'était un fondouk (marché), probablement le marché aux huiles. Il fallut donc se résoudre à aller directement sur la porte du marché par la grande rue qui y conduisait; on le fit en glissant les compagnies paires suivant le côté droit, et les compagnies impaires suivant le côté gauche.

L'artillerie suivit le même chemin, et, parvenue à trente pas de la porte, dans un petit rentrant, elle chargea et tira deux coups contre celle-ci. Le lieutenant Bertrand y déploya beaucoup de courage en chargeant presque à lui seul ses pièces; car un créneau de flanc, tirant à très-petite distance, frappait juste dans ce rentrant et y renversait les canonniers et les chasseurs qui s'y trouvaient. Du reste, les balles sillonnaient la rue; le canon y lançait de la mitraille, et il était presque impossible de passer d'un côté à l'autre sans être touché. Heureusement que ces côtés de la rue présentaient une suite de petites boutiques (hangars), d'une profondeur d'environ quatre pieds, qui mettaient en partie les hommes à couvert.

Voyant que ces moyens d'artillerie, à cette distance, ne pouvaient rien produire d'efficace, le colonel se décida à porter son monde jusque contre la porte, afin d'enfoncer celle-ci avec la hache et le sac à poudre. Ce mouvement fut exécuté avec élan, et soldats et officiers vinrent jusque contre celle-ci.

Le capitaine du génie Grand y était également; mais là, pendant dix minutes, on demanda vainement les haches et la poudre : rien ne répondit, ni à la voix du colonel, ni à celle du capitaine Grand, qui bientôt, blessé, fut obligé de se retirer. Voyant qu'avec des crosses de fusils et des baïonnettes il était impossible d'enfoncer cette porte bardée de fer, le colonel résolut de faire retirer son monde et en donna l'ordre. A peine ce mouvement rétrograde fut-il commencé, que des cris : « Voilà des haches ! » se fit entendre. On se reporta de suite vers la porte; mais ce cri était illusoire, et aucune hache ne s'y trouva. Alors, il fallut définitivement se retirer. Ce mouvement, excessivement dangereux et dans lequel les hommes n'étaient plus animés par l'espoir de vaincre, se fit avec bien peu de désordre. Les pièces furent ramenées par le lieutenant Bertrand et un de ses canonniers; des caisses de munitions furent rapportées sur les épaules par des chasseurs, car les mules avaient été tuées. La majeure partie des blessés fut également rapportée, et, dès que les compagnies parvinrent à la hauteur de la mosquée et de la contre-garde, elles y furent arrêtées et défilées. Toutes ces compagnies furent alors reportées et reformées en colonne dans le premier fond qui leur avait déjà servi d'abri. Le colonel fit donner aux compagnies du hangar de la mosquée, dans laquelle on n'avait pu pénétrer, et de la contre-garde, l'ordre d'envoyer en arrière des hommes ramasser les blessés : cela fut exécuté autant que possible. Enfin, lorsque l'on crut s'apercevoir que tout ce qu'il était possible de faire était fait, on ramena le bataillon lentement et en bon ordre; on rentra au camp à trois heures et demie du matin.

Pendant toute cette attaque on ne fut appuyé par aucun coup de fusil ni par aucun coup de canon du camp de Koudiat-Aty, ce qui fut une circonstance malheureuse, car une diversion sur le feu de la batterie et des créneaux eût pu nous éviter des pertes.

Le colonel attribue la non-réussite : 1° au manque de moyens mécaniques indispensables pour briser la porte; 2° au peu de temps qu'on lui laissa pour se concerter avec le génie et l'artillerie : il eût organisé une garde spéciale pour la poudre et pour les haches; il eût donné des hommes pour traîner les pièces et pour porter les munitions, afin d'éviter d'y amener des mules toujours rétives et embarrassantes : il vit le moment où on allait le forcer à partir sans le génie; 3° à l'ordre que le général avait donné au 2° léger de se tenir prêt à faire lui-même cette attaque : sans cet ordre, il eût, dans toute la journée du 23, cherché à reconnaître où pouvait être cette porte de gauche que ses renseignements particuliers lui indiquaient; mais, occupé d'autres choses, il ne pensa plus aux moyens de faire réussir une attaque de l'honneur de laquelle on avait privé son bataillon.

24 *novembre.* — A cinq heures du matin, le bataillon fut prévenu de faire ses dispositions pour partir de suite, après l'évacuation des blessés. Il se forma de suite en colonne, et se porta près de l'ambulance; il fournit un grand nombre d'hommes pour ce transport, et envoya un officier (M. Pillieux) pour surveiller cette évacuation et le prévenir du moment où elle serait achevée.

Le soleil était déjà levé; l'on enlevait encore les blessés de l'ambulance, lorsqu'un officier, envoyé par le commandant Changarnier, du 2° léger, au colonel, lui demanda pourquoi il différait tant à partir, et lui apprit que depuis bien longtemps le 17° léger, la cavalerie et le général s'étaient en allés, ce qu'il ignorait entièrement. Il sentit de suite combien sa position devenait périlleuse : il allait avoir derrière lui toutes les troupes sortant de Constantine; il apercevait déjà devant lui une très-nombreuse cavalerie dans l'angle des deux rivières, et il fallait passer soit ces cours d'eau, soit leur réunion au-dessous de leur confluent, dans des terrains difficiles et vis-à-vis des forces considérables.

Il fit charger sept ou huit blessés qui restaient encore; et, avec son bataillon, qui n'avait pas dormi de la nuit, et qui se trouvait affaibli tant par ses pertes récentes que par le grand nombre d'hommes fournis pour porter les blessés, il se mit en marche : il fut suivi par la section d'artillerie de montagne, qui devenait une responsabilité de plus, et par les deux cents hommes du 2ᵉ léger.

Heureusement le mouvement s'exécuta sans circonstances défavorables; on passa le Rummel à un gué au-dessus du confluent, et qu'un seul homme nous indiqua. Toutes les précautions nécessaires, après le passage de la 1ʳᵉ compagnie, furent prises pour assurer le passage du reste de la colonne, et notamment de l'artillerie, pendant que les blessés passaient à un gué au-dessus.

Le 2ᵉ léger exécuta bien son mouvement d'arrière-garde, et, sans avoir trouvé aucun corps pour nous soutenir, on parvint, sans grande perte, au plateau de Sidi-Mabroug, sur lequel se concentraient les troupes de M. le maréchal.

Ce jour, le bataillon, ayant rallié la compagnie franche, fit tête de colonne de gauche, et alla camper près du monument ruiné.

Cette journée coûta : blessés, six; égarés, quatre.

25, 26 et 27 novembre. — Dans ces trois journées, le bataillon fit constamment l'arrière-garde de gauche, et parvint ainsi jusqu'au camp de Medjez-el-Amar, après avoir franchi le Ras-el-Akba. L'ennemi, qui le poursuivit avec acharnement, non-seulement n'entama jamais ses tirailleurs, mais perdit beaucoup de monde par la fusillade, peu nourrie, mais bien dirigée, de ceux-ci, et ne lui causa d'autres pertes que : blessés légèrement, six, dont trois parmi les tirailleurs, auxquels il convient d'ajouter trois blessés des jours précédents, qui n'avaient pas été connus des compagnies.

Le bataillon porta également comme égarés treize hommes, que l'on supposa avoir été courir dans les autres colonnes, ou qui, ayant porté des blessés, en ont profité pour ne pas rejoindre.

Le principe, dans toutes ces retraites, fut d'avoir un petit nombre de tirailleurs très-disséminés; une réserve toujours prête pour les protéger; de n'abandonner jamais une position que l'on allait céder à l'ennemi sans avoir préalablement occupé quelque autre position qui la maîtrisât, soit de front, soit d'écharpe, et de ne mettre jamais les tirailleurs en prise sur les sommets des côtes, mais bien de les embusquer sur le revers.

28 *novembre.* — Trois compagnies du bataillon exécutèrent la retraite du passage de la Seybouse, au gué de Medjez-el-Amar, sous les yeux de M. le maréchal : elles n'ont eu personne de blessé.

Le soir, on campa devant Guelma; deux hommes furent portés comme égarés.

29 *novembre.* — Arrivée au camp de Mou-Helfa.

30 *novembre.* — Arrivée au camp de Dréan.

1er *décembre.* — Arrivée à Bone.

Dans toutes ces opérations de la campagne, les hommes des deux bataillons ont supporté les dangers, les fatigues, les privations de vivres, le manque de sommeil, avec un courage admirable. Ils n'ont jamais montré la moindre hésitation, la moindre crainte dans leur retraite du plateau de Koudiat-Aty, contre les troupes de Constantine d'une part, et la nombreuse cavalerie d'Ahmed-Bey de l'autre, lorsqu'en outre s'y joignait l'idée fatale qu'ils avaient été abandonnés par toutes les autres troupes de leur brigade.

Bone, le 2 décembre 1836.

Le lieutenant-colonel commandant les deux bataillons,

Signé : L.-F. Duvivier.

Le colonel chef de l'état-major,

Duverger.

III

SECONDE EXPÉDITION DE CONSTANTINE (13 OCTOBRE 1837). EXTRAIT DU RAPPORT DU LIEUTENANT GÉNÉRAL VALÉE A M. LE MINISTRE DE LA GUERRE.

Monsieur le ministre,

Après la mort déplorable du général Damrémont, j'ai dû prendre le commandement de l'armée, et c'est en cette qualité que j'ai l'honneur de vous adresser un rapport succinct de ses opérations depuis son arrivée devant cette place, en attendant le rapport détaillé qui vous fera connaître la conduite particulière des corps et des individus qui se sont le plus distingués. Ma dépêche télégraphique vous a appris que le drapeau tricolore flottait sur les murs de Constantine, et les dépêches précédentes du gouverneur vous ont fait connaître la marche de l'armée jusqu'à Sommah, où nous sommes arrivés le 5 octobre. Ce jour-là, l'armée a pris position à environ deux petites lieues de Constantine, sur les bords du Bou-Merzoug. Le lendemain, de bonne heure, elle couronnait les hauteurs de Sata-Mansourah, et, un peu plus tard, celles de Koudiat-Aty, sans que l'ennemi opposât une résistance sérieuse à sa marche.

Monseigneur le duc de Nemours a été chargé du commandement du siège; le général Trézel, avec les deux premières brigades de l'attaque de Sata-Mansourah, et le général Rulhières, avec les deux autres, de celle de Koudiat-Aty. J'ai de suite reconnu, avec M. le lieutenant général Fleury, l'emplacement des batteries à établir sur l'un et l'autre point, et on s'est mis à l'ouvrage. Mais à peine l'armée s'établissait-elle, qu'un temps affreux de pluies et tempêtes est venu l'assaillir; ce temps a duré presque sans interruption jusqu'au 10. Il a changé les bivacs en des mares boueuses, dans lesquelles les chevaux enfonçaient jusqu'au ventre, et où les soldats ne pouvaient trouver aucun repos.

Cependant, après des efforts admirables, l'artillerie est parvenue à armer trois batteries à Sata-Mansourah et à en préparer une à Koudiat-Aty. Le feu contre la place a commencé le 9 et a duré une partie du 10. Les défenses de l'ennemi étant alors détruites en partie, la batterie de brèche a pu ouvrir son feu le 11, à quatre cents mètres de la place, sur le front de Koudiat-Aty. La brèche était faite le soir, mais n'était pas encore praticable. Dans la nuit, les pièces ont été transportées à cent cinquante mètres, et hier la brèche a été terminée.

L'ennemi nous a opposé partout une vive résistance; ses batteries ont tiré tant qu'elles l'ont pu, et avec acharnement.

Des fantassins, embusqués sur le rempart ou dans des maisons attenantes à la muraille, entretenaient un feu continuel à bonne portée; en même temps des attaques journalières avaient lieu contre les deux positions de Sata-Mansourah et de Koudiat-Aty.

La sommation faite avant-hier à la ville par M. le gouverneur général n'ayant amené aucune réponse satisfaisante d'Ahmed-Bey, qui demandait, avant d'entrer en pourparlers, que nous cessassions nos travaux, l'assaut a été donné ce matin avec une rare bravoure, et les habitants ont été successivement débusqués de tous les quartiers de la ville, dans lesquels ils se sont défendus assez longtemps avec une extrême opiniâtreté.

Nous avons des pertes nombreuses à déplorer, et ma première dépêche vous enverra le chiffre exact des hommes tués et blessés, et l'état nominatif des officiers qui sont dans l'un et l'autre cas.

Le chef de bataillon de Sérigny, du 2ᵉ léger, est mort sur la brèche, ainsi que le capitaine du génie Hacket.

Au nombre des blessés figurent le général Perregaux, les colonels Combes et de Lamoricière, les chefs de bataillon Dumas, aide de camp du roi; Vieux, du génie; le capitaine Richepanse. Heureusement plusieurs de ces blessures sont légères. Une partie des notables et des autorités de la ville y sont restés; je leur ai adressé une proclamation pour les inviter à demeurer tranquilles chez eux, et j'ai exigé qu'ils fournissent à la subsistance de l'armée. Ahmed s'est éloigné; on assure qu'il se retire du côté du désert, où il a des relations de parenté. Son calife l'a quitté et a demandé à rentrer dans la ville.

Je vous enverrai incessamment les drapeaux pris dans Constantine.

Je suis avec respect, monsieur le ministre,

Le lieutenant général comte VALÉE.

Constantine, le 14 octobre 1837.

EXTRAIT DU RAPPORT PAR LE MÊME. DE CONSTANTINE, LE 16 OCTOBRE.

Je vais rendre compte à M. le ministre de la guerre des opérations de l'armée du 1er au 13 octobre. Une copie de mon rapport sera sans doute mise sous vos yeux, et Votre Excellence y verra l'ensemble des travaux du siége dans cette opération entièrement d'artillerie, et les mesures adoptées pour l'assaut, qui nous a rendus maîtres de la ville.

Quelques tentatives ont été faites, pendant que nous étions devant la place, pour nouer les négociations. Le 11 octobre, le général Damrémont adressa aux habitants de Constantine la proclamation que vous trouverez ci-jointe sous le n° 1.

Le parlementaire revint le lendemain matin sans avoir été maltraité, mais rapportant une réponse injurieuse et qui annonçait de la part des habitants l'intention de s'ensevelir sous les ruines de la place.

Le 12, quelques heures après la mort du gouverneur général, un envoyé d'Ahmed s'est présenté à nos avant-postes; amené devant moi, il m'a remis de la part du bey la lettre dont je vous envoie copie sous le n° 2.

Cette démarche d'Ahmed m'a semblé n'avoir d'autre but que de gagner du temps, dans l'espoir peut-être que les vivres ne tarderaient pas à nous manquer, et que l'armée, obligée d'exécuter en présence de l'ennemi une pénible retraite, périrait de faim et de misère, ou offrirait au bey une occasion favorable pour l'attaquer avec succès.

Cette pensée m'a fait répondre au bey que, tout disposé que j'étais à faire avec lui une convention qui mît un terme aux maux de la guerre, je devais exiger, comme préliminaire indispensable de toute négociation, la remise de la place, et qu'en attendant sa réponse je n'en presserais pas avec moins d'activité la marche de l'attaque.

Le parlementaire partit avec la lettre dont je vous adresse copie sous le n° 3, et depuis lors nous n'avons plus entendu parler d'Ahmed.

Au moment où je refusais de faire cesser le feu de mes batteries, la brèche était déjà commencée au corps de la place. Dans la soirée du 12, elle me parut assez avancée pour faire espérer que le lendemain matin elle serait complétement praticable. Je donnai en conséquence les ordres nécessaires pour la formation des colonnes d'assaut, qui devaient être sous la direction de Mgr le duc de Nemours, commandant les troupes du siége.

Les batteries continuèrent à tirer pendant toute la nuit, et, au point du jour, tout fut disposé pour pénétrer dans la place, dont l'aveugle fureur de l'ennemi refusait encore de nous ouvrir les portes.

Je n'entrerai pas dans le détail de l'assaut, livré par nos troupes avec la plus brillante valeur ; c'est une des actions de guerre les plus remarquables dont j'ai été témoin dans ma longue carrière, et je dois à nos soldats la justice de dire que tous se sont montrés dignes de la haute mission qui leur était confiée.

Dès que le calme fut rétabli dans la ville, je vins prendre possession, avec S. A. R. Mgr le duc de Nemours, du palais du bey, et mes premiers soins eurent pour but d'opérer le désarmement des habitants et de faire cesser le désordre inséparable d'une ville prise d'assaut. J'ai nommé le général Rulhières commandant supérieur de Constantine, et je lui ai prescrit toutes les mesures propres à rassurer le petit nombre d'habitants qui sont restés en ville.

J'ai fait annoncer au peuple que nous prenions l'engagement de faire respecter les mœurs et la religion du pays.

L'entrée des mosquées a été interdite aux soldats français, et depuis ce matin les musulmans se livrent à la prière prescrite par le Koran.

Aidé par les autorités locales, que j'ai maintenues dans leurs fonctions, l'intendant de l'armée se livre à la recherche des magasins publics et particuliers. Il y a déjà trouvé une grande quantité de blé et des magasins d'orge suffisants pour les premiers besoins de l'armée ; mais nous n'avons pu encore trouver de bestiaux, et l'armée vit avec la viande qu'elle a amenée de Medjez-el-Amar. Au reste, j'ai l'espoir que les tribus voisines ne tarderont pas à nous apporter des denrées ; j'ai fait ouvrir un marché à la porte Bab-el-Oued, et tout semble indiquer qu'il sera prochainement fréquenté.

Je fais suivre, autant que possible, les traces du bey. Les derniers renseignements qui me sont parvenus annoncent qu'après avoir été dépouillé par les Arabes de ses trésors, qu'il avait emportés, il s'est retiré à plusieurs journées de marche de Constantine. J'ai expédié des émissaires pour connaître exactement la position qu'il occupe.

(Suivent des considérations politiques sur le beylik de Constantine.)

1

« Habitants de Constantine,

« Mes canons sont au pied de vos murs ; ils vont être renversés, et mes troupes entreront dans votre ville. Si vous voulez éviter de grands malheurs, soumettez-vous pendant qu'il en est temps encore. Je vous garantis par serment que vos femmes, vos enfants et vos biens seront respectés, et que vous pourrez continuer à vivre paisiblement dans vos maisons. Envoyez des gens de bien pour me parler et pour convenir de toutes choses avant que j'entre dans la ville ; je leur donnerai mon cachet, et ce que j'ai promis, je le tiendrai avec exactitude.

« Comte DE DAMRÉMONT.

« Pour copie conforme,

« Le lieutenant général commandant en chef l'expédition de Constantine,

« Comte VALÉE. »

2

« De la part du très-puissant notre seigneur et maître El-Sid-Hadji-Ahmed-Pacha, à monsieur le général gouverneur d'Alger, commandant en chef de l'armée. »

Après les compliments d'usage : « Nous avons appris que vous avez envoyé un messager aux habitants de la ville, qui a été retenu par les principaux chefs, de crainte qu'il ne soit tué par la populace, par suite de son ignorance dans les affaires.

« Les mêmes chefs m'ont fait part de cette nouvelle pour avoir mon avis.

« Si votre intention est de faire la paix, cessez votre feu, rétablissez la tranquillité ; alors, nous traiterons de la paix. Attendez vingt-quatre heures, afin qu'un personnage intelligent vous arrive de ma part, et que, par suite de notre traité, nous voyions éteindre cette guerre, d'où il ne peut résulter aucun bien. Ne vous inquiétez pas de votre messager ; il est en sûreté en ville. »

« Certifié conforme à la traduction remise par l'interprète juré.

« Le lieutenant général commandant l'armée d'expédition,

« Comte VALÉE. »

3

RÉPONSE DU LIEUTENANT GÉNÉRAL COMTE VALÉE, COMMANDANT EN CHEF, A AHMED, BEY
DE CONSTANTINE.

Après les compliments d'usage : « Je vois avec plaisir que vous êtes
dans l'intention de faire la paix et que vous reconnaissez qu'à cet égard
nos intérêts sont les mêmes ; mais, dans l'état où sont les opérations du
siége, elles ne peuvent être suspendues, et aucun traité ne peut être signé
par nous que dans Constantine. Si les portes nous sont ouvertes par vos
ordres, les conditions seront les mêmes que celles déjà consenties par
nous, et nous nous engagerons à maintenir dans la ville le bon ordre, à
faire respecter les personnes, les propriétés et la religion, et à occuper
la ville de manière à rendre le fardeau de la présence de l'armée le moins
dur et le plus court possible. Mais, si nous entrons par la force, nous ne
serons plus liés par aucun engagement antérieur, et les malheurs de la
guerre ne pourront nous être attribués.

« Si, comme nous le croyons, votre désir de la paix est le même que le
nôtre et tel que vous l'annoncez, vous sentirez la nécessité d'une réponse
immédiate.

« Le lieutenant général commandant en chef l'expédition de Constantine,

« Comte VALÉE. »

Nous voyons, par les documents officiels, que les longs détails sur notre
campagne de Constantine se résument donc, savoir :

1° Qu'après sept jours de tranchée l'armée est entrée dans Constantine
le 13, par la brèche, après une lutte opiniâtre et non moins honorable
pour les vaincus que pour les vainqueurs ; car, une fois entrés dans la
ville, il nous fallut faire le siége de chaque maison, et nos valeureux soldats durent vaincre tous les obstacles pour tout renverser, malgré la résistance désespérée d'un ennemi qui avait résolu de s'ensevelir sous les
ruines de la place plutôt que de nous la céder ou de mettre bas les armes ;

2° Le 12, à huit heures du matin, un boulet avait tué, sous les murs de
Constantine, le gouverneur général, et le général Valée lui avait succédé
dans le commandement ;

3° Nos troupes sont montées à l'assaut avec un courage admirable ; mais,
à peine arrivées sur la brèche, une mine placée par l'ennemi fit un cruel
ravage, et il y eut peut-être un moment d'hésitation. Le brave colonel
Combes se jette alors en avant d'une colonne, renverse tout, entre dans la
ville, et tombe lui-même percé de deux balles. Il se relève ; forcé de quitter
la brèche, il vient encore donner au prince des détails importants et reçoit
les soins du docteur Baudens, qui dans toute occasion a été admirable.

Ainsi que le docteur l'avait annoncé, la blessure était mortelle, et le colonel est mort le surlendemain.

Le colonel de Lamoricière, à la tête de ses vaillants et intrépides zouaves, a été renversé par la mine et a été retiré de dessous les décombres couvert de brûlures; mais déjà son état cessait d'être inquiétant et sa guérison paraissait assurée.

Le chef de bataillon de Sérigny, du 2e léger, est mort sur la brèche.

Le commandant du génie Vieux, aide de camp du général Fleury, a été cruellement brûlé par la mine, mais son état paraissait pourtant rassurant.

Le chef d'escadron Dumas, aide de camp du roi, avait reçu une balle fixée dans le fémur.

Le général Perregaux a reçu une balle à la racine du nez, entre les deux yeux.

En somme, il y a eu environ quarante officiers tués et blessés, et cinq à six cents soldats blessés. L'on évalue le nombre des morts à environ deux cents.

Parmi les blessés se trouvaient le capitaine Richepause, atteint à la cuisse d'un coup de feu; le capitaine des zouaves Largrave, qui avait reçu une balle dans un os de l'épaule, et le capitaine du génie Potier, qui a eu la colonne vertébrale fracassée.

Nous comprenons la répugnance que peut ressentir un brave général, éprouvé par tant de batailles, à affliger son pays par le récit de détails sanglants, et nous aurions souhaité de tout notre cœur que la prise de Constantine n'eût coûté ni tant de sang, ni tant de larmes, et que notre armée eût payé moins cher la réhabilitation de notre glorieux drapeau en Afrique; mais est-il vrai, oui ou non, qu'un grand nombre d'officiers a péri, qu'un général en chef a été tué, un colonel tué, que plusieurs officiers supérieurs ont succombé?

Est-il vrai que plus de six cents hommes sont restés sur le champ de bataille? Est-il vrai, enfin, que M. le général Valée, qui est connaisseur en fait de siége et qui assurément ne s'est abandonné à aucune espèce d'enthousiasme en rédigeant son rapport, est-il vrai qu'il déclare que le siége de Constantine est une des plus remarquables actions de guerre à laquelle il ait assisté pendant sa longue et honorable carrière? La conséquence que nous tirons de toutes ces propositions incontestables, c'est que l'armée française est sortie, à force de courage, de patience, d'héroïsme et de bons exemples, de la situation critique dans laquelle elle s'est de nouveau trouvée sous les murs de Constantine, par la faute du pays, du climat et d'une inconcevable fatalité.

Nous parlons de bons exemples : tous les officiers de notre brave armée lui en ont donné. Ils étaient tous au premier rang, et ils ont été frappés les premiers !

IV

ORDRE DU JOUR DU COMTE VALÉE SUR LA DÉFENSE HÉROÏQUE DE MAZAGRAN.

Alger, le 22 février 1840.

La division d'Oran vient donc d'obtenir un nouveau succès contre les troupes d'Abd-el-Kader. La place de Mazagran, occupée par un détachement du premier bataillon d'infanterie légère d'Afrique, a résisté, du 2 au 6 février, à une attaque dirigée contre elle par le khalifa de Maskara. Quatre mille fantassins arabes, appuyés par deux pièces de canon, ont vainement essayé d'enlever le fort construit dans la partie haute de cette ville : plusieurs assauts ont été repoussés à la baïonnette avec une vigueur et une intelligence remarquables.

L'ennemi, qui a montré un acharnement extraordinaire, a perdu beaucoup de monde et s'est retiré après avoir échoué dans une entreprise pour laquelle il avait réuni des forces considérables.

Pendant la glorieuse défense de Mazagran, la garnison de Mostaganem a fait plusieurs sorties pour dégager cette place. Sept à huit mille cavaliers arabes, qui avaient pris position entre les deux villes, ont été vigoureusement attaqués et ont éprouvé des pertes considérables.

Le 6, l'ennemi, après avoir tenté sans succès un dernier effort contre Mazagran, convaincu de son impuissance, s'est retiré avec un nombreux convoi de morts et de blessés, et en abandonnant beaucoup de cadavres autour du fort.

Le maréchal commandant en chef, en faisant connaître à l'armée la belle conduite des garnisons de Mazagran et de Mostaganem, est heureux de citer à l'ordre les officiers, sous-officiers et soldats qui se sont particulièrement distingués :

Le capitaine Lelièvre, du premier bataillon d'Afrique, commandant de Mazagran, a acquis, par la belle défense de cette place, des titres à l'estime de l'armée.

Le lieutenant-colonel Dubarail, commandant la place de Mostaganem, a dirigé avec habileté les sorties faites par la garnison de cette place contre la cavalerie ennemie.

M. le lieutenant général Guéhéneuc cite encore d'une manière spéciale :

MM. Palais, capitaine au 1er d'artillerie ; Ceifer, brigadier idem ; Abinal, capitaine du génie ; Magnan, lieutenant au premier bataillon d'Afrique ; Cordonnier, id.; Durand, sous-lieutenant, id.; Muster, sergent, id.; Taine, sergent-fourrier, id.; Vouillon, chasseur, id.; Leborne, chasseur, id.; Forton, capitaine au 2ᵉ de chasseurs; Sauvage, sous-lieutenant, id.; Habaïby, lieutenant aux spahis d'Oran; Tubœuf, maréchal des logis, id.

Le maréchal gouverneur de l'Algérie,

CONTE VALÉE.

Pour ampliation,
Le chef de l'état-major général par intérim,

DE SALLES.

Tous les rapports de cette époque s'accordent donc à faire l'éloge de la belle défense de la faible garnison de Mazagran, qui ne se composait que de cent vingt-trois hommes du premier bataillon d'Afrique, dixième compagnie.

Ces hommes étaient commandés par le capitaine Lelièvre, qui, dans cette circonstance, a fait preuve de sang-froid et de talent, et qui a acquis des titres à l'estime de l'armée, ainsi que l'indique le rapport du maréchal Valée, bien glorieux pour lui. Nous n'ajouterons point les motifs de jalousie qu'inspirèrent la belle défense de Mazagran, et la juste récompense du capitaine Lelièvre, en lui accordant les épaulettes de chef de bataillon : il les avait bien méritées!

Les premiers jours, les Arabes avaient en ligne une nombreuse cavalerie, quatre cents hommes d'infanterie, et deux pièces de canon; le capitaine Lelièvre n'avait à sa disposition qu'une pièce de campagne, quarante mille cartouches; mais il avait avec lui cent vingt-trois braves!

V

LA MÉDECINE CHEZ LES ARABES.

La relation que nous reproduirons ici est une des plus exactes qui aient été tracées sur les coutumes et la croyance des Arabes sur la médecine; le narrateur est un médecin : voici ce qu'il dit :

Malgré le fatalisme inhérent à leur religion, les Arabes accordent une grande confiance à la médecine, et c'est à tort que certains auteurs ont avancé que les musulmans craignaient de tenter la Divinité en croyant à l'art de guérir.

Les bains sont la panacée universelle des indigènes de l'Algérie; ils les emploient dans toutes les maladies, quels que soient l'âge et le tempérament des malades.

L'application du feu joue un grand rôle dans leur thérapeutique chirur-gicale ; c'est à l'aide de ce moyen violent qu'ils prétendent guérir les en-gorgements du foie et de la rate, et une grande partie des maladies de l'estomac.

Pour les blessures d'armes à feu, ils rougissent à blanc un anneau ou bague de fer qu'on applique à l'orifice de la plaie. Il s'établit ainsi une sup-puration et des bourgeonnements de bonne nature, l'introduction de l'air devient difficile, et la guérison est très-prompte.

Pour les foulures, les entorses, les tumeurs et les engorgements des ar-ticulations, leur médecine n'est pas moins violente.

M. le gouverneur général Bugeaud a bien voulu nous communiquer le fait suivant. Un chef arabe nommé Ben-Kadour-ben-Ismaël, qui accom-pagnait le général en qualité d'aide de camp dans une partie de chasse aux environs d'Oran, tomba de son cheval, qui s'abattit sur lui ; on releva le cavalier tout foulé, broyé, et on le fit transporter sans connaissance dans une tribu voisine. Quatre jours après, le général, qui le croyait blessé mor-tellement, ou tout au moins estropié pour toute sa vie, ne fut pas peu sur-pris de le voir reparaître à cheval dans une revue. On lui apprit qu'un ebib (médecin), appelé près de l'Arabe aussitôt après l'accident, lui avait promené un fer rouge sur les articulations principales des membres supé-rieurs et inférieurs, après quoi il avait fait bassiner les brûlures avec la teinture du henné, espèce de solution astringente du *Lawsonia inermis*, dont les indigènes se servent pour donner une teinte jaunâtre aux ongles, aux mains, et quelquefois aux bras et aux jambes. C'était à l'emploi de ces moyens énergiques qu'était due une guérison si prompte et si mer-veilleuse.

On comprend que de semblables cures, si rares qu'elles soient, suffi-sent pour perpétuer la foi des Arabes dans les traditions médicales de leurs ancêtres.

L'appareil que les Arabes emploient pour les fractures consiste en une peau de la largeur du membre fracturé ; on pratique sur cette peau des trous suivant une ligne perpendiculaire, et dans ces trous on introduit une lame de roseau ou de bois flexible pour chaque colonne ; on forme ainsi un appareil complet pouvant servir à la fois d'attelle et de bandage, que l'on solidifie avec un amalgame d'étoupes et de mousse, quelquefois de terre glaise et de filasse.

L'entropium, ou renversement des paupières et des cils en dedans, est une maladie très-fréquente en Afrique. Les anciens chirurgiens avaient déjà compris que le seul moyen de guérir radicalement l'entropium était de détruire d'une manière quelconque l'excès de peau de la paupière, qui, en se relâchant, se roulait dans l'œil ; pour cela ils se servaient d'un mor-ceau de potasse caustique qu'ils promenaient le long de la paupière ; la plaie et la forte cicatrice qui résultaient de cette brûlure rapetissaient la paupière, qui se dégageait alors du globe de l'œil, et la guérison était plus ou moins complète.

Le procédé arabe, rempli d'une foule d'inconvénients, a été préconisé dans ces derniers temps par Helling et par le nommé Quadri; ce dernier se l'est approprié en substituant tout simplement l'acide sulfurique à la potasse caustique.

Quelques Arabes de l'ouest de l'Algérie guérissent l'entropium en faisant un pli à la peau des paupières et en la traversant avec plusieurs soies de cochon qu'on noue sur le pli et qu'on serre jusqu'à ce que le bord libre des paupières soit complétement en dehors.

Dans l'Algérie, les barbiers sont les chirurgiens des Maures, et les thalebs (savants) leurs médecins. Quelques secrétistes juifs font aussi de la médecine parmi les habitants des villes. Les saignées se pratiquent avec des rasoirs, en faisant des mouchetures aux jambes, après les avoir serrées fortement au-dessous du genou avec la corde de leur turban ; quant aux saignées du bras, ils les font comme nous ; seulement la plupart, ne connaissant pas la position de l'artère brachiale et du tendon du biceps, blessent souvent l'un et l'autre, d'autant plus qu'ils ne se servent que d'une lancette très-longue, comme celle des abcès. Nous avons été témoin de quelques accidents de ce genre pendant notre séjour en Algérie. Pour saigner à la tête, les tebibs maures serrent le cou à l'aide d'une corde en poil de chameau de manière à former une turgescence à la face ; cette turgescence obtenue, ils incisent la veine qui passe au-dessus de la racine du nez. Pour faciliter l'effusion du sang, les tebibs roulent un bâton sur les incisions ; et, pour arrêter la saignée, ils se servent d'une espèce d'emplâtre fait avec la terre argileuse, par-dessus laquelle on attache un mouchoir.

Pour les Arabes les plus superstitieux de quelques douairs, les défenses d'un sanglier, réduites en poudre et prises dans un breuvage, guérissent la fièvre.

Le cerveau du chacal donne à l'enfant qui en a mangé la méfiance et la ruse nécessaires à un guerrier maraudeur.

La tête de l'hyène rendrait fou l'homme qui en aurait mangé, et, lancée au milieu du troupeau, elle produirait le vertige chez les bœufs, les moutons et les chevaux, etc., etc. Nous n'en finirions pas, si nous voulions énumérer toutes les aberrations de cette singulière thérapeutique des indigènes des douairs.

Les Arabes n'ont aucune notion d'une science toute moderne, l'orthopédie. Il est vrai de dire qu'on ne rencontre pas parmi eux cette multitude de difformités qu'on observe en Europe; cela tient à la nature de leur organisation forte et vigoureuse, à leur vie très-sobre, exempte de ces travaux pénibles et assidus qui déforment la taille, et surtout à ce que les enfants rachitiques et scrofuleux, manquant presque toujours de soins, meurent de très-bonne heure. On prétend même que les enfants qui, d'après leur vice de conformation, ne paraissent pas destinés à vivre, n'ont pas à souffrir ou à végéter longuement. Les Arabes de quelques tribus passent pour suivre, à l'égard de ces malheureux, la coutume des Spartiates..... Nous ne garantissons pas le fait; mais il semble probable, d'autant plus que l'infanticide peut se commettre avec une grande impunité, par la raison qu'on n'a pas pu obtenir, même des indigènes des villes, la déclaration des morts et des naissances, et un état civil en règle.

L'art des accouchements est la partie médicale la plus arriérée en Afrique. Dans un grand nombre de tribus, les femmes, pour accoucher, s'asseyent sur une espèce de chaise, se tenant par les deux mains à une corde fixée au plafond ou au sommet d'une tente, tandis qu'une matrone, placée derrière, comprime le ventre du haut en bas avec une serviette pliée en long.

Pour les maladies des yeux, malgré leur fréquence en Afrique, la médecine arabe n'est guère plus progressive. De temps immémorial, même avant Averrhoës, Albucasis et les anciens médecins du pays, on avait cru remarquer que certaines chairs avaient la propriété de fortifier et d'éclaircir la vue, comme, par exemple, celle de pie, d'hirondelle, d'oie, de vipère, de loup, de bouc et d'oiseaux de proie. Aujourd'hui les Arabes, aussitôt qu'une ophthalmie grave se manifeste, ne songent qu'à deux choses : 1° soustraire l'œil à l'action de la lumière, 2° le préserver du contact de l'air. Pour cela, ils couvrent, tamponnent et compriment l'œil avec plusieurs compresses et des mouchoirs de coton fortement serrés autour de la tête. Ils ne touchent pas à cet appareil pendant une semaine; les personnes qui le peuvent restent en repos, et celles qui sont obligées de sortir pour travailler, et qui n'ont qu'un œil malade, arrangent leurs mouchoirs de façon à le couvrir complétement, en laissant l'œil sain à découvert. Au bout de huit jours, on ôte les compresses : quelquefois le malade est guéri; d'autres fois l'œil est fondu, et l'on ne trouve qu'un moignon charnu. Cette médication, quelque étrange qu'elle paraisse, pourrait néanmoins être employée avec succès dans quelques cas : il s'agirait alors de faire une compression graduelle, et bien choisir l'époque de la maladie; car, dans la période aiguë, lorsque l'œil se trouve dans un état d'irritation et de turgescence très-prononcé, ce moyen thérapeutique n'aurait d'autre résultat que la perte de l'œil. Les Égyptiens, d'ailleurs, se servent souvent de cette compression au début même de l'ophthalmie purulente, et quelquefois ils guérissent. On sait, en outre, que cette médication a été employée avec avantage à Paris, dans la Maison de refuge des orphelins du choléra. Les Arabes font rarement usage des collyres et des pommades; le plus souvent ils lavent les yeux, encore tout enflammés, avec du jus de plantes astringentes ou avec de l'eau froide, ce qui contribue quelquefois à faire passer des conjonctivites simples à l'état catarrho-purulent.

Il m'est arrivé (et cela est sans doute arrivé à d'autres praticiens qui ont exercé la médecine en Afrique) de faire des prescriptions à des indigènes malades, et de les rencontrer, une ou deux semaines après, ayant l'ordonnance pendue au cou comme un scapulaire, ou bien religieusement cachée sous leurs vêtements, sans avoir fait aucun usage des médicaments prescrits.

Au mois de juillet dernier, j'ai été chargé par M. le directeur de l'intérieur de l'Algérie d'examiner et de classer, d'après la nature de leurs maladies, les musulmans affectés de maux d'yeux ou de cécité complète, qui pourraient être reçus dans l'établissement qu'on projette de fonder à Alger pour ces malheureux indigènes. Parmi le nombre des personnes qui nous ont été amenées au bureau de la Mecque et de Médine, par les employés de la police maure, il y avait le nommé Mohammed-ben-Quassem, Arabe affecté de fonte de l'œil droit et d'eucoma complet sur l'œil gauche : la vision était abolie. Ce malheureux portait sur le front, autour de la corde en poil de chameau, quatorze amulettes en peau de la forme d'un carré allongé, et sur lequel on remarquait des carrés magiques, quelques lignes écrites en arabe et un grand nombre de signes cabalistiques et de chiffres rangés dans une espèce de table pythagoréenne ; c'est par leurs différentes combinaisons que les thalebs croient découvrir les choses les plus mystérieuses et opérer les miracles de la sorcellerie.

Voici la traduction libre d'une de ces amulettes :

On lit en tête : « Au nom du Dieu clément et miséricordieux, que Dieu soit propice à notre seigneur Mahomet, à sa famille et à ses compagnons. »

Vient ensuite le commencement de la sourate xxxvi° du Koran, où Dieu est supposé parler ainsi à Mahomet : « Par le Koran sage, tu es du nombre des envoyés divins, et tu marches dans une voie droite. C'est une révélation que l'Être glorieux et clément t'a faite, afin que tu avertisses ton peuple de ce dont leurs pères avaient été avertis, et à quoi ils ne songent guère. Notre parole a été prononcée contre la plupart d'entre eux, et ils ne croiront pas. Nous avons chargé leurs cous de chaînes qui leur serrent le menton, et ils ne peuvent plus lever la tête. Nous avons placé une barrière devant eux et une barrière derrière. Nous avons couvert leurs yeux d'un voile, et ils ne voient pas. » Ces dernières paroles font évidemment allusion à l'état de la personne pour laquelle on les a mises en usage. La suite de l'écrit est destinée à procurer au malade la guérison. Elle commence ainsi : « Au nom de Dieu, par Dieu... Il n'y a pas d'autre Dieu que Dieu ; il n'y a de force qu'en Dieu... » Malheureusement l'écriture est si mauvaise, qu'il serait bien difficile d'offrir un sens complet.

Les deux carrés placés au milieu de l'écrit, et celui qui est au bas, à droite, sont ce qu'on appelle du nom de carrés magiques. Il en est parlé dans nos livres de mathématiques, et ils appartiennent à la science des nombres, qui tenait une si grande place dans les doctrines de Pythagore. Seulement ici, au lieu de chiffres, on a employé les lettres de l'alphabet arabe, qui, à l'exemple des lettres des alphabets hébreu et grec, ont une valeur numérale.

Le carré du milieu, du côté gauche, renferme les lettres correspondantes aux nombres 492, 357 et 816. Ces neuf signes représentent les neuf unités, les seules qui, pendant longtemps, ont été exprimées dans le calcul jusqu'au moment où l'on a marqué le zéro. Si, comme cela se rencontre souvent dans les traités arabes de magie, on se borne à marquer les lettres qui occupent les quatre angles, on a 8642 ; ce qui, en procédant, comme font les Arabes, de droite à gauche, présente une progression arithmétique. Le groupe 8642 est précisément celui qui occupe le carré du bas, et ce groupe est répété quatre fois, chaque fois dans un ordre différent.

Chacune de ces amulettes, vendue par les savants ou par les marabouts, coûte aux Arabes de dix à douze sous ; quelquefois le papier mystérieux est simplement couvert de sparadrap, et dans ce cas, l'ordonnance ne vaut que six sous.

A voir ce charlatanisme superstitieux, croirait-on que ces hommes sont les successeurs d'Aétius, d'Avicenne, d'Haly-Abbas, de Rhazès, d'Albucasis, d'Averrhoës, et de tant d'autres praticiens arabes qui ont illustré la médecine et la chirurgie de ce même pays ?

La croyance religieuse des Arabes est tellement puissante, que quelquefois, malgré la désorganisation des yeux et la cécité complète, ils ont beaucoup de confiance dans ces sortes de remèdes, et ne désespèrent pas de leur guérison. Eh bien, ces idées absurdes, ces pratiques contraires au bon sens et à la raison, nous étonneraient beaucoup chez un peuple barbare, si l'histoire ne nous avait transmis des absurdités pareilles qui furent longtemps en crédit chez des nations civilisées et parmi les plus hautes classes de la société. N'a-t-on pas vu une reine de France (Catherine de Médicis) qui, pour se préserver des malheurs physiques et moraux, portait sur son ventre une peau de vélin étrangement bariolée, semée de figures et de caractères grecs diversement enluminés ? Cette peau avait été préparée par Nostradamus, et plusieurs auteurs contemporains prétendent que c'était la peau d'un enfant égorgé.

Les tebibs ou médecins jouissent d'une haute considération parmi les Bédouins. L'art médical est cependant encore à l'état d'enfance dans toute la Barbarie ; le respect que l'on porte aux tebibs provient d'une ignorante superstition fondée principalement sur ce qu'ils les croient adonnés à la magie et aux sortiléges, qu'ils doivent combattre pour guérir la plupart des maladies. Les Bédouins ont conservé des Arabes de l'Espagne les croyances superstitieuses. On sait que les prétendus secrets de la cabale, de l'alchimie, de l'astrologie judiciaire, de la baguette divinatoire, toutes ces histoires si communes de sorciers, de magiciens et d'enchanteurs, nous sont venus des Arabes ; le caractère espagnol se ressent beaucoup des écoles grenadines, et leur amour pour le merveilleux ne peut avoir sa source ailleurs.

Les tebibs font fréquemment usage de la saignée, bornent toute leur science en pharmacie à quelques drogues qu'ils composent avec des simples. Ils n'appliquent sur les plaies et les blessures que des cataplasmes, et le plus souvent de la terre glaise. Le tempérament robuste du malade, son énergie morale, réussissent à le sauver, non-seulement de sa maladie, mais encore des expériences absurdes et dangereuses du médecin. Jamais ils ne font d'amputation. — Les Arabes se prêtent aux opérations chirurgicales avec la plus grande répugnance, et les plus hardis au feu redoutent un coup de bistouri, et préfèrent la mort à la perte d'un membre.

L'Européen qui se présente comme médecin est presque toujours bien reçu; mais il doit se prêter aux caprices de toute la tribu, qui tombera malade à son aspect. Il lui faudra tâter tous les pouls, saigner, médicamenter à tort et à travers, chacun s'empressant de profiter, pour se prémunir contre les maux présents et futurs, apparents ou cachés, d'une occasion qui ne se renouvelle que rarement. Ils reconnaissent chez nos chirurgiens beaucoup plus d'habileté que chez leurs tebibs; mais leurs croyances religieuses les empêchent de se livrer en toute sécurité à leurs soins; ils préfèrent même leurs charlatans à nos opérateurs les plus distingués. Mustapha, blessé à la main au combat de la Sikka, refusa les soins éclairés de M. Thomas, chef d'ambulance, pour recourir à ceux d'un vieil empirique illuminé de Tlemcen, qui a mis près de deux ans à le guérir, non sans avoir failli l'estropier. Ils mettent souvent le feu aux blessures, appliquant ce tonique aux hommes comme aux chevaux : la poudre de guerre entre pour beaucoup dans leurs combinaisons pharmaco-chimiques. En un mot, les remèdes sont plus dangereux que le mal.

VI

MŒURS ALGÉRIENNES. — AÏSCHA.

(Épisode dont un Français, pendant son séjour à Bone, devint un des acteurs.)

Nous empruntons au Français qui a si héroïquement figuré dans ce drame la relation qu'il en a donnée : — Je n'avais, dit-il, guère eu le temps d'observer les indigènes, lorsque je me trouvai brusquement rejeté dans les dangers. Mais, avant d'aller plus loin, je dois vous faire connaître quelques-uns des membres de la famille de Si-Ali-el-Ouchefourne. Si-Ali est un beau vieillard, un de ces types modèles comme on les met dans les tableaux, d'une taille élevée et d'une robuste santé; mais sa vieillesse n'est qu'apparente, car il a tout au plus cinquante ans, et jamais une infirmité n'est venue l'assaillir. Faitoum (prononcez Ftoume), sa première femme, a trente-deux ans; sa figure est belle, ses yeux bien fendus; sa bouche, trop grande peut-être, montre d'admirables dents. Quand Faitoum n'est point fardée, sa peau est d'une blancheur mate qu'envierait plus d'une élégante de Paris : ses bras nus sont dignes de la statuaire. Elle est plutôt grande que petite, et on voit constamment sur sa figure un doux sourire dont rien ne peut rendre la grâce et la tristesse. Elle est jalouse, et ses yeux ne s'animent qu'en voyant son mari caresser ses deux enfants, dont je vais vous parler.

La première s'appelle Nefa; elle a treize ans et les plus beaux yeux du monde; ses joues n'ont pas encore perdu leurs couleurs sous l'usage immodéré du fard : c'est le portrait vivant de sa mère.

La seconde fille, c'est Hafa, la plus délicieuse figure d'enfant que j'aie vue de ma vie.

C'est une brunette de quatre ans; j'étais son favori, parce qu'elle savait que j'avais toujours dans les larges poches de mon scrouel, ou pantalon turc, des dragées ou du sucre. Un jour, je lui donnai un petit miroir grand comme la main, et, pour éviter de mettre la zizanie dans la famille, il m'en fallut donner un autre à Nefa. D'une autre femme aujourd'hui morte, El-Ouchefourne avait eu une autre fille : Aïscha (ce nom est celui de Marie) est petite, vive et pétulante comme une Française; elle a dix-sept ans, et Faitoum, qui veut la marier, compte les jours qui s'écouleront jusqu'à ce moment; car Aïscha est la fille d'une femme qu'Ali enleva à un de ses parents dans un accès de passion.

Le fiancé d'Aïscha, ou du moins son prétendu, s'appelle Osman (prononcez Osmâne); c'est un Maure d'environ vingt ans, d'une figure douce, peut-être même efféminée, et dont le regard, timide devant les étrangers et surtout devant une femme, brille d'ardeur au sein d'une partie de chasse ou lance des éclairs dans les jours de colère ou de combat. Depuis la trahison de Ben-Courtchi, Osman était mon inséparable, et c'est surtout à lui que j'ai dû toutes les occasions que j'ai eues d'observer de près l'intérieur de quelques familles arabes.

Maintenant que je vous ai rapidement esquissé mes personnages, vous allez les voir à l'œuvre. Un matin donc que j'allais descendre de la terrasse de la maison que j'habitais, j'aperçus dans la plaine un cavalier accourant à toute bride, et qu'il me semblait reconnaître. En effet, c'était Osman qui revenait d'une maison où, deux jours auparavant, Aïscha avait été envoyée avec quelques esclaves de Si-Ali-Ouchefourne, en attendant le jour de son mariage. De ma terrasse, qui dominait la maison et la cour du Maure, je vis entrer brusquement Osman, et presque immédiatement quelques cris de femme m'apprirent qu'un malheur venait de frapper la famille. J'y courus aussitôt, et j'appris qu'Aïscha, étant sortie le matin avec un jeune nègre pour aller au ruisseau d'Or, avait été enlevée par des maraudeurs sans que les serviteurs restés à la ferme eussent pu l'empêcher. Ils n'avaient connu cet événement qu'en voyant revenir le nègre seul ; ce dernier, étant parvenu à s'échapper, s'était caché dans une touffe de lauriers-roses.

Osman jura par Allah de ne plus se raser qu'il n'eût retrouvé sa fiancée ; et, soit curiosité de ma part, soit pitié pour la famille que j'aimais, je lui dis que je l'accompagnerais et le seconderais. Si-Ali et Osman voulurent me représenter tous les dangers auxquels je m'exposais en me risquant dans des pays où l'on détestait les Français ; je résistai, et cependant je me repentais de mon imprudente promesse. J'allais peut-être céder, lorsque Faïtoum, accourue près de nous au bruit de ce débat, dit à son mari : « Dieu est grand, et c'est peut-être à un infidèle qu'il réserve le salut de ton enfant. Et puis ce Français est officier; les tribus croiront que le général l'envoie, et elles auront peur. » J'étais enferré et je dus partir, maudissant cette fois mes goûts d'aventurier. En moins d'une demi-heure nous fûmes prêts, et, lorsque j'allai donner le salem à Si-Ali, chacun s'empressa autour de moi, en m'appelant le bon Français et en baisant les pans de mon burnous. Il n'y eut pas jusqu'à l'espiègle Hafa qui vint me crier : « Va vite! Ma sœur Nefa a dit qu'elle t'aimerait bien si tu ramenais Aïscha. » A ce propos, je regardai Nefa, et je la vis se sauver, rouge comme du corail. Si-Ali gronda l'enfant, tandis que Faïtoum et Osman me regardaient en riant.

Osman avait réuni quelques amis et serviteurs dévoués ; nous étions dix en tout, et nul ne savait au juste où nous allions. Notre premier soin fut de nous rendre à la ferme du ruisseau d'Or, et là nous reçûmes les seules indications qui devaient nous guider. Le petit nègre nous montra la direction qu'avaient prise les ravisseurs et le point où on les avait vus disparaître. Il était important pour nous de suivre leurs traces avant que la retraite des Arabes, qui combattaient encore, n'eût effacé ou croisé les empreintes que les chevaux avaient laissées.

Après trois heures de marche, nous arrivâmes à l'entrée d'une vaste forêt, où quelques tisons à moitié éteints nous montrèrent que, se croyant en sûreté, les ravisseurs avaient fait une halte sur ce point et préparé leur nourriture. Mais aussi là, plus de certitude, car les empreintes nous apprirent d'une manière positive que là ceux que nous poursuivions s'étaient séparés d'un de leurs compagnons. Ce dernier avait-il été chargé d'emmener Aïscha, ou seulement avait-il été prévenir de sa capture? C'est ce qu'il fallait savoir avant de suivre l'une ou l'autre piste.

On mit pied à terre. Osman et un de ses amis se détachèrent chacun dans une direction différente, et, attendant leur retour, nous préparâmes quelques aliments et le café.

Le point où nous étions offrait un magnifique coup d'œil. Presque de tous côtés s'élevait une vaste forêt, dont les arbres, suivant toutes les sinuosités de la montagne, jetaient leurs premières branches à dix mètres du sol, couvrant de leur ombre gigantesque un épais fourré d'où s'élançaient des troncs vigoureux; la plupart paraissaient avoir près de trois mètres de circonférence à deux mètres du sol; à notre gauche, on apercevait, à travers quelques liéges, les eaux du grand lac Fatzarà, qui dort au pied du mont Bouzizi, sur lequel nous étions en ce moment. D'habitations, de tentes, aucune trace : c'était à se croire transporté dans le nouveau monde, au sein des forêts vierges.

Le milieu de l'espace où nous reposions était sillonné par un petit ravin au fond duquel coulait un filet d'eau à moitié perdu sous les feuilles mortes amoncelées au pied des arbres.

Pour traverser ce ravin, il ne fallait point y descendre : sept à huit troncs d'arbres énormes, les uns à moitié pourris, les autres tombés d'hier et couverts encore de mousse et de lierre, gisaient en travers et servaient de pont; nos chevaux seuls auraient été obligés de remonter le ravin jusqu'à une centaine de pas pour le tourner. A droite, le ravin allait toujours se creusant, et disparaissait parfois sous les touffes de vignes sauvages ou de roseaux, dont les festons et les panaches ondoyants recouvraient le ruisseau devenu torrent.

Rien ne troublait le calme de cette vaste solitude, rien que le vent qui nous apportait par moment le bruit de la fusillade engagée à deux lieues de là et, de temps à autre, un son isolé et sourd venant du canon, dont l'éclat réveillait au fond de leurs antres les chacals et les chats-tigres.

Une fois ou deux nous crûmes entendre au loin un mugissement rauque, semblable à un écho du tonnerre, et que les Arabes me dirent devoir être le cri d'un lion.

Au bout d'une demi-heure, Osman revint découragé; son rapport prouva que les cavaliers, dont il avait suivi la piste, étaient redescendus vers la plaine, se dirigeant vers le lieu du combat.

Quelques instants après, son ami revint et ne nous apprit rien.

« Maître, dit alors un nègre d'Osman appelé Karali, si tu veux, j'irai voir, et je serai peut-être plus heureux. J'ai l'habitude des forêts, et je te dirai bientôt s'il faut nous avancer ou retourner à la ville.

—Va, dit Osman, et si tu nous fais retrouver Aïscha, je jure, par la tête de mon père, que tu seras libre dès notre retour à Bone. »

Karali s'inclina et partit dans la direction qu'avait d'abord prise Osman. Il revint bientôt, nous regardant d'un air narquois et riant silencieusement. Arrivé sur l'autre trace, il fit quelques pas, s'arrêta au bord de la forêt, se coucha par terre, écartant les broussailles, puis se releva vivement en frappant dans ses mains : « Par ici, maître, par ici ! »

Osman y courut, et Karali nous expliqua qu'Aïscha devait être avec le cavalier isolé, parce que son cheval était plus lourdement chargé que les autres, s'il fallait en croire les empreintes plus fortement marquées que celles de l'autre piste.

Cette remarque fut presque tout de suite vérifiée par quelques-uns des nôtres ; aussitôt notre petite troupe reprit sa marche, et, guidée par Karali, s'enfonça dans les profondeurs de la forêt. Les indices qui nous guidaient étaient si précieux pour nous, il y avait dans notre marche tant de causes d'incertitude, que, par une espèce d'accord tacite, pas une parole n'était prononcée, de crainte sans doute de distraire, par un mot frivole, Karali de son importante mission. On n'entendait que le bruit des pas sur les feuilles sèches, et, par instant, le son des brisées que le dernier des cavaliers faisait afin de nous retrouver facilement en cas d'erreur de la part du nègre.

Il y avait déjà assez longtemps que nous cheminions lentement ainsi, faisant fuir devant nous quelques bêtes fauves, et il pouvait être une heure, lorsque nous arrivâmes sur une vaste clairière formée partie par la roche, partie par des broussailles, partie par des ajoncs, des aloès et des genêts épineux. Au même moment, Karali s'arrêta ; les traces qu'il suivait venaient finir sur un point semé de cailloux et de roches à nu. Il fallut faire une nouvelle halte pendant que le nègre allait à la découverte. Il me permit de l'accompagner, à condition que je marcherais derrière lui, et, autant que possible, dans ses pas.

Le pauvre Karali cherchait en vain, examinant toutes les places où se montrait un peu de terre ou de feuilles parmi ces roches et ces cailloux. Déjà il n'avait plus la même ardeur ; il s'arrêtait plus fréquemment en promenant autour de lui des regards découragés, lorsque tout d'un coup je le vis se précipiter à quelques pas de moi et m'appeler de la main en me montrant une pierre. J'y courus ; mais j'avais beau regarder, je ne voyais rien. Alors Karali, en souriant, souleva la pierre, me fit voir qu'elle était plus sèche en dessous qu'en dessus, que par conséquent il n'y avait pas longtemps qu'elle avait été dérangée. Mais qui disait que ce fût le pas d'un cheval qui l'avait fait rouler ? Cette observation parut contrarier le nègre et le faire réfléchir ; puis, convaincu de sa supériorité sur moi à cet égard, et fier de sa découverte, il sourit dédaigneusement et se mit à marcher dans la direction que lui indiquaient à la fois et la pierre roulée et le point où les traces avaient cessé d'être visibles. Karali avait

rencontré juste, car, en arrivant au bord des roches, nous vîmes distinctement des pas de cheval empreints sur la terre. Mais ici s'offrait un nouvel embarras : les empreintes étaient retournées et semblaient se diriger
vers le point d'où nous venions. Toutefois cette difficulté n'était point la
seule, ou plutôt elle n'exista que quelques minutes, car il nous fut facile
de nous assurer que ces marques avaient été produites en faisant reculer
le cheval. Ce mouvement rétrograde avait-il duré longtemps ? Était-il
l'effet d'une ruse, ou d'un accident ? Où s'était-il arrêté ? Voilà ce qu'il
était important de résoudre, et cependant cela ne me paraissait guère facile.

La roche et les cailloux ne gardent point de traces, et presque partout
ils étaient sous nos pas ; plus loin des broussailles garnissaient le revers de
la montagne jusqu'aux abords de la clairière assez étendue dans laquelle
nous étions arrêtés. Pendant que nous y réfléchissions, Karali n'était pas
oisif, et il cherchait. Cette fois encore il nous tira d'embarras. Après avoir
attentivement examiné les broussailles, il nous appela, et, s'adressant particulièrement à moi parce que j'étais Français, il nous fit remarquer que
quelqu'un avait passé par une trouée qu'il nous désignait, attendu que la
poussière qui couvrait les feuilles avait été essuyée dans ce sens, et qu'à la
hauteur de cette singulière trace il pensait que ce devait être un cavalier.
Nous le suivîmes donc, et au bout de quelques instants, sur la lisière même
de la forêt, l'assertion de Karali reçut une éclatante confirmation. Il se
baissa vivement en poussant une exclamation, et, quand il se redressa,
son regard étincelait et sa main nous montra une babouche de femme
qu'Osman reconnut pour appartenir à sa fiancée.

Bientôt après, la piste fut visible, et nous pûmes avancer rapidement en
descendant les dernières pentes du Bouzizi.

Vers quatre heures, nous débouchâmes de la forêt et arrivâmes dans un
vallon où se trouvait un faible douar. A tout événement nous apprêtâmes
nos armes et sans nous arrêter. Osman, prenant les devants, s'élança vers
un Arabe qu'il apercevait. Bientôt il nous fit signe d'approcher sans crainte,
et nous le trouvâmes en pourparler avec un vieillard auquel vinrent se
joindre quelques hommes de la tribu. Karali nous avait bien dirigés, car
le ravisseur avait passé par là et s'était arrêté une demi-heure. Il avait sur
nous trois heures d'avance. C'est tout ce que nous pûmes apprendre. A
toutes nos questions, le vieillard et ceux qui l'entouraient répondaient par
ce mot laconique : M'narft (Je ne sais pas). Que faire ? Au milieu de ces
mille empreintes des troupeaux et des chevaux du douar, comment trouver
la direction à suivre, et qu'évidemment on ne voulait pas nous indiquer ?
Après un court débat, je décidai Osman et ses amis à profiter de l'hospitalité qu'on nous offrait, en lui disant qu'en causant un mot échappé par hasard nous mettrait à même peut-être de nous orienter, et que d'ailleurs il
valait mieux coucher au douar, où l'hospitalité nous protégeait, que de

risquer de tomber dans un parti de maraudeurs et de coucher à la belle étoile dans la forêt. Pour ma part, je résolus d'examiner mes hôtes au profit de ma curiosité.

Je n'avais pas achevé de prendre le café et de fumer la pipe avec mon hôte, que j'étais au mieux avec son enfant, gamin de quatre ans au plus, auquel j'avais donné du sucre et quelque menue monnaie. Ce qui acheva de me faire bien venir de toute la famille, ce fut une poignée de cendrée que je lui donnai. Pour de la poudre, qu'il me demandait instamment, c'eût été une trop grave imprudence. La poudre est la dernière chose à donner à un Arabe, car il s'imagine qu'on a peur de lui en n'osant pas lui refuser. Après un repos d'une heure ou deux, je sortis de la tente avec mes armes et surtout mon fusil à deux coups, ami fidèle qui rarement a trompé mon coup d'œil. Je voulais profiter de la fin du jour pour examiner le tableau gracieux qu'offrait le douar à la rentrée des troupeaux, et tuer un des vautours à tête grise que j'avais vus planer autour des tentes.

Arrivé dans les premières broussailles, que je dépassais à peine de la tête, je me retournai et contemplai avec délices cette scène, ce paysage qui me rappelait la Bible, ces tentes brunes, formées d'étoffes tissées par les femmes de la tribu, et sous lesquelles j'apercevais, accroupies, les mères de famille roulant et tamisant sous leurs mains la farine qui devait servir au repas du soir; ces troupeaux ramenés par des jeunes gens à moitié nus et aux formes robustes; ces chevaux attachés par des entraves à une corde qu'assujettissent deux piquets; puis ces rares palmiers dont la svelte élégance semble s'élancer vers le ciel; ces touffes de lauriers-roses que dominent des grenadiers et des orangers sauvages; plus loin, cette forêt de Bouzizi, se dressant à l'horizon comme pour soutenir l'azur éclatant des cieux; cette perspective à moitié éclairée par les derniers rayons du soleil, et qu'animait le pittoresque costume des enfants d'Ismaël: tout enfin me faisait oublier la fatigue de la journée et reportait mon esprit au temps des patriarches. Il y eut surtout un moment que je n'oublierai jamais, bien qu'il se soit souvent reproduit devant moi: à l'instant où le soleil allait disparaître à l'horizon, il se fit un calme dont rien ne peut rendre l'enivrante magie. Alors tout se tut, les animaux dans la plaine, les oiseaux dans les airs: on eût dit que la nature s'écoutait vivre. Soudain un aboiement aigu et prolongé retentit dans la montagne; il est lentement répété du côté opposé, puis au même instant, comme à un signal, les mille voix de la montagne s'élèvent à la fois, et de tous côtés éclate et roule, doublé par les échos, le cri des chacals descendant par bandes en donnant de la voix comme une meute immense, à laquelle répondent les chiens à moitié sauvages du douar.

Parfois le cri plaintif et déchirant de la hyène domine toutes les clameurs, qui se taisent un instant pour reprendre plus furieuses que jamais lorsque cesse ce cri semblable à la voix d'un enfant qui râle. J'écoutais ces cris pleins de nouveauté et de charme pour moi. J'apercevais déjà au loin quelques chacals plus hardis que les autres et traversant le vallon. Je me disposais à rentrer après en avoir roulé un ou deux, lorsque j'entendis tout à coup assez près de moi, du moins je le crus, un bruit de branches brisées qui me parut provenir du passage d'une hyène. J'attendis, et soudain tressaillis à un bruit sourd qui semblait faire vibrer le sol sous mes pas. Mes cheveux se dressèrent; une sueur froide me coula sur le front à ces sons étranges et puissants : c'était le rauquement du lion. Quand je repris mon sang-froid, j'aperçus une magnifique lionne qui se dirigeait vers le douar en décrivant un demi-cercle. A tout hasard, je pris dans mes poches des balles mariées, et j'en coulai deux dans chaque canon. Plus tranquille alors, mais n'osant encore sortir de ma retraite, je suivis la bête des yeux pour saisir le moment où je pourrais, non pas l'ajuster, mais rentrer sans danger. Au son redouté de la voix puissante de la lionne, tout avait fait silence, hyènes, chacals et chiens. La nuit n'était pas encore venue, et le crépuscule, si court dans ces contrées, venait de commencer. J'entendis une voix enfantine qui m'appelait, puis un rugissement et des cris d'effroi. Au même instant je vis revenir la bête fauve, mais sans courir et à petits pas, comme si elle eût été dans une solitude. La lionne avait saisi l'enfant de mon hôte et l'emportait par ses vêtements : le pauvre petit n'osait ni crier ni remuer : on l'eût cru mort. Les hommes du douar n'osaient s'approcher et les suivaient des yeux, tandis qu'Osman et les siens faisaient un détour pour couper la retraite au monstre. Cette vue m'inspira une action dont le succès pouvait seul me sauver. La lionne venait de mon côté et allait passer devant moi; je réfléchis rapidement que l'enfant était perdu sans ressource si elle gagnait les broussailles, qu'à tout hasard il valait mieux pour lui le tuer d'une balle maladroite et risquer de le sauver. Ma frayeur précédente ne revint pas ; je ne songeai pas que, si je ne tuais la bête sur place, j'étais un homme perdu ; je ne vis qu'une chose : l'enfant et sa mère désespérée qui accourait sur la trace de la lionne.

J'invoquai mentalement l'aide de Dieu; mon fusil s'abattit lentement. Mon bras ne trembla pas; et quand la bête m'eut dépassé de quelques pas, je l'ajustai à l'épaule. Au moment où elle souleva la patte, je fis feu de mes deux coups. Je n'entendis rien, pas un cri, pas un rugissement. Ma vue se troubla en entendant craquer les broussailles ; je crus sentir l'haleine brûlante de la lionne près de moi, et je bondis convulsivement en me sentant toucher à l'épaule.

C'était Osman qui venait me rejoindre et me féliciter. Un de ces hasards providentiels que trop souvent le chasseur attribue à son adresse avait servi mon coup d'œil, et l'un de mes deux coups avait atteint la lionne au cœur : elle tomba sans jeter un cri, et l'enfant fut sauvé.

A peine Osman et moi étions-nous près du cadavre, que les habitants du douar, même les femmes, accoururent; c'était à qui s'approcherait de moi, à qui baiserait le pan de mon burnous. Mais celle qu'il fallait voir, c'était la mère! Elle était comme folle; elle prenait son fils, le berçait dans ses bras, le dévorait de caresses, lui faisait frapper de son poing et de ses pieds d'enfant la puissante bête étendue devant lui; puis elle présentait le sein à l'enfant, lui faisait baiser mes vêtements, me le mettait dans les bras, me le reprenait pour le montrer à ses parents, en criant que seul j'avais osé le sauver, etc. Enfin, c'était une joie, un délire que rien ne saurait dépeindre. Quand son émotion fut un peu calmée, elle me demanda mon nom : « Abdallah-ben-Jacoub, lui répondis-je. — Eh bien, reprit-elle, si jamais Abdallah-ben-Jacoub a besoin d'un ami, depuis les montagnes de l'Edough jusqu'au delà du grand lac Fatzarà, qu'il se rappelle Etzéria-ben-Ahmed et son mari Abdrackman-ben-Merzouck; elle et lui ou les leurs donneront leur vie pour lui. N'est-ce pas, Abdrackman? s'écria-t-elle. — Oui, par Allah! » répondit ce dernier.

Nous retournions aux tentes, et, tandis que nous nous y acheminions pêle-mêle, une vieille femme, me tirant par mon burnous, me fit signe de rester. Je m'arrêtai, et voici ce qu'elle me dit à peu près :

« Tu ne t'appelles pas Abdallah-ben-Jacoub; tu es bien serviteur de Dieu (c'est la signification du mot Abdallah), car tu es bon, tu es grand. Eux ne t'ont pas reconnu; mais moi, qui vais parfois à la ville, je te connais; tu es Français, tu es le capitaine Cadi : c'est toi qui as fait mettre en prison la femme d'Embareck pour avoir fait assassiner son amant. Ne crains rien, je t'aime, quoique Français, parce que tu as sauvé mon petit-fils. Écoute, si tu as jamais besoin de nous, demande le marabout d'Aïn-Turco, et tu nous verras. Pour te prouver que je t'aime, apprends que demain la jeune fille que tu cherches doit être conduite chez les Beni-Salahs pour être livrée au cheik. Garde-moi le secret, et mène tes amis au douar des Beni-Flittas; demain la jeune fille y couchera. Adieu, qu'Allah t'accompagne et te comble de ses prospérités en te ramenant dans le sein des vrais croyants!... »

Ainsi la prophétie de Faïtoum se réalisait; c'est moi qui allais faire retrouver Aïscha.

Avant d'aller plus loin, il faut vous dire positivement ce que c'est qu'un douar. Ce nom répond à peu près à celui de hameau. Il est donné en Afrique à un nombre plus ou moins grand de tentes ou de gourbis réunis par familles. Chaque tribu est donc composée d'un certain nombre de douars, tous isolés les uns des autres. Chaque tente, d'une valeur de trois cents francs, est formée par la réunion de bandes d'étoffes de laine ou de poil de chameau fabriquées par les femmes, et dont les extrémités sont assujetties par des cordes et des piquets. Les tentes ont presque toutes l'aspect d'un toit posé à terre; autour d'elles les bêtes de somme sont attachées par des cordes en poil à des pieux enfoncés dans la terre. De cette habitude provient la trace d'entraves que presque tous les chevaux arabes ont aux pieds de devant.

La garde des tentes et des bestiaux est confiée à des chiens à demi sauvages dont il faut se défier. Aussi la profession de voleur est-elle, dans la montagne, assez considérée à cause des périls qu'encourt celui qui l'exerce, et pour laquelle il faut plus de courage et de hardiesse. Parmi nos auxiliaires, ceux qui se font remarquer par leur bravoure ont presque tous exercé cette profession dans leur jeune âge. Les douars de tentes sont formés de familles nomades qui parcourent chaque année une certaine portion du territoire appartenant à la tribu. Les douars de gourbis sont fixes, car ces derniers consistent en quelques mauvaises cahutes en pierres sèches et en joncs, habitées généralement par des Kabaïles dont la richesse ne consiste qu'en un faible troupeau ou dans l'industrie, et encore, quelle industrie ! couper du bois, faire du charbon ou de la poterie informe. Presque toujours les gourbis sont groupés autour d'une ancienne ruine romaine dont les débris forment un abri dévolu ordinairement au chef de la misérable bourgade. Presque tous les douars sont placés près d'un cours d'eau, sur la lisière d'une prairie, et, par conséquent, presque tous se cachent dans les vallons dont ils animent le riche paysage. Les femmes n'y sont point habituellement voilées, comme dans les villes ; elles sont aussi moins sauvages à l'aspect des hommes, mais toutes fuient à la vue d'un étranger, d'un chrétien surtout. Il ne fallait rien moins que l'événement de la soirée pour nous faire voir les jeunes femmes du douar, et je n'en vis aucune qui fût même passable. Toutes avaient l'air chétif et malpropre ; les hommes n'étaient pas beaucoup plus attrayants sous ce dernier rapport.

Au point du jour, nous fûmes en selle, et, au lieu de remonter le vallon, Osman, que j'avais prévenu, nous fit prendre la direction du lac Fatzarà, que nous laissâmes à notre gauche, avec le dessein de le contourner. Cette journée se passa sans événement, et, vers le soir, nous avions dépassé les premiers douars des Beni-Flittas. Guidés par des renseignements que notre ingénieux Karali recueillit en se glissant dans l'un d'eux, nous apprîmes qu'une jeune fille était arrivée dans la tribu et qu'elle devait être conduite le lendemain chez les Beni-Salahs.

Alors, sans nous arrêter, nous continuâmes, et peu avant le coucher du soleil, ayant trouvé un lieu propice, notre caravane s'arrêta dans une petite oasis par laquelle Aïscha devait nécessairement passer. Elle ne pouvait nous échapper, car autour de nous s'étendait, à perte de vue, un sol nu, sablonneux, et où quelques touffes de broussailles semblaient pousser à regret. Un silence profond régnait dans cette plaine, tandis que sur nos têtes des myriades d'oiseaux nous étourdissaient de leurs cris. Au nord, une légère vapeur nous indiquait le lac, dont trois lieues à peine nous séparaient.

Le jour parut, et le soleil s'élança dans les cieux, inondant la plaine de son éblouissante clarté, dont les feux brûlaient et pulvérisaient le sol haletant de sécheresse. Quelque temps après, un point noir se dessina à l'ouest, puis grandit en sortant des vapeurs du matin, et devint distinct. C'était un groupe qui s'approchait rapidement de nous. « C'est elle! s'écria Osman; je la reconnais à son voile rayé. » Il fut décidé qu'on attendrait le moment où les cavaliers auraient fait halte sur les bords de l'oasis et mis pied à terre pour les attaquer, et que jusque-là chacun resterait à cheval et s'abriterait derrière une haie de lauriers-roses et de myrtes qui coupait l'oasis en deux parties. Nous attendîmes; mais à peine les cavaliers furent-ils arrivés près de nous, que l'amoureux et impatient Osman s'élança, et il nous fallut le suivre pour le seconder. Ce qu'il advint alors, je ne puis vous le dire; car, au moment où mon cheval franchissait l'enceinte, je ressentis une rude secousse, et perdis presque connaissance, en me sentant vaguement emporté par mon cheval jusqu'à ce que je tombasse par terre.

Quand je repris mes sens, une soif ardente me dévorait; j'étais seul, au milieu d'une plaine aride. En vain je cherchai ma blessure: je me sentais une douleur violente à la tête, venant sans doute d'une balle amortie sur les plis de mon burnous et de ma chute. Toutefois j'étais dans un état de faiblesse que je ne pouvais m'expliquer, et j'éprouvais des vertiges que j'attribuais à l'ardeur du soleil. Je me soulevai et regardai autour de moi. Il faisait un vent assez sensible et chaud. L'horizon était rouge et semblait refléter un incendie; le sable me brûlait. Je me tournai vers le point d'où soufflait le vent, et, au même instant, j'éprouvai la même sensation que si j'avais passé la figure devant la bouche d'un four enflammé. A cette étrange sensation, à ces signes, je reconnus le vent du désert; et, craignant qu'il ne vînt à s'élever tout à fait, je rassemblai toutes mes forces pour m'éloigner et gagner un abri. Pensant que la tribu hostile des Beni-Salahs devait être à l'est, je m'acheminai à peu près vers le nord, jusqu'à ce que mes forces m'abandonnassent. Après cet effort, je tombai anéanti et dans un état de torpeur tel, qu'il ne me reste aucun autre souvenir jusqu'au moment où je me réveillai, si l'on peut dire ainsi, au milieu d'une obscurité profonde. J'appelai à tout hasard, et presque aussitôt des aboiements furieux retentirent au-dessus de ma tête. Tâtant alors autour de moi, je ne tardai pas à reconnaître que j'étais dans un silo. On appelle ainsi une espèce de trou, de cave, ordinairement creusée en forme de ruche et revêtue en maçonnerie. La plupart datent des Romains, auxquels revient de droit tout ce qui, sur cette terre d'Afrique, a quelque caractère d'utilité ou de grandeur. Dans ces silos, les Arabes renferment leurs grains principalement et leurs objets précieux; lorsqu'ils plient leurs tentes et vont plus loin chercher des pâturages plus abondants, ils recouvrent soigneusement l'ouverture, qui est d'habitude assez étroite, de sorte qu'il est fort difficile d'en reconnaître l'emplacement lorsqu'on ne sait pas au juste d'avance où se trouvent les silos. Il y a en Afrique des plaines qui en sont littéralement semées, et c'est une bonne fortune pour nos troupes quand on peut les découvrir et les vider. Au bout d'un certain temps, je distinguai un bruit de tamtams et d'instruments qui m'annonçaient une fête, puis des cris et des coups d'armes à feu. Tandis que je cherchais à deviner ce que cela voulait dire (je sus depuis que c'était la naissance d'un fils de cheik que l'on célébrait), j'entendis une voix d'en haut qui me criait : « Est-ce toi, Cadi ? » A tout hasard, je répondis affirmativement. « Sois tranquille, ajouta la même voix, n'oublie pas Abdrackman, il est ici. » Puis la voix se tut, et un bruit de pas m'annonça que l'on s'éloignait. Cet avis me tranquillisa, et j'attendis, moins inquiet, le moment où je pourrais sortir de mon trou. Au jour, deux Arabes vinrent me prendre et me conduisirent sous la tente principale d'un douar, que je reconnus pour être un de ceux dépassés par nous la veille. Sous la tente, je trouvai une vingtaine d'Arabes qui discutaient, et, parmi eux, je reconnus de suite le mari d'Etzéria. J'allai droit à lui et le saluai comme un ami. Son salut, qu'il me rendit à l'arabe, et ce mot : « bien ! » qu'il prononça, m'apprirent que je pouvais compter sur lui. La discussion continua ; et, malgré les efforts d'Abdrackman, il fut décidé qu'on me livrerait tout de suite au cheik des Beni-Salahs, comme l'un de ceux qui avaient délivré la jeune fille à lui promise. Cet arrêt, c'était pour moi la mort : ou m'avait reconnu Français. Aussitôt après cette décision, Abdrackman sortit pour aller, dit-il, préparer une escorte, et, peu après, il revint, annonçant que je pouvais partir avec les cavaliers. Je sortis de la tente, toujours gardé et au milieu d'une foule d'hommes, de femmes et d'enfants, qui s'approchaient pour m'insulter et me jeter de la terre.

Tout à coup un voile tomba sur ma tête : un enfant prit ma main en m'appelant son ami. Des cris de rage s'élevèrent alors ; le nom d'Etzéria fut répété ; je compris que j'étais sauvé.

Chez les Arabes de ces tribus, tout prisonnier qu'une femme couvre de son voile ou qui parvient à toucher une partie de ses vêtements, ou auquel la femme donne la main de son enfant, recouvre sa liberté et devient sacré tant qu'il reste dans l'enceinte du douar. Il ne peut en sortir sans danger qu'accompagné d'un Arabe qui le déclare son hôte.

C'est ce qui m'arriva ; le mari d'Etzéria me prit sous sa protection, et, d'après ses conseils, nous partîmes sur-le-champ ; car il craignait une réaction, attendu ma qualité de Français. Le titre de marabout qu'avait Abdrackman avait suspendu le mauvais vouloir des Arabes, et il était urgent de profiter de ce moment de répit.

Après deux heures de marche, Abdrackman me quitta en me disant : « Fuis au plus vite, de crainte qu'on ne te poursuive. Le lac te guidera : laisse-le toujours à ta droite, jusqu'à ce que tu arrives à Aïn-Turco, que tu connais, et où tu seras en sûreté. A la prochaine lune, j'irai à la ville chercher le cheval et cette arme que je te confie. Tu as sauvé mon fils, nous sommes quittes. Va ! Dieu est grand. » Il me remit en même temps son yatagan.

Je profitai de l'avis et lançai mon cheval au galop, jusqu'à ce que mon sauveur fût hors de vue. Quelque temps après, j'aperçus un nègre qui venait vers moi ; je me disposais à l'éviter, lorsque je reconnus le fidèle Karali. Il était resté aux environs du lac, et, ne m'ayant pas trouvé du côté sud, il en faisait le tour pour tâcher d'avoir de mes nouvelles. Il me dit qu'Osman était rentré à Bone, et lui avait dit qu'il ne se marierait qu'après avoir eu la certitude que je ne courais aucun danger, dans le cas où je ne pourrais revenir tout de suite.

Le reste de mon voyage s'acheva sans encombre et presque sans événements. J'eus seulement une occasion de vérifier la croyance qu'ont la plupart des nègres qu'on peut fasciner le lion en lui parlant. A mi-chemin d'Aïn-Turco, nous traversions un bois d'oliviers sur une des dernières pentes des montagnes de l'Edough, pour couper au plus court, afin de regagner les bords du lac, qui formait en ce point une espèce de courbe, et rentrer ensuite à Bone par la vallée des Lauriers-Roses. Tout d'un coup mon cheval se mit à trembler ; inquiet de cette démonstration, je la fis remarquer à Karali, qui me dit qu'il devait se trouver un lion dans les environs. Presque aussitôt nous entendîmes un bruit de branchages, et, en me retournant, je vis sortir du taillis, à deux cents pas en arrière de nous, un lion d'assez riche taille. Je voulus presser l'allure de ma monture, mais le nègre, prenant la bride, me dit : « Si tu vas plus vite, nous sommes perdus ; laisse-moi faire. » Alors, retenant toujours mon cheval, Karali continua à s'avancer, en répétant d'une voix qu'il cherchait à rendre calme, et parlant à la bête fauve : « Tu ne nous attaqueras pas, parce que nous sommes des hommes braves comme toi. » Pendant quelque temps, le lion marcha dans nos traces d'un pas tranquille, puis il disparut en se jetant d'un bond dans le fourré. Karali continua encore quelque temps à répéter sa singulière conjuration, et me dit ensuite : « Tu vois, lorsqu'on le veut et qu'on n'a point peur, la rencontre d'un lion est sans danger ; on l'enchante avec des paroles. » Notre route s'acheva ensuite, en partie, le long des rives du lac Fatzarà, dont l'aspect est réellement admirable. Du sein des roseaux qui le bordent ou forment quelques îlots, s'élevaient à chaque moment et fuyaient à notre approche des bandes d'oiseaux au riche plumage, des ibis, des hérons blancs et gris, des canards, des flamants roses, etc. Enfin il semblait que depuis longtemps nul homme n'avait troublé la tranquillité de cette solitude animée, où vivaient et multipliaient en paix des oiseaux de toute espèce, que le plomb du chasseur ne paraissait pas avoir encore décimés.

Mon retour causa une vive satisfaction à Si-Ali et à sa famille, mais surtout aux deux fiancés, dont l'union fut fixée au jour qui suivrait le rhamadan, qui est le carême musulman, et dure un peu plus d'une lune, dont les trois derniers jours sont consacrés aux plaisirs.

VII

DIVERS SINISTRES SURVENUS SUR LES CÔTES DE L'ALGÉRIE ET DÉVOUEMENT DU CAPITAINE DELIVOIS.

La sûreté des ports, en Algérie, est assez incertaine, surtout dans la mauvaise saison, où la furie des vents, malgré toutes les précautions qu'on puisse prendre, provoque toujours quelques sinistres sur ces parages, surtout quand les rades sont ouvertes à toutes les bourrasques d'hiver.

Bien des navires de commerce ont été compromis par le mauvais temps devant Bone; en 1832 et en 1833, plus d'un naufrage a été signalé.

Dans les ouragans des 24 et 25 janvier 1835, dix autres navires se sont perdus dans le même port, et le brick de guerre le *Rusé* a été forcé de se laisser échouer.

En bâtiments de l'État, ce sont, avec le bateau à vapeur l'*Éclaireur*, et depuis la *Salamandre*, qui a échoué à Mostaganem, les seuls sinistres que nous ayons eu à déplorer depuis la conquête. La rade de Bougie a été aussi le théâtre de plusieurs malheurs; enfin l'horrible tempête qui s'est fait sentir à Alger les 11 et 12 février 1835 a encore été pour Bone l'occasion de nouveaux désastres [1].

[1] Dans cette tempête, plusieurs bâtiments sont venus échouer dans le port; cependant peu de personnes y ont péri, parce que la marine avait organisé aussitôt des moyens de sauvetage, et que le Môle était si près des naufragés, qu'au moyen de cordes qu'on leur jetait il leur était facile de gagner la terre.

A cette occasion, il est juste de signaler le dévouement du capitaine d'artillerie M. Delivois, qui malheureusement fut victime de son intrépidité, en voulant sauver quelques personnes à bord d'un bâtiment génois qui se trouvait sous les fenêtres de l'hôpital Caratine : il était parvenu à faire attacher un câble qui partait d'une des fenêtres de l'hôpital et était fixé à la mâture du bâtiment, et, sur ce frêle support, il avait déjà sauvé trois personnes en se cramponnant avec elles et en les faisant glisser avec lui sur ce câble pour leur faire gagner la terre.

Il en était donc à son quatrième trajet, lorsqu'il se disposait à gagner les fenêtres

VIII

BIOGRAPHIE DU MARÉCHAL BUGEAUD.

Depuis 1804, le général Bugeaud appartient à l'armée; il s'engagea à
cette époque dans les vélites de la garde impériale, et parvint rapidement
au grade d'officier. Il fit les grandes campagnes d'Austerlitz et d'Iéna.
En 1809, il passa en Espagne, où il se distingua à l'assaut de Lérida, dans
l'expédition de la Rapila contre les Anglais, aux siéges de Tarragone, de
Tortose et de Valence, à la bataille de Sagonte et à la prise des redoutes
d'Ordal : ce qui lui valut successivement les grades de capitaine, de chef
de bataillon, de colonel et d'officier de la Légion d'honneur. En 1815, à la
tête du 14° de ligne, il repoussa les Autrichiens sur les frontières de Sa-
voie, succès qui amena sa disgrâce sous la Restauration. La Révolution de
juillet répara cette injustice et éleva le colonel Bugeaud au grade de maréchal de camp. Ses victoires en Afrique l'ont successivement élevé aux
grades de lieutenant général, de maréchal de France, de grand'croix de la
Légion d'honneur, et enfin, pour consacrer et perpétuer le souvenir de sa
dernière victoire, le roi l'a nommé duc d'Isly. (*De l'Algérie ancienne et
moderne,* par Léon Galibert, chap. xix, p. 528.)

de Caraline avec un nouveau naufragé; un coup de vent inattendu et une lame mons-
trueuse vinrent faire mollir le câble : alors M. Delivois perdit l'équilibre avec la personne qu'il tenait, et tous deux disparurent dans les flots pour jamais..., sans qu'on
pût les sauver. Malgré toutes les recherches que l'on a faites depuis, jamais on n'a
pu retrouver le cadavre de M. Delivois. Il a laissé une mère dont il était l'unique
appui; aussi une souscription fut bientôt ouverte avec empressement pour venir au
secours d'une mère éplorée qui, en perdant un tel fils, ne pouvait trouver aucune
compensation à la tendresse qu'elle lui portait. En apprenant sa mort prématurée et
son dernier dévouement en voulant sauver son semblable, elle a dû du moins trouver
une consolation, reconnaître les belles qualités de celui qu'elle chérissait tendrement, et lui donner un dernier éloge qu'il méritait si bien.

M. Delivois eût mérité qu'on lui élevât un mausolée qui pût au moins rappeler
les derniers traits de sa vie, et sur lequel on traçât en gros caractères ses vertus et
son humanité.

Le corps des officiers, à Alger, si l'on avait pu retrouver ses restes, avait l'intention de lui élever une tombe et un monument pour perpétuer son souvenir

FIN DES PIÈCES DIVERSES.

TABLE DES MATIÈRES

TROISIÈME PARTIE

Chap. I. —1835. —Arrivée du maréchal Clausel à Alger en qualité de gouverneur général. — Choléra-morbus. — Défaite des Hadjoutes et du bey de Miliana. — Attaque d'Oran par Abd-el-Kader. — Elle est repoussée. — Événements de Bone et de Bougie. — Expédition de Maskara. — Combat de Sidi-Emburuk. — Arrivée et séjour à Maskara. — Destruction de cette ville. — Départ. — Mauvais temps. — Difficultés de la retraite. — Arrivée à Mostaganem.   1

Chap. II. — 1836. — Expédition de Tlemcen. — Occupation de Tlemcen. — Combats sur la Sefsif et reconnaissance des sources de la Tafna. — Combat de la Tafna. — Retour à Oran. 17

Chap. III. — 1836. — Expédition contre Achmed-Bey. — Marche sur Constantine. — Mauvais temps — Arrivée devant Constantine. — Privations. — Souffrances. — Description de Constantine. — Attaques infructueuses. — Retraite. — Retour à Bone. — Expédition et ravitaillement de Tlemcen, 28 novembre 1836. 25

Chap. IV. — Le général Damrémont est nommé gouverneur général. — Mission du général Bugeaud à Oran. — Négociations avec Abd-el-Kader et traité de la Tafna. — Évacuation du camp de la Tafna et de Tlemcen. — Négociations avec Ahmed Bey. — Préparatifs de guerre. — Expédition de Constantine. — Mort du général Damrémont. — Prise et assaut de Constantine. 43

Chap. V. — Gouvernement du maréchal Valée (6 novembre 1837 — 28 décembre 1840) — Résultats de la prise de Constantine. — Fondation de Philippeville. — Occupation de Djidjeli. — Expédition des Portes de Fer. — Rupture du traité de la Tafna. — Les hostilités recommencent. — Attaques de deux convois pour les blockhaus de Mered et Oued-el-Aleg. — On augmente les moyens de défense à Oran. — Combats des 14 et 15 décembre. — Opérations militaires des camps de l'est. — Affaire du Fondouk. — Combat du 31 décembre entre la Chiffa et Blidah. — De l'organisation des troupes régulières d'Abd-el-Kader. 68

Chap. VI. — Ouverture des hostilités dans la province d'Oran. — Attaque de Mazagran. 15 décembre 1839. — Prise d'un bâtiment du commerce devant Cherchell. — Attaques des 17 et 22 janvier à Oran. — Défense héroïque de Mazagran. — Combat de Ten-Salmet, en avant de Miserghin. — Prise de pos-

session de la ville de Cherchell. — Le prince royal et le duc d'Aumale au
Téniah de Mouzaïa. — Occupation de Médéah et de Miliana. — Ravitaillement
de Médéah et de Miliana. — Le duc d'Orléans s'embarque de nouveau pour la
France. 110

Chap. VII. — Gouvernement du général Bugeaud (29 décembre 1840 —
12 juin 1843). — Le général Bugeaud nommé gouverneur général de l'Algérie. — Prise des places fortes d'Abd-el-Kader. — Échange des prisonniers.
— Situation de l'Algérie en 1842. — Détresse de l'émir. — Campagne de
1843. — Mouvement combiné de nos troupes. — Prise de la smalah par le
duc d'Aumale. — État actuel de notre domination. — Le général Bugeaud
est nommé maréchal de France, les maréchaux de camp de Lamoricière et
Changarnier lieutenants généraux. 136

Chap. VIII. — Établissement du culte catholique en Algérie. 156
Botanique algérienne. 195

Chap. IX. — Notice sur quelques pratiques superstitieuses des Maures, des
Arabes, des nègres et des juifs. 235

Chap. X. — Suite d'Abd-el-Kader. — Rupture définitive entre le Maroc et la
France. — Premier combat. — Bombardement de Tanger. — Prise de Mogador. — Victoire d'Isly. — Négociations et conditions de la paix. . . . 254

Chap. XI. — Suite et fin d'Abd-el-Kader. — Sa soumission. — Abd-el-Kader dans
le Maroc. — Sa reddition aux armées françaises après une lutte de dix-sept
ans. — Son arrivée à Toulon. — Son avenir. 267

Chap. XII. — De Bou-Maza et sa soumission. 297

NOTES

1. — Choléra-morbus à Alger. — Début de la maladie. 307
Du Choléra-morbus dans les environs d'Alger, dans les camps et dans les tribus. 311
2. — Poursuite par les Beni-Amer. 314
3. — Biographie politique et militaire du général Cavaignac. 320
4. — Description de Constantine. 325
5. — Proclamation du général Bugeaud aux Arabes avant son entrée en campagne. 330
6. — Entrevue d'Abd-el-Kader et du général Bugeaud. 332
7. — Des sœurs hospitalières à Constantine. 337
8. — Biographie du général Négrier. 338
9. — Siége d'Aïn-Madhi. — Elle est livrée par trahison. 341
10. — Retour d'Abd-el-Kader au siége d'Aïn-Madhi. 343
11. — Description de Djidjeli. 344
12. — Description du camp de Djimmilah. 345
13. — Relation de l'expédition de Constantine à Alger aux Portes de Fer (Biban), sur des renseignements officiels du rapport du maréchal Valée. . 347
14. — Mord u commandant Ménonville, novembre 1837. 354
15. — Biographie du capitaine Lelièvre. 356
16. — Chants improvisés sur l'affaire de Mazagran. 357
I. — Le drapeau de Mazagran. 357

II. — Les zéphyrs à Mazagran.. 359

III. — Aux cent vingt-trois de Mazagran. 360

17. — Tombeau de la chrétienne (Koubber-el-Roumia). 362

Histoire de la gazelle et du lion de Manzoura. 365

18. — Description du col de Mouzaïa. 367

19. — De l'échange de nos prisonniers par l'évêque d'Alger. 368

20. — D'un mariage musulman à Tlemcen.. 374

21. — Embarquement en Algérie des pèlerins de la Mecque. 376

22. — Du corail. 382

23. — De la ventilation, à Alger. — Du sirocco et du mirage. 383

Température. 385

Eaux. 586

Pluies.. 586

24. — De l'assassinat de la famille Pigale. 586

25. — De l'éducation de la cochenille. 588

26. — Botanique. — Le mancenillier.. 392

27. — Restes des victimes recueillies à Sidi-Brahim. — Cérémonies religieuses
par M. l'abbé Suchet.. 395

28. — Les deux prisonnières chez Abd-el-Kader. 399

PIÈCES DIVERSES

I. — Rapport du maréchal Clausel au ministre de la guerre sur l'expédition de
Constantine, 13 novembre 1836; daté de Bone le 1ᵉʳ décembre 1836. 401

II. — Expédition de Constantine (13 novembre 1836). Extrait du rapport de
M. le colonel Duvivier, commandant les 1ᵉʳ et 2ᵉ bataillons légers
d'Afrique (brigade de Rigny), daté du 2 décembre 1836. 410

III. — Seconde expédition de Constantine (13 octobre 1837). Extrait du rapport du lieutenant général Valée à M. le ministre de la guerre. . . . 416

Extrait du rapport par le même. De Constantine, le 16 octobre. 418

1. — Lettre du commandant en chef aux habitants de Constantine. 420

2. — Lettre d'Ahmed-Hadji, bey de Constantine, au commandant en chef de
l'expédition.. 420

3. — Réponse du lieutenant général comte Valée, commandant en chef, à
Ahmed, bey de Constantine. 421

IV. — Ordre du jour du comte Valée sur la défense héroïque de Mazagran.. . 423

V. — La médecine chez les Arabes. 424

VI. — Mœurs algériennes. — Aïscha. 430

VII. — Divers sinistres survenus sur les côtes de l'Algérie et dévouement du
capitaine Delivois.. 443

VIII. — Biographie du maréchal Bugeaud.. 444

FIN DE LA TABLE DU TOME SECOND.

Nous croyons devoir indiquer ici quelques-unes des sources où les renseignements nécessaires pour notre travail ont été puisés ; parfois même nous avons reproduit le texte des auteurs, le public ne pouvant que gagner à cette reproduction.

PREMIÈRE PARTIE. — Chap. VII. — Capitulation d'Alger et envoi de l'interprète Brachéwitz. — L'*Afrique française*, par P. Christian, liv. I, pages 37 à 40.

Entrée de nos troupes dans Alger, et description de la Kasbah. — P. Christian, liv. I, p. 41 à 43.

Description des Baléares. — Armand Pignel, p. 92.

Description de la ville d'Alger. — P. Christian, liv. II, p. 74-75.

DEUXIÈME PARTIE. — Chapitre I. — *Annales algériennes*, par le capitaine d'état-major Pellissier, tome II, liv. VII, p. 169.

TROISIÈME PARTIE. — Chapitre I. — *Annales algériennes*, tome III, liv. XVIII, p. 1. — P. Christian, liv. III, p. 193, 194, 247 ; liv. VI, p. 317, 322, 327, 328, 538, 339. — L'*Algérie ancienne et moderne*, par Léon Galibert, chap. XVIII, p. 521, 522 ; chap. XIX, p. 543.

ERRATA

TOME PREMIER

Page   14, ligne 34, *au lieu de* Cabarque, *lisez* : Tabarque.

—   20, — 14, *au lieu de* Bouzaïab, *lisez* : Boujaïab.

— 113, — 29, *au lieu de* Dzéad, *lisez* : Djéad.

— 138, — 31, *au lieu de* Khodza, *lisez* : Khodja.

— 139, — 9, *au lieu de* Khodza, *lisez* : Khodja.

— 283, — 5, *au lieu de* se mettent à Dieu, *lisez* : se mettent à prier Dieu.

— 285, — 19 et 24, *au lieu de* Bas el-Ain, *lisez* : Ras-el-Aïn.

— 298, — 19, *au lieu de* commandement, *lisez* : commandant.

— 309, — 14, *au lieu de* Bouzimah, *lisez* : Boujimah.

— 371, — 27, *au lieu de* citadelle, *lisez* : escadrille.

— 412, — 19, *au lieu de* hacher, *lisez* : bucher.

TOME SECOND

Page   73, ligne 16, *au lieu de* Tedzini, *lisez* : Tedjini.

— 240, — 3, *au lieu de* 1837, *lisez* : 1839.

— 247, — 12 et 16, *au lieu de* Mazagran, *lisez* : Mazagran.

Lightning Source UK Ltd.
Milton Keynes UK
UKOW05f1859130217

294320UK00008B/471/P